Henri Pittier, Friedrich Müller

Die Sprache der Bribri-Indianer in Costa Rica

Henri Pittier, Friedrich Müller

Die Sprache der Bribri-Indianer in Costa Rica

ISBN/EAN: 9783742895141

Hergestellt in Europa, USA, Kanada, Australien, Japan

Cover: Foto ©ninafisch / pixelio.de

Manufactured and distributed by brebook publishing software
(www.brebook.com)

Henri Pittier, Friedrich Müller

Die Sprache der Bribri-Indianer in Costa Rica

INHALT.

Der vorsitzende Alterspräsident Hofrath Siegel gibt dem tiefen Schmerze über den Verlust, welchen die kais. Akademie durch das am 30. Juli erfolgte Hinscheiden ihres Präsidenten Dr. Alfred Ritter von Arneth, wirkl. geh. Rathes und Directors des k. k. geh. Haus-, Hof- und Staatsarchivs, erlitten hat, Ausdruck.

Die Mitglieder geben ihrer Trauer durch Erheben von den Sitzen Ausdruck.

Derselbe macht weiter Mittheilung von dem am 21. September erfolgten Ableben des c. M. im Auslande Herrn Dr. Wilhelm Wattenbach, geh. Regierungsrathes in Berlin.

Die Mitglieder erheben sich zum Zeichen des Beileides.

Der Secretär legt Separatabdrücke eines vom Professor J. Seegen verfassten und vom Präsidium der k. k. Gesellschaft der Aerzte in Wien eingesendeten Nachrufes auf den verstorbenen Präsidenten A. v. Arneth vor.

Der Secretär legt eine für die Sitzungsberichte bestimmte Abhandlung des w. M. Herrn Dr. Hugo Schuchardt, Professor an der Universität in Graz: ‚Romanische Studien. I.‘ vor.

Der Secretär übergibt weiter eine Arbeit des Herrn Franz Jäger, k. k. Gymnasial-Professor i. R. in Klagenfurt: ‚Die Goldbergbaue des Lavantthales in Kärnten. Ein Beitrag zur

Geschichte des Bergbaues in den Alpenländern', um deren Aufnahme in die akademischen Schriften der Verfasser ersucht. Die Arbeit geht an die historische Commission.

Der Secretär überreicht endlich eine Abhandlung des Herrn Dr. Josef Lampel, k. und k. Haus-, Hof- und Staatsarchivar in Wien: ‚Das Verzeichniss der Peilsteiner Reichslehen', um deren Aufnahme in das Archiv der Verfasser ersucht. Die Abhandlung geht an die historische Commission.

Der Secretär legt ein versiegeltes Schreiben des Herrn Dr. Robert Bárány in Wien mit der Aufschrift: ‚Eine neue Naturphilosophie' zur Wahrung der Priorität vor.

Das w. M. Herr Hofrath Dr. Vr. Jagić legt eine für die Sitzungsberichte bestimmte Abhandlung vor, unter dem Titel: ‚Evangelium Dobromiri. Ein altmacedonisches Sprachdenkmal des Altslovenischen aus dem 12. Jahrhundert'.

XX. SITZUNG VOM 13. OCTOBER 1897.

Der Secretär verliest das Dankschreiben des Professor Dr. Max Müller in Oxford für seine Wahl zum Ehrenmitgliede im Auslande.

Der Secretär legt eine für das Archiv bestimmte Abhandlung des c. M. Herrn Hofrath Dr. Franz R. v. Krones, Professor an der Universität Graz: ‚Das Cisterzienserkloster Saar in Mähren und seine Geschichtschreibung' vor. Die Abhandlung geht an die historische Commission.

Es werden folgende Druckschriften vorgelegt:

‚Archiv Český' XV. Bd., übersendet vom Landesausschusse des Königreiches Böhmen;

‚Bericht über die Industrie, den Handel und die Verkehrsverhältnisse in Nieder-Oesterreich während des Jahres 1896', erstattet von der Handels- und Gewerbekammer in Wien, übermittelt von derselben;

‚Jahrbuch der Staats- und Fondsgüter-Verwaltung'. Im Auftrage Sr. Excellenz des Herrn k. k. Ackerbauministers redigirt von Ludwig Dimitz, k. k. Ministerialrath. Herausgegeben vom k. k. Ackerbauministerium, II. Bd., übersendet vom k. k. Ackerbauminister;

‚Die Gebarung und die Ergebnisse der Unfallstatistik der Arbeiter-Unfall-Versicherungsanstalten im Jahre 1895', übermittelt vom k. k. Ministerium des Innern.

XXI. SITZUNG VOM 20. OCTOBER 1897.

Der vorsitzende Alterspräsident macht Mittheilung von dem am 17. October erfolgten Ableben des c. M. im Inlande, Dr. David R. v. Schönherr, k. k. Hofrathes und Archivdirectors in Innsbruck.

Die Mitglieder erheben sich zum Zeichen des Beileides.

Der Secretär verliest eine Note Sr. Excellenz des Ministers für Cultus und Unterricht vom 13. October 1897, Z. 24994, wonach derselbe sich bestimmt gefunden hat, den mit h. Erlass vom 13. Juli 1894 zur Unterstützung der von Inländern auf dem Gebiete der Archäologie und Epigraphik in Griechenland betriebenen Studien zunächst auf die Dauer von drei Jahren entsendeten Privatdocenten Dr. Adolf Wilhelm bis auf Weiteres dort zu lassen.

Der Secretär legt ein versiegeltes Schreiben des Herrn
Leon Kupferwasser über eine von ihm verfasste ‚diaton-
richtige und einfache Notenschrift und Notenstenographie' zur
Wahrung der Priorität vor.

Die Kirchenväter-Commission legt eine für die Sitzungsberichte bestimmte Abhandlung des Herrn Dr. E. Kroymann
in Ploen: ‚Die Tertullian-Ueberlieferung in Italien' vor.

Der Secretär legt vor: ‚Die attischen Grabreliefs'. Herausgegeben im Auftrage der kais. Akademie der Wissenschaften.
Lief. IX.

Weiters werden folgende Druckschriften vorgelegt:
‚Sammlung nationalliterarischer Gedichte und Schriften',
vom fürstl. bulgarischen Unterrichtsministerium für die kais.
Akademie bestimmt, übermittelt durch das Ministerium für
Cultus und Unterricht;
‚De quelques inscriptions Lyciennes' par M. J. Imbert,
übersendet vom Verfasser;
‚Catalogue of principal works published by Prof. Fr. Max
Müller', gespendet von Professor Müller;
‚Statistik der in Nieder-Oesterreich verwalteten Stiftungen
nach dem Stande vom 31. December 1893', von Dr. Ferdinand
Schmid, übermittelt von der k. k. n.-ö. Statthalterei;
‚Karten zur Geschichte des heutigen österreichisch-ungari-
schen Reichsterritoriums während des ersten christlichen Jahr-
tausends'. Entworfen und herausgegeben von Dr. Hermenegild
R. v. Jireček, geschenkt vom Herausgeber;
Moriz Edler v. Angeli: ‚Erzherzog Carl von Oesterreich
als Feldherr und Heeresorganisator'. V. (Schluss-) Bd. Ueber-
sendet im Auftrage Ihrer kais. und königl. Hoheiten der durch-
lauchtigsten Erzherzoge Friedrich und Eugen.

XXII. SITZUNG VOM 3. NOVEMBER 1897.

Der Vorsitzende macht Mittheilung von dem am 4. October 1897 erfolgten Ableben des c. M. im Auslande Don Pascual de Gayangos, ehemals Professor an der Universität Madrid. Die Mitglieder erheben sich zum Zeichen des Beileides. Von dem Ableben des w. M. Dr. Franz Hofmann, Professor an der Universität Wien, wurde bereits in der Gesammtsitzung vom 28. October Anzeige gemacht und dem Beileide der Akademiker durch Erheben von den Sitzen Ausdruck gegeben.

Der Secretär verliest das Dankschreiben des Herrn Dr. Alfred Ludwig, Professor an der deutschen Universität in Prag, für seine Wahl zum correspondierenden Mitgliede im Inlande.

Derselbe verliest weiter eine Zuschrift des Ausschusses des ‚Wissenschaftlichen Club' in Wien, worin dieser die kais. Akademie zu dem am 4. November stattfindenden Eröffnungsabend, an welchem Herr Dr. Franz Zweybrück dem verstorbenen Präsidenten des Club, Alfred v. Arneth, einen Nachruf halten wird, einladet.

Der Secretär legt eine Abhandlung des c. M. im Inlande Herrn Dr. Johann Loserth, Professors an der Universität Graz: ‚Die Salzburger Provinzialsynode von 1549. Zur Geschichte der protestantischen Bewegung in den österreichischen Erbländern' vor.
Die Abhandlung geht an die historische Commission.

Der Secretär legt das von der Classe subventionierte Werk: ‚Raoul de Houdenc' sämmtliche Werke. I. Meraugis von Portlesguez', herausgegeben von Mathias Friedwagner, vor.

Das w. M. Herr Hofrath Dr. Heinrich v. Zeissberg legt eine für die Sitzungsberichte bestimmte Abhandlung: ‚Der letzte Reichsgeneralfeldmarschall Erzherzog Carl (1796)‘ vor.

Die Kirchenväter-Commission legt eine Abhandlung des Herrn Dr. Richard C. Kukula, Gymnasialprofessors in Wien: ‚Die Mauriner Ausgabe des Augustinus. Ein Beitrag zur Geschichte der Literatur und der Kirche im Zeitalter Ludwigs XIV. III. Theil II (Schluss)‘ zur Aufnahme in die Sitzungsberichte vor.

Die Kirchenväter-Commission legt weiter vor: ‚Corpus scriptorum ecclesiasticorum latinorum‘. Vol. XXVII. L. Caeli Firmiani Lactanti opera omnia. Partis II Fasc. II recensverunt S. Brandt et G. Laubmann. — Vol. XXXII. S. Ambrosii opera. Partis I Fasc. II et P. II ex rec. Caroli Schenkl.

XXIII. SITZUNG VOM 10. NOVEMBER 1897.

Der Secretär legt eine Abhandlung des Herrn Dr. Victor Hasenöhrl, k. k. Regierungsrath in Wien: ‚Die Beweiszutheilung im österreichischen Rechte des Mittelalters‘ vor, um deren Aufnahme in die Sitzungsberichte oder das Archiv der Verfasser ersucht.

Dieselbe wird einer Commission zur Begutachtung zugewiesen.

Der Secretär überreicht ein Gesuch des Herrn August v. Jaksch, Archivar in Klagenfurt, um Erhöhung der ihm für die Drucklegung des II. Bandes der ‚Monumenta hist. ducatus Carinthiae‘ bewilligten Subvention.

Wird an die Budgetcommission gewiesen.

Das w. M. Herr Hofrath Jagić legt Namens der Commission für die Durchforschung der Balkanhalbinsel einen Bericht vor.

XXIV. SITZUNG VOM 17. NOVEMBER 1897.

Der Secretär legt folgende Druckwerke vor:

P. Heinrich Denifle O. P.: ‚La désolation des églises, monastères, hôpitaux en France vers le milieu du XV⁰ siècle,‘ Tome I, geschenkt vom Verfasser;

Ganser A.: ‚Das Weltprincip und die transcendentale Logik‘, geschenkt vom Verfasser;

‚Fontes rerum Austriacarum cose dell' Istria‘. Sunti e note di Francesco Salata, gespendet vom Herausgeber.

XXV. SITZUNG VOM 1. DECEMBER 1897.

Der Vorsitzende gedenkt des Verlustes, den die kais. Akademie durch das am 29. November erfolgte Ableben des w. M. der math.-naturwiss. Classe, Herrn Dr. Albrecht Schrauf, Professor an der k. k. Universität Wien, erlitten hat.

Die Mitglieder erheben sich zum Zeichen des Beileides.

Der Secretär legt einen Bericht des Herrn Dr. Eugen Herzog über seine mit Unterstützung von Seite der Akademie in Paris gemachten Studien über Macé de la Charité's französische Bibelübersetzung vor.

Der Secretär legt weiter eine Abhandlung des Herrn Dr. Heinrich Gottlieb in Lemberg: ‚Das Erkenntnissproblem auf naturwissenschaftlicher Grundlage' vor, um deren Aufnahme in die Schriften der Akademie der Verfasser ersucht.

Dieselbe wird einer Commission zur Begutachtung übergeben.

Der Secretär legt die von der historischen Commission der kais. Akademie mit Unterstützung des hohen k. k. Ministeriums für Cultus und Unterricht herausgegebenen ‚Nuntiaturberichte aus Deutschland. Zweite Abtheilung 1560—1572‘, erster Band, vor.

Der Secretär legt endlich folgende weitere Druckwerke vor:

‚Handel, Verkehr und Münzwesen‘ von Arnold Luschin v. Ebengreuth (Sep.-Abdruck aus Bd. I der ‚Geschichte der Stadt Wien‘, herausgegeben vom Alterthumsverein in Wien), geschenkt vom Verfasser;

‚The sacred books of the east, edited by F. Max Müller. Vol. XLVII. Pahlavi Texts, translated by E. W. West‘, geschenkt vom Herausgeber.

Das w. M. Herr Hofrath Dr. Friedrich Müller überreicht eine für die Sitzungsberichte bestimmte Abhandlung: ‚Die Sprache der Bribri-Indianer in Costa Rica‘ von H. Pittier de Fábrega, herausgegeben und mit einer Vorrede versehen von Dr. Friedrich Müller, Professor an der Wiener Universität. — Mit einer Karte.

Das w. M. Herr Regierungsrath Dr. Kenner überreicht eine gedruckte Abhandlung des Herrn F. de Mély: ‚Les Reliques de Constantinople au XIII⁰ siècle. La sainte Lance‘, geschenkt vom Verfasser.

XXVI. SITZUNG VOM 9. DECEMBER 1897.

Der Secretär überreicht eine Abhandlung des Herrn Konrad Schiffmann, Weltpriester der Diöcese Linz: ‚Zur Geschichte des Cistercienserstiftes Schlierbach in Oesterreich ob der Enns‘, um deren Aufnahme in die akademischen Schriften der Verfasser ersucht.

Die Abhandlung wird der historischen Commission überwiesen.

Der Secretär legt die Pflichtexemplare des von der kais. Akademie subventionierten Werkes: ‚König Alfreds Uebersetzung von Bedas Kirchengeschichte‘, herausgegeben von Jacob Schipper, I. Hälfte, vor.

Daran anknüpfend legt das w. M. J. Schipper eine für die Sitzungsberichte bestimmte Abhandlung: ‚Die Geschichte und der gegenwärtige Stand der Forschung über König Alfreds Uebersetzung von Bedas Kirchengeschichte‘ vor.

Das w. M. Herr Hofrath O. Benndorf überreicht im Namen der kleinasiatischen Commission einen Bericht des Herrn Dr. Adolf Wilhelm über seine in Griechenland gemachten epigraphischen Studien.

XXVII. SITZUNG VOM 15. DECEMBER 1897.

Der Secretär theilt mit, dass das Ehrenmitglied im Auslande Theodor Mommsen für die ihm zu seinem 80. Geburtstage dargebrachten Glückwünsche seinen Dank ausgesprochen habe.

Es werden folgende Druckwerke vorgelegt:

‚Wissenschaftliche Mittheilungen aus Bosnien und der Hercegovina‘, herausgegeben vom bosnisch·hercegovinischen

Landesmuseum, V. Band, eingesendet von der bosnisch-herce-
govinischen Landesregierung;

‚Kritische Grundlegung der Ethik als positiver Wissenschaft‘ von Dr. med. W. Stern, geschenkt vom Verfasser;

‚Die böhmischen Landtagsverhandlungen und Landtags-
beschlüsse‘, herausgegeben vom königl. böhmischen Landes-
archive, IX. Band (1595—1599), eingesendet vom Landesausschusse des Königreiches Böhmen;

‚Die archäologischen Funde römischer Zeit in Wien‘ von
Friedrich Kenner (Separat-Abdruck aus dem I. Bande der
Geschichte der Stadt Wien), gespendet vom Verfasser;

‚Saint Eucher, Évêque de Lyon‘, gespendet von Herrn
Paul Richard in Lyon.

Das w. M. Herr Regierungsrath Dr. Friedrich Kenner
legt namens der Limes-Commission einen Bericht des Herrn
k. und k. Oberst Groller vor.

I.

Romanische Etymologieen. I.

Von

Hugo Schuchardt,

wirkl. Mitgliede der kais. Akademie der Wissenschaften.

Was wir eine Etymologie nennen, ist Nichts als eine mehr
oder weniger abgekürzte Wortgeschichte, und eine Wortgeschichte
wiederum bildet keinen festen Ausschnitt aus der gesammten
Sprachgeschichte, sondern verfliesst ohne bestimmte Grenzen
in andere Wortgeschichten. Wenn trotz der verhältnissmässig
grossen Durchsichtigkeit und Uebersichtlichkeit mit welcher sich
die Entwickelung des Lateinischen zum Romanischen uns darstellt, die Meinungen über die Herkunft so vieler romanischen
Wörter weit auseinandergehen, so beruht das hauptsächlich
eben darauf dass der für eine etymologische Untersuchung zu
verwerthende Stoff sich in mannigfachster Weise begrenzen
lässt. Das aber tritt deshalb kaum ins Bewusstsein weil die
Annahme oder Ablehnung irgend einer Etymologie zu sehr wie
eine Geschmacksentscheidung zu erfolgen pflegt. Nun besitzt
gewiss auch unter den Männern der Wissenschaft der Geschmack
des Einen nicht denselben Werth wie der des Andern; aber da
er überall auf einer Summe allgemeiner und besonderer Er-
kenntnisse beruht, so ist es besser dass diese sich unmittelbar
mit Bezug auf den bestimmten wissenschaftlichen Fall entfalten,
als dass auf dem unsichern Umweg über die Persönlichkeit das
Urtheil der Uebrigen beeinflusst werde. Es soll damit nicht gesagt werden dass jeder Einfall eines Jeden eine eingehende
Erörterung verdiene, aber innerhalb gewisser Schranken, über
die man sich leicht einigen wird, muss ein strengeres Beweis-
verfahren durchgeführt werden. Es ist jede etymologische Frage

in eine Reihe von Unterfragen zu zerlegen, und Beweis und Gegenbeweis zunächst für diese zu erbringen. Die lautliche und die begriffliche Entwickelungsreihe sind in ihrer Kontinuität zu verfolgen, die verschiedenen hypothetischen Elemente an den stützenden Analogieen abzuschätzen und dann insgesammt ihrer Qualität und Quantität nach gegen die unmittelbar gegebenen Elemente abzuwägen, und schliesslich das Werthverhältniss der einen Etymologie zu allen andern die von dem betreffenden Worte vorgebracht worden oder vernünftiger Weise denkbar sind, zu bestimmen, indem ja das Wahrscheinliche durch das Wahrscheinlichere herabgedrückt, das nicht besonders Wahrscheinliche durch das Unwahrscheinlichere emporgehoben wird. Wie ich mir diesen methodischen Ausbau der Diskussion im Einzelnen denke, will ich an drei Etymologieen zeigen die kürzlich von berufenster Seite an einer und derselben Stelle (Romania XXVI, 143) abgelehnt worden sind, nämlich, um sie zuvörderst in aller Kürze zu bezeichnen, *saye* | *sapidus*, *trouver* | *turbare*, *maucais* | *malifatius*. Die erste hatte schon Diez durch eine andere ersetzt, die zweite in einem der besten Artikel seines Wörterbuchs begründet, die dritte hatte ich Zeitschr. f. rom. Phil. XIV, 181 ff. aufgestellt und zuletzt ebend. XX, 535 ff. mit jenen beiden andern verfochten.

Bei dem Bemühen möglichst reichlichen Stoff für solche etymologischen Untersuchungen herbeizuschaffen, erkennen wir wie viel Stoff überhaupt uns noch mehr oder weniger unzugänglich ist. Wenn dereinst der geplante Thesaurus der Latinität vollendet sein wird, und wenn die Wortschätze der noch jungfräulichen romanischen Mundartengebiete gehoben und die aller in grosse Repertorien eingeordnet sein werden, dann werden sich unzählige Aufgaben ganz von selbst lösen in deren Lösung wir jetzt nicht übereinkommen. Dass wir beim Etymologisiren so viel nur vorläufige Arbeit zu verrichten uns bewusst sind, das mag uns dazu bestimmen hierbei dem Geschmacke in der angedeuteten Weise die Vorherrschaft einzuräumen. Aber ein Abschluss wird auch dann in Bezug nur auf die thatsächlichen Zusammenhänge sich erreichen lassen; die Probleme deren Gegenstand die wirkenden Ursachen sind, werden nur zurückgeschoben werden, aus der Geschichte des Gesprochenen in die Geschichte der Sprechenden. Zu Beginn

einer der feinsinnigsten lautgeschichtlichen Betrachtungen die
neuerdings ans Licht getreten sind (Arch. gloss. ital. XIII, 452 ff.)
hebt der Verfasser, Ascoli, ‚die Gleichheit der Bedingungen‘
hervor unter denen sich in einer bestimmten Sprache ein Laut
oder eine Lautgruppe befinde. Eine solche aber gibt es gar
nicht; sie lässt sich weder unmittelbar noch an den Wirkungen
erkennen, wir sehen überall Verschiedenheit der Bedingungen
und bald die allergrösste ohne Wirkung, bald die allerkleinste
mit Wirkung. Die Erklärung hierfür kann nur in der Natur und
den Umständen der Sprechenden gesucht werden, und so erscheinen hinter dem breiten und niedern Vordergrund der
heutigen Studien die nebelhaften Umrisse fernen Gebirges. Dass
Alles was wir schaffen, in dem einen oder dem andern Sinne
unfertig ist, durch Anderes gleicher Art zu ersetzen oder in
höhere Art umzuwandeln, das darf uns nicht entmutigen; es
muss uns im Gegentheil dazu anspornen nicht auch Unfertiges
zu schaffen was es nicht zu sein braucht, nirgends hinter dem
schon Geleisteten zurückzubleiben.

Franz. *sage*, altfranz. auch *saive*, prov. und neu-
südfranz. *savi*, *sabi*, *sage* u. a., kat. *sabi*, *savi*, span.
port. *sabio*, sard. *sabiu*, neap. *sapio*, ital. *sapio*,
savio, *saggio*, piem. lomb. *savi*, ven. *savio*, lad.
sabi, *sabe*, ‚weise‘ } lat. *sapidus*.

I. Negativ:

1. } lat. *sapiens*?

a) Ich weiss nicht und halte es nicht für geboten nachzuforschen ob die romanischen Wörter je auf *sapiens* zurück-
geführt worden sind; sicherlich deckt sich keine andere lateinische Ableitung von *sapere* begrifflich so genau mit jenen wie
sapiens, mag sich auch dessen Grenze gegen *prudens* im Romanischen etwas verschoben haben.

b) In lautlicher Beziehung ist *sapiens* als Grundwort
für *sage* u. s. w. unannehmbar. Und zwar weil die romanischen

1*

Sprachen ganz andere Fortsetzungen davon aufweisen, von denen gleich die Rede sein wird, insbesondere aus demselben Grunde aus dem auch *sage*] *sapius* nicht angeht, nämlich wegen der Vertretung die die Lautgruppe *pi*ᵐⁱ im Romanischen gefunden hätte. Die lateinische Endung würde mit der romanischen nicht durchaus unvereinbar sein. Aus dem Nominativ *sapiens* wäre altfranz. *saives, sages* geworden (vgl. *enfes*] *infans*), dazu ein Obliquus *saive, sage*; bei *savi(o), savia* wäre Uebergang zu den geschlechtigen Adjektiven eingetreten (vgl. ital. *pregno, pregna*] *praegnans*). Insbesondere dürfte auf lad. (graub.) *ubiedi, ubedi, ubeidi*, w. *ubedgia, ubeidgia*] *obediens* verwiesen werden. Wer an franz. *prude*] *prudens* dachte, hat sich mit der Endung -*ens* auf entsprechende Weise abgefunden.

c) Wir müssen selbst wenn wir dem Ursprung romanischer Wörter nachforschen, nicht bloss das Fortleben, sondern auch das Absterben der lateinischen Wörter nach Art und Ursache erwägen. Wir werden sehen dass *sapidus* die Erbschaft von *sapiens*, ,weise' angetreten hat; hier frage ich zunächst: warum ist dies abgestorben? Die romanischen Sprachen haben ja so viele Partizipe des Präsens in die Rolle von Adjektiven übertreten lassen, und schon das Lateinische hat damit begonnen, wie *congruens, eloquens* u. a. zeigen, und vor Allem gerade *sapiens*. Dieses Adjektiv *sapiens* stand in der klassischen Latinität trotz der reichen Entfaltung seines Gebrauchs dem Partizip *sapiens* noch sehr nahe. Aber in der Volkssprache erlosch *scire* in Folge körperlicher Schwäche, *sapere* übernahm seinen ausgedehnten Besitz, und indem es nun vorzugsweise ,wissen' bedeutete, verschob sich auch die Bedeutung des Adjektivs *sapiens* von ,weise' zu ,wissend', und diese eine Erbschaft rief jene andre hervor. Im Romanischen setzt natürlich die neu von ₓ*sapēre* abgeleitete Partizipialform ₓ*sapens*[1] noch

---

[1] Die Formen mit dem Stern oben sollen nach bisheriger Gepflogenheit solche sein von denen, ohne direkte Zeugnisse, vorausgesetzt wird dass sie — sei es in der Grundsprache, sei es in einer abgeleiteten — wirklich vorhanden gewesen sind; die mit dem Stern unten sollen nur abkürzungsweise die entsprechenden romanischen Formen vertreten. Also ₓ*sapēre* ist die für die spätere lateinische Volkssprache erschlossene Form; ₓ*sapēre* soviel wie ital. *sapere*, span. *saber*, franz. *savoir* u. s. w. zusammengenommen. Dieses Beispiel zeigt dass eine und dieselbe Form beide Be-

weniger als die alte *sapiens das lat. sapiens in begrifflicher
Hinsicht fort. Wenn Guiraut del Olivier singt: ‚Els us son trop
savis e sabens, Los autres sabens e no savis, Los autres ni savis
ni sabens', so entspricht dem Sinne nach nicht saben, sondern
savi dem lat. sapiens, saben aber dem lat. doctus. Ebenso verhält es sich mit savant im Französischen, welches *sapiens,
nämlich sachant als Partizip oder vielmehr Gerundium festhält.
Bei zwei andern franz. Verben sind es die Formen mit i, welche
als Adjektive, die andern, welche als Partizipe gelten: vaillant,
puissant — valant, pouvant. Allen drei Fällen ist aber gemeinsam dass das Neufranzösische gerade die alten Formen *sapiens, *valens, *potens als Adjektive verworfen hat (während
das Altfranzösische sie auch als solche gebraucht). Das Italienische kennt sogar als Adjektiv das Partizip von sapere in
seiner sinnlich intransitiven Bedeutung ‚schmecken', ‚riechen':
sappiente, ‚scharf' (von Geschmack oder Geruch). Saccente, trotz
W. Meyer-Lübke Ital. Gramm. § 249. Rom. Lautl. § 506 (welcher sogar behauptet, approcciare sei kaum ein Gallizismus),
nicht minder wie piccione (echt tosk. pippione) aus Süditalien
entlehnt, hat ironische Bedeutung: ‚Klugscheisser', desgleichen
saputo und das wiederum südital. sacciuto (-tello), wobei wohl
die Wendung fare il saccente = fare il saputo zu Grunde
liegt. *Sapiens kommt bei den Romanen auch als Buchwort
vor, ist aber meistens wieder veraltet, so bei den Franzosen,
die im 17. Jhrh. faire le sapient = ital. fare il saccente sagten.

2. } lat. *sapius?

a) Bei einer solchen Sternform müssen wir uns zunächst
den Stern genau ansehen. Welchen Grad von Wahrscheinlichkeit besitzt die Existenz von *sapius? Man hat es etwas zu
rasch aus nesapius erschlossen.

α) Es wird zwar nesapius bei Petron in der Cena Tri-
malchionis Kap. 50 gelesen, aber hier liegt nur eine einzige
Handschrift, die von Traü vor, welche dem 15. Jhrh. angehört und
von L. Friedländer in seiner Ausgabe (Leipzig 1891 S. 11) als

---

zeichnungsweisen haben kann, während in so vielen andern Fällen, wie
*reinspectus (ital. rimpetto), die erstere ganz undenkbar ist. Mit dieser
Unterscheidung sei den sehr berechtigten Bemerkungen E. Seelmanns
im Rom. Jahresber. I, 58 Rechnung getragen.

eine ‚von einem verständnisslosen Schreiber sehr nachlässig ge-
machte, mit allen Fehlern junger Handschriften behaftete‘ gekennzeichnet wird. Doch die Romanisten haben das noch Wichtigere übersehen: dass bei Terentius Scaurus de Orthographia
(Gr. lat. VII, 12, 4 ed. Keil), der wohl nur ein halbes Jahrhundert nach Petron lebte, die beiden Handschriften, die eine
aus dem 10., die andere aus dem 15. Jhrh., *nesapus* bieten. Es
ist ja möglich dass beide Wortformen im 1. und 2. Jhrh. n. Chr.
nebeneinander bestanden; will man aber nur eine Form aner-
kennen, so wird man mit Rücksicht auf die handschriftliche
Ueberlieferung wohl eher das *nesapius* bei Petron mit Studer
(1839) in *nesapus* verbessern als das *nesapus* beim Grammatiker
mit Forcellini in *nesapius*. Auch die Thatsachen der Sprachgeschichte rathen in demselben Sinne. *Nesapus*, als Zusammensetzung genommen, hat zahlreiche Adjektive, wie *benivolus*,
flexiloquus, *ignivomus*, *lucifugus*, *multibibus* (oder substantivisch
gebrauchte Adjektive, wie *bustirapus*, *piscicapus*) neben sich, insbesondere *dulcisapus* (Aldhelm u. A., s. C. Paucker Spic. add.
lex. lat. [1875] S. 49), *florisapus*, hingegen *nesapius* kaum *lani-
pendius*, *primigenius*, denen doch wiederum *lanipendus*, *primi-
genus* gegenüberstehen; die Substantive auf -*ium* und -*ia*
(worunter allerdings ein *serisapia*, ebenfalls bei Petron; vgl. Pott
Et. Forsch. ²V, 202 f.) kommen hier nicht in Betracht. Und
nicht viel anders verhält es sich mit **sapus* und **sapius*; vgl. *con-
gruus*, *indigus*, *parcus*, *providus*, *vivus* u. a. und *eximius*, *inferius*
(mit passivischer Bedeutung), *pluvius*, *satagius* (‚in der klassischen Latinität sind nur wenige Belege zu finden‘ Fr. Stolz
Hist. Gramm. d. lat. Spr. I, 456). Die Glosse: ‚*satius*, sapiens, or-
dinatus, temperatus‘ bei A. Mai Class. auct. VI, 544 wird hoffentlich Niemand in ‚*sapius* . . . .‘ verbessern wollen (vgl. ‚*satax*
sapiens . . . .‘ C. gl. l. IV, 389, 2 für ‚*sagax* . . . .‘). Auf Vorfüh-
rung des altlat. *sibus* (*persibus*) in dieser Angelegenheit wird
man wohl verzichten; und noch mehr auf die des osk. *sipus*
und des volsk. *sepu*, die zwar dem **sapus* sehr ähnlich sind,
deren Endung aber nicht der lat. -*us*, sondern wohl der: -*uos*
entspricht (R. v. Planta Gr. d. osk.-umbr. Dial. II [1897], 395 f.).
Eher könnte man in *sciapo*, welches P. Petrocchi Nòvo diz.
univ. (1892) im Sinne von *scipito* beim Pistojaer Forteguerri
(17./18. Jhrh.) und lebend im Gebiete von Siena findet, den

Nachkömmling von einem *insapus* erblicken wollen; es wird aber wohl zunächst auf *sciapido, -ito* zurückgehen, wie der scherzhafte Name *(Maestro) Scipa* Boccaccio Dec. IX, 8 auf *scipido, -ito* (Fanfani hingegen in seiner Ausgabe II, 264 Anm. 2: ‚quasi dica lo *Sciupa*, il Guastalarte, come ben nota il Dal Rio').

3) Aber dürfen wir *nesapius* oder *nesapus* schlechtweg in *ne* + *sapius* oder *sapus* zerlegen? Wir haben so wenig Adjektive mit *ne-* dass wir über diese Bildungen nicht völlig ins Klare zu kommen vermögen. *Nefastus* zwar scheint von *fastus* abgeleitet zu sein; aber es ist doch *nefas* zu bedenken, von dem allein ja *nefarius* herkommen kann, da es kein *farius** gibt. Das *ne-* von *nefandus* wiederum scheint dem verbalen Charakter von *fandus*, wie das *in-* von *infandus* seinem nominalen Charakter Rechnung zu tragen. In gleichem Verhältniss stehen *nescius* und *inscius* zueinander; jenes wird von *nescire* herkommen, wie *scius* von *scire*. *Nefrendes* setzt kein *frendes* voraus, sondern geht auf *frendere* zurück; Terentius Scaurus erklärt: ‚qui fabam *frendere non* possunt', und daran schliesst er: ‚*nesapus* qui *non sapit*'. Würde er wohl, wenn zu seiner Zeit ein *sapus* lebendig gewesen wäre, dies hier mit Stillschweigen übergangen haben? Es scheint aber auch die Bedeutung von *nesapius* oder *nesapus* die Annahme eines *sapius* oder *sapus* überflüssig zu machen. Wenn es nämlich auch so viel ist wie ‚qui *non sapit*', so möchte ich es doch nicht mit *insipiens* gleich setzen, und ich glaube nicht dass Friedländer an der Petronstelle es mit ‚unklug' übersetzen durfte. Der Zusammenhang: ‚ne me putetis *nesapium* esse, valde bene *scio*' zeigt dass ein *sapere* zu Grunde liegt das schon die romanische Bedeutung = *scire* hatte, und so ziehe ich die Wiedergabe durch ‚Ignorant' (so z. B. bei Georges) vor. Die volksthümlichen Bezeichnungen dieses Begriffs pflegen aber in unsern Sprachen nicht aus denen des Gegentheils: ‚Wisser' durch Hinzufügen der Negation hergeleitet zu werden, und es liegt ihnen zum Theil eine sehr eigenthümliche Bildungsweise zu Grunde. Bekannt und wissenschaftlich vielfach behandelt sind die zusammengesetzten Substantive die einen Imperativ enthalten. Man darf nun einerseits auf den Umstand der Zusammensetzung kein übermässiges Gewicht legen; A. Darmesteter Traité de la formation des mots composés S. 147 Anm. 3 zeigt dass der iso-

lirte Imperativ nur deshalb sich fast nie substantivirt weil er
‚nicht Körper genug hat um ein Wort zu bilden‘. Es kommen
aber doch solche Fälle vor; aus der römischen Volkssprache
sind komische Personennamen wie *Sor Friccica, Sor Pio-
viccica* bekannt, und die Märchenlitteratur wird wohl weitere
Belege liefern. Anderseits ist nicht bloss der Imperativ fähig
sich dergestalt zu verpuppen. Für ihn kann ja eine andere Form
der zweiten Person, vor Allem die des Futurs eintreten; vgl.
z. B. *mau-faras, pau-vaurras* neben *fai-mau, bal-paut* in südfranzösischen Mdd., sowie *noun-t'empleves*, ‚Einer der zu Nichts
zu brauchen ist‘ (von *s'emplega*) ebend. Indem aber das durch
einen Imperativ benannte Wesen oder Ding nicht bloss als
Hörer, sondern auch als Gegenstand und als Sprecher des
Imperativs gedacht wird, ist der Uebergang zur Verbalform
der dritten und der ersten Person angebahnt. Um von der
dritten ganz abzusehen, welche jedenfalls innerhalb der wissenschaftlichen Betrachtung dem Imperativ den Platz streitig
macht, wird man einer Pflanze die man *Rühr-mich-nicht-an*
sagen lässt, nicht auch ein *Ich-steche-dich* beilegen können?
In objektivem Sinne freilich heisst das Wiesenzittergras (*briza
media*) auf deutsch: *Ich-achte-sein-nicht*. Die ungeheuere Menge
der Imperativsubstantive wurzelt in einer Anzahl wirklich ge-
sprochener Sätze; was ist aber wohl natürlicher als dass Sätze
oder doch Worte die von einer Person mit Vorliebe wiederholt
werden, zur Benennung derselben dienen? So wurde der Cen-
turio Lucilius, Tacitus zufolge, *Cedo-alteram*, der Herzog Heinrich II. von Oestreich *Jasomirgott* zubenannt u. s. w.; so heisst
der Eisenfresser nach seinem Fluchen mail. *pofarbaco, pofar-
mì*, piem. *pofardiri*, neap. *pottamannaggia* u. s. w. (wie wenn
wir *Schwerenoth* für *Schwerenöther* sagen wollten und wohl wie
auch wir *Tausendsasa* sagen); so ist engl. *devil-may-care* ein
beliebtes Adjektiv geworden. Man vergleiche den Familien-
namen *Wasgehtsdichan*, den ich kürzlich in einem Wiener Po-
lizeibericht las, wenn er nicht etwa aus der josefinischen Zeit
der Judenbenennungen stammt. Mit der ersten Person sind
manche Namen in den alten Moralitäten gebildet, wie *Je-boy-
a-vous, Je-pleige-d'autant*; zu Rom sagt oder sagte man *temi-
stufo* von einem Menschen den Alles langweilt (*Madama Timi-
stufo*, ‚donna nauseante‘). Wenn dergleichen nur selten ist, so

liegt das daran dass die Imperativformen überall eindringen, Alles bezwingen. Ich bin nicht ganz der Ansicht von Darmesteter a. a. O. S. 176 Anm. 1: ‚En somme, il n'est pas de formes qui ne soient résolubles par l'impératif; et ce temps s'y laisse toujours découvrir par une analyse plus ou moins délicate.‘ Der Imperativ erscheint vielfach nur als Umbildung oder Umdeutung. Ich denke z. B. dass das von Darmesteter an dieser Stelle erwähnte *Habenichts* nicht ohne Weiteres als ‚habe nihil‘ zu deuten ist, sondern dass es zunächst den bezeichnet hat welcher von sich sagt: ‚ich habe Nichts‘; *habe* als Imperativ von *haben*, ‚besitzen‘ ist unnatürlich und ungewöhnlich. Diese Auffassung stütze ich darauf dass wir im Deutschen auch *Kannnichts* und *Weissnichts* im Sinne von ‚Nichtskönner‘ und ‚Nichtswisser‘ haben; s. das Grimm'sche Wtb. unter dem ersteren Worte, wo auch erwähnt wird dass *Waisnix* in Oestreich als Familienname vorkommt (wie es scheint, besonders in der Nähe des Semmerings). So werden Leute benannt die auf Alles was man von ihnen verlangt, sagen: ‚ich kann nicht‘, auf Alles was man sie fragt: ‚ich weiss nicht‘. Man könnte zwar in *Kannnichts*, *Weissnichts* die dritte Person sehen wollen; aber die erste scheint mir doch eher am Platze zu sein (wenn auch *Nichtskan* vorkommt, so mag das auf einer Umdeutung des *kann* beruhen; vgl. südfranz. *tout-ou-sap* neben span. *(don) sabelotodo*, wall. *rein-vá* neben *vá-rein*, südfranz. *pau-vau* neben *balpaut*, *pau-parlo* neben *parlo-pas*, und sonst *pau-me-tèn*, *pau-s'afano* u. s. w.), und zudem besteht eine solche innerliche Beziehung dieser Ausdrücke zu *Habenichts* dass man geneigt ist alle drei auf dieselbe Weise zu erklären (und wohl ebenso *Habegern*, *Haberecht*; vgl. Wielands *haberechten*, ‚sagen: ich habe Recht‘). Auch engl. *knownothing*, ‚Nichtswisser‘ lehnt sich wohl an *I don't know* an (jedenfalls wurden jene amerikanischen Geheimbündler so genannt weil sie erklärten Nichts zu wissen oder Nichts wissen zu wollen); dazu der Latinismus *ignoramus*, ‚Ignorant‘. In dem span. *hacer el nosabo (nonsabo)*, ‚den Unwissenden spielen‘ ist *no sabo* schwerlich == *no sabe* mit angehängtem substantivirenden -*o*, sondern eine nach *no sabe* analogisch gebildete erste Person, die vor dem gebräuchlichen *no sé* allerdings den Vorzug eines substantivischen Aeussern hat. Hieran schliesst sich am passendsten die Betrachtung von ital. *nesci* und *gnorri*.

B. Bianchi Arch. gl. it. XIII, 236 hat richtig erkannt dass der
auf die Wendung *fare il nesci, il (lo) gnorri* beschränkte Gebrauch beider Wörter und die Gestalt ihrer Endung in engem
Zusammenhang miteinander stehen; aber über die Art dieses
Zusammenhangs befindet er sich in einem grossen Irrthum.
Zwischen dem mit dem adjektivischen Prädikat verbundenen
reflexiven Verb des Lateinischen (*se facere nescium — ignarum*,
‚sich unwissend stellen‘) und dem mit dem substantivischen
Objekt verbundenen transitiven Verb des Romanischen (**facere
illum nescium — ignarum*, ‚den Unwissenden spielen‘) besteht
eine Kluft; die letztere Verbindung ist der Schauspielkunst
entlehnt und entspricht dem lat. *agere partes nescii — ignari*.
Stäken in *nesci* und *gnorri* wirklich jene lateinischen Adjektive, so müssten diese auch noch im Italienischen allgemeine
Geltung gehabt haben (wie das mit dem ersteren in den andern
romanischen Sprachen der Fall ist: prov. *nesci*, franz. *nice*, span.
necio, port. *nescio*) und erst später auf die betreffende Wendung
eingeschränkt worden sein. Dann aber liesse sich ihr *-i* nicht
aus dem *-ium* des Akkusativs erklären; und liesse es sich auch,
so müsste es uns doch Wunder nehmen dass nicht unter
gleichen Bedingungen andere Adjektive die Endung *-i* erhalten
haben (*pari* kann nicht herangezogen werden). Wir brauchen
uns nur den ursprünglichen Sinn der Redensart *fare il* . . . .
zu vergegenwärtigen um über den Sachverhalt ins Reine zu
kommen. Wenn sie die Bezeichnung einer bestimmten Rolle
oder doch eines bestimmten Rollenfaches (‚den Liebhaber, den
Hanswurst, den Heldenvater spielen‘) in sich schliesst, so wird
sich auch bei übertragenem Sinne die Neigung zur Wahl von
Eigennamen einstellen: *den Don Juan spielen, den Ganymed
machen, faire le Céladon*, piem. *fè 'l Polidoro* u. s. w. ‚Den
Dummen, den Unwissenden spielen‘ kann man im Italienischen
zunächst mit den eigentlichen, allgemeinen Ausdrücken wiedergeben, wie *fare il scimunito, lo scempiato*, sodann mit solchen
die an eine Schauspielermaske erinnern, wie *fare l' Indiano,
fare l' Inglese* (so wenigstens zu Rom), endlich mit Personennamen, wie *fare il Nanni* (vgl. kat. *fer lo Toni*, vielleicht mit
Anklang an *tonto*; auch zu Rom sagt man *un bon Togno*, ‚ein
sehr gutartiger Mensch‘). An ein solches *fare il Nanni* schliesst
sich nun in jeder Hinsicht *fare il nesci, il gnorri* an. Ich

brauche kaum daran zu erinnern wie gern man Dummköpfe
mit gewissen Taufnamen bedenkt; z. B. zu Rom mit *Nencio*,
Taddeo (überall sind die Namen auf -*eo*, wie *Meo*, *Matteo*, *Zebedeo*, in diesem Sinne beliebt; vgl. *babbeo*); vgl. unser *Stoffel*,
Michel, *Käthe*, *Trine*. Das -*i* von *nesci*, *ignorri* hat sein Vorbild
in dem von *Gigi*, *Nanni*, *Nigi*, *Toni* u. s. w.; diese Wörter sind
dadurch gleichsam zu Eigennamen geworden. Aber was waren
sie von Hause aus? Die Adjektive *ignaro*, *nescio*, die die
italienische Sprache nur als Buchwörter kennt (das letztere z. B.
bei Dante Par. XXVI, 74), sind ausgeschlossen; aus *altro* konnte
nach dem Muster von *questi* u. s. w. ein *altri* gewonnen werden, aber aus *ignaro* nicht nach dem von *Nanni* u. s. w. ein
ignari. Diese Umbildung war eine scherzhafte, und schon das
Wort selbst an dem sie vorgenommen wurde, musste ein
scherzhaftes sein. Nun liebte man insbesondere die scherzhafte
Einflechtung lateinischer Wörter in die heimische Rede, so in
Italien wie anderswo. Wer Etwas nicht wusste, latinisirte das
unangenehme Eingeständniss davon: *nescio*, *ignoro*. Wie sehr
wenigstens *nescio* im Sinne von ‚non ne so nulla' zu Mailand
gebräuchlich war (und so auch *nescio vos*, ‚ich kenne Sie nicht'),
bezeugt Fr. Cherubini Voc. milan.-ital. V, 125. Auch das lat.
nescit lebt in Mailand und anderswo (z. B. zu Piacenza) in der
Redensart *fà nescit*, ‚dare in ciampanelle,' ‚non riuscire a nulla'
fort, wie a. a. O. erläutert wird; sie stammt aus der Schule, wo
man von Jemandem der seine Aufgabe gar nicht wusste, zu
sagen pflegte, er habe *nescit* gemacht. Wenn nach Bianchi Arch.
gl. it. IX, 381 auch *sneci*, *snecio* (*smèsci* verzeichnet Petròcchi
Diz. univ.) vorkommen, so begreift man diese Entstellung bei
einem gelehrten Worte noch weit leichter als bei einem volksthümlich überlieferten. Bei *ignoro* liegt die Sache etwas anders:
diese Form ist zugleich lateinisch und italienisch; dass *ignorare*
hier Buchwort ist, bleibt ohne Belang. Aber wenn in der Antwort *ignoro* für *non lo so* gesagt wurde, so mochte man das als
Latinismus oder doch als affektirt empfinden, und damit hängt
wohl zusammen dass *ignorà* zu Mailand sehr häufig den besondern Sinn hat: ‚sich unwissend stellen' (Cherubini V, 86).
So wird man zunächst gesagt haben: *fare il nescio*, *l'ignoro*,
‚den Weissnichts machen'. *Fare il nescio* wird als seltenere
Nebenform (von Petròcchi unter dem Striche) in den Wörter-

büchern verzeichnet; es fragt sich aber ob es das alte *nescio*
ist und nicht etwa in Folge irgend einer gelehrten Erwägung
aus *nesci* umgeformt. Richtig hatte den Ursprung beider Wörter
schon angegeben V. Nannucci Teorica dei nomi della lingua
italiana (1858) S. 183 Anm. 3 [zu *gnorri*]: ‚formato dalla prima
persona del pres. indicat. *ignoro* . . . . Così da *nescio* dicesi pari-
mente fare il *nescio*, e il *nesci*“; über den Vorgang selbst macht
er sich weiter keine Gedanken. So auch Petrocchi Nòvo diz.
scol. (1892) zu *gnòrri:* ‚da *gnòro, ignòro*‘ und zu *nèsci*: ‚dal lt.
nescio non *sapere*‘ (B. Rivodó Tratado de los compuestos castella-
nos [1883] S. 125 sagt freilich — ich führe das nur der Ku-
riosität halber an — auch vom span. *necio*: ‚es el compuesto
latino *ne-scio*, que significa literalmente *no se*‘). F. Zambaldi
Voc. etim. ital. (1889) Sp. 1123 leitet *nesci* überhaupt von lat.
ne-scire ab; in *gnorri* sieht er Sp. 597 das ital. *ignori*, ‚ah, du
weisst nicht!‘ (sark.). Das doppelte r von *gnorri* wird nur bei
Annahme der Individualisirung einigermassen verständlich (vgl.
Berri | *Berengheri, Gasparre, Melchiorre* und weiter *Cioffo,
Ciappo* u. dgl.); vielleicht lag in dem *-orri* eine onomatopoetisch
komische Wirkung (vgl. röm. *tu sei casa Casorri*, ‚du bist von
kleiner Statur‘). Ich weise noch kurz auf das Bedenkliche der
Bianchischen Gleichung *gnorri* | *ignarus* (Arch. gl. it. X, 343)
hin: ich sehe von *-i* für *-ium* ganz ab; ich lasse *ignario mit
dem Geleitschein von *clario, rario* passiren; aber *ignorio für
*ignario würde durch die angeführten Fälle von *-or(i)o, -or(i)a* |
-arius, -arium, -aria selbst dann nicht wahrscheinlich gemacht
werden wenn diese einwandfrei wären — das stammhafte *a* und das
der Endung *-arius* sind doch nicht gleichen Geschicken unterworfen (eher hätte Bianchi eine Einmischung von *ignorare* annehmen können); *rr* für *r* erklärt er überhaupt nicht — er sagt:
‚domanderebbe ulteriori studj‘, aber a. a. O. XIII, 235 Anm. 1:
‚benchè non comune, non è del tutto isolato (intanto cfr. p. 230
e n. [hier wird *sgherro* | *scario* angeführt]), ma è indifferente
per la nostra tesi, e non occorre il parlarne.‘ Die offenen Vokale
von *gnọrri* und *nẹsci* bedürfen der Bianchischen Konstruktion
(Arch. gl. it. XIII, 236 f.) nicht. In ital. Buchwörtern lautet lat.
ō offen, insbesondere auch vor *r*, so *confessọre* (welches Bianchi
freilich aus *confessarius* herleitet), *glọria*, so *ignọro*, so *gnọrri*.
Wie Bianchi dazu kommt das *e* von lat. *nescius* als lang zu

bezeichnen, weiss ich nicht; das Lateinische hat *nĕfas*, *nĕqueo*,
und auch die romanischen Sprachen gewähren kein Zeugniss
für *nēscius*, wohl aber für *nĕscius*. — Alles in Allem genommen,
ist es mir weniger wahrscheinlich dass *nesapius*, *nesapus* auf
einem **sapius*, **sapus* als dass es auf *ne* und *sapere* beruht und
nescius zum Vorbild hat. Wie sehr es uns auch an das erwähnte span. *nosabo* gemahnt, es hat eine klare Nominalendung,
deren die romanischen Satzsubstantive zu entbehren pflegen.
Aber dass diese eine Personalendung überdecke, dass mit andern Worten *ne sapio* zu einem *nesapius* umgestaltet worden
sei, also einem **Weissnichts-ig*, nicht einem **Nichtsicissig* (vgl.
Fischarts *Nichtskönnig* neben *Kannnichts*) entspreche, ist nicht
durchaus unmöglich; in scherzhaften Zusammensetzungen wie
Quodsemelarripides, *Tediniloquides*, welche Plautus schuf, aber
gewiss nicht ohne an andere volksthümliche anzuknüpfen, steckt
doch nicht der Verbalstamm schlechtweg, sondern dynamisch
wenigstens, freilich nicht materiell, also nicht sicher bestimm-
bar eine Personalform. L.-Fr. Meunier Les composés qui contien-
nent un verbe à un mode personnel (1875) S. 2 f. hat nicht
Unrecht zu fragen: der Umstand dass *Quodsemelarripides* und
Numquampostearreddides durch Ableitung, franz. *abat-faim* durch
Juxtaposition gebildet ist, ‚cette différence interdit-elle absolu-
ment de rapprocher les composés latins du composé français?'

    b) In begrifflicher Hinsicht würde **sapius*, wenn
es existirt hätte, den romanischen Wörtern ziemlich entsprechen, aber

    c) in lautlicher nicht. Wie aus *sapiat*: ital. *sappia*,
neap. *saccia*, prov. *sapcha*, franz. *sache* geworden ist, so hätte
aus **sapius* ital. *sappio**, neap. *saccio**, prov. *sapche** (vgl.
noch *apcha*, *apropchar*; oder *sapi**, wie *api*, *propi?*), franz.
sache* werden müssen. Man führe nicht etwa lang. *sache* ins
Feld (J. Anglade Rev. d. l. rom. 1897 S. 317); hier gilt auch
racho } rabies, (montp.) *rouche } rubeus*. Wenn sich in alten
prov. Texten *sabja* findet, so ist das so wenig eine phonetische Schreibung wie *sabcha*. Und wenn anderseits bei den
Troubadours oder in den neuen südfranzösischen Mundarten
sapia wirklich vorkommt, so kann dies -*pia* keine direkte
Fortsetzung des lateinischen sein, und gerade dann am wenig-
sten wenn das *i* als Silbe gemessen wird (im Albigenser Kreuz-

zug: *sapiatz* wie *apropiar*). Zwischen Beidem steht -*pja*, oder
genauer gesagt -*pχa*. Denn wenn das zweite Element der Kon-
sonantengruppe ein reines *j* war, so musste das erste ein *b*
sein. Eine Silbe *pja* kann ganz so wie sie geschrieben ist,
nicht gesprochen werden, sondern auf das *p* muss unmittelbar
irgend ein stimmloser Laut folgen, der freilich ein Gleitelaut
sein kann: *p'ja* (*phja*) oder *pχja* oder, bei raschem Sprechen,
pχa (*pja*, welches nur die geringere Stärke des stimmlosen
Reibelautes ausdrückt). Diez Wtb. [2]I, 362 nimmt jenes aus
nesapius erschlossene *sapius als Grundwort an, aber nicht
als unmittelbares, da es franz. *sache** erzeugt hätte, sondern
er setzt ‚ein vermittelndes in dem altfr. *saive* LRs. angedeutetes
sabius, savius' an. Es ist nicht nur schwer zu sagen wie sich
Diez diese Vermittelung gedacht hat, sondern wie man sie sich
überhaupt denken kann. G. Gröber Arch. f. lat. Lex. u. Gr. V,
458 f. hat daher folgerichtig das *sapius bei Seite geschoben;
er versieht es zunächst mit einem Fragezeichen, und bezeichnet
es dann, nach Musterung der romanischen Formen, als ‚uner-
wiesen‘. An seine Stelle setzt er:

3. *sabius, über das er bemerkt: ‚kann erst entstanden
sein, als lat. *sapere: sabere* lautete, und zwar nicht in Italien,
da dort grösstentheils -*p*- unverändert bleibt‘; (S. 459): ‚. . . . so
erscheint *sabius* als eine Bildung des gallischen Lateins der
späteren Kaiserzeit.‘ Ihm schliesst sich Meyer-Lübke Rom. Lautl.
§ 508 an: ‚Schwierig ist ital. *savio* . . . . möglicherweise ein in
Gallien gebildetes Wort, als *sapere* zu *saber* geworden war.‘
Und in der Rom. Formenl. § 403 verzeichnet er *sabiu* unter
den ‚Neubildungen‘.

a) Indem ich dieses *sabius auf seine Existenzberech-
tigung prüfe, gestehe ich zunächst nicht zu begreifen warum
es gerade in Gallien entstanden sein soll. *Sab*- für *sap*-
hatten die iberische Halbinsel und Oberitalien mit Gallien gemein; daher durfte Gröber nicht von einer ‚Lehnwortform‘ des
span. *sabio* sprechen (denn es verhält sich zu franz. *sage* wie
span. *rabia, rubio* zu franz. *rage, rouge*; übrigens äussert Gröber a. a. O. S. 465 nicht einmal wegen des *bi* in span. *jibia* }
sepia ein Bedenken) und nicht sagen dass das Italienische
sein *savio* ‚dem Franz. (wegen des *v*) entnommen haben muss‘;
das Oberitalienische hat *v* } *b* } *p* wie das Französische, und

savio ist aus dem Oberitalienischen in die italienische Schriftsprache gekommen.

ϑ) Es war nicht erlaubt ein *sab-ius aufzustellen ohne
es wenigstens durch einen zweiten Fall einer derartigen Ad-
jektivbildung von einem Verbalstamm im Romanischen zu
stützen (das von A. Thomas Rom. XXV, 390 angeführte nieder-
limous. *desavèni, desavènio*, ‚désagréable‘ ist im Grunde gewiss
nichts Anderes als das gleichlautende Substantiv, ‚désagrément‘
bei Mistral). Ich habe schon oben erwähnt dass diese Adjektive auch in der klassischen Latinität ziemlich selten sind;
verschwindend gering ist jedenfalls die Zahl derer deren Ver-
wandtschaftsverhältniss zu einem Verb deutlich fühlbar war.
Und dies deverbale *-ius*, welches selbst in *pluvius, satagius*
(das von Gröber angeführte *noxius* gehört zu *noxa*, nicht zu
nocere) kaum noch lebt, soll in *sabius seinen Johannistrieb
entfaltet haben? Auf das adjektivische \,*-ius* für lat. *-us* in
span. *soberbio* u. s. w., welches ja in funktionellem Sinn nicht
einmal eine Ableitung ist, darf man sich nicht berufen und
ebensowenig auf das substantivische *-ium* an Verbalstämmen,
das übrigens im Romanischen nicht besonders fruchtbar gewesen ist. Wir haben allerdings port. *saibo*, ‚Nachgeschmack‘,
welches *sabium, und span. port. *resabio*, port. auch *resaibo*,
‚Nachgeschmack‘, welches *resabium zu *resapere* (so Apul.
Herb. 80) für *resipere*, ‚einen Nachgeschmack haben‘ sein
kann, und zur Bildung selbst liesse sich span. *dejo*, ‚Nachgeschmack‘ (eig. ‚Zurücklassen eines Eindrucks‘) von *dejar* pas-
send vergleichen; wobei jedoch nicht zu übersehen dass das
Verb zu *resabio* span. port. *resabiar* ist und dass hier *resaber*:
‚viel wissen‘, ‚überklug thun‘ bedeutet. Eine Stütze für span.
port. *sabio* | *sabius würde ich aber hier nicht sehen können,
weil sich keine direkte Beziehung zwischen *-ius* und *-ium* im
Allgemeinen nachweisen lässt; die verschiedene Bedeutung von
span. port. *sabio*, ‚weise‘ (altport. auch *saibo* Grundr. d. rom. Phil.
I, 747 Anm. 3) und *-sabio, saibo*, ‚Geschmack‘ begünstigt eher
die Annahme dass sich hier *-idus, -idum* in lautgerechter Weise
entwickelt haben, als dass beiderseits das gleiche neue Suffix
angetreten ist.

ϑ) Wenn wirklich von *sabere ein Adjektiv und ein Substantiv auf **-ius*, **-ium* abgeleitet worden wären, hätten diese

wohl die Gestalt *sabius, *sabium bekommen? Es wird ja
doch der Verbalstamm nicht rein herausgeschnitten und die
ebenso isolirte Endung darangesetzt, sondern die Ableitung
ruht auf den gesammten Verbalformen und ist eine analogische.
Wenn nun neben *sabit u. s. w. *sapjat u. s. w. steht, so wird
ein Adjektiv dazu entweder *sab-us oder *sapj-us lauten,
wie wir zu *volit, *voljat: *vol-um und *volj-um (altfranz.
ruel und rueil) haben. Der Streit ob eine postverbale oder
eine deverbale Bildung vorliege (s. A. Thomas Rom. XXV, 389.
Meyer-Lübke Ztschr. XXI, 309), erscheint mir hier wenigstens
als gegenstandslos; *sapj-us ist ja zugleich *sap-jus. Ja wenn
es im früheren Romanisch ein *sabius gegeben hätte, so würde
es sich wohl bald an *sapjat, *sapjens zu *sapjus angeglichen
haben. Man beachte prov. forschapche neben nicht volksthüm-
lichem forcapi (Thomas a. a. O. S. 390). Das Portugiesische
nimmt eine besondere Stellung ein; da sapiat hier zu saiba geworden ist, so ist gegen sabio, saibo auch aus *sapius, *sapium
vom lautgeschichtlichen Standpunkt aus Nichts einzuwenden.

b) c) begriffliche und lautliche Schwierigkeiten würden der Herleitung der bewussten romanischen Wörter aus
einem solchen spätlateinischen oder frühromanischen *sabius
nicht im Wege stehen.

II. Positiv: | lat. *sapidus*.

a) in lautlicher Hinsicht. Von den zu Anfang stehenden romanischen Formen sind die einen, so span. port. sabio,
ven. savio die lautregelmässigen Fortsetzungen von sapidus, die
andern nicht. Den verschiedenen Lautregeln zufolge sollte sapidus werden zu neap. sapeto*, lomb. sared* u. s. w., prov. sabe,
franz. sade. Die beiden letzten Wortformen bestehen allerdings,
aber in der Bedeutung ‚schmackhaft' oder solchen Bedeutungen
die daraus hervorgegangen sind (‚angenehm', ‚hold', ‚anmuthig'
u. s. w.); sade ist in der Schriftsprache veraltet (abgesehen von
maussade), lebt aber noch in den Mundarten fort (burg. sède).
Das gleichbedeutende bearn. sabre ist vielleicht aus *sabde (*sa-
pitus ergab hier sapte, ‚unangenehmer, fauliger Geschmack') ohne
Weiteres entstanden (vgl. bearn. limpre | limpidus; im südfranz.
ispre | hispidus hat sich aspre eingemischt), eher wohl mit An- .
lehnung an südfranz. sabrous (kat. sabros, span. vulg.-port. sabroso).

Es ist sehr wahrscheinlich dass ‚bei frz. *safre*, norm. *sapre* das Etymon *sapidus* in Frage kommt', wie A. Horning Ztschr. XV, 503 sagt, aber er hätte hinzusetzen müssen dass ohne jeden Zweifel noch ein anderes Etymon dabei betheiligt ist; auch ist das *r* schwerlich ein epenthetisches, wall. *sapreux* ruht zunächst auf *saporosus*. Diese beiden lautregelmässigen Vertreter von *sapidus*, ‚schmackhaft', *sabe* und *sade*, gewähren durchaus keinen Einwand gegen die Annahme einer andersgearteten Entwickelung von *sapidus*, ‚weise' in den betreffenden Sprachen; im Gegentheil, sie machen eine solche nur erklärlicher (vgl. z. B. mail. *solid*, *sald*, *sodo*, *soli* in verschiedenen Bedeutungen). Erklärlich ist sie nämlich an sich: -*idus* ist mit der Endung *-ius* vertauscht worden, *sapidus* mit *sapius*, nämlich sard. *sabiu*, kat. *sabi*, altfranz. *saive* u. s. w. Zambaldi Voc. etim. Sp. 1100 trifft das Richtige wenn er ital. *savio* und *saggio* auf *sapi'us* für *sapidus* zurückführt. Die von mir aufgestellte Geschlechtstafel von *sapidus* entspricht durchaus der von *tepidus*, welches lautregelmässig span. port. *tibio*, ven. *tivio* ergibt, mit Suffixvertauschung sard. *tebiu*, kat. *tebi*, altfranz. *teve*, *tieve* (zu welchem sich neufranz. *tiède* verhält, wie *sade* zu *saive*). Gerade diese Parallele die ich in meiner kurzen Notiz Ztschr. XX, 535 in den Vordergrund gestellt hatte, wird von G. Paris in seiner Bemerkung hierüber Rom. XXVI, 143 ganz mit Stillschweigen übergangen. Oder setzt er etwa für *tibio*, *teve* u. s. w. ein anderes Grundwort als *tepidus* an?

Dass es sich nicht etwa um eine besondere Entwickelung der in ihren Ausgängen ganz gleichen Wortformen *sapidus* und *tepidus* handelt, das wird uns offenbar wenn wir die Schicksale der Endung -*idus* in den verschiedenen romanischen Mundarten verfolgen. W. Meyer(-Lübke) hat dies Ztschr. VIII, 206 ff. innerhalb eines weiteren Rahmens (‚Die Behandlung tonloser Paenultima') mit grossem Fleiss und Scharfsinn gethan; über Manches ist er im Dunkeln geblieben oder hat wenigstens uns im Dunkeln gelassen, und seine Erklärungen sind nicht alle stichhaltig, vor Allem aber hat er die Ersetzung von -*idus* durch *-ius* nicht festgestellt. Hierzu habe ich ebend. XV, 238 f. einige Bemerkungen gemacht in denen der Keim der folgenden Auseinandersetzungen zu erblicken ist. Auf engerem Gebiet hat jene Untersuchung fortgeführt Horning ‚Zur Behandlung

lat.	sard. (logud.)	sizil.	neap.
fracidus	(*frazigu*)	*fracitu* (*fradiciu*)	*fraceto*
gravida	*raida*	*gravita*	*graveta*
limpidus	*limpiu*	*limpiu* *limpidu*	*limpio* *limpeto*
lucidus	*lughidu* *luzzidu* (*luzzigu*)	*lucidu* -	*luceto*
marcidus	*marciu*	*marciu*	*marcio*
morbidus	*morbidu*	*morbidu*	
rabidus -	(vgl. *arrabbidare*)	*rabbiu*	
rancidus	*ranchidu*	*rancidu, -itu*	(*g*)*ranceto*
solidus	*solidu*	*solidu*	
tepidus	*tebiu*	*tepidu, -itu*	(*tiepolo*)
turbidus	*torbidu* (südsard. *trullu* und Subst. *trumbullu*)	*torbidu* *torbitu* (*trubbulu*)	(*truvolo*)
viscidus	*bischidu*	*viscidu* *viscitu*	*visceto*

schriftital.	emil.	lomb.	friaul.
fracido (fradicio)	frazzid		fraid
gravida	gravda, grevda	gravida gravia	gravide
limpido	leinpid lanpid	limpid lamped	limpid limpi
lucido	luzzid	lücid	
marcio marcido	marz, mars	marsc, mars	
morbido	morbid, -ad morbi	morbid, -ed morbi morbe smorbe	morbid
rabido			
rancio rancido (rancico)	ranz, rans ranzed (ranzagh)	ransc, rans	rantid
solido	solid soli	solid soli, söli	
tiepido	tevd	teved	tiep-, tep-, tip-, tivid (clip)
torbido (torbo)	torbid, -ad trovd torbi (torb)	torbid (torbor, torber, tolbor) trobe tourbi	turbid (torgul, turgul)
viscido			

der tonlosen Paenultima im Französischen' ebend. XV, 493 ff.
(s. insbesondere S. 502 f., wo von der Thatsache ausgegangen
wird dass ,in gewissen Mundarten *tepidum* zu *tepio* geworden ist';
vgl. dazu desselben Artikel über franz. *suie* ebend. XIII, 323 f.).
Aber es bleibt noch viel zu thun, ehe wir Alles und zwar in
voller Uebereinstimmung verstehen. Mir kommt es nur darauf
an zu zeigen dass auch der Theil des romanischen Gebietes
welcher, wenigstens zunächst, das *d* von *-idus* festhält (daraus
kann dann lautregelmässig *-edo, -ed, -e* werden), zahlreiche Fälle
von *-ius* für *-idus* aufweist. Das Rumänische scheint gänzlich
ausgenommen zu sein; das zweimalige *rince* für *rinced* in dem
Wörterbuch von A. Clemens (1837) ist auch in der dortigen Gegend
(um Kronstadt, insb. zu Brenndorf) ganz unbekannt; *rece*, ,kalt'
ist wohl) *rece(n)s* + *ricidus* (wegen des *e*) *g* vgl. einerseits rum.
linced) *languidus*, anderseits span. *recio*) *rigidus*; *recoare* ist
rigor, nicht eine späte Bildung aus *rece*; die Glossen setzen *riget*
dem *friget* gleich). Ich gebe zunächst eine Auswahl italienischer
und ostladinischer Formen von beiden Kategorieen (siehe Seite
18 und 19).

Besonders zu beachten sind ital. *mozzo*) *mutidus* (vgl.
gen. *muttu*, südfranz. *moude*, das sich zu *mout* verhält wie port.
nedeo zu *neto*), weil man hier *mutilus, muticus* oder *mutius*
angesetzt hat, lecc. *fiezzu*) *foeti(d)um* (trotz Ascoli Arch. gl.
it. IV, 125 Anm. 2) und ital. *puzzo*) *puti(d)um*, weil man das
-zz- hier aus *-tidi-* hat erklären wollen (Meyer-Lübke Ztschr.
VIII, 212. Gröber Arch. f. l. L. u. Gr. IV, 453).

Ich füge eine Tabelle grössern Massstabes für ein kleineres Gebiet, das der istrischen Mundarten hinzu, welche mir
A. Ive gütigst mitgetheilt hat (siehe Seite 22 und 23).

Zu den drei letzten lateinischen Formen bemerke ich Folgendes.

Rubidus, ,rauh' (dessen *b* sich noch in echt toskanischen
Quellen wie Buonarrotis Tancia findet: *rubido*) habe ich nicht
mit einem Stern versehen, obwohl man es in unsern Wörterbüchern vergebens sucht. Es liegt so handgreiflich vor in den
beiden Senaren des Plautus:

Casina II, v, 2 = V. 310 ed. Fr. Schoell:
    Atque ibi torreto mé pro pane *rubido*.
Stichus I, III, 77 = V. 228 ed. Fr. Ritschl[2]:
    Robiginosam strigilim, ampullam *rubidam*.

Ueber die Bedeutung klärt uns Festus auf; nach dem Auszug des Paulus: ‚rubidus apud Plautum panis vocatur parum
coctus; item scorteae ampullae rugosae rubidae dici solent'
(S. 263 M. = S. 353 Th.), in der Festushandschrift selbst: ‚rubidus.... ur parum coctus cum.... Plautus in Catina.... o atque ibi torreto.... em scortea eam pullae vetustate rugosae
et coloris eiusdem rubidae dici solent.' Es handelt sich um
knuspriges Brod und um runzlige Lederflaschen; aber schon
Festus hat das Wort mit rŭbidus verwechselt, und ebenso, ihm
folgend, Isidor Or. XX, ii, 15: ‚panis rubidus, recoctus et rube-
factus', und bis auf den heutigen Tag hat man es mit ‚dunkel-
roth' übersetzt. Indessen scheint es doch bei einigen Heraus-
gebern und Erläutern des Plautus Bedenken erregt zu haben;
ich entnehme das zunächst aus der Anmerkung Schoells zur
Casinastelle (S. 143): ‚ruuido Lambinus praeeunte ruido Bero-
aldo et Hermolao apud Festum', ich habe mich nicht selbst in
die ältere Plautuslitteratur vertiefen wollen. Man hat meistens
übersehen dass rubidus an den angeführten Stellen langes u hat,
während rubidus, ‚roth' kurzes haben muss. Die Wörterbücher
gaben bisher nur rŭbidus, doch merkt De-Vit an dass bei
Plautus rūbidus gemessen werde. Schon vor einem halben Jahrhundert hatte Ritschl sich über rūbidus bestimmt, ja allzu bestimmt ausgesprochen (Opuscula philol. II, 620 und auch 587).
Er führt noch einen dritten Beleg für rūbidus an, einen Hexa-
meter des Symphosius:

    Rubida, curva, capax, alienis umida guttis.

Hier übrigens, in dem ersten Vers eines ‚Strigilis' betitelten
Aenigma (Anthol. lat. I, 243, 279 ed. A. Riese) ist die Bedeutung von rŭbidus: ‚rauh' womöglich noch zweifelloser;
trotzdem macht Riese ein Kreuz davor und frägt in der Anmerkung: ‚Num *Aerea*?'. Uebrigens scheint diese Bedeutung
nicht allen Neuern unbekannt geblieben zu sein, so z. B. nicht
dem Lexikographen Littleton (17. Jhrh.). Ritschl, welcher
meint dass jene Plautusstellen ‚sehr unbegründeten Anstoss gegeben haben', kennt nur éin rubidus; er spricht die Ansicht aus
dass in ihm ‚zu jeder Zeit' das ū von rūb- sich finde, das auch
durch das inschriftliche *Ruubius* bestätigt werde und das später
in das ŭ von rŭber, rŭbor, rŭbere übergegangen sei. Wenn wir
einen Vers besässen in welchem rubidus mit der unzweifel-

lat.	Pirano	Valle	Rovigno
gravida	*graveda* **gravia**	*graveda* **gravia**	*graveda, -ada* **gravia**
limpidus	*lampedo* **limpio** **lampio**	*žlanguido*	*lanpedo* **leinpio**
morbidus	*norbedo*	*norbio*	*nurbedo, -ado* **nurbio**
rancidus	*ranpedo*	*ranzido*	*ranzado* **ranzio**
tepidus	*cecedo*	*tevedo*	*tivedo, -ado* **tivio**
turbidus	*(torgolo)*	*(torbolo)*	*turbado* **turbio**
rûbidus	*ruvedo*	*gruvio* **(gruvo)**	*ruvedo, -ado* **gruvio**
*ruspidus		*ruspio*	*ruspedo, -ito* **ruspio**
*torquidus	*toržio* **(toržiom,** **toržiolom,** **trużiom)**	*(toržioń,* **toržioloń)**	*(turdażo)* **turžio** **(turžioń,** **turžiuloń)**

Dignano	Fasana	Galesano	Sissano	Pola
graveda **gravia**	*graveda* **gravia**	*graveda* **gravia**	*graveda* **gravia**	*graveda* **gravia**
lanpido *languido* **lanpio**	*lanpedu* **lanpiu**	*lanpedo*	*lenpido*	*lenpido*
uurbedo **nurbio**	*nurbedu* **nurbiu**	*norbedo*	**norbio**	*morbido* **norbio**
ranzido	*ranzidu* (**ranzu**)	*ranzedo*	(**ranzo**)	*ranzido*
tivodo **tivio**	*tivedu* **tiviu**	*tevodo*	*tevedo*	*tepido* **tevio**
turbedo **turbio**	*turbedu* **turbiu**	*turbodo*	*torbedo* **torbio**	*torbedo* **torbio**
gruvio (**grouvo,** **‚Klette‘**)	**gruviu**	**gruvio**	*ruvedo* **grovio**	
ruspedo **ruspio**	*ruspedu* **ruspiu**	**ruspio**	**ruspio**	*ruspido*
(**turdežo**) **turžio** (**turžioň,** **trużioň**)	(**turdežu**) **turžiu** (**turżiuloň**)	(**turdežo**) (**torzion**)	**toržio**	(**tordižo**) **torżio** (**torżioloň**)

haften Bedeutung ‚roth' vorkäme, so würde das *u* darin gewiss
kurz sein. Man hat früher den lateinischen Vorgänger des ital.
rurido in dem ‚*ruido* pilo' des Plinius H. n. XVIII, 97 gesehen;
Detlefsen hat aber statt dessen nach zwei Hss., von denen die
eine dem 6. Jhrh. angehört, *nudo* in den Text gesetzt, und
dies scheint mir einen bessern Gegensatz zu dem ‚pilo prae-
ferrato' zu bilden (vgl. H. Blümner Techn. und Term. d. Gew.
u. K. bei Gr. u. R. I [1875], 18 ff.) als *ruido* im Sinne von
‚rauh', ‚nicht geglättet'. Indessen hält man, so viel ich sehe,
zum Theil noch an der letztern Form fest; immerhin dürfte
von diesem ἅπαξ λεγόμενον Fr. Skutsch Forschungen zur lat.
Gr. u. M. I (1892), 46 Anm. nicht sagen: ‚*ruidus* seit Plinius'.
Rubidus und *ruidus* haben schwerlich als Synonyme bestanden;
entweder ist das letztere in *rubidus* zu ändern oder beide in
eine dritte Form, die nur *ruridus* sein könnte, aber sich auch
der etymologischen Deutung nicht besser fügen würde als *rūbidus*. Dieses von dem (asper, durus, hirsutus, horrens, mordax)
rūbus herzuleiten, verbietet die Quantität; es würde sonst auch
gut zu ‚*rūbeta* (ergänze ‚rana'), ‚Kröte' passen, welchen Namen
sie schwerlich von ihrem Wohnsitz, vielmehr von ihrer Ober-
fläche erhalten hat, wie sie ja im Romanischen (s. unten S. 28)
mehrfach das ‚rauhe' (Thier) genannt wird. Mit *rūbigo* würde sich
rūbidus eher vereinigen lassen (vgl. altport. *arruvidão*), aber
hier widerstreben wieder die Bedeutungen. Wir müssen *rūbidus*
entweder von einem Verb *rūbēre*, etwa mit der Bedeutung ‚auf-
kratzen' (= engl. *rub* oder got. *raupjan*, hd. *raufen*? vgl. unten
ruspidus von *ruspari*) oder von einem Substantiv *rūba* (-us,
-um?) herleiten, dem kaum eine andere Bedeutung zuzuweisen
wäre als ‚Runzel'. Denn, wenn W. Förster Ztschr. III, 259 f. als
Grundwort für ital. *rurido* *rugidus* (findet sich mit der Bed. ‚ge-
streift' in der Glosse: ‚alternatus, variatus, rugidus' bei Mai Class.
auct. VI, 506) von *ruga* aufgestellt hatte, so war das in begrifflicher
Hinsicht das denkbar Beste; aber das von G. Paris Rom. VIII,
628 wegen der Behandlung des *g* ausgesprochene Bedenken
musste als berechtigt anerkannt werden. Ein solches mit *ruga*
sich so nahe berührendes *ruba* ist, ich gestehe es, an sich
wenig wahrscheinlich, und man wird dafür das *ruba*, welches
nach DC. sich in einer Urkunde Ludwig des Frommen findet,
ebenso wenig als Stütze gelten lassen wie etwa franz. *douve*

für ein altes *dora* neben *doga*. Indessen sind auch späte Zeugnisse nicht zu vernachlässigen wenn sie von ganz verschiedenen
Seiten kommen; und so begegnen wir denn in der That im
Romanischen deutlichen Spuren eines alten Wortes für ‚Runzel‘
welches sich von *ruga* durch einen mittleren Labial unterscheidet. Auf das westromanische *rua*, in der Bed. ‚Strasse‘
Nebenform von *ruga*, lege ich hier kein Gewicht; es schickt
sich nicht schlechter zu *ruba* als zu *ruga*. Vielmehr habe
ich eine Reihe von Wortformen im Auge denen man bis jetzt
nicht die verdiente Beachtung geschenkt hat, nämlich port.
rofo, südfranz. *rufo*, *rifo*, *riflo* (in andern Mdd. *rugo*, *ruo*),
toul. *rupo*, piem. *rüpia*, ‚Runzel‘, zu denen die Verben südfranz.
rufa, -*i*, *rifa*, *rifla*, *rupa*, -*i*, piem. *rüpì*, ‚runzeln‘ unmittelbar
gehören und in etwas weiterem Zusammenhang port. *arripiar*,
‚vor Kälte erschauern lassen‘, ‚die Haare zu Berge treiben‘
(welches sich mit *horripilare* vermischt hat; vgl. *arripiacabello*),
gal. *arrupiarse*, ‚eine Gänsehaut, einen Fieberschauer bekommen‘. Schon das Nebeneinander von *p* und *f* zeigt den Einfluss germanischer Würter, mit doppelter Labialstufe, an, aber
sie werden nicht einfach entlehnt worden sein, sondern ein
altes lateinisches Wort nur in so mannigfacher Weise umgestaltet haben. Es sind zwei verschiedene germanische Wort-
stämme die in Betracht kommen, der eine liegt vor in dem
eben schon angeführten *raufen*, der andere im ahd. *hruf*,
‚Schorf‘ (wozu ags. *hreóf*, lit. *kraupùs*, tschech. *krupý* u. s. w.,
‚rauh‘, ‚grob‘ u. ä.); auf diese mögen die bei Diez Wb. [3]I,
360 unter *ruffa* verzeichneten romanischen Würter zum Theil
ohne Weiteres zurückgehen. Die Bed. ‚Runzel‘ hat das hier
angeführte ältere holl. *ruyffel*. Dem *rüpo*, *rüpia* steht nun
wieder sehr nah siz. neap. gen. *rappa*, ven. bresc. mant. parm.
rapa, friaul. *rape*, engad. *rappa*, *rapla*, ‚Runzel‘, das aber zum
grossen Theil auch, mit weiblicher oder männlicher Endung,
als Nebenform von ital. *grappo*, die Bedeutung von ‚Trauben-
kamm‘ oder ‚Traube‘ hat. Wegen des *a* vergleiche man dazu
südfranz. *rafi*, *rabi*, ‚runzeln‘ (das burg. *raibô*, ‚Unebenheit‘,
welches Littré zu *rabot*, ‚Hobel‘ in Beziehung setzt, und waadtl.
rabou, ‚uneben‘ sowie *rabot* selbst verdienen auf ihre etwaige
Verwandtschaft mit den hier besprochenen Würtern geprüft
zu werden; man beachte franz. *raboteux*, ‚knorrig‘, ‚rauh‘, süd-

franz. *rabastous*, ‚raboteux‘ und wall. (Malm.) *rabo*, ‚Kröte‘, eig.
— wovon unten Weiteres — ‚runzliges‘ Thier). Von dem engad.
rappa, *rapla* weicht obwald. *rabaglia*, *rubaglia*, *rubeglia*,
‚Runzel‘ stark ab; das *u* braucht in tonloser Silbe vor Labial
keinen nähern Zusammenhang mit *rüpo*, *rüpia* anzudeuten.
Diese romanischen Wortformen lassen allerdings eher als **rûba*
im Vulgärlatein ein **rûpa* (**ruppa*) vermuthen, welches sich
an *rûpes*, *rupina* (*rupex* hingegen gehört nicht hieher) anschliessen würde (vgl. lit. *rupas*, ‚rauh‘); vielleicht steht damit
ein noch dunkles *rupa* der Glossen im Zusammenhang. Anderseits vgl. slow. *vrapa*, tschech. *vráp*, ‚Runzel‘ (friaul. *frape* = r.).
Zu port. *rofo*, ‚Runzel‘ gehört nun das Adj. *rofo*, ‚nicht polirt‘,
‚nicht geschliffen‘, zu südfranz. *rufo*, ‚Runzel‘, *rufa*, ‚runzeln‘
das Adj. *rufe* (dauph. *roufle*, alt- und mundartl.-franz. *rufe*, *ruffe*,
rufle), ‚rauh‘ i. e. und übertr. S., welches in der alten Sprache
(‚*rufas* las mas‘) keine Spur eines Suffixes aufweist. Wenn
diesem das ital. *ruvido* im Stamme genau entspräche, so müsste
dies eine oberitalienische Form sein, in welcher das germ. *f*
behandelt worden wäre wie das lat. *f* zwischen Vokalen, und
es liesse sich dafür vielleicht poschiav. *rüvülü*, ‚zerzaust‘ (von
Wind und Wetter) neben ital. *arruffato* anführen. Wie immer
wir das ‚panis *rûbidus*‘ fassen mögen, die germanischen und
romanischen Sprachen bieten Uebersetzungen mit lautähnlichen
Wörtern dar; bei Valentini findet sich ‚*rufiges* Brod‘ i. S. von
knusperigem (alt- und mundartl.-d. *Rufe*, ‚Schorf‘ { mail. *rüfa*
u. s. w., dass.), bei Sachs ‚pain *riflé*‘, ‚Brod vom zweiten Gebäck‘
(also ‚recoctus‘ Isid.), bei Mistral ‚pan *rabastous*‘, ‚pain gras-
cuit, mal levé (also ‚parum coctus‘ Fest.). Es drängt sich hier
die Frage auf ob das gemeinrom. *rude*, *rudo* } lat. *rûdis* in einem
Abhängigkeitsverhältniss zu *rûbidus*, ital. *ruvido* steht (Salvini
hatte einst umgekehrt *ruvido* von *rudis* abgeleitet). Es ist
kaum den Buchwörtern zuzurechnen; das *u* für *ü* könnte mit
Hülfe von *rûdus* erklärt werden (Ascoli Arch. gl. it. I, 500),
aber im franz. *rude* bedarf noch das *d* der Rechtfertigung.
B. Bianchi hat daran gedacht dies auf **ruvde* } ital. *ruvido* zurückzuführen (Arch. gl. it. XIII, 195 Anm. 2). Wird hier Entlehnung aus dem Italienischen angenommen, so dürfen wir ebenso gut Entlehnung von ital. *rude* annehmen; wird aber ein altes
*ruvidus zu Grunde gelegt, so werden wir das auch in dem

sonstigen romanischen *rudo* wiederfinden (der Romagnole fühlt
gewiss *rud* nur als Abkürzung von *ruvd*), und nur das *e* von
rude auf Rechnung von lat. *rudis* setzen. — Was das *y* der
istrischen Formen anlangt, so stammt es vielleicht aus dem
deutschen *grob*, das sich ja im West- und Mittelladinischen
ganz eingebürgert hat; in *grouvo*, ‚Klette‘ aber ist der Anlaut
mit dem des gleichbed. ven. *grapegia*, romagn. *grapela*, südfranz.
grapoun (*rapegue*) = franz. *grateron* identisch. Das *o* von siss.
grovio erscheint auch im trient. *sgrovi*. Die ₊-*ius*-Form ist auch
auf lombardisches Gebiet hinübergedrungen: altlombard. *sgruvio*,
gruvio, com. *grüj*, bellinz. *grüvi* (C. Salvioni Arch. gl. it. XII, 431).

Die Geschichte von **ruspidus* berührt sich mit der des
gleichbedeutenden *rubidus*. Es ist nicht unmittelbar als lateinisches Wort belegt; denn wenn nach DC. bei den Agrimen-
soren *ruspidus* im Sinne von ‚impolitus minimeque laevigatus‘
als Gegensatz zu *limpidus* vorkommt, so ist das eine falsche
Lesart. Das Stammwort ist lat. *ruspari*, ‚durchsuchen‘, dessen
ursprüngliche Bedeutung sich gewiss im ital. *ruspare*, ‚scharren‘
(von Hühnern), ‚nach Kastanien umherstöbern‘, prov. *rouspa*,
‚trocknes Brod benagen‘ erhalten hat; und das wird uns durch
die Ableitungen von laut- und begriffsverwandten Verben bestätigt. Zunächst ist von ₊*raspare*, ‚scharren‘, ‚kratzen‘, ‚raspeln‘,
welches nicht nothwendigerweise das ahd. *raspôn*, ‚zusammen-
scharren‘ fortsetzt, sondern aus *ruspari* durch dieses oder durch
rapere, ₊*rappare* umgestaltet sein kann: südsard. *raspidu* (auch
raspinosu = ital. *rasposo*, südfranz. *raspous*, -*agnous*, -*ignous*) im
Sinne von *ruspido*. Mit *i* haben wir das Wort in span. port.
rispido, ‚rauh‘, durch Einmischung wohl von *hispidus* (vgl.
übrigens südfranz. *rispo*, ‚schneidend kalter Wind‘); altgal. *ris-
pito*, ‚streng‘, ‚unerbittlich‘ wurde in der Bedeutung durch *ri-
gido* beeinflusst. Neben ₊*raspare* steht ₊*rascare* (vgl. parm. trient.
ruscar = trient. *ruspar*, ‚suchen‘) mit ₊*rasca*, ‚Krätze‘, davon siz.
rascusu, *rascagnusu*, südfranz. *rascous*, *rascagnu*, ‚rauh‘. Ferner
südfranz. *grapela*, ‚kratzen‘, davon *grapelous*, ‚rauh‘, ‚runzlig‘;
franz. *gratteler*, ‚leicht kratzen‘ (*grattelle*, südfranz. *gratello*,
‚Krätze‘), davon *gratteleux*, ‚krätzig‘, südfranz. *gratelous*, auch
‚rauh‘. Man vergleiche auch com. *raspà*, *rapà*, ‚kratzen‘ (letzteres speziell ‚in der Kehle kratzen‘), davon *rasp*, *rap*, ‚herb‘,
‚säuerlich‘ (ein solches *rap* + südfranz. *rufe* [s. S. 26] ergibt das

mit dem ersteren gleichbed. rouerg. *rafe*). Dem ostoberital. *ruspio* entspricht nun in gleichem Sinne und in dem besondern von ‚neugemünzt‘ ital. *ruspo*, und davon ist wiederum *rospo*, ‚Kröte‘ nur eine lautliche Variante. In der Bedeutung ‚widerhaariger‘, ‚ungeschliffener Mensch‘ schliesst sich *rospo* wohl unmittelbar an das Adjektiv an (die Mundarten kennen es so oder mit Suffixen, wie mail. *rüspan*, romagn. *ruspazz*, auch wo sie für ‚Kröte‘ andere Ausdrücke haben). Ganz ähnlich heisst zu Brescia die Kröte *rapatà* von *rapat*, ‚runzlig‘, *rapa* ‚Runzel‘. Im Grunde dasselbe Wort, nur mit anderer Endung ist süd-franz. *grapaud* u. s. w., franz. *crapaud;* vgl. südfranz. *grapelous*, ‚runzlig‘, alt- und mundartl.-franz. *crape*, ‚Schorf‘, ‚Krätze‘, wall. *crapouieü*, *crapieü*, ‚rauh‘, ‚runzlig‘ u. s. w. Statt *rospo* finden wir im Ladinischen *ruschg* u. s. w. mit Angleichung an *ruscum*, ‚Mäuse-dorn‘ oder an $_{*}$*rusca*, ‚Rinde‘ (vgl. span. *escuerzo*, ‚Kröte‘); man bemerke umgekehrt gen. *rüspu* | *ruscum*, ‚Mäusedorn‘. Der Fe-libre P. Gaussen hat drei der hier genannten Wörter in einer wohl unbeabsichtigten Onomatopöie vereinigt (Mistral u. d. W. *raspignous*):

De grapaud raspignous coume de rusco.

*Torquidus in Redensarten wie *andar a toržio*, ‚herum-bummeln‘ ist in den venetischen Mdd. sehr verbreitet (daher friaul. *a torzeon*), findet sich aber auch im Genuaschen: *a torsiu*, und darüber hinaus im Südfranzösischen: *a torge*, (lang.) *a torche*, ‚à tort et à travers‘ (Mistral). *Tordižo* u. s. w. steht für *torzedo* (Fr. Novati La ‚Navigatio Sancti Brendani‘ in antico vene-ziano Gloss. S. 108, wo für *torzeu* auch Calmo Lett. 478 angeführt wird). Der Guttural, bez. die Dentalaffrikate von *torquere*, *torcere wird bekanntlich in Oberitalien zum grossen Theil stimmhaft, so ven. *toržer*, mail. *torg*, berg. *torgì* (‚torquilum, *ol torgio*‘ J. E. Lorck Altberg. Sprachd. S. 102 N. 198); vgl. altfranz. *torge* aus *torqueat* sowie den Infinitiv *tordre* und vielleicht auch gal. *estordegar* (auch in andern port. Mdd. *stordegar*, s. Rev. lus. I, 219) = port. *estorteyar*.

In den heutigen südfranzösischen Mundarten finden wir für *-idus* zum Theil, und dies schon prov., *-e* aus **-ed*, **-edo* (weibl. *-o* nach der männl. Form neben *-ezo*), zum Theil *-i* (auch *-ie*) aus **-io* (weibl. *-io*); ich schreibe aus Mistrals Wörter-buch aus:

cupidus	coube	cóubi
floridus		flŏri
horridus	orre	ŏrri
humidus	ime	
limpidus		limpie
marcidus	marce	(mars)
rancidus	rance	rúnci
tepidus	tèbe	tèbi, querc. tèbie (wie sùbie).

Das Bearnische der Berge hat noch die Form mit *d* von dem letzten Adjektiv: *tebed* (w. *tebede*).

Im Westladinischen setzt -*i* (weibl. -*ia*) aus -*idus* als Vorstufe nicht *-*id* (so friaul.), sondern wie im Südfranzösischen *-*io* voraus, das aber hier wie im Venetischen lautregelmässig eingetreten ist. Ascoli Arch. gl. it. I, 99 fasst den Schwund des -*do* wie den des -*co*, indem er zunächst Abfall des auslautenden Vokals annimmt (ebenso, wenigstens in Bezug auf -*co* Meyer-Lübke Rom. Lautl. § 334). Für mich unterliegen (obereng.) *sulvedi* } *silvaticus* und *sulvedgia* } *silvatica*, *tevi* } *tepidus* und *tergia* } *tepida* keiner andern Deutung als *contrari* } *contrarius* und *glorgia* } *gloria*. Im tirolischen Ladinisch steht dafür -*ĕ* (weibl. -*ia*), z. B. enneb.-abt. *tibĕ* (*tibia*) } *tepidus*, *agĕ* (*agia*) } *acidus*; dieses -*ĕ* ist also vom prov. -*e* ganz verschieden.

Schwierig gestaltet sich die Frage nach *-*ius* für -*idus* auf französischem Boden. In der Regel bleibt hier das -*d* dieser Endung, aber nur desbalb weil es schon sehr früh aus der intervokalischen in die nachkonsonantische Stellung kommt z. B. *lourd* } *luridus*, *sade* } *sapidus*. Warum Meyer(-Lübke) Ztschr. VIII, 235 in Fällen der zweiten Art die ,Synkope nach Eintritt des Auslautgesetzes' sich vollziehen lässt (das wäre *sabido, *sabid, *sabd), ist mir unverständlich; ganz ebenso sagt er Rom. Lautl. § 336, das Französische habe die Synkope gleich dem Ladinischen ,nach dem Wirken der vokalischen Auslautgesetze' durchgeführt. In einigen wenigen Adjektiven ist das *d* von -*idus* geschwunden, es frägt sich nur wann und wie? Meyer-Lübke sagt an der erstern Stelle S. 236: ,Mehrfache Konsonanz hindert die Synkope, ʿdʾ muss natürlich fallen: *rance, pále.*' Was soll das heissen: es muss natürlich fallen? Intervokalisches *d* hält sich ja im Allgemeinen recht lange; was das *d* der Proparoxytona anlangt, so soll dessen Behand-

lung eben erst untersucht werden. Das *d* von *pallidus* konnte
auf verschiedenen Zeitstufen fallen: *palli-o*, *palle-o*, *palle-e*;
auf der letzten ergab sich sicher *palle*, auf der ersten sicher
nicht. Wenn aber das *d* noch bestand als sich das Auslaut-
gesetz vollzog, so musste *palled* und daraus wiederum, nach
provenzalischer Weise, *palle* entstehen. Aber es ist doch recht
zweifelhaft ob der mehrfachen Konsonanz eine derartige Entwickelung der Endung *-idus* aufgebürdet werden darf. Das
Französische, welches nach Meyer-Lübke die Synkope ,mit der
denkbar grössten Strenge' durchführt, hätte wohl den Doppel-
konsonanten in *pallidus* ebenso vereinfacht (daraus *paldo**,
*paud**) wie den von *horridus* (altfranz. *ort*) oder den von
flaccidus (altfranz. *flaistre*, das *-r-* wie in *saumâtre* } *salmacidus*)
und wäre vor einem *ranste** nicht zurückgeschreckt, da es sich
ein *hanste* gefallen liess. Altfranz. *teve, tieve, teive* } *tepidus* hat
auch kein *d*, und doch geht der Stamm auf einen einfachen
Konsonanten aus; wir müssen also hier eine andere Erklärung
suchen, und wir werden sie in dem anderswo hinlänglich be-
zeugten ·*tepius* für *tepidus* finden. Diese Erklärung zählt
Horning Ztschr. XV, 502 nach zwei andern als möglich auf.
Die erste Möglichkeit — die des Schwundes der letzten Silbe
— spricht ihn selbst gar nicht an; sie ist a limine abzuweisen, so
lange nicht gesagt wird wie man sich den Schwund der Silbe
zu denken hat. Es kann kein einfacher Lautvorgang sein; entweder schwindet der erste oder der zweite Laut zuerst: *tebi(d)o*
oder *tebid(o)*. Oder ist ein Analogievorgang gemeint:
tepis } *tepidus* ~ *fortis* u. s. w.? Wenn Fr. Neumann Ztschr.
XIV, 550 in *tieve* u. s. w. Lehnwörter erblickt, so geschieht
das, wie allzuoft, einzig und allein auf Grund der Lautgestalt,
ohne Berücksichtigung der sonstigen Umstände. Die zweite
Möglichkeit, auf die Gröber aufmerksam machte und bei der
Horning am längsten verweilt, ist die dass *teve* aus *tebde*
entstanden ist, sei es unmittelbar, sei es vermittelst eines ,eupho-
nischen' *e* (*tebd* } *tebed*), sei es vermittelst Umstellung (*tebde* }
tebed). Die vorgebrachten Analogieen erscheinen mir nicht sehr
beweiskräftig oder selbst erst des Beweises bedürftig; will doch
Horning prov. *ase* lieber aus *asne* als aus *asen* } *aseno* herleiten. Ihm zufolge ist das *ei* des altlothr. *teive* aus ·*tepius* gut
zu erklären, nicht so das *ie* des altcentralfranz. (-norm.?) *tieve*;

man sollte *tive** erwarten. Indessen wird diese Schwierigkeit
beseitigt wenn wir als Vorstufe nicht *tiebio**, sondern **tiebi*
(-*i*, nicht -*jo*, für -*io*, wie im Westlad. und Südfranz.) ansetzen;
vgl. altfranz. *aire* } **ario, are* } **ari* von *aridus*. Ganz ebenso
haben wohl für *rance* und *pâle* als Vorstufen zu gelten: **ranci,*
*palli aus **rancio, *pallio*; sonst hätte sich wenigstens aus diesem
pail* (wie *ail* } *allium*) oder in späterer Zeit *paile** (wie
paile } *pallium*) ergeben. Horning führt in jenem Aufsatz noch
andere alt- und mundartlich-franz. Adjektive auf, die mit *teve,*
tieve, teive, neulothr. *tẹv* zusammengehören, das heisst in denen
ich ̤-*ius* für -*idus* annehme; ausser altfranz. *are, arre* } *aridus*:
wall. *um(e), wim(e)* } *humidus, wap(e)* } *vapidus*, ostfranz. *fyẹtš*
} *flaccidus, sẹtš*, ‚Russ‘ } *sucida* (vgl. Horning Ztschr. XIII, 323 f.),
francoprov. *rutsu* } *raucidus*, von Anderem abgesehen, über
das ich anders denke. Ich erwähne hier schliesslich noch franz.
mince, für welches G. Paris Rom. VIII, 618 eine durchaus an-
muthende Herleitung gegeben hat; er fasst es als postverbales
Adjektiv zu altfranz. *mincier* = *menuisier*. Ich will auf einige Bedenken die sich dabei regen (so wegen des *i*, das sich schon in dem
‚s. d.‘ entlehnten ags. *minsjon* wieder finden würde), nicht eingehen, nur auf die Möglichkeit einer andern Herkunft hinweisen, nämlich der von *micidus* (bei den Gromatikern *mi-
cidiores* für *minores*), das seinerseits von *mīca* abgeleitet ist,
also eigentlich ‚brockengleich‘ bedeuten würde; das entsprechende ital. *mẹncio*, nach P. Fanfani Voc. dell' uso tosc.: *a)* ‚non
consistente, flòscio, lonzo‘, *b)* ‚sottile, minuto, debole‘, würde eigentlich ‚bröcklig‘ bedeuten (vgl. ‚camicia mencia, mürbes, aus den
Fasern gehendes Hemd‘ Rigutini-Bulle). Die Einschaltung des
n nach dem nasalen Anlaut von *mica* ist aus dem lomb. *minga*
(auch zu Nizza *mingo*) bekannt; man beachte aber noch friaul.
mingul(e), ‚Kätzchen‘ an den Bäumen (vgl. franz. *minces*, ‚Schöss-
linge‘ vom Kohl, 14. Jhrh.) und besonders südfranz. *mingo* (+
maigre { *mingre*) neben *mince, mins, minci* = franz. *mince* mit den
Deminutiven *mingoulet, mingouloun* neben *minçoulet, minçourlet,*
mincelet, minçoulin, ‚schmächtig‘. Es finden sich auch Formen
ohne *n* in Süd und Nord: dauph. champ. *mice* (Verb: morv. *mi-
cer*), aber es frägt sich ob dieser Mangel ein ursprünglicher ist.

Aehnliche Erwägungen wie sie das Französische anregt,
stellen sich aber nun in viel weiterem Umkreis ein. Wenn wir

uns bemühen Mundart für Mundart entweder dem *-idus oder
dem *-ius-Typus zuzuweisen, so werden wir nicht selten eine
sehr grosse Unsicherheit verspüren, da natürlich mit einer rein
statistischen Betrachtung Nichts auszurichten ist. Aber auch
mit der Gleichheit der lautlichen Bedingungen werden wir, wie
ich schon im Eingang angedeutet habe, nicht fehlerlos rechnen
können, hier vielleicht weniger als sonstwo. Ein anderes als
das intervokalische vortonige d ist das nachtonige; ein anderes
als das unmittelbar nachtonige wieder das mittlere der Proparoxytona; bei diesem sind wieder die umgebenden Vokale zu unterscheiden, sodass die Behandlung des d von *lampade, lapide,
tripede, commodo* keinen sichern Anhalt für die des d von *-idus*
gewährt. Nun drängt sich hier ganz natürlich die Frage hervor
ob denn eine solche Verschiedenheit der lautlichen Bedingungen
nicht auch innerhalb der Gruppe der Adjektive auf *-idus* selbst
bestehe und wirksam sei, mit andern Worten ob denn *-ius*
und *-idus* als rein lautliche Fortsetzungen von *-idus* nicht
nebeneinander vorkommen können und wirklich vorkommen.
Gewiss ist es für die Behandlung von *-idus* im Allgemeinen
nicht gleichgültig ob eine mehrfache oder eine einfache
Konsonanz, ob ein Guttural, ein Dental oder ein Labial, ob
ein Momentanlaut oder ein Dauerlaut vorhergeht. So vermag
an sich mehrfache Konsonanz die Synkope des i zu hindern
(sie braucht es nicht, wie ich eben beim Französischen gezeigt
habe), aber auch ein einfaches m, so vermag ein Labial das i zu
entpalatalisiren (vgl. span. *humedo* und unten S. 38). Allein auf
das Bleiben oder Schwinden des d würde der Stammauslaut
nur eine Art Fernwirkung ausüben können, etwa ein *putius}
putidus* vermittelst einer Silbendissimilation hervorrufen. Das
aber würde doch wieder kaum ohne das Vorhandensein anderer
Adjektive auf *-ius* eintreten, sodass wir im Grunde es mit
einem lautlich bedingten Endungswechsel zu thun hätten, wie
ich einen solchen in ital. *rancio, marcio* neben *torbido, morbido*
zuzugeben bereit bin. Meyer(-Lübke) Ztschr. VIII, 216 f. begründet diese Verschiedenheit in der Behandlung des d nicht weiter;
Ital. Gramm. § 213 betrachtet er den Schwund des d, ich im
Gegentheil das Verharren desselben als das Regelmässige im
Italienischen, d. h. das dessen gesammter Lautentwickelung Ent-
sprechendere. Jener Ansicht scheint auch Diez gewesen zu

sein, denn er sagt Wb. [3]I, 356: ‚*Robbio* würde sich auch von *rubidus* leiten lassen, stimmte nicht das Sbst. *robbia* Färber-röthe genau zu dem gleichbed. *rubia.*‘

Man könnte daran denken die lautregelmässigen Formen gleichsam durch Subtraktion festzustellen, indem man nämlich von der Gesammtheit der Formen die aus andern Mundarten herübergenommenen abzöge. Aber von den ausgesprochenen ‚Buchwörtern‘ und ‚Lehnwörtern‘ führt eine ununterbrochene Kette zu den ‚Erbwörtern‘, wodurch eine Zweitheilung sich als unmöglich erweist. Auch pflegen wir die einer Mundart ur-sprünglich fremden Formen an ihrer negativen Lautbeschaffen-heit zu erkennen, sodass wir uns im Kreise herumdrehen würden. Endlich liesse sich durch Ausscheidung des Fremd-sprachlichen zunächst nur der Bestand des Innersprachlichen überhaupt ermitteln, welches ja wiederum nicht bloss eine rein lautliche Entwickelung durchgemacht hat. Die drei Faktoren Lautwandel, Analogiewirkung, Sprachmischung verbinden sich in so mannigfacher Weise untereinander dass die Ergebnisse jedes einzelnen gar nicht reinlich herauspräparirt werden können. Wir müssen Wort für Wort darauf hin untersuchen; die Lautgeschichte löst sich bis zu einem gewissen Grade in Wortgeschichte auf. Das tritt wie in der Abzweigung des -*idus* zu ₋-*ius*, so auch in der höher hinaufreichenden des -*idus* zu -*dus* (Synkope des *i*) deutlich hervor. Daher gewinnt die Dar-stellung durch eine solche Verdichtung wie sie Meyer-Lübkes Rom. Lautlehre gegenüber seiner Abhandlung in Ztschr. VIII aufweist, keineswegs an Klarheit, es sei denn auf Kosten der Richtigkeit. Wenn das *i* von -*idus* nach *l* und *r* ‚schon im Vulgärlateinischen gefallen ist‘ (Rom. Lautl. § 325), so muss das als fakultativ bezeichnet werden; es handelt sich um ‚Schnellsprechformen‘, neben denen die vollern Formen nicht nothwendigerweise ausgestorben sind (vgl. Skutsch Forschungen z. l. Gr. u. M. I, 48 f.). So leben trotz des alten *soldus* und *ardus* (s. ebend. S. 45) im Romanischen *solidus* und *aridus* fort, und zwar unter Umständen welche die allzuleicht sich ein-stellende Bezeichnung ‚Buchwort‘ nicht zulassen. Und ebenso *horridus* (prov. *orre*) neben **horr'dus* (prov. *ord*), welches nach Skutsch a. a. O. S. 48 Anm. 3 ebenfalls dem alten Latein viel-leicht nicht fremd sein würde. Dann kommen Synkopen die

sich ihrem Alter und ihrer Ausbreitung nach vielfach abstufen,
voran das wohl durch *caldus* beeinflusste *frigdus*. Die Tabelle
der Rom. Lautl. S. 267 über die Schicksale von zehn Adjektiven
auf -*idus* ist geradezu verwirrend, abgesehen vom Rumänischen
(wo übrigens *marced* und *räped* in *märced* und *räpede* zu verbessern sind). Formen die sekundäre lautliche Erscheinungen
aufweisen (Umstellung von -*cid*- zu -*diš*-, -*dik*-: ital. *fradicio*,
franz. *surge*), mögen am Platze sein, aber nicht solche mit formalen Erweiterungen (span. *sohez*] *sudicius*, wo *sucio* zu geben
war). Ital. *netto* und *limpido* sind eingeklammert, als Lehn-
oder Buchwörter; aber warum nicht ebensowohl emil. mail.
nett, warum nicht *viscido*? Wenn span. *mostio* (l. *mu*-) von *mucidus* hergeleitet wird, so muss es als Lehnwort aus dem Franz.
betrachtet werden; die Diez'sche Mittelform *muçdius* ist unannehmbar. Friaul. *mošid* entspricht lautlich dem *mucidus* nicht,
ein eben dahin gestelltes prov. *muide* ist mir seiner Existenz
nach dunkel. Von den beiden prov. Formen *rege* und *rede* ist
die letztere, die ungewöhnlichere gewählt worden, im Widerspruch zu dem daneben stehenden *tebe* (vgl. § 337 *tebe*, *rege*).
Die besondern Ursachen welche bei den einzelnen Wörtern
wirken, aufzudecken, ist deshalb so schwierig weil solche so
leicht zu finden sind; wenn z. B. Meyer-Lübke § 338 die Synkope des *i* in *raudo* gegenüber *tibio* dadurch zu erklären sucht
dass sie bei auslautendem *a* eher eingetreten sei als sonst: *agua
rauda* (wie *lauda*), so besagt das angesichts des mindestens
ebenso häufigen *agua tibia* gar Nichts. Nach diesem kurzen
Blick auf das Verhältniss von -*dus* zu -*idus* wende ich mich
der nähern Untersuchung desjenigen von ₊-*ius* zu -*idus* zu.

Von den beiden allgemeinen Faktoren die bei der Ersetzung von ₊-*idus* durch ₊-*ius* in Betracht kommen, hat wenigstens der eine auch in entgegengesetztem Sinne gewirkt: die
dialektische Ausbreitung. Es werden Wortformen aus benachbarten oder aus obherrschenden Mundarten übernommen; wo
freilich das Wort selbst vorher nicht in der Mundart existirte,
lässt sich von einer Ersetzung nicht reden. Wie nun das Spanische
flácido, *lívido*, *lúcido* (neben *lacio*, *livio*, *lucio*), *pálido*, *rábido*,
húmedo aus der Gelehrtensprache schöpft und das Venedigsche
morbido, *ranzido* (neben *morbio*, *ranzio*), *palido*, *putrido*, *umido*
aus der italienischen Schriftsprache, so zeigen umgekehrt z. B.

die istrischen Mundarten das Eindringen venetischer -io-For-
men unter die ladinischen -ido-Formen, die an der Schriftsprache jetzt einen Rückhalt zu finden scheinen. Ebenso sind
solche -io-Formen schon früher ins Lombardische eingewandert,
und Meyer(-Lübke) Ztschr. VIII, 221 brauchte *morbio* bei Bon-
vesin nicht als etwas Besonderes zu betrachten, das eine Erklärung wie: ‚etwa unter Einfluss des Abstraktums: *morbiezza*‘
nöthig gehabt hätte. Weniger klarer liegen die Verhältnisse in
Katalonien und Südfrankreich. Die beiden alten Schriftsprachen
gehören zum $_*$-*idus*-Gebiet: kat. -*eu* (weibl. -*ea*) für *-*ed* (?),
so *cobeu*, *orreu*, *regeu*, *tebeu*, prov. -*e* (weibl. -*eza*) für *-*ed*,
so *cobe*, *orre*, *rege*, *tebe*. Im jüngern Katalanisch wird $_*$-*ius*
bevorzugt: *ranci*, *suci*, *tebi tibi*, *turbi* (auch *candi*), daneben
finden sich angeglichene lateinisch-spanische Formen, wie
válit, *humít* (span. *válido*, *húmido*) oder unangeglichene, wie
arido und echtspanische, wie *resio*, *sucio*; s. C. Ollerich Ueber
die Vertretung dentaler Consonanz durch *u* im Catalanischen,
(Bonn 1887) S. 19 f. In Südfrankreich kann -*i* | *-io* (wofür ich
oben Belege gegeben habe) in neuerer Zeit aus dem Osten
vorgedrungen sein; aber ich vermuthe, es hat schon im Mittelalter mundartlich bestanden und ist nur von der Schriftsprache
ausgeschlossen gewesen (*tebiament* bei Raynouard ist aus der
‚Doctrine des Vaudois‘, also spät).

Mundartliche Kreuzung, mag sie auch überall und an den
verschiedensten Elementen vorkommen, reicht doch nicht aus
um die Häufigkeit von $_*$-*ius* für und neben $_*$-*idus* zu erklären;
wir müssen sie uns mit einem Endungswechsel verbunden denken. Das heisst: das fremde aus -*idus* entstandene $_*$-*ius* findet
ein einheimisches, nicht aus -*idus* entstandenes $_*$-*ius* vor, mit
dem es verwechselt wird. Es gründet sich z. B., um das formel-
haft auszudrücken, auf $_*$*tepidus* A, $_*$*tepius* B (Gleiches in verschiedenen Mundarten verschieden) + $_*$*tepidus*, $_*$*superbius* A
(Verschiedenes in der gleichen Mundart verschieden): $_*$*tepidus*
und $_*$*tepius* A (Gleiches in der gleichen Mundart verschieden),
welches dann zu einem $_*$*tepius* ohne $_*$*tepidus* A führen mag,
das mit $_*$*humidus* u. s. w. A im Widerspruch steht. So wird
es sich wohl im grossen Ganzen verhalten; aber es lässt sich
nicht bestreiten dass dieser zweite Faktor, die Analogie auch
allein thätig sein kann. Grüber Arch. f. l. L. und Gr. I, 540

deutet sogar span. *-io* } *-idus* in diesem Sinne, indem er Formen
wie *neto*, *lindo*, *raudo* als die lautregelmässigen ansieht, ,während
bei span. *limpio* = *limpidus*, *sucio* = *sucidus* u. a., und
bei port. *nedeo* = *nitidus* u. ä. das Suffix *io*, *eo* (= lat. *ius*,
eus) nach dem Vorbild der Lehnwörter *sabio* (*sapius*), *necio*
(*nescius*) u. a. untergeschoben wurde.' (Dass Lehnwörter einen
so durchgreifenden Einfluss auf altüberlieferte Wörter ausgeübt
haben sollten, ist nicht wahrscheinlich.) Man darf nun nicht
übersehen dass es sich um einen Endungswechsel im Allgemeinen, nicht um einen Suffixwechsel im Besondern handelt. Den
letztern Ausdruck gebrauchen G. Cohn, Meyer-Lübke u. A.
unrichtig, indem sie an das was im geschichtlichen Sinne ein
Suffix ist, denken, nicht an das was als Suffix gefühlt wird. Die
Vergangenheit hat für die Zukunft nur insofern Bedeutung als
sie noch irgendwie Gegenwart ist. In den romanischen Formen
von *caligo*, *fuligo* und *aerugo* nimmt Meyer-Lübke Rom. Formenl. § 359 ,Suffixverwechselung' an; aber ihre lautliche und
begriffliche Aehnlichkeit hat zu einer Ausgleichung der Aus-
gänge geführt welche im Wesentlichen sich von der in *grevis*
~ *levis* u. s. w. nicht unterscheidet. Wo kein Stamm mehr gefühlt wird (wie in *caligo*, *fuligo*), kann auch nicht mehr von
einem Suffix die Rede sein. Umgekehrt liegt z. B., trotz des
im geschichtlichen Sinne gleichen Suffixes, ein Suffixwechsel
vor bei *Oct-ember* } *Oct-ober* ~ *Sept-ember*, *Nov-ember*, *December* (= *oct-uplus*; *oct-ennis*; *oct-ingenti* ~ *sept-uplus*, *dec-
uplus*; *sept-ennis*, *dec-ennis*; *sept-ingenti*; jenes *octingenti* ist
in frühester Zeit auf entsprechende Weise entstanden wie *Oct-
ember*). Wenn im Lateinischen oder Romanischen *-ius* (oder
-eus) und *-idus* als gleichwerthige Suffixe in einem derartigen
Verhältniss zueinander vorkämen, so würden wir auch in unserm Falle von Suffixwechsel sprechen. Aber wenn Jemand
sagen wollte, **sapius* } *sapidus* folge *plurius*, weil *sapĕre* und
pluĕre übereinstimmen, so wäre ihm zu entgegnen dass ja auch
von *virēre* *viridus* gebildet wird, und dass anderseits **tepius*
u. s. w. unerklärt bleiben würden, da ja von Verben auf *-ēre*
keine Adjektive auf *-ius* zu kommen pflegen. Ebensowenig
wird man den wenigen Adjektivpaaren wie *flammeus* und
flammidus, *floreus* und *floridus*, *rubeus* und *rubidus*, *spumeus*
spumidus, wo nur zur Hälfte Verben auf *-ēre* zu Grunde

liegen, zutrauen dass sie ein *tepius, *rancius u. s. w. neben
tepidus, rancidus hervorgerufen haben. Da wo wir von dem
Herübergreifen fremder Formen abschen dürfen oder müssen,
werden wir den Uebertritt von Adjektiven auf -*idus* zu denen
auf *-ius* nur als Wirkung einer ganz allgemeinen Analogie
betrachten, die allerdings durch den Zweck der Lautverein-
fachung einigermassen begünstigt wurde. Dieses *-ius* für -*idus*
wird uns daher um so begreiflicher werden je häufiger wir
die letztere Endung durch andere, nicht weniger schwer wie-
gende ersetzt sehen. Es sind dies, von ganz vereinzelten Fällen
wie prov. *samaciu* } *salmacidus*, kat. *ranciu* abgesehen, folgende:

1) *-itus*. Zum Theil allerdings nur scheinbar, indem es
sich um wirkliche Partizipien von ganz ähnlicher Bedeutung
handelt, so ital. *marcito* von *marcire*, neben *márcido*. Aber nicht
so können beurtheilt werden: ital. *scipíto, sciapíto* neben *scípido,
sciápido*, indem aus jenem erst das Verb *scipire* neben *scipidire*
hervorgegangen ist, wald. *cubít* Ztschr. IV, 537, 119, prov.
quandí (d. i. *candit*) Boeth., *humída* Raynouard Lex. rom. I,
519[b], kat. *humít*, -*ída* (Ollerich a. a. O. S. 20). Ferner piran.
frapído. Span. *florído* (port. *flórido*) hat kein *florir*, und
altspan. *marcído* (port. *márcido*) kein *marcir* neben sich;
daher wohl kat. *marcit*. Span. *enjabído*, port. *enxabído* } *insapidus* stimmt zu dem ital. *sciapíto*, scheint aber durch *sabído*
beeinflusst worden zu sein; älteres span. port. *temído* kann mit
tímido in der Bedeutung zusammenfallen. Nun hat das log.
Sardische Partizipien von ganz derselben Gestalt wie die Adjektive: *cúrridu, dólidu, bénnidu*, und im Südsardischen gehen
diese Partizipien auf -*iu* aus; wenn daher Salvioni Postille
italiane al vocabolario latino-romanzo (1897) Sp. 22* ein sard.
tímiu } *timidus* verzeichnet, so möchte ich fast das Part. von
tímiri vermuthen, wie das oben angeführte *lúghidu* } *lucidus*
der Form nach das von *lúghere* sein könnte. — Merkwürdig ist
das von Petròcchi Diz. univ. angeführte ital. *múscito, múcito*,
das nicht bloss Substantiv, sondern auch Adjektiv ist = *mú-
cido* (vgl. siz. *ráncitu* Adj. u. Subst., *rancitusu* Adj. und *víscitu*
oder *víscidu* Subst., *viscitusu* Adj.). Zu Rovigno, welches wie
oben zu ersehen ist -*edo*, -*ado* und -*io* für -*idus* hat, sagt man
ácito, cándito, fréigito, inséipito, lóucito, spréndito, stóupito
(Reaktion gegen rov. *d* } ital. *t*?). Zu Lucca (auch zu Pisa?)

ist *-ito* } *-idus* regelmässig. — Eigenthümlich ist ⁎*- ittus* } *-idus*
in span. *marchito* (Vb. *marchitar*, südsard. *marcittai*). Auf
marcido allein kann dies freilich nicht zurückgehen, da *-ci-* { *-chi-*
schwer zu erklären wäre (Entlehnung aus dem Ital. ist kaum
denkbar; wir haben sogar port. *prado de marcita*, nicht *mar-
chita**, ‚Rieselfeld‘ aus ital. *prato di marcita*); aber auch die
Deminutivendung an span. *marcho } *marcidus* wäre allein nicht
leichter zu erklären. Diese Form hat gewiss existirt (G. Baist im
Grundr. d. rom. Ph. I, 705 führt sie an nicht als alt- oder mund-
artlich-spanisch, und überhaupt ohne Beleg, und nach ihm Meyer-
Lübke Rom. Lautl. § 536); mit ihr steht ganz im Einklang
port. *murcho* und gal. *murcio* (‚humedad ó principio de corrup-
cion que se observa en la carne por curar‘ Cuveiro) } *murcidus*.
Wie *-ssj-* zu *-š-* (*-iš-*) wurde, so hier sekundäres *-tsj-* zu *-tš-*,
ganz ebenso wie sekundäres *-tj-* z. B. in span. *pancho* (so, nicht
pancha, wie Baist und Meyer-Lübke a. aa. OO. haben) } **pan-
ti(g)o*. Wie sich Meyer-Lübke die Sache denkt, verstehe ich
aus seinen Worten nicht: ‚so ist die Stufe des anlautenden
Konsonanten geblieben auch in Fällen wie *marcidus* . . ., in
pantice . . ., in *cortice*, span. *corche, daher *corcho*‘; *-ch-* kann
nur aus *-tic-* vor dunkeln Vokalen entstehen. In *marcidus* { *marcho
scheint das *d* früher geschwunden zu sein als in *rancidus* { *rancio*.
— Anhangsweise will ich betreffs des Rumänischen hier zunächst zur Sprache bringen, was ich in Meyer-Lübkes Zeit-
schriftabhandlung, sowie Grammatik vermisse, dass *-ed* einige
Mal durch *-éd* abgelöst wird. Nach Miklosich Beitr. zur Lautl.
d. rum. Dial. Lautgruppen S. 51: *rincéd*, *uméd* neben *úmed*,
Conson. II, 74: *lincéd* neben *línged*. *Limpede* erklärt Meyer-
Lübke auch noch Rom. Formenl. § 59 aus ‚*limpidis, mit An-
gleichung des Auslautes an den Tonvokal‘, während das daneben
gesetzte *răpede* oder *repede* eine solche Erklärung nicht zulässt.
Da nachtoniges *e* nach Labialen zu *ă* zu werden pflegt, ist
trenpăd } *trepidus* regelmässig, *sarbed* } *exalbidus*, *umed* unregel-
mässig (H. Tiktin Ztschr. XI, 65).

        2) ⁎*-ulus* in ital. Mdd. nach labialem Stammauslaut (wo-
für Belege oben S. 18 f. gegeben sind). Meyer-Lübke (Rom. Lautl.
§ 524. Rom. Formenl. § 358) sieht hier einen rein lautlichen
Vorgang, ich nur einen lautlich bedingten, der übrigens, wie
⁎*-foetula*, ⁎*-lucula* (s. die letztere Stelle) zeigen, auch bei

nichtlabialem Stammauslaut nicht unerhört ist. Denn wenn wir auch überall Synkope annähmen, also *turb'dus, so konnte daraus wohl *turblus werden, aber *turbulus nur durch Einmischung von -ulus. Es scheint dass diese Vertretung besonders durch das mit -idus gleichbedeutende -ulentus gefördert worden ist: foetulentus ∾ foetidus, luculentus ∾ lucidus, rorulentus ∾ roridus, turbulentus ∾ turbidus, ital. fumolento ∾ fumidus; man erwäge auch: turbidus : *turbulus : *turbulare ∾ tremidus : tremulus : *tremulare. Wie das tepula im lat. Tepula aqua zu denken ist, weiss ich nicht; einen Vorläufer von neap. tiepolo } tepidus werden wir schwerlich ohne Weiteres darin erblicken dürfen. Uebrigens ist *-ulus } -idus nicht auf Italien beschränkt; Nebenform von lad. (obwald.) miervi | morbidus ist muorbel, ebenso tuorbel (auch engad.) von tuorbi; dazu kat. terbol. Das franz. trouble, mag es auch durch troubler gestützt worden sein, ist keineswegs mit G. Paris Rom. VIII, 448 als postverbales Adjektiv zu betrachten. Ein *tepulus steckt in dem von L. Zéliqzon Lotbringische Mundarten (1889) S. 105 verzeichneten tẹrlọ; und ich möchte es auch in dem teivelet einer Metzer Hs. aus dem Ende des 14. Jhrhs. (Rom. XV, 186, 9) wiederfinden und dieses nicht etwa wegen des ebenda (185, 3) vorkommenden teive als *tepid-ellittus fassen, obwohl man sich dafür auf das agnon. (Prov. Molise) tepiglie (w. tepeglia), (auch bei Rusio tepeglia nach Meyer-Lübke Ital. Gr. § 213) } *tepidulus berufen könnte (vgl. albidulus, floridulus, horridulus, rancidulus, raucidulus, roscidulum C. gl. l. V, 241, 15, sordidulus, trepidulus, turbidulus, umidulus und besonders frigidulus). Auf wallonischem Boden ist aus tepidus, wie schon A. Scheler zu Ch. Grandgagnage Dict. S. 422 Anm. vermuthete, *tepinus (vgl. kymr. twym-yn) geworden, aber doch wohl durch Vermittlung von *tepulus; die dort angenommenen Vorstufen für das heutige wall. tène, tiène finden sich bei Godefroy angegeben: tevene, tievene. Es gibt noch andere Entartungen dieses *-ulus, so riet. turweru, turberu, mail. torber.

3) *-icus. Im Lateinischen stehen diese beiden Endungen wohl nur ausnahmsweise nebeneinander: imbridus, imbricus. Hie und da mag die Verbalendung -icare eingewirkt haben (A. Mussafia Beitr. z. K. d. n. M. S. 116 Anm. 2), so in sard. luzzigu (luzzigare = ital. luccicare), während sard. fraźigare wohl erst von fraźigu abgeleitet ist, welchem teram. fracẹchẹ

entspricht. Vielleicht fand hier Annäherung an das weitverbreitete ital. *rancico* (ferrar. *ranzagh*, bellun. trev. *ranzego* u. s. w.) statt, auf welches·wohl das deutsche *ranzig* zurückgeht, ohne erst aus ital. *rancio* oder franz. *rance* mit deutscher Endung gebildet worden zu sein. In ähnlicher Weise mag bellun. *ruspigo*, trient. *rusprg* (neben *ruspio*) den Einfluss von *rustego, rusteg* verrathen. Abgesehen nun von solchen einzelnen Fällen, wie wir sie noch in rovign. *putrico*, berg. *lambec* } *limpidus*, kat. *mustich* } **mustidus* u. s. w. haben (vgl. auch neap. *ammocechire* neben *ammocetire* von *muceto* } *mucidus*), könnte · c lautregelmässig für · d in · *idus* auftreten. Dahin würde gehören bergell. *ümak* } *humidus*, welches Meyer-Lübke Rom. Lautl. § 327 anführt; nach A. Redolfi (Ztschr. VIII) § 199 geht im Auslaut das zu *g* gewordene *d* in *c* über, doch lautet nach § 49. 201 dieses Adjektiv *ümat* (w. *ümda*). Wiederum begünstigt das Fassasche auslautendes · *c* nach unbetontem *e* schlechthin: *tèbec, tumec* } *humidus* (für das *tibè tiebè, tumè tümè* der andern tirol.-lad. Mdd.), ganz ebenso wie *conèc* (*conè* } *cuneus*), *festidec* (*festidè* } *fastidium*), *superbèc* (*superbè* } **superbius*), und dies nach Analogie von *ménec* (**manicum* { *manè*), *monec* (**monicus* { *monè*) u. a. Es ist daher *sébec* = gredn. enneb.-abt. *sabè* für meine Herleitung aus *sapidus* nicht zu verwerthen. So steht auch in bresc. *tréspec* () *tripede*) *c* nicht, wie Mussafia a. a. O. meint, statt *d*, sondern es liegt zunächst eine vokalisch auslautende Form wie das sonst lomb. *tripè* zu Grunde. Die Möglichkeit der Zwischenstufe *·*ius* ist auch zum Theil für die andern Fälle von *·*icus* } ·*idus* zuzugeben.

Wenn gerade der Ausgang *·*c-idus* gern dem *·*c-icus* Platz zu machen scheint, so ist noch ein anderes Mittel beliebt ihn zu beseitigen: die Umstellung; so zunächst: lomb. *ledegh* } *liquidus*, sard. *pidigu* = *pighidu*, ‚schwarz‘ } **pic-idus* (Meyer-Lübke Ital. Gramm. § 294. Rom. Lautl. § 580). Aber gen. *rüdegu* kann kaum für **rugidus* stehen, auch wenn wir dies nicht als Grundwort für ital. *ruvido* fallen lassen müssten (s. oben S. 20 ff.); denn die Umstellung müsste vor der Zeit stattgefunden haben da *g* zu *ǵ* wurde. *Rüdegu* ist *rud-icus; wohl ebenso piem. *rüdi*. Auch piem. *reidi* } *rigidus* wird von Meyer-Lübke Rom. Formenl. § 410 irrthümlich hierhergezogen; es ist eine Nebenform zu *reid*, vielleicht im Anschluss an altfranz. südfranz.

reide u. s. w. == *reid*, bei dem es sich nicht um einen Ueber-
griff des Feminins auf das Maskulinum handelt, wie ebend. § 63
angenommen wird (*roide* für *roit* nur ‚etwas älter‘ als das
16. Jhrh.?), sondern um eine mundartlich spätere Synkope (man
bedenke dass das Romanische von *rigidus* noch unsynkopirte
hat; friaul. *rett* ist nicht, wie Meyer-Lübke Ztschr. VIII, 223
meint, ⟩ *rigidus*, sondern ⟩ *rectus*). In ital. *frádicio* ⟩ *fracido*, und
súdicio ⟩ *sucido* wechselt *č* mit *d* den Platz. Aus diesen Formen
nun will G. Flechia Arch. gl. it. II, 325 Anm. 2 ital. *fražžo* und
sožžo herleiten. Aber wenn ich auch zugebe dass aus -*d'č*-
eine
stimmhafte Konsonanz hervorgehen kann, so frage ich doch
warum hat das Toskanische nicht *fraggio**, *soggio** gebildet?
Požžina für *dodicina* betrachte ich als ein Lehnwort aus dem
Norden; es würde also höchstens beweisen dass auch jene Formen entlehnt sind. Ich ziehe es aber vor *fražžo*, *sožžo* auf
**fradio*, **sudio* von **fradicus*, **sudicus* zurückzuführen, deren
Entstehung natürlich einer sehr frühen Zeit angehören muss
(vgl. *lapidicina*, *omidicium* Vok. d. Vulg. III, 12; *fidicum* ⟩
ficidum ⟩ *ficatum*); das zweite wird durch port. *sujo*, franz. *surge*
bestätigt. In Bezug auf (pistoj.) *frazzo* habe ich aber sofort einen
Vorbehalt zu machen: die Stimmhaftigkeit des *zz* ist mir nur
durch Flechias Autorität verbürgt, nach Nerucci, Fanfani, Petrocchi muss ich es für stimmlos halten (ebenso im gen. *frazzu*).
In diesem Falle wird es sich, falls nicht etwa **fractius*, sondern
wirklich *fracidus* zu Grunde liegt, um eine Nebenform des
ebenfalls pistojaschen *frazio* (mit abweichender Bedeutung) handeln, und beide nur Entlehnungen aus Oberitalien sein; vgl.
frasio bei Mussafia Beitr. S. 59. *Muzzo*, welches Meyer-Lübke
Ital. Gr. § 120, indem er sich Flechias Ansicht anschliesst,
dessen Beispielen hinzufügt, hat ebenfalls stimmloses, nicht, wie
er schon Ztschr. VIII, 216 sagte, stimmhaftes *zz*.

Die umgekehrte Erscheinung, Vertretung von -*ius* durch
-idus lässt sich mit Sicherheit nur ganz vereinzelt nachweisen:
neap. *propeto*. Friaul. *moscid* beruht wohl auf ital. *moscio*. Für
-*uus* findet sich nach Meyer-Lübke Rom. Formenl. § 358 *-idus*
im sard. *innóchidu*, ‚dumm‘. Es wäre übrigens bei dieser Gelegenheit an die Vertretung von -*icus* durch *-ius* im Romanischen
zu erinnern, der dann ebenfalls *-icus* für -*ius* gegenübersteht,
z. B. pistoj. *amplico*, *mutrica* (vgl. oben die Beispiele aus der

Md. von Fassa). Das aus -*idus* lautregelmässig hervorgegangene oder es vertretende ꜰ-*ius* ist nun oft wieder mit der allereinfachsten Adjektivendung ꜰ-*us* vertauscht worden. Das Lateinische kennt einige Doppelbildungen wie *faecinus faecinius, lixivus lixivius, bonifatus bonifatius*. Selten ist -*eus* neben -*us* in gleicher Bedeutung; zwischen *helveolus* und *helvolus, russeolus* und *russulus* besteht kein Unterschied, wohl aber zwischen *russus* und *russeus* trotz Charis. 72, 19 f. K.: ‚*Russeum* grammatici non magis dicendum putant quam *albeum* aut *prasineum,* sed *russum*, ut *album, prasinum.*' Vgl. *cerineus*, ‚aus Wachs' Arch. f. l. L. u. Gr. VIII, 186 und *cerinus*, ‚wachsgelb'. Das Romanische weist mehr Adjektive auf ꜰ-*ius* für -*us* auf, z. B. ꜰ*superbius*, ꜰ*sudicius*, ꜰ*lucitius* (im Sinne von *acido* lese ich bei d'Ambra Voc. nap.-it. Sp. 14ᵇ ital. *acizzo*; ist das ꜰ*acidius*?). Wir könnten also in ꜰ-*us* ∤ ꜰ-*ius* ∤ -*idus* eine Reaktionserscheinung sehen. Allein es kommt im Romanischen auch die Vereinfachung eines primären -*ius* zu ꜰ-*us* vor, allerdings besonders unter gewissen lautlichen Bedingungen, wie ital. *ebbro* ∤ *ebrius*; im Portugiesischen ist sogar die Unterdrückung des *i* in -*ius*, -*ia*, -*ium* ganz gewöhnlich, s. J. Cornu Grundr. d. rom. Phil. I, 748 f. § 113. Ich stelle nun eine Reihe von Formen auf ꜰ-*us* ∤ -*idus* zusammen nebst den vermittelnden Formen auf ꜰ-*ius* (die lautregelmässigen schliesse ich in Klammern ein). Die französischen Mundarten lasse ich hier beiseite, da es bei dem Verhältniss z. B. von *ter* zu *teve* auf die Schicksale des auslautenden ‚*e* muet' überhaupt ankommt, überdies die Schreibung zum grossen Theil keine sichere Auskunft über das Vorhandensein eines vokalischen Auslauts gewährt.

    ꜰ*brabidus*, d. i. *rabidus* + *br*- (ꜰ-*agire*, ꜰ-*adare*, ꜰ-*amare* u. s. w.; vgl. insbesondere altspan. *brariar*) ∤ 1. ital. *brado* (*brab'do*); 2. (span. port. *bravio* für ꜰ*brávio*; vgl. span. *rocio* = port. *rócio*) — ital. span. port. *bravo* u. s. w. Man sieht dass ich der Stormschen Deutung Rom. V, 170 f., weit entfernt sie zu den Etymologieen zu zählen die ‚den Stempel der Unmöglichkeit zu deutlich an sich tragen' (Körting), vollkommen zustimme. Meyer (-Lübke) Ztschr. VIII, 219 empfiehlt ‚das hypothetische *brario* wegzulassen, *bravo* entstand durch Abwerfung der ganzen Endung'; aber jenes ist durch *brario* hinlänglich gesichert.

    candidus ∤ piem. *candi*, canav. *cande* — ital. *cando*, romagn.

cand. Allerdings kann hier an *cand'dus* gedacht werden, welches dem *mut'dus*, *nit'dus*, *put'dus* entsprechen würde; vgl. *candam* Vok. d. Vulg. II, 434.

fracidus {(altveron. *frasio* Mussafia Beitr. S. 59), ticin. (Arbedo) *frasi*, berg. *sfrase*, w. -*ia* (s. Salvioni zum Gl. del dial. d'Arbedo S. 23) — pav. *fras.*

humidus { altkat. *hom.*

limpidus { friaul. *limpi*, (altport. *limpio*) — port. *limpo.*

morbidus { gallo-it. *morbi* u. s. w., (lad. [obwald.] *muorbi*, *miervi*) — lad. (obwald.) *muorb*, *murf*, (engad.) *mileric*, *mörv.*

*ruspidus { friaul. *ruspi* — ital. *ruspo* s. oben S. 28.

solidus { gallo-it. *soli*, *söli*, (engad. *söli*) — bergün. *söl*, franz. *sol* (alt), *sou* Subst. und ebenso kat. *sol* (alt), *sou.*

sucidus { (span. *sucio*, vicenz. lana *susia*), berg. lana dal *söse* — trient. lana *susa.*

tepidus { sard. *tebiu* u. s. w. — port. *tibo* (neben *tibio*), balear. *teb*, piem. und westlomb. Mdd. *tep*, *chiep* (Salvioni Arch. gl. it. IX, 197 f. Anm. 3, demzufolge die z. Th. an denselben Orten vorkommenden Nebenformen *tebi*, *tepi* einen andern Grad von Lauheit ausdrücken), lad. Mdd. *tief*, *tef*, *tif*, *tiep*, *clip* (man sehe die lange höchst lehrreiche Liste der lad. Formen von *tepidus* bei Th. Gartner Raetor. Gr. S. 186 f.).

turbidus { gallo-it. *torbi* u. s. w., (altport. *turvio*) — ital. *torbo*, emil. *torb*, lecc. *trubbu*, port. *turvo.* G. Cremonese Voc. del dialetto agnonese (1893) gibt an: *trúvede*, w. *torba*; das würde eine Defektivmotion vorstellen.

Von *marcidus* und *rancidus* musste im Italienischen die zweite mit der dritten Stufe zusammenfallen: *marcio*, *rancio* (die entsprechenden Formen gewährt das Emilianische und Lombardische); die zweite Stufe hält im zweiten Adjektiv fest das Genuasche, Piemontesche, Venedigsche: *ransiu*, *ransi*, *(g)ranzio* (: *marsu*, *mars*, *marzo*). Das Portugiesische hat *ranço* für altes *rancio.* Auch in graub. *asch*, *esch* } *acidus* gegenüber tirol.-lad. *ašö*, *ešö*, südfranz. *aisse*, *asse*, *aiche* hat *ě* das *i* absorbirt; vgl. noch gredn. buchenst. *flace* (Alton), *flač* (Vian).

Da nun die Zwischenstufe *-*ius* fast immer belegt ist, so halte ich es nicht für gerechtfertigt in *-*us* für -*idus* Rückbildung aus letzterem zu sehen (Meyer[-Lübke] Ztschr. VIII, 212. 216); es frägt sich aber worauf überhaupt die Annahme

einer Rückbildung sich gründen lässt. Die Adjektive auf -idus
sind eigentlich von Nominalstämmen abgeleitet; in der klassischen
Latinität aber erscheinen sie grösstentheils als Verbalstämmen
zugehörig. In der Auffassung des geschichtlichen Verhältnisses
stimme ich mit H. Osthoff Das Verbum in der Nominalcom-
position (1878) S. 122 ff. bis auf den Punkt überein dass ich
in Bezug auf den grössten Theil der Fälle, wenn ich in Er-
manglung chronologischer Gewissheit sie als gleichzeitig betrachte, nicht frage ob das Adjektiv vom Substantiv oder vom
Verb gebildet ist, sondern annehme dass es von oder, richtiger
gesagt, zu dem einen und dem andern gebildet ist (s. auch
Meyer-Lübke Arch. f. l. L. u. Gr. VIII, 314 f.). Die Neubildung
vollzieht sich ja ebenso nach Analogie wie die Umbildung.
So mag *lepidus, solidus* auf *lepus, solum* beruhen, so ferner
frigidus, lucidus auf *frigus, lux*; da den letztern aber *frigēre,
lucēre* zur Seite stehen, so gehören die Adjektive auch zu
diesen, und es stellen sich dann *pallidus, timidus* zu *pallēre,
timēre* ein; da den letztern wiederum *pallor, timor* zur Seite
stehen, so stellen sich *luridus, pedidus* zu *luror, pedor* ein,
und da die Verben auf -*ēre* zum Theil selbst erst von Adjektiven abgeleitet sind, so können die von ihnen abgeleiteten Adjektive als unmittelbar von diesen abgeleitet erscheinen:

albus,	*albēre,*	*albidus;*
flaccus,	*flaccēre,*	*flaccidus;*
flavus,	*flavēre,*	*flavidus;*
florus,	*florēre,*	*floridus;*
gravis,	*gravescere,*	*gravidus;*
puter,	*putrēre,*	*putridus;*
rancus (C. gl. l. II, 451, 3),	*rancēre,*	*rancidus;*
ruber,	*rubēre,*	*rubidus;*
scaber,	*scabrēre,*	*scabridus (scabidus);*
(vgl. *rivus,*	*rivēre,*	*rividus*),

und danach würden sich schliesslich Adjektive aus Adjektiven
erklären wie:

fulvus,	*fulvidus* (C. gl. l. IV, 520, 54);
helvus,	*helvidus;*
murcus,	*murcidus;*
ravus,	*ravidus;*
torvus,	*torvidus.*

So wohl auch *exsucus* : *exsucidus*, aber nicht ohne Einmischung
von *sucidus* sowie vielleicht von *exsucare*; müssen wir doch
auch bei *egelidus* eine solche von *egelare* annehmen, da die
privative Bedeutung des *ex*- in diesem Adjektiv zu der ab-
schwächenden oder verstärkenden in *exalbidus, expallidus, expavidus, edurus* nicht stimmt. *Ejuncidus* schliesst sich sogar an
ejuncescere allein an; wenigstens ist ein *juncidus** nicht nachgewiesen. Das von Skutsch Forsch. z. lat. Gr. u. M. I, 46 Anm.
als altes Beispiel eines Adjektivs, bei dem ‚nur Derivation vom
Verbum möglich ist‘, angeführte *obstupidus* wird doch anderseits von *stupidus* gestützt, ganz so wie *exalbidus, expallidus*
(neap. *spalleto*), *expavidus, extumidus* (auch Arch. f. l. L. u. Gr.
IX, 421), *retorridus (retorrius* C. gl. l. V, 479, 64) auf *albidus*
und *exalbescere, pallidus* und *expallescere, pavidus* und *expa-
vescere, tumidus* und *extumescere, torridus* und *retorrescere* zugleich beruhen. Nach den angegebenen Vorbildern könnten nun
sehr wohl im Romanischen neue Adjektiva auf ₓ-*idus* aus lateinischen auf -*us* entstehen, und umgekehrt lateinische auf
-*idus* in solche auf ₓ-*us* ‚rückgebildet‘ werden. In der That
haben wir neben *exalbidus* (rum. *sarbed*, siz. *sciarvidu* : ₓ*exalbus* = ital. *scialbo*, siz. *sciarbu*. Aber erstens würde neben
albus, exalbare auch ein lat. **exalbus* (∼ *edurus*) sehr wohl
möglich sein, vielleicht ist uns diese Form nur zufälligerweise
nicht erhalten, und zweitens im Romanischen -*idus* auch durch
die Mittelstufe ₓ-*ius* zu ₓ-*us* haben werden können; diese Mittelstufe ₓ*exalbius* liegt vor in dem *slavi, slavi*, ‚bleich‘ lombardi-
scher Mdd. (Salvioni Boll. stor. della Svizzera ital. XVIII, 25
und Arch. gl. it. IX, 221, welcher an ein „slavato‘ tirato su
‚pavido‘, ‚pallido“ denkt; *slavare* hat sich sicher in *scialbo* nur
eingemengt; vgl. auch das gleichbedeutende siz. *sflavidu, sfra-
vitu*) **exflavidus*). Dem ebenda vorkommenden *sprvi*, ven. *spa-
vio* (vgl. poschiav. *pavio*) = friaul. *spavid*) *expavidus* entspricht
als Lehnwort franz. *épave* (südfranz. *espavo*).

Ich will nun aber zum Schlusse mich auch über die erst
im Romanischen auftauchenden Adjektive auf ₓ-*idus*, von denen
ich schon einige in ihren verschiedenen Formen angeführt und
besprochen habe, noch ausführlicher verbreiten, weil auch dabei
sich zeigen wird in welch weitem Umfang ₓ-*ius* als Variante von
ₓ-*idus* vorkommt. Meyer-Lübke Rom. Formenl. § 426 und Ital.

Gr. § 538 zählt im Ganzen elf Neubildungen auf, die insge-
sammt dem Italienischen, der Schriftsprache oder den Mundarten, angehören. Als gelehrte Schöpfungen zieht er span. *urá-
nido* u. s. w. hierher; aber in denen haben wir es mit einer
griechischen Endung zu thun, oder vielmehr mit der Verquickung
der beiden die uns in *antropóide, elipsóide* u. s. w. und in *dif-
terídeo, tiroídeo* u. s. w. vorliegen. Um, im Anschluss an das
unmittelbar Vorhergehende, die Herleitung von Adjektiven auf
-idus aus andern Adjektiven zu besprechen, so scheinen mir
die Belege die sich dafür vorbringen lassen, nicht ganz sicher
zu sein. In ital. *spurcido* sehe ich eine Vermengung von *sucido*
mit *sporco* (vgl. die Glosse des 12. Jhrh.: ,*porcidus*, foedus, im-
purus . . .' bei Mai Class. auct. VIII, 471[b]); ebenso in ital. *orbido*,
,dumm' (nach Petrocchi Diz. univ. im Dittamondo; Fanfani hat
das Wort im Voc. della pron. tosc. == *orbo*) eine solche von *orbo*
+ *stupido*. In friaul. *moscid* bin ich geneigt ein junges Produkt
von *musteus* + **mustidus* zu sehen, oder besser gesagt ein ital.
moscio, das sich an ein Adjektiv auf -*id* angeglichen hat. Auch
beim süd- und mittelsard. *aspidu* lässt sich an *aspru* + *acidu*,
rigidu o. ä., insbesondere *raspidu* (s. oben S. 27) und lat. *hispidus*, das mit *asper* im Südfranz. *ispre* erzeugte, denken; vielleicht
ist es aber aus **asperu* umgebildet (obwohl das Südsardische
aspu neben *aspru* hat), vgl. das Subst. südsard. *aspidesa* ==
süd- und mittelsard. *asperesa, aspresa*. Die Zahl der sicher von
Verben gebildeten Adjektiven ist sehr gering. Meyer-Lübke
hat ital. *sbiancido* == *sbiancato* (wegen des *č* vgl. *biancicare* neben
biancheggiare) und mirand. *sbiavad* (doch ist das Wort allgemein emil.: *sbiavid, sbiaved, sbiavod, sbiavd*) == *sbiavato, sbia-
dito*. In mehrern Fällen kann man zweifelhaft sein ob Verb
oder Substantiv zu Grunde liegt; das erstere ist mir das Wahr-
scheinlichere in ital. *diaccido* == *diacciato* (lucc. *diacrito*, ,molle',
,tenero') und *muffido* == *muffito*; vgl. oben S. 37 -*ito* für -*ido*.
Ital. *ripido* fügt sich gut zu *ripa*, und es lässt sich rum. *ripos*, ,steil'
dazu vergleichen; doch wird es wohl aus *rapidus* umgebildet
sein, welches im Ital., Franz., Span., Port., Rum. auch ,steil'
bedeutet und daher wohl schon im Lat. bedeutet hat; (pistoj.)
ripire scheint sich aus *repere* (graub. *reicer, rerer*) daran angeglichen zu haben. Mail. *strimed*, ,meschino', ,gretto', ,secco',
,guitto' und ,magro', ,smunto', ,tisico' weiss ich mit keinem

andern Wort in Zusammenhang zu bringen als mit ital. *stremare*
(vgl. *strimbiâ*, ‚schmächtig‘, ‚schwach‘). Auch in friaul. *rampid*,
‚nackt‘, ‚von Allem entblösst‘ steckt wohl, dem Begriffe nach,
eher ein Verb als ein Substantiv; ein bestimmtes vermag ich
aber nicht anzugeben. Unter den von Substantiven gebildeten
Adjektiven ist *lutidus { span. *ludio* (Meyer-Lübke Rom. Lautl.
§ 128) auszuscheiden; schon Cornu Grundr. d. rom. Phil. I, 748
§ 113 hatte es zu port. *ludro*, ‚Schmutz‘} *lutidus gestellt, aber
es gehört zu *ludir*, ‚reiben‘, denn es bedeutet in der Gauner-
sprache ‚Kupfermünze‘ (═ gal. *luida*, ‚abgewetzte Münze‘; zu span.
ludir, ‚reiben‘. gal. *luirse*, ‚sich durch Reiben abnutzen‘, insbesondere von Münzen) und auch ‚verschmitzt‘ (‚gerieben‘ i. übertr. S.).
In *pacitę* zu Gombitelli (Lucca) } *placidus* ist ein Verbalstamm
durch einen Nominalstamm ersetzt worden (vgl. franz. *paisible* }
alt *plaisible*, span. *apacible* } *aplacible* Cornu Ztschr. XV,
529 f.). Meyer-Lübke führt in der Rom. Formenl. § 426 ein
crem. *leñed*, ‚hölzern‘ an. In den cremonaschen Wörterbüchern
habe ich das Wort nicht gefunden; wohl aber bedeutet cre-
masch und mail. *slegned* (so Ztschr. VIII, 221) ‚holzicht‘, nämlich ‚faserig‘ oder ‚zähe‘ vom Fleisch. Daraus braucht wohl
das gleichbedeutende com. *slegn* (*sorlegn* kommt in fast demselben Sinne von Fleisch und Früchten vor) nicht gerade ver-
kürzt worden zu sein; es liesse sich als *exligneus erklären.
Das von W. Förster Ztschr. III, 261 unmittelbar nach franz.
moiste (ihm zufolge } *mucidus*) besprochene, doch nicht gedeu-
tete altfranz. *roiste*, prov. *raust*, kat. *rost* (wozu wohl auch das
veraltete ital. *rostigioso*, ‚rauh‘, ‚schuppig‘ gehört) könnte man als
*rocc-idus fassen (sodass prov. *roca rausta* ein Pleonasmus wäre),
welches wie andere adjektivische Ableitungen von *rǫcc-* die Bedeutungen ‚steinicht‘ (mit Steinen bedeckt) und ‚steil‘ (einem
Felsen gleich) entwickelt haben würde. Indessen wäre das *au*
schwer zu erklären, das sich im *a* und *o* des südfranz. *raste, rast*,
‚vegetationslos‘, ‚trocken‘, ‚abschüssig‘, gask. *roste*, ‚raide‘, ‚rigide‘
fortsetzt. Sehr eigenthümlich ist neap. *spruceto*, ‚restio‘, ‚ispido‘
‚ritroso‘, ‚scontroso‘ (Puoti: ‚dicesi ad uomo zotico, sgraziato,
aspro, ‚disamabile‘) mit den Abll. auf -*aria*, -*one*, -*ulillo*
(Andreoli), kal. (Reggio) *sprúcito*, ‚timido‘, ‚vergognoso‘, ‚ruvido‘, ‚rozzo‘; obwohl es den Eindruck macht von irgend einem
Verb vermittelst -*idus* abgeleitet zu sein, lässt es sich doch

nicht von siz. *sprucidiratu*, ,sgarbato', ,smodato', ,smoderato'
(,senza buon modo di procedere'), *malu prucidusu*, ,sgarbato'
(*aviri malu procediri*, ,esser intrattabile, scortese o villano')
trennen. Vielleicht ist es ein junges Wort (Galiani hat es nicht).
Drei Adjektive oder vielmehr drei Sippen solcher will ich im
Besondern untersuchen.

Ich beginne mit it. *vincido*, ,weich', ,feucht-weich', ,schlaff',
,welk' dessen Verhältniss zu dem gleichbedeutenden *vinco* sehr
beachtenswerth ist. F. d'Ovidio Arch. gl. it. XIII, 419 ist darauf
eingegangen. Er leitet zunächst *vincido* von **vincus* oder *-um*,
ital. *vinco* (salix viminalis) ab, von diesem erst lat. *vincire*; Körting hingegen Wb. Nr. 8762 *vincido* von **vincĕre* (ital. *avvincere*) für
vincire, und dazu würde franz. *liant* von *lier* ein gutes Analogon
abgeben: ,biegsam' (vom Holz), ,elastisch', ,teigig' (,cire, pâte
liante'); vgl. span. *liga*, ,Vogelleim'. Wenn aber das Substantiv *vinco* das Stammwort zu *vincido* ist, so ist das Adjektiv
vinco nach d'Ovidio eine ,riestrazione' aus *vincido* ,sul ritmo
di *torbido torbo*'. Aber in *torbido | torbo* hat sich, wie gezeigt
worden ist, ein doppelter Endungswechsel vollzogen, ganz so
wie in *marcido | marcio, rancido | rancio*, und nach diesen Pa-
rallelen war *vincido | vincio** zu erwarten. Für die Annahme
einer Rückbildung wäre auf *flaccus flaccidus, exsucus exsucidus, murcus murcidus* (s. oben S. 44) zu verweisen gewesen,
freilich nicht auf romanische Forsetzungen derselben; indessen
finden wir doch im Romanischen Entsprechungen zwischen dem
ŏ von *-cidus* und dem *k* andrer Wortformen, wie in ital. *ranci(d)o*:
rancore, wo aber die Verwandtschaft wegen der veränderten
Bedeutung nicht mehr gefühlt wird, ital. *mucido*, riet. *muciu*:
mucore, ital. *fracido*: kal. *fracame*. Vielleicht haben wir auch
in ital. *lercio*, ,schmutzig', das schon begrifflich sich mit mhd.
lerz, ,link' nicht vereinigen lässt, wegen des gleichbed. lucc.
lerco (Fanfani Voc. dell'uso tosc. hat auch *lerca* = *lercia*,
,Schmutz') ein Adjektiv **lerc-* oder eher **lurci(d)us* zu erblicken
(vgl. südsard. *lurzina, luzzina*, ,Pfütze' und wegen des Vokal-
wandels: *sbilerciare | sbilurciare*). Die Behandlung des gutturalen
Stammauslauts in der Wortbildung verdient eine gründliche Untersuchung, die, wie ich aus Meyer-Lübke Rom. Formenl. § 351 entnehmen muss, wenigstens bis damals noch nicht geliefert worden
war. Statt nun mit d'Ovidio aus einem Substantiv *vinco* mit

dem Umweg über *vincido* ein Adjektiv *vinco* abzuleiten, setze
ich lieber dies formal dem ersten gleich und nehme nur eine
begriffliche Adjektivirung an, wie sie im Romanischen sehr
häufig ist (s. Meyer-Lübke Rom. Formenl. § 394): *vinco*, ,Weide‘
{,weidig‘, ,weidenhaft‘. *Legno vinco* bedeutet ,etwas grünes, etwas
schweres, nicht abgelagertes Holz‘, eig. ,Holz wie Weide‘. Dann
wird auch *vincone* zur Bezeichnung nicht, wie d’Ovidio angibt,
von ,castagna secca‘ schlechtweg, sondern von ,castagna secca
vinca‘ gebraucht, wo die beiden Prädikate in einem gewissen
Gegensatz zueinander stehen (,le castagne secche dopo qualche
giorno prèndono il vinco‘ Petròcchi Diz. univ.).[1] *Vincone* lässt
sich vergleichen mit dem Adjektiv *cacione* von *cacio*, welches
nach Andreoli Voc. nap.-ital. (1887) Sp. 292ᵇ im Sinne des
neap. *fuceto* (das wieder unserm *vincido* entspricht) allgemein
üblich ist, z. B.: ,non compro più ramolacci, e’ son quasi tutti
cacioni‘. Es gibt nun aber in den ital. Mdd. verschiedene Adjektive die mit *vincido*, *vinco* und mit denen *vincido*, *vinco* zusammen betrachtet werden müssen. D’Ovidio a. a. O. berührt
nur eines von ihnen, das sard. *binchidu*, ,reif‘, aus welchem ,si
estrasse il curioso *binchere*, ,maturare‘. ,Sonderbar‘ heisst dies
Wort offenbar nur mit Rücksicht auf die angenommene Rückbildung, die allerdings nicht viel wahrscheinlicher ist als die
von Diez angenommene und von d’Ovidio verworfene des ital.
vinco aus *vinculum*. Ein Adjektiv *binchidu* konnte leicht als
Partizip gefasst werden (s. oben S. 37), aber die Bedeutungs-
verschiedenheit zwischen *vincido*, ,überreif‘ und *binchidu*, ,reif‘,
so klein sie objektiv genommen ist (da Reife und Ueberreife
ohne feste Grenze ineinander übergehen), ist subjektiv genommen
sehr gross, da das Eine das aus Geniessbarem ungeniessbar Gewordene, das Andere das aus Ungeniessbarem geniessbar Ge-

---

[1] Ein äusserlich ähnlicher Fall ist ganz anders zu beurtheilen: ital. *tiglia*,
,Kastanie‘, dem Laut nach = lat. *tilia*, ,Linde‘. Ital. *tiglio* (*tiglia*) bedeutet
zunächst ,Linde‘, dann, wie lat. *tilia*, ,Lindenbast‘, ferner ,Holzfaser‘,
,Fleischfaser‘; davon ein Verb *tigliare*, ,entbasten‘ (wie *pelare* im Sinne
von *spelare*; ital. *stigliare* = franz. *teiller*, ,die Schäbe vom Hanf trennen‘),
davon das substantivirte Partizip *tigliata* (= *castagna pelata*, ,ohne Schale
gesottene Kastanie‘), und davon -- nach dem Muster *ornato | orno*, aber
nicht ohne Mitwirkung des Stammwortes *tiglia*, -o — *tiglia* in demselben
und in noch allgemeinern Sinne, im Luccaeschen auch ,von der Schäbe
getrennter Hanf‘ (franz. *teille*).

wordene bezeichnet. Wenn wir vom Verb ausgehen, so sehen
wir dass *vincere*, absolut gebraucht, so viel ist wie mit seinem
Streben durchdringen, das Gewünschte durchsetzen, sein Ziel
erreichen: ,chi la dura, la vince'. So sagt der Sizilier: ,lu tempu
va a *vinciri*', ,das Wetter wendet sich zum Schönen', ,die
gute Jahreszeit bricht an'; vielleicht darf man hier auch an
die rechtliche Bedeutung des span. *vencer*, ,fällig werden' (vom
Wechsel) erinnern. Das Ziel der Frucht ist, vom menschlichen
Gesichtspunkt aus, die Reife; vgl. magy. *érni* (3. P. *ér*), ,erlangen',
,erreichen', *érni* (3. P. *érik*), ,reif werden', *érett*, ,reif' (ähnlich
im Finnischen; s. Budenz J. Magyar-ugor összehasonlitó szótár
S. 792). Demnach wird man von den Sarden wohl nicht allzuviel
dichterischen Sinn verlangen, wenn man meint dass sie sagen:
,die Früchte siegen' statt ,die Früchte reifen'; denn *binchere*
wird zunächst in demselben Sinne gebraucht wie das ital. *vincere*. Die Griechen wenden den Ausdruck ἐχμάζειν, ,bezähmen',
,überwinden' auf das Reifwerden der Mispeln und Vogelbeeren
an; freilich scheint hier der transitive Gebrauch (ἐχμάζειν bedeutet auch ,einweichen') der ursprüngliche zu sein; Legrand
übersetzt damit das zweideutige ,mûrir', A. da Somavera es mit
,maturare et maturarsi', ,mezzare', ,diventar mezzo' (DC. citirt
ἐχμάζειν, ,maturare' aus Hieron. Germ. p. 295). Auf das Transi-
tiv geht ἐχμασμένος, ἐχματός, ,reif' zurück. Dem entspricht
sard. *binchidu* formal, es würde aber den aktiven Sinn haben:
,gesiegt habend'; ist neap. *venciuto*, ,streitsüchtig' zu vergleichen?
Während mir also bei diesem *binchidu* der Zusammenhang mit ital.
vincido noch zweifelhaft ist, steht er mir, trotz etwas grösserer
lautlicher Verschiedenheit, bei andern süditalienischen Adjektiven fest. Nur lässt er sich da in doppelter Weise deuten:
entweder entspringen diese und *vincido* aus gemeinsamem Grundwort, und es bestehen Uebergangsformen, oder sie entspringen
aus verschiedenen Grundwörtern, und es bestehen Mischformen.
Im erstern Falle dürfen wir aber nicht in *vincido* das Ursprüngliche sehen, wie das G. Morosi Arch. gl. it. IV, 130 Anm. 1
gegenüber dem lecc. *fungetu*, ,floscio' thut (∼ lecc. *summu*:
siz. *jimmu* } *gibbus*). Denn dies *fungetu* ist zweifellos das lat.
fungidus, welches unmittelbar bezeugt ist: ,σπογγοειχμανος καταχγος:
fungidus fungosus' (C. gl. l. II, 434, 58), und erweckt, was
doch bei *vincido* nicht der Fall ist, bezüglich der Bedeutungs-

entwickelung nicht das geringste Bedenken. In einzelnen Fällen lassen sich die romanischen Ableitungen von *fungus* begrifflich nur auf dieses beziehen; so ital. *funga*, ‚Schimmel‘, *fungare*, *funghire*, ‚schimmeln‘, *fungoso*, ‚schimmlig‘, zu Teramo als w. Substantiv und als Adjektiv *fönghę* (vgl. oben *vinco = vincido*). In den meisten Fällen liegt aber zugleich mit der Vorstellung des *fungus* oder allein die des σφόγγος, die der Elastizität, Porosität zu Grunde, aus der ja jene selbst, wie die Wortform, differenzirt worden ist; auch wir Deutschen denken bei ‚schwammig‘ vorzugsweise an den Badeschwamm. Man vergleiche z. B. bei Forcellini: *fungositas* — ‚raritas, et levitas, qualis in *fungis*, et in *spongiis* apparet‘; bei Littré: *fongosité* — ‚végétation charnue, mollasse, *spongieuse*‘, dazu das Citat aus dem 16. Jhrh.: ‚la langue a esté rare et *spongieuse* ... sa *fungosité*‘; bei Georges: *fungosus* — ‚löcherig, locker wie ein Schwamm‘; bei Valentini: *fungoso* — ‚per met. für spongioso‘. Meyer-Lübke Ztschr. VIII, 213 spricht wiederholt auch von einem sard. *fungidu*, aber bei Spano steht es nicht, und trotz allen Nachforschens habe ich es nicht entdecken können. Mit lecc. *fungetu* stimmt in der Bedeutung span. *fonje*, altgal. *fonxe*, ‚blando‘, ‚muelle‘, ‚esponjoso‘ und kat. *flonjo*, dass. (*posar flonjo*, ‚mullir‘ Labernia; vgl. span. *esponjar*, ‚mullir‘), welche ein sekundäres *fungius* oder ein primäres *fungeus* voraussetzen; in dem zweiten Wort hat sich das sinnverwandte *flux* (span. *flojo*) oder *flach* eingemischt, wie ja auch das *flǫgu*, *sflǫgu* des Ostlombardischen (zu Bormio *sflęgn*) nichts Anderes ist als das in gleicher Bedeutung neben ihm vorkommende *flǫs*, *sflǫs* (= ital. *floscio*) + *fungeus*, und Nichts gemein hat mit dem zu *foguare* gehörigen com. parm. *fǫgu*, ‚Kleinigkeit‘, ‚Dingelchen‘ (der Florentiner Varchi gebrauchte nach P. Monti *fogno*, ‚bazzecola‘; in der Appendice sagt Monti: ‚tosc. *fogno*, cosa vana‘). Für lecc. *fungetu* sollten wir neap. *funceto* (zu *funcio*, ‚Schwamm‘) erwarten; statt dessen finden wir *fuceto*. Es hat nach d’Ambra die Bedeutungen: 1. ‚vacuo‘, ‚flaccido‘, ‚liévito‘, 2. (von Früchten) ‚secco‘, ‚asciutto‘, ‚stopposo‘, 3. ‚inetto alla generazione‘, ‚sterile‘. Die ursprüngliche scheint die von Puoti verzeichnete zu sein: ‚*fuceto* e *fucito*, add. propriamente dicesi presso di noi al ravanello e ad altre simili cose, quando, per esserne il succo inaridito, diventano entro quasi spugnose. Stopposo.‘ Hier weist das Wort ‚spugnoso‘ nach

4*

rückwärts. Ebenso Andreoli: ‚*fúceto*, dicesi di frutte o radici mangerecce, non piene dentro, non sode‘ (== tosk. ‚bolso‘, ‚lievito‘, ‚cacione‘). Das davon abgeleitete Verb *nfuc-, nfocetire* wird auch mit der Bed. von neap. *ammocetire* verzeichnet: ‚avvizzire‘, ‚muffire‘; das Part. *nfocetuto* == ‚vacuo‘, ‚sterile‘, ‚lièvito‘, ‚avvizzito‘. Welches andere Wort das *fungidus* umgestaltet hat, weiss ich nicht; man könnte einerseits an *vocitus, ‚leer‘ denken, das im Neap. sonst nicht vertreten zu sein scheint, aber das würde hier wohl *vuojeto (∼ *chiajeto* } *placitum*) gelautet haben. Anderseits an *fuco*, ‚Seetang‘, da dies mit seinen luftgefüllten Knoten, die im Feuer zerknallen, hier sehr gut passte, aber das Wort scheint im Romanischen und insbesondere im Süditalienischen nicht volksthümlich zu sein, und das lat. *fucus* bezeichnet eine andere Pflanze und hat eine übertragene Bedeutung ganz verschiedener Art entwickelt. Man müsste denn annehmen dass das griechische φῦκος, φύκιον (φύκι), das DC. auch mit dem romanischen Vokal verzeichnet (φούκιον), während des Mittelalters in Süditalien Aufnahme gefunden und ein *fucidu == φυκιώδης, φυκιώδης hervorgerufen habe. Dem neap. *fuceto* entspricht zunächst, mit Wechsel der Endung, siz. *nfuciu*, ‚spugnoso‘ (von mürbem, aufsaugendem Brod), ‚soffice‘ (von jedem weichen, nachgiebigen Gegenstand). Das siz. *sfuncidu, -itu* geht, statt auf das heutige *funcia, -u* oder *sponza*, auf das altbezeugte, Beides vermittelnde *sfongia, sfungia* (Vok. d. Vulg. II, 117. III, 204; De-Vit) zurück, und es könnte schon im Lateinischen das Adjektiv *spongidus, *sfongidus neben *spongius* (Cassiodor), *sfongius* bestanden haben (im ital. *spugnitoso* neben *spugnoso* noch durchschimmernd?). Die Bedeutungen sind 1. ‚frollo‘ (vom Fleisch), 2. übertr. ‚indebolito‘, ‚frollo‘, 3. ‚vizzo‘ (vom Fleisch der Menschen), 4. ‚vincido‘. Neben *sfuncidu, -itu* steht, und wie es scheint, als die gewöhnlichere Form, *sfincidu, -itu*. Wollten wir das letztere, mit Traina, von *vincido* herleiten, so wäre viererlei möglich: 1. *sfuncidu* und *sfincidu* haben Nichts miteinander gemein, oder 2. in *sfuncidu* ist das *u* unter dem Einfluss des vorausgehenden Labials aus *i* entstanden, und dann ist *a*) *sfuncidu* von *fungetu* zu trennen, oder *b*) *fungetu* aus *sfuncidu* abgeändert worden, oder 3. *vincido* ist zu *sfincidu* unter dem Einfluss von *sfuncidu* geworden. Nun ist aber von *fungidus fungetu*, von diesem wieder *sfuncidu*, von diesem

endlich *sfincidu* durchaus nicht zu trennen, sodass nur das
Vierte übrig bliebe, demzufolge *sfincidu* eine Mischform zwischen *sfuncidu* und *vincido* wäre. Allein *sfincidu* wird kaum
dem *vincido* sein *i* verdanken, da sich dieses auch in dem
Subst. *sfincia* wieder findet, welches nichts Anderes sein kann
als das erwähnte *sfungia*, also eine Nebenform von *funcia*.
Sfincia bedeutet im Siz. eine Speise von weichem Teig, der im
Sieden in die Höhe geht, ‚frittella‘, ‚galletti‘, ‚coccoli‘, ‚zugo‘,
also Etwas in seinem Hauptkennzeichen unserm Windbeutel
oder der franz. omelette soufflée Aehnliches (eine besondere Art
sfinci d'ova = *ova sfongia* Apic. VII, 307); vgl. span. *esponjar*,
‚in die Höhe treiben‘, ‚aufschwellen machen‘ (Teig u. s. w.).
Auch wird es scherzhaft für einen zerdrückten oder niedern
Hut gesagt (vgl. neap. *funcio*, ‚Filzhut‘, in andern ital. Mdd. *fungo*
u. s. w., ‚Hut‘, wie röm. *frittella*, ‚Mütze‘; tosk. *pigliare il fungo*
= *pigliare il cappello* im übertr. S.), oder überhaupt von irgend
etwas Eingedrücktem, wobei nicht die ursprüngliche Gestalt
der Speise, sondern die spätere vorbildlich ist (dazu gehört
das Wort *affunciari*, ‚zerquetschen‘, nur dass die Form mit *f-*,
nicht die mit *sf-* zu Grunde liegt). Davon ist abgeleitet siz.
sfinciuni, ‚eine Art Kuchen von Brodteig‘. Wenn uns das *i*
von *sfincia*, *sfincidu* auch auf den ersten Blick sphinxartig
erscheinen sollte, so wird uns ein zweiter Blick auf *exfingere
führen; aber nicht auf das lateinische, welches uns bekannt
ist aus der Wendung ‚*effingere* spongia‘, ‚mit dem Schwamm
ab- oder auswischen‘, weshalb Isidor Orig. XII, 6, 60 sagt:
‚*sfungia* a *fingere*, id est nitidare, extergere dicta‘, sondern auf
ein romanisches ⋆*exfingere*, welches eine Verstärkung des einfachen *fingere* ist, und ziemlich gleichbedeutend mit rom. *infin-
gere*, ‚heucheln‘, ‚(sich) verstellen‘. Das Sizilische besitzt *sfincirisi* aber nicht mehr in der Bedeutung von ital. *infingersi*,
‚sich verstellen‘, sondern nur in der von ital. *infingardirsi*, ‚faul
werden‘ (vgl. ital. *sfingardaggine* = *inf.*). Demnach würde die
sfincia ein täuschendes Gebäck sein, eine Attrape, nur dass sie
nicht über die Art des Inhaltes täuscht, sondern die Erwartung
eines solchen überhaupt täuscht; daher auch *sfinci ce'è!* oder
kurzweg *sfincia!* im Sinne der Verneinung, also nicht ironisch
zu fassen, wie unser ‚Kuchen!‘ ‚Schnecken!‘, ‚Mohndütchen!‘
u. s. w. Ich habe mir nun aber erlaubt hier selbst eine kleine

Attrape anzubringen. Man wird meine Erklärung, denk' ich,
befriedigend gefunden haben; dennoch ist sie nicht die richtige,
und dass sie es nicht ist, lässt sich nicht aus ihr selbst entnehmen, sondern wird uns durch eine jener Kenntnisse offenbar die wir eigentlich nur dem Zufall verdanken. Isidor Orig.
XX, 2, 16 beschreibt *spongia* als ,panis aqua diu malaxatus,
similam modicam accipit et fermentum modicum et habet humec-
tationis plus quam omnis panis'. In dieser ebenso wie in seiner
eigentlichen Bedeutung ging das Wort, zunächst wohl die
Sache selbst zu den Arabern über; wenn *esbondža, esbonija,
isfondža, isfandža, esfindža, isfindža* so viel als ,Schwamm' ist
(F. J. Simonet Glos. mozárabe S. 195 f.), so wird damit auch oder
mit zufälligen, geringfügigen Formvariationen: *isfondža, isfandža,
esfandža, asfindžr, sfendže, sfindže* (a. a. O. S. 187) eine lockere
Mehlspeise bezeichnet, ,crustula', ,laganum' ,buñuelo', die besonders bei den westlichen Arabern beliebt ist (daher auch bei
den Kabylen *sfendš* koll. P. Olivier Dict. franç.-kabyle u. d. W.
,beignets'), aber auch im Osten nicht unbekannt. Delaporte,
französischer Vizekonsul zu Tanger, schrieb seiner Zeit darüber:
,On ne peut se faire une idée plus juste des *sfenges* qu'en se
figurant nos beignets, dits pets-de-nonnes. On en fait une grande
consommation en Afrique et en Asie, surtout pendant l'hiver.
C'est le déjeuner du pauvre et du riche; on en taxe le prix
d'après celui du pain' (Nouv. Journ. Asiat. V [1830], S. 320).
Das *f* kann griechisch-lateinisch oder arabisch sein; das *i* kommt
sicher auf Rechnung der Araber. Von ihnen (die Maltaer sagen
ebenfalls *sfindža*) haben die Sizilier ihr *sfincia* entlehnt, das
dann allerdings sich mit *sfincirisi* assoziirte. Wenn auch nicht
die Bedeutungen von *sfincidu*, so zeigen doch die eines andern
Adjektivs, *sfinciusu* Mischung der beiden Stämme: 1. ,arbeits-
scheu', 2. ,spiacevolmente morbido al tatto', ,floscio', ,mol-
licchioso', 3. ,geziert'. Indem also *sfincidu*) *sfuncidu + sfincia*,
erscheint auch die vierte jener Möglichkeiten, nämlich dass
sfincidu eine Mischform zwischen *sfuncidu* und *vincido* darstelle,
beseitigt und damit überhaupt die oben angesetzte Möglichkeit
dass die süditalienischen Formen von *vincido* abhängig seien.
Daraus ergeben sich nun wieder diese zwei Möglichkeiten.
Entweder *vincido* steht vereinzelt da, es trifft in begrifflicher
und lautlicher Beziehung nur zufälligerweise mit *sfincidu* zu-

sammen. Oder *vincido* beruht auf einer Mischung, sei es einer
formellen, indem *sfincidu* oder *fungetu* unter Einwirkung von
vinco, *vinciglio* zu *vincido* umgebildet wurde, sei es einer begrifflichen, indem *vincido*, ‚weidenholzartig‘ unter Einwirkung von
sfincidu oder *fungetu* zu ‚schlaff‘ u. s. w. umgedeutet wurde.
Das Letzte ist mir das Wahrscheinlichste. Das Italienische hat
ein Adjektiv *vinchioso*, welches ich in piemontischen Wörterbüchern als Uebersetzung von *goregn*, ‚holzicht‘, ‚zähe‘ (vom
Fleisch) finde, also synonym mit *tiglioso*; es kommt von *vinchio*,
‚(kleiner) Weidenzweig‘. Bezüglich dieses von Diez angeführten
vinchio sagt d'Ovidio Arch. gl. it. XIII, 417: ‚non so donde
desunto, per il toscano, e con quella qualità‘; Diez hatte es aus
Valentinis Wörterbuch genommen, von wo es auch in das neuere
von H. Michaelis übergegangen ist; den deminutiven Sinn be-
zweifle auch ich, *vinchio* wird = *vinco*, wie *vischio* = *visco*
sein (vgl. *vinchia* = *pervinca*). Mit *vinchioso* mochte *vincido*
(sien. *vencido* nach d'Ovidio S. 419) von *vinco* in der Bedeutung
zunächst übereinstimmen; dann mit einem entweder von Haus
aus mittelital. *fungido* oder mit einem aus dem Süden einge-
führten *sfincidu* o. ä. zusammentreffen und dessen Funktion
übernehmen. Von *viscidus* leitete Diez *vincido* ab, ohne die
lautliche Entwickelung zu erläutern; d'Ovidio a. a. O. sagt: ‚sta
bensì a base d'un' altra serie (*viscido*, nap. *visceto*, sd. *bischidu*),
e solo si confonde qua e là con l'altro nel significato.‘ Immerhin ist es denkbar dass zwischen den Begriffsentwickelungen
genetische Beziehungen stattgefunden haben. Ital. *vischioso*, *vis-*
coso, *viscido* (dieses letzte ist ein gelehrtes Wort) wahren den
ursprünglichen Sinn: ‚klebrig‘, ‚zähe‘, neap. *visceto* (*viscido*)
wird von Puoti und Andreoli gleich *viscido* und *viscosità*, *visci-*
dume gesetzt (‚à voce toscana‘ P.; vgl. *vescagliuso*), aber von
d'Ambra mit ‚schiuma‘ und ‚molle‘, ‚schiumoso‘, in der App. mit
‚vincido‘ übersetzt, sard. *bischidu* hat ausser dieser die Bedeutung ‚geziert‘, ‚zimperlich‘ (ähnlich dem siz. *sfinciusu*); das
rum. *vested* aber nur die von ‚welk‘ (*vincido* wird auch in dieser
von Valentini angeführt, aber wohl nur vom menschlichen Fleisch),
Cihac übersetzt es auch mit ‚mollasse‘, ‚ratatiné‘. G. Meyer
Etym. Wb. der alb. Spr. S. 468 trennt vom rum. Wort, aber
nicht ausdrücklich, das von Andern damit zusammengestellte
alb. *vesk*, ‚ich welke‘, indem er es auf lat. *vescus*, ‚ausgezehrt‘ be-

zieht; ich glaube mit Unrecht. Meyer-Lübke Ztschr. VIII, 210
Anm. 1 will *viscidus* auch im rum. *vilced*, ‚striemig‘ (‚lividus‘)
wiederfinden was noch weniger angeht als *viscidus* | *vincido*;
der Bedeutung nach würde als Grundwort ein **vib(i)cidus* von
vibex, -*icis*, ‚Strieme‘ befriedigen, aber lautlich vermag ich es
auch nicht zu rechtfertigen. Endlich gedenke ich noch eines
istrischen Wortes das der *fungidus-vincidus*-Gruppe nicht ganz
ferne stehen dürfte: es ist das rovign. *svértido*, ‚ranzig‘ (vom
Oel), an dem freilich das friaul. *sviersâ*, ‚umschlagen‘, ‚verder-
ben‘ (von Getränken: *lu vin si è sviersad*) den Hauptantheil hat.

Ganz ähnlich wie in diesem Falle, liegen die Dinge in
einem zweiten: ein einzelnes Wort einer Mundart gewährt an
sich eine treffliche Etymologie, die Untersuchung der verwandten
Wörter in andern Mundarten zwingt uns sie zu modifiziren
oder aufzugeben. W. Förster hat Ztschr. III, 260 f. in muster-
hafter Weise franz. *moite*, alt *moiste* aus *muccidus* hergeleitet
(das Bedenken Hornings Ztschr. XV, 503 Anm. gegen diese
sowie gegen die Herleitung von *flaistre* aus *flaccidus*, das sich
auf -*is*-}-*cc*- gründet, theile ich nicht); Diez hatte Wb. ³II,
379 f. dafür als wahrscheinlichstes Grundwort *musteus* angesetzt
(nicht auch, wie Förster sagt, *muccidus*; *moite* ‚verweist‘ nicht
sowohl auf *mucidus* unter *moscio*, sondern Diez denkt vielmehr
daran *moscio* u. s. w. dem *moite* ‚anzureihen‘). Die übrigen romanischen Wörter welche mit diesem so grosse lautliche und
begriffliche Aehnlichkeit aufweisen dass man ihnen von vornherein eine enge Verwandtschaft mit ihm zuschreibt, fügen
sich nun fast alle der Herleitung von *muccidus* nicht, und diese
Schwierigkeit wird von Gröber Arch. f. l. L. u. Gr. IV, 122 f. auf
doppeltem Wege beseitigt. Für den einen Theil nimmt er ein
etwas abweichendes Grundwort an: *mucceus, den andern erklärt
er als Entlehnungen, mittelbare oder unmittelbare, aus dem
Französischen. So soll, um von dem zweiten Punkt zuerst zu
reden, span. *mustio* mit altfranz. *moiste* durch lim. *mousti* vermittelt worden sein, ‚woraus das Span. sich ein Eigenschaftswort
zweier Endungen schuf‘ (schon das Lim. hat: *mousti*, -*io*). Ich
füge als Zwischenstufen noch gask. *musti* (-*io*), kat. *musti* (-*ia*)
hinzu; vermag aber dennoch hier keinen Eroberungszug nach
dem Süden, sondern nur ein ursprüngliches Nebeneinander zu
erkennen. Nicht als ob ich derartige weite Ausbreitungen von

Wörtern läugnen wollte, die eines von theilweis ähnlicher Bedeutung, des franz. *floche* in Italien und Spanien (*floscio*, *flojo*)
hat ja Gröber ebend. III, 508 f. überzeugend nachgewiesen;
aber ein solches entscheidendes lautliches Argument wie hier
das des *fl*- ist, fehlt in unserem Falle. Für ital. *moscio*, südital.
muscio, -*u* aus franz. *moiste* ist mir keine Analogie gegenwärtig; dies wäre wohl durch *moisto** (Gröber setzt *moistio
an) zu ital. *mostio** oder *mosto** geworden. Dem franz.
moiste würde Gröber zufolge ‚nach Form und Bedeutung noch
näher geblieben‘ sein lomb. *moise* (wo *se* als *sk* gefasst wird,
da es doch = *š* ist); das letztere ist wohl direkt aus Diez’
Wb. herübergenommen, und Diez wiederum muss übersehen
haben dass es sich mit dem *molliccio* womit es Cherubini
verdolmetscht, auch lautlich deckt. Angesichts aller dieser
Wörter erhebt sich doch zuallererst die Frage: ist es möglich
sie in lautregelmässiger Weise aus einem einzigen Grundwort
abzuleiten? Und dabei darf uns nicht beirren dass die Herleitung von *moite* aus *muccidus* eine tadellose ist; es kann zu
einer solchen eine zweite tadellose gefunden werden, was mir
freilich manche Romanisten nicht zugeben werden. Ist denn
nicht anderseits auch ital. *moscio* | *mūsteus* tadellos? B. Campa-
nelli Fonetica del dialetto Reatino (1896) S. 142 f. hat nicht ganz
Unrecht, wenn er in Betreff von *moscio* sagt: ‚Non so perchè
a spiegare l’ origine di questa voce si ricorra generalmente al
latino *muccidus*, mentre nulla pare si opponga a che venga ri-
condotta a *musteus* . . . . tanto più che potrebbero riconnettersi a
questa base alcune delle forme romanze che sono considerate
quali riflessi di *muccidus*, lasciando a questo ultimo solo le altre.‘
Unrecht hat er nur mit dem letzten Zusatz; denn es wird damit eine Scheidung von offenbar eng miteinander zusammenhängenden Wörtern zugestanden. *Musteus* genügt für die nord-
und südwestlichen Wörter nicht; wohl aber ein gleichbedeutendes
*mustidus oder das mit Endungswechsel daraus hervorgegangene
ₓmustius. Die einmal im Altfranz. vorkommende Schreibung
moide (s. Förster a. a. O.) wird man nicht gegen diese Deutung
von *moiste* einwenden wollen; sie ist jedenfalls bedenklich, da
ein anderer Fall von nachtonigem -*çd*-{-*d*- wohl nicht nachzuweisen ist. Obwohl nun auch für ital. *moscio* die Annahme eines
solchen sekundären *ₓmustius* nicht durchaus unzulässig wäre,

so wird doch die des primären *musteus* vorzuziehen sein, da
dies jedenfalls im Romanischen fortlebt. Nämlich als prov. *mois*,
moix, kat. *moix*, südfranz. *mouis*, *moueis* (w. *-sso*; sekundär auch
m. *-sse*), altfranz. *mois*, friaul. *muess*. Gröber vereinigt diese Wörter
unter **mucceus*; worauf die eben daselbst angeführten ital. *moccio*,
ven. *mozzo*, lad. *mutschegna* allerdings bezogen werden müssen.
Warum er lad. (obwald.) *musch*, ‚feucht‘ zu *muccidus*, statt zu
*mucceus stellt, weiss ich nicht; es ist } *musteus* oder **-idus* (vgl.
muost, ‚feucht‘ bei Carisch), und dazu gehört jedenfalls noch (eng.)
muosch, ‚schimmlig‘ (zu Bergün ‚feucht‘), in der Bedeutung beeinflusst durch *mucidus*, welches vorliegt in lad. (obwald.) *misch*,
‚schimmlig‘. Dies also darf nicht, wie es von Gröber a. a.
O. S. 124 geschieht, aus *mūscidus* gedeutet werden, und damit
haben die ebendaselbst dazu gestellten Formen *mitsch*, (eng.)
müsch, *mütsch* gar Nichts zu thun; sie bedeuten nicht ‚schimmlig‘, sondern ‚Duckmäuser‘ und gehen vom Verb *mitschar*,
mütscher (Körting Nr. 5439) aus. Zu streichen ist auch ‚rom.
Schweiz *mouess*‘ unter *mucceus* bei Gröber; er hat übersehen
dass das ‚C.‘ vor ‚*moués*‘ bei Bridel S. 255 unter *mosse* so viel ist
wie ‚celtique‘; es handelt sich um bret. *mouez*, *moues*, (zu Vannes)
mouest, das von franz. *moiste* stammt. Von altfranz. *mois* (heisst
aber nicht ‚schimmlig‘) } **mucceus*, also mit stimmlosem *s*, leitet
Gröber franz. *moisir*, das allerdings nicht } *mūcere* sein kann, ab;
müsste es aber dann nicht *moissir** lauten? Auch Horning Ztschr.
XI, 264 erhebt dagegen Einwand; in einer Anmerkung dazu gibt
Gröber die Möglichkeit zu dass *mois* nicht } **mucceus*, sondern
unlateinischen Ursprungs sei. Allerdings haben wir im Altfranz.
auch *moise*, ‚feuchter Boden‘; aber dessen Herkunft von *mois*
ist mehr als zweifelhaft, wenn es sich auch anderseits mit dem
begriffsverwandten schweiz. *mosse*, cremaschen *mos* nicht vereinigen lässt, die das deutsche *Moos* wiedergeben. Die romanischen Wörter also welche Gröber unter *muccidus* und **mucceus* vertheilt, vertheile ich unter **mustidus* und *musteus*,
wodurch die Sonderstellung von ital. *moscio* aufgehoben wird,
welches nicht auf zwanglose Weise aus *mucc-* erklärt werden
kann. Meyer-Lübke Ztschr. VIII, 217 und Ital. Gr. § 213 ver-
schweigt uns seine Ansicht über ital. *moscio*; er spricht an der
erstern Stelle von dem ‚gedeckten‘ *c* des Grundworts — meinte
er *mūscidus*, so widerstrebt das *ū*, meinte er *muccidus*, das *cc*.

Ich habe die Frage der begrifflichen Entwickelung auch hier von der der lautlichen trennen wollen. Diez wird bezüglich der Herleitung von *moscio* u. s. w. aus *musteus* gerade durch dessen Bedeutung bedenklich gemacht, indem es ‚fast das entgegengesetzte aussagt (jung, frisch)‘, und auch Gröber Arch. f. l. L. u. Gr. IV, 122 sagt: ‚An Herleitung der romanischen Ausdrücke [*moix, mouis, mois, muess*] aus *musteus* zu denken verbietet die Bedeutung.‘ Aber *musteus* bedeutet nicht bloss, wie die Wörterbücher angeben: 1) ‚mostreich‘, ‚süss wie Most‘, 2) ‚jung‘, ‚neu‘, ‚frisch‘ (Georges), sondern noch Anderes, nämlich ‚klebrig‘, ‚feucht‘ (?), ‚grün‘. C. gl. l. IV, 121, 45 f. (7. Jhrh.): ‚*musteum* fiscidum medium uel uiridem‘; ebend. V, 225, 1 (8./9. Jhrh.): *musteum* uis cedum medium uiride‘. *Medium* glaube ich in *madidum* verbessern zu dürfen, da das letztere Adjektiv öfters verschrieben wird; so *madabus* ebend. II, 125, 49, *modicum* ebend. IV, 563, 52; ob ‚viridis‘ hier wirklich die Farbe bezeichnet, ist mir zweifelhaft (vgl. ‚viridis caseus‘ Col. = ‚musteus caseus‘ Plin.). Die Bedeutungen welche *mustosus* in den südfranzösischen und italienischen Mundarten angenommen hat (die ital. Schriftsprache kennt es nur in dem Sinn: ‚che ha del mosto‘), schliessen sich daran an. Im Siz. kann es ‚klebrig‘ bedeuten; eben das und ‚noch feucht‘, auch Subst. ‚Kind mit schmutzigem Gesicht‘ (franz. *moutard*!) im Südfranz. Aus dem Altbearn. führt Lespy an: *rocii gris mostoos*, ‚cheval gris sale‘, eig. ‚graues mostfarbiges Pferd‘; diese Farbenbezeichnung ist nicht wunderbarer als *vinosus*, ‚rothweinfarben‘ in prov. *color roia e vinosa*, in franz. *rouan vineux*, ‚Rothschimmel‘, in südfranz. *cap-vinous* u. s. w. In den lombardischen und emiliaschen Wörterbüchern wird es allgemein mit ‚sugoso‘ übersetzt; dann mehr oder weniger häufiger mit ‚morbido‘, ‚soffice‘, ‚delicato‘, ‚facile al tatto, al palato‘, ‚manoso‘ (vom Tuch) und mit Bezug auf menschliches Aeussere und Wesen mit ‚grassotto e morbido‘, ‚ilare‘, ‚piacevole‘ (so auch bearn.). Mit dieser Entwickelung von *mustosus* im guten Sinne steht die von *mustidus, musteus* ziemlich im Widerspruch, sodass z. B. mail. mant. *malmostos*, ‚unfreundlich‘, ‚widerborstig‘ sich mit span. *mustio*, kat. *moix, mustich*, prov. *mois*, ‚traurig‘, ‚niedergeschlagen‘, ‚verschlossen‘ berührt. Aber diese mundartliche Fruchtbarkeit von *mustosus* im Gegensatz zu dessen völliger Unfruchtbarkeit in der ital. Schriftsprache gewährt im Allge-

meinen doch eine gute Parallele zu der von *mustidus, musteus,
die nun auch in qualitativer Hinsicht nichts Befremdliches
aufweist. ‚Blass‘, ‚schmutziggelb‘ (span.) ist schliesslich nichts
Anderes als ‚mostfarben‘; und ebenso nahe liegt ‚feucht‘ dem
‚mostig‘. Von ‚klebrig‘ konnte man wie bei riscidus (s. oben
S. 55) zu ‚welk‘, ‚schlaff‘ (altfranz. span. kat. ital.) kommen,
oder auch von ‚weich‘, ‚geschmeidig‘, ‚mürbe‘ (ital.); und von
‚welk‘ zu ‚traurig‘, ‚niedergeschlagen‘, ‚feig‘ (prov. kat. span.);
vielleicht ist es aber noch einfacher dies aus der Trübe des
Mostes herzuleiten. ‚Schlaff‘ im übertr. S. ist auch ‚gemächlich‘,
‚langsam im Handeln‘, ‚phlegmatisch‘ (südital.); davon neap.
Subst. musciomatteo (fare lo musciomatteo, ‚fare il musone‘),
Adv. muscio muscio, ‚ganz sachte‘ (ferrar. moss moss); dazu
die Verben: neap. ammosciare, ‚geistig oder körperlich er-
schlaffen‘, abruzz. musciá (teram. musc), ‚langsam handeln‘. Als
Adverb hat d'Ambra muchio muchio (vgl. neap. muchione, ‚grosse
Katze‘, neben muscio, -a = ital. micio, -a) mit der Erklärung:
‚come fa il gatto, quatto quatto: o come fa il cane, mogio
mogio‘. Es berührt sich dies Wort lautlich und begrifflich mit
verschiedenen andern Wörtern, mit piem. mösi (dessen Gleich-
werthigkeit mit südital. musciu bei G. Papanti I parlari ita-
liani gut ersichtlich) = ital. mogio, ‚schlaff‘, ‚verdrossen‘ (mogio
mogio, ‚ganz sachte‘), das Gröber aus altfranz. mois ableiten
will (für moscio spricht man zu Pistoja moscio), mit ital. muso,
‚träge‘ (musorno, ‚träge‘, ‚verdrossen‘), mit neap. kal. siz. ammus-
sare, -i, ‚unwirsch werden‘ (kal. [Reggio] mussiari, ‚fare il musone‘)
von südital. musso, -u = muso, mit neap. muscio, siz. muciu,
‚Katze‘ (vgl. spätlat. musio, dass.) = ital. micio (vgl. misción,
‚tardo a muoversi‘ zu Matera in der Basilicata, Papanti S. 107;
wohin gehört das gleichbed. méccio von Novara, ebd. S. 315?).
Das musciano, welches S. Nittoli Voc. di varî dialetti irpini
(1873) mit der Bed.: ‚uomo deforme‘, ‚visaccio‘ anführt, ist wohl
zunächst an musciomatteo ebend. (s. oben) anzureihen. Endlich
gehört zu musteus noch gen. musciu, ‚benestante‘, ‚ben pasciuto‘,
‚agiato‘; es vermittelt das südital. musciu, ‚gemächlich‘, mit
dem oberital. mostos, ‚heiter‘, ‚rundlich‘, ‚angenehm‘; vgl. alt-
lomb. morbio, ‚agiato‘, ‚amante dei comodi‘ Salvioni Arch. gl. it.
XII, 415. Ich glaube aber nun noch zweier englischer, der
besprochenen romanischen Sippe angehöriger Wörter gedenken

zu müssen, weil sie doch auf den hier stattfindenden Bedeutungswechsel einiges Licht zu werfen geeignet sind. Wenn man sieht wie z. B. bei Flügel (1891) *moist* erklärt wird mit 1) ‚feucht‘, 2) ‚saftig‘, 3) jung‘, ‚unausgegohren‘, und *musty* mit 1) ‚dumpfig‘, ‚schimmelig‘, 2) ‚schal‘, ‚verdorben‘, 3) fig. *a*) ‚altersgrau‘, ‚abgenutzt‘, *b*) ‚matt‘, ‚flau‘, ‚schlaff‘, so bekommt man den Eindruck dass diese Wörter eigentlich ein Chassécroisé aufgeführt haben. Und bei näherer Betrachtung rechtfertigt sich dieser Eindruck. W. Skeat An Etymological Dictionary of the English language (1888) Sp. 385ᵃ: ‚We know (1) that Chaucer has *moisty* with respect to ale, C. T. 17009, where he really means *musty* ale, i. e. new ale; also (2) that *moisty* and *musty* are mere doublets from the same source. If *moisty* may have the sense of *musty*, there can be no reason why *musty* should not have the sense of *moisty*, i. e. damp; whence the senses of mouldy, &c. would easily result.‘ K. Luick, mit dem ich mich über diese Sache besprach, meint dass *musty* auf rein lautlichem Wege schwerlich aus *moisty* werden konnte; auch lässt sich ohne Einfluss von *must* die Begriffsentwickelung nicht verstehen, nicht einmal der Reichthum der Entfaltung. *Moist* (*moiste*, ·*y*) wurde in der Bed. ‚feucht‘ aus dem Franz. herübergenommen und behielt diese; es lehnte sich aber daneben an das alte Lehnwort *must*, ‚Most‘ an und wurde durch dieses umgedeutet in ‚mostig‘, d. h. jung‘, ‚frisch‘, nicht bloss von Getränken, sondern z. B. auch von Schuhen, entsprach also ganz dem lat. *musteus* von *mustum*, das selbst erst, mit der Ergänzung *vinum*, von *mustus*, jung‘, ‚frisch‘ abgeleitet war. Wenn in gleichem Sinne *musty* nicht belegt ist, so würde sich das daraus begreifen dass diese Form eben die jüngere ist: immerhin bleibt es auffällig dass dann *musty* aus der ursprünglichen Bedeutung von *moist*, ‚feucht‘ weitere Bedeutungen entwickelt hat die mit der letztern Form nicht verbunden sind, zunächst die: ‚schimmlig‘; so schon: ‚*mustie*, mucidus‘ in einem Reimwörterbuch aus der zweiten Hälfte des 16. Jhrhs., und aus dem Adjektiv *musty* ist wohl erst das Subst. *must*, ‚Schimmel‘ abgezogen worden. Was *musty brede* in einer Stelle des Palladius aus der ersten Hälfte des 15. Jhrhs. bedeutet, steht nicht ganz fest; Luick vermuthet ‚Brotteig‘, also eigentlich ‚teigiges Brot‘. Auf andere Bedeutungen des altfranz.

moiste als die welche belegt sind, aus denen des mittelengl.
moiste, moisty zu schliessen geht nicht an; wir dürfen also hier
keine Stütze für *moiste* | *mustidus suchen, allerdings noch
weniger eine für *moiste* | *mucidus*. — *Mucidus* lebt im Italie-
nischen, in der Schriftsprache und auch in Mundarten, mit
seinen lateinischen Bedeutungen und andern fort: ‚muffig‘,
‚mürbe‘, ‚schlaff‘, ‚weichlich‘, ‚feig‘, ‚dumm‘. Im Altfranz.
haben wir als Synonym von *moisir* : *mucrir* mit dem Adj. *mucre*
(welches aus einem ⁎*mucorosus* von *mucor* abgezogen zu sein
scheint, wie span. *mugre*, ‚fettiger Schmutz auf Kleidern‘ von
mugroso, -*iento*, ‚schmierig‘ von ast. *mugor*, ‚Schimmel‘, ‚Schmutz‘,
‚Schweiss‘, vgl. auch *sabre* aus *saporosus*? oben S. 16).
    Span. *rucio*, port. *ruço* (*russo*), gal. *ruzio*, *ruzo*, (bes. von
Pferden) ‚hellgrau‘, ‚graulich‘, ‚röthlich‘ (in dieser Bedeutung
vielleicht durch *rojo roxo*, *rubro*, *rubio ruivo*, *ruano rudo* beeinflusst) kann, dem Laute nach nicht, wie Diez will, von *russeus* kommen, aber auch nicht, wie Cornu im Grundr. d. rom.
Ph. I, 755 § 129 will, von *luteus*. Ich denke, es ist das Wort aus
dem Spanischen ins Portugiesische übergegangen (so auch span.
rocio | port. *rócio* | *roscidum*, obwohl hier das Port. die ältere
Betonung gewahrt hat), und setze es gleich lat. *ruscidus* von *ruscum*, -*us*, welches nach der bei De-Vit vorgetragenen Ansicht,
die ich nicht weiter prüfen will, nicht bloss den Mäusedorn,
Myrtendorn, die wilde Myrte (ruscus aculeatus), sondern auch
die Stechpalme (ilex aquifolium) bezeichnet. Das glänzende
Grün der letztern ist auffallend genug dass sie der Farbe den
Namen geben kann; allein von der erstern Pflanze handelt gewiss die massgebende Stelle des Festus (S. 354 f. Th. = S. 263
M.): ‚*Ruscum* est, ut ait Verrius, amplius paullo herba, et ex-
iruis virgultis fructibusque, non dissimile iunco [man denke
an mhd. *rusche*, engl. *rush*, ‚Binse‘, welches mit *ruscum* verwandt ist], cuius coloris rebus uti mulieres solitae, commemorat
Cato originum l. VII.: mulieres opertæ auro, purpuraque, ars
inheret diadema, coronas aureas *ruscea* facile, galbeos lineas,
pelles, redimicula.‘ H. Jordan in seiner Ausgabe von Cato (1860)
S. 28 f. liest: ‚. . . . arsinea, rete, diadema, coronas aureas, *rus-
ceas* fascias, galbeos lineos . . . .‘. Und wie immer man das
Andere richtig stellen mag, das ‚*ruscea* (facile)‘ darf nicht in
‚*russeas* (fascias)‘ geändert werden, wie das mit Rücksicht auf

die ‚*russea* fasciola‘ bei Apulejus geschehen ist; das *ruscea*
wird durch das Schlagwort *ruscum* geschützt. Sonst kann ich
rusceus nicht nachweisen, da das ‚*rusceus* sordidus‘ C. gl. l. IV,
388, 9. V, 545, 34 (*ruceus* Joh. de Janua, *ruscus* Papias) ver-
derbt, vielleicht in ‚*rusticus* s.‘ zu verbessern ist. Pferde
konnten wohl ebenso gut nach der ‚wilden‘ Myrte, wie nach
der echten benannt werden; Palladius (5. Jhrh.) und nach ihm
Isidor zählen unter den Hauptfarben der Pferde (unmittelbar
neben einem von *rusceus* zu scheidenden *russeus*, *roseus*) auch
murteus auf, welches freilich E. Boehmer Rom. Stud. I, 243 (vgl.
S. 253) von der Farbe des Myrtenweins versteht, und noch heute
heisst ‚Fuchs‘ (Pferd) im Sardischen: *caddu múrtinu*. Die Frage
welche Farbe die Römer mit *rusceus* bezeichneten, bleibt noch
unentschieden; das Grün des Mäusedorns ist keines von besonderer Art — sollten etwa die rothen Beeren bestimmend gewesen sein? Abu-Zacaria von Sevilla (12. Jhrh.) sagt vom
Mäusedorn ‚que tiene unos granillos bermejos y redondos come
el kermez ó grana‘ (Libro de Agricultura I, vii, 23; spanisch [Se-
villa 1878] I, 193). Dann würden freilich *russeus* und *rusceus* derselben oder doch nur Nüancen derselben Farbe gegolten haben.
Das Adj. *ruscidus* kommt in den Glossen vor, aber — abgesehen
von den Fällen wo es = *roscidus*, ‚thauig‘ (sollte umgekehrt
in ‚*roscida* fluua‘ Hs. des 7. Jhrhs. ‚fulua‘ Hs. des 11. Jhrhs. C. gl.
l. IV, 164, 47 *ruscida* zu lesen sein?) — neutral mit der Bed. von
ruscum selbst (sard. *fruschiu, frusciu = fruscu* [ital. *ruschia*
= rusco]): ‚*ruscidum* lignum foliis spinosum‘ C. gl. l. IV, 563, 50
(8./9. Jhrh.). V, 329, 31. 387, 53 (9. Jhrh.) = ‚*ruscum* lignum
foliis spinosum‘ ebend. IV, 388, 11. V, 241, 16 (*roscum*). 39,
‚*rurcum* (*ruscum*) lignum foliis spinatum‘ ebend. IV, 563, 49 (also
unmittelbar vor *ruscidum*). Diese beiden Wortformen finden sich
zuweilen entstellt, so ‚*riticum* (*ruticum*) lignum cum foliis spi-
nosis‘ ebend. IV, 165, 40. Aber wir dürfen dabei nicht übersehen dass *ruscum* hier und anderswo mit einem ihm sehr ähnlichen Wort, das man leichtfertiger Weise aus den Texten und
den Wörterbüchern ausgemärzt hat, nämlich mit *rustum*, ‚Brom-
beerstrauch‘ verwechselt worden ist. Zunächst steht bei Festus
(S. 356 Th. = S. 265 M.): ‚*rustum* ex rubus ....‘, mit dem
Schreibfehler *ex* für *est*. Ferner ist bei Virg. Georg. II, 413:
‚nec non etiam aspera *rusti* | Vimina per silvam et ripis flu-

vialis harundo | Caeditur', so und nicht mit Ribbeck *rusci* zu
lesen, denn der Palatinus und Romanus geben *rusti*, der Me-
diceus *frusci*, worin das *c* in *t* verbessert ist; dass anderswo
bei Virgil ,rubus asper' und ,horrentesque rubos' vorkommen,
sowie die verhältnissmässige Seltenheit von *rustum* (Apul. Herb.
88, wo er die verschiedenen Namen dieser Pflanze aufzählt, hat
es nicht) mochten die Abänderung hervorrufen (vgl. auch:
,*rusti, rusci* magis legendum', was Ribbeck Proleg. crit. ad Verg.
S. 196 aus den Berner Scholien mittheilt). An einer andern
Stelle Virgils, an der man *rusto* gelesen hat, nämlich Ecl. VII,
42, ist *rusco* durch die handschriftliche Ueberlieferung gesichert.
Zu der erstern Stelle bemerkt Servius: ,*rusti* virgultum est, unde
vites ligantur'. *Rusti* hat der Vaticanus; aber auch in der neuen
Ausgabe von G. Thilo und H. Hagen (III, 257, 10) ist *rusci* gesetzt
worden. Sachlich lässt sich das ganz und gar nicht rechtfertigen.
De-Vit sagt: ,*ruscum* vel *ruscus* proprie est genus virgulti acutis
foliis et pungentibus, unde vites ligantur', und versteht darunter
die Stechpalme. Georges kennt das *ruscum* nur als ,Mäusedorn,
eine Art Feldspargel, dessen zähe Schafte zum Anbinden der
Weinstöcke dienten'. Dem Wortlaute des Servius zufolge handelt es sich jedenfalls um Etwas womit, nicht um Etwas woran
sie angebunden wurden; dadurch wird die Stechpalme sofort ausgeschlossen. Ist aber etwa der Mäusedorn geeignet wie die
Weide als ,vimen' zu dienen? Davon wissen die Neuen Nichts
und die Alten auch Nichts. Wohl aber erwähnen die Letztern
dass ,recisis aculeis rubi alligant' (Plin. XVI, 176). Ich gebe,
um die Sache möglichst ins Klare zu setzen, die ganze Stelle
aus A. F. Magerstedt Der Weinbau der Römer (1858) S. 158
wieder die sich auf diesen Punkt bezieht. ,Als Bindemittel dienen
auch noch die Sprossen oder Ruthen der Ulmen, Birken, Hasel-
stauden und des Blutstrauches (frutex sanguineus), die sämmtlich vor dem Gebrauche gedreht werden müssen; in Ligurien
braucht man Weinranken, anderwärts die zarten Ranken der
Brombeeren (rubus), die weit auslaufen, sich mit ihren Enden
an die Erde heften und den ganzen Boden überspinnen würden,
wenn sie die Fürsorge der Menschen nicht einschränkte (Pl.
XVII, 21). So gut sie sich dazu immerhin eigenen, so macht
doch das zuvorige Abnehmen der Stacheln (Pl. XVI, 67) viele
Mühe (Col. IV, 31); dies Geschäft gehört für die Regentage.

Entstachelte Brombeerranken lassen sich, wie gereinigte Wurzeln der Haseln, Fichten und anderer Bäume, noch brauchen,
„geschmeidige Körbe zu flechten". Virg. G. I. 266.' Der Zusammenhang der ersten Virgilstelle zeigt deutlichst dass vom Brombeer-
strauch, nicht vom Mäusedorn die Rede ist. Die Erläuterung
des Servius erscheint als Glosse: ‚rusti . genus virgulti . urg.
aspera rusti . uimina persilum' C. gl. l. V, 145, 17; ‚rusticus
genus herbe aut uirgulti uirgilius aspera rustimina persilum'
ebend. 242, 3; ‚retica ligna quibus uites retinentur' ebend. 241,
2; ‚retica ligna quibus ligna sublimantur' ebd. 609, 56 (zu
diesen beiden letzten vgl. G. Landgraf Arch. f. l. L. u. Gr. IX,
419 f.); ‚. . . . subligantur' hat Mai Class. auct. VIII, 508ᵇ. Man
bemerke ferner die Glosse aus einem Vaticanus des 11. Jhrhs.:
‚rusti, arbores duri singulari numero' ebend. VII, 578ᵃ, sowie
die aus dem Glossar. medic. MS. Simon. Jan. ex Cod. reg. 6959
bei DC.: ‚rusti et sentix, idem; nascitur ubique in campis et
sepibus, secundum librum antiquam de simplici medicina.' Für
‚ruscus uiminis genus' C. gl. l. V, 242, 1 ist ‚rustus u. g.' zu lesen,
wie ebend. 145, 19 steht, und ebenso ist in der folgenden Glosse
zu verbessern: ‚ruscus fruticis genus spinosum uelut alii herbae
asperae' ebend. 242, 2 (robus, rubum wird als ‚lignum spinosum' IV, 387, 26. 563, 53. V, 241, 20. 329, 30 bezeichnet, ruscum als ‚lignum foliis spinosum'). Endlich wird überall wo
ruscus, -m neben griech. βάτος steht, rustus, -m dafür zu schreiben
sein: ‚βάτος hierubus ruscus' ebend. II, 256, 36, ‚βάτος rubus,
ruscus' ebend. III, 264, 54; so ist ‚batos idest ruta' ebend. III,
617, 52 = rusta (‚rugus βάτος;' ebend. II, 489, 35 weist auf ein
ital. rogo, wie ‚batus . rumice' ebend. III, 543, 52 auf nordwest-
rom. rome u. s. w.). Beim Ausreuten von Wildnissen kam es vor
Allem auf die Beseitigung des Dorngestrüpps an; das aber hiess
rubi oder sentes, nach dem Gesagten auch rusti, -a ‚und davon
konnte wohl rustare im Sinne von runcare gebildet werden
(auf welches letztere Littré sogar franz. ronce zurückzuführen
dachte). Daher ist das ‚runcare atque rustare' Tertull. De pallio
II (II, 1035 M.) nicht anzutasten; ob nicht auch Tertull. Apolog.
IV (I, 336 M.) rustatis, wie Rigaltius wollte, statt des ruscatis,
runcatis, truncatis (so bei M.) Andrer zu lesen, kann ich nicht
entscheiden. Rustarias, -ae bietet, gemäss der handschriftlichen
Ueberlieferung, H. Keil in seiner Ausgabe von Cato R. R. XI,

4 und von Varro R. R. I, xxii, 5. Bei dem Erstern hatte Gesner S. R. R. I (Lipsiae 1735), 28 f. *ruscarias* eingesetzt und in der Anmerkung sich bemüht es zu vertheidigen; bei dem Letztern hatte er *rustariae* stehen lassen, eine Inkonsequenz deren er sich im ‚Lexicon rusticum‘ schuldig bekennt. J. G. Schneider kehrt zum Richtigen zurück, und zwar indem er sich auf J. Pontedera stützt (s. IV, III, 9 der S. R. R.), der auch in seiner Eigenschaft als Botaniker Gehör verdient: ‚Ruscum humillimum fruticem nullibi segetibus molestum in maceriis et sepibus per colles nasci et cum exstirpatur, ligonibus a radice effoditur. Hinc in Virgilii Ecl. VII. vers. 42. „horridior *rusco*“ vitiatum esse ex *rusto*; rusco enim solum folium in acumen finiri. Similiter Georg. II. 413. „aspera *rusci* vimina per silvam“ mutanda esse in *rusti*, nulli etiam rusco esse vimina. Ex vitioso Virgilii loco Columellam censet X. 374. duxisse: „sepes nunc horrida *rusco* prodit“. Neque enim tenerum rubi germen edule ut rusci; contra ruscum non spinis horridum neque hirsutum esse.‘ An einem andern Orte, Varro R. R. I, xxii, 1 = 159, 21 ff. K.: ‚quae ex viminibus et materia *rustica* fiunt, ut corbes, fiscinae, tribula, valli, rastelli‘ verbessert Schneider *ruscaria* und merkt dazu an: ‚etsi nemo adhaesit, mihi tamen „*rustica* materia“ displicet. Speciem nominare oportebat; alioquin omnis materies rustico usui servit.‘ Die Gründe mit denen das Keil ablehnt, sind nicht stichhaltig; denn wenn auch ‚*rustica* materia dicitur quae ruri nascitur‘, so ist dieser Ausdruck in seiner Allgemeinheit hier gar nicht am Platze (nach ‚viminibus‘ müsste es zum Mindesten heissen: ‚et alia rustica materia‘), und das Urtheil dass ‚ruscum, quod est genus dumetorum, ad ea instrumenta quae deinde appellantur minime aptum esse apparet‘, hat insofern keinen Werth als es aus einer unrichtigen Vorstellung vom Mäusedorn unrichtig gefolgert ist. Das *rustum*, welches in der That ‚genus dumetorum‘ ist, zeigt sich darum nicht weniger geeignet zur Herstellung solcher Geräthschaften, insbesondere der ‚fiscinae‘; sagt doch erwähntermassen Virg. Georg. I, 266: ‚Nunc facilis *rubea* texatur fiscina virga.‘ Demnach ist ‚materia *rustaria*‘ zu lesen, es sind die *rusti* nach Beseitigung der Dornen gemeint; das seltenere Wort für ‚rubus‘ wurde nicht verstanden und in *rusticus* abgeändert (wie in den Glossen, s. S. 65, und bei Cato und Varro *rusticarias*, -*ae*). Dass *rustum* aus *rubustum* zusammengezogen

sei, lässt sich in keiner Weise begründen; immerhin ist merkwürdig dass die Bewohner der apulischen Stadt *Rubi* (jetzt
Ruvo) *Rubustini* (auf Münzen: Ρυβαστινων) hiessen. Der Zweifel
an *rustum* im Sinne von *rubus* wird wohl am Raschesten niedergeschlagen werden durch das neap. *rusta, rustina*, ‚Brombeer-
strauch‘; in andern südital. Mdd. habe ich das Wort nicht gefunden (die Sizilier sagen *ruvettu*, die Kalabrier *ruviettu*, die
Sarden *ruu, arrù* u. s. w.); pad. vic. *russa* (daher wohl bellun.
rusèra, ‚Heckenscheere‘) ist } *rustea, und ebenso, wie schon
A. Thomas Rom. XXIV, 586 gesehen hat, südfranz. *rouisso*,
und *rouis* (dazu *rouissoun*) } *rusteum. Das prov. *roize* scheint
} *rusteum + rumice, südfranz. *roumese, rounze* u. s. w. zu sein
(aus *rubus* entstand nach Analogie von *sentis : sentix*, vgl.
dumec-tum, lumec-tum, ein *rubex, das dann mit dem Namen
des Sauerampfers verwechselt wurde). Zu *ruscidus* bemerke
ich noch dieses. Nach Simonet Glos. mozár. S. 498. 502 ist
rúxca oder *rúxco* dasselbe wie *royuéla* bei Ibn Buklariš (Anf.
des 12. Jhrhs.), welches hier freilich nicht den Sinn von ‚Krapp‘,
sondern den von ‚Thymseide‘ hat; aber die röthliche Farbe
scheint beide Namen hervorgerufen zu haben. *Ruscum* } ital.
span. *brusco* (es hat sich *bruc-, franz. *bruyère* u. s. w., ‚Heidekraut‘ eingemischt, wie umgekehrt *ruscum* in dieses Wort: südfranz. *brusc* neben *bruc, brouc, bru*, ‚Heidekraut‘) ist ohne
Suffix zum Adjektiv geworden, mit einer ganz andern Bedeutung als *ruscidus*, nämlich: ‚herb‘, ‚barsch‘; ebenso sard. *fruscu,
fruschiu* Subst., *fruscu* Adj.

Die vorgelegten und erläuterten Thatsachen werden genügen um jeden Zweifel daran zu beheben dass *sapio* u. s. w.
aus *sapidus* entstanden sein könne; für alle die Umstände, ur-
sächliche, räumliche, zeitliche, welche hier vorliegen oder sich
annehmen lassen, sind dort Analoga vorhanden. *Sapidus*, ‚weise‘
erscheint über das ganze romanische Gebiet hin, soweit das Wort
überhaupt bekannt ist, mit der Endung ⁎-ius, der Lautregel
zufolge oder zuwider. Im Sizilischen ist es wenigstens jetzt
nicht mehr heimisch; *varvasapiu*, welches Diez Wb. ³I, 362
(mit Rücksicht auf die angesetzte Grundform *sapius) als die
‚getreueste Form‘ bezeichnet, hat vielmehr einen etwas fremd-
oder neuartigen Anstrich, als ob es, im zweiten Theil, aus ital.
barbassoro umgestaltet sei, das selbst, in seinem ersten, aus

valvassore umgestaltet ist. Mittelital. *sapio*, welches von Diez
und Gröber nicht angeführt wird, ist durch *savio* aus Oberitalien (man vergleiche den Flussnamen *Savio*) *Sapis*, südlich
von Ravenna, schon bei Dante) und *saggio* aus Frankreich
(Gröber glaubt *saggio* durch das ebenfalls entlehnte *roggio*
stützen zu können) verdrängt worden. Es kommt bei den
Schriftstellern des Trecento, so bei Fr. Sacchetti vor und, wie ich
denke, auch bei Dante; denn wenn er die Worte Purg. XIII,
109 f. nicht folgendermassen schrieb oder doch las: ,*Sápia* nou
fui, avvegna che *Sapia* | Fossi chiamata', so braucht man nicht
zu den ,arcigni pedanti' (B. Bianchi) zu gehören um das Wort-
spiel für wenig gelungen zu erachten. Freilich hat Dante sonst
savio; aber er braucht ja auch umgekehrt *savere*, *savore*, *savo-
roso* neben herrschendem *sap*-. Auch im Neapelschen ist jetzt,
nach Andreoli, *savio* (so *il mio savio*, ,mein Advokat') gewöhn-
licher als *sapio* (*sdpejo* bei S. Nittoli Voc. di varî dialetti irpini
[1873]). Eine so vollständige Verdrängung von · *idus* durch ₊·*ius*
braucht nicht zu befremden. Bei einigen Adjektiven auf - *idus*
kommt ₊·*ius* überhaupt nicht vor, bei andern auf beschränktem
Raum, bei noch andern in weiter Ausdehnung, bei einigen
endlich ganz allgemein, so bei *marcidus*. Hat daraus wohl
Jemand wegen der Herkunft des romanischen *marcio* u. s. w.
von dem Adjektiv auf - *idus* ein Bedenken entnommen? Ob
daneben sich irgendwo irgendwelche Form mit *d* erhalten hat,
kann von keinem grossen Belang sein; ich werde übrigens unten
auf die Spur einer solchen im Romanischen auch von *sapidus*
hinweisen. Frägt man wie es komme dass die Ausbreitung des
₊·*ius* bei den einzelnen Adjektiven eine so ausserordentlich
verschieden ist, so werden wir darauf zu antworten haben dass
die Adjektive, sei es ihrer lautlichen Disposition, sei es ihren
assoziativen Verbindungen, sei es dem Umfang und der Art
ihres Gebrauches nach sich in eben solchem Grade unterscheiden. In *marcidus* mochte ₊·*ius* vom Stammauslaut *ĕ*
begünstigt werden, in *sapidus* ebenso von *p*, indem die Un-
beliebtheit von ₊·*idus* nach Labialen durch seinen häufigen
Wechsel mit ₊·*ulus* bestätigt wird (s. S. 38 f.). Zugleich lautlich und begrifflich ist *marcio* assoziirt mit *rancio*, *moscio*,
floscio; es besitzt auch einen allgemein onomatopoetischen
Charakter, dank dem es ins Deutsche hinübergriff (*Matsch*,

matschig)[1]. Endlich haben die Kreise in denen, die Gelegen-
heiten bei denen ein Wort wie *marcio* vorzugsweise gebraucht
wurde, ihm als Flügel gedient. Ein Wort ganz andrer Art war
sapio; es war dem höhern, dem geistigen Verkehr eigen und
erlangte so ebenfalls eine gewisse Internationalität: der Weise
erfreute sich eines Weltrufs. So erscheint es im Italienischen
mit deutlichen Lehnformen: *saggio, savio*. Wir haben, wie man
sieht, die Umstände welche ausschliesslich die Verpflanzung der
Wortformen, von denen zu scheiden welche zunächst ihre Bildung
fördern. Wo die letztern vorhanden sind, braucht ₊-*ius* für -*idus*
sich nicht von einem einzigen Punkt ausgebreitet zu haben; es
kann an mehrern Punkten selbständig entsprungen sein. Wir
finden ja nicht selten inselartige Vertheilung einer und derselben
Form (z. B. von ₊*tepus*} *tepidus*, s. S. 43). — Mit der extensiven
Verschiedenheit von ₊-*ius* bei den einzelnen Adjektiven hängt nun
die in den einzelnen Mundarten auf natürliche, wenn auch nicht
durchaus nothwendige Weise zusammen. Es wird sich nämlich
auf Grund ihres Laut- und Formensystems die eine Mundart
der Annahme von ₊-*ius* mehr, die andere weniger geneigt
zeigen; so gibt es vielleicht hier nur einen oder zwei Belege
dafür, dort ebenso viel oder selbst mehr als für das bewahrte
₊-*idus*. Es bildet daher die Thatsache dass in der alten Litte-
ratursprache Südfrankreichs, von dem streitigen *savi* abgesehen,
-*i* für -*idus* nicht vorkommt, keinen ernsten Einwand gegen die
Erklärung dieses *savi* aus *sapidus*, um so weniger als wie wir
gesehen haben (S. 28 f.) -*i* für -*idus* in den heutigen Mundarten
hinlänglich vertreten ist, also jenes *savi* der Pionnier bei seinem
räumlichen Vordringen sein konnte. Aber wir haben allen Grund
anzunehmen dass *savi*, ‚weise‘ überhaupt immer nur mit -*i* bestand, nämlich damit es von *sabe*} *sapidus*, ‚schmackhaft‘ geschieden sei. Ebendadurch lässt sich auch die Bevorzugung von

---

[1] Die romanischen Adjektive welche sich auf die Kohäsion der festen
Körper beziehen, haben sich gegenseitig in Form und Bedeutung so
mannigfach beeinflusst dass sie eine gründliche und abgerundete Betrachtung verdienten. Es müsste z. B. klar gemacht werden wie ein
Wort welches ursprünglich eine grosse Biegungs- oder Druckelastizität
ausdrückt, zur Bezeichnung des Gegentheils gelangen kann (vgl. S. 48 ff.)
und wie das pistoj. *loscio* und das ticin. (Arbedo) *lamp* aus *floscio* und
flapp durch ₊*lax-*, ₊*lask-* und ₊*lapp-* abgeändert sind.

savi vor *sabi* erklären; man wählte die von *sabe* stärker abweichende französirende oder norditalienisirende Form, die noch
heute in dem einst sprachlicher Autorität sich erfreuenden Li-
mousin lebt. — Die Zeitfrage ist eine sehr wichtige; aber im
günstigsten Falle nur in negativem Sinne zu erledigen. Eine
Begränzung des Zeitraums in welchen die Vertretung von
-*idus* durch -*ius* fallen würde, erscheint schon aus innern
Gründen kaum möglich. Der Beginn lässt sich nicht bestimmen,
weil es an deutlichen Kennzeichen für die Beurtheilung der
analogischen Bildungen fehlt. Tauchten im ‚guten‘ Latein *lu-
cius**, *splendius** mit der Bedeutung von *lucidus*, *splendidus*
auf (vielleicht ist *lucius*, ‚Hecht‘ wirklich damit zu identifiziren),
so würden wir in Verlegenheit sein ob wir dies -*ius* als eine Umbildung von -*idus* oder als eine direkte Ableitung von Verben auf
-*ēre* betrachten sollten; wenn -*idus* auch von solchen auf -*ēre* vorkommt, so konnte umgekehrt -*ius* auch von solchen auf -*ēre* vorkommen. Wo Substantivstämme zu Grunde liegen, würde -*ius*
sich ebenso aus -*eus*, wie für -*idus* annehmen lassen. Wenn die
Göttin der Trägheit beim Augustin *Murcia*, beim Arnobius
Murcida heisst, so lege ich darauf kein Gewicht; entweder ist
die handschriftliche Ueberlieferung eine unzuverlässige, oder es
ist bei der erstern Form eine Verwechselung mit der *Venus
Murcia* eingetreten. Ein zeitlicher Abschluss für diesen Endungswechsel ist ebenso schwer aufzustellen, wenn wir die lautregelmässigen Fortsetzungen der Endungen einbegreifen. Wir dürfen
z. B. südfranz. *tebi* für *tebe* als ‚*tepius* für *tepidus* nur dann
fassen wenn dieses -*i* für -*e* in entsprechender Weise begränzt
ist, und nicht etwa auch in *aigri**, *nobli** = *aigre*, *noble* u. s. w.
sich findet. Ein schon altes südfranz. *propre* für *propri* kann
ja auch nicht als *propridus** gefasst werden. Nur ganz im
Allgemeinen dürfen wir sagen dass je weiter ‚-*ius* für -*idus*
verbreitet ist, um so früher es eingetreten sein wird. Aus der
Behandlung des Stammauslauts mit dem folgenden *i* gewinnen
wir manche Auskunft über die relative Chronologie. Während
ital. *marcio*, *rancio* ebenso gut wie einem *marcidus*, *rancidus*,
einem *marcius**, *rancius** des klassischen Lateins entsprechen
würden, also sehr hoch hinaufreichen können, entspricht franz.
moite, span. *mustio* nur einem **mustidus*, nicht dem alten
musteus, das ‚-*ius* gehört also jedenfalls in eine späte Zeit.

Ebenso verhält es sich mit unserm *sapio*, *saive*, es kann nur
) *sapidus*, *sabidus*, nicht) *sapius sein, oder mit andern
Worten, *- *ius* stellte sich hier erst ein als in Italien -*pi*- schon
zu -*ppj*- und in Gallien *p* zwischen Vokalen schon zu *b* geworden war.

Hier läge der natürliche Abschluss für die Behandlung
der Aufgabe die ich mir gestellt habe: die Herkunft von roma-
nischem *sapio* u. s. w. aus *sapidus* nachzuweisen. Vielleicht ist,
beiläufig gesagt, dieser Ausdruck nicht ganz genau; es handelt
sich ja meistens um die Herkunft aus *sapidus* + Adjektiven
auf - *ius*. Allein alle Entwickelung beruht schliesslich auf Mischung; träte nicht etwas Anderes hinzu, so bliebe Jedes sich
gleich. Wenn G. Paris Rom. XXVI, 143 erklärt hatte, er sähe
nicht ein was man bezüglich der Form dabei gewinne *sapius
durch *sapidus* zu ersetzen, so lag mir die Antwort nahe dass
ich nicht einsähe was man dabei gewonnen habe *sapidus* durch
*sapius zu ersetzen; das liess aber scheinbar den Kompromiss
offen dass die eine und die andere Form im Romanischen fortlebe,
und auf einen solchen konnte ich nicht eingehen. Ich habe die
Möglichkeit dargethan dass *sapio* u. s. w. aus *sapidus* hervorgegangen sind, und diese Möglichkeit durch Ausscheidung der
andern Herleitungsmöglichkeiten zur Gewissheit erhoben, das
heisst zu dem was wir in Bezug auf sprachgeschichtliche Thatsachen Gewissheit zu nennen pflegen. Die Erörterung der wei-
tern Schicksale von *sabius* auf französischem Boden ist für
meinen Beweis nicht durchaus erforderlich: denn in der Auf-
stellung eines solchen frühromanischen *sabius* treffen wir alle
zusammen, und von da aus kann unser Weg ein gemeinsamer
sein. Gehen wir auch ferner auseinander, so steht das in keinem
unmittelbaren Zusammenhang mit der Verschiedenheit unserer
Meinungen über den Ursprung von *sabius*. Nachdem ich jedoch dessen Antecedentien mit solcher Ausführlichkeit besprochen habe, scheint es mir wünschenswerth nicht scharf abzubrechen, sondern ein sehr gedrängtes Nachwort anzuschliessen, welches ich der französisch-provenzalischen Doppel-
gestaltung von *sabius* widme. Es wird dabei auch einiges
Licht auf die Entwickelung von *sabidus* zu *sabius* fallen.
Gröber sagt Arch. f. l. L. u. Gr. V, 459: ,Völlige Lehnwortform
hat ein zweites Produkt aus *sabius* : sard. *sabiu*, span. port.

sabio, cat. prov. *sabi*, altfranz. *saive*, rät. *sabe* (kokett), ital. *savio* mit derselben Bedeutung, das das Ital. dem Franz. (wegen des *v*) entnommen haben muss, und das im Franz. dieselbe Behandlung wie andere Lehnwörter (vgl. *contraire* = *contrarius*, *glaive* = *gladius* u. dgl.) erfuhr. Hierzu dürfte nun auch das südital. *sapiu sapio* zu stellen sein, worin lat. -*bi*- nach *sapiri* = *sapere* umgestaltet wurde.' Dazu bemerke ich Folgendes. Span. port. *sabio* hat nach dem was ich oben gesagt habe, nicht einmal die Form eines Lehnwortes. Ital. *savio* betrachte ich als Lehnwort oder, besser gesagt, Lehnform aus dem Nordital. Süd- (und mittel-) ital. *sapio* könnte allenfalls aus *sapido durch Einfluss von *savio* entstanden sein; dass dieses ganz als Neuling hier aufgetreten und dann an *sapere* angeglichen worden sei, wird durch Nichts wahrscheinlich gemacht. Allein es kommt mir eigentlich nur auf das französische und das provenzalische Wort an. Ein Lehnwort setzt eine abgebende und eine annehmende Sprache voraus. Fallen nun in der Gleichung *saive*, *sabi* } *sabius beide nicht zusammen? *Sabius ist ja seinem Wesen nach eine galloromanische Bildung und durchaus nicht jenen Wortformen des litterarischen Lateins gleichzustellen die die lebende Sprache sich zu den verschiedensten Zeiten angeeignet hat. Der lautliche Parallelismus zwischen *sabius } *savie*, *saive* und *contrarius* } *contrarie*, *contraire* beweist Nichts für die Gleichheit der beiden Gebrauchssphären, sondern nur für die Gleichheit der Aussprache von *-ius* in beiden Wörtern. Zu der Zeit da *contrarius* als Buchwort in der Gestalt *contrarie aufgenommen wurde, lautete *portarius* als Erbwort etwa *portair oder *porter, ebenso *apium* : *aptye oder *aptśe, und *sapidus* : *savie*. Wo das *d* von *sapidus* der Lautregel nach ausfiel, musste zunächst ein dreisilbiges *sapio, *sabio eintreten; ein solches trat aber auch da ein wo *-idus* durch *-ius* ersetzt wurde, da ja die analogisch wirkende Endung gerade die von *contrario u. s. w. war. Selbst wenn -*ius* als *-*jo* ins Spiel kam, stellte sich *-*io* als Mittelform zwischen *-idus* und *-ius* ein. Jedenfalls bildet ein solches *-*io*, *-*ie* die Voraussetzung für das -*i* von prov. kat. oberital. *contrari*, *savi sabi*. In Nordfrankreich wurde das *i* konsonantirt oder wenn man lieber will, zum Halbvokal: *contrarie*, *savie*; daraus mit ‚Attraktion': *contraire*, *saive*; vgl. altfranz. *aire*, *teive* } *aridus*, *tepidus*. Wenn nun neben *saive* schon in der alten Sprache *sage* steht, so handelt es sich nicht, wie Gröber meint, um den Gegensatz von Lehnwort und Erbwort, sondern einfach um zwei mundartliche Formen. Wenn im Norden das *i* oder *j* attrahirt wurde, so wurde es im Südosten zu *dž*; wall. *saiv* (altfranz. *saive*) : burg. *saige* (franz. *sage*) verhält sich wie wall. *chaive* (altfranz. *caive*) : burg. *caige* (franz. *cage*)) *cavea*, wall. *ploire* : burg. *pleuje*) *pluvia*. In den südfranz. Mdd.: *sabi* : *sage*, -*i* wie *rabi* : *rage*, -*i*. Solche Doppelformen finden wir sogar innerhalb der Grenzen des Engadinischen; so gerade bei unserem Worte: *sabia* (*savia*) und *sabgia* (Bifrun). In *sage*, *sabgia* sehen wir das sekundäre -*bj*- ebenso behandelt wie das primäre: *rage*, *rabgia*; anderswo mögen beide geschieden bleiben, vgl. z. B. siz. *rabbiu*) *rabidus* und *raggia*) *rabies*.

Anhangsweise gedenke ich der Herleitung des kymr. *saib* aus *sapius, welche J. Loth Les mots latins dans les langues brittoniques S. 204 aufstellt. In lautlicher Hinsicht lässt sich Nichts dagegen einwenden, und ebenso wenig gegen eine Herleitung aus ＊*sabius*) *sapidus*, da Tenuis | Media im Kymrischen und Westromanischen gleichen Schritt hält (vgl. *cybydd* aus lat. *cupidus* oder rom. *cubido). Ich hatte jene Gleichung Ltbl. für germ. u. rom. Phil. 1893 Sp. 95 als ‚durchaus unwahrscheinlich‘ bezeichnet; ich erkläre nun dass ich diese für möglich halte. Ital. *savio*, franz. *sage* bedeutet auch ‚ruhig‘, ‚artig‘ von Kindern und Hausthieren; besonders in den oberital. Mundarten, mail. *savi* hat eigentlich keinen andern Sinn daneben. Wall. (namur.) *saiw*, *sèw* hat den Sinn von ‚ernst‘, ‚phlegmatisch‘, ‚nüchtern‘; Grandgagnage leitet es vom Verb *sêwer* ab, und setzt nur hinzu: ‚Ou le mot vient-il de *saive*, *saif* (*sage*)?‘ Dieses wall. *saif* hat nach ihm den Sinn von ‚sain‘; *mâsaif* den von ‚insensé‘, ‚frénétique‘, ‚enragé‘. Im Berry bedeutet *temps saige*: ‚ruhiges Wetter‘. Anderseits verdolmetscht W. Owen Pughe Dict. of the welsh lang. 2ᵈ ed. (1832) *saib* mit ‚sedate‘, ‚quiet‘, ‚resting‘, als Subst. nicht nur mit ‚a state of rest or leisure‘, ‚sedateness‘, sondern auch mit ‚a state of musing or study‘. W. Spurrell Dict. of the w. l. 3ᵈ ed. (1866) jenes nicht nur mit ‚quiet‘, ‚sedate‘, sondern auch mit ‚studious‘, dieses nur mit ‚leisure‘, ‚sedateness‘. Entsprechend Cynddelw Geiriadur Cymreig-Cymraeg (1868) jenes nicht nur mit ‚tawel‘, ‚llonydd‘, ‚gorphwysol‘, sondern auch mit ‚dyfal‘ (= ‚incessant‘, ‚assiduous‘, ‚diligent‘, ‚industrious‘), sodass die Bedeutungen fast im Widerspruch zueinander stehen. Das dazu gehörige Verb *seibio* finde ich nur mit der Bed. ‚to take respite‘, ‚to be at leisure‘ verzeichnet. Franz. *muser*, ‚müssig sein‘, ‚gaffen‘ { piem. *musè* und engl. *muse*, ‚brüten‘, ‚sinnen‘, ‚nachdenken‘ weist den entgegengesetzten Entwickelungsgang auf.

b) in begrifflicher Hinsicht.

Wenn für die Bedeutung ‚weise‘ von *sapidus* kein direktes Zeugniss vorläge, so würde sie auf Grund jener festen Beziehung zwischen den Verben auf (-*ĕre*,) -*ēre* und den Substantiven auf -*or*, den Adjektiven auf -*idus* (s. oben S. 44) aus *sapĕre* (schon früh *sapēre*) mit grösster Wahrscheinlichkeit zu entnehmen sein. Substantiv und Adjektiv nähern sich in ihrer Funktion dem Infinitiv und Partizip so sehr dass wir ihnen bis zu einem gewissen Grade deren Fähigkeit zutrauen den verschiedenen Begriffsschattirungen des Verbs zu folgen. Dabei übersehe ich keineswegs ihre in beträchtlichem Umfange selbständige Entwickelung, noch gewisse anfängliche Unterschiede, wenn auch die letztern nur scheinbare sind, indem die Mittelglieder sich unserer Erkenntniss mehr oder weniger entziehen (vgl. z. B. *horridus : horrere, torridus : torrere*). Ergänzungen für das Bedeutungsgebiet der lateinischen Adjektive auf -*idus* pflegt das Romanische deshalb nicht zu liefern weil die besprochenen Umgestaltungen dieser Endung die Beziehung zu den Verben verdunkeln; kaum dass sich auf eine solche gelehrte Neuerung wie *validus*, ‚gültig‘ zu *valere*, ‚gelten‘ verweisen lässt. Von *sapere*, ‚schmecken‘ (obj.) haben wir *sapor*, ‚Geschmack‘ (obj.), *sapidus*, ‚schmackhaft‘; von *sapere*, ‚schmecken‘ (subj.): *sapor*, ‚Geschmack‘ (subj.); von *sapere*, ‚Geschmack‘ (übertr.), ‚Einsicht haben‘: *sapor*, ‚Geschmack‘ (übertr.), ‚Einsicht‘ z. B. ‚mentibus damus *saporem*, dum polimus fabulas‘ Ennod. (Corp. script. eccl. VI, 406, 17 ed. Hartel). Dürfen wir nicht das Vorhandensein auch von *sapidus*, ‚Geschmack habend‘, ‚taktvoll‘, ‚einsichtsvoll‘ voraussetzen? Diese Bedeutung würde aber nicht einmal mit einem Stern zu versehen sein; denn die Wörterbücher führen an: *sapidus*, ‚weise‘, ‚klug‘ und zwar mit einem Beleg aus den Poemen des Alcimus Ecdicius Avitus, Bischofs von Vienne (5.—6. Jhrh.) VI, 458:

> Tandem sponsus adest, nocturnus corpore torpor
> Abscedat; *sapidae* raptim properate puellae.

Die *sapidae puellae* sind im Französischen: *vierges sages*, und G. Paris behauptet mit Bezug auf die Gleichung *sage* } *sapidus*: ,le sens ne convient guère'? Ich muss zwar nun selbst das Gewicht dieses Zeugnisses etwas abschwächen, indessen keineswegs aufheben. In der kritischen Ausgabe dieses Schriftstellers welche R. Peiper 1883 veranstaltet hat (Mon. Germ. hist. Auct. ant. VI, u), lautet der zweite jener beiden Verse so:

Cedat et abiecto vegetentur membra cubili.

Diese Lesung gründet sich auf die codices ,Gallicani' (Einl. S. LII—LXIX), die andere auf die ,Germanicos non patria solum sed etiam lectionibus, quibus corrigebantur priorum librariorum vitia et quae vitiosa visa sunt, rationibusque orthographicis seiunctos ab superioribus' (S. LXX). Demnach würde dies *sapidae puellae* nicht dem Romanen Alcimus, sondern irgend einem Spätern, wohl einem Deutschen zuzuschreiben sein. Die älteste der deutschen Hss., eine Sanktgaller, gehört dem 9. Jhrh. an, demselben aus welchem die ältesten französischen stammen — haben wir es etwa mit einer Neuerung der karolingischen Renaissance zu thun? Ein ἅπαξ λεγόμενον wird aber *sapidus*, ,weise' nicht sein; sonst würde es kaum in den deutschen Glossaren wiederholt werden: ,*sap - idus* .... hd. nd. wise, hd. weiser (141); gu- (23), hd. kukonstig' L. Diefenbach Gloss. lat. - germ. (1857); ,*sapidus* konstig 45' ders. Nov. gloss. lat.-germ. (1867) — 141 sind die Glossae Salemonis, 23 und 45 gehören dem 15. Jhrh. an. Die Grundlage aber auf welcher in der spätern Gelehrtensprache ein *sapidus*, ,weise' geschaffen werden und verständlich sein konnte, die war, wie ich gezeigt habe, schon in der frühern Volkssprache vorhanden, und daher ist es durchaus wahrscheinlich dass jenes *sapidae puellae* in alter Ueberlieferung wurzelt. Das wird nun bestätigt durch einen zweiten Beleg, den De-Vit dem besprochenen hinzugefügt hat. Er ist der Grabinschrift eines Juden aus dem Jahre 387 n. Chr. entnommen, welche sich einst im Museum Kircherianum befand und die von R. Garrucci Dissertazioni archeologiche di vario argomento II (Roma 1865), 186 veröffentlicht worden ist, seither wie es scheint, nicht wieder. Gegen ihre Echtheit — auch de Rossi sah sie — liegt wohl kein Bedenken vor, obwohl sie einige Besonderheiten darbietet (immer Λ für V; die zweite und die fünfte Zeile

sind von rechts nach links geschrieben); die Worte auf die es
ankommt sind: ‚Bar Valentini *sapidus* in pace.‘ Dazu merkt
Garrucci S. 186 f. an: ‚L'appellativo *Sapidus* è senza dubbio
messo in luogo di *Sapiens*, che è titolo di dignità fra gli Ebrei,
i quali nella ebraica lingua il dicono םכח, e nella greca σοφός.
Doctores eorum, scrive Girolamo (ad Algas. de undec. quaest.),
σοφοί. hoc est sapientes vocantur. Si quando certis diebus traditiones suas exponunt discipulis suis, solent dicere οἱ σοφοὶ
δευτερῶσιν, id est, sapientes docent traditiones (cf. Joseph. Ant.
Hebr. XX, 9).‘ Schliesslich verweist er auch darauf dass die
‚prudentes virgines‘ des Evangeliums beim Alcimus *sapidae* genannt werden. Dass *sapidus* hier ein Titel ist, wie die gleichbedeutenden Wörter so oft gebraucht worden sind (man denke
u. A. an das *savio* der frühern Venezianer), erachte ich als
ausgemacht. Aber wie wäre es zu fassen wenn es ein Beiname
wäre? Als solcher kommt *Sapidus* öfter vor, und zwar in Nu-
midien und Mauretanien:

> ‚molimentum *Sapidi*‘ C. I. L. VIII, 2269 (schon die ro-
> manische Dissimilation von *n — m* bezeugt die späte
> Zeit).
>
> ‚Vaterius *Sapidus*‘ ebd. 2403, ιι, 32 (um die Mitte des
> 4. Jhrhs. n. Chr.).
>
> ‚Iulia *Sapida*‘ ebd. 4701 (der dritte Buchstabe ist zwei-
> felhaft).
>
> ‚P. Fannio P. Fan. f. Q. *Sapido*‘ ebd. 4757.
>
> ‚Rufina *Sapi* | ‘ ebd. 7788.
>
> ‚Iul. *Sapida*‘ ebd. 9871 (430 n. Chr.).
>
> ‚.... *Sapidae* Ziarur | Messi *Sapidionis* Stratocletis‘ ebd.
> 9407 (227, nicht 217 n. Chr.; ich vermuthe, es ist
> *Ziurae* zu lesen; vgl. ‚Iulia Ziora‘ ebd. 2967).

Ausserhalb Afrikas vermag ich den Beinamen *Sapidus*, indem
ich mich auf die Durchsicht der Indices zum C. I. L. beschränke,
nur in einer Inschrift von Aletrium C. I. L. X, 5815, welche
Smetius sah, nachzuweisen: ‚Flavio *Sapido*‘. Eine sehr alte von
Capua ebd. 3783 (683 d. St.) hat: ‚C. Cornelius C. f. *Sap* | ‘;
man wird eher *Sapiens*, obwohl ich das, abgesehen von dem
Ehrennamen des Laelius, nicht zu belegen vermag, ergänzen

als *Sapidus*. Sehr zweifelhaft ist die Echtheit einer Inschrift
von Sinuessa ebd. 3844, in der sich ‚C. Appio Eunomio *Sapi-
diano*‘ findet (sie würde einer späten Zeit angehören). Ein *Sa-
pidianus* wurde 399 n. Chr. zum ‚vicarius Africae‘ ernannt
(Chronologia Symmachiana in den Mon. Germ. hist. Auct. ant. VI,
ı S. CCIV). In der Litteratur mögen *Sapidus* und die davon
abgeleiteten Namen sonst noch vorkommen. Obwohl die Römer
manche recht merkwürdige Cognomina besitzen, so lag ihnen
die Anthropophagie doch zu fern um Jemanden den ‚Schmack-
haften‘ i. e. S. zu nennen. Aber wie seine französische Fortsetzung (*sade*) konnte ja *sapidus* auch ‚schmackhaft‘ i. übertr. S.:
‚angenehm‘, ‚liebenswürdig‘, ‚witzig‘ bedeuten, im Gegensatz zu *insipidus* (∼ *salsus*: *insulsus*), und in diesem Sinne war es als Cogno-
men gewiss ebenso verwendbar wie das fast gleichbedeutende
lepidus. Wenn *sapidus*, ‚weise‘ wirklich nicht direkt zu belegen
wäre, so trifft das jedenfalls für *sapidus*, ‚angenehm‘ zu; es
würden also die Chancen für beide gleich sein. Allein ich vermag noch eine lateinische Quelle für *sapidus*, ‚weise‘ zu nennen,
eine späte allerdings und so trübe dass die Wörterbücher noch
nicht aus ihr zu schöpfen wagen: die Epitomae des Grammatikers
Virgilius Maro. Daselbst 22, 1 ff. ed. Huemer heisst es: ‚haec
de dialectica arte sint dicta, quam sofisticam id est argutam
siue ex *sapidio sapidiosam* nonnulli appellauerunt‘ für das (‚siue
ex‘ der Neapler Hs. hat die Pariser ‚sine‘); in der Hs. von Amiens (11. Jhrh.) aber fehlt ‚ex *sapidio*‘ und es steht ‚a'cutam
siue *sapidiorem*‘ (Th. Stangl Virgiliana [München 1891] S. 101).
Sapidior ist der Komparativ von *sapidus*; ‚ex *sapidio*‘ kann zu
verstehen sein entweder: ‚ex *sapidius*‘ (was wohl in *sapidus*
zu ändern wäre) oder: ‚ex *sapidio*‘ = ‚a *sapidiando*‘ und das
eine Mal würde σοφός, σοφιστής : σοφιστική, das andere Mal σοφίζειν :
σοφιστική zu Grunde liegen. Im erstern Falle wäre an *luscus* :
lusciosus, *perfidus* : *perfidiosus* (zwischen denen aber *perfidia*
steht), *blandus* : *blandiosus* (G. Loewe Prodromus C. gl. l. S. 75),
besonders aber an *fortis* : *fortiosus* bei Virgilius selbst (9, 2. 70, 7;
hier auch *comptus* : *comptosus*) zu erinnern. Ableitungen mit
-*osus* von Verben kennt wenigstens das Romanische. Für *sapientia*
hat Virgilius auch *sapido* (‚minula *sapidinis*‘ 4, 21), was in-
direkt auf ein *sapidus* hinweist, indem im Spätlatein den Adjektiven auf -*ĭdus* gern Substantive auf -*ĕdo* (-*ĭdo*), statt deren

auf -*or*, zur Seite treten (*albedo* == *albor*, *rubedo* == *rubor*,
turpedo, -*ido* u. a.; manche wie *frigedo* == *frigor*, *torpedo* ==
torpor sind schon alt; s. Leo Meyer in Kuhns Ztschr. VI,
370 f.). In Bezug auf *sapidiare* ist zu bemerken dass wir ihm
wohl intransitive Bedeutung beilegen müssten (wie sie sogar
sapificare 17, 19. 18, 18 hat), obwohl diese eher ein *sapidire**
erwarten liesse (vgl. indessen prov. *sordeiar*, *cobezeiar* == altkat.
cobejar). Ueber -*id-iare* für -*id-are* habe ich mich Ztschr. XV, 239
geäussert. *Sapidiare* würde, wenn nicht bloss eine Erfindung
Virgils, ausgestorben sein, es müsste *saveggiare**, *savoyer** u. s. w.
lauten. Ch. Schneller Die rom. Volksm. in Südtirol I, 214 hatte
gredn. savajè, ‚sich verstellen‘ mit trent. *zavariar*, ‚irre reden‘
u. s. w. in Verbindung gebracht; J. Alton Die ladinischen Idiome
(1879) S. 316 fasste es als ‚eine Erweiterung von *sapere*-*sapidus* .... sich stellen, als ob man etwas wüsste‘; in den Stóries
e Chiánties ladines (1895) S. 173 setzt er als lateinische Form
*sapicare hinzu. Es kann die Endung -*aiè* nur dem ital. -*agliare*
entsprechen; ital. -*icare*, -*eggiare* erscheinen hier als -*iè*.

Dem Umstand dass in den romanischen Sprachen das *d*
von *sapidus*, ‚weise‘ sich nicht erhalten hat, ist es gewiss vor
Allem zuzuschreiben dass man geneigt ist *sapidus* als Grundwort für *savio*, *sage* u. s. w. zurückzuweisen. Denn hierin liegt
der einzige wesentliche Unterschied zwischen der romanischen
Lautgeschichte von *sapidus* und der von *tepidus*, welche ja
nicht angezweifelt wird. Es wird daher nicht überflüssig sein
die Ursachen dieses Unterschieds, mit theilweiser Wiederholung
von Gesagtem, darzulegen. *Tepidus* war eindeutig, *sapidus*
nicht. Als *sapiens* die Bedeutung *sciens* annahm (s. S. 4),
rückte *sapidus* an seine Stelle, wobei die Funktion von -*idus*
im Allgemeinen, sowie die Gegensätze *stolidus*, *stupidus* im
Besondern Vorschub leisteten. Von dem in seiner sinnlichen
Bedeutung zunächst fortbestehenden *sapidus* differenzirte sich
dann dies jüngere *sapidus* zu *sapius, und zwar weil es be-
weglicher und häufiger war als das andere. Da wo -*idus* laut-
gerecht zu *-*ius* wurde, fielen beide *sapidus* in *sapius zusammen; das mit der Bedeutung ‚schmackhaft‘ wurde durch *saporosus*
ersetzt (vgl. *fervorosus, *langorosus, *humorosus*, *rigorosus,
*timorosus, *valorosus*), und dies drang dann überall ein, am
Spätesten im Nordwesten. Wir können also nicht erwarten

dem *d* von *sapidus*, ‚weise‘ im Romanischen zu begegnen, sei
es in der einfachen, sei es in einer abgeleiteten oder zusammengesetzten Form. *Insipidus*, **insapidus*, ‚unschmackhaft‘ hat sich
ganz so wie *insulsus*, *exsuccus* mit Uebertragung auf den
Menschen zu ‚fad‘, ‚albern‘, ‚dumm‘ entwickelt, und ein von
sapidus, ‚weise‘ neugebildetes **insapidus* musste spurlos in ihm
aufgehen; nur etwa altport. *insabidade*, ‚Nichtwissen‘ Eluc.
weist auf *in-sapidus* zu *sapēre*, ‚wissen‘ zurück (vgl. *insipi-
tudo*, ‚insipientia‘ DC. 9. Jhrh.). Ob in einem ältern span. *sabi-
deza* neben *sabieza* etwa ein halbgelehrtes **sábido* steckt,
können wir deshalb nicht feststellen weil auch *sabido* die Bedeutung von *sabio* besitzt. Wenn wir aber in dem von Spano
unmittelbar vor südsard. *scipiu*, ‚saputo‘, angeführten südsard.
scipidu, ‚dotto‘, ‚scienziato‘, ein durch *sciri* umgestaltetes *sapidus*
zu entdecken glauben, so ist der Verdacht dass auch hier eine
Partizipialform vorliege = span. *sabido*, logud. *ischidu* (‚saputo‘
und ‚sapiente‘), schwerer zu begründen. Denn wenn im Südsardischen die Partizipien des *d* ermangeln, so scheinen die Adjektive zum Theil dasselbe zu wahren, so wenigstens *iscidpidu*
= logud. *isdpidu* } **insapidus* und Spano Sp. 421ᵇ stellt sogar
südsard. *tébidu* dem logud. *tébiu* gegenüber (Sp. 394ᵃ lässt er
die örtliche Vertheilung dieser Formen zweifelhaft). Nur mit
einer genauern Kenntniss der sardischen Mundarten als ich sie
besitze, wird der Sachverhalt aufzuklären sein.

Bei der Korrektur drängten sich mir noch einige Bemerkungen auf die im Texte selbst nicht mehr Platz fanden.

S. 5. Aus *fare il saccente* ist *saccente* im Sinne von *chi
fa il saccente* ganz ebenso abgeleitet wie aus *fare il barbassoro*,
‚wichtig thun‘ : *barbassoro*, ‚Wichtigthuer‘.

S. 8 f. Eine erste Person vermuthe ich auch im franz.
meurt-de-faim; es würde dann eigentlich *meurs-de-faim* zu
schreiben sein.

S. 12. Ich darf nicht verschweigen dass bei Benvenuto
Cellini, in Versen, *il vulgo gnoro* vorkommt; ich glaube aber
nicht dass dadurch meine Erklärung von *gnorri* ungültig ge-

macht wird. *Gnoro* ist eine Verschmelzung von *ignaro* + vulg.
gnorante (vgl. *ignoscio*, ‚inconsapevole‘} *inconscio* + *ignorante*).
S. 19. Neben *fracidus* sind als emil. (Pavia) *fras*, (Piacenza)
sfrazz und als lomb. *frasi*, *sfrase*, *sfrazi*, *sfraze* (vgl. S. 43) ein-
zusetzen. Daran schliessen sich tosk. *frazzo*, *frazio* S. 41.
S. 20. Auch span. port. *mocho* ist } *mutidus* (vgl. S. 38).
S. 30 f. G. Paris Rom. XV, 440 sieht in *pâle* eine auf das
Maskulinum übertragene Femininform. Ebend. XXI, 120 führt
er *teve* auf *tevede* zurück. Vielleicht sind in der Romania noch
andere Aeusserungen über die Adjektive auf -*idus* enthalten;
der Mangel von Registern zu den letzten 16 Bänden ist der
gebührenden Verwerthung des reichen hier aufgehäuften Stoffes
sehr hinderlich.

S. 37. Es war hier noch die ital. Form *dissapito* (siz. kal.
dissapitu, ven. *dessavio*, friaul. *dissavid*, dazu das Verb *dissari*)
zu erwähnen.

S. 39. Zu dem in Neapel, wie es scheint, nun ungebräuchlich
gewordenen *tiepolo* (so Galiani, und für irpinische Mdd. Nittoli)
stellte sich die sekundäre Deminutivform *topiello* ein.

S. 40 f. Das -*i* von *reidi*, auch wenn es wirklich einen
ursprünglichen Stützvokal vertritt, beruht wie das von *rüdi* auf
der analogischen Einwirkung von Adjektiven auf -*i* (} -*eus*,
-*ius*, -*icus*, -*idus*); vgl. piem. *schivi* } ital. *schivo* (*schifo*), canav.
vivi neben piem. *viv*.

S. 42 f. Von den Adjektiven welche als ohne Suffix von
Substantiven abgeleitet gelten (Meyer-Lübke Formenl. § 394),
liegt doch vielleicht einem und dem andern ein Adjektiv auf
-*idus* zu Grunde. Wenn im Neapelschen dem *cupo* ein *cúpeto*
zur Seite steht (d'Ambra im Ind. alf.; Puoti; Andreoli: ‚i più
plebei dicono *cúpito*‘), so verhält es sich damit wohl anders als
mit *propeto* neben *propio*; man vergleiche sard. *cupudu*, abruzz.
cupputę (zu Teramo auch *cupatę*), siz. *cupputu*, ‚concavo‘.

S. 47. Auch piem. *pasi* } *placidus* + *pace*.

S. 57. Für ein kat. *musteu* } *mustidus* neben *mustich*
(alt auch *mustíu*; vgl. S. 37, 11) spricht *emmusteir* neben *em-
mustigar*.

S. 58. Altfranz. *mois* ist von Godefroy nur mit der Bedeutung
‚nigaud‘, ‚niais‘ verzeichnet; Bos gibt ausserdem an: ‚fané‘, ‚flétri‘,
‚flasque‘, ‚passé‘. Franz. *moisir* scheint ein vulgärlat. *mocere* d. h.

eine Mittelform zwischen *mucere* und **mǫccere* darzustellen. Bei der Untersuchung der Lautgeschichte dieses Stammes darf auch port. *mouco*, ‚schwerhörig' nicht übersehen werden, das wohl eigentlich ‚rotzig', ‚verschleimt' bedeutet (*monco*, ‚Rotz' mit *n* wie *ronco* neben *rouco* } *raucus*) und in dem *ou* aus *ǫ* entstanden sein würde wie in *choupo* } *pǫpulus*, *moucho* neben *mocho* } **mǫtidus* u. a.

Uebersicht.

II.

Evangelium Dobromiri.

Ein altmacedonisches Denkmal der kirchenslavischen Sprache
des 12. Jahrhunderts.

Von

V. Jagić,

wirkl. Mitgliede der kais. Akademie der Wissenschaften.

Einleitung.

Da bereits viele Evangelientexte der altkirchenslavischen
Uebersetzung entweder in vollem Umfang herausgegeben oder
wenigstens grammatisch und lexicalisch analysirt sind, könnte
es überflüssig erscheinen, von neuem die Aufmerksamkeit der
Wissenschaft auf einen derartigen, bisher allerdings unbekannt
gewesenen Text zu lenken. Was ist da Neues zu erwarten?
Kann nach so vielen bereits beschriebenen, herausgegebenen
oder wenigstens sprachlich verwertheten Evangelientexten in
diesem neuen Texte noch etwas vermuthet werden, was man
nicht schon wusste? Diese Frage schwebte auch mir vor, als
ich vor kurzem einen Pergamentcodex in die Hände bekam,
der aus dem Orient die weite Reise nach Wien gemacht hatte
und im Begriffe war noch weiter nach dem Westen zu wandern,
falls man ihn nicht hier festhielte. Es bedurfte keiner langen
Prüfung, um zu der Ueberzeugung zu gelangen, dass der neue
Fund allerdings ein Evangeliencodex ist, aber einen recht alten,
viele paläographische und sprachliche Eigenthümlichkeiten enthaltenden Text bietet, der nicht blos das bisher Bekannte
wiederholt und bestätigt, sondern auch mancherlei Neues hinzufügt, wodurch unsere Einsicht in die einzelnen Phasen des
Altkirchenslavischen in sehr erwünschter Weise gefördert wird.

Um die wissenschaftliche Verwerthung des Codex bald
zu ermöglichen, blieb nichts übrig, als ihn käuflich zu erwerben.

Ich that das selbst gegen meinen Willen, da ich sonst für
meine bescheidene Privatbibliothek die Erwerbung von bibliographischen Seltenheiten nicht anstrebe; mir dienen verschiedene slavische Philologen, die sich zuletzt zu eifrigen Samm-
lern von Handschriften qualificirten, als warnendes Beispiel:
vor lauter Eifer in der Erwerbung von Handschriften verging
ihnen die Lust zur Herausgabe derselben. Nomina sunt odiosa.
Um der Gefahr eines ähnlichen Egoismus auszuweichen, will
ich mich beeilen, alle Vorzüge und Eigenthümlichkeiten des
Codex, den ich nach einer Notiz Evangelium Dobromiri (До-
бромирово Еванге.ие) nenne, zur Kenntniss der slavischen Philologie bringen.

I.

Beschreibung des Codex.

Es handelt sich um einen alten Pergamentcodex cyrillischer Schrift, südslavischer, genauer macedonischer Provenienz.
Leider ist er nicht in seinem vollen Umfang bis Wien gekommen. Die ersten 14 Hefte (Quaternionen) gehen ihm gänzlich ab. Ob diese noch irgendwo in einem Kloster des Orients
stecken oder verloren gegangen sind, das weiss ich vorläufig
nicht. Die Person, durch deren Vermittlung der Codex in
meinen Besitz gelangte, versprach mir alles aufzubieten — es
ist von einem orientkundigen Herrn die Rede — um wo
möglich auch dem Rest, d. h. dem ersten Drittel, auf die Spur
zu kommen.

Das mir Vorliegende umfasst die Hefte (Quaternionen)
15 bis 38, im Ganzen 183 Pergamentblätter. Davon bilden
die ersten sechs Blätter den Rest des 15. Heftes, welchem die
beiden Blätter 1 und 8 der untersten Lage fehlen. Die Hefte
16 bis 29 sind vollständig erhalten, doch zählen davon die
Hefte 20 und 23 ohne Inhaltsunterbrechung nur je 7 Blatt, so
dass bis zum Schluss des 29. Heftes der erhaltene Text 116
Blatt umfasst. Das 30. Heft, mit welchem das Evangelium
Lucae abschliesst, enthält nur 5 Blatt. Die Hefte 31 bis 36
sind vollständig erhalten, je 8 Blatt auf ein Heft gerechnet,
das Heft 37 umfasst nur 6 Blatt und im letzten, 38. Heft,
zählt man zwar 8 Blatt, doch stellen Blatt 1 und 8 eine später

eingelegte unterste Lage dar. Das Pergament des Codex
ist nicht von vorzüglicher Qualität, es ist zwar glatt und gut
ausgearbeitet, doch von ungleicher Stärke, meistens dick. Die
Höhe der Blätter beträgt 21 Cm., die Breite etwas weniger
als 16 Cm. Der beschriebene Raum der Columne, 15 Cm.
hoch, fasst in der Regel 20 Zeilen; wenn hie und da nur
19 Zeilen die Columne bilden, so ist die letzte eingeritzte Linie
unbeschrieben geblieben. Wie bei allen alten Pergamenthand-
schriften wurden nämlich auch hier mit einem spitzigen Griffel
zuerst die 20 Linien eingeschnitten, mit je einer verticalen
nach beiden Seiten die Breite der Columne abschneidenden
Linie. Die Zeilen der Schrift stehen nun entweder auf der
Linie, so dass z. B. die letzte zwanzigste Zeile auf der letzten
Linie ruht, oder sie hängen unterhalb der Linie, so dass die
erste Zeile der Schrift von der ersten Linie gleichsam herab-
hängt. Dieser Unterschied der Schreibart deckt sich mit der
Verschiedenheit der Hände. Auf Blatt 95ᵇ bis 121 sind die
Zeilen unter der Linie, und gerade diese Blätter rühren, nach
dem Charakter der Schriftzüge zu urtheilen, von einer zweiten
Hand her (B). Mit Blatt 122 beginnt von neuem oberhalb
der Linie die erste Hand (A), welche auch die Blätter 1 bis
95ᵃ geschrieben, sie reicht bis Blatt 129. Von Blatt 130 bis
158ᵃ kehrt die zweite Hand wieder, die unter der Linie die
Zeilen schrieb. Auf Blatt 158ᵇ und Blatt 159 bis 161 scheint
abermals die erste, oder eine ihr sehr ähnliche Hand die Arbeit fortgesetzt zu haben, deren Zeilen auf der Linie liegen.
Auf Blatt 162 bis zu Ende (183) sieht man im Pergament
überhaupt keine Linien mehr, die Schrift ist mehr zusammen-
gedrängt, so dass auf dieselbe Höhe der Columne jetzt schon
21, 22, ja 23 und 24 Zeilen kommen. Die Schriftzüge dieser
Blätter scheinen mit jenen auf Blatt 159 bis 161 identisch zu
sein; sie ähneln aber auch jenen der ersten (A) Hand, welche
ebenfalls die Zahl der Zeilen zuweilen überschritt, wenn die
eingezeichneten Linien nicht deutlich genug hervortraten; vgl.
Blatt 37ᵃ (21 Zeilen), Blatt 48ᵃ (21 Zeilen).

Paläographisch kann der Codex nicht zu den vornehmen,
schön geschriebenen oder reich ausgestatteten Handschriften
gezählt werden. Allein sein ärmliches äusseres Aussehen
verräth dennoch verschiedene Merkmale und Anzeichen eines

1*

sehr hohen Alters. Aus paläographischen Gründen, die durch die Charakteristik der Sprache unterstützt werden, trage ich kein Bedenken, die Entstehung des Codex in die letzten Decennien des 12. Jahrhunderts zu setzen. Gewiss eher etwas früher als etwas später. Für diese Zeitbestimmung sprechen verschiedene Anzeichen, die auch sonst in den Handschriften des 11. bis 12. Jahrhunderts vorzukommen pflegen. Ich hebe zuerst die nach rechts gesenkten Schriftzüge hervor, ein charakteristisches Zeichen alter slavischer Codices, die auch in Savina Kñiga oder in dem Cyrill-Fragment Grigorovič's und in dem Undolskischen Fragment, ja selbst im Codex Suprasliensis wiederkehren. Allerdings sehr nach rechts gesenkt sind hauptsächlich die Schriftzüge der Hand A, jene der Hand B zeigen nicht mehr eine so starke Neigung, dafür sind sie dünner und schmächtiger. Ferner ist charakteristisch für unseren Codex, gleich vielen anderen sehr alten Handschriften, das Vermeiden des Zinnobers. Alles mit Zinnober Geschriebene sind spätere Zusätze und Eintragungen. Die beiden ursprünglichen Schreiber (A und B) beschränkten sich auf den Gebrauch der schwarzen Tinte, selbst bei der Zeichnung von Vignetten und Rahmen, und bei der Ornamentirung der Initialen. Uebrigens die erste Hand verschmähte überhaupt alles Ornamentale, sie begnügte sich bei den Initialen mit der Hervorhebung derselben durch die Grösse und durch die Doppelcontouren. Die zweite Hand wendete bei einigen Initialen ringartige Schlingen oder blattförmige Spitzen an, wie z. B. beim Buchstaben B auf Blatt 131, 134, 135 bei P auf Blatt 136, 137 u. s. w. Der Rahmen, in welchen vor dem Capitelverzeichniss zum Evangelium Johannis die Worte ғaͣ ͣ ͤ ͣ ̈ͯ eingetragen sind, erinnert ungeachtet der rohen Zeichnung an einen ähnlichen Rahmen des Zographosevangeliums.

Es sind aber noch andere paläographische Merkmale vorhanden, die für das 12. Jahrhundert sprechen. Ich erwähne die Beobachtung der Regel, dass aus Sparsamkeit an Raum am Ende der Zeile оⷹ durch ꙋ ersetzt wird, z. B. ємꙋ | 4ᵃ. 7, 5ᵇ. 6, 7ᵇ. 10, 11ᵇ. 13 u. s. w.; кь ниⷨꙋ | 155ᵃ. 7, 8, ꙋ|гасаетѣ 2ᵃ. 9, сꙋ|гамн 20ᵃ. 19, сꙋ|ры 21ᵃ. 15, отьнꙋ|ждатн 47ᵃ. 12 u. s. w.; oder, was noch charakteristischer ist, ͮ für оⷹ (z. B.

єм̈ 18ᵃ. 19, 42ᵃ. 20); einmal steht симо̂ (am Ende der Zeile)
für симонь 181ᵃ. 7. Ebenso wird ι statt и vorzüglich am Ende
der Zeile geschrieben, z. B. нмаш| 4ᵃ. 13, кь срьдьци| 7ᵇ. 16,
сѣсти| 6ᵃ. 2, сади| 12ᵃ. 12, камени|ємь 9ᵃ. 3. 4, χотαιιι|нχь
12ᵃ. 11, єди|ного 19ᵃ. 6, вь соли|ло 17ᵇ. 15, оγчени|кы 12ᵇ. 9,
оγчени|кь 13ᵃ. 1, бли|зь 21ᵃ. 17, нарι|цαєтьса 35ᵃ. 1, наш|са-
тиса 35ᵃ. 3, запрѣти 44ᵇ. 9 u. s. w. Die Präposition отъ
wird nicht durch das spätere ꙍ, sondern durch отъ — das ist
das regelmässige — oder auch о̂ wiedergegeben: о̂ь 11ᵃ. 5; о̂чє
116ᵇ. 11, 117ᵃ. 5, о̂|поγстити 43ᵃ. 2 u. s. w. Von der ersten Hand
wird ѡ überhaupt ganz selten, von der zweiten Hand fast gar nie
angewendet, vgl. als Initiale Ѡтькькꙑркь 10ᵇ. 11, in der Zeile
, ѡнь жє 20ᵇ. 19, ѡть инѣχь 63ᵃ. 11, als Initiale Ѡтврьзоша
33ᵇ. 9, vgl. по ѡномоγ полоγ 2ᵇ. 12, о ѡтрочати 35ᵇ. 19, по
вєьчаю 36ᵇ. 14, 42ᵇ. 11, 111ᵇ. 14, ѡ сотьнницѣ 53ᵇ. colum.,
ѡшєтьшємл 55ᵇ. 1, öfters ιѡлнь 71ᵇ. 17, ѡ нѡнѣ 55ᵇ. 4 u. s. w.,
мѣстѡ 63ᵃ. 20, ѡ роди 66ᵃ. 7, о ѡῳн 171ᵃ. 15, тѡ.моγ 160ᵃ. 5,
тѡлнкоγ 181ᵇ. 10, о крькотυчнвѣн 61ᵇ. colum. Einige Male
ist durch spätere Correcturen aus o ein ѡ gemacht oder in
das abgerundete o ein Punkt hineingesetzt. Selbstverständlich
herrscht in allen späteren Zusätzen oder Correcturen ѡ oder ꙍ
als Regel. Das runde o kommt von der ersten Hand dann
und wann in den Ueberschriften vor, so: о виноградѣ 8ᵇ
(Ueberschrift). Beachtenswerth ist auch das allerdings nur einmal begegnende Erweichungszeichen: вьсѣдє на н҃є 161ᵇ. 2.

Ueber den Charakter einzelner Buchstaben gibt die beste
Auskunft das Facsimile beider Hände. Ich mache aufmerksam
auf ц, das dem späteren ч sehr nahe kommt, d. h. in seinem
Hauptbestandtheil nicht bis ans Ende der Zeile reicht — diese
Gestalt hat der Buchstabe gerade in sehr alten Denkmälern,
z. B. im Codex Suprasliensis — während das eigentliche ч
einen nach innen eingebogenen Kelch darstellt. Auch ѣ ist
charakteristisch durch die tiefe Stellung seines Querbalkens, —
eine Gestalt des Buchstaben, die ich gleichfalls schon längst
hervorgehoben habe als paläographische Eigenthümlichkeit der
ältesten Denkmäler. Alterthümliche Form hat auch ρ, namentlich in der Schrift der Hand A: an einem lang hingestreckten
Balken ein kleines rundes Köpfchen. Ebenso ist die Nase des
Buchstaben а klein, die obere Hälfte des Körpers bildend.

Das Alter der Handschrift wird auch dadurch gekennzeichnet, dass viele sonst in der Regel gekürzt geschriebenen
Wörter hier dann und wann voll ausgeschrieben sind. So das
so häufig begegnende Wort глаголъ : глаголл 165ᵇ. 13, гла-
голахъ 167ᵇ. 20, глаголжщн 95ᵃ. 19, глаголъ монхъ 163ᵇ.
2—3, глаголомъ 138ᵇ. 1—2 (das üblichere ist allerdings die
Kürzung); съпасе са 61ᵃ. 3, съпасени бждете 137ᵇ. 9 (üblicher
die Kürzung); благословена 31ᵇ. 4, 32ᵇ. 3. 4, благословести
(im Original влогосл—) 36ᵇ. 15; да скатнтъ са 72ᵃ. 2,
еѵанкгелию 14ᵃ. 5, еѵанкгелие 26ᵇ. 3, бысть 31ᵃ. 6, 40ᵇ. 20 u. a.;
das Wort сръдьце ist immer voll ausgeschrieben; господиноу
87ᵃ. 8; до небсе 69ᵃ. 9—10, на небеси 129ᵃ. 15, подънебесъкаѣ
96ᵃ. 9, при кръстѣ 177ᵇ. 2, къ ероусалимѣхъ 127ᵇ. 20, цѣса-
рица юшьскаѣ 74ᵇ. 10, къ своемъ отечьствѣ 134ᵃ. 10.

II.

Der Schreiber und die Provenienz des Codex. Spätere Correcturen und Zusätze.

Wer schrieb den Codex? Da man mindestens zwei gleichzeitige Hände, die abwechselnd arbeiteten, annehmen muss, so
setzt uns das am Ende des Lucasevangeliums eingetragene
Postscriptum (auf Blatt 121ᵃ) einigermassen in Verlegenheit.
Es lautet so:

О благодѣти гнѣ комоу са дасн
ржкописание добромира попа грѣ
шьника · еже прѣписа · й не доконь
ча мало :

d. h. O gratia domini cui daberis. Manuscriptum Dobromiri
presbyteri peccatoris, quod transscripsit et non finivit paulum.
Das Bekenntniss ist nicht ganz klar. Ein Presbyter Dobromir
schreibt sich das Verdienst zu, die Handschrift abgeschrieben
zu haben, und dabei nicht bis zu Ende gekommen zu sein.
Ist die Behauptung buchstäblich zu fassen, dann fragt es sich,
welche Hand dem Schreiber Dobromir angehört: A oder B?
In der That sind die Schriftzüge des Postscriptums weder mit
A noch mit B ganz identisch. Darum würde ich vorziehen,

das Verbum npᵏkιιιcᴀ im Sinne von ‚abschreiben lassen‘ aufzufassen, so dass Dobromir bloss der geistige Urheber des
Codex wäre. Allein auch dann bleibt der Zusatz ‚non finivit
paulum‘, d. h. er habe es um ein wenig nicht zu Ende geführt,
dunkel. Gegenwärtig ist ja das Tetraevangelium vollständig,
und zwar kehren in den Capiteln des Johannesevangeliums die
Schriftzüge der früheren Evangelien (A und B) wieder. Man
sollte auch kaum erwarten, dass beim Abgang eines ganzen
Evangeliums Jemand sagen wird: er habe den Codex ein wenig
nicht zu Ende geführt. Wo ein ganzes Evangelium fehlt, da
ist mehr als ein wenig unvollendet geblieben. Und doch fragt
es sich, warum schrieb Dobromir sein Postscriptum nicht erst
am Ende des ganzen Textes, also nach dem Johannesevangelium,
sondern schon auf Blatt 121, am Schluss des Lucasevangeliums,
wo auch das Heft (nur auf 5 Blatt berechnet) zu Ende geht,
und selbst die Rückseite des Blattes 121 leer blieb. Es hat
also doch allen Anschein, dass die vier Zeilen auf Blatt 121ᵃ
geschrieben wurden, als die weiteren Hefte mit dem Text des
Johannesevangeliums noch fehlten oder nicht zu Ende geführt
waren.

Wer war Dobromir? Er nennt sich selbst pop, d. h.
presbyter. Weiter wissen wir von ihm nichts. Menschen dieses
Namens sind bei den Südslaven häufig anzutreffen. In einer
serbischen Urkunde aus dem Anfang des 14. Jahrhunderts wird
selbst ein ‚pop Dobromir‘ erwähnt, der jedoch mit dem hier
genannten nichts gemeinsam hat als den Namen. Aus dem
orthographischen Charakter der Unterschrift kann man den
Schluss ziehen, dass nicht nur den beiden Schreibern des
Codex (den Händen A und B), sondern auch diesem Dobromir
die bulgarisch-slovenische Orthographie geläufig war. Allerdings
hätte vor dem Ende des 12. Jahrhunderts auch ein Serbe die
Nasallaute ᴀ und ᴋ geschrieben, doch würde er sie kaum in
bulgarischer Weise angewendet haben. Uebrigens für die macedonische Provenienz sowohl Dobromirs als der beiden Schreiber
seines Codex sprechen einige andere Momente. Ich will zunächst das eine und das andere erwähnen. Unser Codex scheint
in einer Gegend Macedoniens geschrieben zu sein, wo schon
das griechische Element dem slavischen den Rang ablaufen
wollte, wo die slavischen Schreiber bilingues waren, eventuell

selbst die Griechen slavische Codices zu schreiben verstanden.
Es ist in hohem Grade bezeichnend, dass im Text des Johannesevangeliums mitten unter der slavischen Uebersetzung zweimal,
Cap. XIII, 16 auf Blatt 164ᵇ. 14 und Cap. XIV, 12 auf Blatt
167ᵃ. 5—6 mit cyrillischen Buchstaben von derselben Hand geschrieben folgender griechischer Satz begegnet: амннь амннь
лего оімннь, das sind die griechischen Worte des Bibeltextes,
die hier wirklich am Platz sind, nämlich: ἀμὴν ἀμὴν λέγω ὑμῖν.
Die Wiedergabe des griechischen λέγω ὑμῖν durch лего оімннь
hat nichts Auffallendes, das griechische υ wurde in den Handschriften nicht selten durch оі wiedergegeben.

Wir sind noch immer so wenig in der Lage, der altkirchenslavischen literarischen Thätigkeit den realen Hintergrund ausfindig zu machen, dass wir aus diesem merkwürdigen
Indicium keine weiteren Bestimmungen des Ortes abzuleiten
vermögen. Wir müssen uns mit dem ziemlich vagen Ausdruck
Macedonien begnügen. Warum ich an Macedonien (Westen)
und nicht an Bulgarien (Osten) denke, das will ich gleich
sagen. Luc. VI, 29 schreiben die ältesten Texte so: отемлж-
штоуоумоу ТІ ΒῖΞ ризж и срачица нє къзкрани. Unser Codex
gibt jedoch die Stelle mit einem sehr bezeichnenden serbisch-
macedonischen Ausdruck wieder: и отемлжіоуоумоу ти
ризж и кошоулж нє вьзбрани. Der bulgarische Philosoph
und Grammatiker Konstantin, der sein ganzes Leben in Diensten
Serbiens zubrachte, analysirt diese oder eigentlich die parallele
Stelle dazu aus dem Evangelium Matthaei in seinem grossen
grammatischen Werk in folgender Weise (vgl. S. 397 meiner
Ausgabe): нь и къ ҁ͞глн глюцієе · аціє кто понметь те за
ризꙋ твою, сирѣ" свнтоу, даждь ємоу и срачицоу: и нн͠ѩ
Рꙋсн кошꙋлю сорочкоу глютъ, und folgert aus der Thatsache,
dass statt des serbischen кошоулн in dem Evangelientext
срачица steht, wofür noch heute die Russen сорочка sagen,
dass die altkirchenslavische Sprache russischen Ursprungs war.
Uns geht hier nur der Ausdruck кошоулн an, der durch Konstantin als Serbismus des 14. Jahrhunderts belegt ist, aus unserem Text aber schon für das 12. Jahrhundert nachgewiesen
werden kann als ein Serbismus und Macedonismus. Unzweifelhaft rührt das Wort von casula her, das einst in der griechisch-
römischen Welt sehr verbreitet war, auch als Bezeichnung für

das Gewand ärmerer Leute; man vgl. Procop. Vandal. II, 26: ἱμάτιον ἀμπεχόμενος οὔτε στρατηγῷ οὔτε ἄλλῳ στρατευομένῳ ἀνδρὶ ἐπιτηδείως ἔχον, ἀλλὰ δούλῳ ἢ ἰδιώτῃ παντάπασι πρέπον, κατσόλαν αὐτὸ τῇ λατίνων φωνῇ καλοῦσι Ῥωμαῖοι.

Ein weiterer Bulgarismus, d. h. in unserem Falle Macedonismus, steckt in der besonderen Form der Adverbien кгда oder кгъда und когда oder когъда. Neben dieser üblichen Form der Wörter begegnet in unserer Handschrift sehr häufig auch сдъга und кодъга, woraus die heute im Bulgarischen gebräuchlichen Ausdrücke когà, cerà leichter erklärt werden können als unmittelbar aus когда, сгда. Wegen der Seltenheit der Erscheinung führe ich alle Beispiele an:

сдъга 48ᵃ. 16, 91ᵇ. 9, 92ᵃ. 10, 95ᵃ. 7, 121ᵃ. 8, 127ᵇ. 15, 161ᵇ. 11, 163ᵃ. 11, 164ᵇ. 4, 168ᵃ. 10, 169ᵇ. 12, 170ᵃ. 20, 170ᵇ. 22, 171ᵃ. 13, 172ᵃ. 18, 180ᵃ. 21, 182ᵃ. 9. Viel häufiger, über siebzig Mal, steht сгъда, etwa zwanzig Mal сгда. Zweimal liest man сга 145ᵃ. 12, 151ᵃ. 15. Ob das schon der vollzogene Uebergang zur neuen Form, die heute auf -ra auslautet, darstellt oder ein blosses Schreibversehen ist, wage ich nicht zu entscheiden; für die erstere Annahme spricht die Parallele никогаже 141ᵃ. 5 (statt никодъгаже für никогъдаже).

кодъга 13ᵃ. 16, 15ᵇ. 15, 16ᵃ. 1, 42ᵃ. 18, 80ᵇ. 1, 95ᵇ. 15, 106ᵇ. 17, 140ᵃ. 14; нъкодъга 111ᵃ. 12, никодъга 117ᵇ. 5. въседъга 16ᵇ. 9. 12, 22ᵇ. 4, 91ᵃ. 9, 97ᵃ. 5, 140ᵇ. 18, 143ᵇ. 11, 159ᵃ. 18, 161ᵃ. 5. 7, 174ᵃ. 22, 174ᵇ. 2; einmal въсегда 149ᵇ. 15.

Für тогъда oder тогда kommt nur einmal тодъга vor: нъ не тодъга деьн коньчина 107ᵃ. 7.

Einige andere Bulgarismen aus dem Bereich der Morphologie werden unten zur Sprache kommen. Hier sei wenigstens ein bezeichnendes Beispiel angeführt. Das ist ны in der Function des Nominativs. Man liest nämlich 141ᵇ. 2: смоужс ны знаемъ оца и мре.

Im Verlaufe der Zeiten kam der Codex Dobromirs aus Macedonien nach dem Orient, und zwar in das Kloster Sinai. Im 16. Jahrhundert befand er sich bereits dort, wie folgende auf der Rückseite des letzten (183) Blattes eingetragene Notiz bezeugt: † зѣ прїндс рд̃ ежїн мнѿрѣшꙩ'нн по͡петръ ѿ подȢнавїю · Ѿ гра никѡлѣ къ монаті сїнаїскїн · въ лѣ, зоѕ нрі еппкȢла екгенїа. Also im Jahre 1568 besuchte ein Priester Peter aus Nikopolis an der Donau das Sinaikloster, und trug hier seinen Namen in den Codex ein. Dass er ihn mitgebracht oder geschenkt hat, das wird nicht gesagt; offenbar war der Codex bereits Eigenthum des Sinaiklosters. — Noch eine zweite Notiz, die kein Datum trägt, aber nach den Schriftzügen zu urtheilen ins 17. oder selbst 18. Jahrhundert fällt, bezeugt die Angehörigkeit des Codex dem Sinaikloster. Auf der vorderen Seite nämlich desselben Blattes (183), nach einer Notiz liturgischen Charakters betreffs der Lectionen an einigen Sonntagen, heisst es weiter: Сопроние доиде Синаю ско(е) дше ради къ стои вци да пом(н)лоуе и спсе: и поиде на Ѥрмь, да се поклони стомȢ ѤрсмȢ, да га помнлȢе. Да до кога доиде снѣ книга, да помене раба бїѣ монаха Сопроннѣ стогорца, а тебе бгь да помене въ вѣкн, лмнь, немȢже есть Ѿьчьство гробь а мтн землл Ѿь неже вьсн созадомь се и пакн въ ноу Ѿндемь. Also ein Athosmönch Namens Sofronius, von Geburt offenbar ein macedonischer Serbe, kam gleichfalls nach Sinai und trug in den Codex seinen Namen ein, mit der Bitte seiner zu gedenken.

Der Codex war viel im Gebrauch der frommen Mönche. Das sieht man an allerlei Correcturen, Rasuren und Zusätzen, die aus verschiedenen Zeiten von mehreren Händen herrühren. Wie ich bereits sagte, alles in Roth Geschriebene, namentlich die am Rande gesetzten Zahlen der Ammonius'schen Eintheilung, wurde später eingetragen. Die Zahlen laufen nicht ununterbrochen fort, sondern viele sind ausgelassen, z. B. beim Marcusevangelium findet man: ҁд, ҁѕ, ҁн., ҁо, р, рг, рд, ре, рѕ, рз, рн, ро, рви, рги, рди, рѕи, рка u. s. w., die letzte Zahl ist сдд; beim Lucasevangelium: д, в, г, д, е, ѕ, н, о, ки, гі, ді, еі, ні, оі, кд, кг, кд, кѕ, ко, дг u. s. w., die letzte Zahl ist тм; beim Johannesevangelium: д, н, гі, ѕі, ні, оі, кд, д, дг, дз u. s. w., die letzte Zahl ist скѕ. Der Anfang oder das Ende einer Lection wird in üblicher griechisch-byzantinischer Weise durch roth eingetragene Abkürzungen ко. ко̄. конць und зач.

oder за̃ bezeichnet, die bald am Rande der Zeile stehen, bald mitten in den Text eingeschaltet sind. Um für eine solche Einschaltung Raum zu gewinnen, nahm der Rubricator keinen Anstand einige Buchstaben des ursprünglichen Textes wegzukratzen, eventuell sie ober der Zeile des vorausgehenden Textes anzubringen. Z. B. 5ª. 14 aus оуӂкⷦсаахⷤ са wurde durch die Rasur des са Raum gewonnen für das roth eingeschaltete коꙋ, dafür aber schrieb der Corrector selbst oder Jemand anderer über ·хⷤ in serbischer Form сі; oder 10ª. 11 wurde о нꙗмь des ursprünglichen Textes ausradirt, um die rothen Zusätze коꙋ. заⷱ. einzutragen, dann aber schrieb Jemand von neuem am Rande ѡ нꙗмь; 91ª. 14 stand ursprünglich и обрⷦтѥ са · гадаше, der Corrector radirte а aus, um für das roth eingeschaltete коꙋ Raum zu schaffen, aus с machte er ѥ und zwischen das auslautende und jetzige ѥ schrieb er über der Zeile с, wodurch er abermals in serbischer Form обрⷦтѥ сѥ gewann; eben so 92ᵇ. 14 wurde aus ѥстъ durch Correctur і͠е gemacht, um коꙋ in Roth dazuschreiben zu können u. s. w.

Die in Roth geschriebenen Zusätze in der Handschrift sind nicht die älteste Zuthat zur ursprünglichen Schrift, man kann es an mehreren Stellen deutlich sehen, dass andere in Schwarz geschriebene Zusätze zum Theil wenigstens älter sind, da die rothe Farbe auf der schwarzen Tinte jener Zusätze liegt und diese bedeckt. Ein grosser Theil — nicht gerade alle — der in Schwarz gegebenen Zusätze verräth durch den orthographischen Charakter den serbischen Leser und Corrector, der etwa im 14. oder 15. Jahrhundert diesem Codex seine Aufmerksamkeit zugewendet hatte. Er unterliess es nicht, an verschiedenen Stellen seiner Unzufriedenheit, sei es mit einzelnen Sprachformen sei es mit der Wahl der Wörter, sichtbaren Ausdruck zu geben, indem er durch Rasuren alte Sprachformen oder Ausdrücke bald so entfernte, dass man vom Ursprünglichen keine Spur mehr sieht, bald nur oberflächlich auskratzte, so dass unter der neuen Schicht der ursprüngliche Text noch errathen werden kann. Von Aenderungen ersterer Art ist nichts weiter zu sagen. Sie sind in serbischer Redaction ausgeführt und erstrecken sich bald auf einzelne Ausdrücke, bald auf ganze Zeilen, ja wo die ursprüng-

liche Schrift im Laufe der Zeiten entweder ganz verblasste
oder aus einem anderen Grund unleserlich wurde, umfassen
diese serbischen Wiederherstellungen ganze Seiten. So ist auf
Fol. 40ᵇ und 41ᵃ mit der neueren serbischen Schrift des 14.
Jahrhunderts der Text des Ev. Marc. III, 23—38 eingetragen
in der Art des Palimpsestes, d. h. die Spuren früherer Schrift
sind hie und da sichtbar. Die viel kleineren Schriftzüge
der zweiten Hand liessen leeren Raum übrig, so dass selbst
auf 41ᵇ die ganze erste Zeile getilgt werden musste, bis
wohin der ursprüngliche Text der ersten Hand reichte. Auf
Fol. 75ᵇ sind die zwei unteren Zeilen auf der ausradirten
Schrift neu eingetragen, es ist Luc. XI, 23. Auf Fol. 101ᵃ ist
von der zweiten Hand in serbischer Redaction Luc. XIX, 22
bis 23 hinzugeschrieben, auch auf eine ausradirte Stelle. Das
ganze Blatt 152 ist neu eingeschaltet, schon der Unterschied
des Pergaments fällt auf, die Schriftzüge serbischer Provenienz
scheinen aus späterer Zeit herzurühren, nicht aus dem 14. Jahrhundert, so dass ich diese Einschaltung einer späteren Zeit,
etwa dem 15. Jahrhundert zuschreiben möchte; das früher da-
gewesene Blatt dürfte verloren gegangen sein, denn vom Pa-
limpsest ist hier nichts zu merken. Der Text umfasst Job.
IX, 15—27. Auf Fol. 161ᵇ sind die vier unteren und 162ᵃ
die zwei oberen Zeilen auf alter, verblasster oder unleserlich
gewordener Schrift eingetragen, ebenso auf Fol. 165ᵃ die zwei
unteren Zeilen. Auf Fol. 169ᵇ—170ᵃ und 173ᵇ—174ᵇ hat Jemand die alten verblassten Schriftzüge mit frischer Tinte neu
belebt, ohne jedoch überall genau die Orthographie des Originals
gewahrt zu haben. Der Restaurator war ein Serbe, daher
sträubte sich seine Feder namentlich gegen die Nasalen, die
er nur da und dort beliess, sonst in serbischer Weise durch
ε und ογ oder ȣ ersetzte. Man kann aber häufig den Original-
buchstaben noch durchschimmern sehen. Z. B. Fol. 169ᵇ. 2. 7
hinter вниε sicht man noch внишж; oder ib. ȣ видѣкиε, früher
видѣкиιа; ib. 9 вьзнεнавидѣкиε, früher вьзнεнавидѣкиιа; ib. 13
послоγ, früher послж; ib. 16 со мною, früher со мноιж; ib. 18
ижδεнȣ, früher ижδεнж; Fol. 170ᵃ. 17 кнεзь, früher кназь
u. s. w. Fol. 175ᵇ ist auf alter, gelöschter Schrift, ohne Rücksicht auf das frühere Original, der ganze Text in serbischer
Redaction geschrieben und Fol. 176 stellt sogar ein neues Per-

gament dar, mit den serbischen Schriftzügen des 14.—15. Jahrhunderts ausgefüllt; wahrscheinlich war das ursprüngliche Blatt
verloren gegangen oder unbrauchbar geworden. Auf Fol. 177ᵃ,
179ᵇ und 182ᵃ sind schon wieder nur die alten verblassten
Schriftzüge aufgefrischt, mit einigen Abweichungen von der
alten Orthographie.

Der serbische Corrector controlirte auch die Vollständigkeit des Textes und wo etwas fehlte, schrieb er das Fehlende
am Rande hinzu. So wurde 4ᵃ. 10 zu Marc. X, 20 nach einer
anderen Lesart am Rande hinzugeschrieben что ́єщє ́єсмь нє
докончаль. Fol. 11ᵃ. 3 in Marc. XII, 27 steht am Rande der
Zusatz нь живыхⸯ. Fol. 18ᵃ. 15 zu Marc. XIV, 27 war im Text
ausgelassen und findet sich jetzt am Rande zugeschrieben w
мнѣ въ нощь сию. Fol. 21ᵇ. 19 steht am Rande der im Ori-
ginaltext ausgelassene Ausdruck (Marc. XIV. 72) два крати.
Fol. 38ᵇ. 11 in Luc. III. 1 fehlt im Original und ist am
Rande hinzugeschrieben чтврьтокласть ствоующⷨ, dagegen ist
beim nächsten Wort итоурнѭ das anlautende и ausradirt.
Fol. 103ᵃ in Luc. XX, 1 sind einige Ausdrücke ausgelassen im
Urtext, daher Correcturen, Einschaltungen zwischen den Zeilen
(людн) und am Rande (свѣщаши жє сє архн). Fol. 104ᵃ ist
in Luc. XX, 11. 12 Einiges ausgelassen, daher mit neuer Schrift
theils in der Zeile theils am Rande in serbischer Recension
folgender Zusatz: бивьши и дослꙗжⷣьши ꙗмоу поусти . . . и
приложи трєтн послати онн жє и того оу̃кзвльшє нзгнаш.
Fol. 136ᵇ. 4 fehlt die erste Hälfte des Verses 20 in Cap. V des
Johannes; die fehlenden Worte stehen am Rande so: Фцⷬ во
любнть сн́а і вса показаꙗть ꙗмоу ꙗжє самь творнть. Ebenso
sind Fol. 137ᵇ. 16 am Rande hinzugefügt folgende Worte zu
Joh. V, 36—37: ѣко Фцⷬ мє посла и посла́вы мє Фцⷬ ть
свⷣѣтꙗльствова w мнѣ. So noch einige Male. Ein einziges
Mal ist eine solche Correctur nebst Randzusätzen von einer,
wie es mir scheint, etwas jüngeren Hand als die vorerwähnten
serbischen, geschrieben und in bulgarischer Orthographie gehalten. Das ist Fol. 129ᵇ. 16 zu Joh. III, 20—21. Statt ѣко
зла (dieses Wort ist neu!) сѫть scheint im Original ѣко нє
сѫть gestanden zu haben. Darauf folgt die Rasur von andert-
halb Zeilen, auf welcher folgende Worte neu geschrieben sind:

14 II. Abhandlung: V. Jagić.

а творѧі їстиноу градетѣ кь скѣтоу, weiter am Rande: да
ивать са дѣла іго . ико о боѕѣ сѫть сьдѣлана. Dass auch
bei jenen in serbischer Orthographie gemachten Zusätzen an
bulgarische Einflüsse gedacht werden darf, dafür kann ich mich
auf Fol. 165ᵃ berufen, wo die zwei letzten Zeilen auf Rasur
geschrieben sind (Joh. XIII, 26): тъ істъ іемоуже азъ омочъ
хлѣбъ подамь . и омочъ хлмбъ — die Form хлмбъ ist doch
ein deutlicher Bulgarismus.

Sprachgeschichtlich wichtig sind solche Aenderungen, wo
von dem ursprünglichen Original trotz der Rasur noch deutliche
Spuren übrig blieben. Fol. 2ᵃ. 7 urspr. огнѣ jetzt штна; 2ᵇ. 18
urspr. окоушаьюпин jetzt искоушаьюпин; 5ᵃ.14 urspr. и послѣдѧ
градꙑ, jetzt и вь слѣдꙑ градоуіш вошхоу сі; 6ᵃ. 20 urspr.
въ ивриюѫ jetzt въ ивриюоу; 16ᵇ. 17—18 wurde vom ursprünglichen възьглетъ са die Silbe възъ weggekratzt, und doch war
die Lesart възьглетъ са für das übliche глано бѫдитъ besser
und entsprechender als das einfache глетъ са; 23ᵃ. 11 urspr.
плькаауѫ jetzt плоувааух; 51ᵃ. 7 urspr. горі ідьга jetzt горі
жі ірꙗ; 63ᵇ. 16 urspr. во въса jetzt въ въсі; 75ᵇ. 7 für и клюдѣ
scheint и минѣ im Original gestanden zu haben; 85ᵃ. 3 urspr.
послѣднии трьхатъ (letztes Wort durch sichere Vermuthung)
jetzt послѣдноу мѣдьницȣ; 100ᵃ. 3 urspr. іриюѫ jetzt іриюнь:
113ᵇ. 9 früher и вьса и jetzt и рідоин; 115ᵃ. 9 früher въс-
иниѫ jetzt възѣиниѫ; 139ᵇ. 8 urspr. ѣдкаух oder ѣдѣѣху,
jetzt идѣкиух; 143ᵇ. 2 früher скиноширнѣ (vermuthungsweise)
jetzt нотъчинии кȣирь; 151ᵇ. 14 urspr. ісмь jetzt ісмꙑ u. n. a.
Leider kann man an vielen Stellen nicht einmal vermuthungsweise aussprechen, was für ein Text an den radirten Stellen war.

III.

Die Vocale і und ѣ, zugleich für іе und и; ѣ nach Palatalen.

Näher zur graphischen Seite des Codex übergehend, müssen
wir zuerst bemerken, dass die Graphik nicht leicht von der
Phonetik zu trennen ist. Die graphische Bezeichnung gilt bald
als ein Beleg für geschichtliche Zusammengehörigkeit oder Ab-

hängigkeit von älteren Vorbildern, die nachgeahmt werden ohne
phonetische Geltung für den letztgegebenen Zeitpunkt, bald ist
sie auf lautlichen Eigenthümlichkeiten begründet, die noch für
den Augenblick der letzten Abschrift ihre Bedeutung haben.
Es ist nicht leicht zu entscheiden, welchen Sinn in jedem einzelnen Falle die vorhandene Graphik hat. In unserem Codex
beruht das cyrillische Schriftsystem auf der Befolgung älterer,
im Grunde glagolitischer Vorbilder, doch mit einigen Conces-
sionen, die dem neueren verbesserten cyrillischen Schriftsystem
eigen sind. Daher ist die Graphik des Codex nicht einheitlich.
Ja man kann kleine Differenzen selbst nach den beiden Schreibern wahrnehmen.

Für die Laute *e* und *je* bedient sich der Codex in der
Regel nach glagolitischem Vorbild des éinen cyrillischen Buchstabens ɛ. Der Schreiber der zweiten Hand (B) ist in dieser
Beziehung sehr consequent. Ich fand nur einmal 105ᵃ. 9 ѥстъ,
sonst immer in diesem Verbum wie in allen anderen Fällen
nur ɛ, also immer ɛсмъ (z. B. 101ᵇ. 1, 107ᵃ. 2, 110ᵇ. 19, 111ᵃ.
15, 113ᵇ. 18, 120ᵃ. 11. 17, 130ᵃ. 18, 133ᵃ. 3, 139ᵇ. 18, 141ᵃ. 1,
145ᵇ. 1. 18, 142ᵃ. 2, 145ᵃ. 8. 18, 145ᵇ. 1. 7, 147ᵃ. 18, 147ᵇ. 17,
148ᵃ. 16. 20, 151ᵃ. 18, 156ᵇ. 1) oder 1. pers. pl. ebenso ɛсмъ
(z. B. 149ᵃ. 4, 153ᵃ. 5, 153ᵇ. 15, neu corrigirt in ѥсмы) u. s. w.
Von dem Schreiber der ersten Hand (A), der zwar auch in
der Regel nur *e* für *je* im Anlaut oder Inlaut verwendet, rühren
folgende Abweichungen her: ѥмоу (statt des üblichen ɛмоу)
3ᵇ. 20, 47ᵇ. 13, 57ᵃ. 10, 72ᵃ. 15, 167ᵇ. 13; ѥн 56ᵃ. 10, 57ᵇ. 7,
62ᵃ. 7; ѥдннъ 20ᵃ. 8, 159ᵇ. 18, 171ᵃ. 9; in der Initiale Ѥдннъ
19ᵇ. 17; ѥгъда 8ᵃ. 3, 36ᵃ. 8; ѥмѥтъ 66ᵃ. 1; ѥванкгѥлнѥ 26ᵇ.
3, 27ᵃ (in der Ueberschrift). Allein diese Hand hat ausserdem,
beinahe könnte man sagen, zur Regel erhoben, das Verbum
ѥсмъ, ѥсн, ѥстъ so, d. h. mit jotirtem Zeichen, auszudrücken.
Zum Beweise der Häufigkeit des Vorkommens dieser Schreibart zähle ich die Beispiele auf: ѥсмъ 13ᵇ. 4, 21ᵃ. 3, 30ᵇ. 13.
14, 45ᵃ. 8, 46ᵃ. 1, 54ᵃ. 6, 162ᵃ. 15, 165ᵃ. 3, 166ᵇ. 10, 168ᵃ. 16,
168ᵇ. 2, 173ᵃ. 6. 8. 12; dagegen ɛсмъ: 162ᵇ. 8, 166ᵃ. 5. 16,
173ᵃ. 5, 175ᵃ. 19; als 1. pers. pl. ɛсмъ: 63ᵇ. 11, 95ᵃ. 9; ѥсн 9ᵇ.
16, 21ᵇ. 11. 12, 34ᵇ. 5, 42ᵃ. 13, 44ᵃ. 12, 57ᵃ. 11, 69ᵇ. 14, 72ᵃ.
1, 84ᵃ. 16, 91ᵇ. 14. 20, 93ᵇ. 9, 128ᵇ. 20, 173ᵃ. 3. 7, 172ᵃ. 5. 8.
12. 17. 20, neben ɛсн 44ᵃ. 13, 48ᵃ. 14, 123ᵇ. 17. 19. 20, 124ᵃ.

1. 2, 173ᵃ. 4. 7, 175ᵃ. 20. Am häufigsten begegnet ксть 1ᵇ.
8. 12, 3ᵃ. 13, 5ᵃ. 1, 6ᵇ. 6, 11ᵃ. 14, 11ᵇ. 6. 19, 15ᵇ. 4. 6, 18ᵃ. 7,
21ᵇ. 8, 23ᵃ. 4, 24ᵃ. 16, 25ᵃ. 1, 25ᵇ. 7, 33ᵃ. 16, 33ᵇ. 8, 35ᵇ. 1,
36ᵃ. 18, 40ᵃ. 4, 42ᵃ. 15, 43ᵃ. 15, 43ᵇ. 3, 47ᵃ. 11, 48ᵇ. 13, 49ᵃ.
10, 51ᵇ. 20, 52ᵃ. 3, 52ᵇ. 5, 53ᵃ. 10. 17, 53ᵇ. 14, 57ᵇ. 10, 60ᵃ. 2,
65ᵇ. 9, 66ᵇ. 13, 67ᵃ. 1, 67ᵇ. 20, 71ᵇ. 15, 77ᵃ. 6, 78ᵃ. 18, 83ᵃ. 7,
84ᵃ. 4, 87ᵇ. 18, 88ᵃ. 8, 92ᵃ. 13. 15, 92ᵇ. 14, 94ᵃ. 17, 123ᵇ. 13,
124ᵇ. 2. 15. 18, 126ᵇ. 18, 128ᵃ. 8, 128ᵇ. 9. 10, 158ᵇ. 2, 160ᵇ. 3,
164ᵇ. 21, 167ᵇ. 7, 168ᵃ. 8. 17, 170ᵇ. 9. 12, 171ᵇ. 18, 174ᵃ. 6.
Seltener ist ксть 42ᵃ. 3. 8, 44ᵃ. 11. 20, 47ᵃ. 17, 59ᵇ. 19, 60ᵃ. 5.
13, 60ᵇ. 3, 61ᵇ. 14. 19, 65ᵇ. 1, 68ᵇ. 2, 70ᵃ. 1. 2. 18, 70ᵇ. 8, 72ᵇ.
6, 80ᵇ. 2, 128ᵇ. 16, 172ᵇ. 9. Zufälliger Weise kommt ксте
kein einziges Mal vor, immer nur ксте: 1ᵇ. 15, 9ᵇ. 3, 49ᵃ. 2,
76ᵃ. 3 (hier ist später corrigirt in ксте), 77ᵇ. 10, 79ᵃ. 6, 84ᵃ.
13. 18, 92ᵇ. 9.

Man kann dieses Schwanken, abgesehen von dem indivi-
duellen Eingreifen des Schreibers, am besten so erklären, dass
man sagt, in der Vorlage habe wohl ausschliesslich ѥ geherrscht,
der Abschreiber A sei jedoch bereits an das Zeichen ѥ ge-
wöhnt gewesen, und habe es wenigstens in den vorerwähnten
Formen dem einfachen ѥ vorgezogen.

Dasselbe System, das in unserem Codex das Zeichen ѥ
nicht in seinem vollen Umfang aufkommen liess, veranlasste
die beiden Schreiber auch ѣ in doppelter Bedeutung anzu-
wenden, als ê und als ja. Nur äusserst selten findet man von
der Hand A das Zeichen ꙗ angewendet: сътворилъ ꙗ ксть
3ᵃ. 7, ꙗкоже 34ᵃ. 5, und als Initiale Шви са 30ᵃ. 4, 181ᵃ. 1.
Die Hand B enthielt sich gänzlich dieses Buchstabens. Der
übliche Ausdruck für ja ist also ѣ, sowohl selbständig oder im
Anlaut, wie im Inlaut nach Vocalen und Consonanten; z. B.
творан ѣ (sc. словеса) 53ᵃ. 8, дѣла бо ѣже дасть оць да
съвръшиѫ ѣ 137ᵇ. 14, аще творитъ ѣ 164ᵇ. 17, благословн ѣ
Сумеонь 37ᵃ. 5, видѣвъ ѣ по себѣ идѫщіа 125ᵃ. 5, ѣвихъ
156ᵃ. 7, 172ᵃ. 3, ѣвн 68ᵃ. 1, 112ᵃ. 3, 181ᵃ. 3; ѣвлѣшн 127ᵇ.
7, ѣлѭ са 167ᵇ. 9, ѣвльша са 65ᵇ. 12, ѣвъ 160ᵃ. 10, mit
reinem а im Anlaut kommt hier das Wort nicht vor, dagegen
119ᵃ. 15 wurde aus ursprünglichem ѣвлѣни durch Correctur ѣ
zu ꙗ gemacht, wie es scheint, schon von der ersten Hand. In

шница 73ᵃ. 1 ist ꙑ nachträgliche Correctur aus а oder ѣ. Reines
а statt ѣ im Inlaut findet man in дцѣмь жі недꙁгомь 135ᵃ.
15, н ако (statt н ѣко) 139ᵃ. 11, 139ᵇ. 5, 140ᵃ. 4, ні ако 144ᵇ.
9; н аможі 148ᵃ. 9 ist vielleicht als намоӝі für ѣможі aufzufassen, denn ib. 13 liest man deutlich аможі. Andere Beispiele für anlautendes *ja*: ѣзвꙑ 70ᵇ. 13, 180ᵇ. 3, ѣзвꙑ 180ᵇ. 4;
въ ѣслихь 35ᵃ. 10, 35ᵇ. 4, отъ ѣслін 83ᵃ. 14 u. s. w.

Im Inlaut steht nach Vocalen selbst in solchen Fällen ѣ
(= *ja*), wo sonst auch reines а vorzukommen pflegt, z. B. сѣѣннѣ
48ᵇ. 14 (cod. Mar. сѣаннѣ), сѣѣти 58ᵃ. 9, сѣѣш ib. 10 (cod.
Mar. а), doch auch сѣаль 111ᵃ. 9, расѣанні 145ᵇ. 4; покаѣнні
48ᵃ. 7, 120ᵇ. 18, покаѣннꙗ 38ᵃ. 19, 39ᵃ. 16, каѣннѣ 89ᵃ. 6, —
cod. Marianus hat hier immer nur а — vgl. 74ᵇ. 18 покаѣша сꙗ
(cod. Mar. покаашꙗ сꙗ), покаѣлн сꙗ вниша 69ᵃ. 6. Nicht nur
in Adjectivformen endigt das Femininum sing. oder Neutrum
plur. auf аѣ, z. B. благаѣ 93ᵇ. 9, 137ᵃ. 12 (cod. Mar. благаа),
прѣваѣ вьсхъ заповѣднн 11ᵃ. 11, годнна трьтнѣѣ 23ᵇ. 9
(Mar. трьтнѣа), sondern mitunter selbst im Imperfectum, wo
solche Beispiele vorkommen: ндѣѣш 99ᵇ. 20, 101ᵃ. 14, 112ᵇ.
18, — allerdings üblicher ндѣашı 53ᵇ. 17, 134ᵇ. 10, 138ᵇ. 4,
151ᵃ. 5, oder auch ндѣшı 44ᵃ. 3, 61ᵇ. 6, 115ᵇ. 13, 118ᵇ. 12,
ebenso ндѣахѫ 34ᵇ. 17, 87ᵇ. 4, 146ᵇ. 10 und ндѣхѫ 54ᵇ. 2;
— нмѣѣш 82ᵃ. 21, прнлежѣѣхѫ 115ᵇ. 2, прѣцѣѣхѫ 98ᵃ. 9;
— vergl. auch вьнізаѣпѫ 16ᵃ. 5, neben вьнізаапѫ 35ᵇ. 4,
66ᵃ. 2 und вьнізапѫ 108ᵇ. 20.

Nach Consonanten ist ѣ (= *ja*) erweichend nach л, р,
м, в, ҅, н in solchen Beispielen: волѣ твоѣ 72ᵃ. 4, моѣ волѣ
112ᵃ. 2, волѣ пославвьшаго 141ᵃ. 11; распрѣ бысть 146ᵃ. 5,
155ᵃ. 17, цр҃ѣ 22ᵇ. 7. 15, 29ᵃ. 7, 114ᵃ. 7 u. s. w., на вечрѣхъ
(lies вечрꙑхъ) 12ᵃ. 17, по вечрѣннн 110ᵃ. 19, вечрѣѭ 95ᵃ. 2,
морѣ (lies морꙗ) 138ᵇ. 3, 139ᵇ. 9, 140ᵃ. 2. 14; съмьрѣ моего
97ᵃ. 11 — vergl. dennoch разардашı 136ᵃ. 16, wo entweder
ungenaue Ausdrucksweise oder harte Aussprache anzunehmen
ist —; зıмѣ 108ᵇ. 14 neben зıмлѣ 15ᵃ. 9, внıмѣтı 94ᵃ. 1
neben вьнıмлѣтı 77ᵃ. 5, 106ᵃ. 10, 108ᵃ. 16; днвѣаш сꙗ 7ᵇ. 5,
днвѣахѫ сꙗ 144ᵃ. 12 neben днвлѣахѫ сꙗ 4ᵇ. 12, благосло-
вѣшı а 121ᵃ. 9, славѣаш 83ᵃ. 3, оставѣѭ 96ᵇ. 18, млвѣа-
шı 71ᵇ. 4; любѣаш 157ᵃ. 4. 7, neben любѣшı 159ᵃ. 3, 165ᵃ.
14, 181ᵃ. 20. Von кораб҅ lautet der Genitiv корабѣ 45ᵇ. 1,

181ª. 16, ebenso ова кораблѣ 45ᵇ. 16, 46ª. 10, aber auch близъ
кораба 139ᵇ. 15, кораба иного 140ª. 3. Es ist fraglich, ob hier
кораба als korab'a zu lesen ist, vielleicht hat die Analogie des
hart auslautenden Nominativs bereits auch im Genitiv die Erweichung zum Schwinden gebracht. Am zahlreichsten sind die
Beispiele mit нѣ = ńa: ближьнѣаго 11ᵇ. 11, искрьнѣаго 70ᵇ.
3, съблажнѣетъ 2ª. 3. 18, испльнѣкъ са 37ᵇ. 7, възьбранѣкъщіа
114ª. 6, огнѣ 81ª. 10, жинѣхѫ са 96ª. 16 u. s. w. Vergl. ab-
weichend съблажнаетъ са 94ª. 20, вьнѫтрьнаѣ 75ᵇ. 8 (statt
-нѣѣ).

Bei der so deutlich hervortretenden Function des Zeichens
ѣ für ja verdienen besondere Beachtung die zahlreichen Fälle,
wo ѣ nach den Palatalen ч, ж, ш und жд, шт statt des erwarteten und auch wirklich begegnenden а geschrieben wird.
Die Lautgruppen чѣ, жѣ, шѣ, auch ждѣ und штѣ sind zu
zahlreich, als dass sie nicht als ein hervorragendes Merkmal
dieses Textes angesehen werden müssten. Dennoch fällt es
schwer darin allein den Beweis eines stark erweichten Charakters der Palatalconsonanten zu erblicken, weil merkwürdig
genug die sonst so beliebte weiche Lautgruppe чю, жю, шю etc.
hier fehlt, und das ganze auf die Fälle чѣ, жѣ, шѣ, ждѣ, штѣ
in den wurzelhaften und stammhaften Silben, meistens im Imperfect, nicht aber zugleich in Casusendungen, sich beschränkt,
wie folgende Zusammenstellung von Beispielen zeigt:

чѣ für ча: чѣсмь 55ª. 7. 11, чѣсте 51ᵇ. 10, чѣкъ 25ª. 4,
36ᵇ. 7, чѣкъщіє 51ᵇ. 17, 135ª. 10, чѣкъщремь 40ª. 1, 79ᵇ. 20,
чѣкъщнимъ 9ᵇ. 6, 37ᵇ. 1, чѣаши 117ª. 20, чѣанѣ 108ª. 16,
отъ нечѣанѣ 108ª. 13; vergl. ein einziges Mal: не чаєтъ 80ᵇ.
16; чѣсь 14ª. 6, 55ª. 12, 69ᵇ. 10, 78ª. 7, 80ª. 14. 17, 104ᵇ. 4,
120ª. 2, о чѣсѣ 15ᵇ. 11, томь чѣсѣ 33ᵇ. 10, чѣса 19ª. 7,
vergl. часъ 19ª. 19, 37ª. 20; чѣша 18ᵇ. 20, 110ª. 20, чѣшѫ
1ᵇ. 13, 5ᵇ. 15. 19, 18ª. 5, 19ª. 2, 110ª. 10. 18, 112ª. 2; обычѣи
ѥстъ 178ᵇ. 9, по wбычѣю 111ᵇ. 14, doch daneben обычаи 2ᵇ.
14, по обычаю 37ᵇ. 13, по wбычаю 42ᵇ. 11; по прилоучѣю
70ᵇ. 14; печѣли 170ᵇ. 19, отъ нечѣли 112ª. 10, печѣли 171ª.
2, печѣльми 108ª. 19, нечѣльни 171ª. 3; запечѣтълѣ 130ᵇ. 14;
коньчѣжѫ 84ᵇ. 17, коньчѣетъ са 110ª. 9, коньчѣвьшемь са
41ª. 7, съконьчѣ са 23ᵇ. 14, съконьчѣетъ са 111ᵇ. 9, съконь-
чѣкътъ са 99ª. 15, 108ª. 9, съконьчѣти 13ª. 18, 65ª. 14, 120ᵇ.

9, съконьчкша 37ᵇ. 3, съконьчкы 42ᵇ. 2, съконьчкьшемь
37ᵇ. 14, не доконьчѣль 4ᵃ. 13, 98ᵇ. 8, коньчквллꙗхж сѧ 67ᵃ. 2;
vergl. коньчлеть сѧ 81ᵃ. 14, съконьчл 53ᵇ. 3; печѣше сѧ 161ᵃ.
1, оучѣлше 7ᵃ. 16, 45ᵇ. 1, 144ᵃ. 12, оучкше л 146ᵇ. 11, vergl.
очѧлше 2ᵇ. 15, 42ᵇ. 7; облачкше сѧ 60ᵃ. 10, млькчлше 20ᵇ.
19, оумлькчкша 65ᵇ. 13, 85ᵇ. 5, оумлькчкшѫ 105ᵃ. 5, 117ᵇ. 13;
плачѣхж сѧ 115ᵇ. 15; отажкчклѣ 19ᵃ. 14. Vergl. обличлеть
150ᵃ. 3, обличлемь 40ᵃ. 20, рлстлчлеть 74ᵃ. 1; Nom. тꙗчл
81ᵇ 8 oder Gen. sing. крлчл 48ᵃ. 4, doch сна члкчк 142ᵇ. 14.

жѣ für жа: оужѣсь 26ᵃ. 1, 44ᵃ. 18, 46ᵃ. 2, не оужѣслнте
сѧ 13ᵇ. 6, 25ᵇ. 12, оужѣсллꙗхж сѧ 4ᵇ. 5, 5ᵃ. 14, 38ᵃ. 8, 44ᵃ. 6,
оужѣслти сѧ 18ᵇ. 14, оужѣсоша сѧ 25ᵇ. 11, оужѣснишж ны
119ᵃ. 13; жѣлость 127ᵇ. 4; кѣжѣ 20ᵃ. 12, кѣжкша 20ᵇ. 8,
25ᵇ. 20, 60ᵇ. 15, кѣжѣти 39ᵃ. 14, оукѣжѣти 109ᵃ. 5; мо-
жѣлше 16ᵇ. 3, 31ᵃ. 3, не можѣше 100ᵃ. 7, не можѣхж 59ᵃ. 19,
163ᵃ. 6, 181ᵃ. 18; лежѣло 179ᵇ. 5, лежѣше 135ᵃ. 8, 159ᵃ. 8,
прилежѣлхж 147ᵃ. 3, прилежѣхж 115ᵇ. 2, vergl. лежллше
47ᵇ. 7, 93ᵃ. 10; ослжѣте 120ᵃ. 17; дрьжѣкж 32ᵃ. 20, дрь-
жѣкьны 29ᵇ. 3, дрьжѣти 86ᵃ. 4, дрьжѣлхж 45ᵃ. 3, дрьжѣхж
сѧ 103ᵃ. 13, дрьжѣстл сѧ 118ᵇ. 13, одрьжѣше 46ᵃ. 2; слоу-
жѣлше 160ᵇ. 9, слоужѣкше 44ᵇ. 11, слоужѣхж 24ᵇ. 17, 58ᵃ. 4;
множѣ 12ᵇ. 12, 74ᵃ. 15, 75ᵃ. 1, множкша 131ᵃ. 5. Vergl.
приклижлеть сѧ 79ᵇ. 15, приклижлꙗщен сѧ 88ᵇ. 3, приклижл-
ꙗщоу 102ᵃ. 16, погржжлти сѧ 45ᵇ. 18, множлншнхь 76ᵇ. 17.

шѣ für ша: слышѣ 11ᵃ. 6, 130ᵇ. 10, 158ᵇ. 3, слышѣти
58ᵃ. 1, 70ᵃ. 10, 74ᵃ. 13, 88ᵇ. 2, 106ᵇ. 9, 149ᵇ. 14, 153ᵃ. 2,
слышѣть 46ᵇ. 8, слышѣхъ 148ᵇ. 5, 149ᵇ. 4, 169ᵃ. 6, слышѣ-
хомь 20ᵇ. 9, 43ᵃ. 19, 114ᵃ. 1, 129ᵃ. 3, 134ᵃ. 5, 162ᵇ. 12, слы-
шѣсте 21ᵃ. 9, 125ᵃ. 2, 168ᵃ. 5, слышѣкша (ж) 7ᵇ. 2, 33ᵃ. 14,
70ᵃ. 11, 145ᵃ. 14, слышѣкше 114ᵇ. 4, слышѣлше 71ᵇ. 3. слы-
шѣлхж 7ᵃ. 7, слышѣхж 92ᵃ. 7, слышѣкь 6ᵇ. 5, 53ᵇ. 9, 63ᵃ. 6,
93ᵇ. 7. 12, 114ᵃ. 17, 153ᵇ. 1, слышѣккше 6ᵃ. 5, 17ᵃ. 2, 24ᵃ.
19, 26ᵃ. 9, 98ᵇ. 20, 104ᵃ. 15, 142ᵇ. 8, 147ᵃ. 7 u. s. w., слышѣ-
кьши 31ᵇ. 6, слышѣкьшоую 125ᵃ. 14, слышѣлн 45ᵃ. 12, слы-
шѣно 153ᵃ. 15, слышѣннѣ 13ᵇ. 6; оуслышѣ 32ᵃ. 18, 90ᵇ. 8,
157ᵃ. 8, 158ᵃ. 3, 158ᵇ. 3, оуслышѣкнж 131ᵃ. 4, оуслышѣккше
137ᵃ. 3, оуслышѣнл 30ᵃ. 11, слоушѣкжн 53ᵃ. 7, aber послоу-
шлеть, послоушлете 150ᵃ. 6. 7; кьзношѣкше сѧ 121ᵃ. 9, при-
ношѣлхж 98ᵃ. 6, поношѣстл 24ᵃ. 10, vergl. ношлше 161ᵃ. 3;

нє вѣтьшкѣжіра 79ᵇ. 13. Vergl. noch пнш҃кшє statt писааши, 147ª. 2. 7. Nicht шѣ, sondern ша steht immer in отрѣшаєтъ 83ª. 13, отрѣшиаєта 102ª. 3. 9, оуѵтѣкшиаєтъ 93ᵇ. 12, оуѵтѣшанж 40ª. 17, оуѵтѣшианжцє 158ᵇ. 8, оуѵстрашаєтъ 168ª. 5.

In Casusendungen steht immer жа, ша: мжжа 138ª. 13. 15. 16, отъ мжжа 93ª. 4, мжжа · в · 55ª. 8, 65ª. 10. 18, 117ᵇ. 20, мр҃кжа 181ᵇ. 10, immer nur ваша, больша 167ª. 8 u. s. w. ждѣ für жда: граждѣнє 100ᵇ. 16, моуждѣаши 31ª. 1, нєхождѣахж 44ᵇ. 15, привождѣахж 44ᵇ. 13, чоуждѣахж сѧ 59ᵇ. 20, саждѣахж 96ᵇ. 2. — Doch ist die Lautgruppe жда stärker vertreten: хождааши 135ᵇ. 10, нєхождааши 44ᵇ. 3, 50ᵇ. 1, прнхождааши 97ª. 10, прихождаахж 130ª. 2, прнхож- даахж 109ª. 11, прохождааши 46ᵇ. 6; vergl. noch нжждаста н 119ᵇ. 10, осжждаиж 147ª. 14, раждаєтъ 170ᵇ. 19, троуждаєтє 16ᵇ. 8, троуждаѭтъ 79ª. 13.

щѣ für ща: отьвѣщѣтн 19ª. 5, 85ᵇ. 12, 107ᵇ. 5, отьвѣ- шгѣнтє 8ª. 17, 8ᵇ. 1 u. s. w., отьвѣщѣ 1ᵇ. 2, 11ª. 8, 11ᵇ. 14, 20ᵇ. 20, 41ᵇ. 12, 127ᵇ. 8, 135ᵇ. 2, 147ᵇ. 4, 150ª. 10, 153ª. 7. отьвѣщѣтє 113ᵇ. 13, отьвѣщѣтн 67ᵇ. 15, отьвѣщѣшж 127ᵇ· 6, 146ª. 14, 149ª. 3, 150ª. 8, 153ª. 18, отьвѣщѣкъ 2ᵇ. 19, 3ª. 3, 4ª. 7, 6ᵇ. 16, 32ª. 1 u. s. w., отьвѣщѣвалш 8ᵇ. 7; отьвѣщѣ- ватн 107ᵇ. 2, отькѣщѣваалш 136ª. 10, отьвѣщѣвалш 22ª. 10, 114ᵇ. 8, нє отьвѣщѣвалшн 20ᵇ. 4, 22ª. 12, съвѣщѣшж 109ᵇ. 2, съвѣщѣкалєтъ 88ª. 7, завѣщѣ 111ª. 3, завѣщѣкалж 111ª. 2, овѣщѣшж 17ª. 3, възьвѣщѣн 67ᵇ. 12, възвѣщѣжцрн 180ª. 4; потыщѣкъ сѧ 100ª. 13. 15, прѣщѣкахж 3ᵇ. 4, 16ᵇ. 6, прѣщѣкхж 98ª. 9, прѣщѣхж 6ᵇ. 8, 98ª. 9, 99ᵇ. 11, прѣщѣшє 116ᵇ. 10. Vergl. плащѣннцєж 117ᵇ. 3 neben плащаннцѧ 20ª. 10. 12, 25ª. 12. Auch die Lautgruppe ща tritt nicht hinter щѣ zurück: со тыщаннємь 32ª. 14, очнщаєтє 75ᵇ. 7, очнща- ѭтъ сѧ 55ª. 17, отьпоуѵщаши 22ª. 18, отьпоуѵщаєтє 52ª. 6, възьврацрааахж сѧ 117ª. 12, разьврацраѭщрє 114ª. 5, 114ᵇ. 20, разьврацраєтъ 114ª. 15, кьзьмжщрааши 135ª. 12, крьщрањ, -єшн 124ª. 9. 12, крьщраашє 129ᵇ. 20, крыщраахж сѧ 130ᵇ. 3. In den Casusendungen kommt nur die Lautgruppe щра vor: тыщра 44ᵇ. 6, вьлагалнцра 68ª. 1, врѣтнцра 68ª. 1, радоцрамн 32ᵇ. 9, вѡлѧцрааго 54ª. 19.

Wie bereits erwähnt, die sonst so beliebten Lautgruppen чю, шю, жю etc. bleiben hier aus, sie unterstützen die soeben durch viele Beispiele beleuchtete Erscheinung nicht; denn man liest: чоүхь 62ᵃ. 1, чоүши 52ᵇ. 2, чоү 118ᵇ. 20, чоүдєсл 15ᵃ. 3, чоүдєсь 134ᵇ. 4, чоүдиша сѧ 10ᵃ. 10, 33ᵇ. 8, чоүдѣхѫ сѧ 133ᵃ. 5, чоүдѣахѫ сѧ 31ᵃ. 1, чоүди сѧ 54ᵃ. 13, чоүдѧщꙗ сѧ 37ᵃ. 4, чꙋ|дѧщинмь сѧ 66ᵃ. 17, чоүдѧщимь сѧ 120ᵇ. 2, nur 136ᵇ. 5 чюднтє сѧ. Ebenso шоүжьѭ 116ᵃ. 21, шоүѭ 5ᵇ. 13, 23ᵇ. 14; шоүмь 44ᵇ. 3, шоүмл 108ᵃ. 13; ощоүтлть 66ᵇ. 4; жоүпєль 96ᵇ. 4 (doch ist hier оү mit neuerer Schrift aufgetragen, das Ursprüngliche ist nicht zu entziffern). Von мѫжь lautet der Dativ мѫжоү 2ᵇ. 18, 100ᵃ. 18. Vergl. ннщоүоүмꙋ 93ᵃ. 15.

Was den Vocal ѣ in der lautlichen Geltung als ê anbelangt, er wird zwar sehr genau von e auseinander gehalten — ich fand nur 76ᵇ. 11 рлзоүмєнию mit є statt mit ѣ geschrieben und 179ᵃ. 4 war geschrieben тѣчлдстл, doch schon der ursprüngliche Schreiber scheint bemerkt zu haben, dass hier ѣ nicht am Platze ist und corrigirte ѣ in є — inwiefern er aber auch den heute üblichen Umlaut ꞌa-ꞌa in der Aussprache darstellte, das entzieht sich unserer Beurtheilung. Nur ein Wort kommt abwechselnd mit ѣ und л vor: сѣмо 66ᵃ. 10, 87ᵃ. 14, 101ᵇ. 12, 180ᵇ. 11, und сѧмо 102ᵃ. 3, 140ᵃ. 15, 132ᵃ. 11. 13.

IV.

Ueber ѧ, ꙗ und ѫ, ѭ. Bestimmte Wortkategorien der Anwendung des ѭ für ꙗ.

Wie für e und je nur є, für ê und ja nur ѣ, so gilt für ę und ję nur das éine Zeichen ѧ; die Modificationen dieses Zeichens ꙙ und ꙑ kennt unser Denkmal nicht. Ein einziges Mal 177ᵇ. 11 steht жѧждѫ, wo aus є ein Buchstabe gemacht wurde, am ähnlichsten dem ꙙ. Dagegen findet man einige Male deutlich ꙗ: ꙗзыкы 26ᵇ. 10, нє ꙗша вѣры 26ᵃ. 16, ꙗжє 57ᵇ. 17, 58ᵃ. 4, осѣнꙕꙗн 65ᵇ. 7, волꙗщꙗꙗ 62ᵇ. 14, вывьшꙗꙗ 69ᵃ. 4, питлєть ꙗ 79ᵃ. 5, пришьтьшꙗꙗ 158ᵇ. 17, слꙑшꙗвьшꙗꙗ 174ᵇ. 4, нцѣлꙗ ꙗ 163ᵇ. 10. Alle diese Beispiele gehören dem Schreiber der Hand A an, der auch ꙗє und ꙑ kannte.

Ein hübscher Vorzug des Codex besteht in seiner Unterscheidung zwischen ѫ und ѭ, die im Ganzen gut eingehalten
wird. Ich sehe zunächst von dem Wechsel zwischen ѧ und ѫ
ab, davon wird gleich die Rede sein. Der Vocal ѭ steht für
ja: a) Selbständig oder im Anlaut: поаша ѭ 10ᵇ. 5, нмѣнѭ
ѭ 10ᵇ. 10, чьто ѭ троуждаетє 16ᵇ. 7, дамь ѭ 42ᵃ. 4, остави
ѭ 44ᵇ. 10, видѣвъ жє ѭ 54ᵇ. 9, ємь ѭ за рѫкѫ 62ᵇ. 4, по-
гоубить ѭ 64ᵇ. 9, отъсѣци ѭ 2ᵃ. 11, посѣци ѭ 82ᵇ. 6, остави
ѭ ib. 8, ѭ оконлѭ ib. 9 u. s. w. In 127ᵇ. 14 вьзьдвигьнѣши
ѭ ist zuerst ѣ gewesen und dazu wurde von derselben Hand
noch ѫ geschrieben. Nur 132ᵃ. 6: кода жжє азъ дамь und 146ᵇ.
14 поставивши жє ѫ по срѣдѣ wird es durch ѫ wiedergegeben;
168ᵇ. 7 ist ѭ durch ѧ ersetzt: сьбирѭть.ѧ, ebenso in славѫ
моѭ ажє далъ єси мнѣ 173ᵃ. 6. Im Gegensatz dazu wird ѫ
geschrieben, wo es am Platz ist, also: жглоу 9ᵇ. 5, doch 104ᵃ.
19 въ главѫ ѭглоу; жжика 32ᵃ. 5, 174ᵇ. 15, жзы 60ᵇ. 1,
въ жтробж 128ᵇ. 3, из жтрьѭждоу 72ᵃ. 19. b) Auch im Inlaut
nimmt ѭ regelmässig seinen Platz ein nach Vocalen: заповѣдь
сиѭ 3ᵃ. 6, кластъ сиѭ 8ᵃ. 14, междоу собоѭ 2ᵇ 10, солнѭ
2ᵇ. 6, оженить сѧ иноѭ 3ᵃ. 18, со мноѭ 17ᵇ. 10, дшѫ своѭ
6ᵃ. 19, съ нѥѭ 33ᵃ. 18, конѭ властиѭ 8ᵃ. 18, 8ᵇ. 10, съ ма-
рнѥѭ женоѭ окржченоѭ 35ᵃ. 4. 5, въ дроугѭѭ сѣботѫ 49ᵃ.
11, дроугѭѭ оставлѣѭть 96ᵇ. 20, братиѭ 99ᵃ. 9, о дєсьнѭѭ
5ᵇ. 12, 6ᵃ. 3, о дєснѭѭ 106ᵃ. 4, о шоуѭ 5ᵇ. 13, 6ᵃ. 3, трьстиѭ
23ᵃ. 11, кьсѫ кьсєлєнѭѭ 34ᵇ. 15, къ кѭѭ годинѫ 134ᵇ. 14,
кѭѭ рѣчь 175ᵃ. 3, кьсєѭ дшиѭ своѥѭ 11ᵃ. 16, далѭ вамь
власть 69ᵇ. 3, крыпаѭ 5ᵇ. 17, ншѭ 5ᵇ. 20, вѫ нє коѭ сѧ и чл҃вкь
нє срамлѣѭ сѧ 97ᵃ. 13. 14, наслѣдоуѭ 98ᵃ. 19, оусрамлѣѭть
сѧ 9ᵃ. 12, испиѭть 26ᵇ. 12, кьмѣтаѭть 39ᵇ. 5, посагаѭть
10ᵇ. 16, глашаѭть 6ᵇ. 12, оплюѭть 5ᵇ. 2, оукиѭть и 1ᵃ. 1,
покаѭть сѧ 94ᵃ. 9, нє глашаѭщааго 2ᵃ. 8. 15, продаѭщаа и
коупоуѭщаа 7ᵃ. 11, книжни-оубивающи 9ᵃ. 8, сьтазаѭща сѧ
11ᵃ. 7. Vergl. галилеѭ und самариѭ 131ᵃ. 10. 11, галилеѭ
und галилеѭ 134ᵃ. 8. 11, видании 157ᵇ. 15. Ebenso полагаѭ
ѭ 155ᵃ. 11, сиѭ заповѣдь 153ᵃ. 14, радостиѭ 130ᵇ. 2.
c) Nach Consonanten wurde ѭ in der Regel geschrieben, wo
die Erweichung der Silbe auszudrücken war, wie гл҃ѭ 1ᵇ. 15,
3ᵇ. 10 und auch als Particip. präs. statt глаголѭ steht regelmässig гл҃ѭ, приємлѭть 58ᵇ. 15, 106ᵃ. 16, коуплѭ дѣти 100ᵇ.

15, cf. 101ᵃ. 3, зємлѭ 60ᵃ. 7, 81ᵃ. 11. 16, 82ᵇ. 7, 118ᵃ. 4, allerdings auch зємѭ 129ᵇ. 18; колѭ 76ᵃ. 16, 137ᵃ. 20, 144ᵃ. 18,
153ᵃ. 12, ꙗвлѭ сѧ 167ᵇ. 9, молѭ ти сѧ 65ᵇ. 19, сѧ помолѭ
18ᵇ. 12, послѭ 76ᵃ. 19, 104ᵃ. 5, 163ᵃ. 5. Doch begegnen auch
hier schon die minder ausdrucksvollen Bezeichnungen mit ѫ:
колѫ 80ᵇ. 20, 133ᵇ. 1, 141ᵃ. 10, молѫ 60ᵃ. 15, 172ᵇ. 6, оумолѫ
167ᵃ. 14, хвалѫ та 159ᵃ. 17, оставлѫ 171ᵃ. 21, послѫ 121ᵃ.
2, люблѫ 181ᵇ. 20, трьплѫ 66ᵃ. 9, погоублѫ 141ᵃ. 13, вьслꙗб-
лꙗщꙗа 138ᵃ. 8.   Dagegen wird *ń* immer durch нѫ (statt нѭ)
ausgedrückt: мьнѫ 57ᵃ. 9, 95ᵃ. 7, милостынѫ 75ᵇ. 12, 79ᵇ. 12,
поустынѫ 55ᵇ. 5, 60ᵇ. 2, поустинѫ 41ᵇ. 5, отьнѫдоу 74ᵃ. 6,
въ нѫжє 80ᵇ. 17, 101ᵇ. 20, 119ᵇ. 8, 134ᵇ. 17, 137ᵃ. 9, 140ᵃ. 1,
на нѫ 3ᵃ. 19, 83ᵃ. 2, 147ᵃ. 6, за нѫжє винѫ 62ᵃ. 4.   Vergl.
auch жьнѫть 79ᵃ. 3 und das weiter unten angeführte изгонѫ.
Diese Schreibart dürfte keineswegs blos graphische Ungenauigkeit sein.   Wir sind vielmehr berechtigt anzunehmen, dass in
diesem Falle in der That die harte Aussprache des *n* damals
schon die Regel bildete.   Dafür sprechen verschiedene Umstände der alten und modernen Sprache. Z. B. die Pronominal-
formen нєго, нємоу u. s. w., die nicht in serbischer Art wie
њєго, њєму ausgesprochen werden, sondern hart.

Höchst wahrscheinlich sind mit gleichem Massstab auch
folgende Beispiele zu messen: на зємѫ 151ᵃ. 19, 181ᵇ. 4, in
зємѫ 112ᵃ. 8 ist л überschrieben, doch fanden wir oben auch
einmal зємѭ; поємѫть 96ᵇ. 17. 19, приємѫ 137ᵇ. 8, 138ᵃ. 6,
нє оставѫ вась 167ᵃ. 20, прославѫ 162ᵇ. 1, славѫ сѧ самь
150ᵇ. 9.   Wenn man, wie ich es wahrscheinlich finde, hier
überall harte Lautgruppen (*ma, va*) anzusetzen hat, so wird
man an die heutigen macedonischen Personalendungen -*a* und -*am*
bei allen Verben erinnert (vergl. Lavrov, Обзоръ, S. 194—199).
Dagegen ist die 1. pers. sing. люба 168ᵇ. 14, вьзлюба 167ᵇ. 9
möglicher Weise noch weich gewesen, also *lube, vъzlube*, vergl.
изгона (für изгонѭ) 73ᵇ. 6 und ib. 10 изгонѫ, ebenso 84ᵇ.
16, wo ebenfalls die consequente Schreibung изгонѫ (nicht
изгонѭ) zu beachten ist.

Noch einen Fall der unterlassenen oder aufgegebenen
Erweichung bildet die Lautgruppe рѫ statt рѭ, hauptsächlich
in der 1. pers. sing.: творѫ 8ᵃ. 19, 8ᵇ. 11, 103ᵇ. 14, 137ᵇ. 16,
141ᵃ. 10, 148ᵇ. 11. 15, 155ᵇ. 2. 3, 164ᵃ. 14, 167ᵃ. 7, 168ᵃ. 15;

сътворж 3ᵇ. 18, 5ᵇ. 10, 6ᵇ. 17, 22ᵇ. 14, 91ᵇ. 3. 9, 99ᵇ. 17, 104ᵃ. 5,
167ᵃ. 10. 12, створж 78ᵇ. 4, 133ᵇ. 1; ein einziges Mal сътворіж
78ᵇ. 2; разорж 20ᵇ. 10, 78ᵇ. 4; прозрж 6ᵇ. 19, оузрж 171ᵃ. 4,
einmal auch прозъріж 99ᵇ. 18. Ebenso расъ-оржць 94ᵇ. 17.
Dass hier nicht so sehr die Personalendung als solche sondern
die Lautgruppe рж (statt ріж) in Betracht kommt, das zeigt
der Acc. sing. вечерж 28ᵃ. 17, 86ᵃ. 15, 160ᵇ. 9, kein einziges
Mal вечеріж, während für die Lautgruppe рѣ (d. h. ŕa) genug
Beispiele bereits oben citirt wurden. So erklärt sich auch das
Vorhandensein des Dativs мороу 139ᵇ. 16 neben dem Genitiv
морѣ (d. h. moŕa). Vergl. noch гороушьноу 83ᵇ, 8, зрьно
горушьно 94ᵇ. 12.

Unzweifelhaft waren jetzt schon ѧ und ѫ, wenigstens in
den meisten Fällen, keine Nasallaute, sondern ѧ fiel lautlich
mit е zusammen, vielleicht mit einer etwas modificirten Aussprache dieses Lautes, die Anlass geben konnte, ѧ mit ѣ zu
verwechseln. Diese Verwechselung wurde im Verbum грѧсти-
грѧдж sozusagen zur Regel. Das Wort wird in allen seinen
Formen fast immer mit ѣ geschrieben: грѣдж 87ᵃ. 13, 167ᵃ.
9, 172ᵃ. 16, грѣдеши 81ᵇ. 15, грѣдеть 40ᵃ. 7, 81ᵇ. 8, 87ᵇ. 6.
13, 124ᵇ. 3, 132ᵇ. 6. 11, 137ᵃ. 1. 9, 138ᵇ. 11, 158ᵃ. 4, 161ᵃ. 17;
грѣдии 120ᵇ. 6, 159ᵇ. 2, грѣджть 115ᵇ. 19, 130ᵃ. 11, 155ᵇ. 15,
грѣды 71ᵃ. 1, 90ᵇ. 6, грѣдын 55ᵃ. 6. 10, 123ᵇ. 3, 124ᵃ. 14,
грѣдж 137ᵇ. 10, грѣджи 53ᵃ. 6, 102ᵇ. 2, 139ᵇ. 1, 158ᵃ. 17,
грѣджща 15ᵃ. 13, 21ᵃ. 5, 124ᵃ. 20, грѣдащааго 39ᵃ. 5, грѣ-
джцин 5ᵃ. 9, грѣджцема 26ᵃ. 13 (ѣ corrigirt in е), грѣдѣахж
133ᵃ. 12. Selten bleibt ѧ: градѣть 86ᵇ. 15, граджи 85ᵇ. 16,
161ᵃ. 19, гряды 5ᵃ. 14. Andere Belege für ѧ = е oder ѧ = ѣ
sind noch zu finden: сьнети сѧ 88ᵃ. 5 (statt сьнати сѧ), наче
(für нача, das ть ist von neuerer Hand über der Zeile geschrieben) 8ᵇ. 11, въдаіе statt acc. pl. въдаща 80ᵃ. 6; свать
für свѣть 75ᵃ. 6 (könnte auch nur aus Versehen eine Verwechselung mit dem Adjectiv свать sein). Doch man vergleiche о въпрошьшшмь законьница 27ᵇ. 19, на свѣцьница
75ᵃ. 5. Umgekehrt сѣмѣ für сѣма 105ᵃ. 13. In dem Beispiele на дасате 38ᵇ. 5 und мѧтажи 13ᵇ. 11 kann durch
die nachfolgende Silbe сѧ und vorausgehende мѧ, das Schreibversehen ѧ in да statt де und in тѧ statt те entstanden sein.
In einem Wort wird ѧ für ѣ consequent angewendet, das ist

das Substantiv пѣтѣлъ. Man liest hier das Wort immer mit
а geschrieben: патела гласаца 18ᵇ. 3, пателѣ 21ᵇ. 5. 15. 18,
166ᵃ. 7. Für ѣ steht а auch noch im Worte два птаньца
голжвинѣ 36ᵇ. 3, wenn man von der Form пѫтѣньцѧ aus-
geht, die richtiger zu sein scheint als пѫтѣньцѧ. Wenn man
82ᵃ. 16 длъжьнѣкише вѣкше mit Cod. Zogr. und Mar. vergleicht,
so ergibt sich, dass hier вѣкше für вѣкша steht, dagegen 20ᵇ. 7
entspricht вѣкше dem Mar. вѣаχѫ. In сѣдницнимн 86ᵃ. 9 ist
wohl nur ein Schreibversehen statt сѣдѧцинимн.

Für ѫ in der Geltung des Lautes a, wenigstens in den
auslautenden Silben, könnte man ein Beispiel citieren: во вьсѫ
странѫ нордансvка 38ᵇ. 18, wo die parallelen Texte нор-
данскѫ erwarten lassen. Freilich könnte man sich auch für
ѫ = o auf ein Beispiel berufen: трѣквѫ дьниcь сѫцѫ — въ-
митаимо, wo man въмитаимѫ erwartet 79ᵃ 18. Jedenfalls
ist es im hohen Grade wahrscheinlich, dass ѫ bald als trüber,
bald als nach a ausklingender Laut aufzufassen ist. Dafür
könnten einige Beispiele, wo ѫ für ъ steht, sprechen: азъ ко
отъ въ изидж и придж 149ᵇ. 10. 11 und nochmals придж
ib. 11, 153ᵇ. 10, sollte eigentlich lauten, wie es im Cod. Mar.
steht: изидъ и придъ. Soll man hier ein einfaches Schreibversehen annehmen? Kaum.

Man kann im Allgemeinen sagen, dass а und ѫ in allen
wurzelhaften und in den meisten Casussilben auseinandergehalten
werden, was bei der Voraussetzung, dass а den Vocal e und ѫ
den Vocal a (ъ) vertritt, überhaupt sehr nahe liegt. Um nur
einige Beispiele des richtigen Gebrauches anzuführen, man findet
für ѫ: immer nur вѫдж u. s. w., ebenso глжвинж 45ᵇ. 3,
глжвокъ 131ᵇ. 6, гѫвж 24ᵇ. 1, 177ᵇ. 13, зжвомъ 84ᵇ. 1, отъ
кждоу 32ᵇ. 5 u. s. w., отъ кжпннѣ 52ᵇ. 15, прн кжпннѣ 10ᵇ.
20, 105ᵇ. 12, кжпѣли 135ᵃ. 6. 12, 151ᵇ. 2, кжпѣлъ 135ᵇ. 5,
151ᵇ. 13, лжкавень 74ᵇ. 3, лжкако 75ᵃ. 10, мждрость 30ᵇ. 6,
мждрь u. s. w., ebenso immer мжжь, мжка, мжчнтн u. s. w.,
нжждж 86ᵇ. 19, прѫжлетъ 66ᵃ. 2, пжты 60ᵃ. 19, пжтъ immer
so, ebenso ржка, ржгатн сѧ, въ скждельннцѣ 109ᵇ. 13, оскж-
дѣима 79ᵇ. 14, оскждѣте 92ᵃ. 10, слжка 82ᵇ. 18, сжсждъ
u. s. w., сждни 81ᵇ. 19 u. s. w., трждь 85ᵇ. 1, тжга 108ᵃ. 12,
тжча 81ᵇ. 8, жтрь (im Codex ждрь, doch über д steht т)
180ᵇ. 7.

Für ѧ: бладн 118ᵃ. 19, съказань 159ᵇ. 3, съказлауѫ
60ᵃ. 19, вѫцїе 16ᵇ. 4, вѫцїнн 66ᵇ. 7. 15, жатва 15ᵇ. 4, 68ᵃ.
5, 108ᵇ. 8, жатвѣ 68ᵃ. 7, жатвѫ 68ᵃ. 8, жатель 68ᵃ. 6,
клати сѧ 26ᵇ. 14, клаткоѭ ѩже клатъ сѧ 34ᵃ. 11. 12,
кънѧзь 61ᵇ. 1, 98ᵃ. 17, 128ᵃ. 10 u. s. w., макъкы 55ᵇ. 7, отъ
маты 75ᵇ. 15, матажн 13ᵇ. 11, прѧдѫтъ 79ᵃ. 14, пать
u. s. w., пропатие 115ᵇ. 3, пропаша 23ᵇ. 10, проиаса 116ᵃ.
10. 11, распаша 119ᵃ. 7, 178ᵇ. 11, распашѫ 177ᵃ. 6. 13, но
радоу 29ᵇ. 2, свать u. s. w., ати 112ᵇ. 12, аса 181ᵃ. 11,
аша 19ᵇ. 16, 20ᵃ. 10, 26ᵃ. 12, поаша 10ᵇ. 5, приаса 123ᵃ. 11,
приаша 134ᵃ. 11, auch ѩша 16ᵇ. 16, часть 120ᵃ. 5. Das
Wort тысаща wird immer mit ѧ wiedergegeben, тысащь
63ᵇ. 18, 88ᵃ. 8, 139ᵃ. 8, тысащама 88ᵃ. 10, doch in der Ableitung тысѧщьникъ 173ᵇ. 22. Hervorzuheben ist auch noch
das Wort хлапати 91ᵇ. 7. wo sonst die meisten alten Texte
der Form хлѧпати den Vorzug geben. Der Charakter unseres
Denkmals erlaubt es nicht, ohne weiters zu sagen, hier stehe
ѧ statt ѫ. Möglicher Weise war das etymologisch räthselhafte
Wort in beiden Formen, also хлапати und хлѧпати, im
Gebrauch.

Auch in den Casusendungen, es ist vom Acc. und Instrum.
sing. auf -ѫ, vom Gen. sing. und Acc. plur. auf -ѧ die Rede,
wird, von einigen wenigen Abweichungen abgesehen, regelmässig der richtige, theoretisch erwartete Vocal ѫ oder ѧ geschrieben. Ich fand nur von братнѣ als Genitiv братиѭ 5ᵃ. 7:
и братиѭ и сестръ и оца и матери, ebenso 87ᵇ. 9: и жены
и чадь и братиѭ neben dem richtigen братиѧ 10ᵃ. 20, 86ᵃ.
17, 94ᵃ. 1, 105ᵃ. 14. Der Acc. братиѭ ist dagegen immer
richtig geschrieben: 5ᵃ. 2, 99ᵃ. 9, 111ᵃ. 13, und Instr. sing.
братиѫ 107ᵇ. 7. Ferner ist als Acc. sing. wohl aufzufassen
притъча 85ᵇ. 14 (Cod. Mar. und Zogr. schreiben притъчѫ),
vergl. на земѧ 181ᵇ. 8 neben на земѫ ib. 4 und въ вьсь отъ-
стоѩщѩ 118ᵇ. 6 (statt -щѭ). Instrumental fällt zuweilen
mit Acc. zusammen, wie: съ дроужинѧ своѭ 22ᵇ. 1, тоѭ
ко мѣрѫ 52ᵃ. 11, съ силоѭ и славоѭ многѫ 15ᵃ. 15, роди-
тели и братиѭ 107ᵇ. 7, вихуѫ палицѫ 113ᵇ. 3 (übrigens ein
Schreibversehen statt по лицоу), съ чавчаниѭ своѭ 80ᵇ. 4;
allein die Anwendung des ѫ ist auch hier richtig, vergl. z. B.
вьсеѭ дшнѧ твоѭ и вьсиѭ крѣпостиѭ твоѭ 70ᵇ. 1. 2.

Dennoch steht einmal 178ᵇ. 8 илнрькницѧ (also ѧ für ьѧ).
Ebenso wird im Genitiv sing. oder Nominativ und Accusativ
plur. der Femininformen richtig ѧ angewendet, also дшѧ своѧ
87ᵇ. 10, дша наша 155ᵇ. 7, любаи дшѫ своѫ·ннанидаи
дшѧ своѧ 162ᵃ. 12. 13; acc. plur. житьница моѧ, больша
съзнждѫ 78ᵇ. 5; gen. sing. нншѧ, одеждѧ 79ᵃ. 1, acc. plur.
архнерѧ н кьнаѕа 114ᵇ. 18 u. s. w. Endlich steht in der
1. pers. sing. des Präsens regelmässig der Auslaut ѫ (die drei
Beispiele der Verba IV. Classe auf -ѧ ausgenommen, vergl.
oben S. 23).

Je genauer in allen erwähnten Fällen der Unterschied
zwischen ѧ und ѫ (ьѧ) eingehalten wird, desto grössere Trag-
weite muss man einem ganz genau begrenzten Gebiete von
Erscheinungen zuschreiben, wo statt des theoretisch erwarteten
ѧ der Vocal ѫ (ьѧ), also lautlich statt -e ein -a (-ja), angewendet
wird. Die Annahme, dass ѫ einem trüben Vocal a entspricht,
gilt nur ungefähr; ein vollständiges Zusammentreffen dieses
ѫ (== a) mit echtem а darf wohl nicht angenommen werden,
denn sonst würde man statt ѧ eben gleich а und nicht ѫ verwendet haben. Ich vermuthe vielmehr, dass damals noch
zwischen dem nominativischen Auslaut -а und dem accusati-
vischen -ѫ ein Unterschied wahrnehmbar war — ѫ muss einen
dumpferen, а einen helleren, breiteren Laut vorgestellt haben —
denn sonst würden wir ja der Verwechselung der beiden Casus
begegnen müssen, mag auch die Continuität der Ueberlieferung
eine gewisse Rolle in conservativer Richtung gespielt haben.

Das Gebiet der Erscheinungen des ѫ für ѧ umfasst folgende Fälle:

a) Das Participium pass. act. auf -ьѧ oder in zusammen-
gesetzter Form -ьѧн mit einem wurzelhaften oder thematischen
Vocal (а, н, о, ⁝к, оу) vor diesem Auslaut: рѫкѫ сѧ 20ᵃ. 20,
174ᵃ. 19, 174ᵇ. 12, пнжѧ 132ᵃ. 2, 142ᵃ. 13. 18 — doch ннѧ
56ᵃ. 15. 17 —, чкѫѧ 25ᵇ. 4, 36ᵇ. 7, скѫжн 58ᵇ. 9, 133ᵇ. 9,
стоѧ 30ᵃ. 5, 45ᵃ. 14, 97ᵇ. 19, 130ᵇ. 1, 174ᵇ. 12, стоѧн 162ᵇ. 1,
нрѣстоѧн 30ᵇ. 13, — doch стоѧн 24ᵇ. 8 —, не боѫ сѧ .. не
срамлѧѫ сѧ 97ᵃ. 9, даѫн 140ᵇ. 17, нрѣдаѫн 19ᵇ. 9, 182ᵃ.
20, кьздаѫ 95ᵇ. 7, нроноѣкдаѫ 38ᵇ. 19, 45ᵃ. 9, — doch
нроноѣкдаѧ 57ᵇ. 15, 61ᵃ. 15, — желаѫн 95ᵃ. 11, 114ᵇ. 3, съзн-
даѫ 24ᵃ. 1, слоунѣкѫжн 53ᵃ. 7, 69ᵃ. 11, слюшаѫн 136ᵇ. 13,

послоушаѭ 130ᵇ. 1, не послоушаѭи 163ᵇ. 6, карѣѭ 5ᵃ. 13, ноуѱаѭи 92ᵇ—93ᵃ, разьврьзаѭ 36ᵃ. 20, растачаѭ 91ᵃ. 19, нераздѣлѣѭ сѧ 73ᵃ. 18, дѣлаѭи 129ᵇ. 13, съблюдаѭи 167ᵇ. 7, искоушаѭ 3ᵇ. 17, 70ᵃ. 13, 138ᵇ. 14, испльнѣѭ сѧ 37ᵇ. 7, вьзаикаѭ 71ᵃ. 4, крьщаѭ 129ᵇ. 20, влистаѭ сѧ 65ᵃ. 10, оумираѭ 10ᵇ. 1, вьзлагаѭ 3ᵇ. 14, 44ᵇ. 16, разарѣѭи 23ᵇ. 19, оукрѣплѣѭи 112ᵃ. 4, оуткашаѭ 40ᵃ. 17, истазаѭ 114ᵇ—115ᵃ, обрѣтаѭ 82ᵇ. 6, заирѣщаѭ 44ᵇ. 18, прѣвываѭи 167ᵃ. 2, отъмѣтаѭи 69ᵃ. 13. 14, съмѣрѣѭи сѧ 98ᵃ. 5, имѣѭ 4ᵃ. 20, 94ᵇ. 17, 135ᵃ. 17, имѣѭи 39ᵇ. 9. 10, 58ᵃ. 20, 88ᵇ. 1, 106ᵇ. 9, 130ᵃ. 18 — doch имѣа 54ᵃ. 7, 59ᵃ. 17, имѣаи 167ᵇ. 6 —; вѣроуѭ 129ᵃ. 14. 19, 129ᵇ. 4. 5, 130ᵇ. 18, 141ᵃ. 3, 141ᵇ. 15, 145ᵇ. 11, 158ᵃ. 14, 163ᵃ. 18, 163ᵇ. 1, 167ᵃ. 6, радоуѭ сѧ 88ᵇ. 17, 100ᵃ. 16, нигодоуѭ 83ᵃ. 5, повиноуѭ сѧ 38ᵃ. 20, не овиноуѭ сѧ 157ᵇ. 9, съвѣдѣтѣльствоуѭ 137ᵇ. 2, 147ᵇ. 17. Man sieht es der grossen Anzahl von Beispielen (nicht alle Fälle sind hier aufgezählt) an, dass in diesem Falle die Endung -ѭ für die Schreiber unserer Handschrift, und zwar für beide Hände, die Regel bildete, von welcher nur wenige Abweichungen stattfanden.

b) Nicht so regelmässig tritt die Endung -ѭ für -ѧ nach einem vorausgehenden Consonanten ein. Man kann sagen, dass sich die Beispiele mit -ѧ und mit -ѭ ungefähr die Wage halten. Stärker ist die alte Endung -ѧ im Texte der Hand A als im Texte B vertreten, wo -ѭ vorherrscht. Das häufig vorkommende Particip des Verbums глаголати wird geschrieben гл҃ѭ 1ᵇ. 3, 7ᵃ. 11, 11ᵃ. 1, 19ᵇ. 10, 20ᵇ. 16, 22ᵃ. 11, 24ᵃ. 14, 24ᵇ. 2, 40ᵃ. 6, 45ᵇ. 2, 46ᵃ. 16, 53ᵇ. 20, 55ᵃ. 8, 58ᵃ. 20, 62ᵃ. 14, 62ᵇ. 5, 65ᵇ. 9, 70ᵃ. 13, 76ᵇ. 6, 78ᵃ. 19, 78ᵇ. 2, 85ᵇ. 3, 88ᵇ. 9, 97ᵇ. 20, 98ᵃ. 17, 99ᵇ. 9. 13, 101ᵃ. 9. 13, 102ᵇ. 11, 110ᵃ. 16, 111ᵇ. 20, 113ᵃ. 11, 114ᵃ. 8, 116ᵇ. 8. 10, 117ᵃ. 8, 118ᵃ. 7, 124ᵇ. 9, 145ᵃ. 4, 145ᵇ. 9, 162ᵃ. 6, — гл҃ѭи 153ᵇ. 6, — aber auch гл҃а 9ᵃ. 11, 22ᵇ, 6, 33ᵇ. 7. 20, 40ᵇ. 10, 41ᵃ. 12, 44ᵃ. 15, 45ᵇ. 20, 55ᵃ. 6, 56ᵇ. 15, 60ᵇ. 3, 61ᵃ. 12, 64ᵃ. 9, 65ᵇ. 19, 85ᵇ. 16, 88ᵇ. 19, 94ᵇ. 8, 103ᵃ. 3, 123ᵇ. 3, 124ᵃ. 12. Die letzten Beispiele (гл҃а) sind mit Ausnahme eines einzigen alle von der Hand A geschrieben. Vom Verbum оучити kommt das Particip immer nur in der Form оучѭ vor: 11ᵇ. 17, 20ᵃ. 4, 44ᵃ. 5, 46ᵇ. 13, 82ᵇ. 13, 83ᵇ. 19, 103ᵃ. 7, 109ᵃ. 8, 114ᵃ. 15, 142ᵇ. 7, 145ᵃ. 4, 148ᵃ. 4. Ebenso

herrscht nach den übrigen Palatalen ж vor: слоужжн 110ᵇ. 16,
къзлежжн ли или слоужжн 110ᵇ. 17—18. 20, къзлежж 163ᵃ.
13, млъчж 30ᵇ. 16, нщⷭⷭⷭжн 144ᵇ. 1, 150ᵃ. 13, doch лежа 159ᵃ.
15, нщⷶ 82ᵇ. 2. 4, нщⷶн 72ᵇ. 13 — die letzten Beispiele
gehören der Hand A an. Bei übrigen vorausgehenden Consonanten, die weder palatal noch jotirt sind, kann man die
Wahrnehmung machen, dass die Hand A der Endung -ⷶ, die
Hand B der Endung -ж den Vorzug gibt: слава 47ᵇ. 8, 95ᵇ.
6 — славж 100ᵃ. 1, славжн 150ᵇ. 10; ходⷶн 162ᵇ. 18, оходⷶ
15ᵇ. 17 — ходжн 147ᵃ. 18, нсходж 109ᵃ. 9, въходжн 153ᵇ.
19, 154ᵃ. 3, съходжн 141ᵇ. 20; творⷶ 52ᵇ. 11. 12, 84ᵇ. 20,
творⷶн 53ᵃ. 8 — творж 136ᵃ. 19, творжн 149ᵃ. 8; хотⷶ 22ᵇ.
20, 70ᵇ. 7, хотⷶн 87ᵇ. 15, — хотж 115ᵃ. 15, хотжн 119ᵃ. 9
und хотжн 110ᵇ. 8; крьста 124ᵇ. 8. 16 — крьстж 156ᵇ. 9,
просⷶ 6ᵇ. 4, просⷮⷶн 72ᵇ. 12, — просж 99ᵇ. 5, 151ᵇ. 7; сⷰⷶⷶ
20ᵃ. 19 — сⷰⷶжн 113ᵇ. 15, 151ᵇ. 6, сⷰⷶⷶжн 113ᵇ. 15. In allen
aufgezählten Beispielen gehören die Formen auf -ⷶ oder -ⷶн
der Hand A, die auf -ж oder -жн der Hand B an. Vergl. noch
кⷰⷶлⷶ сⷶ 93ᵃ. 7, молⷶ 53ᵇ. 10, молⷶ сⷶ 46ᵃ. 15, 46ᵇ. 11,
ловⷶ 46ᵃ. 9, изьгонⷶ 73ᵃ. 8, приходⷶ 93ᵃ. 1, зрⷶ 67ᵇ. 18,
люⷣⷶн 162ᵃ. 12, 167ᵇ. 7. 8. 17, възносⷶн сⷶ 86ᵃ. 11, нинⷶ-
виⷣⷶн 162ᵃ. 13, 169ᵇ. 4, жⷮⷶн сⷶ 93ᵃ. 3, приⷢмⷶн 163ᵇ. 6,
165ᵃ. 4. 6 — alles Beispiele der Hand A; dagegen дикж сⷶ
118ᵇ. 3, носж 109ᵇ. 14, възносжн сⷶ 98ᵃ. 4, прⷰлⷶзжн 154ᵃ. 1,
ⷮмжн 136ᵇ. 14, горж 119ᵇ. 19, свⷰтж 137ᵇ. 9, жⷮⷶⷶжн 133ᵇ. 7.
10. 11, сжджн 150ᵃ. 13, мимо идж 151ᵃ. 6, видж 151ᵇ. 4, —
alles Beispiele der Hand B. In diesem Theile der Handschrift
(B) fand ich eigentlich nur einmal волⷶ 156ᵇ. 15 statt des
erwarteten волж.

c) Durch die Kraft der fortwirkenden Analogie bekommt
dasselbe Participium auch in den übrigen Casus, wo die Endung
-ж nicht mehr im Auslaut steht, statt des theoretisch erwarteten -ⷶ bei den Verben der III.ᵇ und IV. Classe den Vocal ж.
Doch kann man auch hier beobachten, dass die Hand A vielfach noch ⷶ wahrt, wo die Hand B dem Vocal ж den Vorzug
gibt. In den Theilen des Codex, die von der Hand A herrühren, ist ж vorzüglich beschränkt auf die Fälle mit voraus-
gehendem Vocal oder palatalem Consonanten, so стожщⷶ 45ᵃ.
15, стожщн 21ᵇ. 9, стожщоу 14ᵃ. 17, стожщі|нхъ 19ᵇ. 17,

прѣстоѩщимь 21ᵇ. 7, 101ᵇ. 2, воѩщиімь сѧ 32ᵇ. 19, доѩ-
щиімь 14ᵇ. 7, 108ᵃ. 3 (das letzte Beispiel von B); лежѩщь
35ᵇ. 4. 17, 126ᵇ. 9, възлежѩщи 47ᵇ. 18, възлежѩщии 57ᵇ. 8,
възлежѩщиемь 17ᵇ. 7, възлежѩщоу 16ᵃ. 15, належѩщоу 45ᵃ.
11 und in B dazu: лежѩщіа 118ᵇ. 2, лежѩщіа 135ᵃ. 19, възле-
жѩщиімь 139ᵃ. 10; слоужѩщоу 29ᵇ. 16, слоужѩщи 37ᵃ. 8,
слыишѩщи 43ᵇ. 18, слыишѩщии 59ᵇ. 5, 74ᵃ. 19, und aus B:
слыишѩщиемь 100ᵇ. 6, 106ᵃ. 8; aus B kommen hinzu Beispiele,
die auch in A so geschrieben wären: дрьжѩщи 113ᵇ. 2, оучѩ-
щи 103ᵃ. 14, влыщѩщіахь сѧ 118ᵃ. 1. Nach anderen Consonanten ist es in A üblich ѧ zu wahren: изьгонѩщіа 1ᵇ. 5,
пріносѩщиімь 3ᵇ. 5, приносѩщие 46ᵇ. 18, ходѩщіа 29ᵇ. 12,
125ᵃ. 1, ходѩщоу 8ᵃ. 9, 23ᵃ. 18, исходѩщоу 3ᵇ. 14, 6ᵃ. 20,
12ᵇ. 19, исходѩщиімь 39ᵃ. 11, 41ᵇ. 15, исходѩщихь 43ᵃ. 13,
въходѩще 5ᵃ. 12, мимоходѩще 7ᵇ. 8, заходѩщоу 44ᵇ. 12,
съходѩщь 124ᵇ. 9. 14; vergl. dagegen in B: ходѩщіа 139ᵇ. 16,
въсходѩщіа 142ᵇ. 14, приходѩщии 97ᵃ. 16, съходѩщоу 134ᵇ.
11, мимоходѩщь 99ᵇ. 6. Oder in A: сѣдѩщоу 13ᵃ. 9, сѣ-
дѩщіаа 34ᵇ. 7, сѣдѩщіа 21ᵃ. 5, 25ᵇ. 10, 38ᵃ. 5, 47ᵇ. 12, сѣдѩщи
46ᵇ. 13, сѣдѩщіа 127ᵃ. 16, dagegen in B: сѣдѩщіа 113ᵃ. 3,
сѣдѩщиемь 113ᵃ. 1. Ebenso in A: кидѩще 128ᵃ. 2, ненаки-
дѩщихь 34ᵃ. 8, ненакидѩщиімь 51ᵃ. 12, in B: кидѩщи 108ᵇ.
8, 117ᵃ. 10, 120ᵃ. 13, кидѩщии 153ᵇ. 11; in A: просѩщіа 5ᵇ.
14, просѩщихь 23ᵃ. 5, просѩщоуоумоу 51ᵃ. 18, aber in B:
просѩще 115ᵇ. 3; in A: тьворѩщіа 80ᵇ. 7, тьворѩщіаа 51ᵃ. 14,
тьворѩщиімь 51ᵇ. 16, тьворѩщии 59ᵇ. 6, тьворѩщиѣ 168ᵃ. 18,
in B: тьворѩщи 116ᵃ. 14, тьворѩщіа 136ᵇ. 2, doch auch in B:
тьворѩщіаа 104ᵇ. 8; in A: любѩщіаа 51ᵇ. 3. 5, in B: любѩщи-
ихь 106ᵇ. 12; in A: хотѩщиімь 28ᵃ. 9, хотѩщі ихь 12ᵃ. 11,
хотѩще 59ᵇ. 3, in B: хотѩщихь 106ᵃ. 11, 109ᵃ. 6; in A:
молѩще сѧ 8ᵃ. 4, молѩщоу сѧ 40ᵇ. 7, 71ᵇ. 14, ausnahmsweise
auch молѩще сѧ 8ᵃ. 1, 12ᵃ. 18 und in B 109ᵃ. 4; in A: ко-
лѩщь 28ᵃ. 12, колѩщіа 44ᵇ. 13, колѩщии 48ᵃ. 5, колѩщіаго
54ᵃ. 19, колѩщіаа 62ᵇ. 14, in B: колѩщихь 135ᵃ. 9; in A:
хвалѩще 35ᵇ. 6, 36ᵃ. 6, in B: хвалѩще 121ᵃ. 13; in A: чоу-
дѩщіа сѧ 37ᵃ. 4, чюдѩщиімь сѧ 66ᵃ. 17, in B: чоудѩщиемь
сѧ 120ᵇ. 2; in A: зьрѩщіа 24ᵇ. 12, зрѩщіа 43ᵃ. 8, in B: зрѩщи
116ᵃ. 16; in A: сѣдѩщіаго 163ᵇ. 7, in B: сѣдѩщи 111ᵃ. 6. In
A: вѣдѩще 35ᵃ. 12, 80ᵃ. 6, богатѩщіаа сѧ 33ᵃ. 5, гласѩщіа

18ᵇ. 4, мнащии 6ᵃ. 8, мьнащии 179ᵇ. 12, съмыслащиа 61ᵃ. 1,
скрьбащиа 38ᵃ. 13, хранащии 74ᵇ. 1, славащии 36ᵃ. 6, u. s. w.,
in B: благословжщи 121ᵃ. 14, блджщи 114ᵇ. 10, недомыслж-
щимь 117ᵇ. 19, хоулжщи 113ᵇ. 6, u. s. w.

d) Mit dem Vocal des Participiums deckt sich in der
Regel der Vocal der 3. Person plur. praes. Wie das theoretisch
berechtigte ж im Participium immer bleibt, so auch in der
3. Person plur. praes. Was dagegen die Verba der III.ᵇ und
IV. Classe anbelangt, so gilt auch hier die Regel, dass der
Schreiber der Hand A nur nach Vocalen und Palatalen ж
bevorzugt, der Schreiber der Hand B aber auch sonst in allen
Fällen. Also оустожтъ 6ᵃ. 10, 110ᵃ. 12 (A und B), кѣжжтъ
14ᵇ. 1, 154ᵃ. 10 (A und B), обложжтъ 1ᵇ. 20, 102ᵇ. 15 (A
und B), приложжтъ са 79ᵇ. 7 (A), кьзложжтъ 26ᵇ. 14, 94ᵃ.
18, 107ᵃ. 14 (A und B), послоужжтъ 6ᵃ. 17, блжжтъ 32ᵇ.
16, разлжчжтъ 50ᵇ. 11, оутъкишжтъ са 50ᵇ. 9 (alles in A),
оутъкишжтъ 158ᵃ. 2 (B); слышатъ 59ᵇ. 14 (A): слышжтъ
154ᵃ. 5, оуслышишжтъ 137ᵃ. 2. 10, 155ᵃ. 5 (B), окрочжтъ 102ᵇ.
17 (B). Sonst ist in A der Vocal а geblieben, in B meistens
ж: творатъ 48ᵃ. 10, 51ᵇ. 1. 9 (A): творжтъ 116ᵃ. 4, сьтко-
ржтъ 103ᵃ. 11, 139ᵇ. 4. 12 (B); оузратъ 15ᵃ. 13 (A): оузржтъ 65ᵃ. 4 (A), 108ᵃ. 19 (B), оукоратъ 50ᵇ. 12 (A), молжтъ
са 106ᵃ. 16 (B), жинатъ са 10ᵇ. 15 (A): жинжтъ са 105ᵇ. 7,
жинжтъ са 105ᵇ. 4 (B), испльнижтъ са 20ᵃ. 6 (A!), 108ᵃ. 11
(B), поклонжтъ са 132ᵇ. 13 (B), сьблазнатъ са 18ᵃ. 20 (A),
сьхранатъ 42ᵃ. 17 (A), любатъ 50ᵇ. 5 (A), коупжтъ 131ᵇ. 4
(B), ѣкатъ са 129ᵇ. 15 (A), ѣкжтъ са 151ᵃ. 12 (B), оумрьт-
кжтъ 107ᵇ. 8 (B), остлижтъ 102ᵇ. 18 (B), сжджтъ 52ᵃ. 5,
осжджтъ 5ᵃ. 20, 52ᵃ. 4, 74ᵇ. 18 (A); кидатъ 58ᵇ. 7, 59ᵃ.
11, 75ᵃ. 5, 173ᵃ. 6 (A), кьзникакидатъ 50ᵇ. 10 (A): киджтъ
143ᵇ. 5, 153ᵇ. 11 (B), кодатъ 14ᵃ. 2 (A), кьсходжтъ 120ᵃ.
15 (B), исходатъ 44ᵇ. 2 (A): исходжтъ 107ᵇ. 19 (B); дадатъ
15ᵃ. 2, 52ᵃ. 10, прѣдадатъ 5ᵇ. 1, 13ᵇ. 13 (A): даджтъ 101ᵇ. 7,
103ᵇ. 20, прѣдаджтъ 99ᵃ. 17 (B); ѣдатъ 48ᵃ. 11 (A): ѣджтъ
138ᵇ. 13 (B); кѣдатъ 76ᵃ. 4, 169ᵃ. 24, 174ᵇ. 4 (A): кѣджтъ
116ᵃ. 13, 154ᵃ. 9 (B), досаджтъ 99ᵃ. 19 (B), постатъ са
48ᵃ. 9. 17 (A), насытатъ са 50ᵇ. 7 (A), прѣкльстатъ 15ᵃ.
3 (A), кьсхытжтъ 139ᵇ. 3 (B), хотжтъ 106ᵇ. 19, 138ᵇ. 15,
139ᵇ. 2 (B).

e) Im Bereiche des Participiums praes. ist noch ein besonderer Fall hervorzuheben, wo secundär an die Stelle des ъі der Vocal ѫ tritt, offenbar mit derselben lautlichen Bedeutung wie in allen vorerwähnten Fällen, d. h. nach meinem Dafürhalten als ein nach *a* ausklingender dumpfer Laut. Hieher gehört vor allem das Participium съі, das neben dieser Form (ohne Unterschied in A und B: 16ᵇ. 19, 93ᵃ. 19, 117ᵃ. 16, 118ᵃ. 7, 120ᵇ. 8, 128ᵇ. 2, 159ᵇ. 19, 160ᵃ. 5, 167ᵇ. 20) oder съін 123ᵇ. 12, auch noch als сѫ 131ᵇ. 6 und als сѫн 129ᵃ. 10, 161ᵇ. 10, selbst als сѫн 141ᵇ. 14 geschrieben wird. Da in unserem Codex, wie wir später finden werden, einige Male ъі mit н verwechselt wird, so kann man in dem Beispiele 130ᵇ. 6 сн отъ зємѧ die Form сн als Ersatz für съі auffassen. Auffallender sind die Beispiele 143ᵃ. 16 und 146ᵃ. 20, wo man сн findet: ѥдинъ сн отъ окою на дєсѧтє, ѥдинъ сн отъ нихъ statt ѥдинъ съі. Soll man annehmen, dass hier der Abschreiber durch Missverständniss сн als Pronomen demonstrativum aufgefasst hat? Die Form сн für сь kommt allerdings häufig vor. Oder ist сн eine nur ungefähre lautliche Wiedergabe der sonst als сѫн üblichen Form? Zu beachten ist übrigens, dass man an beiden Stellen im Cod. Zogr. und Mar. ѥдинъ съі liest (io. VI. 75, VII. 50), also сн kann dem Sinne nach nur съі oder сѫ vertreten.

Andere Beispiele dieser Art sind: ѣджн 17ᵇ. 8, 142ᵃ. 19, selbst ѣджн 142ᵃ. 12 neben dem üblicheren ѣдъі 56ᵃ. 14. 16, 142ᵇ. 5, ѣдъін 142ᵇ. 2, 164ᵇ. 19; чьтѫн 14ᵃ. 19; ндѫ 151ᵃ. 6 neben ндъі 83ᵃ. 5; грѣдѫ 137ᵇ. 10, грѣдѫн 53ᵃ. 6, 102ᵇ. 2, 139ᵇ. 1, 158ᵃ. 17 und auch грѣдъін 130ᵇ. 5. 8, daneben auch грѣдъі 71ᵃ. 1, 90ᵇ. 6, грѣдъін 55ᵃ. 6. 10, 123ᵇ. 3, 124ᵃ. 14; vergl. noch жьнѫн 133ᵇ. 7. 9. 10. Von einigen anderen Verben kommen nur die üblichen Formen vor: вѣдъі (neunmal, immer nur so), могъі 30ᵃ. 17, живъі 89ᵇ. 7, живъін 142ᵃ. 2, възьнєсъін сѧ 69ᵃ. 10.

f) Einen besonderen Fall, wo ѫ das sonst übliche ѧ vertritt, bildet die 3. Person plur. des Aorists auf -шѧ. Dass der Auslaut -шѫ in dieser Form überhand nimmt, das könnte in dem Bestreben nach Ausgleichung mit dem Auslaut -хѫ, der nicht nur für das Imperfect, sondern im Bulgarischen auch für den Aorist üblich war, seinen Erklärungsgrund finden. Auch

hier kann die Beobachtung gemacht werden, dass die Hand A
öfters ·ша behält als die Hand B, doch konnte ich irgendwelche Anhaltspunkte für ·ша gegenüber ·шѫ nicht finden.
So schreibt A und B ѻ҃кишж: 10ᵃ. 7, 33ᵇ. 3, 35ᵇ. 11, 48ᵇ. 18
(A), 98ᵇ. 20, 101ᵇ. 4, 103ᵃ. 17, 104ᵃ. 15, 105ᵃ. 17, 112ᵇ. 2, 113ᵇ.
16, 119ᵃ. 19 (B), 127ᵇ. 6. 11 (A), 130ᵃ. 8, 134ᵇ. 15, 140ᵃ. 14,
140ᵇ. 8. 19, 142ᵇ. 9, 145ᵇ. 2. 12, 146ᵃ. 2. 9, 146ᵇ. 4. 20 (B)
u. s. w., seltener ist ѻ҃киша: 39ᵇ. 13, 48ᵃ. 7, 124ᵃ. 1. 9 (alles A).
Ebenso ist häufiger ѻѥкошж 102ᵇ. 5, 104ᵇ. 19, 111ᵇ. 3. 12, 113ᵇ.
18, 120ᵇ. 4 (B) als ѻѥкоша: 9ᵃ. 14, 26ᵃ. 3 (A). Häufiger ist
начашж (A und B) 17ᵇ. 10, 21ᵃ. 12, 23ᵃ. 9, 47ᵃ. 9, 110ᵇ. 6
als начаша 29ᵃ. 10, 114ᵃ. 3 (A und B). Man liest слышкиша
7ᵇ. 2, 33ᵃ. 14, 36ᵃ. 7 (A) und слышкишж 145ᵃ. 14, оуслышкишж
131ᵃ. 4 (B); посллаша 9ᵃ. 1. 5, 9ᵇ. 11, 123ᵇ. 14 (A): посьлашж
145ᵃ. 15, послашж 100ᵇ. 17, 104ᵇ. 7 (B); идоша 46ᵃ. 11, 67ᵃ.
18, придоша 8ᵃ. 8, 10ᵃ. 11, 25ᵇ. 3, 33ᵃ. 19, 35ᵇ. 15, 45ᵃ. 3,
50ᵃ. 14 (alles A) und придошж 18ᵇ. 9 (A), 116ᵃ. 8, 117ᵇ. 15,
119ᵃ. 15 (B), идошж 119ᵃ. 17 (B); сьнидоша 20ᵃ. 13 (A),
изнидоша 18ᵃ. 13 (A), отнидоша 9ᵇ. 10, 35ᵇ. 10 (A); прѣдаша
22ᵃ. 5, 22ᵇ. 9, 29ᵃ. 14 (A): прѣдашж 119ᵃ. 6 (B), кьздашж
100ᵃ. 2 (B), задашж 115ᵇ. 12 (B); оулѥгоша 59ᵇ. 17, кѣдоша
20ᵃ. 13, 22ᵃ. 5, 23ᵃ. 3, 23ᵇ. 2, изккѥдоша 23ᵃ. 16 (A): кѥдошж
151ᵇ. 17, изккѣдошж 104ᵃ. 11 (B); приниѥсоша 10ᵃ. 5, кьзниѥсоша
36ᵃ. 16 (A): приниѥсошж 126ᵇ. 14 (A); ськлюдоша 172ᵃ. 6 (A),
оврѣтоша 35ᵇ. 16, 60ᵇ. 15 (A): оврѣтошж 95ᵇ. 10, 115ᵇ. 10,
117ᵇ. 18, 119ᵃ. 14. 18 (B); окльккоша 23ᵃ. 7. 15, ськльккоша
23ᵃ. 15 (A), ѹтькрьзоша 33ᵇ. 9, никркгоша 9ᵇ. 4, изькркь-
гоша 9ᵃ. 18, нѥ кьзьмогоша 66ᵇ. 6, ѻжжксоша сѧ 25ᵇ. 12
(A), кьзлѥгошж 139ᵃ. 7, кьлькзошж 140ᵃ. 11, сьркктошж 134ᵇ.
12 (B), ѣдошж 140ᵃ. 8, могошж 105ᵃ. 3 (B), ѣкиж 140ᵇ. 10,
141ᵇ. 18, 142ᵇ. 5 (B), пиша 18ᵃ. 6 (A), задѣкиж 23ᵃ. 17 (A),
оумркиж 105ᵃ. 19, 141ᵇ. 20, 142ᵇ. 5 (B); кидѣша 25ᵇ. 7,
36ᵃ. 7 (A): кидѣкиж 7ᵇ. 8, 25ᵇ. 9 (A), 102ᵇ. 1, 119ᵃ. 20 (B);
оуккѣкиша сѧ 35ᵃ. 16, 61ᵃ. 2 (A): оуккѣкиж сѧ 9ᵇ. 7 (A), 104ᵇ.
4, 139ᵇ. 16 (B); оузьркиж 139ᵇ. 14 (B), разоумѣкиж 31ᵃ. 4
(A): разоумѣкиж 9ᵇ. 8 (A), 99ᵇ. 2, 102ᵇ. 20, 104ᵇ. 5, 144ᵇ. 20,
148ᵇ. 7, 154ᵃ. 13 (B), 161ᵇ. 6, 172ᵃ. 6 (A), имѣкиж 10ᵇ. 10 (A),
105ᵇ. 2 (B); кѣжкиша 25ᵇ. 20: кѣжкиж 20ᵃ. 8 (beides A),
помѧнжшж 22ᵇ. 10, 127ᵇ. 3. 16 (A und B), помѧнжшж 45ᵇ.

12 (A), пропаша 23ᵇ. 10, распашѫ 23ᵇ. 12 (A), пропаса 116ᵃ.
10. 11, распаша 119ᵃ. 7 (B), аша 19ᵇ. 16, 20ᵃ. 10, 26ᵃ. 12,
46ᵃ. 4, ьаша 26ᵃ. 16, поаша 10ᵇ. 5 (A), прнаса 123ᵃ. 11,
прнаша 134ᵃ. 11 (B), прѣаша 21ᵃ. 17 (A), кьзаша 64ᵃ. 5
(A): кьзашѫ 151ᵇ. 2, 156ᵃ. 4 (B); прнѧтьса 146ᵇ. 11 (B): прн-
ѧтьсѫ 114ᵇ. 2 (B), бѣша 30ᵇ. 20, 43ᵇ. 5. 13, 85ᵃ. 10, 129ᵇ. 11,
172ᵃ. 4 (A und B). Das Imperfect wird fast immer бѣхѫ
geschrieben statt des üblichen бѣахѫ, so 16ᵇ. 1, 24ᵇ. 1, 33ᵇ.
14, 181ᵇ. 1 u. s. w., die Form бѣахѫ nur 85ᵇ. 18, 88ᵇ. 2, 130ᵃ.
2. Neben бьша 69ᵇ. 19, 122ᵇ. 9, 124ᵃ. 18 (A): бьшѫ 119ᵃ.
12, 120ᵃ. 7 (B), 180ᵇ. 19 (A), прѣбьшѫ 127ᵃ. 12, нзбьшѫ
139ᵃ. 17 (B); бнша (von бнтн) 9ᵃ. 1, оꙉбнша 9ᵃ. 7. 17 (A):
оꙉбншѫ 104ᵃ. 12 (B), нзбнншѫ 76ᵃ. 14 (A), нзьбншѫ 76ᵃ. 17
(A); бнша (von бытн) 9ᵇ. 13, 44ᵃ. 1, 45ᵃ. 12, 49ᵇ. 13, 69ᵃ. 3.
6, 169ᵇ. 2 (A): бншѫ 104ᵇ. 9 (B); кьпроснша 123ᵇ. 18, 124ᵃ.
8 (A): кьпроснншѫ 104ᵇ. 11, 106ᵇ. 16, 135ᵇ. 18, 151ᵃ. 8 (B);
кьзложнша 23ᵃ. 7 (A): кьзложнншѫ 19ᵇ. 16 (A), 102ᵃ. 12 (B),
положнша 25ᵇ. 16, 33ᵇ. 16, 179ᵃ. 2, 179ᵇ. 8 (A); кьзвратнша
сѧ 37ᵇ. 4 (A): кьзвратнншѫ сѧ 36ᵃ. 5, кьзьвратнншѫ сѧ 69ᵃ.
16 (A), 118ᵃ. 12. 13, 121ᵃ. 11 (B), кьзькоꙉднша 59ᵇ. 14 (A),
нспльнннша сѧ 31ᵃ. 7, 35ᵃ. 7, 36ᵃ. 9. 14, 43ᵇ. 17, 47ᵇ. 9, 49ᵇ.
11 (A): нспльннншѫ сѧ 139ᵃ. 15 (B), нанльнннѫ 45ᵇ. 16 (A),
126ᵇ. 13 (B); сьткорнша 22ᵃ. 3, 63ᵃ. 19, 63ᵇ. 19, 161ᵇ. 9, тко-
рнша 22ᵇ. 3 (A): сьткорнншѫ 104ᵃ. 18 (B), 160ᵇ. 8 (A), стко-
рнншѫ 177ᵃ. 14 (A); прнблнжнншѫ сѧ 119ᵇ. 8 (B), прнстѫпнншѫ
105ᵃ. 6 (B), поклоннншѫ сѧ 121ᵃ. 10, 132ᵇ. 2 (B), очнстнншѫ
сѧ 95ᵇ. 3. 9 (B), кьслднншѫ 102ᵃ. 13 (B), поꙉстнншѫ 104ᵃ. 1.
4 (B), троꙉднншѫ сѧ 133ᵇ. 13 (B), крьстнншѫ 40ᵃ. 5 (A), кьзлю-
бнншѫ 120ᵇ. 10 (B). 163ᵃ. 6 (A), оꙉжѫтснншѫ 119ᵃ. 13 (B),
осѫднншѫ 21ᵃ. 11 (A), коꙉпнша 25ᵃ. 20 (A), чоꙉднша сѧ 10ᵃ.
10, 33ᵇ. 8 (A), днвнша сѧ 36ᵃ. 1 (A), молнша 44ᵇ. 8, 60ᵇ.
8 (A), раздѣлнша 23ᵇ. 6 (A), сьвѣснша 47ᵃ. 5 (A), оꙉкорн-
шѫ 153ᵃ. 3 (B); глаша 8ᵃ. 12, 8ᵇ. 8, 9ᵇ. 14, 17ᵃ. 7 (A), 119ᵇ.
3 (B): глашѫ 97ᵃ. 1, 146ᵇ. 14 (B); кѣрокашѫ 127ᵃ. 7, 127ᵇ.
18, 128ᵃ. 1, 133ᵇ. 16, 134ᵃ. 2, 145ᵃ. 11, 172ᵃ. 10 (alles in B),
отьвѣцршѫ 103ᵇ. 11, 127ᵇ. 6, 146ᵃ. 11. 13, 146ᵇ. 3, 153ᵃ. 18
(B), окѣцршѫ 17ᵃ. 3 (A), сьвѣцршѫ 109ᵇ. 2 (B), оꙉмль-
чшѫ 105ᵃ. 6, 117ᵇ. 13 (B), ськоньчшѫ сѧ 37ᵇ. 3 (A), по-
кѣшѫ сѧ 74ᵇ. 19 (A), нзьгьнаша 43ᵇ. 19 (A), 153ᵇ. 2 (B),

съвраишѫ 113ᵇ. 7, 139ᵃ. 14 (B), съказаишѫ 35ᵇ. 18 (A), порѫ-
гаишѫ 23ᵃ. 14 (A), повѣдаишѫ 99ᵇ. 7, 118ᵃ. 13 (B), оутото-
ваишѫ 117ᵇ. 12. 15 (B), въздрадованишѫ сѧ 109ᵇ. 2 (B), искаишѫ
156ᵇ. 6 (B).

V.

**Ein Vocal ь für ь und ъ, Ausfall oder überflüssiger Ein-
schub des ь, regelmässiger Ersatz des ь durch i, ъ durch о.
Ueber ꙑ.**

Eine Eigenthümlichkeit des Dobromir'schen Evangelien-
textes besteht darin, dass er nur éinen graphischen Vertreter
der beiden schwachen Vocale kennt, und zwar ь. Solche Denkmäler kamen in glagolitischer und cyrillischer Schrift ziemlich
früh auf. Sreznevskij gab unter der Benennung Македонскій
листокъ das übrig gebliebene Bruchstück eines solchen Denkmals in Древніе славянскіе памятники юсоваго письма (S. 39—
42 und S. 192—3) heraus. Leider besitzen wir kein paläo-
graphisches Facsimile jenes Blättchens. Man muss und darf
es auch dem Verfasser aufs Wort glauben, der das Blättchen
in das 11. Jahrhundert versetzt. Sreznevskij stellt das macedonische Blättchen nach dem paläographischen Charakter der
Schriftzüge mit Savina Kñiga zusammen. Nun sagte ich auch
betreffs des Dobromir'schen Evangeliums, dass seine Schriftzüge vor allem an Savina Kñiga erinnern. Mit dem macedonischen Blättchen hat unser Codex einiges Gemeinsame, so vor
allem die ausschliessliche Anwendung des ь und folgerichtig
auch des ꙑ, die Geltung des ·k für ꙗ, das Meiden des Vocales
ѫ, die Anwendung des i neben und statt ѥ, endlich die etymologisch nicht berechtigte Einschaltung des ь in manchen Consonantengruppen. Diese Eigenthümlichkeiten bringen die beiden
Denkmäler in einen näheren Zusammenhang, sie lassen uns
darin eine besondere macedonische Schule von Abschreibern,
vielleicht örtlich zusammenhängend, vermuthen. Unter den
späteren Denkmälern, die ausschliesslich ь anwenden, sei ein
Undolskisches Fragment des Evangeliums (Sreznevskij, IОсов.
пам., S. 135), ein Grigorovič'sches Blatt des Menäums (Sreznevskij, ib. 65) erwähnt. Selbstverständlich wäre es falsch
wegen der Anwendung des éinen Zeichens ь an eine смѣшеніе

3*

слоговъ твердыхъ и мягкихъ (Sreznevskij, S. 41) zu glauben.
Dass eine Vermengung der weichen und harten Silben damit
nicht gemeint war, das sieht man schon aus der richtigen Vertretung der schwachen Vocale durch die vollen o und ɪ. Also
ь galt etymologisch bald für ъ, bald für ь, jetzt aber wurde
der lautliche Unterschied nicht mehr gefühlt, ausser in den
Reflexen des einen Vocals als o, des anderen als ɪ.

Das sehr häufige Ausklingen der schwachen Vocale in volle
o und ɪ ist für unser Denkmal sehr bezeichnend. Wir sind
heute glücklich über das Vorurtheil hinaus, als ob dieser Cha-
rakterzug des Denkmals ein Zeichen seines späteren Ursprunges
sein müsste. Der Codex zeichnet sich eben in mehreren Punkten
dadurch aus, dass er dem Eindrucke des gesprochenen Lautes
stärker Rechnung trägt als der literarischen Ueberlieferung.
Der Schreiber oder die Schreiber richteten sich sehr häufig
nach dem Gehör. Für uns ist gerade diese Ausserachtlassung
der Etymologie von grossem Werthe, weil sie einige Einsicht
in die Sprache, wie sie wirklich gesprochen wurde, gewährt.
Allerdings gestaltete sich dadurch die Orthographie des Codex
sehr bunt, voll von Inconsequenzen, namentlich bezüglich der
schwachen Vocale. Die Schreiber wendeten den einen graphischen Vertreter der beiden einstigen schwachen Vocale häufig
genug nach alter Ueberlieferung dort an, wo ъ oder ь berechtigt
war; daneben aber wurde der Vocal entweder a) ganz ausgelassen, weil man ihn in der Aussprache nicht hörte, oder b)
falsch in gewisse Consonantengruppen eingeschaltet, als ein
Beweis, dass der Schreiber von der wirklichen etymologischen
Berechtigung der schwachen Vocale keine richtige Vorstellung
hatte, oder c) der Aussprache gemäss durch volle Vocale o
und ɪ vertreten. Wir wollen das Eingreifen dieser verschiedenen Fälle in einander durch Beispiele beleuchten. Zuerst
mag an einigen Beispielen das Schwanken zwischen Schreiben
und Nichtschreiben des Vocales illustrirt werden.

Das Verbum сълати wird meist ohne Vocal geschrieben,
also: посла 8ᵇ. 17, 9ᵃ. 2, 42ᵇ. 18, 62ᵇ. 13, 68ᵃ. 1 u. s. w., послати 104ᵃ. 2, послетъ 15ᵃ. 16, 167ᵇ. 21, послаша 9ᵃ. 1 u. s. w.,
посли 93ᵇ. 3, посланъ 30ᵇ. 14, 45ᵇ. 8, посланни 54ᵃ. 17, послѫ
169ᵇ. 13, послѭ 76ᵃ. 19, 104ᵃ. 5, 165ᵃ. 5, 180ᵃ. 15, пославыи
124ᵇ. 12, 147ᵇ. 18, пославъшааго 1ᵇ. 2, 141ᵃ. 10. 11, посланиɪ

151ᵇ. 3 u. s. w., seltener mit ь: посълⱔ 130ᵇ. 15, 136ᵇ. 12, 138ᵃ. 1, посълахъ 133ᵇ. 12, посълⱔж 121ᵃ. 2, посълⱔшн 93ᵇ. 19, посълⱔишж 145ᵃ. 15, посълавъин 141ᵇ. 7, 145ᵃ. 7, посълавшⱔⱔго 133ᵇ. 1, 137ᵃ. 18, посълавъшоугоумоу 136ᵇ. 14, 145ᵃ. 18.

Das Verbum зьрѣти wird meistens ohne Vocal geschrieben: зрншн 9ᵇ. 17, aber зьрншн 104ᵇ. 13, зрѣстⱔ 25ᵃ. 17, зрⱔ 67ᵇ. 18, зрⱔщⱔ 43ᵇ. 8, зрⱔщн 116ᵃ. 16, зрⱔцⱔ 117ᵃ. 14, aber зьрⱔщⱔ 24ᵇ. 12, вьзрѣ 113ᵃ. 16, вьзрѣвь 4ᵃ. 10, 4ᵇ. 1, 49ᵇ. 7, 100ᵃ. 12, 106ᵃ. 17, 125ᵇ. 1, aber вьзьрѣвь 64ᵃ. 1, 104ᵃ. 16, вьзрѣвъшн 21ᵇ. 1, aber возьрѣвъшн 113ᵃ. 4, вьзьрѣвшⱔ 25ᵇ. 6, возьржть 178ᵃ. 17; зазьрѣтн 105ᵃ. 3; прнзрѣ 31ᵃ. 13, 32ᵇ. 14, прнзрн 65ᵇ. 19; прозрж 6ᵇ. 19, aber прозьрж 99ᵇ. 18, прозрншн 52ᵇ. 9, aber прозьрн 99ᵇ. 19 und прозьрѣ ib. 20, прозьрѣхъ 151ᵇ. 14; прозрѣннⱔ 43ᵃ. 2, 55ᵃ. 14; оузрж 171ᵃ, 4, оузрншн 124ᵇ. 14, 126ᵃ. 12, aber оузьрнтъ 131ᵃ. 2; оузрнтⱔ 14ᵃ. 14, 15ᵇ. 5, 81ᵇ. 6, 84ᵇ. 2, 107ᵇ. 13, 126ᵃ. 14, 142ᵇ. 13, 170ᵇ. 7. 11, aber оузьрнтⱔ 96ᵃ. 4, оузржтъ 65ᵃ. 4, 108ᵃ. 19, оузрⱔтъ 15ᵃ. 13, оузрѣ 47ᵇ. 11, 90ᵃ. 9, 93ᵃ. 20, 125ᵃ. 1, оузрѣвь 82ᵇ. 18, оузрѣвъшн 113ᵃ. 2, aber оузьрѣшж 139ᵇ. 14.

Das Verbum зъвⱔтн behält häufiger den Vocal als ohne Vocal: зьвⱔтн 6ᵇ. 6, зьвⱔшн 6ᵇ. 9, зьвⱔхж 161ᵃ. 18, зьвⱔ 86ᵇ. 12, зьвⱔвъин 56ᵇ. 14, 85ᵇ. 19, 86ᵃ. 7, зьвⱔнь 85ᵇ. 16, 86ᵃ. 5, зьвⱔннн 87ᵇ. 3, зьвⱔнъннмь 85ᵇ. 13, зьвⱔнъинхъ 85ᵇ. 19, 87ᵇ. 1, зьвⱔвъшоугоумоу 86ᵃ. 14, aber прнзвⱔ 49ᵇ. 19, 126ᵇ. 19, прнзвⱔшⱔ 23ᵃ. 5, doch прнзьвⱔвь 6ᵃ. 7, 12ᵇ. 9, 25ᵃ. 8 (hier прнзьвь), 55ᵃ. 3, 62ᵇ. 10, 90ᵇ. 8, 91ᵇ. 12, 100ᵇ. 13, прнзьвⱔт (statt прнзьвⱔтъ) 48ᵃ. 5, созьвⱔвь 114ᵇ. 17.

Das Verbum вѣдѣтн ebenfalls meistens mit dem Vocal ѣ: вѣдѣтн 13ᵇ. 20, 19ᵃ. 7, вѣдⱔщн 35ᵃ. 12, вѣднтⱔ 18ᵇ. 17, 19ᵃ. 7, 109ᵃ. 3, doch вднтⱔ 16ᵇ. 1. 7, вⱔдⱔщн 35ᵃ. 12, 80ᵃ. 6.

Das Verbum съпⱔтн wird mit und ohne Vocal geschrieben: съпнтⱔ 19ᵃ. 17, 112ᵃ. 11, съпнтъ 62ᵃ. 2, съпⱔщⱔ 16ᵃ. 6, 19ᵃ. 5. 13, 112ᵃ. 10 neben спншн 19ᵃ. 6, оуспⱔ 59ᵇ. 11, 157ᵇ. 4. 6, о оуспⱔннн 157ᵇ. 8.

Das Verbum мьнѣтн kommt mit und ohne Vocal vor: мьнж 57ᵃ. 9, 95ᵃ. 7, мьннтъ сⱔ 71ᵃ. 12, сⱔ мьннтъ 160ᵃ. 20, мьнⱔщн 179ᵇ. 12, — aber мннтъ 21ᵃ. 10, 59ᵃ. 17, 169ᵇ. 20, мннтⱔ 80ᵃ. 18, 81ᵃ. 15, 82ᵃ. 8. 15, 138ᵃ. 2. 14, мнⱔщⱔн 6ᵃ. 8, мнѣхж 157ᵇ. 7 (cod. Mar. мьнѣшⱔ), 120ᵃ. 12, 165ᵇ. 7,

мнкста 37ᵇ. 17. Daher auch съ сѫмнѣннемъ 95ᵇ. 17 neben
не оусѫмьннть сѧ 7ᵇ. 16.

Die Wurzel мьн- (minor, minui) zeigt folgende Beispiele:
мьннтн сѧ 130ᵇ. 5 (ь und н über der Zeile von der ersten
Hand), мнни 55ᵇ. 18, 66ᵇ. 14, 89ᵇ. 5, мне 57ᵇ. 5, aber мьнн
110ᵇ. 16, einmal mit е: меньшнемъ 57ᵇ. 6.

Das Verbum гънатн kommt mit und ohne Vocal vor:
нзгѣна 26ᵃ. 7, нзъгъна 127ᵃ. 17, нзъгънаша 43ᵇ. 18, нзъгънань
162ᵇ. 7, о нзъгънанынхъ 122ᵃ. 3, doch iзъгнашѫ 153ᵇ. 1, нзъ-
гнашж 153ᵇ. 3, нзъгнакь 62ᵇ. 3, нзъгнани 163ᵃ. 15.

Das Verbum зъдатн mit Vocal: зъдатн 88ᵃ. 3, зъдаахѫ
96ᵇ. 2 und созьда 8ᵇ. 14, aber созда 14ᵇ. 13. 53ᵇ. 16; wiederum
созъдатн 87ᵇ. 16, созьдавьноу 53ᵃ. 17, созьдань 44ᵃ. 1, со-
зьдана 127ᵇ. 12. Vergl. здание 13ᵃ. 4, зданню 14ᵇ. 12, со-
зданню 3ᵃ. 6, 14ᵇ. 12, aber зъданнѣ 13ᵃ. 6.

Das Wort къннга wird immer mit ъ geschrieben: къннгы
3ᵃ. 2, 42ᵇ. 15, 120ᵃ. 1, 120ᵇ. 13, 138ᵃ. 2, 144ᵃ. 13, 145ᵇ. 11,
146ᵃ. 2, 177ᵃ. 19, 177ᵇ. 11, 178ᵃ. 14, къннгъ 10ᵇ. 13, 119ᵇ. 7,
179ᵃ. 16, къннгамъ 127ᵇ. 18, 138ᵃ. 20, въ къннгахъ 39ᵃ. 1,
106ᵃ. 2, 180ᵇ. 18, къннгамн 116ᵇ. 4, — ein einziges Mal ohne
ъ: въ кннгахъ 10ᵇ. 19. Dasselbe gilt für къннжъннкъ, къннжь-
ннцн u. s. w. So wird auch къназъ geschrieben 98ᵃ. 17,
61ᵇ. 1, 128ᵃ. 10, 162ᵇ. 6, 168ᵃ. 12, einmal wie es scheint
кназъ 170ᵃ. 17 (so ist mit neuerer Tinte überschrieben, im
Original scheint kein ъ gestanden zu haben), къназн 73ᵃ. 13,
116ᵃ. 17, 119ᵃ. 6, 144ᵇ. 20, aber ко кназоу 81ᵇ. 16, къназа
114ᵇ. 18.

Vom Substantiv дьнь kommen alle drei Fälle vor: a) mit
ь: до дьне 34ᵇ. 11, въ дьнн 31ᵃ. 13, въ дьнехъ 29ᵇ. 16, 37ᵃ.
14, по дьнехъ 31ᵃ. 9, 65ᵃ. 5, дьнн 14ᵇ. 18, 45ᵃ. 1, 63ᵇ. 5, 65ᵃ.
6, 96ᵃ. 3. 14, 134ᵃ. 1, 157ᵃ. 17, дьне 30ᵇ. 17, 160ᵃ. 9, дьноу
134ᵃ. 7, дьнемъ 94ᵃ. 5. 7 u. s. w.; b) ohne ь: дне 18ᵃ. 11,
дни 14ᵇ. 8, 34ᵃ. 17, 34ᵇ. 12, 36ᵃ. 9, 43ᵇ. 5, 46ᵇ. 9, 65ᵇ. 13,
109ᵃ. 8, 157ᵃ. 16, днемъ 37ᵇ. 14, въ днехъ 30ᵇ. 11, дннн 41ᵇ.
4 u. s. w.; c) mit е im Nom. und Acc. sing. дснь 1ᵃ. 2, 5ᵇ. 3,
64ᵇ. 3, 65ᵇ. 16, 68ᵇ. 19, 72ᵃ. 6; als Gen. plur. дснь 160ᵇ. 5,
180ᵇ. 6 (später corrigirt), im Nom. plur. дснне 14ᵃ. 10, 31ᵃ. 7,
35ᵃ. 7, 36ᵃ. 14, 48ᵃ. 15, 67ᵃ. 3, 96ᵃ. 2 u. s. w.; im Instr. plur.
дснъмн 23ᵇ. 20, 127ᵇ. 10. 13.

In ähnlicher Weise wechseln in einemfort die Formen mit dem schwachen Vocal und die Formen ohne denselben ab. Es ist wohl kaum zu zweifeln, dass für die Aussprache der schwache Vocal keine Bedeutung mehr hatte; wo man ihn schrieb, gründete sich das auf die Ueberlieferung älterer Vorlagen. Man findet daher neben dem häufigeren многъ auch мьногъ, z. B. мьногоу 58ᵃ. 6 (mit ь sehr selten), neben dem häufigeren кто, никтоже auch къто 70ᵃ. 1, 79ᵃ. 7, никътоже 117ᵇ. 4 (mit ь selten), neben зло 49ᵇ. 5, 50ᵇ. 13, злын 52ᵇ. 20, auch зълословесити 1ᵇ. 11, зъла, зъло 52ᵇ. 12, зълаѣ 93ᵇ. 11, зълааго 52ᵇ. 20, зълым 52ᵃ. 1, vergl. злобы 75ᵇ. 9; дъва 134ᵃ. 1 und два 3ᵃ. 12, neben согънжвь 43ᵃ. 5, auch разъгнжвь 42ᵇ. 14, neben сьто 181ᵇ. 9, сьтомь 91ᵇ. 15, 92ᵃ. 1, сьтѣхъ 160ᵇ. 19, auch двѣ стѣ 181ᵇ. 2, сторицеж 5ᵃ. 4 und сьторицеж 58ᵃ. 19; neben сжмрѣ 97ᵃ. 11 auch сжпремь 81ᵇ. 15, vergl. пьрѣ 110ᵇ. 9, распрѣ 155ᵃ. 16, простри 49ᵇ. 8, прострѣтъ ib. 9, прострѣсте 112ᵇ. 14, прострѣ сѧ 83ᵃ. 3 (alle Beispiele ohne ь), aber простьрь 46ᵃ. 18; am häufigsten ist ohne ь птица 58ᵃ. 12, 67ᵇ. 3, 83ᵇ. 11, птиць 77ᵃ. 4. 9, und doch auch пьтица 79ᵃ. 2, пьтиць 79ᵃ. 6; neben изьми 52ᵇ. 7 auch измж 52ᵇ. 4 und изьми 71ᵃ. 7; immer возьмить 23ᵃ. 8, 58ᵇ. 12, 64ᵇ. 6, 155ᵃ. 10, возьмжтъ 26ᵇ. 11, 42ᵃ. 18, 178ᵃ. 2, возьми 47ᵇ. 4, 115ᵃ. 10, 135ᵇ. 16, возьмеши 172ᵇ. 6, возьмѣте 127ᵃ. 20, 159ᵇ. 9, възьмѣте 101ᵇ. 2, възьмж 179ᵇ. 16, doch възмите 111ᵇ. 5 (vereinzelt); притъча 58ᵇ. 3. 9, 28ᵃ. 18, притъчж 9ᵇ. 9, 43ᵃ. 16, 52ᵃ. 13, 78ᵃ. 18, 80ᵃ. 20, 82ᵃ. 18, 88ᵇ. 9 u. s. w., притъчи 15ᵇ. 1, 58ᵃ. 8, притъча 85ᵇ. 14, 171ᵇ. 2, въ притъчахъ 171ᵃ. 12. 14, aber притчж 48ᵃ. 18, въ притчахъ 58ᵇ. 6 (ausnahmsweise); зъвина 77ᵇ. 6; тъцио 53ᵇ. 13 und отъцитить 64ᵇ. 14; пьшеница 92ᵃ. 1, пьшеничьно 162ᵃ. 9 und пшеницж 111ᵃ. 10, пси 93ᵇ. 13, съсждь 177ᵇ. 11, съсжды 106ᵇ. 12, съсждомь 59ᵃ. 9 und сежди 96ᵇ. 9, сонмици 49ᵃ. 12 (gewöhnlich соньмици). So ist алькати und алкати zu belegen.

In den Suffixalsilben wird der schwache Vocal nicht sehr häufig ausgelassen. Solche Beispiele wie любви 168ᵇ. 22, кѫкви 92ᵃ. 2 neben боукъви 91ᵇ. 17, смокви 52ᵇ. 16 (vergl. смокъвамь 7ᵃ. 4), цр̄кви 127ᵃ. 14, осла 161ᵇ. 2, празникъ 37ᵇ. 10, 16ᵃ. 12, 28ᵃ. 17 u. s. w., doch auch празникъ 109ᵃ. 13, 134ᵃ. 13 u. s. w., непразьнѣ 35ᵃ. 5, враждж 114ᵇ. 16, сосци 116ᵃ. 1,

подобно 17ᵃ. 5, 83ᵇ. 5. 16 (daneben gleich подобьно 83ᵇ. 7),
тѣмно 75ᵃ. 11, тѣмны 75ᵃ. 16 u. s. w., не възможно 4ᵇ. 15
neben възможьна ib. 16, прискрьбна 18ᵇ. 15, мощно 18ᵇ. 19
(neben мощьно 19ᵃ. 1), гоумно 40ᵃ. 13, слѣонстѣ 13ᵃ. 10,
о морстѣмь 122ᵃ. 10, о коднѣмь 28ᵃ. 16, безоумни 75ᵇ. 9,
ропталюж 88ᵇ. 5, сътворие 45ᵇ. 9, наемникъ 154ᵃ. 10. 14
neben наемьникъ ib. 15 u. s. w. — gehören zur Minorität der
Ausnahmen gegenüber der grössten Mehrzahl der Formen mit ь.

Ganz eigenthümlich gestalten sich in unserem Codex einige
Fälle, wo, sei es infolge des ausgelassenen Vocals, sei es mit
Ignorirung desselben, wenn er auch geschrieben ist, eine con-
sonantische Assimilation in der Art der phonetischen Aussprache
stattfand, wie: neben dem üblichen ккде z. B. 17ᵃ. 8. 16, 25ᵃ.
17, 59ᵇ. 18, 95ᵇ. 10, 97ᵃ. 1, 100ᵃ. 6, 102ᵃ. 2, 109ᵇ. 10. 16, 158ᵇ.
19, никдеже 123ᵇ. 11, doch auch нигде 125ᵃ. 8. 10, 137ᵇ. 16;
statt сьде, welches ja auch in der Regel so geschrieben wird,
z. B. 13ᵃ. 7, 43ᵃ. 20, 95ᵇ. 18, 96ᵃ. 5 u. s. w. findet man зде
14ᵇ. 19, auch зьде 89ᵇ. 20; neben съдравъ 135ᵃ. 14, съдрава
144ᵇ. 14, съдраки 26ᵇ. 13, съдракии 48ᵃ. 4, doch auch зьдрава
90ᵇ. 14; statt дьири, дьирфи: тырии 161ᵇ. 3, тирфрь 29ᵇ. 9,
о тирфри 27ᵇ. 9, vergl. дьири 37ᵃ. 12, 61ᵇ. 3 u. s. w.; statt
къзъии, wie es die Etymologie erheischt, steht regelmässig
въсии: 32ᵇ. 1, 44ᵃ. 10, 65ᵇ. 18, въсыии 24ᵃ. 13, въсиивъ 22ᵇ.
3, 24ᵇ. 9, 60ᵃ. 12, въсыиииа 22ᵇ. 16, въсииииж 115ᵃ. 9 (später
corrigirt in възъииииж), о въсиивъииииьмь 28ᵃ. 4, daneben
възоии 99ᵇ. 9.

Die Participialform шьд-, abgesehen davon, dass ь immer
durch е ersetzt wird, lässt in den Casus obliqui vor dem nachfolgenden ш, ohne Rücksicht auf den dazwischen tretenden
Vocal ь, den wurzelhaften Consonanten д zu т werden: шьтъ-
ши (т später corrigirt in д) 26ᵃ. 7, шьтъииа 26ᵇ. 15, 55ᵃ. 15,
109ᵇ. 8. 20, мимошьтъии 113ᵃ. 10, шьтъиие 9ᵇ. 14, 17ᵃ. 9,
26ᵇ. 2. 17, 63ᵇ. 8. 15, 67ᵃ. 6, 67ᵇ. 8, шьтъииоу 125ᵃ. 16 — nur
zweimal mit д: шьдъииа 102ᵃ. 6, шьдъии 95ᵇ. 1; — вьшьтъше
74ᵃ. 11, вьшьтъиьмь 65ᵇ. 7, вьшьтъииа 117ᵃ. 14, 117ᵇ. 18,
doch mit д: вьшьдъие 109ᵇ. 11 (statt вьшедъииьиа), вьшьдъ-
шоу 30ᵇ. 1; ишьтъие 60ᵇ. 10, 68ᵇ. 12, ишьтъииж 62ᵇ. 2, ишьтъ-
иьмь имь 60ᵃ. 6, einmal ишьдъииа 117ᵇ. 7; ошьтъши 45ᵇ. 16,
ошьтъииьма 55ᵇ. 1, о ошьтъииииьмь 28ᵇ. 1. 10, 89ᵃ. überschr.;

пришетьши 12ᵇ. 6, пришетьши 19ᵇ. 12, 25ᵇ. 1, 45ᵇ. 14. 15,
53ᵇ. 12, 178ᵃ. 6, пришетьшин 159ᵇ. 8, пришетьшиоу 80ᵃ. 2,
пришетьшь 94ᵇ. 18, пришетьшаа 158ᵇ. 17, пришетьша 55ᵃ.
7, пришетьшинмь 112ᵇ. 8, 136ᵃ. 12, 136ᵇ. 18, пришетьши
117ᵃ. 9 (corrigirt nachher in пришьдьши), о пришетьшинхь
122ᵇ. 1; сьшетьшимь 65ᵇ. 16. Einmal selbst н шеть ськры сѧ
162ᵇ. 21. In gleicher Weise, nur nicht durch so zahlreiche Fälle
vertreten, geht д vor ш in т in einigen anderen Wörtern
über, so in: платьши 62ᵃ. 4, платьши 58ᵇ. 18, вьплатьшоомоу
71ᵃ. 13 (statt выпадьшоуоумоу), о выплатьшинмь 27ᵇ. 20,
сьплатьшѫ 69ᵇ. 3; сѣтьши (statt сѣдьши) 71ᵇ. 3, ѣтьши
90ᵇ. 1, привѣтьши 90ᵃ. 20.

Auch die Präpositionen прѣдь und подь unterliegen
diesem Consonantenwechsel vor tonlosem Anlaut des nächsten
Wortes: прѣть тобоѭ 55ᵇ. 15, 69ᵇ. 17, 84ᵃ. 14, 90ᵃ. 3. 14,
прѣть цри 13ᵇ. 16, прѣть члѣкькы 77ᵇ. 12, 92ᵇ. 10 (gleich
darauf прѣдь ангглы und прѣдь бгмь), прѣть сѣдищиими
86ᵃ. 10, doch прѣдь сномь 109ᵃ. 7. Vor tönenden Consonanten
bleibt прѣдь. Ebenso: потьклонити 67ᵇ. 5, потькопати 80ᵃ.
15; потъ крокь 54ᵃ. 1, потъ крилѣ 85ᵃ. 8, потъ собоѭ
54ᵃ. 7 (kurz vorher подь властиѭ), потъ смоковьницеѭ
126ᵃ. 5. 11, doch подь спѫдомь 75ᵃ. 4; нать сны члвѣцьскы
126ᵃ. 15, нать патиѭ 101ᵃ. 12. Vergl. noch отьнѫть 82ᵇ.
19 (statt отьнѫдь). Im Inlaut vor ц oder с: ѣтьца 56ᵃ.
17, самовитьци 29ᵃ. 14, лютьстни 113ᵇ. 8 und in einem
Fremdwort: тивериатьстькмь 181ᵃ. 3. Hier darf noch erwähnt werden нигьли 104ᵃ. 6 (so auch cod. Mar.) gegenüber
никьли Zogr.

Umgekehrt, vor tönenden Consonanten oder vor Vocalen
wird т zu д. Dafür haben wir das Beispiel одь обоѭ на
дьсѧтє 17ᵇ. 14 und падь дьсѧть 91ᵇ. 18.

Dieselbe Erscheinung wiederholt sich einige Male bei Labialen. Im Anlaute finden wir schon оть пчель 120ᵇ. 5 (Cod.
Mar. бьчель); im Inlaute: погыпьшааго 76ᵇ. 6, погыпьшжь
89ᵃ. 1 (doch погыбьшаа 88ᵇ. 14).

Das Beispiel изь дрьжь врагь нашихь 34ᵃ. 14 kann auch
so aufgefasst werden, dass der Schreiber im Gedanken wegen
des nachfolgenden врагь schon bei рѫкь den Consonanten
anticipirte.

In gleicher Weise wird ж vor ч zu ш in отлшьчнн 65ᵃ. 15 neben отлжьчѣлѣ 19ᵃ. 14, und юшьсклѣ (statt южьсклѣ) 74ᵇ. 10.

Aus allen diesen Beispielen ergibt sich die vollständige Bedeutungslosigkeit des zwischen den beiden durch Assimilation einander näher gerückten Consonanten stehenden Vocals ь. Darum ist die Auslassung desselben, deren Beispiele oben gegeben wurden, begreiflich. Es scheint aber · dem Schreiber der Gedanke ganz theoretisch vorgeschwebt zu haben, dass bei jeder Anhäufung von Consonanten ein Vocal in der Mitte berechtigt sei. Von dieser theoretischen Auffassung machte er auch reichlichen Gebrauch. Er schaltete recht häufig ь an Stellen ein, wo keine etymologische Berechtigung vorhanden war und ganz gewiss auch die Aussprache eines vocalischen Einschubs nicht bedurfte. Man kann dabei unschwer einige Kategorien von Worten auseinanderhalten.

a) Sehr gerne steht ein eingeschaltetes ь vor der thematischen Silbe -нж, -нг der Verba II. Classe: косьнѣтъ 3ᵇ. 3, косьнж 46ᵃ. 18, 54ᵇ. 11, 61ᵇ. 12, косьнжвь 112ᵇ. 6, прикосьнж-кын 61ᵇ. 14, косьнжль 98ᵃ. 8, прикосьнж 62ᵃ. 5, nur einmal прикос нж сѧ 61ᵇ - 62ᵃ; вьврьгьнжтъ 94ᵃ. 19 (im Original вьврьврьгьнжтъ), двигьнжтн сѧ 53ᵃ. 14 (im Original ist die Silbe двн ausgefallen), двигьнн сѧ 7ᵇ. 15, подвигьнжтъ сѧ 15ᵃ. 12, doch двигнжтъ сѧ 108ᵃ. 18, вьздвигьнжтн 39ᵃ. 19, вьздвигьнж 127ᵇ. 10, вьздвигьнешн 127ᵇ. 14, aber вьздвигнѣтє 108ᵇ. 3; дрьзньнжвь 25ᵃ. 5; погывьнѣтъ 129ᵃ. 15, 160ᵃ. 3, погывьнжтъ 48ᵇ. 8, 155ᵇ. 17, doch погывьнжтъ 85ᵃ. 1, погывьнєтє 82ᵃ. 18; послгьнѣтъ 3ᵇ. 1, прозлвьнѣтъ 15ᵇ. 3, помрькьнѣтъ 15ᵃ. 8, вьскрьсьнжтн 118ᵃ. 11, 120ᵇ. 15, вькрьсь-нѣтъ 1ᵃ. 3, 5ᵇ. 4, 94ᵃ. 12, 158ᵃ. 9. 11, doch вьскрьснѣтъ 99ᵇ. 1, вьскрьсьнжтъ 74ᵇ. 17, doch вьскрьснжтъ 10ᵇ. 8. 15; нстрьгь-нѣтъ 85ᵇ. 10; нстькьнн 2ᵃ. 19, потькьнѣтъ сѧ 157ᵇ. 1, aber потькнѣтъ сѧ 157ᵃ. 18 und прѣтькнешн сѧ 42ᵃ. 19, тлькь-нжвьшоу 80ᵃ. 3, нскхьнѣтъ 168ᵇ. 7, оусѣкьнжхъ 63ᵃ. 14, doch оумлькнжтъ 102ᵇ. 8.

b) Sonstige gegen die Etymologie gemachte Einschaltungen des Vocals ь begegnen in solchen Beispielen: зьмнл 26ᵇ. 11, 69ᵇ. 4, зьмнж 72ᵇ. 19, 129ᵃ. 12; сьмрьднтъ 159ᵃ. 11, злкьлл 90ᵇ. 12, злкьлллъ 91ᵃ. 7; посьпѣшьствоуѭщоу 26ᵇ. 19, сьмѣѩщннмь сѧ 51ᵃ. 4, сєдьмь 10ᵇ. 10, 105ᵇ. 1 und сєдьмѫѭ 134ᵇ. 15 neben сєдмь 10ᵃ. 20, 69ᵃ. 17, 74ᵃ. 10; ѣзвы 70ᵇ. 12, 180ᵇ. 3 neben ѣзвы 180ᵇ. 4; звѣздꙑ 15ᵃ. 9, an zweiter Stelle 108ᵃ. 12 steht durch Schreibversehen blos въ звѣдахъ; о ловитъ|вѣ 46ᵃ. 3 (neben о ловитвѣ 27ᵃ. 13), aber ловитвѫ 45ᵇ. 5; жатвꙑ 133ᵇ. 4 (neben жатвꙑ 15ᵇ. 4, 68ᵃ. 5, 108ᵇ. 8), sonst nur жатвѫ, жатвѣ. Die Form бꙑстъ 35ᵇ. 5 ist neben vielen richtigen бꙑстъ nur ein Schreibversehen, vielleicht ebenso съблажьнѣстъ сѧ 55ᵇ. 1. Hier ist noch das Fremdwort драгъмѫ, драгъмь 89ᵃ. 7. 8. 15 für δραχμη zu erwähnen. Cod. Mar. hat es ohne ъ.

c) Die Präfixe въз-, из-, раз- werden in den meisten Fällen von dem entsprechenden Anlaut des Wortes, zu welchem sie gehören, durch den Vocal ъ abgesondert oder isolirt, sofern der Anlaut nicht vocalisch ist oder als tonloser Consonant die Assimilation des з zu с verlangt. Bei der eingetretenen Assimilation wird in der Regel kein ъ geschrieben, Ausnahmen kommen doch auch hier vor. Also unser Codex schreibt: нє възьбранѣите 98ᵃ. 11, възьбранѣѭща 114ᵃ. 6, възьбранихомь 1ᵇ. 6, 66ᵇ. 18, възьбранистє 76ᵇ. 13 (neben възбрани 51ᵃ. 18), нєвъзьблагодѣтьныꙗ 51ᵇ. 20, възьбоудиша 59ᵇ. 13, aber възбѫждѫ 157ᵇ. 4, възьвєсєлити сѧ 91ᵃ. 10, възьвєсєлилъ сѧ 91ᵃ. 4, възьвратити 33ᵇ. 11, 42ᵇ. 4, 100ᵇ. 11, 114ᵇ, 12, възьвратитъ сѧ 14ᵇ. 5, 80ᵇ. 1, възьвратистꙗ сѧ 120ᵃ. 2, възьвратишѫ сѧ 118ᵃ. 12, възьвратитъ сѧ 14ᵇ. 5, възьвращѫ сѧ 71ᵃ. 10, 100ᵇ. 2, възьвращь сѧ 19ᵃ. 12, възьвращьши 95ᵇ. 11, възьвращьшиємь сѧ 37ᵇ. 16 u. s. w. — selten ohne ъ, z. B. възвратиша сѧ 37ᵇ. 4; възькєдѣ 171ᵇ. 13, възькєдѣтє 133ᵇ. 5, възькєдь 93ᵃ. 19, 138ᵇ. 10, 159ᵃ. 16, възькєсти 97ᵇ. 19; възьвѣсти 26ᵃ. 28, възьвѣстигꙗ 55ᵃ. 16, възьвѣстишѫ 55ᵃ. 2, възьвѣищѫ 171ᵃ. 15, възьвѣщꙗѭ 180ᵃ. 3, възьвеличилъ 33ᵃ. 16, 164ᵇ. 21, възьглетє 14ᵃ. 3, възьгліꙗтъ 26ᵇ. 10 u. s. w., възьгласи 21ᵇ. 5. 16, възьгласитъ 21ᵇ. 18, възьглашаѭщиємь 56ᵃ. 10 u. s. w., aber auch възглашь 117ᵃ. 3, възьгорѣ сѧ 81ᵃ. 12, възьдаѭ 97ᵇ. 13, възьдаждь 91ᵃ. 20, възьдати 57ᵃ. 6 u. s. w., възьдвижѫ 34ᵃ. 3, възьдвигнѣтє 108ᵃ. 3, възьдвигъши 74ᵃ. 14, възьдвижєниꙗ 135ᵃ. 10, doch auch въздвижє 50ᵇ. 2, въздвигоша 95ᵇ. 18; vor л als Anlaut fehlt in der Regel ъ, daher z. B. immer nur възлєжати u. s. w., das Beispiel

въз‌лѣзъіпе 47ᵃ. 4 bildet eine Ausnahme; възьможно 15ᵃ. 4,
99ᵃ. 2, не възьможьно 94ᵃ. 14, 99ᵇ. 2, възьможьна 4ᵇ. 16,
99ᵃ. 3, възьмогѫть 84ᵇ. 6, 93ᵇ. 15, възьможнии 91ᵇ. 2, възь-
могошѫ 85ᵇ. 11, doch auch възможьно 99ᵃ. 11; възьмѫтить
сѧ 135ᵇ. 4, възьмѫщаппе 135ᵃ. 13, по възьмѫщении 135ᵃ.
14, doch възмѫщеникъ 108ᵃ. 14; възьносите сѧ 79ᵇ. 2, възь-
несе 33ᵃ. 3, възьнесоша 36ᵃ. 15, възьнесьни сѧ 69ᵃ. 10, doch
възношѣше сѧ 121ᵃ. 9, възносѫи сѧ 98ᵃ. 4, възносаи сѧ 86ᵃ.
11; възьнизь 24ᵇ. 1, aber възнезьше 177ᵇ. 13, възьненакидѣ-
шиѧ 169ᵇ. 14 (doch häufiger ohne ь); sogar възьдрадоуть сѧ
170ᵇ. 20, възьдрадова сѧ 32ᵃ. 12, възьдрадокати 91ᵃ. 11,
възьдрадокашѫ сѧ 180ᵃ. 11 (doch auch ohne ь); ausnahmsweise auch вьсьпитань 42ᵇ. 10, sonst ist bei вьс- in der Regel
kein ь vorhanden. — изьбавити 119ᵃ. 9, изьбавьшиимь сѧ
34ᵃ. 15, doch изкави 72ᵃ. 10, изьбавлении 6ᵃ. 19, 34ᵃ. 2, 108ᵇ.
4, изьбавленикъ 37ᵇ. 2; изьбнѫ 76ᵃ. 17 und избишѫ 76ᵃ.
14, изьбивьни 85ᵇ. 3; изьбьіти 81ᵇ. 17, изьбьікаѫть 89ᵇ. 19,
изьбьішѫ 139ᵃ. 17, изьбьівьше 64ᵃ. 5; изьбьітька 12ᵇ. 15,
53ᵃ. 3, 78ᵃ. 16, 106ᵇ. 5, 139ᵇ. 13; изьбра 14ᵇ. 17, 49ᵇ. 19, 71ᵇ.
12, изьбраныихъ 14ᵇ. 17, 87ᵇ. 3, 97ᵃ. 18, изьбраны 116ᵃ. 18,
изьбраныѧ 15ᵃ. 17, doch избраныѧ 15ᵃ. 5, изьбрахь 143ᵃ. 13,
164ᵇ. 19, 169ᵃ. 7, doch изкрахь 169ᵃ. 17, изьбрасте 169ᵃ. 7,
изьбирддухѫ 85ᵇ. 15; изьбедошѫ 104ᵃ. 10, изьбедоша 23ᵃ.
16, изьбеде 121ᵃ. 6, doch изведеть 68ᵃ. 7; изьблѣкъ 19ᵃ. 18,
изьблѣкьши 46ᵃ. 9, изьблѣче 173ᵇ. 16, doch изклѣче 181ᵇ. 8,
изьколи сѧ 29ᵃ. 15, благонзбколи 79ᵇ. 9; изьбрьгоша 9ᵃ.
18, изьбрьжеть сѧ 168ᵇ. 6, изьбѣстьныихъ 29ᵃ. 11, изьбѣ-
стьно 103ᵇ. 10; изьгонить 73ᵃ. 13, 154ᵃ. 6, изьгона 73ᵃ. 7,
73ᵇ. 7 (als 1. pers. praes.) neben изгонѫ 73ᵇ. 10, 84ᵃ. 16, изь-
гоннми 84ᵇ. 4, изьгонимоу 73ᵃ. 9, изьгонѧщь 73ᵇ. 5, изь-
гонѧща 1ᵇ. 5, изьгонѧть 73ᵇ. 7, изьгонити 7ᵃ. 10, 103ᵃ. 2,
изьгьна 127ᵃ. 17 neben изгьна 26ᵇ. 7, изьгьнаша 43ᵇ. 20,
ïзьгнашѫ 153ᵇ. 1, изьгнанѫ ib. 2, изьгналь 62ᵇ. 3, изь-
гьнань 162ᵇ. 7, изьгнани 163ᵇ. 15, vergl. по изгьнании 5ᵇ. 8;
изьгьібель 90ᵇ. 3, 91ᵃ. 14, изьдлѣкьши 61ᵇ. 9, изьдьше 24ᵇ.
5. 10, 117ᵃ. 6, изьдьіхаѫщемь 108ᵃ. 15, изьмлѣрить сѧ 52ᵃ.
12, изьношкухѫ 54ᵇ. 5, doch износить 52ᵇ. 19, 53ᵃ. 2, изне-
сѣте 90ᵃ. 17, ebenso изьмьможьть 32ᵃ. 9, измьньныи 164ᵃ.
21. — Vergl. selbst изьдрѫгь statt из-д-ржкь 34ᵃ. 14 oder

исьцѣли 85ᵇ. 6, о нсьцѣлѥвьшиихь 27ᵃ. 12, нсьпльнь 123ᵃ.
20, нсьходѫ 109ᵃ. 9, нсьпытаѥтѥ 138ᵃ. 2 neben нецрькѵе 151ᵃ.
4; — разьбоиника 20ᵃ. 2, 23ᵇ. 12, 112ᵇ. 11, разьбоинникь 22ᵃ.
20, 29ᵃ. 5, разьбоинници 154ᵃ. 17, разьбоинникы 27ᵇ. 20, 71ᵃ.
14, 70ᵇ. 11, разьбоинникомь 7ᵇ. 1, doch разбоиникь 154ᵃ. 2,
разбоинникомь (mit überschriebenem ь, wie es scheint von
erster Hand) 103ᵃ. 6; разькрацѥнь 66ᵃ. 8, разькрацѩжцѩ
114ᵃ. 5, 114ᵃ. 20, разькрацѩѥть 114ᵃ. 15, разькрьзаѭ 36ᵃ.
20, разьгнѣкваь сѩ 87ᵃ. 9, 90ᵇ. 14, разьгнѭваь 42ᵇ. 14, разь-
длитъ 73ᵇ. 19, selbst разьдрѣкишти 83ᵃ. 19, doch раздроу-
шинн 53ᵇ. 1, разьдра сѩ 24ᵇ. 6 und раздра сѩ 117ᵃ. 3, раз-
дѥретъ 48ᵇ. 1, разьдѣклниа 23ᵇ. 6, разьдѣли сѩ 73ᵇ. 2 neben
раздѣлитъ сѩ 78ᵃ. 10, раздѣклатъ сѩ 81ᵇ. 1, раздѣклѭ сѩ
73ᵃ. 18, раздѣлитѥ сѩ 110ᵃ. 12, раздѣклинь 81ᵃ. 19, раздѣклѣ-
ѩцѩ 116ᵃ. 14, раздѣклинѣ 81ᵇ. 17; различьнь und разлѭ-
чати sind immer ohne ь, vergl. auch размѣкиино 23ᵇ. 4; ebenso
fehlt ь, wie auch zu erwarten, bei рас-. — Vergl. noch безь-
кодьнаѣ 74ᵃ. 4, вь безьдиѫ 60ᵇ. 6 und вьсь порока 29ᵇ. 13,
вьсь саиогь 111ᵇ. 2, dagegen вес страха 34ᵃ. 13, вес пиры
111ᵇ. 1; низьложи 33ᵃ. 2, низькидинн сѩ 69ᵃ. 11, низьхо-
ждиние 102ᵃ. 17. Selbst ein Fremdwort: изь|драилѣ 119ᵃ. 10.

Bei diesem Streben, die Präposition möglichst selbständig
erscheinen zu lassen, sind die Fälle eines ausgelassenen schwachen
Vocals bei den Präpositionen сь oder отъ ziemlich selten, z. B.
свитъ (съвитъ) 179ᵃ. 12, свѣдѣтьльстко 123ᵃ. 2, свѣтьникь
25ᵃ. 3, свѣдѣние 46ᵇ. 5, ни створивы 53ᵃ. 16, створѫ 133ᵇ. 1,
створи 32ᵇ. 20, 54ᵃ. 11, створить 82ᵇ. 11, створитѥ 39ᵃ. 15
u. 5., сказаѥмоѥ 125ᵃ. 19, срѧцѥтъ 17ᵃ. 12 neben сърѧцѥтъ
109ᵇ. 12, vergl. срѣтѥ 158ᵇ. 6 und сърѣтѥ 60ᵃ. 7, сърѣтоша
95ᵃ. 16, срѣтѥние 161ᵃ. 18, свѥрѫтъ 15ᵃ. 16, сконьчѣкаѭцѥ
59ᵇ. 12, вь скровѣ 75ᵃ. 3, скровицѥ 52ᵇ. 18, сньмицѥ 82ᵇ.
14, о стаѭѩцѥихь сѩ 29ᵃ. 1, скаии 167ᵃ. 15; отрѣшитѥ
159ᵇ. 6, отрѣшиⷮⷮь 83ᵃ. 13 u. s. w. (immer so), ꙗ꙼поустити
43ᵃ. 2, ѡткрьзоша 33ᵃ. 9, отврьзи 153ᵃ. 14, отврьзѥтъ сѩ 72ᵇ.
14, отврьзѫтъ сѩ 80ᵃ. 3, отврьзи 84ᵃ. 11, отврьзыи 159ᵃ.
5, открьсто 126ᵃ. 15, doch отькрьзаѥтъ 154ᵃ. 4, отьврѣсти
153ᵇ. 3, отькрьзостѣ 151ᵇ. 10, отькрьзѥ ib. 19, 153ᵃ. 10, oder
отьлатъ 48ᵃ. 16, отьнимѥтъ 59ᵃ. 18, 71ᵇ. 12, отьі|митъ 91ᵇ. 5,
отьнимѫтъ 101ᵇ. 9, vergl. dagegen отѥмлѭцоуоумоу 51ᵃ. 17

отємлѭщоуомоу ib. 20, окаша 45ᵇ. 10, vergl. от камєнє
25ᵃ. 14, из оклака 65ᵇ. 8, из очєє 52ᵇ. 8. 10, из оустъ 41ᵇ.
16, 43ᵃ. 14, из нєго 44ᵃ. 15, 50ᵃ. 20, 60ᵇ. 19, 61ᵃ. 10, ов онъ
полъ 60ᵃ. 5, 140ᵃ. 2. 13, vergl. на он полъ 138ᵇ. 3, из далєчє
93ᵇ. 1 und изъ далєчє 95ᵃ. 18, 97ᵇ. 18, 112ᵇ. 18, 117ᵃ. 13, из
оутра 109ᵃ. 11, нє корєнїѣ 7ᵇ. 9, вєз нєго 122ᵇ. 9, к знанин
38ᵃ. 1.

d) Auf diesem Grundsatze der Hervorhebung der Indivi-
dualität des Präfixes durch den vocalischen Auslaut ъ desselben beruht die Erscheinung, dass ъ des Präfixes mit dem
anlautenden и des Wortes, mit welchem die Zusammensetzung
stattfindet, zusammengefasst den Laut ы ergibt, in solchen
Beispielen: възыграєтє 50ᵇ. 15, възыгра са 32ᵇ. 8 neben
възнгра са 32ᵃ. 19, възыщєтє 145ᵇ. 6 neben възнштє 148ᵃ.
8, 165ᵇ. 18, възнскатъ 100ᵇ. 5, възнсклжщıа 38ᵃ. 3, възнщєтъ
76ᵇ. 8, 81ᵃ. 7, 96ᵇ. 13.

Derselbe Fall tritt ein beim Zusammentreffen des auslautenden ъ (für ъ) mit dem Anlaut и des nächsten Wortes,
nur wird hier nicht ъ-и zu ы, sondern zu ы-и in solchen Beispielen: сънємы-и (für сънъмъ и) 25ᵃ. 12, видѣвы-и (für видѣвъ и) 70ᵇ. 16, 71ᵃ. 2, покрыгы-и (statt повръгъ и) 44ᵃ. 16,
прнаты-и народъ (für прнатъ и) 61ᵃ. 18, нарицаєты-и 12ᵃ.
6, почьтєты-и 162ᵃ. 16, овиты-и 117ᵇ. 2, въпросаты-и 123ᵇ.
16, привлѣчєты-ї 141ᵇ. 8; слышєкхомы-и 20ᵇ. 10, оувєкмы-и
9ᵃ. 16, остаявимы-и 159ᵇ. 15; азы-и (für азъ и) 145ᵃ. 7, вы-
їма своє 138ᵃ. 10. Diese Erscheinung ist ohne Zweifel aus
der älteren Vorlage in unseren Codex herübergenommen, wie
das durch die Beispiele des Codex Marianus erwiesen wird.
Dasselbe gilt für ъ-и == ии: възлюбли-и 4ᵃ. 10 (d. h. възлюбль и). Einmal liest man цřє азыкы оустоѫтъ нмъ 110ᵇ.
12, entweder ein Schreibfehler oder ъ vor оу als ы aufgefasst,
da nach dem Sinne Gen. plur. азыкъ verlangt wird.

e) Charakteristisch für unser Denkmal, sowie überhaupt
für die westbulgarischen oder macedonischen, ist die Vorliebe
für die vollen Vocale є und o statt ъ und ъ. Obschon in
unserem Codex kein ъ begegnet, so ist doch ganz richtig sein
etymologischer Ursprung durch den vollen Ersatz o gewahrt.
In unserem Codex begegnet o überall, wo die geschlossene
Silbe nicht den Ausfall des Vocals ъ (eigentlich ъ) begünstigte,

sondern das volle Austönen desselben verlangte. So in Wurzel-
silben: кон҄ (für вън҄ъ) 7ᵇ. 7, 9ᵃ. 18, 21ᵇ. 4, 43ᵇ. 19, 62ᵇ. 3,
84ᵇ. 4, 88ᵃ. 20, 104ᵃ. 11, 107ᵇ. 20, 113ᵃ. 20, 121ᵃ. 6, 141ᵃ. 9,
153ᵇ. 1, 159ᵇ. 2, 162ᵇ. 7, 168ᵇ. 6; immer когъда oder кодьга,
ebenso тогъда, auch иногда 151ᵇ. 17, кровь (für кръвь) 178ᵃ.
9, doch кръвь 18ᵃ. 7, ложь 150ᵇ. 14, (150ᵃ. 1 ist ложь später
corrigirt in льжь), ропътаахѫ 47ᵇ. 19, роптаахѫ 88ᵇ. 5, ропьтаахѫ 100ᵃ. 17, in 141ᵃ. 18 ist mit neuer Tinte überschrieben
рьп҄таахѫ, früher war ропьтлахѫ, ропьщите 141ᵇ. 5, ропь-
щѫть 142ᵇ. 11, ропьщашь 145ᵃ. 15; сосьца 74ᵃ. 17, сосци
116ᵃ. 2, три соть 16ᵇ. 5, пятинж соть 57ᵃ. 3, сотьникь 24ᵇ. 8,
117ᵃ. 7, сотьникл 25ᵃ. 8. 10, сотьникоу 53ᵇ. 5, о сотьницѣ
27ᵇ. 2, 29ᵃ. 2, 53ᵇ am oberen Rande ѡ сотьницѣ; отъ пчель
соть 120ᵇ. 5; оусохьшѫ 7ᵇ. 9 neben оусьше 7ᵇ. 11; токьмо
4ᵃ. 2, 43ᵇ. 16, 47ᵃ. 13 u. s. w., oder токмо 7ᵃ. 3, 15ᵇ. 13, 43ᵇ.
10 u. s. w.; einmal кьзопи 99ᵇ. 9; wenig auffallend ist дьскл
und дъщица, weil die Betonung offenbar ultima und paenultima
war, dagegen hätte man 9ᵃ. 2 тощь erwartet, doch steht deutlich тъщь, vergl. тъща 104ᵃ. 1; ebenso отъ дх҃ъ зьль 55ᵃ.
13 neben отъ дх҃ъ зль 58ᵇ. 18. In den Stammsilben: врьтопь
7ᵇ. 1, 103ᵃ. 6, глддокь 39ᵃ. 9, крѣнокь 89ᵇ. 9, лакоть 79ᵃ. 9,
181ᵇ. 2, злчатокь 127ᵃ. 5, нлчатокь 148ᵇ. 2, плтокь 25ᵃ. 1,
опрѣснокь 17ᵃ. 7, 109ᵃ. 13, 109ᵇ. 6, жрьновь 94ᵃ. 17, so auch
жрьновьныи 2ᵃ. 1, црьковь 97ᵇ. 10, црьковьна 24ᵇ. 6, смоко-
вьницл 7ᵇ. 11, смоковьници 82ᵇ. 5, смококьницѫ 7ᵇ. 9, 82ᵃ.
20, 108ᵇ. 6, смококьница 15ᵃ. 20, свекровь 81ᵇ. 4; vergl. auch
исаломьскыихь 106ᵃ. 2. Hier sei noch der Nominativ тон
statt тъ erwähnt: тон тать ѥсть 154ᵃ. 2.

Am häufigsten tritt der Fall bei den Präpositionen ein.
къ wird ко: ко вьсѧ ѧзыкы 13ᵇ. 19, ко вьсѫ июдиж
54ᵇ. 20, во вьсеи июдеи 33ᵇ. 14, ко вьсеи слакѣ 79ᵃ. 15, во
вьсѧ страны 55ᵃ. 1, ко вьсѫ странѫ 38ᵇ. 4, во вьсѣко мѣсто
44ᵇ. 4; ко вьсемь мирѣ 16ᵇ. 16, 148ᵇ. 6, 151ᵃ. 16, во вьскрѣ-
шенне 10ᵇ. 7, 86ᵇ. 5, 137ᵃ. 12. 14, 158ᵃ. 11; во-нь 60ᵇ. 5, 127ᵃ.
8, 129ᵃ. 15, 133ᵇ. 15, 141ᵇ. 16, 143ᵇ. 10, 146ᵃ. 15, 148ᵇ. 16,
153ᵇ. 5, 156ᵇ. 14, 173ᵃ. 17, ко-нѣжѐ 96ᵇ. 6, 109ᵇ. 6. 14, ко-нь-
жѐ домь 62ᵇ. 18, 68ᵃ. 13, ко-нѣжѐ градь 68ᵇ. 4 (vergl. кь-нѣжѐ
коликждо градь 68ᵇ. 10), ко-нѣжѐ день 80ᵇ. 15, во-нѣжѐ чѣсь
80ᵃ. 17; во чьто 78ᵇ. 19, во вьторѫж 80ᵃ. 9, во скоѣ си

177ᵇ. 8, ко мнѣ 142ᵃ. 20, 156ᵇ. 5, 166ᵇ. 21, 167ᵃ. 2. 4, 167ᵇ.
6, 168ᵃ. 12, 168ᵇ. 3. 6, 172ᵇ. 15. 20, vergl. als Ausnahme къ
мьнѣ 168ᵃ. 1, 171ᵃ. 10 (vielleicht wegen к in мьнѣ), ко дни
157ᵃ. 16 (gleich daneben въ дьни), ко тъ дінь 171ᵃ. 6, aber
auch въ тъ дінь 68ᵇ. 20, 84ᵇ. 10. Vereinzelt в крѣма (eigentlich Schreibversehen) 58ᵇ. 17.

въз wird воз: возьметъ 23ᵇ. 8, 58ᵇ. 12, 64ᵇ. 6, 178ᵇ. 1,
козьми 47ᵃ. 4, 115ᵃ. 10, 135ᵇ. 7. 16. 18, возьмѫ 179ᵇ. 15, возь-
мѫтъ 26ᵇ. 11, 42ᵃ. 18, 159ᵇ. 17, 178ᵃ. 2, козьмѣте 62ᵇ. 15, 159ᵃ.
9, возьмиши 155ᵇ. 7, vereinzelt mit ь: кьзмети 111ᵃ. 5, вьзь-
мѣте 101ᵇ. 2. Ebenso возьрѣкьши 113ᵃ. 4, возьрѫтъ 178ᵃ. 17.

къ wird zu ко: ко кнѧзоу 81ᵇ. 16, ко мнѣ 32ᵇ. 6, 53ᵃ.
6 (corrigirt in ь), 87ᵇ. 6, 141ᵃ. 7. 8, 141ᵇ. 6, 143ᵃ. 3, ко мьнѣ
3ᵇ. 7, 98ᵃ. 11, 138ᵃ. 5; doch auch vereinzelt къ мнѣ 72ᵃ. 17,
141ᵇ. 12. Vergl. кь вьсѣмь 80ᵇ. 1.

надъ wird zu надо: надо-нь 71ᵃ. 1, надо-нѫже 124ᵇ. 13.
отъ wird zu ото: ото многъ 37ᵃ. 10.

съ wird zu со in Zusammensetzungen: собрати 78ᵇ. 3,
85ᵃ. 6, собравь 89ᵇ. 4, собрани 180ᵃ. 8, собрашѫ 159ᵇ. 12,
собра сѧ 173ᵃ. 20, совькоупльшаа сѧ 120ᵃ. 4, созьдати 87ᵇ.
15, созьда 8ᵇ. 15, созда 14ᵇ. 13, 53ᵇ. 16, созьдань 44ᵃ. 1,
созьдавьшоу 53ᵃ. 17, созданию 3ᵃ. 6, 14ᵇ. 12, созьвакь 114ᵇ.
17, соньмь 113ᵇ. 9 (о später corrigirt in ь), соньмищи 42ᵇ.
12, 49ᵃ. 13, соньмищи 43ᵃ. 7, 44ᵃ. 8, соньмица 44ᵇ. 15, сонь-
мицихь 42ᵇ. 8, 45ᵃ. 9, соньмішцихь 12ᵃ. 16, согьнѫвь 43ᵃ. 5.

Als selbständige Präposition: со мноѫ 17ᵇ. 10. 15, 49ᵃ.
9, 73ᵇ. 19, 74ᵃ. 1, 78ᵃ. 11, 88ᵇ. 20, 89ᵃ. 14, 91ᵃ. 9, 110ᵇ. 2,
116ᵇ. 18, 148ᵇ. 12, 162ᵃ. 19, 164ᵇ. 20, 169ᵇ. 16, 171ᵇ. 9, со
мьноѫ 72ᵇ. 3, 78ᵃ. 11, 111ᵃ. 1, со вьсѣмь 115ᵃ. 9 (später
corrigirt in сь), со крьста 24ᵃ. 2. 7, со тьщаниемь 32ᵃ. 15.

In diese Kategorie von Beispielen gehört endlich der
schon aus den ältesten altslovenischen Sprachdenkmälern bekannte Fall, dass das Pronomen сь oder тъ an das vorausgehende Substantiv durch Verwandlung seines thematischen Auslautes ь (d. h. ъ) in о angeschlossen wird. Unser Codex gibt
dafür mehr Beispiele als gewöhnlich: обрѣзось 10ᵃ. 6, мирось
163ᵃ. 22, родось 15ᵇ. 8, 74ᵇ. 3, 108ᵇ. 13, гласось 162ᵇ. 5,
чльвкось 24ᵃ. 10, 36ᵇ. 6, 117ᵃ. 8, sogar стоудиницось 131ᵇ. 20;
работь 80ᵇ. 6. 11, 87ᵃ. 7 und дінотъ 125ᵃ. 11.

Durch den Vocal є wird ь vertreten: a) In den Wurzel-
vocalen: врєнни 151ᵃ. 20, 151ᵇ. 12. 18, врєнниємь 151ᵇ. 1, дьнь
(als Nom. oder Acc. immer so), дьньми 23ᵇ. 20 und immer
Nom. plur. дьнни; вєдрь 19ᵃ. 9 (auffallend), двєрь 39ᵃ. 5, двєрь
154ᵃ. 13, 155ᵇ. 2 (Plur. immer дври, двєрьмь, nur двєрьми 153ᵇ.
20, 154ᵇ. 3; 15ᵇ. 6 при двєрь steht statt при дврєхь, 174ᵃ. 11 при
двьрєхь), двєрьникь 154ᵃ. 4, двєрьница, двєрьници 174ᵃ. 13.
14 (є corrigirt in ь), вєсь (vicus) 18ᵇ. 9, 67ᵃ. 6. 19, 71ᵃ. 19,
95ᵃ. 15, 118ᵇ. 5, 119ᵇ. 8, 158ᵇ. 5; вєсь (omnis) 7ᵇ. 4, 20ᵇ. 1,
22ᵃ. 3, 23ᵃ. 5, 50ᵃ. 18, 52ᵃ. 17, 61ᵃ. 5, 134ᵇ. 20, 136ᵇ. 9, 164ᵇ. 1,
вєсь мирь 26ᵃ. 2, 64ᵇ. 13, 153ᵇ. 10, 156ᵃ. 17; крєсть 4ᵃ. 17.
18, 23ᵇ. 1, 64ᵇ. 6, 115ᵇ. 12, окрєсть 33ᵇ. 4, 82ᵇ. 10 окрєстьнии
33ᵃ. 6, окрєстьньнꙑхь 63ᵇ. 9, крьщь 56ᵃ. 1, крьщьшє сꙗ 56ᵃ. 1,
крьщьшоу сꙗ 40ᵇ. 5; вьскрєсь 26ᵃ. 4; прилєпьши 68ᵇ. 13,
льсть 104ᵇ. 16 neben льстиѭ 16ᵃ. 10, обьщьника 46ᵃ. 6, мєнь-
шємь 57ᵇ. 6, оумрьши 159ᵃ. 15, 159ᵇ. 3, оумрьша 54ᵃ. 6,
178ᵃ. 6, оумрьшааго 159ᵃ. 10, вьзньзь 24ᵇ. 1, вьзньзьши
177ᵇ. 13, пропєньши 23ᵇ. 6, простєрь 46ᵃ. 18, отєрьши 156ᵇ.
18, тємно 75ᵃ. 11, тємнꙑ 75ᵃ. 16, тємьна̏є 112ᵇ. 16 (aus є
später ь gemacht), тємница 107ᵃ. 16, тємницѫ 111ᵃ. 15,
115ᵃ. 14, 115ᵇ. 7, вь тємници 40ᵇ. 4. 9, трєсть 24ᵇ. 1, 177ᵇ.
13 (auffallend); тєсть 174ᵃ. 3; шьдь sammt allen Ableitungen,
z. B. шьдь 19ᵃ. 10, 46ᵇ. 2, вьшьдь 7ᵃ. 9, 31ᵇ. 2, 56ᵇ. 3, 75ᵇ. 2,
ишьдь 45ᵃ. 1, 71ᵃ. 7, нашьдь 73ᵇ. 4, ошьдь 18ᵇ. 7, пришьдь
7ᵃ. 1, 16ᵃ. 4, 53ᵇ. 11, 58ᵇ. 11, 62ᵃ. 10. 15, 70ᵇ. 18, 74ᵃ. 7,
прошьдь 44ᵃ. 2, сьшьдь 31ᵇ. 2, 50ᵃ. 9, шьтьши 9ᵇ. 14, 26ᵇ.
2. 19, шьдьши 95ᵇ. 1, шьдьша 102ᵃ. 6, шьтьшꙑ 26ᵇ. 7, вь-
шьдьшоу 30ᵃ. 1, вьшьдьши 109ᵇ. 11, нишьдьша 117ᵇ. 7 u. s. w.;
ebenso ошьль 45ᵃ. 4, пришьль 44ᵃ. 12, 67ᵃ. 17, пришьльць
118ᵇ. 19; начєнь 14ᵃ. 16, 114ᵃ. 16, 119ᵇ. 5, начєньши 120ᵇ.
20; изємь 71ᵃ. 7, вьзємь 4ᵃ. 17. 18, 47ᵇ. 6, сьнємꙑ-н 25ᵃ. 12,
сьнємьшємь сꙗ 77ᵃ. 1, погємь 18ᵇ. 12, 65ᵃ. 6, прнємь 1ᵃ.
15, 18ᵃ. 1. 5, обємь 1ᵃ. 16, 3ᵇ. 13, кь зємь 51ᵇ. 9. 13. 16,
72ᵃ. 15; чєсти 134ᵃ. 10, чьстьнꙑє (statt чєстьнꙑє) 85ᵇ. 19.
Selten bleibt ь, wo man є erwarten würde, z. B. мьздꙑ 1ᵇ.
16, мьсть 97ᵇ. 2, тьща 44ᵇ. 6, жьзла 62ᵇ. 16, сь жьзлꙑ
19ᵇ. 7, бєчьстьна 9ᵃ. 6, трьсти 55ᵇ. 5, свьтить сꙗ 96ᵇ. 9,
122ᵇ. 13, свьтѫ 137ᵇ. 10, свьтьнꙑє 127ᵇ. 12. Ein serbischer
Corrector machte dann und wann aus dem ursprünglichen є

zurück nach seiner Auffassung ь, z. B. 101ᵇ. 20 вьсь wurde
corrigirt in вьсь.

Ebenso in thematischen und Suffixsilben: дьньсь 43ᵃ. 9,
47ᵇ. 10, дньсь 18ᵇ. 2 u. s. w., правьдьнь 117ᵃ. 17, 137ᵃ. 16,
правьдьнь 117ᵃ. 9, правьдьныихъ 48ᵃ. 6, неправьдьнѣмь 28ᵇ.
2 u. s. w., правьдьници 104ᵇ. 8, нерсалмьскь 23ᵃ. 6, самарѣ-
ньскь 131ᵃ. 13, жидовьскь 128ᵃ. 10, агньць 124ᵇ. 1, 125ᵃ. 2,
младьньць 32ᵃ. 20, 35ᵇ. 3. 17, 36ᵃ. 10, aber младьньцемь 69ᵇ.
15, младьньца 98ᵃ. 7; вѣньць 23ᵃ. 9, 19ᵃ. 18, коньць 74ᵇ. 12,
93ᵇ. 4, ковьчежьць 161ᵃ. 2, 165ᵇ. 8, близьньць 157ᵇ. 13, блн-
зньць 180ᵃ. 20, 181ᵃ. 5, старьць 19ᵇ. 8, 64ᵇ. 1, прьвѣньць
35ᵃ. 8, рожьць 89ᵇ. 15, слѣпьць 52ᵃ. 14, 99ᵇ. 4, стоудьньць
85ᵇ. 8, 131ᵃ. 16, 131ᵇ. 15, старьць 147ᵃ. 9, сжчьць 52ᵃ. 19, 52ᵇ.
4. 9, четврьтокластиць 63ᵃ. 7, тельць 90ᵃ. 20, пришльаьць 118ᵇ.
19, срѣдьць 37ᵃ. 10, овьць 28ᵃ. 19, 155ᵇ. 12, отечьствѣ 134ᵃ.
10, богочьтьць 153ᵃ. 13, осьль 85ᵇ. 8, оцьтъ 177ᵇ. 15, отъ-
цьтъ (sic!) 116ᵇ. 1; вѣсьнь 27ᵃ. 10, 44ᵃ (in der Ueberschrift),
вѣрьнь 92ᵃ. 13, 101ᵃ. 7, 180ᵇ. 13, невѣрьнь 66ᵃ. 8, 180ᵇ. 13,
грѣшьнь 46ᵃ. 1, дльжьнь 57ᵃ. 3, 91ᵇ. 14. 20, истиньнь 9ᵇ. 15,
130ᵇ. 14, 144ᵇ. 2, 145ᵇ. 6, 147ᵇ. 11, 148ᵇ. 5, лжкавьнь 74ᵇ. 3,
мирьнь 34ᵃ. 9, неджжьнь 82ᵇ. 16, подобьнь 53ᵃ. 9. 17, 150ᵇ.
13, 151ᵇ. 8, прискрьбьнь 98ᵃ. 12, равьнь 136ᵃ. 18, разоумьнь
69ᵃ. 14, сильнь 88ᵃ. 8, 119ᵃ. 4, чьстьнь 53ᵃ. 8, бечадьнь 105ᵃ.
11. In грѣвьше für грѣвьше 139ᵇ. 13 erblicke ich nur ein
Schreibversehen.

Beachtenswerth ist die Form прѣстви 57ᵇ. 16, 62ᵇ. 13,
65ᵃ. 4, 67ᵇ. 12, 72ᵃ. 3, 73ᵇ. 3, 79ᵇ. 10, 92ᵇ. 15, 98ᵃ. 12, 100ᵇ.
12, 110ᵃ. 14, црѣствѣ 25ᵃ. 4, 58ᵇ. 5, 59ᵇ. 6, 117ᵃ. 20, вь црѣстви 55ᵇ. 18, 84ᵇ. 3, 86ᵇ. 10, 111ᵃ. 5, 116ᵇ. 16, о прѣстви
63ᵇ. 4. Ist das Wort in der kürzeren Form auf -ьство gebraucht, so begegnet е für ь niemals. Beim Suffix -ьствии fand
ich ohne deutlich geschriebenes е nur 95ᵇ. 15. 17 црѣстви, 98ᵃ.
14 црѣствѣ, 18ᵃ. 12 вь црѣствии, 110ᵃ. 9 вь црѣстви. Ich
vermuthe, dass diese Ungleichheit der geschriebenen Form mit
der Verschiedenheit der Aussprache nach der Betonung im
Zusammenhange steht, d. h. man wird цáрьство oder цесáрь-
ство, aber царе́стви oder цѣсаре́стви ausgesprochen haben.

Ein besonderer Fall des Vorkommens des Vocals е für ь
findet da statt, wo in der Endung -ии (auszusprechen ii, ij, nicht

ii oder iji) das erste и durch і ersetzt wird, so: дѣтіи 3ᵇ. 7,
ѣслін 83ᵃ. 14, дьнін 103ᵃ. 14, людін 109ᵃ. 16, свінін 89ᵇ. 14,
трін 71ᵃ. 12, чін 104ᵇ. 18, сін 56ᵇ. 15, 88ᵇ. 7, 104ᵃ. 9, 140ᵇ.
19, 141ᵇ. 2. 3, 142ᵃ. 8, 142ᵇ. 6, 143ᵃ. 15, 144ᵃ. 13, 144ᵇ. 1,
151ᵃ. 9. 11, 159ᵇ. 14, волін 1ᵃ 11, 29ᵃ. 1, 110ᵇ. 10. 15. 17, 131ᵇ.
18, 150ᵇ. 6, 156ᵃ. 1, 164ᵇ. 15 (an letzter Stelle daneben gleich
волін), vergl. волін 155ᵇ. 17, 168ᵃ. 8. 20, 169ᵃ. 20; мьнін
110ᵇ. 16, крѣплін 73ᵇ. 14, бжін 113ᵇ. 17, вацін 6ᵃ. 12, прахъ
прилепьшін 68ᵇ. 13, въ вѣкъ грѣдѫцін 5ᵃ. 9; vergl. noch въхо-
дѧцінмъ 76ᵇ. 12. Derartige Formen sind nicht ausschliesslich,
vergl. мьнии 1ᵃ. 14, минн 55ᵃ. 19, вацінн 66ᵇ. 7, чни 10ᵃ. 6,
ратин 13ᵇ. 6, трин 83ᵇ. 17, дѣтні 9ᵃ. 8, дьнин 14ᵇ. 15, 41ᵇ. 4,
вѣлин 24ᵇ. 5, людин 30ᵃ. 2, 37ᵃ. 1. 3. Selten ist für ин durch
Zusammenziehung nur ein и geschrieben: дни (für днин) 36ᵃ. 9,
46ᵇ. 12, 59ᵇ. 7, вьси für вьсин 46ᵇ. 16, сѫди 97ᵃ. 17, илинножь
für илинножь 30ᵇ. 4. Auch die Stelle Luc. I 78, die 34ᵇ. 4
милосрьди милости ба нашіго lautet, wo ради ausgelassen
wurde, griech. διὰ πλάγχνα ἐλέους; möchte ich so deuten, dass
милосрьди als gen. plur. von милосрьдіе statt милосрьдин,
also милосрьдин ради милости, steht.

Als Schreibversehen müssen uns gelten solche Beispiele
wie: крість своn 4ᵃ. 17, прѣвыст 33ᵃ. 9 (es ist am Ende der
Zeile), отъ вас 17ᵇ. 9, покрыгы-и вѣс по срѣдѣ 44ᵃ. 16, въ
гроб 179ᵇ. 2, прнзьват| 48ᵃ. 5, вьзлюбин 167ᵇ. 8. Eines Be-
weises, dass der auslautende schwache Vocal jetzt schon keine
lautliche Geltung besass, bedarf es nicht, zumal selbst tönende
Consonanten im Auslaut tonlos sich gestalten können, wie die
oben angeführten Beispiele zeigen. Ebenso sind nur Abkürzungen дври 72ᵇ. 2, чрвь 2ᵃ. 8, прѣжнж 90ᵃ. 17, слнцѣ 15ᵃ. 8,
слнцоу 25ᵇ. 4, 44ᵇ. 12, кждо für къждо (eig. къжьдо) 146ᵇ.
7. Ebenso fehlt das Titlazeichen in въ днь 42ᵇ. 12, быстъ
днь 49ᵇ. 17, прьвын днь 17ᵃ. 6, дхъ злъ 57ᵇ. 18, очі (für
отьчі) 93ᵇ. 2. Schreibfehler ist отькрозоста statt отькрьзоста
119ᵇ. 16.

Die paläographische Eigenthümlichkeit des Vocals ы besteht darin, dass er immer die beiden Bestandtheile durch einen
Querstrich verbunden hat, also ьı. Da das Evangelium keinen
ъ kennt, so hat die Bezeichnung ьı statt ъı nichts Auffallendes.
Uebrigens weiss man es, dass auch solche Denkmäler, die sonst

4*

ъ und ь kennen, doch ы bevorzugen können, so der Pogodiner
Psalter, der Psalter Norov's, das Officienmenäum Grigorovič's,
ein Evangelium von Dečani u. a. Was den Verbindungsstrich
anbelangt, so erinnere man sich, dass dieses paläographische
Merkmal bereits in dem sehr alten Fragment Passio s. Con-
drati angewendet wird. Unter den späteren Denkmälern wendet
den Querstrich der Apostolus von Slepče an, zuweilen auch
der Psalter von Bologna u. a.

Für die Möglichkeit einer Verwechselung des ы mit и
können einige, im Ganzen allerdings nur sehr wenige Beispiele
aus unserem Codex citirt werden: и statt ы steht in съкри сѧ
151ᵃ. 4, бивъши (statt бырьшии) 24ᵃ. 10, сн für сы 130ᵇ. 6,
напльните водоносн (statt водоносы) 126ᵇ. 12, остави (жина)
водоносн своѧ 133ᵃ. 8; ы für и im Nom. plur. да не приджтъ
съблазны 94ᵃ. 15, каменніемь побываж 85ᵃ. 4 (statt побиваж),
къ поустыни 124ᵃ. 6, 140ᵇ. 11 (kann ein Schreibversehen sein,
da sonst въ поустыни immer richtig geschrieben wird). Ein
deutliches Versehen ist 86ᵇ. 3 слыны statt слкны. Als Schreibversehen dürfte aufzufassen sein рекьні 135ᵇ. 17 statt рекын,
dagegen слышкьн 141ᵇ. 10 steht für слышкын und съшедьн
142ᵃ. 4 für съшедын. Schwer ist es zu sagen, ob съвретє
нзбытька statt des erwarteten нзбытькы 139ᵃ. 13 ein blosser
Schreibfehler ist oder etwa im dictirten Text der Schreiber -ы
und -а im Auslaut verwechselt hat.

Dagegen spricht für die genaue Beobachtung des Unter-
schiedes zwischen ы und и die regelmässige Schreibung der
Conditionalformen des Verbums быти durch и, also neben Aor.
бысть, быша als Conditional nur бниа oder бниж, vergl.
Nichtconditional: вѣрень бысть 101ᵃ. 7, бысть жє егъда быста
тамо 35ᵃ. 6, аще оубо въ неправедьнѣмь мамонѣ вѣрьни
бысте 92ᵃ. 16, vergl. ib. 18, dagegen Conditional: аще чада
авраамлѣ бнсте былн 149ᵃ. 19. 20 (hier hat Cod. Mar. durch
Verwechselung бысте). Nichtconditional: вьсѣ мнѣ прѣдана
быша 69ᵇ. 20, отъ нелиже сн бышж 119ᵃ. 12. ѣже бышж на
пжтн 120ᵃ. 7, вьсѣ тѣмь быша 122ᵇ. 9; Conditional: да
бниа чьто сътворилн 49ᵇ. 13, аще ... бниа силы былы,
быкьшаіа ... покаѣлн сѧ бниа 69ᵃ. 3—6. Im Sing. 1. pers.
wird бнхъ geschrieben: нстаѕала бнхъ 101ᵇ. 1, да бнхъ црь
былъ 101ᵇ. 11, не бнхъ сътворилъ 169ᵇ. 5, не бнхъ пришелъ

169ᵇ. 1 neben ꙗⰽⰾⱆ ⰱⰻⰿⱎ 166ᵇ. 2, ⰲⱏⰸⰲⰵⱄⰵⰾⰻⰾⱐ ⱄⰵ ⰱⰻⰿⱎ 91ᵃ.
4; in der 1. per. plur. ⱀⰵ ⰲⰻⱈⱁⰿⱏ ⰻ ⱂⱃⱑⰴⰰⰾⰻ 175ᵃ. 6.

Wenn ⱏ und ⰻ (statt ⰻⰻ) zusammentreffen, so wird: 1. der
Querstrich unterlassen, 2. der Buchstabe ⰻ mit Punkten versehen, vergl. ⰽⱏⰿⱐⰹ 150ᵇ. 12.

Das griechische ꙋ wird durch ⰻ und ⰳ, auch durch ⱆ
und ⱓ wiedergegeben. Das Wort μύρον lautet in unserem Codex
ⰰⰾⰰⰲⰰⱄⱅⱃⱐ ⰿⰻⱃⰰ 56ᵇ. 8, ⱄⱅⱏⰽⰾⱑⱀⰻⱌⱙ ⰿⰻⱃⰰ 16ᵃ. 17, ⰾⰻⱅⱃⱘ
ⰿⰻⱃⰰ 160ᵇ. 12, ⰿⰻⱃⱁ ⱄⰵ 160ᵇ. 18, ⱄⰵ ⰿⰻⱃⱁ 16ᵇ. 4, ⰿⰻⱃⱁⰿⱐ
16ᵃ. 21, 27ᵇ. 5, 56ᵇ. 13, 122ᵃ. 13, 156ᵇ. 18, ⰿⰻⱃⱐⱀⱏⰹⰰ 160ᵇ. 15.
Das griechische ἀρχισυνάγωγος wird geschrieben: ⰰⱃⱈⰻⱄⱆⱀⰰⰳⱁⱃⱐ
83ᵃ. 4 und ⰽⱏ ⰰⱃⱈⰻⱄⰻⱀⰰⰳⱁⱃⱁⱆ 62ᵃ. 11; das Wort Κυρηναῖος ist
ⰽⱓⱃⰻⱀⱑ 115ᵇ. 10 und Κυρῆνος: ⰽⱓⱃⰻⱀⰻⱓ 34ᵇ. 17; Συρία ist
ⱄⱆⱃⰻⱙ 34ᵇ. 17, und Σύρος: ⱄⱁⱆⱃⱐ 43ᵇ. 15, dagegen Συχάρ
ⱄⰻⱈⱑⱃⱐ 131ᵃ. 14, συκάμινος: ⱄⰻⰽⰰⰿⰻⱀⱐ 94ᵇ. 14. Συρεών ist ⱄⱆⰿⰵ-
ⱁⱀⱐ 36.ᵇ 5, 37ᵃ. 5, ὁ ⱄⱆⰿⰻⱁⱀⱏ 27ᵃ. 5; Τύρος: ⰲⱏ ⱅⰻⱃⱑ 69ᵃ. 3,
ⱅⰻⱃⱁⱆ 69ᵃ. 7, ⱅⰻⱃⱐⱄⰽⰰ 50ᵃ. 14; Σιλωάμ (mit ⰻ im Griech.) lautet:
ⰲⱏ ⰽⱘⱂⱑⰾⰻ ⱄⱆⰾⱁⰰⰿⱐⱄⱅⱑ 151ᵇ. 2, aber ib. 13 ⱄⰻⰾⱁⰰⰿⱐⱄⰽⱘ.

VI.

Ueber den Consonanten ⰸ, über l epentheticum, über
ⱄⱅ statt ⱋ. Einige Einzelfälle.

Zu den Consonanten ist ausser dem bereits bei den Vocalen vorweggenommenen wenig zu sagen. Zwei Bezeichnungen
verdienen einzeln besprochen zu werden: die Anwendung des ⰸ
und die Erscheinungen des sogenannten l epentheticum.

1. In der Anwendung des ⰸ ist unser Codex sehr genau.
Er schreibt den Buchstaben zuerst in bestimmten Worten: ⰸⱑⰾⱁ
6ᵇ. 9, 25ᵇ. 2, 98ᵇ. 13, 99ᵇ. 12, 114ᵇ. 3, 117ᵇ. 14, nur einmal
ⰸⱑⰾⱁ 25ᵇ 8; ⰸⰲⱑⰸⰴⱏⰹ 15ᵃ. 9, ⰲⱏ ⰸⰲⱑⰴⰰⱈⱐ (lies ⰸⰲⱑⰸⰴⰰⱈⱐ)
108ᵃ. 12; ebenso immer ⰽⱏⱀⱔⰸⱐ (Beispiele siehe oben auf S. 38);
ⱂⱑⱀⱔⰸⱐ 10ᵃ. 4, 104ᵇ. 18, 138ᵇ. 17, 160ᵇ. 19, ⱂⱑⱀⱔⰸⱁⱆ 28ᵇ 18,
ⱂⱑⱀⱔⰸⰰ 71ᵃ 8, ⱂⱑⱀⱔⰸⰵⰿⰰ 77ᵇ. 5; ⱄⱅⱔⰸⰰ 39ᵃ. 5, ⱁⱆⰳⱁⰱⱔⰸⰻ ⱄⱔ
28ᵃ. 10, 78ᵇ. 1, ⱂⱁⰾⱐⰸⰰ 64ᵃ. 11; selbst ⱀⰰⰸⰰⱃⰵⱅⱐ 31ᵃ. 19 (doch
ⱀⰰⰸⰰⱃⰵⱅⱐ 37ᵇ 5, 38ᵃ. 19, ⱀⰰⰸⰰⱃⰵⱁⱄ 42ᵇ. 9, ⱀⰰⰸⰰⱃⰵⱅⰰ 125ᵇ. 13. 14.)
und ὁ ⰲⰵⰾⱐⰸⰵⰲⱁⱆⰾⱑ 73ᵃ. 12, 73ᵇ. 4. 6; — ferner in der verbalen
Stammbildung: ⱄⱏⱅⰰⰸⰰⰰⱈⱘ ⱄⱔ 44ᵃ. 19, ⱄⱏⱅⰰⰸⰰⱓⱜⱎⰰ ⱄⱔ 11ᵃ. 7,

сътазаюіпіма са 118ᵇ. 11, о стазаюіпіхъ са 29ᵃ. 1, съта-
заахж са 44ᵃ. 19, сътазааши са 1ᵃ. 10; истазаж 115ᵃ. 1,
истазаль бихъ 101ᵇ. 1, истазаж(тъ) 78ᵇ. 13, nur не въстазаи
51ᵃ. 20; въстрьзахж 48ᵇ. 15, протрьзахж са 45ᵇ. 11, растрьза
21ᵃ. 7, растрьзакъ 60ᵃ. 20, für Cod. Mar. въжизаатъ steht bei
uns въжигаеть 89ᵃ. 9; подвизаите са 84ᵃ. 3.

In den Verbalformen: врьзи са 7ᵇ. 15, 42ᵃ. 14, врьзи
147ᵃ. 6, въврьзъкте 45ᵇ. 4, 181ᵃ. 16, възлази 94ᵇ. 20, облази
119ᵇ. 11. — In den Nominalformen: врази 102ᵇ. 15, о бзъ
32ᵇ. 14, бзи 156ᵇ. 14, дроузі 169ᵃ. 1, неджзъ 122ᵃ. 8, 135ᵃ.
Ueberschrift und 17, къ подвизъ 112ᵃ. 5, нозъ 2ᵃ. 13, 56ᵇ.
11. 13, 57ᵃ. 14. 15. 19, 57ᵇ. 1, 90ᵃ. 20, 120ᵃ. 16. 20, 156ᵇ. 20,
160ᵇ. 13. 14, 164ᵃ. 9. 13. 20. 22, 164ᵇ. 4. 9, слоузъ 43ᵃ. 6, 81ᵇ.
19, на длъзъ врѣмени 97ᵃ. 12, дроузии 16ᵇ. 1, 21ᵃ. 13, 64ᵃ. 11,
65ᵃ. 1, 73ᵃ. 11. 14, 102ᵇ. 4, 145ᵇ. 17, 162ᵇ. 3, 180ᵇ. 1, 181ᵃ. 23,
въ дроузѣмь 45ᵇ. 13, о дроуз(ѣ)мь 92ᵇ. 5, мнози 5ᵃ. 10,
12ᵇ. 4, 13ᵇ. 2, 20ᵇ. 4, 29ᵃ. 9, 30ᵃ. 15, 43ᵇ. 12, 46ᵇ. 8, 57ᵇ. 3,
60ᵇ 4, 70ᵃ. 8, 84ᵃ. 5, 87ᵃ. 2. 5, 107ᵃ. 1, 128ᵃ. 1, 133ᵇ. 15,
142ᵇ. 8, 143ᵃ. 4, 145ᵃ. 11, 145ᵇ. 15, 148ᵇ. 15, 155ᵃ. 17, 156ᵇ.
10. 14, 157ᵇ. 18, 159ᵇ. 7, 160ᵃ. 16, 161ᵃ. 13, 163ᵃ. 13, 177ᵃ. 4,
мнозъ 55ᵇ. 9, 71ᵇ. 5. 10, 92ᵃ. 12. 14, 113ᵃ. 7; мнозъхъ 37ᵃ 14,
77ᵇ. 9, 89ᵇ. 4.

2. Viel weniger Consequenz zeigt unser Codex in der
Anwendung oder Ausserachtlassung des sogenannten l epentheticum. Beide Formen wechseln fortwährend mit einander ab,
wobei, wie es mir scheint, mancher Zuwachs der Beispiele ohne l
auf Rechnung der späteren Schicksale des Textes, d. h. seiner
macedonischen Provenienz, zu setzen ist.

Von земь- земѣ- землѣ ist der Localdativ земи (also
ohne л) das allerüblichste: отъ конъца земи 15ᵃ. 18 (Mar.
земла), паде на земи 18ᵇ. 18 (Mar. на земли), по въсеи земи
24ᵃ. 12, 43ᵇ. 9, 116ᵇ. 19 (Mar. eben so), на земи 35ᵇ. 8, 147ᵃ. 7
(Mar. id.), на добрѣ земи 58ᵃ. 18, 59ᵇ. 3 (Mar. id.), на земи
72ᵃ. 5, 97ᵇ. 5, 108ᵃ. 4. 12 (Mar. id.), небоу и земи 81ᵇ. 12, 92ᵇ.
18 (Mar. id.), въ земи 88ᵃ. 19 (Mar. id.); einmal mit überschriebenem л: на землн 147ᵃ. 3. Zu diesem Localdativ lautet
der Nominativ земѣ: нбо и земѣ мимо идеть 108ᵇ. 15, aber
auch землѣ: нбо и землѣ 15ᵇ. 9 (Mar. nur землѣ); Accusativ:
землж: плюнж на землж 151ᵃ. 19 (Mar. землж), извлѣкошж

на зємѫ 181ᵇ. 4, зємѫ: въ своѫ зємѫ 129ᵇ. 18 (Mar. зємлѫ)
und зємлѫ: на зємлѫ 46ᵃ. 10, 118ᵃ. 4, въ зємлѫ 60ᵃ. 7,
81ᵃ. 11, зємлѫ оупражнѣєтъ 82ᵇ. 7, einmal steht л über
зємѫ: каплѫщнѣ на зємѫ 112ᵃ. 8. Endlich Genit. sing.
въсіа зємла 109ᵃ. 3, отъ зємла 130ᵇ. 7, 162ᵇ. 8 und отъ зємла
(а später corrigirt in є) 45ᵃ. 19, нѣси н зємла 69ᵇ. 13, отъ
конєцъ зємла 74ᵇ. 13.

Das Wort корабь für корабль kommt in dieser Form
nur ohne л vor: въ корабь 45ᵃ. 18, 59ᵇ. 8, 61ᵃ. 9, 139ᵇ. 18.
19, 140ᵃ. 5. 12, 181ᵃ. 10, daher auch въ дроугѣмъ корабн
45ᵇ. 14, Nom. plur. нни корабн 140ᵃ. 7; Gen. sing. корабл 139ᵇ.
15, 140ᵃ. 3; mit erhaltener Erweichung нє кораблѣ 45ᵇ. 1, кораблѣ 181ᵃ. 16. Dual кораблѣ 46ᵃ. 10, оба кораблѣ 45ᵇ. 16.
Vergl. noch корабнца 45ᵃ. 14.

Nur каплѣ 112ᵃ. 7 und каплѫщнѣ ib., ebenso коуплѫ
(Acc. von коуплѣ) 101ᵃ. 3, dagegen neben дрєвлє 67ᵇ. 8, 69ᵃ.
5 auch дрєвє 67ᵇ. 14 und neben аврамлѣ 105ᵇ. 12, 149ᵃ. 19,
161ᵇ. 9, аврамлѫ 83ᵃ. 16 und аврамлє 149ᵃ. 4. 12, auch авра-
амє (sc. лоно) 93ᵃ. 17; ebenso крѣплєн 73ᵇ. 14 und крѣпнн
40ᵃ. 8. Neben содомлѣнємь 68ᵇ. 18 auch отъ їерслмѣнъ
144ᵇ. 16.

In verschiedenen Participiabildungen und Ableitungen davon lesen wir folgende Formen: оставль 20ᵃ. 11 und оставлъ-
шє 70ᵇ. 14, aber auch оставлшн 9ᵇ. 10, 20ᵃ. 7; пристѫпль
54ᵇ. 11 und пристѫпь 71ᵇ. 3, пристѫпльшн 2ᵇ. 16, 59ᵇ. 13,
пристѫпльшн 61ᵇ. 11 und пристѫпьшн 2ᵇ. 16, 63ᵇ. 6; дявьшн
са 105ᵃ. 4, съподобьшн са 105ᵇ. 5, нзьбавьшннмь са 34ᵃ.
15, погоубь 88ᵇ. 11, прѣломь 119ᵇ. 15, съломь 64ᵃ. 2. Vergl.
възлюблн für възлюбль н 4ᵃ. 10. Ebenso: възлюбєннн 104ᵃ.
6, възлюбєн 167ᵇ. 8, възлюбєнааго 9ᵃ. 10, 129ᵃ. 17 und въ-
злюблєннн 40ᵇ. 11, 65ᵇ. 9; о ослабєнѣмь 27ᵃ. 15, 46ᵇ unter
der Columne, ослабєнооумоу 47ᵇ. 3, отъставєнь 91ᵇ. 9, оупра-
вєнь 67ᵇ. 19; оставєннє 34ᵃ. 9, въ прѣломєннн 120ᵃ. 8, въ
прѣполовєннн 144ᵃ. 11; immer nur mit л: нзьбавлєннє 6ᵃ. 19,
34ᵃ. 2, 108ᵇ. 4, нзьбавлєннѣ 37ᵇ. 2, ebenso приставлєннѣ 48ᵃ.
20, und das Verbum dazu приставлѣєтъ; vergl. ѣвлєннѣ 34ᵇ 11.

Bei einigen anderen verbalen Bildungen wiederholt sich
dasselbe Schwanken zwischen den Formen mit und ohne л, so:
славѫ (für славлѫ) 150ᵇ. 9, прославѫ (für прославлѫ) 162ᵇ. 1,

не остаꙗж 167ᵃ. 20, люба 168ᵃ. 14, вьзлюба (für вьзлюблꙗ)
107ᵇ. 9, приемꙗ (für приемлꙗ) 137ᵇ. 8, 138ᵃ. 6, dagegen
ꙺемлꙗ 167ᵇ. 10, гꙑблꙗ 90ᵃ. 1 u. a.; ꙺемꙗть (für ꙺемлꙗть)
66ᵃ. 1, ꙺемꙺете (für ꙺемлꙺете) 138ᵃ. 1, 138ᵇ. 1, 148ᵃ. 19, 150ᵃ. 2. 4,
ebenso приемꙺеть 1ᵃ. 19. 20, 1ᵇ. 2, 66ᵇ. 12, 72ᵇ. 13, 88ᵇ. 7, 133ᵇ. 8,
165ᵃ. 5. 6, 170ᵇ. 2. 5, doch auch приемлꙗть 66ᵇ. 11, 98ᵃ. 14,
130ᵇ. 12, приемꙺете 129ᵃ. 5, вьспріемꙺете 51ᵃ. 1; приемлꙗвѣ 116ᵇ.
13, ꙺемлꙗть 58ᵇ. 17, приемлꙗть 58ᵇ. 15, 62ᵇ. 20, 106ᵃ. 16,
приемлꙗть 68ᵇ. 6, aber auch поемꙗть 96ᵇ. 17. 19, оꙺемꙗть
52ᵇ. 16; вьземлꙗши 101ᵃ. 16, aber partic. вьземꙗꙺ 124ᵇ. 1,
ꙺемꙗꙺ 136ᵇ. 14, приемꙺаꙺ 163ᵇ. 6, 165ᵃ. 4. 6, приемꙗще 138ᵃ. 13
neben отемлꙗщоꙸоꙺмоꙺ 51ᵃ. 16. 19. Man liest Imperativ
вьнемлꙗꙺте 77ᵃ. 5, 106ᵃ. 10, 108ᵇ. 16, aber auch вьнемꙺꙺте
94ᵇ. 1. Man findet neben einander оставꙗꙗ(ть) 96ᵇ. 18 und
оставлꙗꙗ 168ᵃ. 1, оставлꙗꙗть ib. 20, 47ᵃ. 18, 57ᵇ. 3. 7,
vergl. оставꙺеть 85ᵃ. 9 und оставлꙗꙺмь 72ᵃ. 8. Das Imperfect, das auch sonst vielfach abweicht (unter dem Einfluss des
Präsens), zeigt solche Formen: славꙗꙺше 83ᵃ. 3, aber славлꙗхꙗ
54ᵇ. 16, млькꙺꙗше 71ᵇ. 3, дивꙺꙗше са 7ᵇ. 5, дивꙺꙗхꙗ са
144ᵃ. 13, aber дивлꙗꙺхꙗ са 4ᵃ. 12, 66ᵃ. 16, дивлꙗꙺхꙗ са 73ᵃ.
10, крѣплꙗꙺше са 37ᵇ. 6, aber любꙗꙺше 157ᵃ. 4. 7, любꙺꙺше
159ᵃ. 3, 165ᵃ. 14. Vergl. оꙺерамлꙗꙗꙺть са 9ᵃ. 12, 104ᵃ. 6,
срамлꙗꙗꙺ са 97ᵃ. 8. 14, противлꙗꙗꙗщин са 83ᵇ. 1, противлꙗꙺ-
ꙺщин са 107ᵇ. 5.

Das Verbum благословити wird in allen Formen ohne
л gebraucht: благословꙗꙺше 3ᵇ. 13, благословꙺꙗше 121ᵃ. 8;
благословинь 32ᵇ. 4, 34ᵃ. 1, 85ᵃ. 14, 161ᵃ. 19, благословина
31ᵇ. 4, 32ᵇ. 3, благословинꙗꙺго 21ᵃ. 3 — im Cod. Mar. immer
mit л.

Von den übrigen Erscheinungen aus dem Bereiche des Con-
sonantismus verdienen erwähnt zu werden als charakteristisch für
die altkirchenslavischen Denkmäler macedonischer Provenienz
die Beispiele mit ст statt сц, also: старꙑци лютꙺстии 113ᵇ. 8,
вь рꙗцѣ чавчꙺстѣ 66ᵃ. 2, о сꙺꙺк чавчꙺстѣ 99ᵃ. 17, о квасꙺк
фарисꙺꙺстѣ 28ᵃ. 8, 77ᵃ. als Ueberschrift, такожꙺе и фарисꙺꙺ-
истии 48ᵃ. 11, гꙺнисаритꙺстѣ 45ᵃ. 14, архиꙺеристи 115ᵇ. 4,
галилꙺꙺнстꙺи 126ᵃ. 18, о морстꙺкꙺмь хожꙺении 122ᵃ. 10, вꙺ
градѣ нꙺꙺрсꙺꙺлꙺꙺмꙺꙺстѣ 121ᵃ. 4, вꙺ кꙗпꙺꙗли сꙺꙺлоꙺꙺлмꙺꙺстѣ 151ᵇ. 2,
вꙺ горѣ ꙺꙺлꙺꙺонꙺꙺꙺстѣ 102ᵃ. 18, ꙺꙺꙺлꙺꙺонстѣ 13ᵃ. 10, нꙺꙺнꙺꙺвꙺꙺгꙺꙺитꙺꙺстꙺꙺии

74ᵇ. 16, нюдинстии 177ᵃ. 9. Mit сц ist nur das Beispiel насцѣ 28ᵃ. 20 (Nominativ dazu пасха) zu verzeichnen.

Als ein Zeichen der Alterthümlichkeit des Textes kann der Schwund des auslautenden с der Präposition in solchen Fällen gelten: ицѣлиниѣ 84ᵇ. 16, ицѣлити 42ᵇ. 19, ицѣлитъ сѧ 50ᵃ. 16, ицѣлѭ 163ᵃ. 10, ицѣлитъ и 49ᵃ. 16, ицѣли 55ᵃ. 11, 112ᵇ. 7, ицѣли ѭ 83ᵃ. 6, ицѣли сѧ 43ᵃ. 17, ицѣлены 57ᵇ. 18, ицѣлѣахѫ сѧ 50ᵃ. 18, ицѣлѣти 61ᵇ. 11, ицѣлѣтъ 54ᵃ. 5, ицѣлѣ дни 62ᵃ. 6, ицѣлѣѭ 163ᵃ. 10; daneben allerdings auch нсцѣлитъ 134ᵇ. 2, нсцѣлѣ 95ᵇ. 4, нсцѣлѣвыи 135ᵇ. 19. нсцѣлѣвышоумоу 135ᵇ. 12, und selbst нсыцѣли 66ᵃ. 15, 85ᵇ. 5, о нсыцѣлѣвышинхъ 27ᵃ. 12. Vergleiche н-цркви 122ᵃ. 3, н-чрквѣ 30ᵃ. 20, 116ᵃ. 1; вѣчьстьиа 9ᵃ. 5, вѣчадинъ 105ᵃ. 11. 15. 17, ичьтини сѫтъ 77ᵇ. 8, рлчьтѣтъ 87ᵇ. 17, doch нирѣзи 119ᵇ. 17.

Einen Ausfall des Consonanten к zeigt das Adverbium скозѣ (immer so, nie сквозѣ), einmal selbst козѣ: въннти козѣ тѣсьнѣ крата 84ᵃ. 4, das nicht gerade Schreibversehen sein muss, da auch sonst скроз und кроз abwechselnd vorkommt. Einen Ausfall des д zeigt das Adjectiv нипразднъ und das Substantiv праздьникъ; sie lauten in diesem Codex immer ohne д, so: нипразнѣ 35ᵃ. 6, нипразныннмъ (sic!) 14ᵇ. 7, нипразнынимъ 108ᵃ. 3; und immer празникь oder празникъ, letzteres 16ᵃ. 13, 22ᵃ. 17, 37ᵇ. 10, 128ᵃ. 1, ersteres 109ᵃ. 13, 134ᵃ. 13, 135ᵃ. 3, 138ᵇ. 9, 143ᵇ. 1. 16. 17, 144ᵃ. 1. 3, 145ᵇ. 8, 160ᵇ. 1, 161ᵃ. 15, 165ᵇ. 10. Vergl. noch празника 37ᵇ. 13, 163ᵇ. 16, празникъа 144ᵃ. 11 und празникъы 115ᵃ. 8.

Auffallend und gleichsam an neugriechische Aussprache erinnernd ist 16ᵃ. 12 влицъ statt des üblichen плицъ, ebenso 132ᵃ. 8: бѫдетъ въ нимь источьникъ водѣ (statt воды) въслѣвлѧщаа, wo Assem. Zogr. und Nikol. richtig въслѣкплѧщ- щааа (oder въслѣкплѧщѫѭ) haben; diese Form wird durch *slap* gerechtfertigt. Eine ähnliche Erscheinung zeigt das Wort съ дрьгольми 112ᵇ. 12, wo man дрьккольми erwartet hätte. An Parallelstellen gibt unser Codex anderen Ausdrücken den Vorzug: съ жьзлы und съ посохы.

Noch eine auffallende Erscheinung ist das Wort иокрѣсти 131ᵇ. 1 statt иочрѣсти. Vielleicht wollte man mit к hier einen mittleren Laut zwischen *č* und *c*, also *č (k)* ausdrücken, da be-

kanntlich im Serbischen, und so auch in Macedonien, die Lautgruppe čr gerne wie cr ausgesprochen wird, also zwischen črn
und crn könnte als Uebergangslaut črn angenommen werden,
ebenso zwischen črpe und crpe die Uebergangsform črpe. Dass
к zuweilen wie k' (ć) lautete, das ergibt sich aus 115ᵇ. 11:
симона етера кюринеⲕ, während es 23ᵃ. 18 кⲩринию steht, dagegen 34ᵇ. 17 steht wieder кюрннию (mit der späteren Correctur
des letzten ю in ꙗ, damit es кюрннꙗ gelesen werde). Das
glagolitische ж wird in unserer Handschrift einfach durch г
wiedergegeben.

.   Hinsichtlich der lautlichen Wiedergabe der Fremdwörter
seien hervorgehoben: крижьмꙋ 117ᵇ. 12; der Ausdruck kommt
auch im Evangelium vom Jahre 1143 vor, nur nicht mit ж
geschrieben, er beruht auf dem griechischen χρίσμα, obgleich
hier der griechische Text τὰ μύρα schreibt. Noch heute ist im
Kroatisch-slovenischen der Ausdruck mit ž križma wohlbekannt.
Das griechische εἰς Βηθφαγή wird hier durch въ китьсфагиꙗ 101ᵇ.
16 transscribirt, wo die Lautgruppe тьс vielleicht das griechische θ ausdrücken soll. Für Σάρεπτα schreibt der Codex сариꙗтꙋ
43ᵇ. 11, im Cod. Mar. сариⲫтꙋ, vergl. die Aussprache ftica für
птица. Die gewöhnliche Wiedergabe des griechischen θ ist ꙃ:
каръоломиꙗ 50ᵃ. 4 (in alten glagolitischen Texten т), кнꙃеꙁꙁда
135ᵃ. 7 (im Cod. Mar. т), голгоꙁа 23ᵇ. 2 (Cod. Mar. т),
мꙁрꙁа 71ᵇ. 1. 4, 158ᵃ. 3. 5, 158ᵇ. 6, 159ᵃ. 10, мꙁрьꙁа ib. 9,
158ᵃ. 11, мꙁрꙁы 156ᵇ. 16, мꙁрꙁж 157ᵃ. 7, мꙁрьꙁ̈ 158ᵃ. 1 (im
Cod. Mar. immer т), наꙁананиль 125ᵇ. 13, 126ᵃ. 1, 6, 181ᵃ. 5,
наꙁананиль̈ 125ᵇ. 9. 17, виꙁаниа 157ᵇ. 17, виꙁанниꙗ 101ᵇ. 16,
157ᵇ. 15, 160ᵇ. 6 (Cod. Mar. immer т). So auch immer ꙁомꙗ
157ᵇ. 12, 166ᵇ. 7, 180ᵃ. 19, 180ᵇ. 7. 13, ꙁомж 50ᵃ. 5, ꙁомⲕ̈
ib. 10 (Cod. Mar. immer т). Desgleichen матьꙁꙗ 50ᵃ. 5,
кнꙁлиомь 35ᵃ. 2, doch отъ витьсанꙁы 125ᵇ. 8 (die übrigen
Stellen sind alle corrigirt). Das eingeschaltete г (wohl nach
griechischer Aussprache) in ливьги 27ᵃ. 16, лигги 47ᵇ. 16,
ливьгиꙗ ib. 12, ливьгитъ 70ᵇ. 17, ливьгитꙑ 123ᵇ. 15, нинивь-
гитомь 74ᵇ. 8, нинивьгитьствии ib. 16, параскевьги 117ᵇ. 6,
dagegen 178ᵇ. 6 алоино, während die älteren Texte auch
hier г (eigentlich ḫ) einzuschalten pflegen, und so auch (ohne г):
ꙁа параскеꙉниꙗ 178ᵇ. 13, параскеꙉн 177ᵇ. 18 (letzteres Beispiel
ist ausgekratzt, doch mit deutlichen Spuren).

VII.
Einige Eigenthümlichkeiten der Declination.

Nicht auf die systematische Uebersicht aller Formen kann es hier ankommen. Nur einiges mehr oder weniger Bezeichnendes mag hier erwähnt werden. Im Ganzen ist auch der Formbestand des Codex ein Compromiss älterer Ueberlieferungen mit neueren Zuthaten oder Aenderungen. Natürlich ist das erste mehr beweisend für das Alter der Handschrift, das letzte für die geschichtliche Entwickelung der kirchenslavischen Sprache. Wir beginnen mit einzelnen Casus der nominalen Declination.

Im Nom. sing. steht 96ᵃ. 7 мльнѣ und nicht das ältere мльнии, dagegen сѫдни 97ᵃ. 7 und сѫди 97ᵃ. 18, ebenso рабыни 113ᵃ. 3, самарѣныни 131ᵇ. 5. In der consonantischen Declination hat man den Unterschied zwischen Nom. und Acc. sing. zum Theile schon aufgegeben. Darum steht 94ᵃ. 17 als Nom. жрьновь, während 81ᵇ. 3. 4 noch Nom. свекры und Acc. на свекровь lautet. Ebenso ist 173ᵃ. 12 noch любы als Nom. geblieben, dafür ist aber Acc. sing. любьве божнѫ 75ᵇ. 17, любьве нматє 166ᵃ. 7, gleich Gen. любве 168ᵃ. 22, любьве 138ᵃ. 7, während Local nur въ любьви 168ᵇ. 14. 16. 18 lautet. Das Wort прѣлюбы dient als Acc. не прелюбы дѣи 4ᵃ. 3, не прѣлюбы сьтвори 98ᵇ. 2 und прѣлюбы творить 3ᵃ. 19, 3ᵇ. 2, 93ᵃ. 4, прѣлюбы дѣть 93ᵃ. 2. Wie man sieht, selbst in negativen Sätzen bleibt прѣлюбы unberührt, es ist eben die ganze Phrase прѣлюбы дѣати oder творити stereotyp geworden. Als Nom. liest man неплоды 29ᵇ. 15. Auch камы steht nicht nur im Nom. камы лежѫщи 159ᵃ. 8, sondern auch als Acc. возьмѣте камы 159ᵃ. 9, кьто отвалить намь камы 25ᵇ. 5. Daneben kommt Nom. камень vor: 9ᵇ. 3, 13ᵃ. 7, 104ᵃ. 18, 106ᵇ. 14, отвалинь єсть камень 25ᵇ. 8, und als Acc. ebenfalls камень: 2ᵃ. 1, 25ᵃ. 16, 42ᵃ. 19, 72ᵇ. 7, 117ᵇ. 17, 147ᵃ. 6, 159ᵃ. 14, 178ᵇ. 17. Gen. ist камене 25ᵃ. 14, 102ᵇ. 18, und Local nur на камени 53ᵃ. 15, 102ᵇ. 19, 104ᵃ. 20, 106ᵇ. 14. Von мати lautet der Acc. матере und матерь: чьти оца твоего н матере твоѭ 4ᵃ. 6 (das Wort твоѭ ist später ausradirt), чьти оца твоего н мре 98ᵇ. 4, ли братнѭ ли сестры ли оца ли мре

ли женж ли чада 5ᵃ. 3, знаемъ оца и мре 141ᵇ. 3, їесь же
видѣкъ мре 177ᵇ. 5, daneben матерь 3ᵃ. 9, на матерь 84ᵇ. 3.
Man liest auch als Acc. въ цркве 36ᵇ. 12 (Cod. Mar. црквь),
aber Nom. цркве снѣ 127ᵇ. 13. Neben на десяти 1ᵃ. 12, 16ᵇ. 20,
17ᵇ. 6. 15, 19ᵇ. 5, 26ᵃ. 18, 37ᵇ. 12, 38ᵇ. 5, 57ᵇ. 17, 61ᵇ. 4. 8,
62ᵇ. 11, 63ᵇ. 7, 82ᵃ. 13, 83ᵃ. 18. 99ᵃ. 14, 109ᵃ. 19, 110ᵃ. 4,
111ᵃ. 7, 112ᵃ. 15, 118ᵃ 14, 120ᵃ. 4, 139ᵃ. 15, 143ᵃ. 7. 13. 16,
157ᵃ. 16, 157ᵇ. 18, kommt nur zweimal на десяти vor: 5ᵃ. 15,
180ᵃ. 20.

Gen. sing. auf оу wird immer bei домъ angewendet: отъ
домоу 31ᵇ. 11, 35ᵃ. 3, исъ (!) домоу 68ᵇ. 4, vergl. 127ᵇ. 2. 5
u. s. w., die Form дома bedeutet ἐν οἴκῳ 158ᵃ. 5; von олъ liest
man вина и олоу 30ᵃ. 18; von полъ: мжжьска полоу 36ᵃ. 19;
von волъ wurde 83ᵃ. 14 волоу corrigirt in волъ. Von сынъ
lautet der Gen. sing. сына, geschr. сна. Vergl. noch съ връхоу
177ᵃ. 16, dagegen ловрьхъ für до връхоу 43ᵇ. 20 und zweimal
gleich Cod. Mar. до врьха. Bei der consonantischen Declination
ist der Gen. auf и nachweisbar, so: von кръвь Gen. кръве 61ᵇ.
7. 13, 76ᵇ. 5. 6, und кръви 112ᵃ. 7, 142ᵃ. 11; natürlich ein Nom.
кры kommt nicht vor; aber Gen. не цркве oder и-цркве 122ᵃ 3,
127ᵃ. 8, 151ᵃ. 4. Von neutralen Stämmen: подобьна врѣмени
109ᵇ. 4, neben до врѣмене 42ᵇ. 4, врѣмене сего 81ᵇ. 13, врѣмене
102ᵇ. 19; von сѣмя nur сѣмене 10ᵇ. 2. 4. 6, 146ᵃ. 2; ebenso
nur имене моего ради 14ᵃ. 12, 107ᵃ. 18, 107ᵇ. 10. Von нево
steht der Form съ нбсе 8ᵃ. 20, 67ᵃ. 12, 69ᵇ. 2, 73ᵃ. 6. 16, 103ᵇ.
4. 6, 124ᵇ. 10, 130ᵇ. 8, 140ᵇ. 12, 142ᵃ. 1, съ нвксе 96ᵇ. 4, 112ᵃ. 4,
140ᵇ. 15, 141ᵇ. 1 nur einmal съ нбси 107ᵃ. 13 gegenüber, denn
die beiden Beispiele до коньца нбси 15ᵃ. 19 und гн нбси и
земля 69ᵇ. 12 sind nicht in Betracht zu ziehen, da nach der
slavischen Syntax нбси hier auch Dativ sein könnte. Einen
Local auf -е kennt unser Denkmal nicht, daher: на нбсе 4ᵃ. 16,
72ᵃ. 4, 89ᵇ. 3, на нвксе 102ᵇ. 3, на нввксе 129ᵃ. 11. Vergl. въ
очесн 52ᵃ. 19 (neben въ оцѣ 52ᵇ. 1. 5. 6), und Gen. нз очесе
52ᵇ. 8. 10. Ebenso единого словесе 8ᵃ. 17, 103ᵇ. 2, словесе моего
136ᵇ. 13, 149ᵇ. 14, словесе его 137ᵇ. 19. Das Beispiel словы
словесн 29ᵃ. 15 ist nicht beweisend. Von тѣло sind an denselben
Stellen Genitive тѣла, wo auch im Cod. Mar., und ebenso in
Uebereinstimmung mit ihm тѣлесе 29ᵃ. 6, 117ᵇ. 19, 119ᵃ. 15,
122ᵇ. 4. Das Wort днь hat den Gen. дьне: до нгоже дьне

30ᵇ. 17, 96ᵃ. 18, до того дьнѥ 18ᵃ. 11, до дьни 34ᵇ. 11, отъ
тогожѥ дьнѥ 160ᵃ. 9. Das Beispiel ѥдиного дьни 96ᵃ. 3 kann
als Gen. plur. statt дьнии aufgefasst werden. Dagegen kommt
der Local auf -ѥ nicht vor, also statt Cod. Mar. къ дьнѥ liest
man hier во дни 157ᵃ. 6.

Beachtenswerth ist der Gen. съ пѫтѣ 131ᵃ. 18 neben
съ пѫти 72ᵃ. 17, vielleicht als пѫтьѭ zu lesen mit erhaltener
Weichheit. Nur ein Fehler dürfte in жены самарꙗньши сѫ-
ціа 131ᵇ. 8 anzunehmen sein, hervorgerufen durch die einige
Zeilen früher stehende жена самарꙗньши. Noch auffallender
ist Marc. XIV. 13 die Uebersetzung der Worte ἀλάβαστρον μύρου
νάρδου πιστικῆς πολυτελοῦς: стькльница мира благокоиьны ма-
сти вѣрьны многоцѣньна 16ᵃ. 18. Offenbar hat hier jemand
πιστικῆς von πίστις (вѣра), also πιστικός вѣрьнъ, abgeleitet und
in den Gen. sing. fem. gesetzt, dazu πολυτελοῦς als Gen. masc.
oder neutr.

Dativ auf -ови, -ѥви begegnet wie in den ältesten Denkmälern: сынови 136ᵃ. 9, 137ᵃ. 5, daneben сыноу 38ᵇ. 16, 64ᵃ. 17,
118ᵃ. 8, 129ᵃ. 13, 131ᵃ. 15, 162ᵇ. 14 — ganz an denselben
Stellen wie im Cod. Mar.; ви 10ᵃ. 10, 100ᵃ. 2, 105ᵃ. 2, 106ᵇ.
6 neben къ гоу боу 30ᵇ. 2, боу 35ᵇ. 8, 42ᵃ. 19, 92ᵇ. 6, 95ᵇ. 11,
136ᵃ. 18, 164ᵃ. 5, 180ᵃ. 2 — abermals in vollster Uebcrein-
stimmung mit dem Cod. Mar. Von доухъ: дхови 60ᵃ. 16,
66ᵃ. 13 (дхви) — letzte Stelle im Cod. Mar. дхоу. Von иетръ:
иетрови 21ᵇ. 20, 25ᵇ. 17, 174ᵇ. 19, 175ᵃ. 15, 181ᵃ. 20, sonst
иетроу, wie im Cod. Mar., ein Beispiel mehr ist in unserem
Codex иетроу 19ᵃ. 5. Unser Codex hat auch keinen Beleg
für пилатови, иосифови, иоанови oder симонови, es steht
immer пилатоу, иосифоу, иоаноу (geschr. ꙇноу), симоноу.
Dagegen liest man аньдрѥови 162ᵃ. 4, иерѥови 46ᵇ. 3, архиерѥ-
ови 174ᵃ. 10. 13, 174ᵇ. 7. 11, aber архіерѥю 20ᵃ. 14, wo Cod.
Mar. -ови hat; ferner архитриклинови 126ᵇ. 15 — in Uebereinstimmung mit Cod. Mar. Der Dativ їсcови, in dieser Form
geschrieben, ist nicht so häufig wie im Cod. Mar., man liest
ihn 8ᵇ. 8, 49ᵇ. 14, 60ᵃ. 18, 65ᵇ. 1, 70ᵇ. 8, 112ᵇ. 16, 116ᵇ. 15.
Von кесарь findet man кесарѥви 9ᵇ. 20, 104ᵇ. 15, 105ᵃ. 2 und
кесаровви 10ᵃ. 10, einmal dafür цр҃ви 114ᵃ. 6. Vergl. мирови
129ᵇ. 3, 163ᵇ. 5. Von моси oder мониси kommt kein Dativ
мосѥови vor, wie im Cod. Mar., sondern nur монсни 65ᵇ. 3,

моисиї 138ᵃ. 17, моисн 153ᵃ. 6. Dagegen übereinstimmend mit Cod. Mar. liest man виндрєки 82ᵇ. 3, мжживи 31ᵃ. 20; vergl. dagegen крдтдрю 15ᵇ. 20, камнлю 4ᵇ. 9. Von господь liest man гоу 30ᵇ. 2, гкн 30ᵇ. 7, 37ᵃ. 21, 94ᵇ. 10.

Instr. sing. der femininen *a*-Stämme ist zuweilen gekürzt zu -ж, zusammenfallend mit dem Acc. sing. Beispiele: сь дроу- жниж своиж 22ᵇ. 1, тоиж ко мѣрж 52ᵃ. 11, родитєли и бра- тниж 107ᵇ. 7, галнлиж 95ᵃ. 14. Auch июдиж 38ᵇ. 8 und галн- лиж 38ᵇ. 10 sind nach Ausweis anderer Texte als Instr. auf- zufassen. Vergl. eine gleiche Kürzung in надь члѣднж своиж (statt своиеж) 80ᵇ. 4.

Nom. plur. immer дєни, ebenso людн 30ᵇ. 20, 40ᵇ. 6, 100ᵃ. 1, 103ᵃ. 12, 103ᵇ. 8, 109ᵃ. 10, 116ᵃ. 16, aber auch людн 55ᵇ. 21 (vielleicht є nur ausgelassen), ebenso татни 154ᵃ. 17, мытдрн 39ᵇ. 12, 56ᵃ. 1, einmal мытдрі 88ᵇ. 4, рыкдрн 45ᵃ. 15; законооучнтєлі 46ᵇ. 15, пррцн и црє 70ᵃ. 8, црє 110ᵇ. 12, дѣлатєлі 84ᵃ. 19, съкѣдѣтєлі 121ᵃ. 1, кластєлі 110ᵇ. 13. Vergl. auch 113ᵇ. 1 мѫжє, das übrigens von einer späteren Hand herrührt, das ursprüngliche ist nicht mehr lesbar. In дькд дісдтє и пать 139ᵇ. 13 steht entweder є für ѣ (Cod. Mar. schreibt nämlich дькд дісдтѣ), oder der Schreiber dachte an на дісдтє.

Gen. plur. auf -н (für -нн): мжжни 87ᵃ. 20, мжжн 132ᵃ. 17 neben мжжь 95ᵃ. 17, диндрни 16ᵇ. 5, диндрн 57ᵃ. 3. Von дьнь lautet der Gen. plur. bald дьннн (14ᵇ. 15, geschrieben auch диннн 41ᵇ. 4, 83ᵃ. 7) oder дни 36ᵃ. 9, 46ᵇ. 12, 59ᵇ. 7, 65ᵃ. 6, 96ᵃ. 3 oder дьнен 103ᵃ. 14, bald дінь: 160ᵇ. 5, 180ᵇ. 6 (hier neu corrigirt in дьнн). Vergl. оть вьсѣхь вьсн 46ᵇ. 16 (statt вьсни). Gen. Dual lautet дьнню 16ᵃ. 8, und дьноу 134ᵃ. 7. Auf -овь sind домокь 5ᵃ. 6, колокь 87ᵃ. 2, сикь 92ᵃ. 7. Acc. plur. кололы 127ᵃ. 15 ist wohl nur ein Schreibverschen für колы, das ib. 18 richtig geschrieben ist.

Ein sonderbarer Fehler ist о кракахь 122ᵃ. 2, wo Cod. Mar. о краиѣ hat, als wäre das Wort fem. gen. Einen Local auf -охь kennt das Denkmal nicht.

Nominale Declination der Adjectiva ist durch Beispiele vertreten, wie sie eben nur in den Texten guter alter Ueber- lieferung vorzukommen pflegen. So Instr. sing. огнємь лютомь 44ᵇ. 8, гласомь кєликомь 32ᵇ. 2, страхомь кєликомь 61ᵃ. 7, лицемъ гнѣмъ 34ᵇ 1. добромь срьдьцемь и благомь 59ᵃ. 4, каменнемь добромь 106ᵇ. 11, многомь, меньшемь 57ᵇ. 4. 6. Gen. plur. съсѣдъ богатъ 86ᵃ. 18, отъ прѣмждръ и разоумень 69ᵇ. 14, отъ дхъ зълъ 55ᵃ. 13, 57ᵇ. 18, отъ дхъ нечистъ 50ᵃ. 18, прокаженъ мжжъ 95ᵃ. 17, дшъ члвчьскъ 67ᵃ. 17, хлѣбъ ачьнѣнъ 139ᵃ. 3, отъ всѣхъ вьси галилеискъ 46ᵇ. 16, из оустъ ѥгжин 41ᵇ. 17, отъ оученикъ Ïоановъ 130ᵃ. 6, отъ многъ 37ᵃ. 10, отъ лѣтъ многъ 60ᵃ. 9, отъ многъ лѣтъ 60ᵃ. 17, из многъ 44ᵇ. 17 (durch Correctur hinzugefügt -ыхъ), vergl. dagegen мнозѣхъ итиць 77ᵇ. 9. Dativ plur. abs. fem. пристрашьнамъ же бывьшамъ имъ и поклоньшимъ 118ᵃ. 2. 3. Instr. plur. ангелы бжии 77ᵇ. 14, бжи ib. 17, сны члвчьскы 126ᵃ. 17, кънигами глинъсками и римъсками и еврѥнъсками 116ᵇ. 5. 6. Loc. plur. въ ризахъ бльщжщахъ са 118ᵃ. 2. Dual: при ногоу ѥсовоу 61ᵃ. 11, 61ᵇ. 2, 71ᵇ. 3, обѣшеноую злодѣю 116ᵇ. 7.

Zur pronominalen und zusammengesetzen Declination der Adjectiva ist wenig zu bemerken. Es wurde schon oben als Nom. plur. ны für мы hervorgehoben, die Form kommt übrigens zweimal vor, 141ᵇ. 2 und 153ᵃ. 5 ны вѣмь, nur ist hier ı weggekratzt, daneben allerdings in der grössten Mehrzahl das übliche мы 4ᵇ. 18, 20ᵇ. 9, 39ᵇ. 17, 63ᵇ. 16, 99ᵇ. 4, 119ᵃ. 8, 123ᵇ. 6, 132ᵇ. 9, 143ᵃ. 10, 145ᵇ. 3, 149ᵇ. 6, 150ᵃ. 9, 153ᵃ. 4 (an dieser Stelle ist мы mit neuer Schrift geschrieben, möglicher Weise stand auch hier früher ны, wie in der nächstfolgenden Linie), auch 153ᵇ. 14 ist мы auf der Rasur, 157ᵇ. 14, 162ᵇ. 11, 172ᵃ. 18, 172ᵇ. 19, 181ᵃ. 9. Als Acc. steht ны 55ᵃ. 9, 71ᵇ. 16, 95ᵃ. 20, 103ᵇ. 9, 116ᵇ. 3. 4 (116ᵇ. 9 ist in unserem Codex наю richtiger als im Cod. Mar. ны, weil von den beiden mitgekreuzigten Räubern die Rede ist; da jedoch auch Zogr. Assem. н'ы und Ostr. насъ bieten, so dürfte hier наю erst eine spätere Berichtigung der ursprünglichen Uebersetzung sein), 119ᵃ. 13, 123ᵃ. 18, 153ᵃ. 19, für ны steht насъ 34ᵇ. 6, 72ᵃ. 11 (Cod. Mar. hat hier н'ы). Für Dual 1. Pers. kommt ein Beleg вѣ vor, für die 2. Pers. ва: срдщетъ ва 17ᵃ. 12.

Das Pronomen тъ kommt neben ть auch als той vor: той татъ ѥстъ 154ᵃ. 2. Ebenso steht öfters сеи für сь (Beispiele sind oben S. 51 angeführt). Daher auch Acc. plur. neben ты (z. B. въ ты дьни oder дни 50ᵇ. 16, 65ᵇ. 13) auch тыꙗ:

въ тыѧ дни oder дьни 14ᵇ. 8, 41ᵇ. 6, 48ᵃ. 18, 108ᵃ. 3, 114ᵇ. 15,
въ дьни тыѧ 15ᵃ. 7, 49ᵇ. 16, въ тыѧ 83ᵃ. 8, 60ᵇ. 9, тыѧ
155ᵃ. 4; 101ᵇ. 10 врагы моѧ тыѧ, hier ist ѧ ausgekratzt. Als
Nom. plur. fem. тыѧ 138ᵃ. 4. So auch и їныѧ овьца 155ᵃ. 3.
Neutr. plur. von съ oder сеи lautet си und снѣ: снѣ o ceвѣ
127ᵇ. 1, си глаши 127ᵇ. 17. Von и steht Acc. Dual fem. ѣ: да
оўтѣкшѫтъ ѣ 158ᵃ. 2 (sc. марьѫж и мариѭ), so auch Sav. Kn. (ы).
     Von чьто kennt man чесо 111ᵇ. 2, ничесоже 111ᵇ. 3,
по чесомоу 30ᵃ. 9. Ein Schreibversehen ist чь für чьто 104ᵃ. 17.
Wahrscheinlich ebenso o чьтомь 165ᵇ. 6 (die Lesarten an
dieser Stelle variiren: къ чимоу, чесо ради) und чьтого ради
160ᵇ. 18. Von къто sollte Instr. sing. цѣмь lauten. Dafür liest
man von кыи: кымь 85ᵇ. 17. Für den Nom. sing. statt кыи
liest man schon кои 110ᵇ. 17.
     Ein sehr conservativer Zug geht durch die Formen der
zusammengesetzten Declination der Adjectiva, da hier regelmässig die vollen Formen geschrieben werden.
     Für Nom. oder Acc. sing. begegnet die Endung ·ы statt
·ыи nur selten: дрьжѣвьны өеофилє 29ᵇ. 3, въ животъ вѣчьны
132ᵃ. 9, животъ вѣчьны 130ᵇ. 20, 132ᵃ. 9, 138ᵃ. 3, рабе до-
брыи и вѣрьны 101ᵃ. 7, пастырь добры 154ᵇ. 8, снъ вжиї
избьраны 116ᵃ. 19, чл҃кь нарицаємы ѥсъ 151ᵇ. 11, въ градь…
нарицаємы 131ᵃ. 13, хлѣбъ насжщьны 72ᵃ. 5. Ein falsch (aus
den Casus obliqui) gebildeter Nom. masc. ist ѧ слышѣккьши
(statt слышѣвыи) и не створивы 53ᵃ. 16. Vergl. ѣды 142ᵇ. 5
statt ѣдыи, das man 142ᵇ. 2 liest.
     Gen. sing. auf ·аего kommt einmal vor: сърѣсти грѧдѫ-
щаего 88ᵃ. 9 (Cod. Mar. und Zogr. грѧджштаего), möglicher
Weise dachte der Schreiber an грѧджщꙗ єго und darum liess
er die alte Form stehen. Sonst ist die die Sprache dieses Textes
beherrschende Form ·ааго: благааго 52ᵇ. 18, благословєнааго
21ᵃ. 3, ближьнѣго 11ᵇ. 1. 11, богатааго 93ᵃ. 13, болꙗщааго
54ᵃ. 19, вѣсьноуѭщааго 155ᵇ. 2, бывъшааго 60ᵇ. 17, вєтъхааго
48ᵃ. 11, вѣчьнааго 143ᵃ. 10, вышьнѣго 31ᵇ. 13, 32ᵇ. 3, 34ᵃ.
19, 51ᵇ. 19, 60ᵃ. 11. 15, възлюблєнааго 9ᵃ. 10, възлюбєнааго
129ᵃ. 18, въпиѭщааго 39ᵇ. 3, 124ᵃ. 5, въсаждєнааго 115ᵇ. 7,
нєгашаꙗщꙗааго 2ᵃ. 8. 15, грѧджщꙗааго 39ᵇ. 14, 123ᵃ. 8, 141ᵃ. 8,
дроугааго 66ᵇ. 17, 92ᵇ. 3, 116ᵃ. 11, живааго 118ᵃ. 5, зълааго
53ᵃ. 1, искрьнѣго 70ᵇ. 4, искариотьскааго 50ᵃ. 8, имѫщааго

77ᵇ. 1, 101ᵇ. 8, иночадаго 123ᵃ. 20, 138ᵃ. 14, єдиночадаго
129ᵇ. 8, кадилнаго 30ᵃ. 6, котораго 10ᵇ. 9, 72ᵇ. 15, 85ᵇ. 7,
лозьнаго 18ᵃ 11, 110ᵃ. 14, малаго 24ᵇ. 14, морьскаго 108ᵃ.
14, нарицаимаго 50ᵃ. 7, 109ᵃ. 18, новаго 18ᵃ. 8, 48ᵇ. 3, по-
вилѣнаго 39ᵇ. 16, погыбьшаго 100ᵇ. 6, погыпьшаго 76ᵇ. 7,
пославьшаго 1ᵇ. 1, 66ᵇ. 13, 69ᵃ. 16, 141ᵃ. 11. 12, 144ᵃ. 17,
145ᵃ. 1, 151ᵃ. 14, посьлавьшаго 133ᵇ. 1, 137ᵃ. 20, праведь-
наго 76ᵇ. 6, неправедьнаго 92ᵃ. 5, прокажинаго 16ᵃ. 15,
пропатаго 25ᵇ. 14, прѣдаждщаго 164ᵇ. 3, стаго 30ᵃ. 19,
41ᵇ. 2, стоꙗщаго 159ᵃ. 19, сѣжщаго 27ᵇ. 6, сѧдꙗщаго
163ᵇ. 7, тоꙗждаго 154ᵃ. 11, оумѣрьшаго 159ᵃ. 10, члвѣ-
скаго 96ᵃ. 4. 15, 108ᵃ. 19, 112ᵃ. 19, 142ᵃ. 11. — Ganz vereinzelt sind die Beispiele auf -аго: прѣдаждщаго 110ᵇ. 1, вид-
лиомьскаго 146ᵃ. 3.

Gen. fem. sing. братиꙗ ткоꙗ (für ткоꙗ 86ᵃ. 17, ползы
никоꙗже (statt никоꙗжє) 142ᵇ. 16, волꙗ моꙗ (statt моꙗ)
141ᵃ. 10, вѣкѣды моꙗ (statt моꙗ) 149ᵇ. 12, славы своꙗ (statt
своꙗ) нцитѣ 144ᵃ. 20. Doch sind das nur Ausnahmen.

Noch bedeutsamer ist die Form des Dativs auf -оуоумоу:
бывьшоуоумоу 118ᵇ. 3, вьслѣдьствоуѭщоуоумоу 54ᵃ. 14,
дроуроуоумоу 54ᵃ. 9, 67ᵇ. 6, 91ᵇ. 19, зьвавьшоуоумоу 86ᵃ.
14, (не) имꙗщоуоумоу 39ᵇ. 10, 49ᵇ. 20, 101ᵇ. 4. 7, нецѣлѣвь-
шоуоумоу 135ᵇ. 12, нициоуоумоу 93ᵃ. 15, нечистоуоумоу 60ᵃ.
16, 61ᵃ. 13, новоуоумоу 48ᵇ. 11, нареченоуоумоу 110ᵇ. 3,
отемлꙗщоуоумоу 51ᵃ. 17, отемльꙗщоуоумоу 51ᵃ. 19, посьл-
лавьшоуоумоу 136ᵇ. 14, 145ᵃ. 18, просꙗщоуоумоу 51ᵃ. 18,
прьвоуоумоу 91ᵇ. 14, понѣтьскоуоумоу 38ᵇ. 8, реченоуоумоу
36ᵇ. 2, слѣпоуоумоу 159ᵃ. 5, тлькꙗщоуоумоу 72ᵇ. 14. члвѣ-
скоуоумоу 64ᵃ. 18, 118ᵃ. 8. — Selten kommen Formen auf
-оомоу vor: ослабиноомоу 47ᵇ. 3, выпатьшоомоу 71ᵃ. 13,
нскарнотьскоомоу 165ᵇ. 2.

Im Instrumentalis sing. oder Dativ plur. ist ebenfalls nur
die Form auf -ыимь, resp. -иимь üblich: богатыимь 58ᵇ. 20,
дроугыимь 45ᵃ. 5, водьныимь 59ᵇ. 17, зьвдныимь 85ᵇ. 13,
86ᵇ. 15, многыимь 37ᵃ. 7, мрьтвыимь 67ᵇ. 10, насыщиныимь
51ᵃ. 2, писаныимь 120ᵇ. 10, слѣпыимь 43ᵃ. 2, 55ᵃ. 13, стыи-
имь 12ᵃ. 1, 36ᵇ. 9, 40ᵃ. 11, 124ᵇ. 16, тѣлисьныимь 40ᵇ. 8,
цркьныимь 112ᵇ. 10, нечистыимь 44ᵇ. 2, — благотворꙗ-
щиимь 51ᵇ. 6, бывьшиимь 26ᵃ. 8, вѣроуꙗщиимь 123ᵃ. 14,

вьзлежжщиимъ 239ᵃ. 10, вѣроваккшиимъ 26ᵇ. 7, бонщиимъ
см 32ᵇ. 19, огнемь нигашджжщиимъ 40ᵃ. 16, избавъшиимъ
см 34ᵃ. 15, несходжщиимъ 39ᵇ. 11, наджкъщиимъ см 97ᵇ. 6,
ниприимъ 4ᵃ. 14, 16ᵇ. 6, 42ᵇ. 18, 98ᵇ. 10, 100ᵃ. 20, 160ᵇ. 20,
165ᵇ. 10, прочиимъ 26ᵃ. 16, 58ᵇ. 6, 118ᵃ. 15, просжщиимъ 73ᵃ.
7, пришетъшиимъ 112ᵇ. 8, 136ᵃ. 12, 136ᵇ. 19, 148ᵇ. 17, по-
славъшиимъ 124ᵃ. 3, послѣдьствоужщиимъ 26ᵇ. 8, прѣстоѧ-
щиимъ 101ᵇ. 2, сжщиимъ 49ᵃ. 6, съмѣжжщиимъ см 51ᵃ. 4,
чжджщиимъ см 66ᵃ. 17, чтжщиимъ 37ᵇ. 1, оупьвлжщиимъ
4ᵇ. 7, ѣджшиимъ 139ᵃ. 18, слышжщиимъ, ненавиджщиимъ
51ᵃ. 10. 11, лъжиимъ 51ᵃ. 9. Auffallend ist прѣдъ сномъ члвѣ-
чьимъ 109ᵃ. 7.

Auch im Local sing., wo die Endung -и + емъ als das
Resultat der Assimilation -ниимъ ergibt, wird in der Regel
so die Form auch geschrieben: о бывъшиимъ 27ᵃ. 7, о вѣ-
сжщиимъ см 27ᵇ. 15, о въплатъшиимъ 27ᵇ. 20, о въпрошь-
шиимъ 27ᵇ. 19, 28ᵇ. 7, о въспивъшиимъ 28ᵃ. 4, о имжщиимъ
28ᵃ. 3, 122ᵃ. 8, о кажщиимъ см 89ᵃ. 18, о ошетъшиимъ
28ᵇ. 1. 10, о принимъшиимъ 28ᵇ. 11, о оубѣжждъшиимъ 28ᵃ.
6, о хотжщиимъ 28ᵃ. 9, на послѣдьниимъ мѣстѣ 86ᵃ. 6,
doch auch на прѣдьнимъ мѣстѣ 85ᵇ. 18. Wenn dagegen die
Form als das Resultat der Zusammenrückung von ѣ + емъ
die Endung -ѣмъ oder -ѣемъ oder -ѣамъ ergeben sollte,
da schreibt unser Text immer nur -ѣмъ: въ животѣ вѣчь-
нѣмъ 140ᵇ. 2, 162ᵃ. 12, въ дроузѣмъ 45ᵇ. 12, о прокаженѣмъ,
о ослабенѣмъ, о соухоржщѣмъ 27ᵃ. 14. 15. 17, о богатѣмъ,
о неправедьнѣмъ, о воднѣмъ 28ᵃ — 28ᵇ, о слѣпѣмъ 28ᵇ. 8,
на крилѣ црквнѣмъ 42ᵃ. 12, о морьстѣмъ 122ᵃ. 10, о
рожденѣмъ 122ᵃ. 11.

Für Gen. und Localis plur. gilt dieselbe Regel, dass die
Form auf -ынхъ oder -ннхъ endigt: блаженынхъ 27ᵇ. 1, бла-
гынхъ 33ᵃ. 4, дроугынхъ 63ᵇ. 9. 12, галилеискынхъ 45ᵃ 10,
гланыхъ 36ᵃ. 1, глемынхъ 37ᵃ. 4, 99ᵇ. 2, житиискынхъ 59ᵃ. 1,
зъванынхъ 28ᵃ. 17, 85ᵇ. 20, 87ᵇ. 1, извѣстъныхъ 29ᵃ. 11,
избранынхъ 87ᵇ. 3, 97ᵃ. 20, изгънанынхъ 122ᵃ. 3, малыхъ
1ᵇ. 18, 94ᵃ. 20, мрьтвыхъ 10ᵇ. 4. 17, 11ᵃ. 3, 63ᵇ. 10, 94ᵃ. 8.
11, 105ᵇ. 6. 14, 120ᵇ. 16, 127ᵇ. 16 u. s. w., небьныхъ 21ᵃ. 6,
3ᵇ. 6, неджжанынхъ 138ᵇ. 6, окрьстьныхъ 63ᵇ. 9, посланы-
нхъ 27ᵇ. 4, праведьныхъ 30ᵇ. 6, 48ᵃ. 6, 86ᵇ. 6, прокажены-

нхъ 28ᵇ. 4, псаломьскъихъ 106ᵃ. 3, различьнъихъ 27ᵃ. 12,
рожденъихъ 55ᵇ. 16, съжеженъихъ 11ᵇ. 12, слакьнъихъ 83ᵇ.
4, стъихъ 64ᵇ. 20, такокъихъ 98ᵃ. 12; колѧщинхъ 135ᵃ. 9,
бъваѭщиннхъ 83ᵇ. 5, бъвьшинхъ 118ᵇ. 19, 43ᵃ. 19, вьпиѭ-
щинхъ 97ᵃ. 20, вьзлежѧщиннхъ 86ᵇ. 7, 160ᵇ. 10, 165ᵇ. 6, вьмѣ-
таѭщиннхъ 12ᵇ. 13, вьпрошьшиннхъ 27ᵃ. 8, 28ᵇ. 13, въшьни-
нхъ 148ᵃ. 14, кероуѭщиннхъ 1ᵇ. 19, въшьниннхъ 35ᵇ. 7,
грѧдѧщиннхъ 108ᵃ. 16, дрекьниннхъ 63ᵇ. 13, 64ᵃ. 12, живѧ-
щинхъ 33ᵇ. 12, имѧщиннхъ 27ᵃ. 10, 28ᵃ. 12, несходѧщиннхъ
43ᵃ. 13, нсьцѣлѣвьшиннхъ 27ᵃ. 12, кланѣѭщиннхъ сѧ 132ᵇ.
15, любѧщиннхъ 106ᵃ. 12, ненавидѧщиннхъ 34ᵃ. 10, нищинхъ
161ᵃ. 1, нижьниннхъ 148ᵃ. 14, плачѧщиннхъ 29ᵃ. 4, пришьть-
шинхъ 122ᵇ. 1, просѧщиннхъ 28ᵃ. 5, падаѭщиннхъ 93ᵃ. 12,
поѣдаѭщиннхъ 12ᵃ. 17, помъишлѣѭщиннхъ 27ᵇ. 16, прочннхъ
79ᵃ. 11, приходѧщиннхъ 58ᵃ. 7, рекъшиннхъ 28ᵃ. 15, спсаѭ-
щиннхъ сѧ 28ᵃ. 14, 84ᵃ. 1, стоѩщиннхъ 24ᵃ. 18, 65ᵃ. 2, стрѣ-
гѧщиннхъ 27ᵃ. 4, страждѧщиннхъ 50ᵃ. 17, стазаѭщиннхъ 29ᵃ.
1, оукиваѭщиннхъ 77ᵃ. 17, хотѧщиннхъ 109ᵃ. 6, 106ᵃ. 11.

Ganz vereinzelt: живъихъ 103ᵇ. 14, ачьнѣнъихъ 139ᵃ. 17,
житенскъими 108ᵇ. 19, мрьтвъими 118ᵃ. 5, gegenüber стъ-
ними 34ᵃ. 8.

Einmal steht als Acc. plur. бъваѭщин̈ѣ 63ᵃ. 18 (Luc. IX. 7,
Cod. Mar. бъваѭщаа). Von дроугъ liest man 114ᵇ. 14 бъста
же дроугаѣ, verwechselt mit dem Adjectiv дроугъи.

VIII.
Eigenthümlichkeiten der Conjugation.

Die 1. Pers. sing. вѣдѣ begegnet zweimal: азъ же вѣдѣ
159ᵃ. 18 (Io. XI. 42, hier sonst вѣдѣхъ oder вѣдѣахъ, vielleicht also nur Schreibversehen), азъ ко вѣдѣ 164ᵇ. 18 (Cod.
Mar. азъ ко вѣмь).

Die Personalendung des Duals mit der Unterscheidung
des Auslautes -та für die 2. und des Auslautes -те für die
3. Person ist nur noch hie und da gewahrt; in der Mehrzahl
der Fälle herrscht -та für beide Personen vor. Daneben kommt
allerdings auch die Endung -тѣ vor.

Die Unterscheidung sieht man noch 5ᵇ. 9 чьто хоцрета| als 2. Pers. und 5ᵇ. 10 als Antwort: она же рѣсте. Wieder in der 2. Pers. 5ᵇ. 14. 15: нивѣста сѧ чисо просѧцриа, можета ли чкшѫ пити … und die Antwort darauf ib. 18 она же рѣсте. Endlich als 2. Pers. ib. 20 чкшѫ оүбо … испиета и … 6ᵃ. 2 крьстита сѧ. Als Aor. dual. 3. Pers. 5ᵇ. 5, прѣдъ нимь идете. Imperat. dual. 2. Pers. идѣта въ градъ 17ᵃ. 12, по нимь идѣта 17ᵃ. 14, рьцѣта 17ᵃ. 15, aber 17ᵇ. 1 тоү оүготованте, hier wäre richtiger тоү оүготованта, weil noch immer der Dual fortwirkt. Als weitere Erzählung in der 3. Pers. dual. steht schon идоста и обрѣтоста 17ᵇ. 3, оүготоваста 17ᵇ. 4 (Cod. Mar. придете, обрѣтете, оүготовасте). Ebenso steht für die 3. Pers. dual. selbst bei очи: вѣста … очи нимь отажьчѣлѣ 19ᵃ. 13. 14, очи вѣста зрѧцра 43ᵃ. 8. Ferner пропатѣ сь нимь поношѣста емоү 24ᵃ. 9. 10 (Cod. Mar. поношаашете), oder егда бꙑста тамо 35ᵃ. 6 (von Josef und Maria, Cod. Mar. вꙑсте), егда вьнесоста родителѣ 36ᵇ. 11 (Cod. Mar. нъвѣсте), ꙗко видѣста очи мои 36ᵇ. 19, (Cod. Mar. видѣсте), хождаста родителѣ его 37ᵇ. 9 (Cod. Mar. хождаашете). Josef und Maria микѣста, идоста 37ᵇ. 18 (Cod. Mar. придете), исꙑаста 37ᵇ. 20 (искаашете Cod. Mar.), възвратиста сѧ 38ᵃ. 2 (Cod. Mar. къзвратисте сѧ), обрѣтаста (sic statt обрѣтоста, Cod. Mar. обрѣтете) 38ᵃ. 4, оүдивиста сѧ 38ᵃ. 10 (Cod. Mar. дивисте сѧ). Richtig ist für die 2. Pers. Dual: чьто ѣко исꙑаста (Cod. Mar. исꙑаашета) 38ᵃ. 14, allein für die 3. Pers. зрѣста 25ᵃ. 17 (Cod. Mar. зьрѣашете), та шетьша възвѣстиста 26ᵃ. 15 (Cod. Mar. възвѣстисте). Ebenso für die 2. Pers. dual. richtig: идѣта и рьцѣта (so auch Zogr., aber Mar. die Pluralform идѣте, рьцѣте), dagegen in der 3. Pers.: вѣста же оба праведьна 29ᵇ. 11. 17 (Cod. Mar. вѣашете), aber richtig: ѣже вѣсте обьцрьника 46ᵃ. 6 (so auch Cod. Mar.). Wieder die Endung -та: не оба ли въ ѣмѫ въпадета сѧ 52ᵃ. 15 (Cod. Mar. въпадете сѧ), пришетьша … рекоста 55ᵃ. 8, und als 2. Pers.: шетьша възвѣстита, еже видѣста и слꙑшѣста 55ᵃ. 15—17 (in Cod. Mar. das erste рѣсте, das andere wie hier); два дльжьника вѣста (Cod. Mar. вѣсте) 57ᵃ. 1, ѣже вѣста 65ᵃ. 11 (Cod. Mar. вѣсте), и оүжѣсоста (Cod. Mar. оүжасете сѧ) родителѣ 62ᵇ. 7, ѣже вѣста 65ᵃ. 11 (Cod. Mar. вѣсте), гласта ib. 13 (Cod. Mar. гладшти), разлѫчаста сѧ 65ᵃ. 20 (Cod. Mar. разлѫчаашти сѧ), рекоста 67ᵃ. 11 (Cod. Mar. рксте), dagegen als 2. Pers. не вксте сѧ коего дꙋꙁа еста 67ᵃ. 15. 16 (Cod. Mar. auch so), wiederum 3. Pers.: чавка два вьнидоста 97ᵇ. 9 (Cod. Mar. вьнидете) und für die 2. Pers.: идѣта, обращета 101ᵇ. 20, приведѣта 102ᵃ. 3, отрѣшаета 102ᵃ. 5. 10, рѫцѣта ib. (so auch Cod. Mar.), aber die Antwort in der 3. Pers. обрѣтоста ib. 7, (vergl. 110ᵃ. 1), рекоста ib. 10 (vergl. 109ᵇ. 10), приведоста ib. 11 (die letzten drei Beispiele im Cod. Mar. обрѣтете, рксте, приксте). Mit erhaltenem einfachen Aorist ist auch die 3. Pers. auf -ти erhalten: но іссѣ идете 125ᵃ. 4, dagegen als 2. Pers. нщета ib. 125ᵃ. 6. Als 3. Pers.: бꙑста другаѣ ... прѣжде бо вксте 114ᵇ. 13. 15 (in бꙑста ist а auf der Rasur, früher stand е, also бꙑсте), vergl. 118ᵇ. 4: двѣа оть нихь вксте, 118ᵃ. 1: се мѫжа · к̄ · стасте, ib. 4 рксте, 119ᵇ. 18, 125ᵃ. 6 ebenso.

Die Endung -тк begegnet einige Male: посластк же сестрѣ 157ᵃ. 2, двѣ на десати годинѣ есте (е wie es scheint aus ѣ) 157ᵃ. 16, отьврьзостѣ очи 151ᵇ. 10, бждитѣ двѣ вькоупѣ мелющи 96ᵇ. 17.

Die 1. Person plur. auf -мꙑ begegnet in дамꙑ ли или не дамꙑ 9ᵇ. 20, 10ᵃ. 1, aber 124ᵃ. 3 да отьвѣть дамь; aus слѣпи есмь 153ᵇ. 14 wurde später есмꙑ gemacht.

In der 3. Person sing. des Aorists kommt die Endung -ть (d. h. hier -ть) in folgenden Fällen vor: обнть и 25ᵃ. 12, обитꙑ и 117ᵇ. 2, повнть и 35ᵃ. 9, поать 5ᵃ. 15, 10ᵇ. 1. 3, 105ᵃ. 16. 17, 177ᵇ. 8, приать 23ᵃ. 5, 33ᵃ. 6, 36ᵇ. 14, 54ᵇ. 16, 71ᵇ. 1, 90ᵇ. 14, 100ᵃ. 16, 123ᵃ. 12, 139ᵃ. 8, 162ᵇ. 5, принатꙑ и 61ᵇ. 18, einmal прна, ohne ть, 177ᵇ. 15; взать 135ᵇ. 9, 178ᵇ. 3, клать сѧ 34ᵃ. 12, aber прокла 7ᵇ. 12, regelmässig начать 4ᵇ. 17, 5ᵃ. 15, 6ᵇ. 6, 7ᵃ. 10, 13ᵃ. 20, 18ᵇ. 14, 21ᵇ. 6. 13, 43ᵃ. 8, 54ᵇ. 14, 55ᵇ. 3, 56ᵇ. 10, 74ᵇ. 3. 77ᵃ. 3, 88ᵃ. 3, 89ᵇ. 10, 102ᵃ. 18, 103ᵃ. 2, 106ᵇ. 14, 164ᵃ. 9, doch наче 8ᵇ. 11 (wie es allen Anschein hat, von der ersten Hand, aber ть später darüber geschrieben); vergl. зачать 31ᵃ. 10, 36ᵃ. 12. Ebenso оумрктк 10ᵇ. 37, 25ᵃ. 7. 9, 62ᵇ. 3, 105ᵃ. 17, doch оумрк 93ᵃ. 17, 105ᵃ. 15. 20, 150ᵇ. 3. 7, 157ᵇ. 9. Man liest прострктк 49ᵇ. 9 und прострк сѧ 83ᵃ. 3. Während Cod. Mar. ннть schreibt, hat unser Text пи 131ᵇ. 20. Als Aorist ксть 41ᵇ. 5, скнксть 49ᵃ. 6, дасть

8ᵃ. 14, 18ᵃ. 6, 19ᵇ. 9, 25ᵃ. 10, 49ᵃ. 6, 54ᵇ. 15, 62ᵇ. 11, 71ᵃ. 8,
101ᵃ. 2, 110ᵃ. 16, 120ᵇ. 6, 123ᵃ. 12, 129ᵃ. 19, 130ᵇ. 18, 136ᵇ. 9,
137ᵃ. 5, 137ᵇ. 14, 139ᵃ. 11, 140ᵇ. 13. 14, 141ᵃ. 12, 144ᵇ. 3. 9,
156ᵃ. 1, 164ᵃ. 3, 173ᵇ. 19, auch für die 2. Person: 57ᵃ. 14. 17;
вьдасть 8ᵇ. 15, 66ᵃ. 15, 100ᵇ. 14. 103ᵇ. 17, 106ᵇ. 14, прѣдасть
23ᵃ. 2, 115ᵇ. 9, 177ᵇ. 16. Neben zahlreichen Formen бысть
steht einmal бы: и бы тишина 59ᵇ. 18, vielleicht blos Schreibversehen. Dass 106ᵇ. 6 вькрьгоуть steht statt des Aoristes
вькрьгоу, das ist wohl nur eine Combination des Abschreibers,
dem der einfache Aorist nicht mehr geläufig war und der die
Form als Präsens-Futurum berichtigen wollte.

Für den Imperativ mögen einerseits hervorgehoben werden
die Formen wie оубикмь и 104ᵃ. 9, оубикмы и 9ᵃ. 15. 16,
ицікте 72ᵇ. 10, 79ᵇ. 6 und ицинте 79ᵇ. 1, не ропьците 141ᵃ. 5,
осажкте 120ᵃ. 17; принискте 10ᵃ. 4, aber принесите 126ᵇ. 14;
покажкте 104ᵇ. 16 und покажите са 95ᵇ. 2, вьнемлкте 77ᵃ.
5, 106ᵃ. 10, 108ᵇ. 16 und вьнемкте 94ᵇ. 1. In вькроуите 165ᵃ.
3, 168ᵃ. 10 erwarten wir nach dem Sinn вькроуите. Wohl durch
ein Schreibversehen liest man 131ᵇ. 12 даж ми für даждь ми.

Der einfache Aorist ist durch einige Beispiele vertreten:
изиль 74ᵃ. 7, изидж и придж 149ᵇ. 10. 11 steht für изиль
и придъ, dagegen изидохь и придохь 171ᵃ. 18, изидохь 172ᵃ.
10; придь 81ᵃ. 10. 16, 124ᵇ. 7, aber придохь 48ᵃ. 15, 138ᵃ. 8,
145ᵃ. 6, 147ᵇ. 7, 154ᵇ. 6, 162ᵃ. 18, 163ᵃ. 20, 163ᵇ. 4, придж
für придь 153ᵇ. 10; вьзидохь 179ᵇ. 19, сьнидохь 141ᵃ. 9,
141ᵇ. 4, окрѣтохь 54ᵃ. 17, 88ᵇ. 20, 89ᵃ. 15, 115ᵃ. 20, aber
окрѣть 115ᵃ. 1; идомь 4ᵇ. 19, aber идохомь 99ᵃ. 5, окрѣ-
томь 114ᵃ. 4, 125ᵃ. 19, 125ᵇ. 11; идете 5ᵇ. 5, 125ᵃ. 4, aber
идоста 179ᵃ. 18, вьнидете 76ᵇ. 12, 133ᵇ. 14, aber вьнидоста
97ᵇ. 9, придосте 112ᵇ. 11, изидоста, идоста, окрѣтоста 17ᵇ.
2. 3, окрѣтоста 38ᵃ. 4, 102ᵃ. 7, 110ᵃ. 1, 120ᵃ. 3, идоста 37ᵇ.
19, придоста 125ᵃ. 9, изидосте 55ᵇ. 4. 6. 10; придж 2ᵇ. 13,
7ᵃ. 8, 130ᵃ. 7, 133ᵇ. 19, 140ᵃ. 7. 12, 146ᵃ. 8, 181ᵇ. 1, идж
111ᵇ. 15, 140ᵃ. 6, 143ᵃ. 5, изидж 133ᵃ. 12, вьзидж 143ᵇ. 20,
сьнидж 139ᵇ. 6, окрѣтж 117ᵇ. 17, aber идошж 119ᵃ. 18,
идоша 173ᵇ. 8, сьнидоша са 20ᵃ. 14, вьзидоша 160ᵃ. 16,
изидошм 18ᵃ. 13, 60ᵇ. 16. 20, 61ᵃ. 11, 181ᵃ. 9, изидошж 161ᵃ.
19, придошж 18ᵇ. 9, придоша и окрѣтоша 35ᵇ. 15, 60ᵇ. 18,
окрѣтоша 54ᵃ. 18, окрѣтошж са 95ᵇ. 10, окрѣтошж 117ᵇ. 17,

119ᵃ. 18, в̇с̇ѣдошѧ 181ᵃ. 10, в̇ьвр̇гошѫ 181ᵃ. 17, извлѣкошѫ 181ᵇ. 4.

Von der älteren Bildung des s-Aoristes begegnen folgende Formen: пⷱⷩⷡⷮ 114ᵇ. 19, 146ᵃ. 10, прнв̇кса 146ᵇ. 11, прнв̇сѫ 114ᵃ. 2, aber в̇дошѧ 20ᵃ. 13, 22ᵃ. 5, 23ᵃ. 3, 23ᵇ. 2, 43ᵇ. 19; 112ᵇ. 17 und 113ᵇ. 9 ist в̇доше auf Rasur, vielleicht stand früher в̇сѧ; vergl. noch нзьв̇дошѧ 23ᵃ. 16; ѣсомь 84ᵃ. 14 aber ѣша 64ᵇ. 4, ѣшѫ 140ᵇ. 11, 141ᵇ. 19, 142ᵇ. 5, ѣдошѫ 140ᵃ. 8; пропаса 116ᵃ. 10. 11, daneben пропашѧ 23ᵇ. 10, распашѧ 119ᵃ. 7, 178ᵇ. 11, распашѫ 23ᵇ. 2, 177ᵃ. 6. 13; асѧ 181ᵃ. 11, прнаса 123ᵃ. 11, sonst прнашѧ 67ᵃ. 8, 161ᵃ. 18, 172ᵃ. 9, шрнашѫ 134ᵃ. 11, vergl. прнах̇ 155ᵃ. 14; в̇зашѫ 151ᵃ. 2, 156ᵃ. 5, 159ᵃ. 14, 177ᵃ. 13, 178ᵇ. 7, 179ᵃ. 1, в̇заша 64ᵃ. 5; начаса 76ᵇ. 15, 86ᵇ. 16, aber начашѫ 6ᵃ. 6, 17ᵇ. 10, 21ᵃ. 12, 23ᵃ. 9, 47ᵃ. 9, 57ᵃ. 8, 90ᵇ. 4, 110ᵇ. 6, начаша 114ᵃ. 3. Sehr üblich ist рѣх̇ (z. B. 123ᵇ. 3, 124ᵇ. 3, 126ᵃ. 10, 128ᵇ. 11, 129ᵃ. 6, 130ᵃ. 16, 141ᵃ. 5, 148ᵃ. 16, 155ᵇ. 9. 13, 156ᵃ. 14) und рѣшѫ (z. B. 33ᵇ. 3, 35ᵇ. 10, 48ᵇ. 18, 98ᵇ. 20, 101ᵇ. 5, 103ᵃ. 17, 104ᵃ. 15, 105ᵇ. 17, 112ᵇ. 2, 130ᵇ. 8, 140ᵃ. 14, 140ᵇ. 5. 8, 147ᵃ. 1, 153ᵃ. 3), рѣшѧ 39ᵇ. 13, 48ᵃ. 7, 94ᵇ. 9 u. s. w., doch begegnet auch рѣкошѧ 9ᵃ. 14, 26ᵃ. 3, 63ᵇ. 13, 64ᵃ. 10, 73ᵃ. 12, und рѣкошѫ 102ᵇ. 5, 104ᵇ. 19, 111ᵇ. 3. 12 u. s. w., ein рѣкох̇ kommt in der ursprünglichen Schrift nicht vor. Das Verbum отрѣтн gibt zweimal die 3. Pers. Aor. отрь 57ᵃ. 16, 160ᵇ. 13.

Die Unterscheidung zwischen dem echten Aorist в̇нх̇ und dem Conditional бнмь oder бнх̇ wird eingehalten, vergl. S. 52 und ausserdem: аще бн в̇дѣла 131ᵇ. 10, аще сь не бн оть Еа бꙑль 153ᵃ. 16, аще бн сьде бꙑл̇ 158ᵃ. 6, 158ᵇ. 14, молѣхѫ н да бн прѣбꙑль 133ᵇ. 20, радн бн бꙑль, да бн вндель 150ᵇ. 16, аще во бнсте в̇рѫ нмѣлн монсн̇, в̇рѫ бнсте алн н мнѣ 138ᵃ. 18, аще оть мнра бꙑлн бнсте, мнрь оубо своа любнль бн 169ᵃ. 15; doch ist die 1. Pers. бнмь selten: в̇зьв̇селнль сѧ бнмь 91ᵃ. 4, рѣкль бнмь 166ᵇ. 2; üblicher бнх̇: нстазаль бнх̇ 101ᵇ. 1, да бнх̇ цр̇ бꙑль 101ᵇ. 11, не бнх̇ сьтвѡрнль 169ᵇ. 5, аще не бнх̇ прншнль 169ᵇ. 1, да не прѣдань бнх̇ бꙑль 175ᵇ. 4 (aber mit neuerer Schrift überschrieben). Im Plural begegnet noch die seltene Form бѫ: да бѫ нмѣлн 147ᵇ. 1, како н бѫ оубнлн 109ᵃ. 16, како н бѫ погоубнлн 7ᵇ. 3, häufiger бншѧ: да н бншѧ

оБльстили 9ᵇ. 13, да БншА ї сьринѫли 44ᵃ. 2, да БншА слꙑ-
шѣли 45ᵃ. 12, да БншА чьто сьтворили 49ᵇ. 13, аци БншА
силꙑ Бꙑли 69ᵃ. 3, да Бншѫ и прѣдали 104ᵇ. 9, грѣха не
БншА имѣли 169ᵇ. 7. Für das richtige imperativische Бѫдѫ
чрѣсла ваша прѣпоѣсана 79ᵇ. 18. 19 steht durch Missverständniss das gleichsam berichtigte Бѫдѫтъ, doch ohne да.

Die Bildung des Imperfects weist manche nennenswerthe
Eigenthümlichkeit auf. Ich beginne mit den Verben III., V. und
VI. Classe, um zu constatiren, dass die Formen auf -аахъ, -ааше
u. s. w. ebenso üblich sind wie die auf -ахъ, -аше, die ersteren
dürften die Mehrzahl bilden: Благовѣстовоаашꙗ 40ᵃ. 17, Бꙑ-
ваашꙗ 60ᵇ. 1, 145ᵃ. 15. 17, вѣроваахѫ 143ᵇ. 9, 161ᵃ. 14, вьдва-
рѣаше сꙗ 109ᵃ. 9, вьзькрацааахѫ сꙗ 117ᵃ. 12, вьзмѫцааше
135ᵃ. 13, вьмѣтаахѫ 12ᵇ. 5, vergl. мѣтахѫ 116ᵃ. 15, вьпра-
шааше 90ᵇ. 10, 99ᵇ. 6, 134ᵇ. 13, daneben вьпрашаши 114ᵇ. 7,
вьпрашаахѫ 2ᵇ. 16, 3ᵃ. 16, 39ᵇ. 6. 16, 58ᵇ. 2, 105ᵃ. 8, daneben
вьпрашахѫ 10ᵃ. 13, 113ᵇ. 4, 151ᵇ. 20; вьзглаахѫ 115ᵃ. 16
und вьсьтрьзаахѫ 48ᵇ. 15; вьсꙑцааши 60ᵃ. 18; глааше ebenso
häufig wie глаше, глаахѫ ebenso wie глахѫ; дрьжѣахѫ
45ᵃ. 3 und дрьжѣхѫ 103ᵃ. 13, одрьжѣши 46ᵃ. 2, желааше
89ᵇ. 14, зьдаахѫ 95ᵇ. 2, зьвааши 6ᵇ. 9, зьваахѫ 161ᵃ. 19,
изьБирлаахѫ 85ᵇ. 15, искааши 17ᵃ. 4, 63ᵃ. 16, 109ᵇ. 4 und искаше
50ᵃ. 19, искаахѫ 7ᵇ. 3, 9ᵇ. 7, 16ᵃ. 9, 20ᵇ. 2, 45ᵃ. 2, 46ᵇ. 20,
73ᵃ. 15, 109ᵃ. 14, 136ᵃ. 8. 15, 144ᵃ. 3, 145ᵃ. 8, 157ᵃ. 13, 160ᵃ.
18, искаахѫ 143ᵃ. 19, auch искахѫ 103ᵃ. 9, испоѣдаше
37ᵃ. 20, крьцааше 129ᵇ. 20, 131ᵃ. 8, крьцаахѫ сꙗ 130ᵃ. 3,
коуповаахѫ 96ᵇ. 1, коньчаваахѫ 67ᵃ. 2, лежааше 47ᵇ. 7, 93ᵃ. 10,
aber auch лежѣше 135ᵃ. 8, 159ᵃ. 8, прилежѣахѫ 147ᵃ. 3, при-
лежѣхѫ 115ᵃ. 2, льжесьвѣдѣтельствоваахѫ 20ᵇ. 5. 8, мльчѣаше 20ᵇ. 19, накꙑваашꙗ 31ᵃ. 5 und покꙑваахѫ 23ᵇ. 18,
нарицаахѫ 33ᵃ. 19, отьвѣцаваащꙗ 40ᵃ. 5, 136ᵃ. 10, vergl. не
отьвѣцаваше 22ᵃ. 10, 22ᵇ. 6, 114ᵇ. 8, оБлизаахѫ 93ᵃ. 14,
оБрѣтаахѫ 20ᵇ. 4 und оБрѣтахѫ 103ᵃ. 12, отьпоуцаше 22ᵃ.
17, отираше 56ᵇ. 12, плакааши 179ᵇ. 1, плакаахѫ 45ᵃ. 16 und
плакахѫ 62ᵃ. 19. 20, пльваахѫ 23ᵃ. 11, подоваашꙗ 91ᵃ. 12,
119ᵇ. 3, 120ᵇ. 15, подражаахѫ 92ᵇ. 9, полагаахѫ 25ᵃ. 18,
посагаахѫ 46ᵃ. 16, 96ᵇ. 1, помꙑшлѣаше 31ᵇ. 7, aber помꙑшлѣхѫ 103ᵇ. 5, 104ᵃ. 7, vergl. не домꙑшлѣши сꙗ 63ᵃ. 8,
попираахѫ 77ᵃ. 2, послоуааше 12ᵃ. 8, послюшахѫ 103ᵃ. 12,

прнвлнжаш сѧ 109ᵃ. 12, пророчьствовашє 33ᵇ. 19, протрьзахѫ
45ᵇ. 11, прохаждаашє 57ᵇ. 13, пропов꙼дахѫ 26ᵇ. 17, 63ᵃ. 3,
пр꙼выкашє 31ᵃ. 6, пр꙼сп꙼ваашє 38ᵇ. 3, радоваахѫ сѧ 33ᵃ. 16,
83ᵇ. 3, разараашє 136ᵃ. 16, ропьтаахѫ 47ᵇ. 19, 141ᵃ. 19, роптаахѫ 88ᵇ. 5 und ропьтахѫ 100ᵃ. 17, рыдахѫ 62ᵃ. 19. 20,
рѫгаахѫ 62ᵇ. 2, 116ᵃ. 16 und рѫгахѫ 113ᵇ. 2, 116ᵃ. 19, свн-
таашє 117ᵇ. 7, слышꙗꙗашє 71ᵇ. 4, слышꙗꙗахѫ 7ᵃ. 7, aber auch
слышꙗꙗшє 114ᵇ. 4, слышꙗꙗхѫ 92ᵇ. 7, сьбнраахѫ сѧ 174ᵇ. 2
und сьбнрахѫ 46ᵇ. 7, сьблюдахъ 172ᵃ. 19, und сьблюдаашє
36ᵃ. 3, 38ᵇ. 1, сьвѧзаахѫ 60ᵃ. 19, ськазаашє 119ᵇ. 6, 120ᵃ. 1,
сьтѧзаахѫ сѧ 44ᵃ. 19, оужꙗꙗсаахѫ сѧ 4ᵇ. 4, 5ᵃ. 14, 38ᵃ. 7,
44ᵃ. 6, оумнраашє 61ᵇ. 5, оупьвааашє 73ᵇ. 18, vergl. оугн꙼таахѫ
61ᵇ. 6.

Steht vor dem infinitivischen Stammesaulaut -а ein anderer Vocal, so wird die kürzere Form des Imperfects vorgezogen, also: вокѫ сѧ 7ᵇ. 4, 26ᵃ. 3, 60ᵇ. 5, 109ᵃ. 15, дꙗꙗшє
64ᵃ. 2, дꙗꙗхѫ 23ᵇ. 4, гр꙼ꙗꙗхѫ сѧ 174ᵃ. 18, напаашє 24ᵇ. 2,
сто꙼шє 124ᵇ. 19, 140ᵃ. 2, 145ᵇ. 9, 173ᵇ. 7, 177ᵇ. 12, сто꙼ꙗꙗхѫ
114ᵇ. 9, 116ᵃ. 16, 117ᵃ. 12, 174ᵃ. 16, оусто꙼ꙗꙗхѫ 49ᵃ. 7, 115ᵇ. 3,
нє досто꙼шє 83ᵃ. 18, досто꙼шє 131ᵃ. 10, ч꙼꙼шє 58ᵃ. 10, чꙗꙗ-
аашє 117ᵃ. 20, sogar помахѫ 33ᵇ. 5, das doch wahrscheinlich
nur durch Schreibversehen für помаваахѫ steht, vergl. вьста-
аашє 139ᵇ. 12.

Bei Verben dieser Classen liegt die Beeinflussung des
Imperfects durch das Präsens nicht nahe, dennoch liest man
глꙗꙗхѫ 113ᵇ. 6 und пнꙗꙗшє 147ᵃ. 2. 7, auch трꙗꙗвоуꙗꙗшє
128ᵃ. 5. Vergl. auch das Imperfect зоꙗꙗшє 145ᵇ. 9.

Verba der IV. Classe mit dem Stammesauslaut ·н sind in
der Mehrzahl der Fälle mit dem erweichten Jаахъ im Imperfect vertreten, also: прнвожд꙼ꙗꙗхѫ 44ᵇ. 15, днвлꙗꙗхѫ сѧ 4ᵇ.
12, 66ᵃ. 16, днв꙼аашє сѧ 7ᵇ. 5, kürzer днвлꙗꙗхѫ 73ᵃ. 10, бла-
гослов꙼аашє 3ᵇ. 12, гонꙗꙗхѫ 136ᵃ. 8, кр꙼пл꙼ꙗꙗшє сѧ 34ᵇ. 10,
37ᵇ. 6, 113ᵃ. 11, крꙗꙗпл꙼ꙗꙗхѫ сѧ 114ᵃ. 14; люб꙼аашє 157ᵃ. 4. 7
und любꙗꙗшє 159ᵃ. 3, 165ᵃ. 14, 177ᵇ. 6, 178ᵇ. 19, 181ᵃ. 18;
молꙗꙗшє 64ᵃ. 7, 90ᵇ. 16, молꙗꙗꙗхѫ 133ᵃ. 14, kürzer молꙗꙗшє
61ᵃ. 10, 61ᵇ. 2, 65ᵃ. 8, 97ᵇ. 12, 111ᵇ. 20, 112ᵃ. 6, 133ᵇ. 20, 134ᵇ.
2; млье꙼ꙗꙗшє 71ᵇ. 4, мышлꙗꙗшє 78ᵇ. 1, мышлꙗꙗꙗхѫ 8ᵇ. 5,
моужд꙼ꙗꙗшє 31ᵃ. 2, ношашє 161ᵃ. 3, 165ᵇ. 8, нзношꙗꙗхѫ 54ᵇ.
5, прнношаахѫ 3ᵇ. 2; нѫждаста 119ᵇ. 11; облачаашє сѧ 93ᵃ.

6, aber auch облачѣше са 60ᵃ. 10, прошлаѫ 22ᵃ. 19, aber
прошаѫ 115ᵇ. 8, пр҃кыѣаше 60ᵃ. 16, пр҃кыѣаѫ 16ᵇ. 6, пр҃к-
ыѣѣѫ 98ᵇ. 9, doch пр҃кыѣше 116ᵇ. 10, пр҃кыѣѫ 6ᵇ. 8, 99ᵇ.
11; славѣаше 83ᵃ. 3 und славлѣѫ 54ᵇ. 16, сажⷣѣаѫ 95ᵇ.
2, слоужѣше 44ᵇ. 11, слоужѣѫ 24ᵇ. 17, 58ᵃ. 4, aber слоужѣ-
аше 160ᵇ. 9; творѣаше 66ᵃ. 18, 136ᵃ. 9, 138ᵇ. 6 und творѣше
22ᵇ. 4, 40ᵇ. 2, 119ᵇ. 10, 128ᵃ. 3, творѣѫ 50ᵇ. 18, 51ᵃ. 8; оуча-
аше 2ᵇ. 15, 42ᵇ. 7, оучѣаше 7ᵃ. 16, 45ᵇ. 1, 144ᵃ. 12, оучѣше
146ᵇ. 11; хождааше 37ᵃ. 17, 135ᵇ. 10, 143ᵃ. 17, 151ᵃ. 5, 155ᵇ.
5, хождаѫ 24ᵇ. 17, aber хождаста 37ᵇ. 9, съхождааше 70ᵇ.
10. 16, исхождааше 7ᵇ. 6, 44ᵇ. 3, 50ᵇ. 1, 143ᵃ. 16. 17, исхож-
дѣаѫ 44ᵇ. 16, прожодлаше 46ᵇ. 6, 83ᵇ. 18, 95ᵃ. 13, прохож-
дѣаше 100ᵃ. 3, прихождааше 97ᵃ. 10, прихождлаѫ 130ᵃ. 3
und прихождаѫ 109ᵃ. 11; хоулѣше 116ᵇ. 8, хоулѣѫ 23ᵇ.
17, чоуждѣаѫ са 59ᵇ. 20, цѣлѣаше 50ᵇ. 1, ицѣлѣаѫ са
50ᵃ. 18, aber auch цѣлѣше 44ᵇ. 15 und цѣлаши 63ᵇ. 5.

Wir fassen in den angeführten Beispielen ѣ in der lautlichen Geltung von *ja* auf, was allerdings nur nach den Palatalen mit Sicherheit angenommen werden kann. In solchen
Beispielen, wie молѣше, ist nur das Nebeneinandervorkommen
von молѣаше einigermassen eine Stütze für die Annahme, dass
es *moljaše*, also *mofaše* und nicht etwa *molěše* gelesen werden
soll. Wir haben jedoch sichere Beispiele für die Behauptung,
dass schon in unserem Denkmal, offenbar unter dem Einfluss
des Präsens, das ganze Imperfect auf -ѣхъ in der lautlichen
Geltung von -*echъ* auslautete, wobei die Palatalisirung des vorausgehenden Consonanten unterblieb. Dann steht das Denkmal bereits ganz auf dem Standpunkte der modernen Imper-
fectbildung. Man vergleiche von вадити: вадѣхъ 147ᵃ. 11
(ж ist über д später hinzugeschrieben), ходѣше 160ᵃ. 11 und
sogar ходѣаѫ 143ᵃ. 6, исходѣаѫ 147ᵃ. 8, приходѣаѫ
161ᵃ. 13, чоудѣѫ са 133ᵃ. 15 und чоудѣаѫ са 31ᵃ. 1; so
ist auch вълазѣаше 135ᵃ. 14 und приносѣаѫ са 98ᵃ. 6 unter
dem Einfluss des Präsens neu gebildet. Darnach kann die
Form жинѣѫ са 96ᵃ. 16, 96ᵇ. 1 in doppelter Weise gelesen
werden, als: *ženěchǫ sę* und als *žeňachǫ sę*.

Bei den Verben der I. Classe und III. Classe auf -ѣти ist
die Mehrzahl der Fälle des Imperfects mit dem Auslaut -ѣхъ,
die Minorität mit -ѣахъ, doch ist diesem Umstande keine grosse

Bedeutung beizumessen, da bei einzelnen Beispielen die Zahl
schwankt; vergl. нд̣клше 20ᵃ. 9, 53ᵇ. 17, 134ᵇ. 10, 135ᵇ. 1,
138ᵇ. 4, 151ᵃ. 5, selbst нд̣кⱐкше 99ᵇ. 20, 101ᵇ. 14, 112ᵇ. 18,
нд̣кахⱘ 34ᵇ. 17, 87ᵇ. 4, 140ᵃ. 1, 146ᵇ. 10; in нд̣кшхⱘ 139ᵇ.
8 ist ш später eingesetzt, vielleicht stand früher ⱐ an der Stelle,
daneben: нд̣кше 44ᵃ. 3, 61ᵇ. 6, 115ᵇ. 13, 118ᵇ. 12 und нд̣кхⱘ
54ᵇ. 2, нд̣кста 119ᵇ. 9; ⱐлⱐхⱘ 48ᵇ. 16, 96ᵃ. 16; вⱐд̣кше
41ᵇ. 3, вⱐд̣кхⱘ 116ᵃ. 7, грⱐд̣кхⱘ 133ᵃ. 12, д̣растⱐкше 34ᵇ. 10,
37ᵇ. 6, д̣длⱐкше 44ᵇ. 19 und д̣адⱐклше 7ᵃ. 14, жнвⱐкше 60ᵃ. 11,
125ᵃ. 10, 129ᵇ. 18, 160ᵃ. 14; можⱐкше 100ᵃ. 7, можⱐкхⱘ 59ᵃ.
19, 163ᵃ. 6, 181ᵃ. 18 und можⱐклше 16ᵇ. 3, 31ᵇ. 2, 56ᵇ. 1, 75ᵃ.
20; пⱐчⱐкше сⱑ 161ᵃ. 1, тⱐчⱑлⱐста (е aus ⱐ gemacht) 179ᵃ. 4,
тⱐчⱐкше ib. 5. Vergl. жⱐрⱐкахⱘ 17ᵃ. 7, нрⱐкахⱘ же сⱑ 142ᵃ. 6;
нⱐнⱑвⱐнд̣кхⱘ 100ᵇ. 7, вⱐд̣клше 128ᵃ. 7, 135ᵇ. 20, 138ᵇ. 15 und
вⱐд̣кше 22ᵇ. 8, 49ᵃ. 19, 126ᵇ. 7, 128ᵃ. 5, 164ᵇ. 2, 179ᵇ. 10,
вⱐд̣кхⱘ 19ᵃ. 14, 44ᵇ. 19, вⱐд̣кахⱘ 179ᵃ. 16; сⱐд̣клше 131ᵃ.
19, 138ᵇ. 7, 158ᵃ. 5 und сⱐд̣кахⱘ 5ᵃ. 12, aber сⱐд̣кше 99ᵇ.
4, 113ᵃ. 1; нⱐмⱐклше 9ᵃ. 9, 26ᵃ. 1, 58ᵃ. 14, 60ᵃ. 8, 91ᵃ. 17, 115ᵃ.
7 und нⱐмⱐкхⱘ 8ᵇ. 6, daneben нⱐмⱐкхⱘ 44ᵇ. 13, 118ᵃ. 19;
мнⱐкхⱘ 120ᵃ. 12, 157ᵇ. 7, 165ᵇ. 7; вⱐлⱐклше 134ᵃ. 19, 157ᵃ. 2,
внд̣кахⱘ 138ᵇ. 5, 144ᵃ. 12; хотⱐклше 90ᵇ. 15, 143ᵃ. 15. 18,
aber хотⱐкше 53ᵇ. 7, 65ᵃ. 13, 68ᵇ. 4, 97ᵃ. 11, 97ᵃ. 18, 160ᵃ. 6,
160ᵇ. 17, 162ᵇ. 10, 175ᵃ. 13, хотⱐкахⱘ 139ᵃ. 11, 139ᵇ. 18, aber
хотⱐкхⱘ 145ᵇ. 13, 146ᵃ. 6. Vergl. noch вⱐнⱐкше сⱑ 97ᵇ. 20,
вⱐнⱐкхⱘ 23ᵃ. 10, 113ᵇ. 3, пнⱐкхⱘ 96ᵃ. 16, 96ᵇ. 1, вⱐлпⱐнⱐкхⱘ
22ᵇ. 18, мⱐшⱐкше сⱑ 135ᵃ. 11, сⱐмⱐкахⱘ 105ᵇ. 18, стⱐшд̣кахⱘ
сⱑ 83ᵇ. 1.

Von вⱐшⱐтн wird seltener angewendet вⱐклше 60ᵃ. 20, 82ᵇ.
16 und вⱐкахⱘ 85ᵃ. 19, 88ᵇ. 2, 130ᵃ. 2 als das viel häufigere
вⱐкше 20ᵇ. 7, 63ᵇ. 15, 118ᵃ. 15 und вⱐкхⱘ 16ᵇ. 1, 24ᵇ. 11, 33ᵇ.
14, 35ᵃ. 11, 45ᵇ. 13, 46ᵇ. 13. 15, 47ᵇ. 18, 49ᵃ. 4, 57ᵇ. 18, 61ᵃ.
8. 18, 64ᵃ. 7, 65ᵃ. 15, 112ᵇ. 1, 180ᵇ. 7, 181ᵇ. 3. Das Verbum
зⱐвⱐатн kennt das Imperfectum nicht blos nach dem Infinitiv-
stamme, vergl. oben, sondern auch, wie bereits auf S. 73 erwähnt, nach dem Präsens: зоⱐвⱐклше 145ᵇ. 9.

Die Unterscheidung des Supinums von dem Infinitiv wird
in dem Denkmal noch ziemlich regelmässig eingehalten. Man
vergl. чⱐсо нзнд̣остⱐ внд̣кⱐть 55ᵇ. 5. 7. 11, нзнд̣ошⱑ внд̣кⱐть
60ᵇ. 17, нⱐктⱐ пⱐншⱐлⱐ д̅ш̅ⱐ члⱐвⱐчⱐскⱐ погⱐвⱐнтⱐ 67ᵃ. 17 (gleich

darauf нъ спсти, wo Zogr. und Mar. спстъ schreibt), прибли-
жаѭщин са ... послȢшатъ его 88ᵇ. 4, придошѧ обрѣзатъ
отрочатє 33ᵃ. 18, нѣкаѫ въси напнсатъ сѧ 34ᵃ. 18 (Mar.
hat hier напсатн сѧ, doch Ass. Ostr. Sav. schreiben das Supinum), къ исходѧщинмь народомь крьститъ сѧ 39ᵃ. 12, по-
слакын мѧ ... крьститъ 124ᵇ. 13, пришьлъ геси погоȢбитъ
насъ 44ᵃ. 13, сьбнрахѫ сѧ ... слышѣтъ и цѣлнтн сѧ 46ᵇ. 8
(Mar. beides Infinitive, Zogr. das erste Infinitiv, das zweite
Supinum), не придохъ призъватъ прадедьныихъ 48ᵃ. 5, нзиде
помолнтъ сѧ 49ᵇ. 16 (Mar. Zogr. молнтн сѧ), възиде ... помолнтъ сѧ 65ᵇ. 7, чладка дда въннидоста ... помолнтъ сѧ
97ᵇ. 10, придошѧ послоȢшатъ его и цѣлнтъ сѧ 50ᵃ. 15 (hier
auch Mar. beides Supinum), и грѣдж искоȢснтъ нхъ 87ᵃ. 4,
прнде ... къзискатъ и съпсти 100ᵇ. 5 (Mar. auch das zweite
Verbum im Supinum), аще придетъ ... сьнатъ его 24ᵇ. 4,
въннде ... хлѣба ѣстъ 85ᵃ. 18, прнхождахѫ ... послоȢ-
шатъ его 109ᵃ. 12, въннде внтатъ 100ᵃ. 18, ндж рыбъ ловнтъ
181ᵃ. 8, ни же въходнтъ възатъ 14ᵇ. 4, einige Zeilen später
да не възькратнтъ сѧ ... възатн рнзъ свонхъ, schon der
Gen. рнзъ свонхъ zeigt, dass auch an zweiter Stelle das Supinum stehen sollte, wie es in Mar. auch der Fall ist; да не
сълазнтъ възатн нхъ 36ᵇ. 10 (auch hier steht in Mar. възатъ);
statt азъ же посьлахъ вы жатн 133ᵇ. 12 steht in Mar. жатъ,
ebenso statt прнстѫпн ... лобызатн его 112ᵃ. 16 steht in
Mar. лобъзатъ, statt благовѣстнтн ... нцѣлнтн ... про-
повѣдатн ... отпоȢстнтн 42ᵇ. 18 — 43ᵃ. 3 steht in Mar.
благовѣстнтъ ... нцѣлнтъ ... проповѣдетъ ... отъ-
поȢстнтъ; statt ни прнхождж само почрьпатн 132ᵃ. 12
schreibt Mar. почрьпатъ, ebenso прнде жена ... покрѣстн
воды 131ᵇ. 1 in Mar. почрѣтъ воды; für сѣѣтн сѣмене
свогго 58ᵃ. 9, wo schon der Genitiv auf das ursprüngliche
Supinum hinweist, steht in Mar. das richtige скатъ.

IX.
Zur Syntax.

Unter diesem Capitel sei nur auf eine merkwürdige Störung
der syntaktischen Regelmässigkeit hingewiesen, die darin zum
Ausdruck kommt, dass das Relativpronomen иже nicht immer

das Genus des Substantivs befolgt, auf das es sich bezieht.
Mehrere Beispiele sollen diese Entartung des syntaktischen Gefühls in dem gegebenen Fall beleuchten. Nur zweimal steht
нже statt des erwarteten еже: л кръвьно нже (statt еже) въ оцѣ
твоемь 52ᵇ. 1; дрѣко нже не творнть плода 39ᵇ. 3. Häufiger
begegnet еже statt des erwarteten нже: н еже (statt нже) не
носнть кръста своего 87ᵇ. 11, въсѣкъ отъ вась, еже (statt
нже) не отьречить са 88ᵃ. 14, десать прокажень мажь, еже
(statt нже als Nom. plur.) сташа нзъ далече 95ᵃ. 17, отьпоу-
стн же намь варавж, еже (statt нже) вѣ за етерж крамолж
... въврьжень въ тёмннцж 115ᵃ. 11, обрѣтомь ісса сна но-
снфова, еже (statt нже) отъ назарета 125ᵇ. 12, еже (für нже)
не чьтеть сна 136ᵇ. 10, хлѣбъ во еже (für нже) азъ дамь
142ᵃ. 5, нъ народа сен, еже (für нже) не вѣсть закона 146ᵃ.
16, сжсѣдн же, еже (für нже, Nom. plur.) н вѣхж вндѣлн
прѣжде 151ᵇ. 4, а наемннкь, еже (für нже) нѣсть пастырь
154ᵇ. 10, црьство вжне подобно есть красоу еже (für нже)
прнемьшн жена съкры въ мжцѣ 85ᵇ. 15, еже (für нже) аще
не прнемлеть црьствна 98ᵃ. 14. Einmal steht еже statt des
Acc. plur. ѩже, hier könnte also die Erscheinung blos ortho-
graphisch sein: желааше насытнтн са отъ рожець, еже (für
ѩже) ѣдѣхж свнннѩ 89ᵇ. 15.

Wenn 151ᵇ. 7. 8 глаахж · не се лн есть, овн глаахж ѣко
се есть, beide Male statt се die masculine Form сь erwartet
wird, so kann allerdings hier се auch statt сен stehen, sonst
ist die Nichtübereinstimmung im Genus dieselbe wie in den
früheren Beispielen. In umgekehrter Art steht 163ᵇ. 8 слово еже
глахъ, тъ сждить вы, wo тъ das richtige Neutrum то vertritt.

Das Beispiel два крать 97ᵇ. 15 (statt два краты) ist die
Folge der Ausgleichung mit dem Gen. plur. nach den Zahlen
von пать aufwärts. In каплѣ кръвн каплжщнѣ 112ᵃ. 7 ist
das Particip unrichtig auf каплѣ bezogen statt auf кръвн.

- - -- -- - -

Einige Zusätze.

Zur S. 6. Da unser Codex unzweifelhaft einst im Sinaikloster sich befand, so lag die Vermuthung nahe, dass, wenn
er erst vor kurzem von dort weggetragen wurde, der bekannte
russische Reisende Porphyrius Uspenskij bei einem seiner Be-

suche des Sinaiklosters die Handschrift daselbst noch gesehen hat. Herr P. A. Syrku, der vor kurzem auf einige Zeit sich in Wien aufhielt, behauptete, sich des Namens Dobromir oder eigentlich eines Dobromir'schen Evangeliums zu erinnern, angeblich irgendwo bei Porphyrius Uspenskij darüber etwas gelesen zu haben. Die auf meine Veranlassung freundschaftlich angestellten Nachforschungen des Herrn Akademikers Šachmatov und des Herrn Bibliothekars J. A. Byčkov in St. Petersburg ergaben bis jetzt ein negatives Resultat.

S. 20, Z. 7 nach мрѣжа 181ᵇ. 10 füge noch hinzu ножа 111ᵇ. 12. — Ib. Z. 37 nach болацилаго 54ᵃ. 19 füge hinzu: Einmal fand ich Acc. sing. fem. so geschrieben: плачѫцїѫ 158ᵇ. 18.

S. 30, Z. 15 nach мимоходѧцїе 7ᵇ. 8 soll noch ein Beispiel folgen: мимоходѧцїни 23ᵇ. 17.

S. 34, Z. 5 nach кьзашѫ sind noch einzuschalten die Beispiele: начашѫ 6ᵃ. 6, 17ᵇ. 10, 21ᵃ. 12, 47ᵃ. 9, 57ᵇ. 8 (A); — ib. Z. 15 nach бнишѫ 104ᵇ. 9 (B) kann hinzukommen: вьсьпишѫ 22ᵇ. 16 (A): вьспнишѫ 115ᵃ. 9 (B); поманѫшѫ 45ᵇ. 12, поманѫшѫ 22ᵇ. 10 (A); не доншѫ 116ᵃ. 2 (B); прнзвашѫ 23ᵃ. 5, послашѫ 9ᵃ. 1. 5, 9ᵇ. 11 (A); остѫрѣшѫ 17ᵃ. 3 (A).

S. 35. Professor Lj. Stojanović in Belgrad hatte die Güte, mehrere Handschriften bulgarischer Recension, die sich in der Belgrader Nationalbibliothek befinden, bezüglich der Anwendung der schwachen Vocale ь und ъ anzusehen und als das Resultat seiner Nachforschungen ergab sich Folgendes: Der älteste dort befindliche Codex, der ѧ und ѫ gebraucht und doch nur ь und ꙑ schreibt, ist Nr. 146, über diesen schreibt er mir: Заиста је наш рукопис бр. 146 без ъ и ꙑ, већ само ь и ы. Рукопис је доста стар и то само по томе, што велика писмена црвенилом само оцртава са стране а не попуњава средину, што свакојако у XIV веку није био обичај. Да није тога, ја бих га метнуо у XIV век, а овако бићe XIII. Ја сам прегледао све рукописе бугар. рецепз. на пергаменту и нисам ниједног нашао, који би овако оцртавао велика слова. Доста сам га читао и нашао сам само једном ꙗ (л. 3ꙃ: имѣꙗи, мј. ꙑ), иначе свуда само ѧ и ѫ.

Aber auch mehrere andere Handschriften kommen dort mit ь (ohne ъ) vor, doch sind sie alle schon aus dem 14. Jahrhundert. Professor Stojanović berichtet darüber so: Од осталих рукописа без ъ има један октоих бр. 7 у два ступца, писао га црнорнзац Теофил за владе Душанове као што се из једне молитве види: . . . посѣти мирь свои мастиѫ и щедротами и оукрѣпи дрьжавѫ цр҃а ншего Стефана ниспосли на нь масть твоѫ . . .

Одломци 6 л. јеванђела бр. 76 опет без ъ. XIV век.

Октоих XIV века бр. 84 опет без ъ, и 2 л. окт. XIV века бр. 207, и бр. 204 одломци апрак. јеванђела 6 л.

Има неких рукописа, у којима је ъ велика реткост, као украс и веће је од обичних слова, п. пр. бр. 456 октоих, бр. 76 6 л. апрак. јеванђела, окт. бр. 171, бр. 237 један лист „Ефрема" из год. 1353.

Све из XIV века.

Без ъ је и оно Драгијино јеванђеље у ман. св. Пантелејмона. Запис сам саопштио у Споменику XXX стр. 44 други стубац у врху. У своме бележнику записао сам тада још ово; „Интересно је у овом рукопису што нема нигде јотованих самогласника, али над сваким који треба да је јотован стоји тачка. Исто тако и над самоглас. у почетку. Нема нигде ю већ само ѣ; нема ни ъ већ ь нити има ѧ већ свуда ѫ. Фонетички правопис иде чак толик да пише χто м. кьто, радоуюцѫ м. радоуютъ сѧ".

S. 37, Z. 13 ist so zu berichtigen: 19ᵃ. 5, 112ᵃ. 10 neben спащѧ 19ᵃ. 13, спиши u. s. w.

S. 39, Z. 13 am Ende: und багрѣницѫ 93ᵃ. 6 neben багрѣницѫ 23ᵃ. 7.

S. 49, Z. 21 nach темници 40ᵇ. 4. 9 kann man noch hinzufügen: темнѣна 30ᵃ. 4.

S. 51, Z. 31 nach 7 füge hinzu: Das letzte Wort wird immer ohne ь geschrieben: кѫждо (34ᵇ. 18, 83ᵃ. 12, 171ᵇ. 8), auch колиждо 68ᵇ. 10, einmal кѫжде 138ᵇ. 19 und на когождѐ 44ᵇ. 15 — ob Schreibfehler?

S. 52, Z. 12 vor сн für сы ist einzuschalten: тн (statt тꙑ) ви просила 131ᵇ. 12.

S. 57, Z. 27 am Ende ist noch hinzuzufügen: Statt въꙁгнѣштьшимь schreibt unser Codex ohne г: възнѣгрьшимь 112ᵇ. 19.

S. 62, Z. 4 am Ende sei noch angemerkt: Vergl. дьньи пѫть 37ᵇ. 19 als Dativ aufzufassen: ἡμέρας ὁδόν. — ib. nach 7. 11 ist einzuschalten: Vocativ ꙁакьхеѣ 100ᵃ. 12 dürfte nur verschrieben sein statt ꙁакьхѣе.

Zur Erklärung der beigelegten Tafeln.

Auf der I. Tafel sieht man die Schriftzüge der ersten Hand (Bl. 75ᵇ). In der siebenten Zeile und in den beiden letzten Zeilen heben sich die auf Rasuren geschriebenen späteren Eintragungen durch den Charakter der Schrift und die Farbe der Tinte ab. Die Reproduction ist ganz genau. Auf der II. Tafel (Bl. 121ᵃ) ist die zweite Hand mit ihren kleineren Schriftzügen sichtbar. Zugleich sieht man hier das am Ende des Lucasevangeliums hinzugefügte Postscriptum, das vom Presbyter Dobromir spricht. Auch die Reproduction dieser Seite des Codex lässt nichts zu wünschen übrig. Auf der III. Tafel (Bl. 173ᵇ) kommt eine Seite des Codex zur Veranschaulichung, wo die blass gewordene Originalschrift durch später angebrachte, mit neuer schwarzer Tinte geschriebene Schriftzüge aufgefrischt wurde. Die blassen Contouren der ursprünglichen Schrift sind meistens noch sichtbar, im Original etwas deutlicher als auf unserer Reproduction.

Inhalt.

I.

II.

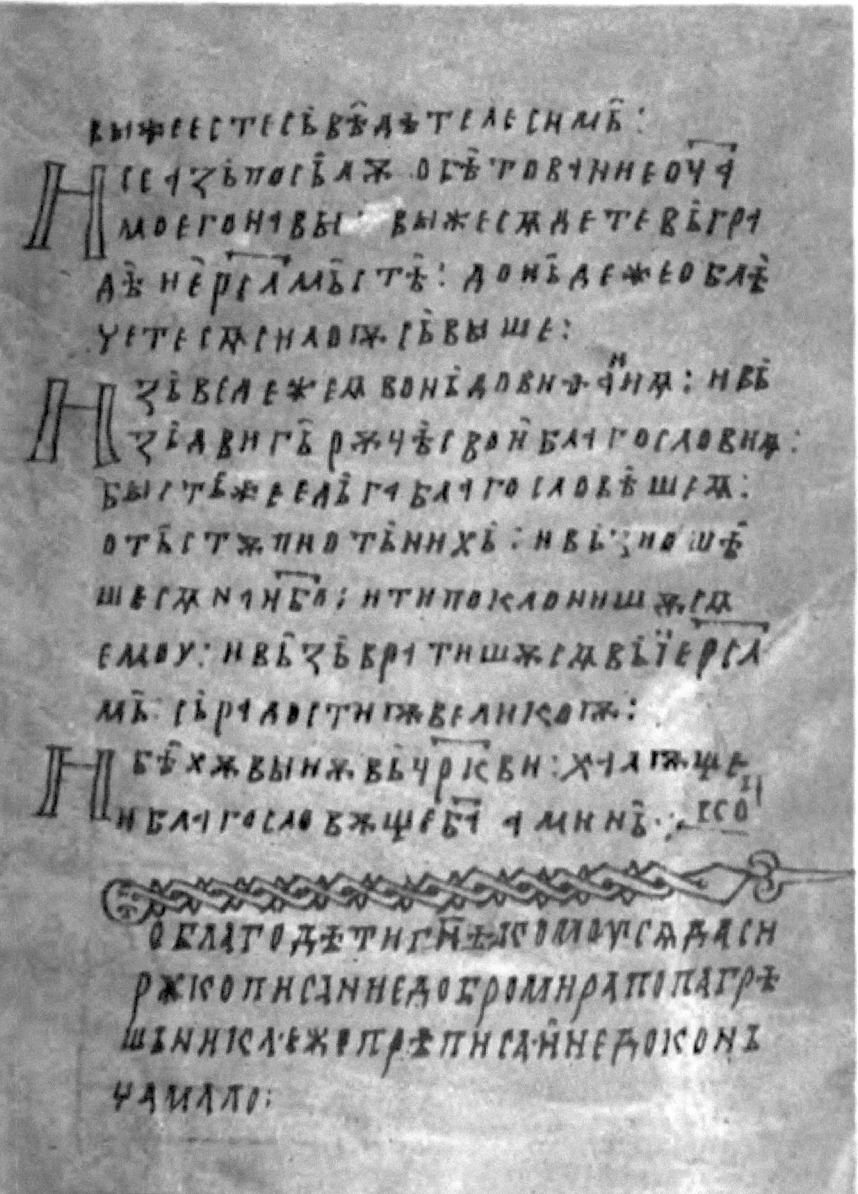

III.

III.

Die Tertullian-Ueberlieferung in Italien.

Von

Dr. E. Kroymann.

A. Die Ueberlieferung des Corpus Tertullianeum.

Die handschriftliche Ueberlieferung Tertullians in Italien
hat in der Geschichte der Textconstitution dieses Schriftstellers
bisher nur eine sehr bescheidene Rolle gespielt. Nur einmal
ist — und zwar völlig kritiklos — ein Theil derselben, die
vaticanische, für eine Edition verwerthet worden, ich meine
die des Pamelius vom Jahre 1579. Franz Oehler in seiner
grossen Ausgabe hat sich mit einer Reihe von Specimina be-
gnügt, die abgesehen von ihrer geringen Verlässlichkeit noch
so verzettelt sind, dass eine Beurtheilung der Ueberlieferung
auf Grund jener Auszüge gänzlich ausgeschlossen ist. Zu einem
Versuch, diese Tradition als Ganzes zu beurtheilen, ist es niemals
gekommen; sie war nicht leicht erreichbar, ziemlich umfangreich
und zudem so jung, dass ein abschätziges Urtheil, um sie recht
gründlich in Misscredit zu bringen, nicht allzu gewagt erschien.[1]
Ein ganz gutes Gewissen konnte Oehler freilich nicht dabei
haben. Denn für einen nicht unerheblichen Theil der Werke
Tertullians gab es keine andere handschriftliche Ueberlieferung
mehr als die des 15. Jahrhunderts, und was er in seinem
Apparat als handschriftliche Basis[2] zu bieten vermochte — den
cod. Leydensis Nr. 2 und den cod. Vindobonensis 4194 — war
bei der zweifellos italienischen Provenienz dieser Handschriften
in Wahrheit nur ein Theil, und zwar nicht der beste, eben der

---

[1] Man vergleiche Oehler's praef. p. VIII.
[2] Um euphemistisch zu reden; denn Oehler's Collationen verdienen diesen
Namen nicht.

Tradition, die man ungeprüft bei Seite schieben zu können
glaubte. Es war hohe Zeit, hierin Wandel zu schaffen. Für die
neue Edition Tertullians im Wiener Corpus wurde die recensio
der italienischen Ueberlieferung als unerlässliche Vorbedingung
anerkannt, und mit dem Auftrage sie auszuführen trat ich im
April 1896 meine Reise nach Italien an. Was mir des Pamelius
Ausgabe und Oehler's Proben an die Hand gaben, war nicht
im Mindesten ausreichend, um mir einen Fingerzeig zu geben,
auf welcher Bibliothek ich am zweckmässigsten meine Arbeit
begänne, um in möglichst kurzer Frist — meine Reise war auf
5—6 Monate berechnet — und auf dem geradesten Wege mich
der Lösung meiner Aufgabe zu nähern. Mein Wissen beschränkte sich darauf, dass die Hauptmasse der Tradition auf
der Laurentiana und Nazionale in Florenz und auf der Vaticana
liege, und wenn ich mich entschloss, auf der Vaticana zu
beginnen, so geschah das allein in der Erwägung, dass diese
Bibliothek mit dem 29. Juni ihre Thore schliesst. Thatsächlich
war diese Wahl die ungünstigste, die ich hätte treffen können.

Auf der Vaticana liegen im Ganzen sechs das Corpus ganz
oder theilweise enthaltende Handschriften, von denen fünf der
eigentlichen Vaticana, eine der Urbinatischen Sammlung angehört.

1. Cod. Vat. lat. 190 (38 × 25). Prächtig ausgestattete
Pergamenthandschrift saec. XV, von zwei verschiedenen Händen
geschrieben. Sorgfältig gearbeitete, aber nicht gerade zierliche
Initialen; auf dem ersten Blatte eine farbenreiche Miniatur deren
Anfangsinitial einen in einem Buche lesenden Greis (Tertullian?)
darstellt. Dem Ganzen ist folgender von späterer Hand geschriebener Index vorgesetzt:

In isto volumine continentur infra scripta opera Tertulliani:

De carne Christi
De carne et resurrectione (sic)
De corona militis
Ad martyrias [1]
De poenitentia
De virginibus velandis
De habitu muliebri

---

[1] Dies ist von noch späterer Hand nachträglich eingefügt.

3

De cultu feminarum
Ad uxorem libri duo
De persecutione
Ad Scapulam
De exhortatione castitatis
De monogamia
De pallio
De patientia dei
Adversus Prasseam (sic)
Adversus Valentinianum (sic)
Adversus Marchionem (sic).

2. Cod. Vat. lat. 191 (26 × 17, 5). Pergamenthandschrift saec. XV, von einfacher Ausstattung. Sie enthält in derselben Reihenfolge dieselben Schriften wie der Vat. lat. 190, mit Ausnahme der letzten, der 5 Bücher *adversus Marcionem*. Die von einer Hand geschriebene Schrift ist etwas unruhig und schnörkelhaft.

3. Cod. Vat. lat. 189 (29, 5 × 20). Sorgfältig geschriebene, mit einfacheren Initialen gezierte Pergamenthandschrift saec. XV. Sie enthält:

De carne Christi
De resurrectione carnis
De corona militis
Ad martyrias
De poenitentia
De virginibus velandis
De habitu muliebri
De cultu feminarum
Ad uxorem libri duo
De persecutione
Ad Scapulam
De exhortatione castitatis.

4. Cod. Vat. lat. 192 (29, 5 × 20). Pergamenthandschrift saec. XV. Sie enthält:

Adversus Marcionem libri V
Adversus Judaeos
Adversus omnes haereses
De praescriptionibus haereticorum
Adversus Hermogenem.

1*

5. Cod. Vat. lat. 193 (29, 5 × 20). Pergamenthandschrift saec. XV. Sie enthält:

De patientia dei
Adversus Praxeam
Adversus Valentinianos
De monogamia
De pallio
Apologeticum.

Die drei letztgenannten Handschriften stellen sich, wie das gleiche Format, die gleiche Ausstattung und Schrift beweisen, als eine das ganze Corpus enthaltende Einheit dar. Die von der gewöhnlichen Anordnung abweichende Reihenfolge der Schriften hat wohl nur in unrichtiger Heftung ihren Grund. Bei allen bisher genannten Handschriften fehlt die subscriptio; doch beweist die Schrift und Ausstattung, dass sie sämmtlich in Italien geschrieben sind.

6. Cod. Vat. Urb. 64 (35, 5 × 24). Pergamentene, glänzend ausgestattete Luxushandschrift saec. XV, von einer Hand geschrieben. Der später vorgesetzte Index zählt folgende Schriften auf:

De carne Christi
De carne et resurrectione
De corona militis
Ad martyrias
De poenitentia
De virginibus velandis
De habitu muliebri
De cultu feminarum
Ad uxorem libri duo
De persecutione
Ad Scapulam
De exhortatione castitatis
De monogamia
De pallio
De patientia dei
Adversus Praxeam
Adversus Valentinianos
Adversus Marcionem
Adversus Judaeos

Adversus omnes haereses
De praescriptione haereticorum
Adversus Hermogenem
Apologeticum.

Die subscriptio dieser ebenfalls in Italien geschriebenen Handschrift lautet: *Jacobus Middelburch scripsit.*

Meine Hoffnung, den Umfang dieses Apparates durch Nachweis von apographis erheblich reducieren zu können, täuschte mich vollständig. Die erste an der Schrift *de paenitentia* durchgeführte Collation des ganzen Bestandes erwies zunächst die Unabhängigkeit dieser Handschriften von einander und führte ausserdem zu dem Ergebnis, dass ungeachtet der engsten Verwandtschaft aller Codices unter einander doch die Vat. 190 und 191 und der Urb. 64 als enger zusammengehörig dem Vat. 189 (192 und 193) gegenüberstanden. — Aus der Collation der Schrift *adversus omnes haereses* ergab sich dann weiterhin, dass die Ueberlieferung der äusserlich zum Vat. 189 gehörenden Vaticani 192 (193) nicht in dem Masse von dem Urb. 64 abweiche wie der Vat 189 in der Schrift *de paenitentia*, dass also mithin die Codd. Vat. 190, 191, 192, 193 und der Urb. 64 sich als einheitliche Gruppe von dem Vat. 189 schieden. Daraus war also nur zu schliessen, dass die ganze Vaticanische Ueberlieferung aus zwei untereinander sehr nahe verwandten Quellen geflossen sein müsse, von denen aber auf der Vaticana keine vorlag. Diese beiden vorauszusetzenden Quellen wurden dann noch um eine dritte vermehrt durch die Beobachtung, dass das *Apologeticum* kein ursprünglicher Bestandtheil des in der Vaticanischen Ueberlieferung vorliegenden Corpus sein könne. Denn wie ich schon in dem von mir 1895 verglichenen Cod. Leydensis 2 bemerkt hatte, fand sich auch im Cod. Urb. 64 am Ende der Schrift *adversus Hermogenem* der Vermerk: *Finis operis Tertulliani.* Das *Apologeticum* musste also aus einer dritten Quelle in das Corpus eingedrungen sein.

Für meine Arbeit war dies Ergebnis wahrlich nicht sehr erfreulich. Es war ja sehr wohl möglich, dass ich auf meiner weiteren Reise die von mir vorausgesetzten Quellen auffand, und doch durfte ich darauf nicht mit irgendwelcher Sicherheit rechnen. Es blieb mir also, obwohl ich fortwährend unter dem Eindruck stand, Zeit und Mühe vergeblich aufzuwenden, nichts

Anderes übrig, als so viel Material zu sammeln, wie mir die Zeit meines Aufenthaltes in Rom nur eben gestatten wollte.

Von Rom wandte ich mich Ende Juni nach Neapel, wo ich auf der Bibliothek des Museo Nazionale zwei meines Wissens bislang noch nicht bekannte Handschriften fand.

1. Cod. VI C. 36 (29 × 22, 5). Papierhandschrift saec. XV. Durch falsche Heftung ist die richtige Reihenfolge der Blätter gestört. Sie enthält:

> De praescriptionibus haereticorum[1]
> Adversus Marcionem lib. IV[2]
> Adversus Marcionem lib. V
> Adversus Judaeos
> Adversus omnes haereses
> Adversus Hermogenem
> Apologeticus.[3]

Die Handschrift ist der zweite Theil des von mir im Jahre 1895 verglichenen Vindobonensis 4194. Das beweist das gleiche Format und Material, die gleiche Hand[4] und die gleiche sub-scriptio: *Antonii Seripandi ex Jani Parrhasii testamento*. — Der Vindobonensis 4194 schliesst in der Schrift *adversus Marcionem* lib. III cap. 17 mit den Worten: *tempestivus decore*, und es folgt dann noch eine Reihe von leeren Blättern. Da der Neapler cod. VI C. 36 (ich sehe hier ab von der falschen Heftung der Blätter) mit *adv. Marcionem* lib. IV cap. V beginnt, so fehlt also der Rest des dritten und der Anfang des vierten Buches, d. h. dasselbe Stück, welches auch im Cod. Leydensis 2 durch sechs leer gelassene Blätter als fehlend bezeichnet ist. Durch das Fehlen dieses Stückes, welches in der übrigen italienischen Ueberlieferung vorhanden ist, sind diese beiden Handschriften, so nahe sie ihr im Uebrigen auch stehen, als eine besondere

---

[1] Fol. 98ᵃ, fol. 1ᵃ—4ᵃ, fol. 99ᵃ—104ᵃ.

[2] Von cap. 6 an, beginnend bei den Worten: *lac a Paulo Corinthii*. Fol. 5ᵃ—46ᵃ. Nach fol. 38ᵃ fehlt, wie der Schreiber unten notiert hat, ein voller Quaternio, d. h. lib. IV cap. 28 (von den Worten: *eius infuscat an*) bis cap. 36 *(qui homo videbatur)*.

[3] Diese Schrift rührt von einer andern, ebenfalls dem 15. Jahrhundert angehörenden Hand her.

[4] Auch dieselben Correctorenhände erscheinen hier wieder.

Gruppe gekennzeichnet. Es wird von ihnen und ihrem Verhältnis zur anderen Ueberlieferung weiter unten zu handeln sein.

2. Cod. VI B. 14. (42 × 29). Pergamentene Luxushandschrift saec. XV mit trefflichen Miniaturen auf dem Titelblatt und eleganten Initialen geziert. Sie enthält:

De carne Christi
De carnis resurrectione
De corona militis
Ad martyrias
De paenitentia
De virginibus velandis
De habitu muliebri
De cultu feminarum
Ad uxorem
De persecutione
Ad Scapulam
De exhortatione castitatis
De monogamia
De pallio
De patientia dei
Adversus Praxeam
Adversus Valentinianos.

Die Vergleichung dieser Handschrift mit der Ueberlieferung des Vaticans, ausgeführt an dem Buche *de paenitentia* und den ersten 11 Capiteln des Buches *de monogamia*, führte zu dem Ergebnis, dass ihre Vorlage der Vat. lat. 191 ist, der ja ebenfalls mit dem Buche *adv. Valentinianos* abschliesst. Denn alle Lücken, die innerhalb der vaticanischen Ueberlieferung dem Cod. 191 eigenthümlich sind, erscheinen auch im Neapler Codex,[1] desgleichen die dem Vat. 191 eigenthümlichen Schreibfehler.[2] Das Abhängigkeitsverhältnis kann nicht das

---

[1] In dem Buche *de paenitentia* findet sich keine nur dem Vat. 191 eigenthümliche Lücke. Dagegen weist in den ersten 11 Capiteln des Buches *de monogamia* der Vat. 191 folgende im Neap. VI, B. 14 wiederkehrende Lücken auf: Oehl. (grössere Ausg., nach der ich fortan citiere) I, p. 762, 20 *ulla*, p. 764, 4 *Quod enim mere bonum est, non permittitur*, p. 765, 5 *spem*, p. 765, 4: *est*.

[2] In der Schrift *de paenitentia*: I, p. 663, 13 *retractatas* für *retractas*, p. 665, 2 *duobus* für *duabus*. In der Schrift *de monogamia*: p. 762, 22

umgekehrte sein, da im Neapler Codex mehrfach Lücken zu
constatieren sind, die der Vat. 191 nicht aufweist, während das
Umgekehrte nicht der Fall ist. — Uebrigens habe ich mich
anfänglich über die wahre Natur dieser Handschrift getäuscht.
Sie ist von einem nicht ungelehrten Manne geschrieben, der
mit eigenem Urtheil an vielen Stellen der verderbten Ueberlieferung aufzuhelfen gesucht hat, dabei aber mit weitgehendster
Willkür verfährt. Einige Beispiele mögen seine Art veranschaulichen: *De paenitentia:* p. 645, 1 *modum denique paeni-
tendi moderarent* (für *temperarent*). 646, 1 *Paenitentiam agite*
(für *initote*). p. 648, 17 *Cum ergo facti origo est* (sc. voluntas),
iam tanto potior ad culpam (für *non t. p. ad culpam?*).[1] 649, 5
Quacunque te constitueris für das überlieferte *quaque*, welches
Rigaltius in *quaqua* änderte. 651, 30 *Quod dicere quidem* (für
quoque) *periculosum est.* 652, 14 *Sed ista semina de genere*[2]
(für *ingenia de semine*) *hypocritarum.* 658, 16 *Non comminaretur
autem peccanti* (für *non paenitenti*), *si non ignosceret paenitenti.*
659, 16: *nec dignus ego iam vocari filius tuus (tuus* stammt
vom Schreiber). 661, 25 *scilicet* für *videlicet.* 662, 10 *asperitate*
für *asperitudine.* 662, 12 *pro delictis orare et supplicare (orare
et* stammt vom Schreiber). 663, 11 *et castigationem victus
atque cultus offendendo* (für das von Rhenanus aus überlie-
fertem *offendo* verbesserte *offenso) domino praestare cessabimus.*
665, 5 *Non facile possum super his* (für *illa*, sc. *paenitentia)*
tacere. — *De monogamia:* p. 770, 17 *quae vero ad iustitiam
pertinent* (für *spectant*). 771, 11 *sic sint ut* (für *ac si) non
habeant.* 774, 19 *proinde iuncturus separatione separaturus
coniunctionem.* Die vaticanische Ueberlieferung: *proinde iuncturus separationem separationem coniunctionem*, wofür Rhenanus: *iuncturus separationem atque si separasset coniunctionem.*
779, 2 *orientis doctrinae* (für *ecclesiae*). 779, 20 *quia ante*

---

est für *sit*, 762, 26 *loquor* für *loquar*, 770, 22 *idque pepius* für *idque
saepius*, 771, 24 *dant ille* für *dum ille*, 775, 24 *cur* für *cui*, 775, 25 *ita
apud* für *ut apud*, 777, 31 *avidius* für *a viduis.*

[1] Der Schreiber hatte nicht gesehen, dass das Ueberlieferte als Frage zu
fassen ist.

[2] Der Schreiber kannte nicht den eigenthümlichen Gebrauch des Wortes
ingenium bei Tertullian.

fidem soluto ab uxore non numerabitur post mortem (für *fidem*) *secunda uxor.*

Auch ohne das oben dargethane Abhängigkeitsverhältnis zu kennen, würde man nach einer genauen Prüfung dieser Proben den Varianten dieser Handschrift schwerlich irgend welchen Ueberlieferungswerth zuerkennen. Zum guten Theil sind sie nur Verflachungen des originalen Ausdruckes,[1] zum andern Theil sogar völlig sinnlose Conjecturen, wie namentlich das *offendendo domino*, und nirgends findet sich eine Abweichung, die sich unzweifelhaft als Ueberlieferung darstellte. Wenn vereinzelt der Schreiber das Richtige getroffen haben mag,[2] so beweist das natürlich nichts; als ein selbständiger Zeuge der Ueberlieferung wird er darum nicht gelten können.

Ohne auch nur einen Schritt der Lösung meiner Aufgabe näher gekommen zu sein, verliess ich Neapel, nun meine ganze Hoffnung auf die Schätze der Florentiner Bibliotheken setzend. Ich schicke, mit der Laurentiana beginnend, eine Beschreibung des dortigen Handschriftenbestandes Tertullians voraus.

1. Cod. Laur. LXXXIX, 55 (27 × 20). Pergamenthandschrift saec. XV (Ende), nach Bandini's Urtheil von der Hand des Politianus geschrieben. Sie enthält auf pag. 267—315 folgende Schriften Tertullians:

Adversus Judaeos

Adversus omnes haereses

De praescriptionibus haereticorum[3]

---

[1] Charakteristisch sind *asperitate* für *asperitudine*, *pertinent* für *spectant*, die Häufung *orare et supplicare*, *peccanti* für *non paenitenti*.

[2] Das *quacunque* für *quaque* ist immerhin discutabel. In der Schrift *de paenitentia* p. 644, 3 dürfte *qui* (statt *quia*) *deus omnium conditor* sogar eine Emendation sein.

[3] Sie ist identisch mit der bei Oehl. praef. VIII unter Nr. 7 aufgezählten Handschrift. Um sie gleich hier abzuthun, bemerke ich, dass sie ein Apographon des Vat. lat. 192 ist, wie mich die Collation der Schrift *adversus omnes haereses* lehrte. Das beweisen die gemeinsamen, nur in diesen beiden Codices erscheinenden Lücken: p. 757, 15 *fuisse salutem carnis*, p. 758, 8 *loco*, sowie die folgenden nur hier erscheinenden Schreibfehler: 756, 15 *sacramenta potestatem* statt *sacram potestatem*, 756, 16 *Sicut et* für *Et sicut*. 757, 19 erscheinen die Worte: *inferiore virtute conceptum procreatum* nur in diesen beiden Handschriften zweimal, p. 757, 26 *huius mundi nolebant* für *haec mundi volebant*. Dass der Vat. 192 die Vorlage ist, ergiebt sein zweifellos höheres Alter.

2. Cod. Medic. Faesulanus 60 (39 × 27). Pergamenthandschrift saec. XV, von einer Hand in zwei Columnen geschrieben.
Auf der Rückseite des ersten Blattes steht, von späterer Hand
geschrieben, folgender Index:

De carne Christi
De carne resurrectionis (sic)
De corona militis
Ad martirias
De penitentia
De virginibus velandis
De habitu muliebri
De cultu feminarum
Ad uxorem
De persecutione
Ad Scapulam
De exhortatione castitatis
De monogamia
De pallio
De patientia dei
Adversus Praxeam
Adversus Valentinianos
Adversus Marcionem
Adversus Judaeos
Adversus omnes haereses
De praescriptione haereticorum
Adversus Ermogenam
Ad pologeticum de igno-
rantia in Christo Jesu.

Hinter dem *Apologeticum* folgt noch einmal, was im Index
nicht angegeben ist, die Schrift *de persecutione* unter dem Titel:
de fuga. Wie das kommt, wird sich weiter unten ergeben.[1]

---

[1] Unter dem Index liest man die Worte: *Cosma Medicaeus summus et
praestantissimus vir et divini cultu observantissimus, posteaquam pro sua
singulari virtute hoc monasterium condidit ac canonicis regularibus ea
omnia paravit, quae ad bene vivendum necessaria sunt, ne optimorum
librorum copia deesset hoc volumen Tertulliani monasterio dedit. Pro cuius
singulari pietate deus qui omnium meritorum est retributor digna ei prae-
mia persolvere velit.* — Eine subscriptio fehlt. Es folgen Schriften des

3. Cod. Laur. XXVI, 12 (36 × 24, 5). Pergamenthandschrift saec. XV. Auf dem ersten Blatt folgender Index:

De carne et resurrectione (sic)
De carnis resurrectione
De corona militis
Liber ad Martyras
De poenitentia
De virginibus velandis
De habitu muliebri
De cultu feminarum
Ad uxorem
De persecutione
Ad Scapulam
Ad exhortatione castitatis
De monogamia
De pallio
De patientia dei
Adversus Praxeam
Adversus Valentinianos
Adversus Marcionem libri quattuor.

4. Cod. Laur. XXVI, 13 (36 × 24, 5). Pergamenthandschrift saec. XV. Sie enthält auf den ersten 118 Blättern:

Contra Judaeos[1]
Apologeticum
Adversus Judaeos
Adversus omnes haereses
De praescriptionibus haereticorum
Adversus Hermogenem.

Es folgen noch: Chrysostomus, Contra Judaeos. Prosper,
Contra Cassianum. — Cassianus, Contra Victorium. Chrysostomus, Contra Anomios. Eine subscriptio fehlt auch hier.

Die beiden codd. Laur. XXVI, 12 und 13 (Oehl. praef.
p. VII unter Nr. 5 und 6) bilden eine Einheit. Sie sind von
einer Hand geschrieben und coloriert. Die künstlerische Aus-

Gaudentius. Der Codex ist identisch mit dem Oehl. praef. p. VIII unter
Nr. 8 genannten.
[1] Es ist dies in Wirklichkeit das 5. Buch *adversus Marcionem*, wie auch
am Ende des Buches der Titel richtig lautet.

stattung ist vollendet, so dass Bandini's begeistertes Lob[1] nicht ungerechtfertigt ist.

Zu diesen Handschriften der Laurentiana kommen noch folgende drei Codices der Bibliotheca Nazionale Magliabechiana.

1. Cod. conv. soppr. VI, 9 (32 × 29).[2] Papierhandschrift saec. XV, von einer Hand geschrieben. Sie zerfällt in zwei durch zwei leere Blätter getrennte Theile, deren erster p. 1—134[3] folgende Schriften enthält:

> De patientia
> De carne Christi
> De carnis resurrectione
> Adversus Praxeam
> Adversus Valentinianos
> Adversus Marcionem
> Apologeticum.

Der zweite, von anderer Hand geschriebene Theil enthält:

> De fuga[3]
> Ad Scapulam
> De corona militis
> Ad martirias
> De penitentia
> De virginibus velandis
> De habitu muliebri
> De cultu earum (sic)
> De exhortatione castitatis
> Ad uxorem libri duo
> De monogamia
> De pallio
> Contra Judaeos
> Adversus omnes haereticos

---

[1] *Codex supra quam dici potest nitidissimus et elegantissimus, picturis cum Mediceo stemmate et emblematibus in primis duobus paginis mirifice illuminatus et cum litteris initialibus auro variisque coloribus pictus.*

[2] Identisch mit dem von Oehl. praef. p. VIII unter Nr. 9 genannten Codex.

[3] Hinter diesem Titel steht im voranstehenden Index von jüngerer Hand hinzugesetzt: *sive de persecutione.*

De praescriptionibus haereticorum
Adversus Hermogenem.[1]

2. Cod. conv. soppr. VI, 10 (38 × 30). Papierhandschrift saec. XV. Sie besteht ebenfalls aus zwei nur durch zwei leere Blätter getrennten Theilen. Der erstere enthält:

De carne Christi
De carnis resurrectione
De corona militis
Ad martirias
De penitentia
De virginibus velandis
De habitu muliebri
De cultu feminarum
Ad uxorem libri duo
De persecutione
Ad Scapulam
De exhortatione castitatis
De monogamia
De pallio.

Hinter dem letzten Buche findet sich folgende subscriptio: *Iste liber finitus est per me fratrem Johannem de Lautenbach ordinis fratrum minorum in pforzhin in vigilia sancti Andreae apostoli sub anno domini MCCCCXXVI. Et iste liber pertinet p reñ˜ ? x̄p̄o prē. ac d̄n̄o d̄n̄o iordano de Ursinis cardinalis nostri ordinis protectoris. Deo gratias. Amen.* — Der zweite Theil enthält:

De patientia dei
Adversus Praxeam
Adversus Valentinianos
Adversus Marcionem
Adversus Judaeos
Adversus omnes haereses
De praescriptionibus haereticorum
Adversus Hermogenem.

Subscriptio: *Iste liber finitus est per fratrem Thomam de lyphåm (sic) ordinis minorum in pfortzen feria quarta*

---

[1] Eine subscriptio ist nicht vorhanden.

quattuor temporum in adventu domini ab incarnatione domini
MCCCCXXVI.

3. Cod. conv. soppr. VI, 11 (30 × 24). Papierhandschrift
saec. XV. Sie enthält in der gleichen Reihenfolge dieselben
Schriften wie der cod. VI, 10 bis zu der Schrift *adversus*
Marcionem, wo sie in lib. I cap. 17 bei den Worten: *cui nunc*
subvenit malitia creatoris, adversus quam abbricht. Da diese
Worte den Schluss von fol. 209ᵃ bilden, so ist die Handschrift
nicht mehr vollständig. Doch lässt sich heute, da der Einband
neu ist, nicht mehr feststellen, wie viel verloren gegangen ist.

Alle drei Handschriften der Bibliotheca Nazionale tragen
auf der Innenseite des oberen Einbanddeckels den Vermerk:
Ex hereditate Nicolai de Nicolis, die letzte, VI, 11 mit dem
Zusatz: *cuius etiam manu scriptus*. Sie waren also alle drei
einstmal im Besitze des bekannten Florentiner Bücherfreundes
Nicolaus de Nicolis, kamen dann laut testamentarischer Bestimmung in die Bibliothek des Klosters S. Marco in Florenz und
nach Aufhebung des letzteren in die Bibliotheca Nazionale.

Nachdem ich einmal über diesen ganzen Handschriften-
bestand einen Ueberblick gewonnen, bedurfte es keiner weit-
gehenden Combinationen mehr, um zu sagen, dass, wenn über-
haupt der Archetypus der italienischen Ueberlieferung noch in
Florenz vorhanden sei, es nur der Cod. conv. soppr. VI, 10 der
Bibliotheca Nazionale sein könne. Denn nirgends reichte die
Ueberlieferung des Corpus in Italien über das 15. Jahrhundert
zurück, und wenn in diesem Jahrhundert plötzlich eine ganze
Reihe von Manuscripten zu constatieren war, so erklärte sich
das am einfachsten daraus, dass der Schriftsteller um eben diese
Zeit irgendwie aus der Fremde nach Italien importiert war.
Der ebenfalls nicht in Italien geschriebene Cod. VI, 9 konnte
als Quelle der übrigen Ueberlieferung deshalb nicht in Betracht
kommen, weil er eine völlig andere Anordnung der Schriften
aufweist. Es blieb also nur der in Pforzheim im Jahre 1426
geschriebene Codex übrig, und wenn ich in Rom für die dortige
Ueberlieferung auf drei Quellen schliessen zu müssen geglaubt
hatte, so gab der Bestand der Nazionale mir dieselben unmittelbar an die Hand, nämlich ausser dem Cod. VI, 10 die
vermuthlich erste Abschrift desselben von Nicolo's eigener
Hand, den Cod. VI, 11, und für das *Apologeticum*, das in dem

Cod. VI, 10 meiner früheren Schlussfolgerung gemäss in der
That nicht vorhanden ist, den Cod. VI, 9. Denn in diesem
erscheint ausser den übrigen Schriften des Corpus noch das
Apologeticum.

Diese durchaus apriorischen Aufstellungen gaben meiner
Collationsarbeit die Directive; es fragte sich, ob sie den
thatsächlichen Ergebnissen derselben gegenüber Stand halten
würden. — Meine nächste Aufgabe war natürlich die Untersuchung, ob die von Nicolo geschriebene Handschrift eine Abschrift des Pforzheimer Codex sei. Den zureichenden Beweis
lieferte mir die Vergleichung der Schrift *de paenitentia.* Indem
ich vorausschicke, dass sämmtliche Lücken des Cod. VI, 10 in
Nicolo's eigener Handschrift wieder erscheinen, stelle ich im
Folgenden die Schreibfehler Nicolo's zusammen, die sich nur
unter der Voraussetzung erklären lassen, dass der Cod. VI, 10
seine Vorlage war.

p. 647, 16 bietet der Cod. VI, 10:[1] *pstringē tamen non
pigebit.* Das *e* ist in der Cursive des Cod. P dem *a* so ähnlich,
dass auch ein geübtes Auge diese beiden Buchstaben nur
schwer unterscheidet. Indem also Nicolo dieses *e* für ein *a* hielt,
schrieb er anstatt *praestringere*, was es in der That heissen
soll,[2] *praestingam.* — Der gleiche Irrthum liess ihn p. 657, 27
statt *sera obstructa* schreiben: *sere obstructa.* Eine schlimme
crux für den Abschreiber war ferner das Zusammentreffen
der Buchstaben *u n m i.* Denn da in P *n* und *m* oben nicht
abgerundet, sondern spitz geschrieben werden und über dem *i*
der Punkt fast durchgehends fehlt, so ist die Gefahr falscher
Lesung sehr gross. Beispiele solcher Verlesungen sind: p. 659, 8
P: *Quid ni*[3] *et filium.* Nicolo schreibt, dieses *ni* für ein *m*
haltend: *Quid m.* (d. i. enim) *et filium.* p. 662, 21 P: *obeunt.*
Man könnte, wenn man den Sinn nicht beachtet, mit demselben
Rechte *obemit* lesen, was Nicolo auch geschrieben hat. Des
Oefteren hat Nicolo die Vorsicht geübt, in Zweifelsfällen die
zweite Möglichkeit der Lesung an den Rand zu setzen. Als

---

[1] Ich bezeichne ihn seiner Pforzheimer Provenienz wegen mit P.

[2] Die Abbreviatur ⌒ für die Infinitivendung ist in diesem Codex herrschend.
Sie ist in diesem Falle aber reichlich flach geschrieben, so dass Nicolo
sie als Abbreviatur für m las.

[3] Dieses *ni* ist von einem *m* nicht zu unterscheiden.

Beispiel diene ein ganz eclatanter Fall in der Schrift *de paeni-*
tentia. p. 659, 20. P: *Huius igitur penitentiae scde* (i. e. secundae). Da das *c* sich einem *e* bis zur Nichtunterscheidbarkeit
nähert und der Schweif am Kopfe des Buchstabens *d* so weit
verlängert ist, dass er ebensowohl als Abbreviatur für die
Accusativendung *m* genommen werden kann, so war Nicolo,
nachdem er *secundae* geschrieben hatte, nicht sicher, ob nicht
vielleicht *sedem* zu lesen sei, und setzte diese Lesung vorsichts-
halber an den Rand.[1] — Im Allgemeinen ist es Nicolo's Grund-
satz, die Abbreviaturen seiner Vorlage aufzulösen. Vermag er
sie nicht mit Sicherheit aufzulösen, so lässt er Lücken, natürlich
in der Absicht, sie später auszufüllen. Ein Beispiel für viele:
p. 660, 12 P: *ppris advolvi.* Nicolo liess für das *ppris* eine
Lücke, da die Abbreviatur für presbyteris nicht sehr geläufig
und hier überdies noch unrichtig ist. — Wem diese Beispiele
nicht ausreichend erscheinen, den verweise ich auf die weiter
unten folgenden Zusammenstellungen.

Nachdem ich mich überzeugt, dass in der That, wie ich
von vornherein angenommen, Nicolo's Handschrift ein Apographon von P sei, verglich ich, um gleich den Gesammtbestand
der italienischen Ueberlieferung auf einer Fläche überblicken zu
können, für die Schrift *de paenitentia* noch den Laur. XXVI, 12
und den Med. Faes. 60. Das Ergebnis war die Bestätigung
meiner a priori gefassten Meinung, dass alle italienischen Manuscripte[2] unmittelbar oder durch das Mittelglied der Abschrift
Nicolo's auf den Cod. VI, 10 der Bibliotheca Nazionale zurückgehen. Wie sich die einzelnen Handschriften auf diese beiden
Vorlagen vertheilen, mögen die Stichproben aus der Schrift *de*
paenitentia veranschaulichen.[3]

---

[1] Hierauf aufmerksam geworden, verglich ich P noch an einer Reihe von
Stellen, wo sich in Nicolo's Abschrift Randlesarten fanden. Es ergab
sich, dass in allen Fällen ähnliche Undeutlichkeiten wie die obige im
Cod. P die Veranlassung gewesen waren.

[2] Natürlich verlangen diejenigen Handschriften in denen die Schrift *de*
paenitentia nicht enthalten ist, noch eine besondere Untersuchung. Sie
sind hier also noch ausgenommen.

[3] Cod. conv. soppr. VI, 11 (Nicolo): o
    Cod. Vat. lat. 190: a
    Cod. Vat. lat. 191: b
    Cod. Vat. Urb. 64: e

p. 644, 16   delinquunt P d
          delinquit o a b c l m.

p. 645, 10   recissa sententia P d
          recisa sententia o a b c l m.

p. 646, 1   Paenitentiam initote P[1]
         Paenitentiam nutote d
         Paenitentiam metote b c l m[2].

p. 647, 16   Perstringere P[3] d
          Perstringam o a b c l m.

p. 647, 20   Alioquin. Rhenanus (ex Gorziensi)
          Ad qm̄ P
          Ad quim d
          At quoniam o a b c l m.

p. 647, 25   deliquerint P d
          deliquerunt o a b c l m.

p. 648, 4   Exinde spãlia P
         Exinde specialia d
         Exinde spiritalia o a b c l m.

p. 647, 17   Tanto patior P d
          tanto potior o a b c l m.

p. 650, 1   prolavabit P d
         perlavabit o a b c l m.

p. 651, 9   praetextum Pd
         praeceptum o a b c l m.

p. 652, 24   ad desiderandum. Rhenanus
          ad discrandum P
          ad disserandum d
          ad disserendum o a b c l m.

p. 653, 11   venditant Rhenanus
          vendicant P d

Cod. Vat. lat. 189: d
Cod. Laur. XXVI, 12: l
Cod. Med. Faes. 60: m.

[1] Da die *i*-Punkte fehlen, so kann ebensowohl *nutote* gelesen werden.

[2] In o stand ursprünglich: *nutote*. Dies ist in *initote* verbessert, aber so, dass man eher *metote* auf den ersten Blick herausliest. Dies erscheint denn auch in allen Abschriften bis auf Cod. a, dessen Schreiber, genauer zusehend, richtig *initote* geschrieben hat.

[3] *Perstringē* vgl. p. 15.

	vindicant o a b c l m.
ib. 12	ne uernsus P d
	neve rasus o a b c l m.
p. 654, 10	rennuo P d
	renuo o a b c l m.
p. 655, 11	incubas P d a b c m
	incūbas o[1]
	incumbas l.
p. 656, 5	clausterorum P d
	claustrorum o a b c l m.
p. 656, 23	paenitentia P d
	paenitentie o a b c l m.
p. 657, 8	actenus P d
	hactenus o a b c l m.
ib. 13	cum secuti P d
	consequnti o a l
	consecuti b c m.
ib. 27	sera obstructa P d[2]
	sere obstructa o a b c l m.
p. 658, 13	Sar- non plenorum P[3]
	Sar non plenorum o d a b c l m.
p. 659, 20	penitentie scde P '
	penitentie secundae d o[4] c l m.
p. 660, 12	p̃p̃ris aduolui P
	pris aduolui d
	— aduolui o[5] a b c m

---

[1] Der Strich über dem u ist, wie die hellere Tinte beweist, später hinzugefügt. Als a b c m abgeschrieben wurden, war er noch nicht vorhanden; l fand ihn vor, ist also die späteste Abschrift.

[2] Cfr. p. 15.

[3] Die Stelle ist bezeichnend. Mit der Silbe Sar- schliesst in P eine Zeile; der Schreiber hat die folgende Silbe dos (dios?) hinzuzufügen vergessen. Weder Nicolo noch der Schreiber von d scheinen das bemerkt zu haben, da sie weder eine Lücke lassen, noch das Trennungszeichen conservieren.

[4] Cfr. p. 16. Das sedem für secundae am Rande von o erscheint im cod. o obenfalls am Rande, in b ist es im Texte übergeschrieben. In den übrigen Abschriften erscheint es nicht.

[5] Für das p̃p̃ris von P war in o eine Lücke gelassen. Sie ist von späterer Hand mit dem Worte suppliciter ausgefüllt worden, welches die

suppliciter aduolui l.

p. 661, 3   Plerosque Rhenanus (ex Gorziensi)
Plerusque P d
Plerisque o a b c l m.

p. 661, 19   non potest corpus corpus de unius P d
non potest corpus de unius o a b c l m.

p. 662, 1   condampnatum P d
condemnatum o a b c l m.

p. 662, 1   horrore P d
horrore o
orrore a b c
horrore l m

p. 662, 13   elimandis P d
eliminandis o a b c l m.

Das vorstehende Material beweist, dass nur der cod. Vat. lat. 189 aus P selbst, alle anderen Handschriften dagegen aus Nicolo's Copie abgeschrieben sind. Dies Verhältniss erklärt sich daraus, dass Nicolo's Abschrift sehr viel leserlicher war als der schlecht geschriebene Pforzheimer Codex. Nicolo's Copie steht übrigens, wie obige Probe beweist, an Treue und Genauigkeit der im Vat. 189 vorliegenden bei Weitem nach. Der Florentiner Gelehrte ändert nicht blos in orthographischen Dingen, er beseitigt auch Dittographien und legt an offenkundige Verderbnisse bessernde Hand. Anderseits verliest er sich sehr häufig (*praeceptum — praetextum; elimandis — eliminandis*), und so giebt seine Copie die Vorlage ungleich ungenauer wieder als der Cod. Vat. 189.

Es blieben mir nun, nachdem ich die beiden nahe verwandten Quellen, welche ich für die vaticanische Ueberlieferung postulierte, gefunden hatte, noch einige weitere Untersuchungen übrig. Nicolo's Abschrift reicht in ihrem jetzigen Bestande nur bis in das erste Buch *adversus Marcionem*. Der aus ihr abgeleitete Cod. Vat. Urb. 64 und der Med. Faes. 60 enthalten aber das ganze Corpus. Es fragte sich also, welches die Vorlage des letzten Theiles dieser Handschriften sei, ob der Cod. P selber oder der verloren gegangene zweite Theil der Abschrift

---

Schreiber von a b c m noch nicht vorfanden, wohl aber der von *l*. Vgl. S. 18, Anm. 1.

2*

Nicolo's. Denn dass dieselbe einst mehr enthielt, als sie heute
aufweist, wurde schon oben bemerkt. Die gleiche Frage erhob
sich für den zum cod. Laur. XXVI, 12 (l) gehörigen Laur.
XXVI, 13;[1] und endlich waren noch nicht untersucht die äusserlich zum Vat. 189 gehörigen Vat. 192 und 193 (e). Bei dieser
Untersuchung, welche ich an der Schrift *adversus omnes haereses* ausführte, wurde es nothwendig, auch den Cod. conv.
soppr. VI, 9,[2] den ich mit M bezeichne, hinzuzuziehen. Es
ergab sich zunächst als unzweifelhaftes Resultat, dass der
cod. Laur. XXVI, 13 aus M abgeschrieben sei, die übrigen
dagegen — ob unmittelbar oder durch ein Mittelglied, wird
sich weiter unten zeigen — auf P zurückgingen. Zum Beweise wird es genügen, Stichproben aus dem ersten Capitel
herzusetzen.

p. 753, 2	surgentes P e m c	
	surgentis M k.	
p. 753, 3	qui adimendo quaedam P e m c	
	qui additamenta quaedam M k.	
p. 753, 4	astruenda P e m c	
	astruendo M k.	
p. 753, 7	ex *om.* P e m c	
	In M k vorhanden.	
p. 753, 9	Hic ausus est se dicere virtutem P e m c	
	Hic ausus est summam se dicere senten-	
	tiam, i. e. summum deum M k.	
p. 753, 11	a daemone se errante P e m c	
	ac daemone se oberrante M k.	
p. 754, 2	sed esse quasi passum *om.* P e m c	
	In M k vorhanden.	
p. 754, 3	aeque quicquid P e m c	
	ipse quicquid M k.	
p. 754, 7	et illis infinitis P e m c	
	et infinitis illis M k.	
p. 755, 3	nunc appellat P e m c	
	nus appellat M k.	
p. 755, 7	et mundus P e m c	
	et mundum M k.	

---

[1] Ich nenne ihn k.   [2] Cfr. p. 12.

p. 755, 17   hunc passum *om*. P e m c
In M k vorhanden.

Das Verhältniss bleibt in der ganzen Schrift dasselbe.
k ist mithin aus dem Cod. M abgeschrieben, der seinerseits,
wie schon diese kleine Probe darthut, eine selbständige, und
zwar eine bessere und vollständigere Ueberlieferung als P
repräsentiert. k ist übrigens die einzige Abschrift, die von M
uns erhalten ist, und da die äusserlich mit ihr eine Einheit
bildende Handschrift l, wie wir gesehen haben, als letzte aus
dem Cod. o abgeleitet ist, so darf man schliessen, dass der Cod. M
später nach Italien kam als der Cod. P. Die Quelle der übrigen
drei Handschriften e m c ist ebenso zweifellos P, es fragt sich
nur, ob direct, oder durch ein Mittelglied, als welches wir
dann am natürlichsten den zweiten heute nicht mehr erhaltenen Theil von Nicolo's Abschrift anzunehmen hätten. Ein
directer Beweis ist hier natürlich nicht zu führen, aber als
mindestens sehr wahrscheinlich hat sich mir ergeben, dass der
Vat. 192 (193), e und der Urb. 64, c auf das verlorene Manuscript Nicolo's zurückgehen, während der zweite Theil des Med.
Faes. 60 unmittelbar aus P hergeleitet ist. Zur Begründung
dieses Urtheils mögen folgende Stichproben dienen:

p. 755, 1   nullo modo futuram esse P m
nullo modo futuram fuisse e
nullo modo futuram fuisse esse c.[1]

p. 757, 3   scie non possent P (d. i. scientiae)
scientiae non possent m
scire non possent e c.

p. 758, 7   dum Abel interfectum dicer (sic) voluisse P m
dum Abel interfectum dicere, voluisse e c.

p. 760, 16   Nam ex ponē P
Nam ex panero m
Nam exponere e c.

p. 761, 14   De ui[2] introducit P m
Deinde introducit e c.

---

[1] Das gleichzeitige Erscheinen des *fuisse* in e und c setzt eine andere
Vorlage voraus als P.

[2] In P ist die Silbe *ui* wegen Fehlens des *i*-Punktes ebensowohl als *in* zu
lesen. Die gewöhnliche Abbreviatur für *deinde* ist *deīn*; es fehlt also in

p. 762, 24   Cedron P m
             Cerdon e c.

p. 763, 14   quae in descensu suo mutuatus fuisset, in
             ascensu reddisse P m
             — reddidisse e
             redisse c.[1]

Dass m unmittelbar auf P zurückgehe, wird man nach diesen
Proben für sehr wahrscheinlich halten müssen; desgleichen,
dass e und c nicht wohl direct aus P geflossen sein können.
Prüfen wir die Abweichungen der Handschriften e und c von
P, so stimmen sie durchaus zu der oben gekennzeichneten
Art, wie Nicolo abschreibt; es sind am Wege liegende Ver-
besserungen offenkundiger Corruptelen. Nun gibt es freilich
Stellen in unserer Schrift, wo e und c in der Weise auseinander-
gehen, dass die eine mit P m zusammengeht, während die zweite
etwas Abweichendes bietet. Diese Stellen bringen aber unsere
Annahme nicht zu Fall; sie werden so zu erklären sein, dass
die eine Handschrift die Texteslesart, die andere die Rand-
variante der Copie Nicolo's darbietet. Ich notiere folgende
Fälle aus unserer Schrift:

p. 757, 22   Quia potestates haec mundi volebant P m c
             Quia potestates huius mundi nolebant c.

p. 758, 22   Seth ipsum fuisse. — Rhenanus
             sedit fuisset P m c
             sedit fuisse e.

p. 760, 4   capax non fuit, in defectione. Rhen.
            capax non fuit, in dilectione P[2] m c
            capax non fiat, in dilectione c.

P nur der Strich über der Silbe *in*, den ein Mann wie Nicolo aus
eigenem Urtheil leicht ergänzen konnte.

[1] In Nicolo's Abschrift hätten wir die Lesart *reddidisse* im Text, die andere
am Rande (oder umgekehrt) anzunehmen.

[2] In P steht *fuit*. Da aber ein q-Strich aus der darüberstehenden Reihe
bis zwischen die Buchstaben u und i hinabreicht und unten etwas aus-
gelaufen ist, so liest man flüchtig hinsehend eher *fiat*. Nicolo mag das
in seinem Text geschrieben, dann aber das richtige *fuit*, wie er pflegt,
an den Rand gesetzt haben, von wo es e aufnahm, während c das *fiat*
beibehielt.

p. 760, 16. uel contristandum uel sudando praestiterat
             P m c
             vel contristando — c.
p. 760, 18 humidam fontium P m e
             humida fontium c.

Es ist mir also wahrscheinlich, das Nicolo's Abschrift ursprünglich vollständig war, dass sie aber später — und zwar
schon sehr bald — durch Loslösung einer Reihe von Quaternionen auf ihren gegenwärtigen Bestand reduciert wurde. Als
der Urb. 64 und die Vat. 192 (193) abgeschrieben wurden,
war sie noch intact. Dagegen mussten Med. Faes. 60 und
Laur. XXVI. 12, 13 für den letzten Theil schon auf eine andere
Quelle recurrieren, während die Vat. 190 und 191 unvollendet
blieben. Da aber der Vat. 190 noch die fünf Bücher *adu.*
Marcionem aufweist, so dürfte Nicolo's Copie damals noch vollständiger gewesen sein als heute, wo sie mitten im I. Buch
adu. Marcionem abbricht.

Es blieb nun noch die Untersuchung über den *Apolo-*
geticus übrig, der, wie oben bemerkt, nicht in dem Cod. P,
wohl aber in M enthalten ist. In Betracht kommen hier der
Vat. Urb. 64, der Vat 193 und der Med. Faes. 60.[1] Dass der
letzte für den *Apologeticus* den Cod. M als Vorlage benützt
habe, war mir schon um anderer Indicien willen in höchstem
Masse wahrscheinlich. Es findet sich nämlich in ihm nach der
Schrift *aduersus Hermogenem* die Schrift *De persecutione* noch
einmal unter dem Titel: *de fuga.* So ist diese Schrift aber in
dem Cod. M betitelt. Der Abschreiber fügte sie aus dieser
Handschrift offenbar in der Meinung hinzu, in ihr — ebenso
wie im *Apologeticum*[2] — eine im Corpus von P nicht erhaltene
Schrift vor sich zu haben.

Die Vergleichung wurde ausgeführt an den ersten beiden
Capiteln des *Apologeticus* und führte zu dem Ergebnis — um
dies gleich vorwegzunehmen —, dass Vat. 193 (c) und Med.

---

[1] Den Laur. XXVI, 13 nachzuprüfen, hielt ich, da meine Zeit ohnehin
sehr knapp bemessen war, nicht für nöthig, da diese Handschrift, wie
oben bewiesen, ganz aus M stammt, der *Apologeticus* mithin keine Ausnahme machen wird.

[2] So lautet der Titel in M.

Faes. 60 (m)[1] aus dem Cod. M stammen.   Dagegen kann der *Apologeticus* des Vat. Urb. 64 nicht aus dieser Quelle stammen. Er zeigt vielmehr die augenscheinlichste Verwandtschaft mit der Ueberlieferung des *Apologeticus* in dem Cod. Leydensis 2, dessen Verhältnis zur übrigen italienischen Ueberlieferung zusammen mit der des Vindobonensis 4194 weiter unten zu untersuchen sein wird.   Die folgenden Stichproben mögen diese Behauptung rechtfertigen:[2]

p. 113, 9   An hic gloriabit ptâtas earum M
            An hic gloriabit potestates earum e
            An hic gloriabit potestas earum m c L.

p. 114, 8   de conscientia ŏppbrŭda ē M
            de conscientia approbranda est m[3]
            de conscientia approbanda est e
            de conscientia probanda est c L.

p. 114, 10 cur non liceat huiusmodi illudisse M[4]
            cur non liceat eiusmodi illudisse e
            cur non liceat huiusmodi illudisse m c L.

ib.   debeant odiis se M
            debeant odiis se m e
            debeant odisse c L.

p. 114, 17 Obĉessam vociferantur civitatem M
            Obcessam vociferantur civitatem e
            Obsessam vociferantur civitatem m c L.

p. 115, 19 gestiunt latô M[5]
            gestiunt latrie e
            gestiunt latere m c L.

p. 116, 2   vel facto[6] vel astris imputant M m e
            vel astris fato imputant e
            vel astris vel fato imputant L.

p. 116, 3   Christianus uero quod simile M m e[7]
            Christianorum uero quod simile c L.

---

[1] Ich meine hier natürlich nur diese eine Schrift.

[2] Ich bezeichne den Leydensis 2 mit L.

[3] m[1]: *approbanda*. Mit m[1] bezeichne ich die nur im *Apolog.* erscheinende Hand des Correctors von m.

[4] Das e über dem A ist von späterer Hand.

[5] Der Haken ⁓ ist Abbreviatur ebenso für *ri*, *ir* wie für *re* und *er*.

[6] m[1]: *fato*.   [7] e om. *quod*.

p. 116, 5   non fendit M m[1] e
             non defendit c L.

p. 116, 13   eiusdem noxa M m[2] e
             eiusdem noxae c L.

p. 116, 18   causam purge M m[3] e
             causam purget c L.

p. 116, 19   faciat iuiustum M m c
             facit iniustum c L.

p. 117, 10   Prohibita. Pleinius M m e
             prohibitam. Plinius c L.

p. 117, 14   sacrificandi nihil aliud M m e
             sacrificandi nec aliud c L.

p. 118, 1   ante lucanos M[4] m
             ante lucaros e
             antelucanos c L.

p. 118, 8   si inquiris M m e
             si non inquiris c L.

p. 119, 19   Sed non opinor non uultis M[5]
             Sed non opinor non vultis m
             Sed non opinor non multos e
             Sed non opinor ut uultis c L.

p. 120, 6   veritatis M m[6] e
             veritati c L.

p. 120, 8   Quid facere M m e
             Quid faceres c L.

p. 121, 2   apud uos soli quaestionis temperatur M m[7] c
             apud nos soli quaestiones temperantur c L.

p. 121, 13   confesso magis credendum esse
             qui puī negāti? Vel *ne* compulsus
             negare M m e.[8]
             confesso magis credendum esse *quam*
             per uim neganti? Vel compulsus
             negare c L (*om.* ne).

---

[1] m[1]: *defendit.*   [2] m[1]: *noxae.*   [3] m[1]: *purget.*
[4] In M ist das n in *lucanos* von einem r kaum zu unterscheiden.
[5] Die Silbe *tis* ist so corrigiert, dass sie auch *tos* gelesen werden kann.
[6] m[1]: *veritati.*   [7] m[1]: *quaestioni contemperatur.*
[8] e hat die Abbreviatur puī in *parium* aufgelöst, was äusserlich möglich ist. m hat richtig *per uim* gelesen.

p. 122, 19   ut nomen illius aemulationis[1]
             praesump*tis* non proba*tis* criminibus damne-
             tur M m e
             praesump*tum* — proba*tum* c L.

Ich habe hier nur die entscheidenden Stichproben ausgeschrieben. Die vollständige Aufzählung aller Varianten würde
aber zeigen, dass trotz der nicht geringen Anzahl von Abweichungen doch die beiden Ueberlieferungen ausserordentlich
nahe verwandt sind, da sie in der überwiegenden Anzahl der
Lücken übereinstimmen. — In welchem Verhältniss steht nun,
das wäre die letzte Frage, die Ueberlieferung des Leydensis 2
und des Vindobonensis 4194 zu der übrigen italienischen Ueberlieferung, oder genauer gesagt, zu der des Cod. P? denn dass
sie dieser näher verwandt sei, als der des Cod. M, zeigt schon
die mit P übereinstimmende Anordnung der Schriften. Ich lasse
zunächst eine Beschreibung der beiden Manuscripte folgen.

Cod. Leydensis 2 (41, 5 × 28). Pergamenthandschrift
saec. XV, prächtig ausgestattet und mit reich ornamentiertem
Titelblatt versehen.[2] Sie ist von einer Hand in bewunderungs-
würdiger Ebenmässigkeit geschrieben; hier und dort erscheint,
kenntlich an den viel kleineren Buchstaben, eine Correctoren-
hand, die nur wenig jünger sein dürfte. Fol. 175—182 sind
unbeschrieben. Eine subscriptio fehlt; indess kann ihre Provenienz aus Italien nicht zweifelhaft sein.[3] Sie enthält:

De carne Christi
De carnis resurrectione
De corona militis
Ad martyras
De paenitentia
De uirginibus uelandis
De habitu muliebri
De cultu feminarum
Ad uxorem libri duo
De persecutione

---

[1] Die bessere Ueberlieferung hat: *aemulae rationis*.
[2] Der Anfangsinitial enthält ein feines Bildchen, welches Mariä Verkündigung
darstellt.
[3] Cfr. Oehl. praef. p. 7.

Ad Scapulam
De exhortatione castitatis
De monogamia
De pallio
De patientia
Aduersus Praxean
Aduersus Valentinianos
Adversus Marcionem
Aduersus Judaeos
Aduersus omnes haereses
De praescriptione haereticorum
Aduersus Hermogenem
Apologeticum.

Cod. Vindobonensis 4194 (29 × 22). Papierhandschrift
saec. XV, in der italienischen Cursive des 15. Jahrhunderts[1]
geschrieben. Die letzten fünf Blätter sind leer gelassen; auf
dem letzten beschriebenen Blatt steht unten die ausdrückliche
Bemerkung: *Hic desunt sex chartae.* Die Lücke ist die gleiche
wie im Leydensis 2;[2] es fehlt der letzte Theil des dritten
Buches *adu. Marcionem* und der Anfang des vierten. Das
zweite Volumen dieser Handschrift ist, wie oben bemerkt, der
Neapler Cod. VI C 36. Vorne in die Handschrift eingeheftet
sind einige Blätter, welche das Gedicht *De Jona propheta* und
einige Tertullian betreffende Citate des Hieronymus, Augustinus
Lactantius enthalten laut Unterschrift von der Hand des Janus
Parrhasius. Es folgt noch ein leeres Blatt, auf dessen Kehr-
seite sich folgender Vermerk findet: *Auli Jani Parrhasii
et amicorum in duobus voluminibus aureis emptus quattuor.*
Die Handschrift war also einst im Besitz des im Jahre 1534
gestorbenen römischen Humanisten Parrhasius, und von seiner
Hand stammt auch die durch einen Theil des Codex[3] hindurch-
gehende Correctur, da die Schrift dieselbe ist. Ausser dieser
Correctur, die bald am Rande, bald zwischen den Zeilen er-

---

[1] Die Schrift zeigt durchaus denselben Charakter wie die des Nicolo und
unterscheidet sich wie diese stark von dem noch mehr gothischen Schrift-
charakter der codd. P und M.

[2] Cfr. p. 6.

[3] Bis fol. 160. Von hier an ist der Cod. ohne jede Correctur. Aber in der
Neapler Handschrift erscheint dieselbe Hand wieder.

scheint, begegnen hier und dort, aber viel seltener, noch zwei
andere, deutlich unterscheidbare Correcturen, welche beide
älter sein müssen als die des Parrhasius, wie ich bei anderer
Gelegenheit näher begründen werde. — Aus dem Besitze des
Janus Parrhasius ging die Handschrift in den des Antonius
Seripandus über, wie ein Vermerk am Schluss von fol. 230ᵃ
lehrt:[1] *Antonii Seripandi ex Jani Parrhasii testamento*. Im
Uebrigen enthält der Codex dieselben Schriften wie der Ley-
densis und abgesehen von der durch falsche Heftung veranlassten
Störung im Neapler Manuscript auch in derselben Reihenfolge.

Die ausserordentlich nahe Verwandtschaft zwischen der
Wiener und Leydener Handschrift einerseits und der italienischen Ueberlieferung anderseits war längst zweifellos; so
sehr, dass Oehler (praef. p. 8) eine gründlichere Prüfung der
letzteren (abgesehen von M. der hier in der That nicht in
Betracht kommt) für unnöthig hielt. Für mich lag, nachdem es
mir gelungen war, die ganze Tradition auf P und Nicolo's Abschrift (o) zurückzuführen, die Frage sehr einfach. Aus P
unmittelbar konnten die beiden Handschriften nicht abgeleitet
sein. Denn ihre Vorlage setzt jene grosse Lücke in der Schrift
gegen den Marcion voraus, welche sich in P nicht findet.
Dagegen blieb immer noch die Möglichkeit offen, dass die
beiden Handschriften aus Nicolo's einst vollständiger Abschrift
stammten, von welcher, wie ich wahrscheinlich zu machen
suchte, im Laufe der Zeit immer mehr sich ablöste. Die Zer-
störung konnte ja sehr wohl mit dem Ausfall eines Quaternio
in der Schrift *adu. Marcionem* begonnen haben. Ich machte
auch hier die Probe an der Schrift *de paenitentia* und setze
die entscheidenden Stellen hierher:[2]

> p. 644, 7　　vitae conuersationem Rhenanus
> 　　　　　　vitae conversionem o (P)

---

[1] Kehrt in der Neapler Handschrift wieder.

[2] Ich bemerke, dass Vindobonensis und Leydensis gegen einander selbständig sind; Leydensis zeigt dem Vindobonensis gegenüber eine ausserordentlich grosse Anzahl von Lücken, aber hier und dort fehlt auch dem
Wiener Codex eine geringere oder grössere Anzahl von Wörtern, welche
der Leydener aufweist. Wo also diese beiden Handschriften zusammen-
stimmend von o abweichen, ist ihre Herkunft aus einer anderen Quelle
evident.

vitem conversionem V [1]
vicem conversionem L.

p. 644, 12 semet ipsos execrantur Rhen.
seviret ipsos execuntur o (P)
servire ipsos execuntur V L.

644, 16 per eandem delinquit o
per eandem delinquunt V L (P).

645, 10 recisa sententia o
recissa sententia V L (P).

646, 6 foris abiciens mundam o (P)
foris abiciens nudam V L.

646, 11 cognito domino o (P)
cognitio domino V L.

648, 3 paenitentiae medela o (P)
paenitentia medela V L.

649, 2 perficere debes o (P)
perficere debet V L.

649, 13 me minor o (P)
me miror V L.

650, 5 et in foliis perennat o (P)
et in foliis praemiat V L.

ib. quae non ignem o (P)
quem non ignem V L.

650, 15 ad exhibitionem obsequii o (P)
ad exhibitionem praecepti V L.

651, 15 desisti o (P)
desistis V L.

651, 29 in aliis o (P)
malis V L.

652, 10 detrudentur o (P)
detrudenter V L.

Ich begnüge mich mit diesen Proben aus den fünf ersten Capiteln. Sie beweisen, dass trotz der allernächsten Verwandtschaft der beiden Ueberlieferungen doch V L nicht aus o (P) geflossen sein können. Meine Hoffnung, ihre Vorlage aufzufinden, hat sich indessen nicht erfüllt. Da die Handschriften beide in Italien geschrieben sind, so ist anzunehmen, dass

---

[1] So bezeichne ich den Vindobonensis 4194 und zugehörigen Neapolitanus.

sie dort, nachdem die beiden Copien von ihr genommen waren, zu Grunde gegangen ist, und da V L wie alle anderen italienischen Handschriften dem 15. Jahrhundert angehören, so ist es das Wahrscheinlichste, dass ihre verlorene Vorlage ziemlich gleichzeitig mit dem Cod. P nach Italien kam. Bei der ausserordentlich nahen Verwandtschaft der beiden Ueberlieferungen stehe ich sogar nicht an, für P und die verlorene Vorlage von V L denselben Archetypus zu statuieren, der, wie die subscriptio von P beweist, einmal in Pforzheim gewesen ist. Der Werth, den V L für unsere Kritik besitzen, ist damit klar. Aus den übereinstimmenden Lesarten von V L lässt sich zunächst ihre Vorlage — wenigstens im Wesentlichen — reconstruieren, und diese verglichen mit der Ueberlieferung von P wird uns in vielen Fällen Schlüsse gestatten auf ihren gemeinsamen, heute verlorenen Archetypus. Für mich persönlich war dies Ergebnis auch insofern erfreulich, als ich nun die viele Zeit und Arbeit, welche ich auf die Collation des Vindobonensis und Leydensis verwendet habe, doch nicht für ganz verloren anzusehen brauchte.

Endlich wäre noch die Frage zu beantworten, ob in jener Vorlage von V L *der Apologeticus* enthalten war oder nicht. Da derselbe in P nicht enthalten ist, so wäre nach den bisherigen Ergebnissen diese Frage a priori zu verneinen. Damit stimmen die Thatsachen auch überein. Denn im Leydensis steht am Schlusse der Schrift *adu. Hermogenem*, welche dem *Apologeticus* vorausgeht, der Vermerk: *Finis operis Tertulliani. Laus deo*, und im Neapolitanus ist der *Apologeticus* sogar von anderer Hand erst hinzugefügt. Die Vorlage von V L hatte diese Schrift also ebensowenig wie P. Die Frage, woher diese Ueberlieferung stammt, kann für L[1] wenigstens negativ dahin beantwortet werden, dass ihre Quelle nicht der Cod. M ist. Da aber der *Apologeticus* neben der Tradition im Corpus noch seine eigene Ueberlieferung hat, so dürfte die Vorlage hier zu suchen sein, auch wenn sie sich heute nicht mehr nachweisen lässt.

Was wäre nun der factische Ertrag der Untersuchung? Zunächst eine Vereinfachung des Apparates, wie man sie angesichts der nicht kleinen Anzahl von Handschriften von

---

[1] Dem Neapler Codex habe ich hierfür keine Stichproben entnommen.

vornherein kaum erwarten durfte. Von den 17 das Corpus
enthaltenden Manuscripten (ich rechne hier Leydensis und
Vindobonensis ein) sind als selbständige Zeugen der Ueber-
lieferung nur vier Handschriften übrig geblieben, von denen
P V L die eine, M die andere Ueberlieferung vertritt. Von
der letzteren kann ich heute wenigstens schon soviel aussagen,
dass sie desselben Stammes ist wie die im Montepessulanus,
Seletstadtiensis[1] und dem heute verschollenen Gorziensis[2] des
Rhenanus uns aufbehaltene Ueberlieferung des 11. Jahrhunderts.
Da die Handschriften von Montpellier und Schlettstadt nur
den kleineren Theil der Schriften des Corpus enthalten, die von
Gorze aber, welche sie alle enthielt, verloren ist, so leuchtet
Werth und Bedeutung des Cod. M für diejenigen Schriften
Tertullian's, welche in der Ueberlieferung des 11. Jahrhunderts
nicht erhalten sind, unmittelbar ein. Denn wir werden nunmehr in der Lage sein, auch in diesen Schriften dasjenige, was
Rhenanus als Tradition des Gorziensis angibt, controlieren zu
können, so dass wir ihm nicht mehr auf Treu und Glauben
zu folgen brauchen. — Für die bisher freilich sehr unzulänglich
bekannte Ueberlieferung von V L haben wir in P einen zu-
verlässigeren Vertreter erhalten, für den V L in einzelnen
Fällen ein Correctiv bilden werden. — Im Uebrigen aber muss
ich gleich hier davor warnen, von den neu gewonnenen Subsidien sich grosse Dinge versprechen zu wollen. Denn es
bleibt bei dem, was ich schon früher bemerkt habe,[3] dass die
Selbständigkeit der beiden Zeugen doch nur eine sehr relative
ist. Wenn wir sie nämlich an unserer ältesten Ueberlieferung,
an der des Agobardinus messen, was ja für mehrere Schriften
möglich ist, so springt weit mehr ihre Zusammenhängigkeit
ins Auge als ihre Selbständigkeit. Denn das Wenige, worin
hier der Gorziensis des Rhenanus und unser Codex M von
P V L abweichen, will wenig bedeuten gegenüber der Menge
der Lücken, Corruptelen und Interpolationen, die allen diesen
Handschriften dem Agobardinus gegenüber gemeinsam sind.
Es ist ein Glück, dass die Verwüstung nicht in allen Schriften

---

[1] Dem Cod. Paterniacensis des Rhenanus.
[2] Ich hoffe späterhin den Beweis erbringen zu können, dass M eine Abschrift des Gorziensis ist.
[3] Quaestiones Tertullianeae criticae, Praef. p. 12.

die gleiche ist. Sonst möchte einem zum Edieren schier der
Muth vergehen.

Das Abhängigkeitsverhältniss der italienischen Handschriften — ich lasse dabei M und seine Abschrift Laur.
XXVI, 13 unberücksichtigt — möge das nachfolgende Stemma
veranschaulichen.[1]

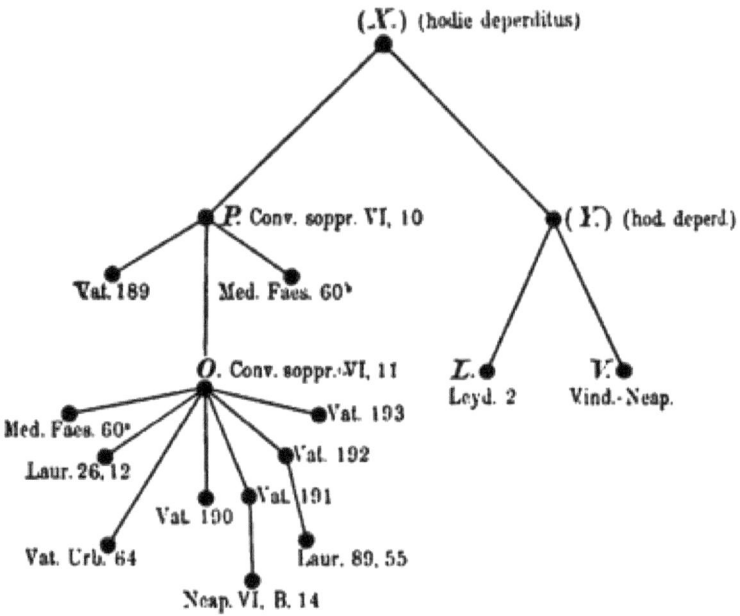

B. Die Sonder-Ueberlieferung des Apologeticus.

Ausser der Ueberlieferung des Apologeticus innerhalb des
grossen Corpus gibt es, wie anderwärts, so auch in Italien
noch eine besondere Ueberlieferung dieser Schrift, über welche
ich noch zu berichten habe.

Ich hatte wenigstens für diese Schrift, die sich in der
alten Kirche einer hohen Berühmtheit erfreute, die Hoffnung
nicht aufgeben mögen, irgendwo Spuren einer älteren Ueber-

---

[1] Die besonderen Ueberlieferungsverhältnisse des *Apologeticus* bleiben hier
ausser Betracht.

lieferung aufzufinden. Aber das Odium, das nun einmal auf
dem Namen des Tertullian lag, hat auch hier, soweit meine
Nachforschungen reichen, jede Spur ehrwürdiger Tradition
vernichtet. Von den Apologeticus-Handschriften, welche ich
gesehen habe, reicht nur eine bis in das 14. Jahrhundert
zurück, die übrigen gehören dem 15. an. Zwei Manuscripte,
von denen ich Kunde bekam, konnte ich wegen Mangels an
Zeit nicht mehr einsehen. Sie befinden sich auf der Bibl.
communale zu San Daniele im Friaul und gehören nach
Mazzatinti's Angabe dem 14., respective 15. Jahrhundert an.[1]

Von den fünf von mir verglichenen Handschriften stehen
vier einander sehr nahe, indem sie alle dieselbe Ueberlieferung
aufweisen, welche der Parisinus 2616 vertritt; beträchtlich ab-
weichend ist dagegen hiervon die Ueberlieferung des Cod.
Ambrosianus, welcher dem 14. Jahrhundert angehört. Da
die Schätzung dieser ganzen Tradition erst dann möglich sein
wird, wenn die Collationen des *Apologeticus* vollständig vorliegen werden, so beschränke ich mich hier auf die blosse
Aufzählung und Beschreibung der Handschriften.

1. Cod. Vat. lat. 194 (21, 5 × 14, 5). Pergamenthandschrift
des 15. Jahrhunderts, mit reich ornamentiertem Titelblatt.
Unten befindet sich ein von zwei Engeln gehaltenes päpstliches
Wappen mit der Umschrift: *Quintus Nicolaus Papa*. Die
Handschrift ist demnach zwischen 1447 und 1455 geschrieben.
Die Ausführung ist von grosser Sauberkeit und Eleganz, die
Schrift uncorrigiert und von einer Hand; eine Unterschrift fehlt.
Der vorgesetzte Titel lautet: *Septimi Tertulliani uiri gravissimi
Apologeticus contra gentis pro Christianis*. Fol. 80.

2. Cod. S. Salvatore Nr. 2844 der Universitätsbibliothek
zu Bologna (17, 5 × 11). Pergamenthandschrift des 15. Jahrhunderts von einer Hand geschrieben mit durchgehender Correctur. Der Titel steht am Schluss: *Tertuliani uiri grauissimi
Apologeticus contra gentes explicit feliciter*. Fol. 139. Verglichen
habe ich von diesem Manuscript nur die ersten sechs Capitel.

3. Cod. Marcianus Cl. VIII, 11 (25 × 19). Pergamenthandschrift des 15. Jahrhunderts, welche von fol. 1—42 eine

---

[1] Mein auf telegraphischem Wege erfolgtes Ersuchen, mir die Handschriften
auf die Brera nach Mailand zu übermitteln, wo ich wenigstens noch
einige Proben hätte nehmen können, blieb bedauerlicher Weise erfolglos.

Epitome institutorum rei militaris Flavii Vegetii, von fol. 43—78
den *Apologeticus* enthält. Auch hier steht der Titel am Ende:
*Explicit Apologeticus Tertulliani uiri eruditissimi et acutissimi
contra gentes et de saeculi disciplina.*

4. Cod. Taurinensis IV, 1 der bibl. Nazionale zu Turin.
Miscellancodex des 15. Jahrhunderts, in zwei Columnen geschrieben. Der unbetitelte Text des *Apologeticus* steht fol. 1—
32'; es folgen noch Schriften des Vegetius und Lactantius.

5. Cod. Ambrosianus S. 51 (25 × 17). Pergamentene
Miscellanhandschrift des 14. Jahrhunderts. Auf dem ersten
Blatt steht folgender von einer Hand des 16. Jahrhunderts
geschriebener Index: *Clementis Papae recognitiones et in eas
Rufini Turoni praefatio. Tertullianus, Apologeticus contra
paganos. Dionysii Exigui ad Eugipium epla cum Gregorii
Nysseni de hominis imagine ac condicione libro a se latinitate
donato. Codices omnes antiqui characteris ann. 200.* Etwas
weiter unten liest man von anderer Hand geschrieben: *Felici-
bus auspiciis Ill^mi et R^mi Card. Federici Borrhomaei Bibl.
Ambros. fundatoris Olgiatus* (erster praefetto der Bibliothek)
uidit anno 1603. — Der Codex ist in zwei Columnen jede von
35 Zeilen geschrieben. Der *Apologeticus* reicht von fol. 145^r —
179^r. Die nachträglich hinzugefügten Capitelüberschriften sind
durch rothe Tinte hervorgehoben; ihren Wortlaut hat der
Schreiber jedesmal für den Rubrator unten am Rande bemerkt.
Durch den ganzen Codex erscheint die Hand eines Correctors,
die mit der des Schreibers mir indentisch zu sein scheint.

Abgesehen von dem Cod. S. Salvatore 2844 habe ich alle
diese Handschriften vollständig collationiert. Ihre Beurtheilung
wird diese Ueberlieferung in der Vorrede zum zweiten Bande
des Tertullian finden, dessen Herausgabe Herr Prof. Wissowa
übernommen hat.

IV.

Der letzte Reichsgeneralfeldmarschall Erzherzog Carl (1796).

Von

Dr. Heinrich Ritter v. Zeissberg,

wirkl. Mitgliede der kais. Akademie der Wissenschaften.

I.

Nach dem Sturze der Generalstaaten, bei dem bevorstehenden Abzug der preussischen Armee unter Möllendorf und kurz vor dem Baseler Frieden hatte sich der Kaiser entschlossen, seine getrennten Truppen zu vereinen und Clerfayt mit dem Oberbefehle über diese 200.000 Mann starke Armee zu betrauen. Ohne Zweifel leitete ihn dabei die Absicht, diese eben so schöne als zahlreiche Streitmacht, in einer Hand vereint, entsprechend zu verwerthen. Aber in dieser Hoffnung sah sich der Kaiser getäuscht. Wohl galt — und mit vollem Rechte — Clerfayt als einer der tüchtigsten österreichischen Generale, der sich zuvor gerade in den gefahrvollsten Momenten — so auf dem vielbewunderten ersten Rückzuge aus den Niederlanden (1792) — glänzend bewährt hatte;[1] jetzt aber war seine Gesundheit durch Wunden und Siechthum schwer zerrüttet, physische Gebrechen und moralische Leiden aller Art stürmten auf ihn ein. Der Verlust aller seiner Güter und seines Vaterlandes Flandern, Unfälle in seiner eigenen Familie lähmten sichtlich seine Thatkraft. Er selbst fühlte dies am besten; wiederholt bat er um Enthebung vom Commando, und es war ohne Zweifel ein grosses Opfer, das er dem Kaiser brachte, als er (am 10. April 1795 zum Feldmarschall

---

[1] Vgl. Georgel, Mémoires I, 357.

erhoben) gegen seine bessere Ueberzeugung an der Spitze der
Armee verblieb.

Für die Sache war dies kein Gewinn. Unter Berufung
auf die allerdings mangelhafte Verpflegung seiner Truppen
machte Clerfayt keinen Versuch, die wichtige Festung Luxemburg zu retten, die von Bender nach ruhmvoller Vertheidigung
übergeben werden musste. Trotz der unzweideutigen Befehle des Kaisers blieb er den Sommer über unthätig vor
Frankfurt und Mainz stehen. Umsonst wurde er von Thugut,
Grenville, Bellegarde und Dietrichstein beschworen, aus seiner
gefährlichen Unthätigkeit herauszutreten. Seine Kriegführung
war und blieb so zaghaft tastend, dass sie das Misstrauen
Englands wachrief und selbst das Vertrauen des Kaisers erschütterte.

Unter dem Gewichte dieser Eindrücke entschloss sich der
Monarch (Ende Juli) neuerdings zur Zweitheilung der Armee
in der Art, dass Clerfayt der Oberbefehl über die Truppen am
Unterrhein belassen, dagegen jener über die ausdrücklich als
‚offensive'[1] bezeichnete neugebildete Oberrheinarmee Wurmser
übertragen wurde. Man hoffte, dass der Nachtheil der Theilung
durch den frischen Impuls der Thatkraft Wurmser's werde auf-
gewogen werden, und diesmal wenigstens täuschte die Berech-
nung nicht. Seit dem Erscheinen des 71jährigen Wurmser auf
dem Kampfplatze begann der Wendepunkt im Feldzuge des
Jahres 1795. Zunächst allerdings machten sich die nachtheiligen
Folgen der Armeetheilung fühlbar.

Das Schicksal des ganzen Feldzuges hieng seit dem Falle
von Luxemburg von dem Schicksale der Rheinfestung Mainz
ab.[2] Seit October 1794 war dieser Platz von den Franzosen
umlagert, aber an dessen Einnahme war nicht zu denken, so
lange nicht auch auf dem rechten Rheinufer angegriffen werden
konnte. Bisher hatten es die französischen Heerführer Jourdan
und Pichegru nicht gewagt, im Angesichte der imposanten
Streitmacht Clerfayt's den Rhein zu überschreiten, jetzt aber,
als sie einen Theil der Oesterreicher südwärts ziehen sahen,

---

[1] v. Vivenot, Thugut, Clerfayt und Wurmser 208, Nr. LXXXVI.
[2] Für das Folgende vgl. vor Allem K. Th. Heigel, Die Uebergabe der
pfalzbairischen Festung Mannheim an die Franzosen. Abh. der k. bair.
Akad. der Wissensch. III. Cl., XX. Bd., III. Abth.

giengen sie allsogleich zur Offensive über. Am 6. September setzte die Sambre- und Maasarmee bei Düsseldorf über den Rhein. Der pfälzische Minister v. Hompesch schloss eiligst eine Capitulation, welche zwar den pfälzischen und den österreichischen Truppen freien Abzug sicherte, aber die Festung mit 353 Geschützen und ansehnlichen Vorräthen in die Hände der Republikaner lieferte. Damit hatten sie festen Fuss auf dem rechten Rheinufer gefasst und rauschten nun mit jenem elementaren Ungestüm, der in den Revolutionskriegen so oft den Sieg an die französischen Fahnen fesselte, gegen Clerfayt, der sich schleunigst auf das linke Mainufer zurückzog. General Kleber rückte ungehindert auf dem rechten Mainufer gegen Mainz heran, das nun auf allen Seiten umschlossen wurde, und dessen Schicksal hiemit besiegelt schien. Gleichzeitig trat auch die Rhein- und Moselarmee unter Pichegru in Action. Bei der im verflossenen Jahre erfolgten Uebergabe der Rheinschanze war ausbedungen worden, dass die Stadt Mannheim nicht beschossen werden sollte, so lange der Krieg auf das linke Rheinufer beschränkt blieb. Jetzt war dieses Hinderniss weggeräumt, französische Truppen standen auf dem rechten Rheinufer, somit durfte auch Pichegru den Plan ins Auge fassen, durch Wegnahme Mannheims ein Ausfallsthor gegen Süddeutschland zu gewinnen. Schon am 18. September liess Pichegru an den Gouverneur Baron v. Belderbusch die Aufforderung ergehen, die Thore Mannheims zu öffnen, widrigenfalls er Befehl geben werde, die Beschiessung zu eröffnen. In der That wurde am 20. September die Stadt, in der ausser zwei österreichischen Bataillons unter General Kospoth an 10.000 Pfälzer lagen, während bereits Wurmser's Vorhut in der Nähe stand, von dem Minister Grafen von Oberndorf ohne Schwertstreich, aus blosser Furcht vor einem Bombardement an den Feind übergeben, der numerisch so schwach war, dass es ihm selbst an verfügbaren Kräften fehlte, um nur Besitz davon zu ergreifen, und er im ersten Augenblick sogar die Reconvalescenten aus den Spitälern als Besatzung verwenden musste.

Die Uebergabe von Mannheim brachte die kaiserlichen Truppen in höchste Gefahr. Den beiden kaiserlichen Armeen konnte jetzt die Verbindung, ja selbst der Rückzug abgeschnitten werden, wenn Jourdan das obere Mainufer besetzte

1*

und Pichegru am Neckar vordrang. Auch sonst stand es um
die kaiserliche Sache schlimm. Das sächsische Contingent zog
aus dem Lager der Reichstruppen zu Bobenheim nach Hause
ab. Dass eine Aussöhnung Hannovers mit Frankreich unter
Preussens Vermittlung stattgefunden habe, war nicht mehr
zweifelhaft. Der preussische Gesandte beim fränkischen Kreise,
Graf Soden, forderte den Kreis offen auf, zur Neutralitäts-
convention überzutreten. In einem Gutachten für den Kaiser
erklärte Staatsrath Eger, keine andere noch so traurige, ver-
zweifelte Periode in der Geschichte Oesterreichs lasse sich mit
den gegenwärtigen Zuständen vergleichen; der Kern der Armee
sei vernichtet, ohne dass junge Mannschaft zum Ersatz vorhanden, die Finanzen gänzlich zerrüttet, der Staatscredit nach
dem eigenen Geständnisse des Finanzministers in den letzten
Zügen. Und nun die Mannheimer Capitulation! Allgemein schob
man die Schuld auf Clerfayt, der diese ganze Seite entblösst habe.

In demselben Masse, wie der Fall Mannheims bei den
Kaiserlichen Entrüstung hervorrief und Entmuthigung erzeugte,
wuchs die Zuversicht der Franzosen. Schon jubelten sie, dass
dieser Erfolg den Frieden mit Deutschland zur Folge haben
oder doch wenigstens über das Schicksal des Feldzuges entscheiden werde. ‚Der Feind,‘ meinte General Joubert, ‚wird
sich nicht mehr am Main halten können, bald wird Mainz
unser sein.‘

Da trat aber eine unerwartete Wendung ein. Durch die
Mannheimer Vorgänge ermuthigt, glaubten die Franzosen auch
die reichen kaiserlichen Magazine in Heidelberg wegnehmen,
die Linie der Oesterreicher zwischen Rhein und Neckar durchbrechen und so die kaiserlichen Heere von einander abschneiden
zu können, als Quosdanovich' Sieg bei Handschuhsheim (24. September) ihrem Vorhaben ein Ziel setzte und eine Reihe glän-
zender Erfolge den kaiserlichen Waffen eröffnete. Denn nunmehr riss Wurmser auch den noch immer zögernden Clerfayt
zu ähnlichen Erfolgen mit sich fort. Jourdan, bei Seligenstadt
(Höchst) und an der Nidda wiederholt geschlagen, wich in
wilder Hast bis an und über den Rhein zurück. Clerfayt aber
wendete sich, freilich auch jetzt fast wider Willen nach Mainz,
wo er (29. October) sein Talent, das nur des energischen Im-
pulses bedurfte, um zu siegen, an der glänzendsten Waffen-

that des Feldzuges, der Erstürmung der feindlichen Contra-
vallationslinie erprobte.

Doch Clerfayt liess diesen namhaften Erfolg unausgenützt.
Sein Ehrgeiz war befriedigt; während Wurmser Mannheim auf
dem rechten Rheinufer einschloss, wollte er nur dann sich
seinerseits zu einem Hauptangriffe auf Pichegru bereit finden
lassen, wenn ihm Wurmser zu diesem Zwecke einen Theil
seiner vor Mannheim stehenden Streitkräfte zur Verfügung
stelle. Aber selbst als Wurmser diesem Wunsche entgegenkam
und allen Bedenken zum Trotz Latour mit 14 Bataillons und
der geforderten Reiterei den Rhein überschreiten liess, um sich
mit dem von Mainz heranziehenden Clerfayt zu vereinigen,
trug dieser noch immer allerlei Bedenken, und es war schliesslich nicht sein Verdienst, sondern der Initiative Latour's zuzuschreiben, der auf eigene Verantwortung gegen die Befehle
Clerfayt's bei Frankenthal Pichegru in zwei aufeinander folgenden Treffen schlug, dass das Bombardement des nunmehr
auch von der linken Rheinseite eingeschlossenen Mannheim
beginnen konnte, und dass dessen Vertheidiger am 22. November
eine Capitulation unterzeichnen musste, derzufolge die französische Garnison in Gefangenschaft gerieth. Der Marschallstab
war die Belohnung, welche Wurmser für die Eroberung Mannheims zutheil wurde, mit welcher der Feldzug des Jahres 1795
seinen Abschluss fand, nachdem der Versuch Jourdan's, Pichegru Hilfe zu bringen, durch die Niederlage des Ersteren bei
Meisenheim an der Glan vereitelt worden war. Das linke Rheinufer von der Nahe bis zur Queich war zurückgewonnen.

Den Feindseligkeiten setzte ein Waffenstillstand ein Ziel,
der für die ganze Vorpostenkette der beiderseitigen Armeen auf
unbestimmte Dauer mit zehntägiger Kündigungsfrist geschlossen
wurde. Die Anregung zu dieser Waffenruhe gieng von österreichischer Seite aus, von dem General Kray, der unter Clerfayt
den Cordon am Niederrhein besetzt hielt und dieselbe bei einer
von ihm unter dem Vorwande der Auslösung gefangener österreichischer Officiere veranlassten Zusammenkunft mit Marceau
(19. December) in Vorschlag gebracht hatte.[1] Marceau zeigte

---

[1] Marceau an Jourdan. Au quartier gén. à Sultzbach, le 28 frimaire, 4me
année; bei Maze, Le général F. S. Marceau sa vie etc. Paris 1889, p. 241.

sich günstig disponirt. Da indess eine Vereinbarung dieser Art
der Zustimmung der beiderseitigen Obergenerale Clerfayt und
Jourdan bedurfte, einigte man sich — und zwar schriftlich —
dahin, dass die Sache zur Kenntniss der Letzteren gebracht
und bis zum Einlangen der Antwort Clerfayt's alle Feindseligkeiten von beiden Seiten eingestellt werden sollten. Schon am
20. December konnte Marceau dem General Kray mittheilen,
dass Jourdan geneigt sei, in eine Vereinbarung zu treten.[1]

Was hingegen Clerfayt betraf, so glaubte dieser nur im
Einverständnisse mit Wurmser vorgehen zu können. Er setzte
diesen von der zwischen Kray und Marceau angeknüpften Ver-
handlung in Kenntniss und fragte an, ob auch er — Wurmser —
derselben beitreten und ein ähnliches Uebereinkommen mit
Pichegru treffen wolle. Und als Wurmser mit einem ausweichen-
den Schreiben erwiderte, in welchem er, ohne die Vortheile
zu verkennen, die sich aus einer derartigen Abkunft ergeben
möchten, doch auch auf die gegen ein solches sprechenden
Bedenken und auf die Bedingungen hinwies, welche ihm für
den Fall unerlässlich schienen, dass Clerfayt Gründe habe,
einen Waffenstillstand zu schliessen,[2] ergieng von Letzterem an
Kray die Ordre, sich in keine weiteren Verhandlungen mit dem
Feinde einzulassen.

Allein dieser Befehl kam zu spät. Mittlerweile hatte nämlich Marceau an Kray den Entwurf eines dreimonatlichen
Waffenstillstandes für beide k. k. Armeen eingesendet und
Jourdan sich erbötig gezeigt, auch Pichegru für die Sache zu
gewinnen. Infolge dessen hatte Kray ,in übertriebenem Eifer'
nicht nur die Verhandlungen fortgeführt, sondern sogar gestattet, dass sich ein französischer Officier in Begleitung eines
österreichischen zu General Meszaros, von da in Wurmser's
Hauptquartier und endlich zu Pichegru begebe, um die Nachricht von dem Waffenstillstande zu überbringen, der zwischen
Jourdan und der Niederrheinarmee vereinbart worden sei. An
Wurmser aber sandte Kray ein Schreiben, in welchem er ihn
einlud, auch für seine Linie der Waffenruhe beizutreten. Die

---

[1] Marceau an Jourdan. Au quartier gén., le 30 frimaire, l'an 4; bei
Maze, 243.

[2] Wurmser an den Kaiser. Mannheim, ce 29 déc. 1795; bei v. Vivenot,
Thugut, Clerfayt und Wurmser 413.

Erklärungen Kray's klangen so bestimmt, dass Wurmser nicht anders meinte, als dass die Sache bei der Unterrheinarmee bereits entschieden sei. Er trug daher auch seinerseits kein Bedenken, sich den Verhandlungen anzuschliessen, zumal ein partieller Waffenstillstand zwischen der österreichischen Niederrheinarmee und Jourdan es Letzterem leicht gemacht haben würde, Pichegru zu verstärken und Wurmser bisher nur deshalb mit ansehnlichem Verlust von Menschen seine Position jenseits des Rheins behauptet hatte, um Clerfayt's Operationen zu begünstigen und dieselbe, sobald die Offensivoperationen seitens der Armee Clerfayt's beendet waren, zu räumen gedachte, hingegen in deren Besitz verblieb, woferne der projectirte Waffenstillstand geschlossen wurde. Diese Erwägungen bestimmten ihn, dem Officier Jourdan's, der zu Pichegru gesendet wurde, seinerseits Vincent zuzugesellen, der den Auftrag erhielt, die Vorschläge des Letzteren anzuhören, dabei aber die Generalcommandanten nicht zu compromittiren, sondern die ganze Sache als eine Convention zu behandeln, die von den Vorpostencommandanten zur Erholung ihrer Truppen ausgegangen sei, und die daher auch nur von den Vorpostencommandanten unterzeichnet werden könne.[1] In der That wurde am 25. December die Waffenstillstandsconvention für die Oberrheinarmee abgeschlossen und von Latour und Desaix unterzeichnet.

Anders Clerfayt. Er hatte Kray sein eigenmächtiges Vorgehen nachdrücklichst verwiesen und ihm neuerdings aufgetragen, die Verhandlungen mit dem Feinde sofort abzubrechen und den Waffenstillstand zu kündigen.[2] Auch an Wurmser richtete er ein Schreiben, worin er gegen die stattgefundenen Verhandlungen protestirte, die von Kray übernommenen Engagements desavouirte und die Absicht aussprach, den ohne sein Wissen abgeschlossenen Waffenstillstand zu brechen. Doch angesichts der bereits erfolgten Unterzeichnung der Waffenstillstandsconvention für die Oberrheinarmee änderte auch er bald seine Ansicht. Ihm erschien mit einem Male der Waffenstillstand für Wurmser sehr vortheilhaft, und da er überdies

---

[1] Wurmser an den Kaiser. Mannheim, ce 29 déc. 1795; bei v. Vivenot, Thugut, Clerfayt und Wurmser 414 ff.

[2] Clerfayt an den Hofkriegsrathspräsidenten Wallis. Kreuznach, den 27. Dec. 1795. Kr.-A.

die Armee demnächst zu verlassen gedachte und seinen Stell-
vertreter Feldzeugmeister Wartensleben nicht von vorneherein
in einen Gegensatz zu Wurmser versetzen wollte, so erwiderte
er auf das jüngst erhaltene Schreiben des Letzteren, dass er die
Sache dessen Entscheidung überlasse, die auch ihm zur Richt-
schnur dienen werde, zumal er die Armee nicht mehr durch
Unternehmungen ermüden wolle, die in Anbetracht der Jahreszeit, der Wege und der feindlichen Stellungen insolange be-
schwerlich sein würden, als sich keine günstige Gelegenheit
zum Angriffe darbiete.[1] Und so wurde denn am 31. December
die Convention von Kray und Marceau auch für die Sambre-
und Maas- und für die kaiserliche Niederrheinarmee unterzeichnet. Für das Corps an der Sieg liess Feldmarschalllieutenant Prinz Würtemberg durch den General Grafen Hadik mit
dem französischen General Collaud zu Thal Ehrenbreitstein noch
eine besondere Convention unterhandeln, derzufolge die kaiserlichen Vorposten am linken Ufer der Sieg, die französischen
am rechten Ufer der Wipper aufgestellt bleiben sollten und
die freie Schiffahrt auf dem Rhein, vom Einfluss der Sieg bis
Bacharach, eingeräumt wurde. Diese Urkunde war von dem
Prinzen und den Generalen Grafen Hadik und Sechtern, welch'
Letzterer in der Festung Ehrenbreitstein commandirte, unterzeichnet worden. Die ratificirten Urkunden dieser Convention
wurden am 4. Januar 1796 ausgewechselt.[2]

Man hat mit diesem Waffenstillstande Clerfayt's Abberufung
von der Armee in Verbindung gebracht. Er sei — heisst es —
wegen des Abschlusses desselben in Spannung mit Thugut gerathen und habe seine so oft vorgebrachte Bitte um Enthebung
von dem Armeecommando wiederholt, die ihm diesmal auch gewährt wurde.[3] Der Waffenstillstand — so lautete eine andere, im
,Moniteur' begegnende Version — sei nicht in der Absicht geschlossen worden, um daran weitere Friedensverhandlungen zu

[1] Wurmser an den Kaiser. Mannheim, ce 29 déc. 1795. v. Vivenot a. a. O.,
416—417. Oberstlieutenant Grünne (an Bellegarde). Mannheim, ce 29 dé-
cembre 1795. Or. eig. (Im Besitze Sr. Exc. des Herrn Grafen Franz von
Bellegarde.)

[2] Johann Baptist Schols, Biographie des Herzogs Ferdinand von Würtemberg 128—129.

[3] Thürheim, Ludwig Fürst Starhemberg 40—41.

knüpfen, sondern weil der gänzliche Mangel an allen Mitteln der Verpflegung, der eine Folge der schlechten und betrügerischen Armeeverwaltung gewesen sei, die Fortsetzung des Krieges unmöglich gemacht habe. Indem nun Clerfayt eine Reform dieser Verwaltung anstrebte, sei er der Coalition aller derjenigen zum Opfer gefallen, in deren Interesse die Fortsetzung der herrschenden Zustände lag.[1] Allein der ‚Moniteur‘, dem wir diese Angabe entnehmen, ist eine in dergleichen Dingen höchst unlautere und im gegebenen Falle auf ihre Richtigkeit nicht zu controlirende Quelle, deren Angabe einfach durch die Thatsache widerlegt wird, dass der Waffenstillstand gar nicht von Clerfayt ausgieng, vielmehr von ihm noch im letzten Augenblicke bekämpft und dass die Entscheidung der Frage dem Kaiser vorgelegt wurde. War man daher auch, wie es scheint, in Wien durch die erste Nachricht von dem abgeschlossenen Waffenstillstande überrascht,[2] so konnte man denselben doch nicht Clerfayt zum Vorwurf machen. Auch wurde Clerfayt nicht von dem Kriegsschauplatze abberufen. Er selbst hatte vielmehr um die Erlaubniss gebeten, die Armee, bei welcher für die kaiserlichen Truppen Feldzeugmeister Graf Wartensleben, für die Reichstruppen Feldzeugmeister Graf Erbach das Interimscommando übernahm, verlassen und sich nach Wien begeben zu dürfen, und hatte diese Erlaubniss bereits durch hofkriegsräthliches Rescript vom 11. December erhalten.[3]

Clerfayt trat zu Anfang des neuen Jahres (1796) die Reise nach Wien an. Unterwegs kam der Feldmarschall, den man nun als den ‚Retter Deutschlands‘ pries, nach Frankfurt und stieg im ‚römischen Kaiser‘ ab, wo ihn die städtische Grenadiercompagnie mit fliegenden Fahnen und klingendem Spiele empfieng und er Abends in der Komödie mit rauschendem Beifalle und einem eigens verfassten Prolog begrüsst wurde. Kürzlich erst hatten die Bürger von Frankfurt dem preussischen Generallieutenant Erbprinzen Friedrich Ludwig von Hohenlohe-Ingelfingen für die während der Einlagerung seines Corps gewährten Erleichterungen das Ehrenbürgerrecht verliehen. Jetzt wurde auf den verständlichen Wink eines Officiers

---

[1] ‚Moniteur‘ Nr. 349. Vienne, le 5 août.

[2] Zinzendorf, Détail de la vie III, 361 (k. u. k. geh. Haus-, Hof- u. Staatsarchiv).

[3] Clerfayt an Wurmser. Kreuznach, den 20. Dec. 1795. Kr.-A.

aus seinem Gefolge dem Feldmarschall durch die geheime Kriegs-
deputation der Stadt ‚rücksichtlich des hiesiger Stadt unter
Ihrer klugen Anführung deren tapferen kaiserlichen Truppen
widerfahrenen mächtigen Schutzes‘ Clerfayt die gleiche Ehre
angeboten, und er, da er das Anerbieten ‚unter den schmeichel-
haftesten Ausdrücken‘ annahm, aber seine Reise unverzüglich
fortsetzen wollte, schon am folgenden Morgen (6. Januar) zum
zweiten Ehrenbürger — Hohenlohe war der erste gewesen — ernannt. Drei Wochen später wurde Clerfayt's Name in das Bürger-
buch eingetragen, am 17. März demselben in Wien das in einer
goldenen Kapsel von hohem Werthe verwahrte Diplom überreicht.[1]

Nicht minder auszeichnend war der Empfang, der Clerfayt
zutheil wurde, als er am 10. Januar früh Morgens (6 Uhr) in
Regensburg eintraf, wo er beim ‚weissen Lamm‘ abstieg. Sofort
fanden sich Graf Lehrbach und die anderen kaiserlichen Minister bei ihm ein, und obgleich er seine Reise um 8 Uhr Morgens fortsetzen wollte, liess er sich doch durch Freiherrn von
Hügel bestimmen, bei ihm ein Frühstück einzunehmen, wobei
es der Concommissär so einzurichten wusste, dass sich ‚wie von
ungefähr‘ sämmtliche Reichstagsgesandte, auch der Erbprinz
und die Erbprinzessin Thurn-Taxis und die in Regensburg
weilenden niederländischen Emigranten einfanden, um ihm die
dankbare Gesinnung des Reiches zu erkennen zu geben. Sein
ebenso verbindliches als bescheidenes Benehmen, namentlich
aber das Lob, das er der Tapferkeit der Reichstruppen spen-
dete, machte einen nicht minder guten Eindruck als das, was
er von dem soeben abgeschlossenen Waffenstillstande und den
Aussichten eines günstigen Friedens äusserte, der nur durch
einen ansehnlichen Defensionsstand und durch ausgiebige Unterstützung der Reichsoperationscassa erzielt werden könne. Vor
dem Hause des Freiherrn von Hügel war die halbe Stadt ver-
sammelt; als er um 12 Uhr Mittags abreiste, tönte ihm von
allen Seiten der Zuruf: ‚Vivat Clerfayt, der Retter Deutschlands!‘ entgegen.[2]

---

[1] Auszüge aus S. F. Finger's Tagebüchern von 1795—1818; im Archiv für
Frankfurts Geschichte und Kunst, Neue Folge VI, 185. R. Jung, Die
Ehrenbürger der Reichsstadt und der freien Stadt Frankfurt am Main.
Ebenda, III. Folge, III. Bd., 111 ff.

[2] Lehrbach an Thugut. Regensburg, den 11. und den 30. Jan. 1796.

Auch in Linz[1] und in Wien wurde Clerfayt der Gegenstand lebhafter Ovationen. Haschka[2] hatte schon im November 1795 in der Ode: ‚Das gerettete Deutschland‘ Clerfayt als ‚Fabius-Clerfayt‘ gefeiert. Jetzt (am 1. Februar 1796) veranstaltete die Bürgerschaft der Vorstadt Wieden, wo er sich vor Kurzem ein Haus gekauft und eingebürgert hatte und nunmehr auch wohnte, in der Pfarrkirche ein Dankfest ‚für die von Gott durch diesen Helden verliehenen Siege‘, dem ausser dem Officiercorps auch der Bürgermeister und Magistrat beiwohnten. Abends zuvor hatte man dem populären Feldmarschall, dem nach seinem Tode die dankbare Hauptstadt ein ehrendes Denkmal setzen sollte, ein Ständchen gebracht und einen Lorbeerkranz überreicht, der die Inschrift trug:

> ‚Den Lorbeer nimm indess,
> Den Dankbarkeit Dir windet,
> Bis sich mit ihm durch Dich
> Der Oelzweig auch verbindet.‘[3]

---

[1] Wie aus der von Goedecke, Karl, Grundriss VI², 606, citirten ‚Ode auf die höchsterfreuliche Ankunft des k. k. Herrn Feldmarschalls und Reichsfeldzeugmeisters Grafen von Klairfait in Linz‘, 1. Bl., 4°. ‚In der Ferne der Zeit — Reizet die Schönheit noch mehr‘, hervorgeht.

[2] In der Druckschrift, betitelt: ‚An Wien über Haschka, den 29. Januar 1796‘, welche enthält: 1. ‚Das gerettete Deutschland, gesungen zu Wien im November 1795 von Lorenz Leopold Hatschka (!): „Am leichenvollen Rhein, den Eichenkranz“ etc.‘ 2. ‚An Wien über vorstehende Ode.‘ Es wird da erzählt, in der Flugschrift: ‚Der politische Kehraus‘ werde mitgetheilt, der preussische Gesandte in Wien Lucchesini habe sich bei Thugut über den Verkauf dieser ‚ungemein schönen Ode‘ beschwert. Lucchesini, heisst es, sei ein sehr unglücklicher Diplomat, aber eine solche Impertinenz wolle man von ihm nicht glauben u. s. f. Davon wohl zu unterscheiden ist ein anderes Gedicht: ‚Dem Retter Deutschlands. Zum Beschlusse des vierten Feldzuges wider die Franzosen, gesungen von Lorenz Leopold Haschka, im Januar 1796‘, Wien, gedruckt bei Ignaz Alberti's Witwe, 7 Bl., 8°, und im Revolutionsalmanach 1797, S. 59. Ist hier unter dem ‚Retter Deutschlands‘ der Kaiser gemeint, so ist Clerfayt, der daselbst als ‚Bürger der Freystadt‘ gefeiert wird, ‚dem Retter Deutschlands‘, eine der ‚Siegeshymnen von J. G. Gerning, Frankfurt 1796‘ (A. A.) gewidmet. Von der an erster Stelle genannten Ode gab es eine Ausgabe, wo Druck und ‚Hauptort‘ weggelassen waren; s. Lehrbach an Thugut. Regensburg, den 14. Jan. 1796. Vgl. Goedecke, Karl, a. a. O., 532.

[3] Wiener Zeitung 282—283. Vgl. Briefe eines Eipeldauers, 1796, 31 ff.

Es war indess Clerfayt nicht gegönnt, diesen Oelzweig zu
pflücken. Denn stand auch die öffentliche Meinung in Oesterreich wie in Deutschland sichtlich auf seiner Seite, verfügte
er auch selbst innerhalb des Ministeriums über eine ansehnliche
Partei, so fehlte es ihm doch auch gerade in den leitenden
Kreisen nicht an einflussreichen Gegnern. Ob mit Recht oder
Unrecht werden als solche Herzog Albrecht von Sachsen-
Teschen, Fürst Waldeck, Ferraris und namentlich Bellegarde
genannt, der nicht nur durch ungünstige Berichte vom Kriegsschauplatze den Kaiser und Thugut gegen Clerfayt eingenommen, sondern sogar den Plänen und Wünschen desselben ent-
gegengewirkt haben sollte.[1] Von Prosper Sinzendorf wusste der
allerdings nicht ganz verlässliche Felz in der Folge zu erzählen,
dass er bei einer Audienz in den Kaiser gedrungen habe,
Clerfayt des Commandos zu entheben.[2] Andere wieder führten
die Beseitigung Clerfayt's auf eine Intrigue Mack's zurück.[3]

Mochten indess immerhin auch in diesem Falle, wie so
oft, persönliche Gegnerschaften mit im Spiele sein, so fehlte
es doch nicht an sachlichen Gründen, welche den Gedanken
einer Abänderung des Obercommandos dem Kaiser nahelegten.

Wohl zollte man der ‚stoischen Tapferkeit'[4] des Generals,
der, einfach in Kleidung und Lebensweise, sich nur am Schlacht-
tage zu schmücken pflegte, volle Bewunderung. Aber im
Grunde war der kalte, ja harte Mann,[5] über dessen Lippen
nie ein Wort des Lobes kam, bei den Truppen nicht beliebt.[6]
Auch war es zwar ein läppischer Vorwurf, der seine Unent-

---

[1] Zinzendorf's Tagebuch, 6 und 8 février 1796. Ebenda, 27 janvier 1796,
    wo aber wohl irrig auch Fürst Colloredo unter den Gegnern Clerfayt's
    genannt wird. Vgl. vielmehr Thugut an den Cabinetsminister Colloredo,
    ce 1er février 1796, bei v. Vivenot, Vertrauliche Briefe I, 285.

[2] Zinzendorf's Tagebuch, 3 janvier 1800.

[3] ‚Moniteur' Nr. 198. Vienne, le 13 mars 1796.

[4] Erzherzog Carl's Ausgewählte Schriften IV, 220.

[5] Im Gegensatze hiezu nennt ihn der damalige Kronprinz, spätere König
    von Preussen Friedrich Wilhelm (III.), Beiträge zur Geschichte der
    Feldzüge 150, 21. Aug. 1792, einen ‚artigen, feinen Mann'.

[6] Zinzendorf's Tagebuch, 13 mai 1796. Vgl. meine Abh.: Zwei Jahre bel-
    gischer Geschichte, II. Theil, 187. (Sitzungsber. der Wiener Akad. der
    Wissensch. CXXIV.) Langeron, Mémoires, bei Pingaud, L'invasion austro-
    prussienne 89.

schlossenheit auf den Mangel an militärischen Kenntnissen zurückzuführen wagte; war er doch vielmehr gerade in dieser
Beziehung, sowie an taktischer Begabung Wurmser überlegen.
Wohl aber fehlte ihm die naive und frische Natur des Letzteren, welche nichts von jenem überklugen Kriticismus wusste,
der so zersetzend und verbitternd auf die Truppen wirkte.
Der einstige Held von Mehadia war jetzt ein kranker Mann,
zum ‚Marschall Cacadubio‘ geworden, vor dem man sich wenigstens zwanzigmal auf die Knie werfen müsse, um ihn einen
Schritt vorwärts zu bringen, wie Thugut zu spotten pflegte.[1]
Selbst ein so ergebener Freund wie Graf Franz Josef Dietrichstein wurde an diesem Fabius Cunctator irre, den er noch
am 26. Juli 1795 als den besten General, den Oesterreich im
gegenwärtigen Augenblicke besitze,[2] bezeichnet hatte, während
er jetzt der Ansicht war, dass es hoch an der Zeit sei, den
Feldmarschall auf seinen Lorbeeren ausruhen zu lassen, da
man sich nicht genug beeilen könne, ‚um sich vor den Rück-
fällen des Herrn v. Clerfayt sicherzustellen‘.[3]

Insbesonders machte sich auch diesmal, so wie einst bei
der Enthebung Coburg's, der englische Einfluss geltend; ausdrücklich wird bemerkt, dass sich der englische Gesandte am
Wiener Hofe Sir Morton Eden gegen die Rückkehr Clerfayt's
zur Armee ausgesprochen habe.[4]

Wohl fehlte es nicht an Bemühungen, Clerfayt in seiner
Stellung zu erhalten. Wie es scheint, giengen diese von der
Friedenspartei aus, an deren Spitze im Reiche der Erzkanzler
von Mainz, in Oesterreich der Reichsvicekanzler Fürst Colloredo stand.

Wie es scheint, beschäftigte sich auch der Kaiser schon seit
Monaten ernstlich mit dieser Frage. Wird auch in den Correspon-
denzen jener Zeit der Name des Mannes, der Clerfayt im Commando folgte — Erzherzog Carl — noch nicht ausdrücklich genannt, so kann es doch kaum einem Zweifel unterliegen, dass
schon damals der Blick des Kaisers auf niemand Andern als auf
seinen Bruder gerichtet war. Es ist in dieser Beziehung bezeich-

---

[1] v. Vivenot, Vertrauliche Briefe des Freih. v. Thugut I, 272.
[2] v. Vivenot, Thugut, Clerfayt und Wurmser CVIII, 172.
[3] Ebenda CIX, 287.
[4] Zinzendorf's Tagebuch, 27 janvier, 6 février 1796.

nend, dass man sich nicht so sehr mit der Frage nach der Persönlichkeit, die Clerfayt im Commando ersetzen, als vielmehr mit
der Auswahl des Generalquartiermeisters beschäftigte, der dem
künftigen Feldherrn zur Seite stehen sollte. In jedem andern
Falle würde ja zuerst der Befehlshaber der Armee ersehen
und es vielleicht diesem selbst überlassen worden sein, sich
seinen Generalquartiermeister zu wählen. Anders bei dem Erzherzog, der sich zwar durch auserlesene militärische Bildung,
hohe Begabung, bereits erworbene glänzende Verdienste und be-
strickende Beliebtheit bei den Truppen wie fast niemand Anderer
zum Oberbefehlshaber eignete und empfahl, der aber noch in
jenem jugendlichen Alter stand, welches eines erfahrenen Rath-
gebers zu bedürfen schien, den man ihm als Generalquartiermeister zugesellen wollte.

Wäre die Wahl eines Generalquartiermeisters dem Erzherzog überlassen worden, so wäre sie, bei der hohen Meinung,
die er damals noch von demselben hegte, wohl sicher auf Mack
gefallen. Auf diesen hatte man auch englischerseits schon früher
für den Fall hingewiesen, dass dem Erzherzog der Oberbefehl
über die Armee zufallen würde. Auch diesmal waren es namentlich Engländer — wie die Oberste Crawford[1] und Graham[2] —
die sich auf das Lebhafteste für seine Wiederanstellung inter-
essirten. Aber auch sonst stand hinter Mack eine zahlreiche
Partei. Er genoss das Vertrauen der Armee in hohem Masse,
sein Ruhm war durch seine Unglücksfälle noch nicht ver-
dunkelt. Ueber seine Begabung herrschte nur eine Ansicht.[3]
Gleichwohl war damals an die Berufung Mack's nicht zu
denken. Sein Gesundheitszustand und die Stimmung der mass-
gebenden Personen — namentlich Thugut's — schlossen die-

---

[1] Bericht vom 29. Mai, 24. Juni u. ö. (s. u.)

[2] Graham an Lord Grenville, Trident, 17. Aug. 1796, bei Herrmann, Russ.
Gesch., Erg.-Bd., 545.

[3] Crossard, Mémoires militaires I, 265. Französischerseits scheint man anfangs
vermuthet zu haben, dass, obgleich Bellegarde den Erzherzog ins Feld
begleite, Mack sein Generalquartiermeister sein werde. Vandamme, der dies
in einem Schreiben aus Saarbrücken, 2. Mai 1797, erzählt, bemerkt sonderbarer Weise: ‚Mack (Anglais d'origine), homme de projet, mais peu
propre à l'exécution, mal vu par les officiers autrichiens.' (Du Casse,
Vandamme I, 281.)

selbe aus.[1] Auch der Kaiser hegte keine besondere Meinung
von ihm.[2] Unter diesen Umständen wird man es wohl als ein
Zugeständniss des Kaisers an die Anschauungen Thugut's ansehen, vielleicht es auch auf den damals sehr einflussreichen
Rath Dietrichstein's zurückführen dürfen, dass die Wahl auf
den dem Letzteren engbefreundeten Grafen Bellegarde fiel.

Graf Heinrich von Bellegarde stammte aus einem wallo-
nischen, später in Savoyen ansässigen Geschlechte, das auswärtigen Souveränen häufig in Krieg und Frieden diente. Er
selbst war am 29. August 1756 zu Dresden geboren als Sohn
des Grafen Johann Franz, Obersthofmeisters der Prinzen Xaver
und Carl. Schon 1771 in der ausgezeichneten Reiterschaar der
Gardes du corps, hat er bis in sein höchstes Alter den Ruf
eines ebenso gewandten als eleganten Reiters genossen. Im
Jahre 1772 vertauschte der kaum sechzehnjährige Graf den
kursächsischen mit dem kaiserlichen Dienste und wurde Lieutenant bei dem Dragonerregiment Zweibrücken. Meister in allen
ritterlichen Uebungen, von einer einnehmenden Persönlichkeit,
eifrig im Dienst und massvoll in seinem Benehmen, verwendete
er seine Mussestunden fern von ausschweifenden Zerstreuungen
der Jugend zur Vermehrung seiner Kenntnisse, zur Bildung
seines Geistes. Dementsprechend war seine Laufbahn eine
rasche. 1778 und 1779 Rittmeister in den Feldzügen gegen
Preussen, ist er bereits 1785 Oberst und verzeichnet am 9. September 1788 seine erste Waffenthat in dem Treffen bei Be-
schanie wider die Türken, das er durch einen Angriff an der
Spitze von vier Escadronen des innerösterreichischen Dragoner-
regimentes Berlichingen entschied. 1792 zum Generalfeldwachtmeister befördert, verdiente er sich in den Niederlanden das
Maria Theresienkreuz. Die Einnahme von Mannheim (1795) galt
vorzüglich als sein Werk; er hatte das Project gemacht, er
die Dispositionen getroffen.[3] Ein Mann, der in seiner Pflicht
aufgieng, der nichts über das Gebot und den Dienst seines
Monarchen kannte, war Bellegarde von mittlerer Grösse und
schlanker Gestalt, seine Haltung soldatisch gerade, aber nichts

---

[1] Christine an den Kurfürsten von Cöln, ce 22 février 1796. A. A. Vgl.
dieselbe an denselben, ce 11 avril 1796. Ebenda. Or.
[2] Diary and lettres of gouverneur Morris II, 244.
[3] v. Vivenot, Thugut, Clerfayt und Wurmser 332.

weniger als steif. Er verwendete Sorgfalt auf seinen Anzug,
so dass sein Aeusseres den Ausdruck stattlicher Ritterlichkeit
mit einer Anmut vereinigte, die als Widerschein seines Innern
bei der ersten Annäherung gewann. Ein Militär und Cavalier von
wissenschaftlicher Bildung, gebot er über drei Sprachen, die er
mit gleicher Ungezwungenheit, mit gleicher Gewandtheit im
mündlichen und schriftlichen Ausdruck zu handhaben verstand.[1]

Crossard, der sich damals um eine Anstellung in der
österreichischen Armee bewarb und anfangs von Bellegarde
ablehnend beschieden wurde, sagt von ihm: ‚Voll tiefer politischer und militärischer Kenntnisse und ohne Zweifel in diesen
beiden Beziehungen einer der ausgezeichnetsten Männer seiner
Zeit, hat ihm die Natur Alles verliehen, was den Staats-, Hof-
und Kriegsmann bildet.'[2] Und der sonst allerdings berüchtigte
Montgaillard, dessen Zeugniss aber in diesem Falle ganz un-
verdächtig ist, bemerkt: ‚Er war ein geschickter und politisch
gebildeter Officier, ein sehr loyaler Charakter, der Umstände
und Dinge richtig beurtheilte. Ich werde diesem General stets
jene Achtung und jenen Respect bewahren, welche der Ehren-
haftigkeit, der Strenge der Grundsätze, seinen Talenten und
seiner Lebensführung gebühren.'[3]

Doch bei all' diesen trefflichen Eigenschaften hatte auch
Bellegarde seine Gegner. ‚Es ist unglaublich,' bemerkt Marie
Christine, ‚wie viele Feinde er hier hat, zumal die Partei
Clerfayt's.'[4] Aber auch der Prinz Coburg hatte von ihm eine
üble Meinung.[5] Werneck und Kolowrat galten als seine Wider-
sacher.[6] Als sich im Publicum das Gerücht verbreitete, dass
der Kaiser Bellegarde ein Gutachten über den bevorstehenden
Feldzug abverlangt habe, gab dies zu dem übelwollenden
Gerede Anlass, er arbeite mit dem Minister an einem Ope-
rationsplane ohne Wissen Clerfayt's und ohne dass dieser zu

[1] Helfert, Freih. v., 1814. Ausgang der französischen Herrschaft in Oberitalien u. s. f., in: Archiv für österr. Geschichte LXXVI, 477 ff.
[2] Crossard, Mémoires militaires I, 186.
[3] Montgaillard, Mémoires secrets 105.
[4] Maria Christine an den Kurfürsten von Cöln, ce 22 février 1796.
[5] Grimm an Katharina II. A Grimma. Gotha, ce mercredi, 28 mai (8 juin)
1796 im Sbornik XLIV, 724.
[6] (Dietrichstein) an (Bellegarde). Vienne, le 15 juin 1796. Or. eig.

Rathe gezogen worden sei. Man klagte ihn der ,Apostasie'
gegen Clerfayt an, da ihn der Kaiser von der Armee des
Letzteren zu jener Wurmser's versetzt habe.

Vor Allem aber waren ihm die Engländer abgeneigt.
Ihr Schoosskind war ja und blieb Mack, und noch in der Folge
hat man von dieser Seite in ihm allein den Retter in der Noth
erblickt. ,Nach der Ansicht Derer, die am fähigsten zu urtheilen sind,' berichtet Crawfurd, der damals als englischer
Militärbevollmächtigter am Rhein weilte, ,ist Bellegarde, obgleich gewiss ein geschickter Mann, ganz ungeeignet zum
Hauptrathgeber des Erzherzogs.' ,Alle Umstände in Betracht
gezogen,' setzt er bei, ,scheint General Mack die Person zu
sein, die man vor Allem auf dem Posten des Generalquartiermeisters zu sehen wünschte; doch er würde nicht unter Bellegarde's Einfluss handeln wollen. Es gibt noch einen anderen
Officier ersten Ranges, Graf Merveldt, der gegenwärtig in
seinem Regimente dient und der abgeneigt ist, unter General
Bellegarde zu dienen, der aber, wenn General Mack zur Armee
zurückkehrte, vorwärts kommen würde.'[1] Uebrigens ersehen
wir aus Crawfurd's Correspondenz auch den Grund, in welchem diese Abneigung des Engländers wurzelte. ,Ich muss,'
sagt er, ,bemerken, dass General Bellegarde . . . keineswegs
für die Allianz zwischen Oesterreich und England eingenommen
ist, dass er vielmehr wiederholt geäussert hat, dass es ein
Unglück für Oesterreich sei, von uns Subsidien zu beziehen,
demnach unter unserem Einflusse zu handeln.'[2] Ja Crawfurd
versteigt sich bis zur Behauptung, Bellegarde würde sich
freuen, wenn ein Kriegsunglück in Italien Oesterreich zu einem
Separatfrieden bewegen sollte, da damit das Bündniss Oesterreichs mit England sich lösen würde.[3] Freilich stand es mit
derartigen Beschuldigungen im Widerspruch, wenn man Bellegarde als einen jener ,Häretiker' bezeichnete, welche die An-

[1] Crawfurd's Bericht. London, 1st march 1796. Selbst noch die ersten Miss-
erfolge des Feldzuges — das Treffen von Malsch — führt Crawfurd
auf den ,Mangel an Energie und Befähigung' Bellegarde's zurück. Auch
jetzt erwartete er alles Heil von Mack. Crawfurd's Bericht vom 11. Juli
1796 und Journal and correspondance of Lord Auckland III, 352.

[2] Crawfurd an Morton Eden. Mannheim, 10th march 1796.

[3] Derselbe an (Grenville). Frankfort, 17th may 1796.

sicht Thugut's theilten, dass der Krieg so lange fortgeführt
werden müsse, bis man einen guten Frieden zu erzielen im
Stande sei.[1]

Wie es so oft vorkommt, dass man eigenes Verschulden
durch die Beschuldigung Anderer zu bemänteln sucht, so geschah es auch hier, dass von Denen, welche Bellegarde abgeneigt waren und deshalb dessen Berufung hintanzuhalten suchten,
der Vorwurf erhoben wurde, derselbe habe gegen Clerfayt in-
triguirt, um sich selbst in die Höhe zu bringen. Statt dessen
geht aus Bellegarde's eigener Correspondenz hervor, dass er
dem verdienstvollen Feldmarschall die grösste Verehrung zollte.
Freilich hegte auch er den begreiflichen Wunsch nach beherz-
terem Vorgehen, aber er war weit entfernt davon, in den Chor
Derer einzustimmen, welche die Abberufung Clerfayt's heischten.
Er freute sich aufrichtig darüber, dass Clerfayt endlich ,den
Rubikon', d. i. die Prim, überschritten habe, die er bis dahin
um jeden Preis zu seinen ,Säulen des Hercules' habe machen
wollen. ,Ich habe,' führt er fort, ,nicht die Zeit und nicht den
Beruf, Denkschriften zu schreiben, die Niemand liest, noch
auch die Absicht, Ihren Geist und Ihr Herz zu ermüden durch
ein Eingehen auf die Fehler, die man begangen, und durch
Klagen darüber, dass man all' das Gute, das hätte geschehen
können, nicht gethan hat. Im Gegentheil will ich mich lieber
der glücklichen Wendung freuen, welche die Dinge genommen
haben, und dem Geschicke danken, dass es uns das Unglück
erspart hat, das uns bedrohte.' Wie wenig er selbst die Stelle
eines Generalquartiermeisters anstrebte, geht aus demselben
Schreiben hervor, dem wir die soeben mitgetheilte Stelle entnehmen, und das er von Seckenheim aus (19. November 1795)
an seinen Freund Dietrichstein richtete, als ihm dieser über
die bevorstehenden Aenderungen im Commando der Armee
einige Andeutungen zukommen liess. ,Gehen wir,' heisst es im
weiteren Verlaufe dieses Schreibens, ,zu den projectirten Aenderungen (changements) über, von denen Sie so gütig sind, im
Vertrauen zu mir zu sprechen, und über die Sie mich um
meine Ansicht fragen, so kann ich darauf nichts antworten
als das, was ich Ihnen hierüber schon gesagt habe. Was inner-

---

[1] v. Vivenot, Thugut, Clerfayt und Wurmser 425.

halb dieses Planes mich persönlich angeht, so kann ich dafür
nur dem oder denen, die mir wohlwollen und mich so sehr
ihres Vertrauens würdigen, dankbar sein. Aber ich würde desselben nicht würdig sein, wenn, da ich mich nicht für geeignet
für den Platz, den man mir zudenkt, erachte, irgend eine
Rücksicht der Eigenliebe und ein besonderes Interesse mich
bestimmen könnten, denselben anzunehmen. Nachdem ich mich
dessen seit zwei Jahren beständig geweigert habe, müsste ich
entweder damals schuldbar gewesen sein oder es jetzt sein.
Denn ich hätte meine Dienste dem Staate, welcher dieselben
bedurfte, nicht versagen dürfen, wenn meine Fähigkeiten mir
gestatteten, diese grosse Aufgabe zu erfüllen, und ich könnte
mich derselben gegenwärtig nicht unterziehen, ohne sicher zu
sein, mich derselben mit Ehre und zum Vortheil für den Dienst
meines Herrn zu entledigen. Gewiss würde ich mich nicht
zieren (je ne me ferais pas tirer l'oreille), um eine der schön-
sten Stellungen in der Armee einzunehmen, wenn ich mehr
auf meinen Ehrgeiz als auf meine Pflicht Bedacht nehmen
würde, und ich glaube, dass man meinem Eigensinn Dank
wissen sollte. Ihre Freundschaft, mein lieber Dietrichstein, eröffnet mir bei dieser Gelegenheit eine Perspective von Glück
und Ehre à perte de vue — all' das ist sehr schön, verführe-
risch, darf aber einen anständigen Mann und treuen Diener
nicht erschüttern. Ich werde in meinen Grundsätzen nie schwanken, und sollte mir dies schaden, um so schlimmer für die,
welche Geradheit und Wahrheit nicht zu schätzen wissen und
doch gut bedient sein wollen. . . . Was mich betrifft, so wieder-
hole ich: ich möchte Niemandem Unrecht thun. Wenn aber
Seine Majestät findet, dass ich besser gedient habe als die
Gemeinde der Heiligen, würde ich für was immer für ein
Zeichen seiner Zufriedenheit und Gnade empfänglich sein. Es
wird mir dies eine Ermunterung sein, wenigstens in meiner
kleinen Sphäre alle Hindernisse zu überwinden, die sich dem
allgemeinen Besten entgegensetzen. Sie sprechen von dem
nächsten Feldzuge, ehe Sie noch gesehen haben, wie dieser
enden wird. Doch wenn Sie, indem Sie ein kleines Croquis von
der Bildung der Armee entwerfen, sagen, Alles werde sich nach
unseren Wünschen gestalten, scheint es mir, dass Sie sich
täuschen. Denn ich habe in dieser Hinsicht keinen und sehe

auch keinen Modus, der meine Sanction hätte und das grosse
Ziel nach meiner Anschauungsweise erfüllen würde. Ich wünsche nur wieder an meinen Platz versetzt, statt Bischof wieder
Müller zu werden (de redevenir d'évêque meunier) und — doch
in meiner Mittelmässigkeit — in hohem Grade zu sein und zu
scheinen, was ich bin. Seine Majestät braucht auch Cavallerie-
officiere. Ich habe als solcher mir eine kleine Reputation erworben; ohne Zweifel könnte ich am besten in meiner wahren
Gestalt dienen, statt als Arlequino finto principe, eine Rolle,
deren ich in jeder Hinsicht äusserst müde bin, die mir nur
Verdruss und Feinde schafft, die Geschäfte nicht fördert, und
von der ich befreit zu werden verdiente, nachdem ich mich
derselben de bonne grâce aus Eifer und Gehorsam unterzogen habe.'[1]

Im Monate Januar 1796 rückte man endlich der Entscheidung näher. So erzählte am 12. Januar Stipsicz zu Mannheim dem Oberstlieutenant Grafen Grünne, nach Briefen aus
Wien sei daselbst das Gerücht verbreitet, dass Bellegarde zum
Feldmarschalllieutenant und Generalquartiermeister ernannt sei.[2]
Am 29. sprach Bellegarde selbst in einem Briefe an Wurmser
die Vermuthung aus, dass Clerfayt nicht mehr zur Armee zu-
rückkehren werde, wohl aber gleich Wurmser zum Reichsgeneralfeldmarschall ersehen sei. Er selbst, fügt er vertraulich
hinzu, solle zum Feldmarschalllieutenant befördert werden;
auch habe man ihm den Posten eines Generalquartiermeisters
angeboten, doch habe er abgelehnt, da er den Beruf dazu nicht
in sich fühle.[3] Dass übrigens Bellegarde zu höheren Dingen
ausersehen sei, konnte man auch daraus entnehmen, dass ihm
der Kaiser auftrug, ihm ein Memoire über die Operationen des
künftigen Feldzuges zu überreichen, welchem Auftrage er auch
wirklich nachkam. Wodurch schliesslich Bellegarde bewogen
wurde, die ihm angebotene Stelle zu übernehmen, deutet er
selbst gelegentlich in einem vertraulichen Schreiben an Thugut

---

[1] Bellegarde an Dietrichstein. Seckenheim, le 19 nov. 1795 (gräflich
Bellegarde'sches Archiv).

[2] Oberstlieutenant Graf Grünne an (Bellegarde). Mannheim, le 12 janvier
1796. Or. eig. St.-A.

[3] Bellegarde an Wurmser bei v. Vivenot, Thugut, Clerfayt und Wurmser
420.

an. Darnach war es dieser, der ihm im Namen des Kaisers
die Uebernahme des Postens als eine ‚Pflicht‘ bezeichnete, der
er sich nicht entziehen zu dürfen glaubte, wenn er nicht seinem
Grundsatze, sich jederzeit im Dienste seines Herrn ohne ‚Rücksicht auf sich selbst so nützlich als möglich zu machen, untreu
werden wollte.[1]

Ebenso grundlos wie der Vorwurf, den man gegen Bellegarde erhob, dass er Clerfayt's Pläne zu durchkreuzen gesucht
und die ihm zutheil gewordene Stelle — noch dazu mit un-
lauteren Mitteln — angestrebt habe, ist die Behauptung, dass
Erzherzog Carl ein persönlicher Gegner Clerfayt's und dessen
Enthebung vom Commando das Ziel seiner eigenen ehrgeizigen
Wünsche gewesen sei. Vielmehr schwebte der Erzherzog bezüglich der Frage, ob er den nächsten Feldzug werde mit-
machen dürfen oder nicht, noch zu Anfang des neuen Jahres
zwischen Hoffnung und Furcht, und sein Wunsch gieng lediglich dahin, wieder ‚in der Linie‘ angestellt zu werden.[2] Er
soll sich deshalb an Clerfayt mit der Bitte, dass er ihn vom
Kaiser verlange, gewendet, darauf aber die abschlägige Antwort
erhalten haben, ‚dass dies nicht geschehen könne, da seine
Gegenwart die Kosten und Verlegenheiten vermehren würde‘.[3]
‚Seine Gesundheit ist jetzt vortrefflich,‘ schrieb die Erzherzogin
am 24. Januar an ihren Bruder, den Erzbischof von Cöln;
‚seit Mitte März vorigen Jahres fehlt ihm nicht das Mindeste.
Er sieht vortrefflich aus, macht fleissig Bewegung zu Fuss
und zu Pferd. Er sehnt sich, zur Armee abzugehen. Viel zu
bescheiden, ein Commando für sich zu beanspruchen, will er
blos unter einem der beiden Marschälle dienen, am liebsten
unter Wurmser. Dort hätte er auch Bellegarde. Auch Merveldt ist hergestellt und könnte ihm zugesellt werden; aber
ich weiss nicht, ob er die Erlaubniss erhalten würde. Denn
er hat schon mehrmals gebeten, und eine abschlägige Antwort
würde ihn krank machen, so sehr sehnt er sich nach einer
Verwendung. Man sagt Seiner Majestät stets, seine Gesundheit

[1] Bellegarde an Thugut. Gmünd, ce 25 juillet 1796. Or. eig. Copie und eig. Entw. B. A.
[2] Maria Christine an den Kurfürsten von Cöln, ce 11 février 1796. A. A. Or.
[3] Zinzendorf's Tagebuch; 8 février 1796.

widersetze sich derselben, obgleich die Aerzte das Gegentheil
behaupten und er sein Uebel nur hatte, als er sechs Monate
zu Brüssel und von der Armee entfernt weilte. Doch ich gebe
dies Gott anheim. Freilich als gute Mutter, die das Beste ihres
Kindes seinem Vergnügen vorzieht, wünschte ich, dass er den
Feldzug mitmache; denn ich leide, wenn ich ihn mit 24 Jahren
ohne Beschäftigung sehe. Man muss gute Grundsätze haben
wie er, um unter diesen Umständen sich nicht dem Laster zu
ergeben.‘ [1]

Bald nach diesem Briefe fiel die Entscheidung, und zwar in
einem Sinne, der die Erwartungen der Erzherzogin weit über-
traf. Die Entscheidung wurde übrigens dem Kaiser durch Clerfayt's eigene Bitten erleichtert. Während des Feldzuges 1795
hatte dieser immer wieder unter Hinweis auf seine erschütterte
Gesundheit um seine Enthebung vom Commando ersucht, besonders dringend, als der Kaiser die Theilung seiner Streitkräfte am Rhein in zwei Armeen verfügte. Damals enthielt
der von Thugut verfasste Entwurf einer Antwort die im
Originalrescripte ausgelassenen Worte, dass der Kaiser seinem
Wunsche nur für den Fall willfahren könne, dass jener entschlossen sei, ganz aus seinen Diensten zu scheiden, dass er
aber nach Beendigung des Feldzuges ohneweiters ihm die Erlaubniss ertheilen wolle, woferne dies seine Gesundheit oder
seine Geschäfte erheischen würden.[2] Und als dann nach der
Einnahme von Mannheim Clerfayt (27. November) das Ansuchen,
die Armee verlassen zu dürfen, erneuerte,[3] erwiderte der Kaiser
(10. December), er erwarte von seinem Eifer, dass er seinen
Posten nicht eher verlasse, als bis der Feldzug gänzlich beendet und die Winterquartiere der Armee gesichert seien, habe
jedoch, sobald dies der Fall sei, nichts dagegen einzuwenden,
dass er — Clerfayt — das Commando der Armee bis auf weitere Verfügung dem General Wartensleben übergebe und auf
jene Pflege bedacht sei, welche nach so langen und schweren
Mühsalen seine erschütterte Gesundheit fordern möge, deren
vollständige Wiederherstellung ihn in hohem Grade infolge der

---

[1] Maria Christine an den Kurfürsten von Cöln, ce 24 de l'an 1796. A. A.
[2] v. Vivenot, Thugut, Clerfayt und Wurmser 189, Anm.
[3] Ebenda 391.

Dienste interessire, welche der Staat noch von seinen ausgezeichneten Talenten in Zukunft erwarten dürfe.'[1] Damit war die Enthebung Clerfayt's vom Commando schon vorbereitet, die am 6. Februar 1796 in den gnädigsten Ausdrücken erfolgte. ‚Da es,' so lautete das von Thugut entworfene kaiserliche Handschreiben, ‚mit Meinem Wohlwollen und Meiner rücksichtlichen Schonung gegen Ihre Person nicht übereinstimmen würde, Sie durch die unvermeidlichen Fatiguen des künftigen Feldzuges länger der gewünschten Mittel zu berauben, auf die so nothwendig gewordene solide Herstellung Ihrer zerfallenen Gesundheit ernstlichen Bedacht zu nehmen, so habe Ich den Entschluss gefasst, Ihrem zu verschiedenen Malen so dringlich geäusserten Verlangen gemäss, Sie von dem bisher aufgehabten Commando der Armee am Niederrhein zu entledigen und selbes an Meinen Herrn Bruder, des Erzherzogs Carl königliche Hoheit, zu übertragen. Nachdem Ich aber Ihre vortrefflichen Talente nicht unbenützt zu belassen, sondern solche auf eine solche Art, die mit den zur Erholung Ihrer Gesundheit erforderlichen Vorsorgen nicht unvereinbarlich ist, fernerhin zu verwenden gedenke, so habe Ich Sie hiermit zur Führung des Generalcommandos in Meinem Königreich Hungarn bestimmt, von welchen Meinen Verfügungen Ich denn auch zu gleicher Zeit Meinen Hofkriegsrath verständige, so dass es von Ihnen abhangen wird, die durch Mein Vertrauen Ihnen zugetheilte wichtige neue Dienstleistung auf das Eheste anzutreten.'[2]

Zugleich verlieh der Kaiser dem Feldmarschall das Goldene Vliess. Doch wurde es als Zeichen minderer Gnade vermerkt, dass der Kaiser ihn nicht, wie es sonst wohl Sitte war, zu sich beschied und ihm nicht selbst die Colane in Gegenwart einiger Ordensritter anlegte.[3] Am 10. Februar wurde die Enthebung Clerfayt's und die Ernennung Erzherzog Carl's durch die ‚Wiener Zeitung' verlautbart. Am 5. März zeigte dasselbe Blatt die Beförderung Bellegarde's zum Feldmarschalllieutenant an.

---

[1] v. Vivenot, a. a. O. 396—397.

[2] Der Kaiser an Clerfayt. Wien, den 6. Febr. 1796; bei v. Vivenot, Thugut, Clerfayt und Wurmser 427, Nr. CLXVI.

[3] Zinzendorf's Tagebuch, 9 février 1796.

Obgleich der Verlauf des letzten Feldzuges und die wiederholten Gesuche Clerfayt's dessen Enthebung auf das Ausreichendste motivirten, bot dieselbe doch der Mitwelt insoferne eine Ueberraschung dar, als sie gerade in dem Augenblicke erfolgte, in welchem der greise Feldmarschall nach soeben errungenen Siegen als 'Deutschlands Befreier' in weiten Kreisen gefeiert wurde. Daher erschöpfte man sich denn auch in den verschiedensten Vermuthungen, um die Ursache seines unerwarteten 'Sturzes' zu ergründen. Brachten die Einen, wie wir sahen, seinen Rücktritt mit dem Waffenstillstande in Zusammenhang, so betrachteten ihn Andere als ein Opfer des Hofkriegsrathes, den die zu grosse Popularität des siegreichen Feldherrn und die angebliche ihm vom Kaiser übertragene unumschränkte Gewalt mit Eifersucht erfüllt habe, während wieder Andere gerade umgekehrt seine Enthebung auf den festen Willen zurückführten, auf dem er beharrt habe, seine Armee nach eigenem Ermessen zu führen, ohne für jede, selbst die geringste Operation auf die Befehle des Cabinets warten zu müssen.[1]

Am 7. Februar 1796 wurden auf der Redoute 'satyrische Verse' gegen Clerfayt ausgestreut, in denen ihm der Verlust Flanderns zum Vorwurf gemacht und seine Erfolge Quosdanovich als Verdienst angerechnet wurden, während man Bellegarde, Lauer und Chasteler als das Kleeblatt bezeichnete, das den Erzherzog in militärischen Dingen berathe, von denen aber Bellegarde ohne Verdienst, Lauer ein tollkühner Mensch und Chasteler von Wunden durchsiebt sei.[2]

Schon zu Beginn des Monats Februar scheint Erzherzog Carl von der ihm zugedachten Bestimmung gewusst zu haben. Am 5. Februar bereits meldet Grünne dem ihm nahestehenden Bellegarde: 'Erzherzog Carl hat mir geschrieben, er hoffe, mich bald bei der Armee zu sehen; er sei sehr betrübt, dass ich von ihm durch die Intriguen eines Mannes getrennt worden sei, den er zu seinem Schaden leider zu spät kennen gelernt habe.'[3]

Was Marie Christine betrifft, wird man nach dem oben Gesagten wohl zugestehen, dass Herzog Albert nicht, wie da-

---

[1] 'Moniteur', 1796, Nr. 166, vgl. auch Nr. 173, 183, 198.
[2] Zinzendorf's Tagebuch, 1796, 8 février. Vgl. Thürheim, A. Graf, Ludwig Fürst Starhemberg 41.
[3] Grünne an Bellegarde. Mannheim, le 5 février 1796. Or. eig. B.-A.

mals der Fürst von Ligne behauptete, Ursache hatte, derselben zu zürnen, weil sie mit Bellegarde Alles eingefädelt habe.[1] Vielmehr freute sie sich zwar, dass Carl nun wieder zur Armee gehen dürfe, allein, wie sie ihrem Bruder, dem Kurfürsten von Cöln, dem sie stets ihr Herz zu erschliessen pflegte, auch jetzt wieder versicherte, so hätte sie gewünscht, dass ihr Neffe in der Linie angestellt, nicht dass er zum Obercommando bestimmt werde, da dieses immer precär und mit grosser Verantwortlichkeit verbunden sei. Unter diesen Umständen gereichte es ihr zum Troste, dass ihrem Neffen wenigstens Bellegarde zur Seite stehen sollte,[2] und als sie daher die Wahrnehmung machte, dass man Carl's Umgebung gegen Bellegarde einzunehmen suche, bat sie ihren Bruder, dass er Carl Vertrauen gegen seinen Rathgeber einflössen möge, da zwar ihr Neffe den Letzteren sehr gerne sehe, aber die Billigung des Oheims doch sehr erspriesslich sein werde, zumal Ehre und Glück des jungen Erzherzogs von einem aufrichtigen und loyalen Vertrauen zu Bellegarde untrennbar seien, den sie im Allgemeinen für einen anständigen Mann halte.[3] Aber anderseits missbilligte ihr edler Sinn entschieden das schnöde Gebahren gewisser Kreise gegen Clerfayt. ‚Ich bin nicht für Clerfayt eingenommen,‘ äusserte sie, ‚aber Du kannst Dir nicht vorstellen, wie peinlich mich diese Schmähschriften auf der einen und dieser Enthusiasmus auf der andern Seite berührt hat: einen Tag Ehrenbezeigungen wie einem Heiligen, den andern eine beissende Satire gegen ihn, die man auf der Redoute vertheilt, dann wieder Verse, die man verbreitet, um ihn gegen jeden Angriff in Schutz zu nehmen, in denen man ihn zum Himmel erhebt, — Eines wie das Andere sollte unterbleiben. Ueberall nichts als Parteiungen, Intriguen und abscheuliche Bosheit.‘[4]

Einige Tage später kommt die Erzherzogin in einem Briefe an den Kurfürsten von Cöln noch einmal auf denselben Gegenstand zurück.

Es freut sie, dass ihr Bruder die Ernennung Carl's mit Beifall begrüsst habe. Wie immer, wenn sie ihren Gefühlen

---

[1] Zinzendorf's Tagebuch; 12 février.
[2] Maria Christine an den Kurfürsten von Cöln, ce 19 février 1796. Or. A. A.
[3] Dieselbe an denselben, ce 4 avril 1796. Or. eig. A. A.
[4] Dieselbe an denselben, ce 19 février 1796. Or. A. A.

stärkeren Ausdruck geben will, fügt sie in den sonst franzö-
sisch geschriebenen Brief die deutschen Worte: ‚Gott wolle
ihme segnen, aber zitternd ist die Lage.' Sie betheuert, dass
sie ihren Neffen nicht etwa zu ihrer Genugthuung zurückhalten
wolle. ‚Es ist zwar wahr, dass für uns Alles vorbei ist, wenn
er einmal abgegangen sein wird. Sein Umgang war das einzige
Vergnügen für meinen Mann und mich, da er ein guter, lie-
bender Sohn ist; trotzdem aber weisst Du, dass ich stets gewünscht habe, dass er aus diesem Zustande der Trägheit und
Unthätigkeit versetzt werde und zur Armee komme. Gott ver-
hüte, dass sich seine Abreise nicht verzögere; auch er wünscht
dasselbe.'[1] Bei anderem Anlasse bittet sie ihren Bruder, in der
Voraussetzung, dass er mit Carl auf dessen Reise zur Armee
zusammentreffe, er möge demselben predigen, dass er sich als
Commandant der Armee seiner Stellung entsprechend benehme
und sich Respect verschaffe. ‚Da muss,' setzt sie in deutscher
Sprache hinzu, ‚der junge Mensch zu Hause bleiben.'[2]

Wie die Erzherzogin betheuert, hätte es auch Carl vorgezogen, den zweiten Platz einzunehmen; ‚denn Ehrgeiz und
Eitelkeit', fügt sie bei, ‚beherrschen ihn nicht.'[3] Auch Carl
selbst bemerkte, als ihm Graf Zinzendorf seine Glückwünsche
darbrachte, ‚mit vieler Bescheidenheit', er habe blos gebeten,
unter Clerfayt dienen zu dürfen.[4] Ja Lucchesini gegenüber soll
er sogar geäussert haben: er würde das Commando nicht angenommen haben, hätte er gewusst, was er hinterdrein erfuhr.[5]

Am 10. Februar setzt Carl seinen Bruder, den Locumtenens
Erzherzog Josef, von seiner erfolgten Ernennung in Kenntniss.
‚Besster Bruder,' so schrieb er an denselben, ‚da mir der Antheil bekannt ist, den Du an allem nimmst, was mich angeht,
so versäume ich nicht Dich zu benachrichtigen, dass mir S. M.
der Kayser den Befehl gegeben haben, das durch die in die
Ruhesetzung des FM. Clairfayt vacant gewordene Armee-Co-
mando der niederrheinischen Armee zu übernehmen. Ich werde
das mögliche thun, um mich des Zutrauens S. M. würdig zu

---

[1] Maria Christine an den Kurfürsten von Cöln, ce 22 février 1796. Or. A. A.
[2] Dieselbe an denselben, ce 4 avril 1796. Or. eig. A. A.
[3] Dieselbe an denselben, ce 22 février 1796. Or. eig. A. A.
[4] Zinzendorf's Tagebuch; 12 février 1796.
[5] Ebenda; 20 février.

machen und alle Kräfte anstrengen, um meine Schuldigkeit
bestmöglichst zu thun. Die Last ist in der jetzigen Lage der
Sachen sehr schwer und nicht leicht sich mit Ehren aus diesem
Geschäfte zu ziehen. Morgen übernehme ich vom FM. Clairfayt
die Papiere, so er hier hat, und fange an, die Geschäfte, so bis
nun durch ihn mit dem Hofkriegsrath zu machen waren, sowohl als alles, was von der Armee hicherkömmt, auszumachen.
In 8 Tagen wird meine Bagage und Pferde von hier weggehen
und ich in einem Monathe folgen, wenn nicht eine Brechung
des Waffenstillstands von Seite des Feindes mich nöthigt, meine
Reise zu beschleunigen. GM. Graf Bellegarde wird mir zur
Dienstleistung zugetheilt. Ehe als von hier wegzugehen hoffe
ich das Vergnügen zu haben, Dich zu umarmen; und wenn
mich die Geschäfte, so mir nun auf einmal auf den Hals fallen,
denn Du kannst nicht glauben, was ich schon heute zu thun
habe, verhindern, auf Ofen zu kommen, und Dir die Deinigen
nicht erlauben sollten, mich hier noch zu besuchen, so müssen
wir wenigstens suchen, wo zwischen Ofen und hier zusammen-
kommen zu können — denn wer weiss, auf wie lange wir her-
nach nicht getrennt seyn werden, vielleicht auf immer.'[1]

Doch einen tieferen Einblick in seine damalige Stimmung
als dieses Schreiben gewährt uns ein Brief, den er an seinen
alten Lehrer Hohenwart, jetzt Bischof von St. Pölten, richtete,
als ihn dieser zu seinem neuen Berufe beglückwünschte. ‚Bester
Freund,‘ so lautet das Schreiben, ‚Ich danke Ihnen tausendmal
für die Wünsche, die Sie für mich bei der Antretung des Commando der Armee machen wollen. Doppelt fühle ich, wie schwer
diese Bürde besonders für einen jungen Mann in der jetzigen
Lage der Sachen ist. Auch verlangte, auch wünschte ich mir
sie nicht. An Eifer, an gutem Willen, an Anstrengung aller
meiner Kräfte, um die Gnade S. M., das Vertrauen der Armee
zu verdienen, um dem Staate nützliche Dienste zu leisten, soll
es mir nicht fehlen. Gott gebe mir nur seinen Segen dazu.
Helfen sie mir auch durch Ihr Gebeth ihn zu erflehen, und beten
sie dann beständig für einen Ihrer Freunde, der sich in einer
beschwerlichen Lage finden wird, in welcher Fehltritte entscheidend für das Wohl des Staates und das seinige seyn.

---

[1] Or. eig. A. A.

Sobald meine Abreise von hier bestimmt seyn wird, sollen Sie
davon unterrichtet werden. Bey meiner Durchreise werde ich
mich bei Ihnen wenigstens einige Augenblicke aufhalten, um
Sie noch [zu] umarmen, Ihnen nochmals tausendmal für das, was
Sie für mich thaten, zu danken. Gott wird es Ihnen vergelten.
Ich kann es nur durch meine aufrichtige Freundschaft für Sie,
denn viel habe ich Ihnen zu danken und vielleicht sehe ich
Sie dann nicht mehr.'[1]

Wir werden hoffentlich bei anderer Gelegenheit den Eindruck kennen lernen, den die Ernennung des Erzherzogs in
jener Armee hervorrief, deren Führung er übernehmen sollte.
Hier haben wir zunächst nur von jenen leider so unerfreulichen,
ja beschämenden Vorgängen zu reden, zu denen die Enthebung
Clerfayt's daselbst den Anlass gab, und aus denen zugleich erhellt, wie wünschenswerth auch in dieser Hinsicht der Wechsel
im Obercommando war. Hier gab es ohne Zweifel eine Partei,
in deren Interesse es lag, die keimende Eifersucht zwischen
Wurmser und Clerfayt zu nähren. Man hatte Wurmser, der
schon in Folge seines hohen Alters fremden Einflüsterungen
nur zu leicht zugänglich war, beigebracht, dass er im nächsten
Feldzuge nur eine untergeordnete Rolle spielen werde. Man
sagte ihm vor, seine Ehre erheische, dass das Maria Theresien-
Ordenscapitel, das der Kaiser abhalten zu lassen willens war,
in seinem Hauptquartier und nicht, wie der Hofkriegsrath vor-
schlug, in jenem Clerfayt's stattfinde, und es fand wirklich zu
Mannheim, im Hauptquartier Wurmser's, statt, da mittlerweile
Clerfayt nach Wien gereist war.[2] Wie er wenigstens behauptet,
machte es sich Oberstlieutenant Graf Grünne zur Pflicht, den
greisen Feldmarschall zu beschwichtigen; so schwer es ihm
fiel, widmete er dem halbtauben Manne zu diesem Zwecke
jeden Abend einige Stunden. ,Er ist beinahe verlassen; All...[3]
kommt nur selten; Lau..,[4] nur wenn man ihn ruft, Duka zur
Parole, Vacq...[5] macht sich mit seiner Frau zu schaffen und
besucht ihn nur, um ihm die Hölle heiss zu machen und In-

---

[1] Erzherzog Carl an Hohenwart. Wien, den 4. März 1796. Or. eig. A. A.
[2] Hirtenfeld, Kleinere Ausg. 460.
[3] Alvinczy.
[4] Lauer.
[5] Vacquant.

triguen zu spinnen, das ist das Bild unserer Existenz.'[1] Besonders war es Vacquant, der grossen Einfluss auf Wurmser übte; man war vielfach der Meinung, dass man sich an ihn wenden müsse, um etwas bei dem Feldmarschall durchzusetzen. Eben deshalb waren ihm Alvinczy und Lauer abgeneigt, auch Duka machte aus seiner Abneigung kein Hehl.[2]

Auf die Kunde von der Enthebung Clerfayt's entbrannte der von dem Kaiser so oft gerügte Parteikampf von Neuem; die Officiere nahmen für und wider Clerfayt Partei. Auch hier circulirten jene injuriösen Pamphlete, die man in Wien gegen denselben in Umlauf gesetzt hatte. Fiel Clerfayt, so sollte wenigstens auch Wurmser fallen. Man behauptete, dass dieser darüber verstimmt sei, dass ihm die Würde eines Reichsgeneralfeldmarschalls entgehen sollte; verstimmt nicht nur aus Ehrgeiz, sondern auch aus pecuniären Gründen, welche ihm jene Würde begehrenswerth erscheinen liessen. Man hatte ihm vorgesagt, dass er diese Würde unfehlbar erreichen werde, um die nachfolgende Enttäuschung noch fühlbarer zu machen. Wie es scheint, wurden auch gegen ihn Pamphlete ausgestreut. Dem alten Manne, dem dies zu Kopfe stieg, stellte man vor, dass er die in demselben enthaltenen Anschuldigungen nicht ruhig hinnehmen dürfe; er möge, zumal er für die Kosten seiner Stellung nicht aufkommen könne, seine Enthebung verlangen. Namentlich suchte man ihn mit Misstrauen gegen Bellegarde zu erfüllen. ,Ich kann mir doch unmöglich vorstellen, dass Bellegarde feindlich gegen mich handeln sollte,' rief eines Tages Wurmser schmerzlich aus.[3]

Am 18. Februar giengen die ,Equipagen' des Erzherzogs von Wien ab.[4] Man hätte daraus schliessen sollen, dass seine Abreise demnächst erfolgen werde. Doch sollen Schneefälle dieselbe verzögert haben.[5] In Wirklichkeit hatte der Erzherzog

---

[1] Oberstlieutenant Grünne an Bellegarde. Mannheim, le 16 janvier 1796. Or. eig. B. A.

[2] Derselbe an denselben. Mannheim, le 5 février 1796. Or. eig. B. A.

[3] Derselbe an denselben. Mannheim, le 18 février, le 9 Mars 1796. Or. eig. B. A.

[4] Maria Christine an den Kurfürsten von Cöln, ce 19 février 1796. Or. A. A.

[5] ,Moniteur' 1796, Nr. 196. Vienne, le 14 mars.

schon am 10. Februar in einer Audienz dem Grafen Zinzendorf mitgetheilt, er glaube, erst Ende März abreisen zu müssen,
da er hoffe, dass der Waffenstillstand bis dahin andauern werde.
Und indem er hinzufügte, er fürchte sehr, dass aus Mangel an
Mitteln der Feldzug eine üble Wendung nehmen könne,[1] deu-
tete er selbst auf die wahre Ursache hin, die der Verzögerung
seiner Abreise zu Grunde lag.

In der That blieb der Erzherzog noch einen vollen Monat
in Wien. Am 17. März wurde ‚bei Seiner kaiserlichen Majestät
die gesetzmässige und herkömmliche Verpflichtung Seiner königlichen Hoheit vorgenommen'.[2] Am 22. erwartete bereits der
Kurfürst von Cöln, der damals zu Mergentheim residirte, seinen
Neffen,[3] und Maria Christine richtete aus diesem Anlasse ein
Schreiben an ihren Bruder, indem sie voraussetzte, dass Carl
selbst der Ueberbringer dieses Briefes und der beigeschlossenen
Copie ihres Testamentes sein werde. ‚Gott geleite und segne
ihn,' heisst es in dem Schreiben, ‚doch ich zittere, indem ich
ihn das Commando der Armee übernehmen sehe, denn wie
sehr mangelt es an jedem und überall und wie unsäglich arg
ist die Confusion. Es würde ein Wunder sein, wenn die Monarchie nicht zu Grunde gienge.'[4]

Waren demnach die nächsten Wochen mancherlei Berathungen über die endgiltige Feststellung des Feldzugsplanes,
die Herbeischaffung der für den Krieg erforderlichen Geld-
mittel, die Ergänzung der Truppen, die Verproviantirung der
Armee u. dgl. gewidmet, so sollte in der Zwischenzeit auch eine
allerdings mehr formelle Angelegenheit ihre Erledigung finden,
die indess eines gewissen persönlichen Interesses nicht entbehrte. Der Kaiser hatte nämlich seinem Bruder ausser dem
Oberbefehl über die Niederrheinarmee provisorisch auch das
Commando über die Reichstruppen übertragen. Um nun das
Verhältniss des Oberbefehlshabers zu diesen Truppen zu regeln,
schien es unerlässlich, dass dem Erzherzog, der durch das
Reichsgutachten vom 29. August 1793 zum Reichsfeldmarschalllieutenant befördert worden war, eine höhere Würde in der

---

[1] Zinzendorf's Tagebuch.
[2] ‚Wiener Zeitung', 19. März, S. 757.
[3] ‚Moniteur' 1796, Nr. 206. Francfort sur le Mein, le 25 mars.
[4] Maria Christine an den Kurfürsten von Cöln, ce 16 mars 1796. A. A. Or. eig.

Reichsgeneralität verliehen werde. Die Initiative stand in diesem
Falle in der Regel dem Kaiser, die Beschlussfassung den Reichsständen, die Ratification der betreffenden Vorschläge dem Reichs-
oberhaupte zu. Daher wendete sich der Kaiser in dieser Angelegenheit an den Reichstag zu Regensburg.

II.

Was die zur Anführung eines Reichsheeres erforderliche
Generalität anbetrifft, so hatte zwar ein jeder Kreis die Generale
zu ernennen, welchen der Befehl über die vom ganzen Kreis auf-
gestellten Kriegsvölker anvertraut wurde. Da aber keiner derselben den Befehl über das Kriegsvolk eines anderen Kreises
beanspruchen konnte, so war ausserdem eine eigene Reichsgeneralität vonnöthen, welche den Oberbefehl über das ganze
Reichskriegsheer zu führen hatte. Dieselbe zerfiel in vier
Ränge: den Generalfeldmarschall, den Generalfeldzeugmeister,
den General der Cavallerie und den Generalfeldmarschalllieute-
nant. Jede dieser Stellen wurde nach der Religionsgleichheit,
also in der Regel in gerader Zahl, gemeinhin zweifach, zu
Zeiten aber auch die eine oder andere Stelle vier-, ja noch
mehrfach besetzt.

Einst erfolgte die Besetzung dieser Stellen nur zur Zeit
eines Reichskrieges. Als aber im Jahre 1727 eine Stelle erledigt wurde, die der damalige Fürst von Oettingen auf sein
Ansuchen erhielt, wurde es seitdem zum Herkommen, dass
auch während des Friedens sämmtliche Stellen der Reichsgeneralität besetzt zu werden pflegten. So oft von da an eine
dieser Stellen erledigt wurde, fehlte es in der Regel nicht an
mehreren Standespersonen, die sich darum bewarben.

Wer von der Reichsgeneralität in Kriegszeiten dem Feldzuge beiwohnte, bezog aus der Reichsoperationscasse den seinem
Range zukommenden Sold; andere Vortheile waren damit nicht
verbunden. Nur im Range gieng der Reichsgeneralfeldmarschall
allen Andern, die denselben Charakter von anderen Mächten
führten, voran, und es wurde in der Regel dafür Sorge getragen, dass derjenige, dem der Kaiser seine Armee anver-

traute, auch die Stelle eines Reichsgeneralfeldmarschalls bekleidete.[1]

Seit dem Rücktritte des Herzogs Albrecht von Sachsen-Teschen war die Stelle eines Commandirenden der Reichsarmee[2] nicht eigentlich wieder besetzt worden; nur thatsächlich war das Commando über die Reichsarmee an Clerfayt übergegangen. Dieser bekleidete aber nicht den Rang eines Reichsgeneralfeldmarschalls, sondern blos den eines Reichsfeldzeugmeisters, und es lag daher der Gedanke, ihn für seine jüngst um das Reich erworbenen Verdienste mit der Erhebung zum Reichsgeneralfeldmarschall zu belohnen, um so näher, als es, von Herzog Albrecht abgesehen, zwar noch drei Reichsgeneralfeldmarschälle gab, von katholischer Seite (seit 13. Juli 1787) den Fürsten Josef Wilhelm zu Hohenzollern-Hechingen, von den Augsburger Confessionsverwandten (seit 8. April 1788) den Prinzen Friedrich Josias von Sachsen-Coburg-Saalfeld und (seit 18. März 1794) den Fürsten Heinrich August von Hohenlohe-Ingelfingen, von denen aber Prinz Coburg, der 1794 aus den kaiserlichen Diensten geschieden war, für das Commando der Reichsarmee überhaupt nicht mehr in Betracht kommen konnte, während von den beiden anderen Reichsgeneralfeldmarschällen der Fürst zu Hohenzollern-Hechingen (geboren 1717) nahezu 80 Jahre zählte, der Andere — der Fürst von Hohenlohe-Ingelfingen — bereits in seinem Danksagungsschreiben vom 12. Mai 1794 bemerkt hatte, dass er wegen hohen Alters nicht mehr dienen könne. Aber auch von den Reichsfeldzeugmeistern und Reichsgeneralen der Cavallerie giengen zwar mehrere Clerfayt, der erst seit dem 8. April 1793 den Rang eines Reichsgeneralfeldzeugmeisters bekleidete, der Anciennität nach voran; so von katholischer Seite Landgraf Friedrich von Fürstenberg und Graf Alexander von Königsegg, welche ihren Rang seit

---

[1] Pütter, Historische Entwickelung der heutigen Staatsverfassung des Teutschen Reichs III, 105 ff.

[2] Hier muss bemerkt werden, dass sich v. Vivenot in einem argen Irrthum befand, wenn er in dem Werke: Herzog Albrecht von Sachsen-Teschen als Reichs-Feld-Marschall I. wiederholt (S. 54 ff.) angibt, dieser sei 1794 zum Reichsfeldmarschall ernannt worden. Herzog Albrecht war schon seit 1767 Reichsfeldmarschall; 1794 wurde er zum commandirenden Reichsgeneralfeldmarschall ernannt.

dem 13. Juli 1787, und protestantischerseits der Landgraf Ludwig Georg zu Hessen-Darmstadt, der seit dem 8. Juli 1785 den gleichen Rang bekleidete. Aber auch von diesen dienten die beiden Ersteren thatsächlich nicht und erklärten auch, nicht mehr dienen zu wollen.

Die Rivalität eines der Reichsgenerale schien demnach Clerfayt nicht gefährlich werden zu sollen. Doch wurde neben ihm noch ein anderer nicht minder klangvoller Name genannt. Es war dies Wurmser, der aber bisher nicht die Reichsarmee commandirt hatte, ja nicht einmal der Reichsgeneralität angehörte. Und zwar war es Kurtrier, das mit der Absicht umgieng, neben Clerfayt auch Wurmser zum Reichsgeneralfeldmarschall vorzuschlagen, während Kurmainz blos Clerfayt's Ernennung, jedoch nicht nur zum Reichsfeldmarschall, sondern auch zum Reichsfürsten zu beantragen beabsichtigte.

Was letzteren Antrag betrifft, so sollte derselbe wohl deshalb gestellt werden, um dem Einwurfe zu begegnen, dass bisher die Würde eines Reichsfeldmarschalls in der Regel nur Angehörigen fürstlicher Häuser zuerkannt zu werden pflegte. Der Kurfürst von Mainz setzte sich über den von ihm beabsichtigten Antrag zunächst mit dem kaiserlichen Concommissär am Reichstage zu Regensburg, bald auch direct mit dem Reichsvicekanzler Fürsten Colloredo und mit mehreren Reichsfürsten in Verbindung. Die Promotion Clerfayt's sollte ‚ein für die ganz Deutschland geleisteten wichtigen und ausserordentlichen Dienste zu gebendes öffentliches Merkmal der dankbaren Erkenntlichkeit des Reiches‘ sein. Die Stimmung der Reichsfürsten war dem Antrage sehr günstig; hingegen hielt sich Hügel vorläufig ‚geschlossen‘, da er auf seinen ersten Bericht in dieser Angelegenheit (vom 28. December) noch keine Weisung erhalten hatte.[1]

Diese ergieng erst am 14. Januar. Sie lautete dahin: dass es dem Kaiser allerdings angenehm sein werde, wenn ihm Clerfayt von der Reichsversammlung ‚aus eigener Veranlassung und aus aufrichtigem Dankgefühle für die dem Reiche geleisteten wichtigen Dienste‘ zum Reichsgeneralfeldmarschall vorgeschlagen werden sollte, dass hingegen die Erhebung desselben in den Reichsfürstenstand eine aufmerksamere Prüfung erfor-

---

[1] Hügel an den Reichsvicekanzler Colloredo. Regensburg, 16. Jan. 1796.

dere und ohnehin zu einer Theilnehmung der Reichsversammlung nicht geeignet sei. Es verstehe sich übrigens von
selbst, so schloss die Weisung, dass Hügel keine eigene Angelegenheit aus der Sache mache, sondern sich blos auf die
vertrauliche Mittheilung des an ihn ergangenen Auftrages an
den Reichsdirectorialis sich beschränke und sodann lediglich
abwarte, was der Kurfürst, der durch den Reichsvicekanzler
bereits direct von der Allerhöchsten Gesinnung unterrichtet sei,
weiter zu veranlassen für gut finden werde, da die Sache sowohl für Clerfayt als ‚für die Verherrlichung der durch die
kaiserlichen Waffen erfochtenen Siege‘ einen desto grösseren
Werth habe, je mehr der Allerhöchste Hof sich hiebei von
aller Theilnehmung fernehalte, die andernfalls demselben unangenehme Missdeutungen zuziehen könnte.

Hügel theilte den Inhalt der Weisung dem Reichsdirectorialis Freiherrn von Strauss unverzüglich mit, der bald darnach auch von dem kurmainzischen Kanzler Albini beauftragt
wurde, ohne Zeitverlust die Sache in Vortrag zu bringen.
Strauss indess, pedantisch, wie er war, wollte zuvor noch ein
besonderes Rescript des Kurfürsten abwarten, das ‚in forma
communicabili‘ abgefasst und worin er zum Vortrag förmlich
autorisirt sei. Auch ersuchte er Hügel, dahin wirken zu wollen,
dass in dem zu gewärtigenden Ratificationsdecrete bezüglich
der damals bewilligten 100 Römermonate der Siege Clerfayt's
gedacht und angedeutet werde, dass derselbe zur Armee zu-
rückkehren werde, da in diesem Falle sein Antrag sicher ein-
hellige Zustimmung finden werde. Da indess Hügel auf seinem
Standpunkte beharrte und ihm entgegnete, dass sich der Wiener
Hof nicht direct in die Sache mengen wolle, ‚die Gründe seien
bekannt, erheblich und für die Ehre des Feldmarschalls zu
dringend, als dass man erwarten könne, dass man davon abstehen
solle‘,[1] entschloss sich Strauss, obgleich das gewünschte ostensible
Rescript seines Kurfürsten noch nicht eingetroffen war, am
29. Januar zur ‚Verlassnehmung‘ zu schreiten; an dem nämlichen Tage, an welchem die neuen 100 Römermonate für die
Reichsoperationscasse beschlossen wurden, ‚wobei sich die
schicklichste Gelegenheit ergab, des Feldherrn zu erwähnen,

---

[1] Hügel an den Reichsvicekanzler Colloredo. Regensburg, 28. Jan. 1796. Or.

der bisher die Reichsarmee mit so viel Ruhm commandirt hatte'. [1]

Strauss erklärte, er habe von seinem Hofe den Auftrag, wegen der entschieden grossen Verdienste des Grafen Clerfayt für ihn auf eine Reichsfeldmarschallstelle von reichswegen anzutragen. Seine kurfürstliche Durchlaucht wünsche zugleich, dass dies auf eine den Verdiensten des Feldherrn angemessene Art und nicht mittelst einer langwierigen, durch gewöhnliche Formalitäten verzögerten Berathschlagung geschehe, um den Grafen damit einigermassen angenehm zu überraschen. Er bemerkte zugleich, dass der Kurfürst sich schon im Voraus 'die stille Versicherung' verschafft habe, dass Ihre kaiserliche Majestät diesen Schritt mit Allerhöchstem Wohlgefallen aufnehmen werden, und er ersuchte daher die Reichstagsgesandten, mit Beschleunigung ihre Instructionen einzuholen, damit nach Ende der Fastnachtsferien, in der am 15. Februar wieder zu eröffnenden Reichsversammlung diese wohlverdiente Promotion per acclamationem vorgenommen werden könne. [2]

Von Kurtrier abgesehen, das sich einigermassen verletzt fühlte, dass nicht sein auch Wurmser betreffender Antrag, sondern jener des Mainzers der Berathung zu Grunde gelegt werden sollte, war es namentlich der Kurfürst von Cöln, der anfangs der Promotion Clerfayt's widerstrebte. Seine Abneigung gegen Clerfayt wurde mit der auf Befehl des Letzteren erfolgten Verhaftung des Pfalz-Zweibrücken'schen Ministers Salabert motivirt. Auf die erste Nachricht von der beabsichtigten Ernennung Clerfayt's zum Reichsfeldmarschall rescribirte er an seinen Reichstagsgesandten Freiherrn von Karg: 'er wundere sich sehr, dass man einen Feldherrn als Reichsfeldmarschall zum Zeichen der Zufriedenheit des Reiches ernennen wolle, den man vielleicht einige Zeit nachher über die unbefugte Arretirung der pfälzischen und Zweibrück'schen Minister und über die Verletzung der reichsständischen Freiheiten eben so laut tadeln würde.'[3] Sonst aber schien man mit dem Antrage des

---

[1] Albini an Schlick. Mainz, 8. Febr. 1796. Copie.

[2] Fahnenberg an Thugut. Regensburg, 30. Jan. 1796.

[3] Hügel an Colloredo. Regensburg, 14. Febr. 1796; bei Heigel, a. a. O. 89 (603).

kurmainzischen Reichsdirectorialis durchaus einverstanden zu
sein, und es herrschte die Ueberzeugung, dass sämmtliche Höfe
die vorgeschlagene Belohnung unverkennbar grosser Verdienste
mit Vergnügen billigen werden.[1]

Auch die Protestanten machten keine Schwierigkeit. Wir
besitzen noch das Protokoll einer vertraulichen protestantischen
Conferenz: ,Pro Nota. Evangelici sehen zwar die vorseyende
Ernennung des Herrn Grafen von Clerfayt zum Reichsfeldmarschall als sehr natürlich von dem Reichserzkanzler mit
dem kaiserlichen Hof verabredet, durch die glänzenden Verdienste des Subjects und die Errettung des übrigen Deutschlands, der Feste Mainz, auch Hofnung zu künftigen Successen
entsprechend sehr billig verdient, daher in allem Betracht
bejahend zu entscheiden an. Gleichwohl walten hierbei die
Anstände ob: 1. dass Herr Candidat kein eigentlicher Deutscher, sondern Niederländer und, fast immer üblichermassen,
kein Fürst sey; 2. dass die bisher gewöhnliche Anzahl derer
Herrn Reichsfeldmarschälle hiermit sehr vermehrt wird; 3. dass
der Zeit bei diesen Stellen die paritas religionis nicht mehr
obwaltet, und 4. dass manchen älteren Feldzeugmeistern an-
gesehener Häuser hiedurch in Vorrücken tort geschieht. Dagegen erwäget man selbsten sehr glimpflich: ad 1., dass die
Niederlande auch zum deutschen Reich gehören, dieser Anstand
gleich bei der ersten Promotion hätte geltend gemacht werden
müssen und Eugen, St. André u. s. w. auch keine Fürsten gewesen; sodann ad 2., dass wegen Mangel einer Gage in Friedens-
zeiten, und da vermuthlich die anderen nicht Commandirenden
selbst in Kriegszeiten nichts beziehen, kein Nachtheil daraus
entsteht; ferner ad 3., dass Salus imperii keine Religion be-
schadet, übrigens aber bei des Herrn Feldmarschalls Prinzen
von Sachsen-Coburg Durchlaucht der Fall gerade umgekehrt
war; endlich ad 4., noch niemand von denen Herrn Subalternen
sich beschweret, oder so glänzend sich darum beworben habe;
mithin ist nach dem Dafürhalten derer meisten und einsichts-
vollsten Gesandten wohl vorabzusehen, dass, wo nicht una-
nimia, doch maiora derer Instructionen auf pure affirmativum
eingeleitet, jedoch etwa in fine protocolli a parte evangelicorum

---

[1] Fahnenberg an Thugut. Regensburg, 30. Jan. 1796.

eine kurze, bescheidene, allgemeine Reservatio jurium cuius-
cunque eingelegt werden dürfte.'[1]

Die Ernennung Clerfayt's schien demnach bereits sicher
bevorzustehen, als Lehrbach, der damals in einer Specialmission
zu Regensburg weilte, eine Weisung Thugut's erhielt, die
indess, wie er bemerkt, zu spät (30. Januar) — erst nach der
Tags zuvor stattgefundenen Reichstagsverhandlung — eintraf,
so dass er den Inhalt derselben bei Freiherrn von Strauss nicht
rechtzeitig vorbringen konnte.[2]

Am 2. Februar gelangte sodann auch an Lehrbach, an den
österreichischen Comitialgesandten Fahnenberg und an Breuner
ein vom 29. Januar datirtes Rundschreiben Thugut's an alle
k. k. Minister im Reiche, demzufolge der Kaiser verlangte,
dass bei der bevorstehenden ausserordentlichen Promotion neben
Clerfayt auch Wurmser zum Reichsgeneralfeldmarschall ernannt
werde, von denen sich jener durch die Befreiung der Festungen
Mainz und Ehrenbreitstein, dieser durch die Wiedereroberung der
so wichtigen Festung Mannheim um das gesammte Reich auf eine
ganz ausgezeichnete Weise verdient gemacht habe. Fahnenberg
begab sich sofort zu Lehrbach, um ihm das ergangene Rescript
zu zeigen, und als er ihn nicht zu Hause traf, zu dem Reichsdirectorialis, dem er den Inhalt seines Auftrages mittheilte,
welcher auf diese Weise bald auch in weiteren Kreisen bekannt
wurde. Hügel blieb vorläufig ohne Instruction, woraus man in
Regensburg den Schluss zog, dass die Reichskanzlei mit der
Promotion Wurmser's nicht einverstanden sei.[3]

Noch an demselben Abend fragte Hügel seinen Collegen
Lehrbach um Rath, was angesichts der an die Comitialminister
ergangenen Weisung zu thun sei. Lehrbach erwiderte: da zu
vermuthen sei, dass mit der nächsten Post auch an den Concommissär eine Weisung seiner Behörde ergehen werde — er
glaube dies aus dem an ihn selbst gerichteten vertraulichen
Schreiben Thugut's vermuthen zu können — so sei er der
Ansicht, dass die Comitialminister mit dem Vollzuge ihres Auftrages bis zum Einlangen dieser Weisung zuwarten sollten.

---

[1] Beil. zu Lehrbach an Thugut. Regensburg, 1. Febr. 1796.
[2] Lehrbach an Thugut. Regensburg, 30. Jan. 1796.
[3] Lehrbach an Thugut. Regensburg, 6. Febr. 1796.

Hügel und Breuner stimmten zunächst dieser Ansicht bei. Als
aber Hügel und durch diesen Breuner bald darnach in Er-
fahrung brachten, dass Fahnenberg dem Reichsdirectorialis
bereits die Eröffnung von der an ihn ergangenen jüngsten Weisung gemacht habe und mithin auch bereits Andere hievon unterrichtet seien, erklärte der kurböhmische Comitialgesandte, auch
seinerseits nicht zurückhalten zu können, um nicht den Vorwurf lauer Geschäftsbehandlung sich zuzuziehen.[1] Er fand am
4. Februar Gelegenheit, sämmtlichen kurfürstlichen Gesandten
den Wunsch des Kaisers mitzutheilen und sie zu ersuchen,
bei ihren Höfen die nöthigen Weisungen einzuholen. ‚Die Absicht des kaiserlichen Hofes sei, theils zwei wohlverdiente Generale als gleich ausgezeichnet vom Reiche belohnt zu wissen,
theils aber auch bei dieser Promotion auf die Religionsgleichheit
Rücksicht zu nehmen.‘

Die Gegenäusserung der meisten kurfürstlichen Gesandten
gieng dahin, dass ihre Höfe gewiss in einer dem kaiserlichen
Hofe angenehmen Sache über manche Schwierigkeiten hinaus-
gehen würden, dass sich jedoch in diesem Falle solche erhöben,
deren Beseitigung schwer fallen dürfte: die allgemeine Stimmung
des Reiches sei für Clerfayt, und indem man ihn zu dieser
Würde erheben wolle, werde eben diese Distinction durch die
Gleichsetzung eines Generals, welcher nicht gleiche Verdienste
um das Reich habe, vermindert, auch habe Wurmser nie eine
militärische Reichscharge bekleidet, und es würde durch Ueber-
springung aller Grade eine Präterirung der bereits vorhandenen Feldzeugmeister erfolgen, welche vielen deutschen Fürsten-
häusern billigen Anlass zu Eifersucht geben könnte. Der
preussische Reichstagsgesandte Graf Görtz versicherte, dass
ihm als Wurmser's Schwiegersohn dessen Promotion persönlich
nur angenehm sein könne, dass er aber aus ‚hinlänglichen vor-
läufigen Datis‘ überzeugt sei, dass sein Hof nicht beistimmen
werde.[2]

Offener liess sich Görtz gegen Hügel vernehmen: der
preussische Hof habe es als eine Beleidigung empfunden, dass

---

[1] Lehrbach an Thugut. Regensburg, 8. Febr. 1796.

[2] Breuner an Thugut. Regensburg, 5. Febr. 1796. Or.

Wurmser wieder ein Commando gegeben wurde, da man zuvor
Ursache zu so vielen Klagen gegen ihn gehabt habe.[1] War dies
eine Anspielung auf die Misshelligkeiten, zu denen es gegen Ende
des Feldzuges von 1793 zwischen dem König von Preussen und
Wurmser gekommen war, so mochten Andere wieder der Ansicht
sein, dass man Wurmser nicht für die Einnahme von Mannheim
belohnen dürfe. Jedenfalls betrachteten Viele diese Waffenthat
nicht als ein Verdienst um das Reich.[2] Nur von Kurtrier lief,
wie zu erwarten stand, am 10. Februar ein auch für Wurmser
günstig lautendes Rescript an den Comitialgesandten Freiherrn
von Lyncker ein.[3] Und auch der kaiserliche Gesandte am kur-
pfälzischen Hofe Graf von Seilern konnte am 5. Februar von
Mannheim aus dem Grafen Lehrbach melden, dass der Kurfürst
bereit sei, Beiden — Clerfayt und Wurmser — seine Stimme
zu geben.

Entscheidend musste die Stellung sein, die der Kurfürst
von Mainz in dieser Angelegenheit einnahm. Er hatte den
Antrag auf die Beförderung Clerfayt's gestellt, ihm muthete
jetzt im Auftrage Thugut's Graf Schlick zu, in den Antrag
auch Wurmser einzubeziehen.[4] Aber der kurmainzische Hofkanzler Freiherr von Albini wollte davon nichts wissen. Es
sei — erwiderte er — nie die Absicht seines Kurfürsten gewesen, eine Reichsgeneralitätspromotion am Reichstage anzu-
regen und hierin dem Ermessen Seiner kaiserlichen Majestät
im Mindesten vorzugreifen. Der Kurfürst sei blos der Meinung
gewesen, dass sich Clerfayt einen billigen Anspruch auf die
Reichsfeldmarschallswürde erworben habe, und dass hierüber
allein ein Reichsgutachten zu veranlassen sei. Er habe indess
hierin nicht ohne sich des Beifalls Seiner Majestät zu ver-
sichern vorgehen wollen, und habe erst auf die ihm ertheilte
Antwort, dass es k. k. Majestät allerdings gefällig sein
würde, wenn Seine kurfürstliche Gnaden hierüber die zweck-

---

[1] Lehrbach an Thugut. Regensburg, 8. Febr. 1796.
[2] Für die Parteinahme gegen Wurmser ist es natürlich ganz irrelevant,
dass der Befehl zur Verhaftung Salabert's, welche bekanntlich so viel
Staub aufwirbelte, nicht von ihm, sondern von Clerfayt ausgegangen
war; vgl. Heigel, a. a. O. 45.
[3] Lehrbach an Thugut. Regensburg, 6. Febr. 1796.
[4] Schlick an Albini. Frankfurt, 7. Febr. 1796. Copie.

mässige Einleitung bei dem Reichstage zu machen gedächten,
seinen Reichsdirectorialen angewiesen, ungesäumt die Beförderung Clerfayt's zum Reichsfeldmarschall in Vortrag zu bringen.
Dies sei auch wirklich in der letzten Sitzung vor den reichstäglichen Fastnachtsferien geschehen; der Antrag sei mit Beifall
aufgenommen und zugleich verabredet worden, dass hierüber
unmittelbar nach Ablauf der Ferien abgestimmt werden solle.
Aus diesem Sachverhalte gehe hervor, dass es nun nicht mehr
möglich sei, unter Einem auch darüber ein Reichsgutachten zu
veranlassen, ob auch Wurmser zum Reichsfeldmarschall zu befördern sei. Es würde in diesem Falle nichts übrig bleiben,
als die Berathung über die Ernennung Clerfayt's auszusetzen,
statt dessen aber in den für diese anberaumten Sitzungen auch
eine Proposition zu Gunsten Wurmser zu stellen und, da die
Gesandtschaften hierauf nicht vorbereitet seien, denselben Zeit zur
Einholung neuer Instructionen zu gewähren. Auf diese Weise
werde die Ernennung Clerfayt's hinausgeschoben, ja durch die
Concurrenz überhaupt erschwert, was nicht in der Absicht des
kaiserlichen Hofes liegen könne und doch unvermeidlich erfolgen
werde, wenn Clerfayt nicht anders als zugleich mit Wurmser zur
Reichsfeldmarschallswürde gelangen sollte. ‚Denn der Ernennung
Wurmser's stünden die grössten Bedenken gegenüber, und das
Reich werde daher wahrscheinlich erwarten, nicht durch Seine
kurfürstliche Gnaden, sondern durch kaiserliche Majestät Aller-
höchstselbst unterrichtet zu werden, aus welchem Grunde
Höchstdieselbe räthlich fänden, Allerhöchst Ihren Feldmar-
schallen Grafen von Wurmser, der sich allerdings auch um
das Reich verdient gemacht hat, ebenfalls zum Reichsfeldmarschall zu befördern.‘ [1]

War dies zunächst Albini's persönliche Ansicht, so konnte
er zwei Tage darnach Schlick die Mittheilung machen, dass
er sich in vollem Einklange mit der Ansicht seines kurfürstlichen Herrn befinde. ‚Seine kurfürstliche Gnaden hätten
gnädigst bemerkt, dass Höchstsie auf den ausdrücklichen Wunsch
Seiner kaiserlichen Majestät und in dem festen Glauben, Aller-
höchstderselben dadurch einen gefälligen Dienst zu erweisen,
zur Proposition des Herrn Grafen von Clerfayt geschritten

---

[1] Albini an Schlick. Mainz, 8. Febr. 1796. Cop.

seien, dass Ihnen der Herr Reichsvicekanzler von der Allerhöchsten Absicht auf den Herrn Grafen von Wurmser nicht
erwähnt habe, dass über diesen Gegenstand nunmehr die
reichstäglichen Abstimmungen bevorstünden, wobei Sie ihre Proposition nicht ohne neues Benehmen mit den Gesandtschaften,
worüber diese Instruction einholen müssten, zu erweitern ver-
möchten, dass auch Seiner kurfürstlichen Gnaden die Gründe
unbekannt seien, warum ein zweiter Reichsmarschall in der
Person des Grafen von Wurmser gewünscht werde, und dass
endlich eine vorgängige Ernennung des Grafen von Clerfayt
kaiserliche Majestät nicht im Geringsten hindere, hiernächst
auch die Ernennung des Grafen Wurmser zum Reichsmarschall
am Reichstage in Antrag zu bringen.'[1]

Man machte gegen Wurmser, wie wir sahen, geltend,
dass er nie eine Reichsarmee commandirt habe, und dass er
selbst bisher nicht der Reichsgeneralität angehöre. Von anderer
Seite hinwieder wurde als ,ungewöhnlich und bedenklich' angesehen, dass zu gleicher Zeit zwei Reichsfeldmarschälle ernannt
werden sollten. Auch meinte man, dass die Zahl der Reichsfeldmarschälle, woferne es nicht der Dienst erfordere, nicht
allzusehr vervielfältigt werden möge. Freilich lagen Präcedenz-
fälle vor, aus denen erhellte, dass ,aus besonderer Consideration'
zwei, ja drei Feldmarschälle vom Reiche auf einmal bestallt
worden seien. So hatte in dem Reichsgutachten vom 21. März
1734 das Reich darauf angetragen, neben dem Prinzen Eugen
von Savoyen den Herzogen von Würtemberg und Braunschweig-
Bevern, sowie dem Fürsten von Anhalt-Dessau diese militärische
Würde zu ertheilen. Und in dem Reichsgutachten vom 17. März
1760 hatte das Reich die Prinzen von Baden-Durlach und Pfalz-
Zweibrücken in Vorschlag gebracht. Auch wurde zwar in dem
vom Kaiser ratificirten obigen Reichsgutachten vom 21. März
1734 beliebt, dass in Zukunft nicht mehr als zwei Reichsfeldmarschälle mit Beobachtung der Religionsgleichheit aufgestellt
werden sollten, indess schon dem Reichsgutachten vom
20. December desselben Jahres der Vorbehalt beigefügt, dass
die Interpretation des genannten Reichsschlusses Kaiser und
Reich vorbehalten sein solle. In der That wurde von jenem

---

[1] Albini an Schlick, 10. Febr. 1796. Copie.

Grundsatze bei der 1760 vorgenommenen Generalitätspromotion
abgesehen. Aber auch dafür, dass ein General, der bisher
nicht in Reichsdiensten gestanden, unmittelbar zur höchsten
Würde in der Reichsarmee befördert worden sei, fehlte es nicht
an Beispielen. So wurden Herzog Franz von Lothringen durch
Reichsgutachten vom 8. Juli 1737 und Prinz Friedrich von
Pfalz-Zweibrücken durch Reichsgutachten vom 17. März 1760
zu Reichsfeldmarschällen ernannt, obgleich Beide zuvor bei der
Reichsgeneralität keine Stelle bekleidet hatten. Auch fanden
mehrfach Promotionen per saltum statt. Und wenn man gegen
Wurmser einwendete, dass er sich nicht ‚herkömmlich, ge-
ziemend‘ gemeldet habe, sowie dass er nicht einem altfürst-
lichen Hause angehöre, so galt das Eine wie das Andere auch
von Clerfayt, den doch das Reichsdirectorium in Vorschlag
gebracht hatte.[1]

Ganz im Gegensatze dazu machte man zu Gunsten Clerfayt's geltend, dass derselbe wirklicher Reichsfeldzeugmeister
sei und die Reichsarmee bisher commandirt habe. Man wünschte
und hoffte, dass ihm dieses Commando auch fernerhin belassen
werden möge, zumal das Circularschreiben vom 29. Januar
unter Anderem besagte, dass die Ernennung zu Reichsgeneralfeldmarschällen Beiden ‚zur Belohnung und ihrer ferneren
Aufmunterung‘ erfolgen möge. Namentlich wünschte dies Kurmainz, und Thugut hatte nicht so ganz Unrecht, wenn er das
Verhalten des Kurfürsten als eine Intrigue ansah, deren Zweck
es sei, den Kaiser zu zwingen, Clerfayt das Commando zu belassen.[2]

Der früher gegen Clerfayt vom Standpunkte der Religions-
parität erhobene Einwand war jetzt durch den gleichzeitigen
auf Wurmser abzielenden Antrag erledigt. Allein man machte
gegen Wurmser geltend, dass er auch die Feldmarschallsgage
zu Lasten der Reichsoperationscasse erhalten werde; wie Lehrbach bemerkt, ein lächerlicher Einwand, da nur der die Reichsarmee Commandirende und die bei derselben als Reichsgenerale
Angestellten die Gage aus gedachter Casse zögen.[3]

---

[1] Vgl. Fahnenberg an Thugut. Regensburg, den 6. Febr. 1796.

[2] Thugut an Colloredo, ce 1er février 1796. v. Vivenot, Vertrauliche Briefe
I, 285. Vgl. auch ebenda das Schreiben vom 3. Febr.

[3] Lehrbach an Thugut. Regensburg, 6. Febr. 1796. Das Gehalt der Reichsgeneralität war in der ‚Reichsverpflegungsordnung‘ von 1675 festgesetzt

Die kaiserlichen Reichstagsgesandten betrieben aus dem
schon angedeuteten Grunde die Sache mit einer Lauheit, welche
Lehrbach zu der galligen Aeusserung hinriss, Fahnenberg
müsse das ‚Reichstagsnegociiren‘ erst lernen, und Breuner müsse
er öfters sagen, dass er Minister des Erzhauses Oesterreich sei
und das Jus publicum annoch studire.[1] Dennoch gab auch
Lehrbach seine Zustimmung, als Hügel bei einer Besprechung,
zu welcher er die kaiserlichen Minister am 7. Februar bei sich
einlud, den Vorschlag machte, mit dem förmlichen Antrage
noch zwei Tage zu warten, da er hoffe, dass bis dahin die
Rückantwort des Reichsvicekanzlers auf seinen Bericht in dieser
Angelegenheit eingetroffen sein werde.[2]

Indess schon am 7. Februar, d. i. eben an dem Tage, an
welchem die letzte Berathung bei Hügel stattgefunden hatte,
traf in Regensburg ein vom 3. Februar datirtes Circularschreiben
der Staatskanzlei an die kaiserlichen Minister im Reiche ein,
des Inhalts, mit dem Vollzuge des Auftrages vom 29. Januar
‚noch inhalten, die Sache einstweilen auf sich beruhen zu lassen
und weitere Weisungen abwarten zu wollen‘, ‚da mittlerweile
Umstände eingetreten, über welche die weiteren Allerhöchsten
Gesinnungen einzuholen seien‘.

Mittlerweile hatten nämlich die Gegner Wurmser's auch
am kaiserlichen Hofe Succurs gefunden. Der Reichsvicekanzler
sprach sich in einem Vortrage an den Kaiser gegen die Beförderung Wurmser's aus. Der Vortrag ist uns zwar nicht erhalten, doch lernen wir den wesentlichen Inhalt desselben aus
einem Vortrage Thugut's kennen, der durch jenen veranlasst
wurde. Darnach äusserte Fürst Colloredo unter Anderem die
Besorgniss, dass die Protestanten und andere Reichsstände, die
auf der Seite Preussens sich befänden, auf die beantragte Pro-

---

(Senckenberg's Sammlung der Reichsacten. Th. IV, 99) und seither nicht
erhöht; dasselbe betrug für den Reichsfeldmarschall 1500 fl., für den
Reichsfeldzeugmeister 1350 fl., für den Reichsfeldmarschalllieutenant
1200 fl. Doch sollte nach Reichsschluss vom 7. Juli 1673 dieses Gehalt
nur dem wirklich dienenden, bei der Armee angestellten Mitgliede
der Reichsgeneralität ausbezahlt werden. (Fahnenberg an Thugut. Regensburg, 11. Febr. 1796.)

[1] Lehrbach an Thugut. Regensburg, 6. Febr. 1796.

[2] Hügel an Reichsvicekanzler Colloredo. Regensburg, 7. Febr. 1796, sammt
Beilagen.

motion Wurmser's nicht eingehen, vielmehr dies zum Anlass
nehmen würden, auf die gleichzeitige Promotion ,des von Kurmainz und von anderen Reichsständen mit den unverdientesten
Lobeserhebungen und Dankesbezeigungen öffentlich geschmei-
chelten' preussischen Generallieutenants Prinzen von Hohenlohe anzutragen, desselben Prinzen von Hohenlohe, den kürzlich die Frankfurter zu ihrem ersten Ehrenbürger ernannt
hatten, und dem, wie wenigstens Lehrbach und Schlick behaupteten, zur Förderung des preussischen Einflusses auf die
Reichs- und Kreiskriegsverfassung Kurmainz schon längst eine
Feldmarschalllieutenantsstelle im oberrheinischen Kreise anzu-
bieten die Absicht hatte.

Thugut, dem der Vortrag des Reichsvicekanzlers zur
Aeusserung vorgelegt wurde, empfahl seinerseits (1. Februar)
dem Kaiser, eher ,die ganze Promotion des kurmainzischen
Vorschlages abzulehnen, als geschehen zu lassen, dass dieser
preussische General in dem Augenblicke, wo die Reichsstände
ihr Dankgefühl für die durch die k. k. Waffen allein bewirkte
Rettung des Reiches ausdrücken sollen, mit und neben dem
Grafen von Clerfayt eine Beförderung erhalte und so zwischen
Eurer Majestät und Preussen in den Personen Ihrer Generale
der öffentliche Ausdruck der Dankbarkeit gleichsam getheilt
erscheine'. Er legte dem Kaiser folgenden Resolutionsentwurf
vor: ,Dass es schicklich seyn würde, Mein geäussertes Verlangen
wegen gleichmässiger Beförderung des Grafen von Wurmser
nicht durch ein Hofdecret, sondern durch Weisungen an den
Concommissarius den Reichsständen als Meinen Wunsch und
Erwartung insinuiren zu lassen, hierinn bin Ich mit Ihnen einverstanden, und hätte es übrigens bey Meiner erklärten Willensmeinung sein Verbleiben. Wenn jedoch nach Ihren Mir gemachten Bemerkungen mit Wahrscheinlichkeit zu besorgen
seyn sollte, dass die Mehrheit der Reichsstände auf den Antrag
wegen des Grafen von Wurmser nicht eingehen und vielleicht
gar diese Gelegenheit von den preussischen Anhängern benutzt
werden dürfte, den preussischen Generallieutenant Prinzen von
Hohenlohe, besonders da derselbe von Kurmainz selbst ganz
besonders cultivirt wird, zu promoviren, so ist Meine Gesinnung,
dass Sie sogleich den Bedacht darauf zu nehmen hätten, dass
die angetragene Promotion ganz unterbleibe, weil, wenn man

nicht mit Zuversicht darauf rechnen kann, dass die Religions-
parität durch die Person des Grafen Wurmser ersetzt werden
kann, Mir es einerseits keinerdings angenehm wäre, dem Prinzen
von Hohenlohe dermal einen höheren Grad in der Reichsgeneralität zu ertheilen, andererseits aber sich dawider öffentlich an
Laden zu legen ebenfalls nicht ohne Bedenklichkeit seyn würde.
Sie hätten also in dem Falle, und wenn die Promotion des
Feldmarschalls Wurmser Schwierigkeiten unterliegt, die Sache
dahin einzuleiten, dass dem Feldmarschall Clerfayt ebenfalls
anstatt der Reichsfeldmarschallsstelle nach dem gleichmässigen
Antrag des Kurfürsten von Maynz die Reichsfürstenwürde, als
wobey kein grosser Anstand obwalten kann, verliehen werde,
welches Sie demnach dem Herrn Kurfürsten allsogleich vertraulich zu eröffnen und das etwa Erforderliche auch nach
Regensburg ergehen zu lassen hätten'. Der Kaiser entschied:
‚Ich habe diesen Vortrag des Reichshofvicekanzlers mit der
hier entworfenen Resolution nach Ihrem Einrathen erledigt'.[1]

Erst am 7. Februar erliess auch Colloredo seinerseits ein
Rescript an den kaiserlichen Concommissär, in dem es unter
Anderem hiess, derselbe werde die Ursache, warum er bisher
keine Weisung in der Sache erhalten habe, aus dem abschriftlich
beiliegenden alleruntertänigsten Vortrage ersehen, zu dessen
Erstattung er sich, sobald ihm der obige Antrag durch ein
Allerhöchstes Handbillet bekannt geworden sei, durch seine
Amtspflicht verbunden erachtet habe. Die hierauf erfolgte
Allerhöchste Resolution habe ihn zur Erstattung eines weiteren
Vortrages veranlasst, auf den er der Allerhöchsten Entschliessung
noch entgegensehe. Wir besitzen zwar leider auch diesen zweiten
Vortrag Colloredo's an den Kaiser nicht, aber welchen Inhaltes
er war, dürfte daraus zu schliessen sein, dass Hügel bedeutet
wurde, ‚an der ganzen Sache noch zur Zeit keinen Antheil
zu nehmen, bis ihm die Allerhöchste Willensmeinung durch
ihn — den Reichsvicekanzler — eröffnet werden würde.[2]

Die kaiserlichen Minister in Regensburg fassten den Auftrag der Reichskanzlei so auf, dass bezüglich der Promotion
Wurmser's Alles auf sich beruhen bleibe; sie hofften anderseits,

[1] Thugut an den Kaiser. 1. Febr. 1796.
[2] Reichsvicekanzler Colloredo an Hügel. Wien, 7. Hornung 1796.

bis zu dem Zeitpunkte, wo die Weisungen bezüglich Clerfayt's
von den Reichshöfen einlangen würden, auch ihrerseits mit be-
stimmteren Instructionen versehen zu sein, um deren Beschleunigung Breuner in seinem und seiner Collegen Namen bat.[1]

Allerdings hatte der Kaiser noch auf den zweiten der
von dem Reichsvicekanzler erstatteten Berichte resolvirt: ‚dass,
nachdem der Herr Kurfürst von Mainz die Promotion des
Grafen von Clerfayt am Reichstage bereits zur förmlichen
Sprache gebracht habe, der Sache ihr natürlicher Lauf zu
lassen sei, ohne den Abschluss hierüber zu befördern, noch
aufzuhalten‘;[2] allein schon am 12. Februar erhielt man zu
Regensburg durch Privatbriefe die Mittheilung, dass Clerfayt
des Commandos enthoben, und dass der Oberbefehl über
die Niederrhein- und die Reichsarmee Erzherzog Carl übertragen worden sei. Am 14. Februar brachte die ‚Wiener
Zeitung‘ die Bestätigung dieser Nachricht. An den Reichsvicekanzler ergieng von Seiten des Kaisers der Auftrag, die gleichzeitige Ernennung des Erzherzogs und Wurmser's zu Reichsfeldzeugmeistern bei der Reichsversammlung zu beantragen,[3]
und zugleich gelangte an die kaiserlichen Minister in Regensburg ein Rescript folgenden Inhalts: ‚Da Seine k. k. Majestät
den Herrn Feldmarschall Grafen von Clerfayt seinem zu verschiedenen Malen wiederholten Ansuchen gemäss des Commandos
der Niederrheinarmee enthoben und dieses dem Erzherzog
Carl übertragen habe, werde der betreffende Minister beauftragt, sobald der Concommissär und das Reichsdirectorium
die diessfälligen Allerhöchsten Gesinnungen zur Kenntniss des
Reiches werden gebracht haben, auch seinerseits sich dahin zu
verwenden, dass Erzherzog Carl nun zum Reichsfeldzeugmeister
ernannt werde, um sodann in dieser Eigenschaft, wie bisher
Clerfayt, die Reichsarmee zu commandiren, und da nunmehr
die schwäbischen Kreistruppen und einige Reichscontingente
an das Generalcommando Wurmser's angewiesen seien und
dieser durch die Wiedereroberung von Mannheim dem ganzen
Reiche einen grossen Dienst geleistet habe, möge der Minister

---

[1] Breuner an Thugut. Regensburg, 8. Febr. 1796.
[2] Reichsvicekanzler Colloredo an Hügel. Wien, 22. Febr. 1796.
[3] Ebenda.

den Reichstagsgesandten vorstellen, dass es nützlich, angemessen und wegen der Religionsgleichheit selbst nothwendig sein werde, Wurmser unter Einem und zur nämlichen Zeit zum Reichsfeldzeugmeister zu ernennen.' Dagegen wurde Clerfayt's Promotion zum Reichsfeldmarschall mit Stillschweigen übergangen.

Wie man aus Hügel's Bericht ersieht, machte die Nachricht von der Entlassung Clerfayt's auf dem Reichstage einen recht ungünstigen Eindruck. Allerdings hatte, da der Antrag zu Gunsten Clerfayt's nicht von dem Wiener Hofe, sondern von Kurmainz ausgegangen war, der erstere keinen Anlass, denselben zu erwähnen. Wenn auch aus den später an den Concommissär Hügel erflossenen Weisungen hervorgieng, dass man in Wien noch immer der Ernennung Clerfayt's zum Reichsfeldmarschall gewärtig und dass man zwar nicht dieselbe zu fördern, aber sich auch nicht derselben gegenüber ablehnend zu verhalten willens war, so meinte man im Kreise der Comitialgesandten doch — und selbst die kaiserlichen Minister in Regensburg waren dieser Ansicht —, dass die Ernennung Clerfayt's zum Reichsfeldmarschall unter den veränderten Verhältnissen nicht mehr den Wünschen des Kaisers entspreche und daher gegenstandslos geworden sei. Wohl waren daher mittlerweile im Kurcollegium von Mainz, Cöln, Trier und Pfalz, im Fürstencollegium gleichfalls so viele Instructionen zu Gunsten Clerfayt's eingelaufen, dass Stimmeneinhelligkeit gesichert schien. Doch war es bereits zu spät. Man sah ein, dass nunmehr von der Promotion Clerfayt's nicht mehr die Rede sein könne; mit Ausnahme des Antragstellers (Kurmainz) war man allgemein der Ansicht, ‚dass er den guten Willen des Reiches für die That und statt der Wirklichkeit als ein Zeichen der dankbaren Gesinnung annehmen müsste‘.[1]

Andererseits erwies sich aber auch die gleichzeitige Ernennung des Erzherzogs und Wurmser's zu Reichsfeldzeugmeistern als unausführbar. Zwar jener des Erzherzogs stand nichts im Wege, da von den fünf katholischen Stellen dieser Art innerhalb der Reichsgeneralität eine durch den im Jahre 1795 erfolgten Tod des Herzogs von Zweibrücken vacant und da von den etwa in Betracht kommenden Reichsfeldmarschall-

---

[1] Hügel an den Reichsvicekanzler Colloredo. Regensburg, 14. Febr. 1796.

'lieutenants,[1] welche durch seine Promotion übersprungen wurden, Widerspruch nicht zu besorgen war. Hingegen waren die fünf Stellen protestantischer Reichsfeldzeugmeister, beziehentlich Reichsgenerale der Cavallerie besetzt. Die Beförderung Wurmser's zum Reichsfeldzeugmeister würde daher auf der protestantischen Seite die Zahl der Reichsfeldzeugmeister auf sechs vermehrt, die Religionsgleichheit gestört und die katholischen Stände veranlasst haben, auch ihrerseits einen sechsten Feldzeugmeister zu fordern.[2] Wohl entfiel bald darnach diese formelle Schwierigkeit, die der Beförderung Wurmser's im Wege stand, da der Reichsfeldmarschall Fürst von Hohenlohe Ingelfingen starb und protestantischerseits eine Stelle in der höheren Reichsgeneralität erledigt wurde.[3] Indess blieben gegen die Beförderung Wurmser's zum Reichsfeldzeugmeister dieselben Bedenken bestehen, welche zuvor gegen seine Ernennung zum Reichsfeldmarschall erhoben worden waren, und unter denen die Abneigung gegen den Eroberer von Mannheim wohl nicht an letzter Stelle in Betracht kam. Nur von dem kurtrierischen Minister Freiherrn von Duminique ergieng bereits am 16. Februar an den Reichstagsgesandten Lyncker die Weisung, ‚theils aus respectuosestem Attachement für des Kaisers Majestät, theils aus Erkenntlichkeit' die kaiserlichen Wünsche bezüglich des Erzherzogs und Wurmser's zu unterstützen.[4]

Auch der Reichsvicekanzler sprach sich, wie zuvor gegen Wurmser's Ernennung zum Reichsfeldmarschall, nunmehr auch gegen dessen Ernennung zum Reichsfeldzeugmeister aus. In einem Vortrage an den Kaiser bezeichnete er die allfälligen Einwendungen der Protestanten als einigermassen begründet. Auch sprach er die Besorgniss aus, dass Prinz Ferdinand von Würtemberg und der junge Erbprinz von Hessen-Darmstadt, die bereits der Reichsgeneralität angehörten, eine erneute Präterirung, wie sie solche 1793 erfahren, nicht ruhig hinnehmen würden. Indess waren es doch wohl weniger die Vorstellungen

---

[1] So hatte sich bei der 1794 beabsichtigten, doch nicht zu Stande gekommenen Promotion der Reichsfeldmarschalllieutenant Fürst Friedrich zu Solms-Braunfels zur Feldzeugmeisterstelle gemeldet.

[2] Fahnenberg an Thugut, Regensburg, 16. Febr. 1796.

[3] Derselbe an denselben. Regensburg, 25. Febr. 1796.

[4] Lehrbach an denselben. Regensburg, 18. Febr. 1796.

des Reichsvicekanzlers als die sich immer lauter äussernde
Abneigung der Reichsstände gegen Wurmser's Promotion,
welche den Kaiser oder, vielleicht richtiger gesagt, Thugut
auf diesen Lieblingswunsch verzichten liess. Es geschah dies
durch nachstehende, von Thugut entworfene, von dem Kaiser
genehmigte Resolution (vom 17. Februar): „Es muss mich zwar
wundern, dass die Beförderung des Feldmarschalls Grafen von
Wurmser zum Reichsgeneralfeldzeugmeister so unübersteigliche
Hindernisse und Widersprüche finden sollte, da doch die Grafen
Clerfayt, Wenzel Colloredo, Erbach und Baron Staader, ohne
einen Grad in der Reichsgeneralität zu besitzen, theils zu
Reichsgeneralfeldzeugmeistern, theils zu Reichsgeneralfeldmar-
schalllieutenants ohne Jemandes Widerrede ernennt und im
Range den Prinzen Ferdinand von Würtemberg und Christian
Ludwig zu Hessen-Darmstadt vorgesetzt worden sind, und zwar
zu einer Zeit, wo keiner derselben noch Gelegenheit hatte, um
das Reich insbesondere sich verdienstlich zu machen, wie es
der Graf von Wurmser, besonders durch die so wichtige Wiedereroberung von Mannheim geworden ist. Da jedoch der Gegenstand nicht erheblich genug ist und es sich der Mühe nicht
lohnen würde, deswegen in weitläufige Negociationen einzugehen,
so haben Sie die Minister anzuweisen, den Antrag wegen des
Grafen von Wurmser fallen zu lassen, hingegen werden Sie das
Nöthige wegen Ernennung Meines Herrn Bruders Erzherzog
Carl's königlicher Hoheit zum Reichsgeneralfeldzeugmeister an
die Reichsversammlung erlassen und den Schluss hierüber möglichst befördern.'

Am 19. Februar wurde der kurböhmische Gesandte Breuner
von der Hof- und Staatskanzlei angewiesen, die Sache ganz
fallen zu lassen, „da Seine Majestät die Sache nicht für so erheblich ansehe, um auf dem Reichstage Contestationen zu veranlassen.' Der Antrag habe sich fortan auf den Erzherzog Carl
zu beschränken.

Hügel hatte bereits zuvor in einem Berichte an den
Reichsvicekanzler angedeutet, dass es schicklich sein dürfte,
die Reichsversammlung von der Bestimmung des Erzherzogs
zum Generalcommandanten der Reichsarmee durch ein eigenes
Hofdecret in Kenntniss zu setzen und entweder in diesem De-
crete die Beförderung des Erzherzogs zum Reichsfeldzeugmeister

als Allerhöchsten Wunsch zu beantragen, oder letzteren durch
ihn — Hügel — blos mündlich eröffnen zu lassen.[1]

In der That ergieng am 21. Februar an die Reichsstände
ein Hofdecret folgenden Inhalts: ‚Da Seine kaiserliche Majestät
den Herrn Generalfeldmarschall Grafen von Clerfayt aus Allerhöchstsie bewegenden Ursachen von dem bisherigen Commando der Armee am Niederrhein zu entledigen beschlossen
und Ihren Herrn Bruder, des Erzherzogs Carl königliche
Hoheit zur Führung des Commandos über die besagte Armee
Allergnädigst ernannt haben, so haben Allerhöchstsie infolge
des ratificirten Reichsgutachtens vom 23. November 1792 und
vermöge der Allerhöchstihnen anvertrauten Leitung der Reichskriegsoperationen den weiteren Entschluss gefasst, zugleich
Ihrer königlichen Hoheit das Commando über die kaiserlichen
und Reichstruppen provisorisch zu übertragen, welches hiermit
Seine kaiserliche Majestät der allgemeinen Reichsversammlung
Allergnädigst bekanntmachen. Dabei erachten Allerhöchstdieselbe, dass es die Ordnung und die Verhältnisse des Kriegs-
dienstes erfordern, des Herrn Erzherzogs königliche Hoheit zu
einer höheren Stufe in der kaiserlichen und Reichsgeneralität zu
befördern. Seine kaiserliche Majestät sehen demnach hierüber
einem bald zu erstattenden allerunterthänigsten Reichsgutachten
entgegen.‘[2] Wie man aus der zugleich (22. Februar) erflossenen
Weisung an Hügel ersieht, sollte der Wortlaut des Hofdecrets
der Deutung entgegentreten, als ob die Führung des Commandos
über die Reichstruppen erst von der Ernennung des Erzherzogs
zum Reichsfeldzeugmeister abhängig sei. Auch übergeht, wie
Fürst Colloredo ausdrücklich bemerkt, das Hofdecret geflissent-
lich den früheren Antrag auf die Ernennung des Erzherzogs
zum Reichsfeldzeugmeister; es überlässt ‚den eigenen devoten
Empfindungen der Reichsstände‘ die Entscheidung über ‚den
höheren Rang‘, den sie innerhalb der Reichsgeneralität dem
Erzherzog zuzuerkennen geneigt seien.

In einer Nachschrift zu dieser Weisung wurde Hügel für
den Fall, dass die Beförderung Clerfayt's zum Reichsfeldmar-

---

[1] Hügel an den Reichsvicekanzler Colloredo. Regensburg, 14. Febr. 1796.
[2] Unterzeichnet von Fürst zu Colloredo-Mannsfeld und Peter Anton Frank.
Auch gedruckt: Regensburg, bey Konrad Neubauer.

schall und bei Vorrückung des Erzherzogs in die Reichsfeld-
marschall- oder Reichsfeldzeugmeisterclasse etwa die Berichtigung des ganzen Reichsgeneralitätsschemas nach der Religions-
parität in Anregung gebracht würde, zu der Erklärung er-
mächtigt: ‚wie es sich von selbst verstehe, dass die gegenwärtige
Proposition nicht zum Nachtheile der verfassungsmässigen Re-
ligionsparität geschehe, und dass der Allerhöchste Hof bei seinen
bekannten constitutionsmässigen Gesinnungen weit entfernt sei,
hievon nur im Mindesten abweichen zu wollen, dass es mithin
nur von der Reichsversammlung abhangen werde, jetzt oder
in der Folge ein allerunterthänigstes Gutachten zur gänzlichen
Herstellung des Reichsgeneralitätsschemas nach der Religions-
parität zu erstatten, in welchem Falle sodann ex parte catholi-
corum der schon durch das kaiserliche Hofdecret vom 9. Juli
1794 in Vorschlag gebrachte k. k. Generalfeldwachtmeister Carl
Alois Fürst zu Fürstenberg mit Vorbehalt noch weiterer Instruction zu empfehlen sei.‘

Noch ehe das oben genannte Hofdecret in Regensburg
eintraf, eröffnete (24. Februar) der kurcölnische Comitialgesandte Freiherr von Karg dem Concommissär Hügel im Auftrage
seines kurfürstlichen Herrn: dieser habe mit Vergnügen ver-
nommen, dass der Kaiser das Generalcommando seiner eigenen
Armee Erzherzog Carl übertragen habe; ohne Zweifel gehe
die Absicht des Kaisers dahin, dass Erzherzog Carl auch die
Reichsarmee commandire, in welchem Falle es schicklich wäre,
dass das Reich diesen aus eigenem Antriebe und ohne darum
ersucht zu werden zum Reichsfeldmarschall ernenne. Er —
Karg — sei beauftragt, diese Gesinnung seines Herrn dem ganzen
Reichstage bekanntzumachen und sich für die Sache eifrig
zu verwenden. Er wolle in einer der ersten Rathssitzungen die
Sache in circulo vortragen und hoffe, dass kein Hof sich wei-
gern, vielmehr dass man allgemein diesen Anlass mit Vergnügen benützen werde, dem Allerhöchsten Hofe ‚diesen Beweis
gefälliger Rücksicht und Ihrer kaiserlichen Majestät dieses
Zeichen der dankbaren Gesinnungen des Reiches zu geben‘.

Allein Hügel, den er um seine Ansicht und um seine
Unterstützung bat, glaubte Vorsicht empfehlen zu sollen. Ihm
sei — erwiderte er — nicht bekannt, ob der Antrag dem
Kaiser willkommen sei; der Antrag des Letzteren gehe ‚vor

4*

der Hand' nur auf die Ernennung des Erzherzogs zum Reichsfeldzeugmeister; es sei möglich, dass der Kaiser durch die
stufenweise Beförderung seines Bruders einen Beweis seiner
Mässigung und Selbstverleugnung habe geben wollen. Er überlasse sich gerne der Vorstellung, dass das gesammte Reich
,diesen bescheidenen reichsoberhauptlichen Antrag' auf eigenen
Antrieb überschreiten und in wohlverdienter Aufwallung seiner
dankbaren Empfindung der Ernennung des Erzherzogs zum
Reichsfeldmarschall durch allgemeine Acclamation einhellig beistimmen werde. Indess sei dieser Erfolg doch nicht zu ver-
bürgen, wenn man auf die bisherigen Erfahrungen Rücksicht
nehme, wenn man erwäge, dass der Kurfürst von Mainz noch
immer auf der Ernennung Clerfayt's zum Reichsfeldmarschall
bestehe, und wenn man von dem Grundsatze ausgehe, den der
Kurfürst von Cöln selbst erst kürzlich der Reichsversammlung
durch ein an Karg erlassenes Rescript ans Herz gelegt, ,dass
sie nicht mit Enthusiasmus, sondern aus kalter, ruhiger Ueber-
legung handeln müssten'. Deshalb widerrieth Hügel dem Comitialen Karg, die Sache in circulo vorzuschlagen und dadurch
zu allgemeiner Publicität zu bringen, da er sich so der Gefahr
aussetze, dass der Antrag abgelehnt und dadurch dem kaiserlichen Hofe, statt ihm einen Gefallen zu erweisen, eine Unannehm-
lichkeit bereitet werde; vielmehr möge Karg einstweilen blos
unter der Hand die Zustimmung von Kurmainz, Kursachsen, Kurbrandenburg und Kurbraunschweig zu gewinnen trachten und
den Antrag so formuliren, dass man daraus ersehe, dass er
nicht vom Wiener Hofe, sondern lediglich von Kurcöln ausgehe. Würden die drei protestantischen Höfe beistimmen, so
sei man auch der übrigen Stände sicher. Auch gewinne man
dadurch Zeit, in Wien anzufragen, ob gegen den kurcölnischen
Antrag nichts zu erinnern sei.[1]

Doch schon nach wenigen Tagen langte in Regensburg
die Nachricht ein, dass gleich Cöln auch Kursachsen und Kurtrier durch ihre Minister in Wien proprio motu den Vorschlag
gemacht hätten, den Erzherzog zum Reichsfeldmarschall zu
ernennen.[2] Infolge dessen gab natürlich Hügel seinen Widerstand
gegen Karg's Vorhaben auf.

[1] Hügel an den Reichsvicekanzler Colloredo. Regensburg. 25. Febr. 1796.
[2] Brenner an Thugut. Regensburg, 1. März 1796.

Wir wissen nicht bestimmt, was die drei kurfürstlichen Höfe der Promotion des Erzherzogs so günstig stimmte, aber es liegt die Vermuthung nahe, dass die Anträge derselben der freundschaftlichen Neigung gegen den Adoptivsohn Marie Christinens entsprangen, deren Lieblingsbruder der Kurfürst von Cöln und deren Schwäger die Kurfürsten von Trier und von Sachsen waren.

Und nun begann auch Kurmainz, das bisher hartnäckig an der Promotion Clerfayt's festgehalten, die Nutzlosigkeit seiner Bemühungen einzusehen. Schon am 25. Februar erklärte der Reichsdirectorialis Fahnenberg gegenüber, dass er ‚die Beförderung des Grafen von Clerfayt nicht eher in Proposition bringen wolle, bis man von der Mehrheit der Reichstagsstimmen dafür gewiss sein könne. Denn wenn diese nicht zu erwarten sein sollte, würde Clerfayt, anstatt eine Belohnung für seine Verdienste zu erhalten, sich compromittirt sehen'. [1] Und am 26. Februar weiss Breuner zu berichten: ‚Freiherr von Strauss hat neuerdings eine Weisung erhalten, worin der Herr Kurfürst wiederholt, dass' er diesfallsige Proposition (wegen Clerfayt's) nur allein in der Absicht gemacht habe, um dadurch dem Allerhöchsten Hofe einige Gefälligkeit zu erweisen; so wie sich nun aber bekanntlich die Gesinnung desselben darüber geändert habe, so wollten Seine kurfürstliche Durchlaucht auch nicht weiter entgegen sein, hätten sich daher, um auf der anderen Seite nicht offenbar compromittirt zu sein, entschlossen, durch ihren Gesandten mündliche Anfrage bei den Reichstagsbevollmächtigten machen zu lassen, wohin die über erwähnte kurmainzische Proposition bis jetzt eingegangenen Weisungen giengen, und lauteten die Majora nicht offenbar auf Ernennung des Grafen von Clerfayt, die Sache sonach ganz fallen zu lassen. Freiherr von Strauss erklärte dabei weiter, dass hiedurch sein höchster Hof von Compromittirung befreit, der kaiserliche aber in seinen Absichten um so weniger gehemmt würde, als es in dieser Lage gar nicht mehr zu vermuthen stehe, dass Majora pure für Clerfayt lauten dürften. Auch ich muss dieser Erwartung ganz beitreten; denn, so wie Ompteda mir geäussert, auf die Erhebung Clerfayt's unter der Bedingniss, wenn er das Commando

---

behielte, angewiesen zu sein, so sind auf eben diese Art noch mehrere Andere instruiert; wenn ich nun noch dazu fast die ganze geistliche Bank rechne, die, um dem kaiserlichen Hofe nicht entgegen zu sein, gewiss von dieser Promotion absteht, so kann die Sache ganz sicher als beigelegt angesehen werden.'[1]

Wenn demnach Kurmainz den auf Clerfayt bezüglichen Antrag fallen liess, so verhielt es sich doch um so kühler gegenüber der Promotion des Erzherzogs. Hatte man doch in Mainz schon Vorbereitungen zum Empfange des neuen Reichsfeldmarschalls Clerfayt getroffen und bereits Denkmünzen auf ihn bestellt.[2] Und nun musste sich der Kurfürst damit begnügen, Clerfayt eine kostbare Dose ‚le portrait beau, l'inscription en diamants sur le revers, très-flatteuse' zum Geschenk zu machen.[3]

Die gereizte Stimmung des Mainzer Hofes, der sich durch das Vorgefallene compromittirt fühlte, fand auch in wiederholten Unterredungen Albini's mit Schlick lebhaften Ausdruck. Gieng doch der Hofkanzler bei einem Gespräche, zu welchem die an Schlick ergangene Weisung vom 22. Februar den Anlass gab, so weit, sein Leidwesen über die erfolgte Aenderung im Commando auszusprechen, ‚vermöge welcher ein in Unternehmungen glücklicher, vom Feinde gefürchteter und im allgemeinen Rufe grosser Talente und Erfahrungen stehender Krieger entfernt und im gefährlichsten Zeitpunkt neue Feldherren ernannt wären, welche mit aller gebührenden persönlichen Verehrung kein beruhigendes Surrogat ausmachten'. Hielt dem mit Recht Schlick entgegen, dass der Kurfürst selbst im vorigen Sommer über die Unthätigkeit Clerfayt's geklagt habe, und dass demselben die von Clerfayt so oft und dringend angesuchte Entlassung nicht unbekannt, so wie auch nicht anzunehmen sei, dass der Kaiser das allgemeine Beste und den Prinzen seines Hauses einem widrigen Schicksal habe aussetzen wollen, so beklagte

---

[1] Breuner an Thugut. Regensburg, 26. Febr. 1796.

[2] Schlick an den Reichsvicekanzler Colloredo. Frankfurt, 5. März 1796.

[3] Zinzendorf's Tagebuch. 14. Mai 1796. Vgl. auch Schlick an Thugut. Frankfurt, 30. Mai 1796. Or. Die erwähnte Medaille war zur Erinnerung an den 29. Oct. 1795 geprägt, doch nur in wenigen Exemplaren, da in Folge der veränderten Umstände kein öffentlicher Gebrauch davon gemacht werden sollte. Auch wurden in Folge dessen erst am 29. Mai einige Exemplare — 2 goldene an den Kaiser, 1 goldene an den Reichsvicekanzler und überdies 24 silberne von dem Kurfürsten eingesandt.

sich Albini doch auch darüber, dass man den Kurfürsten von
der erfolgten Aenderung im Commando nicht benachrichtigt,
dass derselbe von Allem, was darauf Bezug habe, nur aus
Zeitungen und durch seinen Directorialis am Reichstage erfahren habe, und erklärte, statt auf den Anwurf bezüglich der
dem Erzherzog Carl zu verleihenden Reichsfeldmarschallswürde
einzugehen, blos, ‚dass Kur-Mainz ad Majora gehen würde'.
Er blieb dabei stehen, als Schlick sich am 3. März in Folge
der an ihn Tags zuvor ergangenen Weisung der Reichskanzlei
zu ihm begab, um ihm von der für den Erzherzog günstigen
Stimmung Curcölns und Kursachsens Mittheilung zu machen,
und obgleich Albini bereits selbst durch Strauss unterrichtet
war, dass sich auch Pfalz und Trier in ähnlichem Sinne geäussert hätten, und dass nicht nur im Kurcollegium, sondern
auch im fürstlichen bereits Majora für den Antrag vorhanden
seien. Ja, er schien der ganzen Sache eine principielle Bedeutung beilegen zu wollen; er fasste sie als ein Duell zwischen
Thugut und Colloredo, zwischen der Reichshof- und der Staatskanzlei auf. ‚Durch die zwischen dem Reichs- und Staatsmini-
sterio auf das Höchste gediehene Spannung entstünden zwei
für das Reich und die Stände sehr schmerzliche Resultate. Das
Staatsministerium betrachte die Reichsangelegenheiten und die
Stände mit Geringschätzung, der Reichsvicekanzler sei im Mini-
sterialwirkungskreise unbedeutend.' Er selbst — Albini —
werde in Zukunft bei jedem Geschäfte zunächst fragen, ob
der Auftrag von der Staatskanzlei komme, ‚indeme in der-
maligem Zeitpunkt die Weisungen der Reichskanzlei sehr oft
ihrer Wirkung entweder beraubt oder aber durch das Haus-
ministerium widerrufen würden'. Wohl trat Schlick dieser Auffassung entgegen; er betheuerte, dass Thugut ‚bei allen Reichsangelegenheiten ohnwandelbare genaue Aufmerksamkeit auf
Constitution und Verhältnisse geltend zu machen bedacht wäre'.
Aber Albini blieb seiner Ansicht getreu, und da er, von Schlick
dazu aufgefordert, kein anderes Beispiel angeblicher Geringschätzung seines Hofes vorbringen konnte, berührte er als ein
solches den Umstand, dass Erzherzog Carl noch nicht an ihn
geschrieben habe, während doch ‚bei Veränderungen des
Reichsgeneralcommandos, auch angesuchten Reichsmilitärpro-
motionen von Seite des neuernannten oder Promotionscompetenten

Notifications- und Ersuchungsschreiben an Kurmainz immer üblich seien'. [1]

Hügel theilte das Original des Hofdecretes vom 21. Februar noch an dem Tage des Empfanges und noch vor der auf diesen Tag (26. Februar) anberaumten Rathssitzung dem Reichsdirectorialis persönlich mit, um ihn so in den Stand zu setzen, den Inhalt desselben sofort allen Reichstagsgesandten bekanntzugeben und diesen unverzügliche Berichterstattung an ihre Höfe zu empfehlen. Dem Freiherrn von Karg, der mittlerweile (25. Februar) den Wunsch seines Herrn den kurfürstlichen Gesandten eröffnet hatte, gab Hügel den Wink, nun auch bei sämmtlichen fürstlichen das Gleiche zu thun. Am selben Tage (25. Februar) erhielt der kurhannövrische Reichstagsgesandte die Weisung, der Ernennung des Erzherzogs Carl zum Reichsfeldmarschall, ‚in der Unterstellung, dass derselbe das Commando der Reichsarmee fortführen werde‘, beizustimmen. [2]

Das kaiserliche Hofdecret vom 21. Februar gelangte am 27. Februar zur ‚Dictatur‘. [3] Hügel trug bei dem Reichsdirectorialis darauf an, in der Sitzung vom 29. ‚den Verlass‘ zu nehmen. Strauss lehnte dies ab, da sein Hof den Antrag des Kaisers noch nicht einmal kenne, er selbst aber bis nächsten Freitag bereits mit einer Instruction versehen sein könne. Er glaube, dass dieser Verzug keinen Nachtheil bringe, da ohnedies vor dem zweiten Rathstage nach den Osterferien, [4] d. i. vor dem 8. April das Protokoll deshalb nicht eröffnet werden könne, weil ad primam post ferias der Verlass für die fürstlich Neuwied'sche Sache eintrete. Auf wiederholte Vorstellungen liess sich Strauss herbei, den Verlass schon am 29. Februar vorzutragen, bestand aber nach wie vor darauf, dass vor dem 8. April über die Sache nicht verhandelt werde. Doch Hügel rechnete dem Directorialis aus dem Comitialkalender vor, dass noch vor Beginn der Osterferien die Promotion vorgenommen werden könne. Die Nachricht von der Uebertragung des Gene-

---

[1] Schlick an Thugut. Frankfurt, 6. März 1796. Or.

[2] Hügel an Colloredo. Regensburg, 26. Febr. 1796.

[3] Derselbe an denselben. Regensburg, 27. Febr. 1796.

[4] Die Osterferien begannen mit dem 18. März und dauerten bis 4. April.

ralcommandos der Reichsarmee an Erzherzog Carl sei schon seit einigen Wochen im ganzen Reiche bekannt; Kurcöln, Kursachsen und Kurtrier hätten bereits aus eigenem Antriebe zu Wien erklären lassen, dass sie die Ernennung des Erzherzogs zum Reichsfeldmarschall für angemessen erachteten. Aehnliche Erklärungen würden vielleicht noch von mehreren Höfen erfolgen, und es sei daher wahrscheinlich, dass bis zum 18. März, als dem letzten Reichstage vor den Ferien, beinahe alle Instructionen eingelangt sein würden.[1] Er stellte in der Rathssitzung vom 29. Februar den Antrag, die Verlasszeit auf den 18. März abzukürzen.[2]

Der Antrag wurde fast allseitig mit Freuden begrüsst. Nur Ompteda warf das Bedenken auf, ob er bis dahin mit Weisung versehen sein werde, so sehr er auch von der beifälligen Gesinnung seines Hofes versichert zu sein glaube und diese Promotion von Herzen wünsche; dabei — setzte er heuchlerisch hinzu — sei er auch nicht ganz überzeugt, ob, nach dem Wortlaute des Hofdecretes zu urtheilen, der Antrag dem Kaiser durchaus gefällig sei. Da nun Strauss ihn nicht ganz ‚präcludieren‘ zu sollen glaubte, wurde der Verlass zwar auf den 18. März wirklich anbelieht, doch unter der Bedingung, dass, wenn bis dahin nicht hinlängliche Weisungen eingelangt sein würden oder die Deliberation nicht in éiner Rathssitzung zu Ende geführt werden könne, die Sache erst ‚prima post ferias‘, nämlich am 4. April vorgenommen werde.[3] ‚Der kurbrandenburgische Gesandte war nicht zugegen, so fleissig er ausserdem bei Rath zu erscheinen pflegt,‘ meldete Fahnenberg. Von den protestantischen Gesandten wurde in Anregung gebracht, ob nicht etwa eine zahlreichere Promotion vorzunehmen und sämmtliche erledigte Stellen bei der Reichsgeneralität zu besetzen seien. Fahnenberg erwiderte, dass dies füglicher bei anderer Gelegenheit geschehen könne. Man kam zuletzt überein, dass bei der bevorstehenden Deliberation nur von der Beförderung des Erzherzogs die Rede sein solle.[4]

[1] Hügel an den Reichsdirectorialis Strauss. 29. Febr. 1796.
[2] Derselbe an den Reichsvicekanzler Colloredo. Regensburg, 29. Febr. 1796. Fahnenberg an Thugut. Regensburg, 1. März 1796.
[3] Breuner an Thugut. Regensburg, 1. März 1796.
[4] Ebenda.

Am 3. März erhielt Strauss die erwartete Weisung seines kurfürstlichen Hofes. Wie er am folgenden Tage dem Freiherrn von Hügel eröffnete, wies ihn das Rescript an, die angetragene Beförderung des Erzherzogs Carl zum Reichsfeldmarschall lediglich ad referendum zu nehmen und sich darüber ‚ganz geschlossen' zu halten. Er wiederholte die Klage, dass sein Hof wegen dieser Beförderung weder von Wien, noch von dem in Mainz accreditirten kaiserlichen Minister angegangen worden sei, während doch die anderen kurfürstlichen Höfe auf die eine oder andere Art begrüsst worden seien. Strauss äusserte sogar die Besorgniss, dass er durch den genommenen und noch abgekürzten Verlass der Intention seines kurfürstlichen Herrn zuwider gehandelt habe und deshalb einen Verweis erhalten werde. Er ersuchte daher Hügel, um diese und weitere Unannehmlichkeiten zu vermeiden, dem Grafen Schlick ohne Erwähnung der Veranlassung zu insinuiren, dass dieser dem Mainzer Hofe ebenfalls einen Anwurf machen möge. Hügel erwiderte, es sei ihm nicht bekannt, dass von dem Allerhöchsten Hofe bei irgend einem Reichsstande eine ‚Anwerbung' für Erzherzog Carl gemacht worden sei. Vielmehr beweise ihm der Antrag des Kurfürsten von Cöln und der nach Wien geäusserte Wunsch des Kurfürsten von Sachsen das Gegentheil. Doch glaube er, dass jeder kaiserliche Minister aus eigenem Antriebe ohne besondern Auftrag die nunmehr bekannte Absicht seines Hofes den vorzüglicheren Reichsständen seines Ministerialbezirkes zur Unterstützung und zur baldigen Instructionsertheilung zu empfehlen habe. In diesem Sinne wolle er noch heute Schlick ersuchen, mit Albini zu sprechen. Strauss beruhigte sich damit und sprach die Hoffnung aus, dass nun sein Hof der Sache wenigstens nicht hinderlich sein werde.[1]

Während noch die Mehrzahl der Reichstagsgesandten ihren Instructionen entgegensah, tauchte von Neuem die Frage auf, ob noch eine weitere Generalitätspromotion und die Ergänzung des ganzen Schemas erfolgen, oder ob es lediglich bei der Ernennung des Erzherzogs Carl zum Reichsfeldmarschall zu bewenden habe. Der grösste Theil der Reichstagsgesandten war der letzteren Meinung, diesmal auch besonders der prote-

---

[1] Hügel an den Reichsvicekanzler Colloredo. Regensburg, 4. März 1796. Or.

stantische Theil, der sehr ungern den ältesten Reichsfeldzeugmeister in Latere Evangelicorum, Landgrafen Ludwig Georg
von Hessen-Darmstadt, zum Feldmarschall befördert wissen
wollte, da derselbe nach allgemeiner Ansicht einer derartigen
Beförderung durchaus unwürdig sei. Die Protestanten wünschten,
dass die Ergänzung des Schemas entweder bis zu dessen Ableben verschoben oder derselbe zur Resignation bewogen werden möge, damit die beiden sehr verdienten folgenden Reichsfeldzeugmeister Hohenlohe-Kirchberg und Hohenlohe-Ingelfingen
zugleich zu Reichsfeldmarschällen befördert werden könnten.[1]

Es schien schon damals keinem Zweifel unterworfen,
dass Erzherzog Carl die Reichsfeldmarschallswürde ausser
der Ordnung zutheil werden würde, obgleich Einige es als
ungewöhnlich bezeichneten, ‚dass auf der katholischen Seite
drei Feldmarschälle angestellt sein sollten‘, Andere an dem
jugendlichen Alter des Erzherzogs Anstoss nahmen. Vor Allem
legte Kurtrier grossen Eifer an den Tag; schon am 2. März
wurde Lyncker zu Gunsten der Promotion Erzherzog Carl's
instruirt, und bemühte sich nun, auch die Stimmen der übrigen
Stände für den Erzherzog zu gewinnen.[2]

In dem ratificirten Reichsgutachten vom 23. November
1792 war die Verpflichtung des Reichsgeneralcommandos für
Kaiser und Reich dem Ersteren von der allgemeinen Reichsversammlung überlassen worden. Demgemäss wurde am 16. März
um 11 Uhr Vormittags Erzherzog Carl, dem, wie bekannt, das
Obercommando über die Reichstruppen provisorisch übertragen
worden war, von dem Kaiser in Gegenwart des Reichsvicekanzlers, des Präsidenten des Hofkriegsrathes und des Reichs-
referendars der deutschen Expedition herkömmlicherweise verpflichtet.[3] Ob dabei noch einmal die althergebrachte Formula
juramenti für den Commandirenden der Reichsarmee[4] Anwendung fand, wissen wir nicht. ‚Diese Verpflichtung,‘ so schrieb
aus Anlass der betreffenden Mittheilung an Hügel der Reichs-

---

[1] Thugut an den Reichsvicekanzler Colloredo. Regensburg, 8. März 1796.
[2] Fahnenberg an denselben. Regensburg, 5. März 1796. Vgl. auch Breuner
an Thugut. Regensburg, 10. März 1796.
[3] Reichsvicekanzler Colloredo an Hügel. Wien, 17. März 1796. Concept.
[4] Vgl. v. Vivenot, Herzog Albrecht von Sachsen-Teschen als Reichsfeldmarschall I, 71 ff.

vicekanzler, ‚steht in keiner unzertrennlichen Verbindung mit
Höchstdessen Beförderung zu einer höheren Stufe in der Reichsgeneralität, sondern muss als eine Folge von dem allergnädigst
übertragenen Obercommando über die Reichstruppen angesehen
werden. Die Verpflichtung konnte daher auch bei der bevorstehenden Abreise Seiner königlichen Hoheit zur Armee ohne
Anstand vorgenommen werden, ohne erst das Reichsgutachten
über die künftige Beförderung zu einer höheren Stufe abzuwarten, sowie auch des Herrn Prinzen von Sachsen-Coburg
Durchlaucht als allergnädigst ernannter Oberbefehlshaber der
kaiserlichen Reichsarmee früher verpflichtet wurden, ehe noch
Hochdieselbe zum Reichsgeneralfeldmarschall creirt waren. . . .
Aus vorgedachten Gesichtspunkten ist die bereits vorgenommene
Verpflichtung des Herrn Erzherzogs Carl königlicher Hoheit zu
betrachten, und da Eure Excellenz in dieser Entschliessung
Seiner kaiserlichen Majestät, kraft welcher Allerhöchstsie Ihren
Herrn Bruder von der gesetzlichen Vorschrift der Verpflichtung
nicht eximirten, zugleich einen fortwährenden Beweis Allerhöchst-
ihrer Anhänglichkeit an die deutsche Constitution wahrnehmen
werden, so werden dieselbe es sich zugleich angelegen sein
lassen, diesen Vorfall den Herrn Comitialen bei jeder schick-
lichen Veranlassung von diesem Standpunkt aus darzustellen.‘[1]

Als sich in Regensburg die Nachricht verbreitete, dass
der Erzherzog am 16. März von Wien zur Armee abreisen
und den 19. Regensburg passiren werde, glaubten die Reichstagsgesandten die eventuell auf den 18. angesetzte Eröffnung
des Protokolls auch dann nicht länger verschieben zu sollen,
wenn noch nicht die nöthigen Instructionen eingelaufen sein
würden, damit die Ernennung des Erzherzogs zum Reichsfeldmarschall mit dem Zeitpunkte seiner Durchreise zusammenfalle.
Namentlich unter den Vertretern der kleineren Fürsten zeigte
sich diese günstige Stimmung. So erklärte Freiherr von Gem-
mingen geradezu, dass von seinen Committenten ihn zwar
erst Sachsen-Gotha auf den Erzherzog instruirt habe, dass er
gleichwohl, ohne weitere Instructionen abzuwarten, mit allen
seinen Stimmen beifallen werde, da er versichert sei, dass er
hierin den Intentionen seiner Committenten nur anticipire.

---

[1] Reichsvicekanzler Colloredo an Hügel. Wien, 17. März 1796.

Am 14. März konnte der Reichsvicekanzler Colloredo den Concommissär benachrichtigen, dass auch der Berliner Hof mit der Ernennung des Erzherzogs Carl zum Reichsfeldmarschall einverstanden sei. Görz selbst hingegen befand sich am 18. noch ohne Instruction. Dagegen erhielt am 17. der kurmainzische Reichstagsgesandte von dem Hofkanzler Albini eine willfährige Weisung, obgleich die Verstimmung des Mainzer Hofes damit noch nicht völlig behoben schien.[1] Doch wurde, da einige Gesandte den Wunsch äusserten, auch ihrerseits die Weisungen noch abwarten zu können, am 18. März nichts beschlossen, so dass der eingetretenen Osterferien wegen die Sache nun doch bis zum 4. April ausgesetzt blieb,[2] zumal der Erzherzog auf der Reise zur Rheinarmee Regensburg nicht passirte, demnach das Hauptmotiv der Beschleunigung entfiel.

Am 19. März erhielten der kurbraunschweig'sche und der kurbrandenburg'sche Reichstagsgesandte von ihren Ministerien den Auftrag, für den Erzherzog zu stimmen. Auch Hessen-Cassel und Zweibrücken wurden in diesem Sinne instruirt.[3] Zugleich erhielt Graf Görz ein Schreiben des Königs von Preussen, worin Hügel der Ausdruck: ,S. M. I. m'ayant fait connaître par son ministre, le Prince de Reuss, le désir que son frère l'archiduc Charles soit nommé à la charge de maréchal chez l'Empire' befremdete, da Reuss gewiss nicht beauftragt worden sei, ein bestimmtes Verlangen des Kaisers in dieser Hinsicht zu erkennen zu geben. Was Kurhannover betraf, so enthielt die Weisung des dortigen Ministeriums den Ausdruck des Bedauerns darüber, dass das letzte Hofdecret so spät eingetroffen sei, dass man den Willen des Königs nicht einholen könne; doch habe bei den freundlichen Beziehungen des Königs zum kaiserlichen Hofe Ompteda dem Antrage auf die Beförderung des Erzherzogs unbedenklich zuzustimmen, weitere Ernennungen indess auf eine andere Gelegenheit zu reserviren. Ompteda fügte, indem er Hügel hievon in Kenntniss setzte, hinzu, dass, da er nur auf den Inhalt des Hofdecretes instruirt sei, er sich auch nur autorisirt fühle, der Feldmarschallswürde des Erz-

---

[1] Hügel an Colloredo. Regensburg, 18. März 1796.
[2] Fahnenberg von Thugut. Regensburg, 18. März 1796.
[3] Ebenda.

herzogs beizustimmen, gleichwohl ein Uebriges thun und sich der Majorität anschliessen wolle.

In der Abendgesellschaft vom 19. März regte Graf von Görz an, ob man nicht am 21. auf eine Stunde zum Protokoll gehen und die Sache berichtigen wolle. Alle Anwesenden, namentlich die drei protestantischen kurfürstlichen Minister waren damit einverstanden. Hügel theilte dies sofort dem Freiherrn von Karg mit, der seinerseits dem Reichsdirectorialis schriftlich proponirte, ‚feriis non obstantibus‘ am 21. März zum Rathe zu gehen. Allein dieser lehnte mit der Bemerkung ab, dass er von seinem Hofe nur angewiesen sei, der Sache kein Hinderniss in den Weg zu legen und sich den Majoribus anzuschliessen, dass er aber fürchte, einen Verweis zu erhalten, wenn er die Sache zu eilfertig betreibe. Man könne dies seinem Hofe nicht zumuthen, der von dem Allerhöchsten Hofe mit dem Antrage auf Clerfayt so sehr compromittirt und in der dermaligen Promotionssache mit keinem Vertrauen beehrt worden sei.

Der erzherzoglich österreichische Gesandte Fahnenberg entwarf bereits für die bevorstehende Abstimmung ein Votum und theilte den Entwurf dem kurböhmischen Comitialen Breuner mit. Der Entwurf lautete folgendermassen: ‚Oesterreich suo loco et ordine: Die von Ihro kaiserlichen Majestät in Folge des ratificirten Reichsgutachtens vom 23. November 1792 und vermög der Allerhöchstdemselben anvertrauten Leitung der Reichskriegsoperationen getroffene und durch das Höchstverehrliche Hofdecret vom 21. Februar d. J. den Ständen des Reichs allermildest bekanntgemachte Auswahl des durch Kriegserfahrenheit und erworbenen militärischen Ruhm vorzüglich ausgezeichneten Herrn Erzherzogs Carl, königliche Hoheit, zum Oberbefehlshaber der kaiserlichen und Reichstruppen ist billig als ein wiederholtes Merkmal der reichsväterlichen Sorgfalt mit lebhaftestem Dankgefühl zu verehren, und um dieses nachdrücklich zu erkennen zu geben, auch zugleich die Verdienste Seiner königlichen Hoheit des Herrn Erzherzogs zu belohnen, Höchstderselben nach dem in den bereits abgelegten vortrefflichen Abstimmungen gemachten Antrag, von dem allerdings zu hoffen steht, dass Ihro kaiserliche Majestät darin einen Beweis der devotesten Gesinnungen für Allerhöchstdieselbe und das durchlauchtigste Erzhaus Oesterreich mit Wohlgefallen und

Danknehmigkeit bemerken werden, die Generalfeldmarschalls-
würde von Reichswegen zu ertheilen und hierüber die Allerhöchst kaiserliche reichsoberhauptliche Genehmigung und Bestätigung ehrerbietigst nachzusuchen.'[1]

Am 31. März zeigte Hügel an, dass die Eröffnung des
Protokolls über die Beförderung des Erzherzogs zum Reichsfeldmarschall statt am nächsten Montag, erst am folgenden
Tage (6. April) erfolgen werde, da sich, ohne dass früher
jemand daran dachte, gezeigt habe, dass am Montag wegen
des verlegten Festes Mariä Verkündigung ein allen Religionstheilen gemeinsamer Feiertag sei.[2] Gleichwohl fand die
Abstimmung am 5. April statt. Die kurfürstlichen Gesandten
versammelten sich um 10 Uhr, das fürstliche Collegium um
³/₄11 Uhr Vormittags. In beiden höheren Collegien wurde mit
Stimmeneinhelligkeit beschlossen, Erzherzog Carl die Reichsfeldmarschallswürde von Reichswegen zu übertragen und darüber die kaiserliche Genehmigung und Bestätigung in dem zu
erstattenden Reichsgutachten zu erbitten.[3] Was die kurfürstlichen Reichstagsgesandten anlangt, so gab zuerst Kurtrier
seine Stimme ab: ,Seine kurfürstliche Durchlaucht erachte,
dass Seine königliche Hoheit in Hinsicht Ihrer bei verschiedenen
Feldzügen schon erprobten ausscheidenden militärischen Talente
und durch bewährten Kriegsmuth in Vertheidigung des deutschen
Vaterlandes erworbenen persönlichen Verdienste zum Reichsfeldmarschall zu ernennen und hiedurch dem Reichskriegs-
dienste sowohl ein höherer Glanz zu ertheilen, als den kaiserlichen Allerhöchsten Wünschen bei der unwandelbar sorgfältig
kostspieligen Allerhöchsten Beschützung des deutschen Reichs
hierunter zuvorzukommen sei.' — Kurcöln ersah ,mit besonderem Vergnügen' aus dem Allerhöchsten Hofdecrete, dass der
Kaiser das Commando der Reichsarmee provisorisch seinem
Bruder übertragen habe, und stimmte für die Ernennung des
Erzherzogs zum Reichsfeldmarschall, ,da Seine königliche Hoheit
während diesem Kriege, besonders durch Ihre Beywürkung
bey der bekannten Verdrängung des Feindes von Altenhofen
und dadurch gelungene damalige Rettung Deutschlands bereits

---

[1] Breuner an Thugut. Regensburg, 21. März 1796. Beil.

[2] Hügel an den Reichsvicekanzler Colloredo. Regensburg, 31. März 1796.

[3] Fahnenberg an Thugut, 5. April 1796. Or.

ganz unverkennbare Proben Ihrer militärischen Talente und
Tapferkeit abgelegt, somit dem Reiche schon wirklich wesentlichen
Nutzen geleistet haben'. Natürlich stimmte auch Kurböhmen
dem Antrage bei, und zwar in der von Fahnenberg dem Grafen
Breuner an die Hand gegebenen Fassung. Kurpfalz zollte
der Verleihung der Reichsfeldmarschallswürde an Erzherzog
Carl ,in Rücksicht auf seine hohe Geburt und anerkannten
Verdienste' Beifall. Kursachsen votirte: ,unter der Voraussetzung, dass es der Reichsverfassung und dem gemeinen
Besten am gemässesten sei, dass die Reichsarmee durch einen
einzigen in Ihrer kaiserlichen Majestät und des Reichs Pflichten
stehenden Reichsgeneralfeldmarschall commandirt werde', dass
Erzherzog Carl ,wegen der vortrefflichen Eigenschaften und
erlangten Kriegserfahrung, obwohl in Anschung des Dienst-
alters vermöge einer Ausnahme von der Regel, ohne Consequenz
auf andere Fälle und mit dem ausdrücklichen Vorbehalte der
in den Stellen der Reichsgeneralfeldmarschälle bald thunlichst
wieder herzustellenden vollkommenen Religionsgleichheit zum
Reichsgeneralfeldmarschall zu ernennen wären und daher dafür
seine Stimme ertheile'. Kurbrandenburg erklärte, dass es
dem König von Preussen zum besonderen Vergnügen gereiche,
durch das in Berathung stehende Hofdecret Gelegenheit zu
finden, Seiner kaiserlichen Majestät ,einen geringen Beweis
Ihrer ohnwandelbaren Hochachtung und Ergebenheit geben zu
können', daher und in Rücksicht ,der hohen Eigenschaften'
des Erzherzogs stimme Kurbrandenburg dem Antrage Kurcölns
,ohnbeschadet der verfassungsmässigen Religionsgleichheit' bei.
Auch Kurbraunschweig sprach die gleiche Geneigtheit des
Kurfürsten-Königs aus ,unter dem Vorbehalte der völligen
Completirung und Ausgleichung der Reichsgeneralität an beiden
Religionstheilen zu einer besondern Reichstagsberathschlagung'.
Endlich trat mit kurzen Worten auch Kurmainz der ,ein-
müthigen Abstimmung' zu Gunsten des Erzherzogs bei.[1]
    Auch die Voten im Reichsfürstenrathe fielen einstimmig
aus. In allen wurde dem Kaiser für die in der Person seines
erlauchten Bruders getroffene Verfügung über das Reichstruppen-

---

[1] Beil. zu Hügel an den Reichsvicekanzler Colloredo, Regensburg, 6. April
1796, Or., und zu Breuner an Thugut. Regensburg, 6. April 1796.

commando gedankt, in allen der zu hohen Hoffnungen für die
Zukunft berechtigenden Eigenschaften und der bereits erworbenen Verdienste des Erzherzogs gedacht. Namentlich betheuerte
Lüttich seine persönliche grosse Anhänglichkeit an denselben,
und nicht minder bezeichnend lautete das Votum Aremberg's:
‚Dem deutschen Reiche könne es allerdings zum besonderen
Glanz und Vorzug gereichen, wenn Seine königliche Hoheit
der Herr Erzherzog Carl von Oesterreich der Zahl der Reichs-
feldmarschälle einverleibt werden würde.‘ Nur Würzburg gab
zwar ebenfalls seine Stimme zu Gunsten des Erzherzogs ab,
kam aber noch einmal auf die Promotion Clerfayt's zurück.
‚Gleichwie‘, so schloss dieses Votum, ‚endlich Seine kaiserliche
Majestät Allerhöchstihrem Feldmarschall, dem kaiserlichen und
Reichsfeldzeugmeister Grafen von Clerfayt mehrere Beweise
Ihrer allerhöchsten Huld zu geben geruhet hätten, so glaubten
Seine hochfürstliche Gnaden, dass auch von Seite der Reichs-
versammlung auf ein öffentliches und den Siegen dieses um
das Beste des Reiches höchst verdienten Feldherrn angemessenes
Anerkenntniss seiner Verdienste ehrerbietigst anzutragen sei‘.[1]

Ueber das von den Kurfürsten gefasste Conclusum elec-
torale einerseits und das zu Stande gebrachte fürstliche Conclusum andererseits trat das Directorium mit dem Fürstenrat
in die übliche Re- und Correlation, wobei beschlossen wurde,
das Conclusum des Fürstenrathes ‚pro basi communi duorum‘
anzunehmen. Dieser gemeinsame Schluss wurde dem städtischen Directorium mitgetheilt. Die Städte traten dem Schlusse
der höheren Reichscollegien bei.[2]

Die Protestanten reservirten sich die vollständige Ergänzung
der Reichsgeneralität und Ausgleichung an beiden Religionstheilen zu einer besonderen Reichstagsberathung, wogegen keine
Einwendung erhoben wurde.[3]

Das hiernach zu Stande kommende Reichsgutachten besagte in theilweisem Anschlusse an das österreichisch-böhmische
Votum: ‚Dass die entsprechende Auswahl, womit Ihre kaiserliche Majestät das Obercommando über die kaiserlichen und

---

[1] Reichsfürstenrathsprotokoll vom 5. April, gedruckte Beil. zu Fahnenberg's
Bericht vom 8. April.
[2] Fahnenberg an Thugut. Regensburg, 5. April 1796.
[3] Fahnenberg's Bericht vom 5. April 1796. Or.

Reichstruppen Allerhöchstihro Herrn Bruder, des Erzherzogs Carl königlicher Hoheit, zu übertragen geruhe, als eine wiederholte reichsoberhauptliche Fürsorge für das Beste des deutschen Reiches dankbar zu erkennen, zugleich auch vermeldtem Herrn Erzherzoge die Würde eines Reichsgeneralfeldmarschalls von Reichswegen zu ertheilen und sich hierüber mittels eines allergehorsamsten Reichsgutachtens — wie hiemit geschiehet — die Allerhöchste kaiserliche Genehmigung und Bestätigung zu erbitten, übrigens aber die völlige Completirung und Ausgleichung der Reichsgeneralität an beiden Religionstheilen zu einer besonderen Reichsrathsberathschlagung vorzubehalten sei.'[1]

Das die Ernennung des Erzherzogs Carl zum kaiserlichen Reichsfeldmarschall betreffende Ratificationsdecret datirt vom 15. April 1796. ‚Und hegen,' hiess es in demselben, ‚im Vertrauen auf des Herrn Erzherzogs schon ruhmwürdigst bewiesene Tapferkeit, erprobte militärische Kenntnisse und ausgezeichneten patriotischen Eifer die Zuversicht, dass Höchstdieselbe in dieser neuen Eigenschaft Ihre in den vorigen Feldzügen um das werthe deutsche Vaterland bereits erworbene Verdienste vermehren und den Erwartungen Seiner Majestät und des Reiches durch ausharrende Thätigkeit und Heldenmuth entsprechen werden.'[2]

Schon zuvor (12. April) hatte der Erzherzog in einem Schreiben an den Concommissär Hügel seinen Dank für das Gutachten der Reichsversammlung ausgesprochen. Die erfolgte kaiserliche Ratification des Reichsgutachtens veranlasste den Erzherzog am 28. April, von dem Hauptquartier Mainz aus ein Schreiben an die Reichsversammlung selbst zu richten, in welchem er nach Erwähnung der bereits vor seiner Abreise von Wien erfolgten Vereidung und seines am 11. April erfolgten Eintreffens bei der Armee folgendermassen fortfährt: ‚Wir haben zwar bereits vorgängig Denselben durch den kaiserlichen Herrn Concommissaire Unsere Danknehmigkeit eröffnen lassen, machen es Uns aber anbey zur angenehmsten Pflicht, Denselben hier nochmals zu erkennen zu geben, wie sehr Wir Uns durch das von Kurfürsten, Fürsten und Städten so ein-

---

[1] Gedruckte Beil. zu Fahnenberg. 8. April. ‚Wiener Zeitung', 1070.

[2] ‚Wiener Zeitung' 1284.

müthig in Uns gesetzte vollkommene Vertrauen geehrt und
innigst gerührt finden, und wie sehr es Unser Bestreben stets
seyn werde, Unsern Dank für dieses Uns gewidmete Vertrauen
dadurch zu bezeugen, dass Wir für die Vertheidigung des
deutschen Vaterlandes und für die Erzielung des vorgesetzten
allgemeinen Zweckes all Unsere Kräfte aufzubieten ernstest
beflissen seyn werden.' [1]

Das ist die Geschichte der Ernennung Erzherzog Carl's
zum Reichsgeneralfeldmarschall. Man wird nicht behaupten
können, dass dieselbe besonders erhebend sei. Trat auch bei
den Berathungen über dieselbe eine sonst ziemlich seltene
Stimmeneinhelligkeit zu Tage, die man wohl vor Allem auf
die hohe Achtung zurückzuführen haben wird, deren sich der
junge Erzherzog bereits damals in weiten Kreisen erfreute, so
zeigt doch die traditionell schleppende Art der Behandlung
des Gegenstandes in grellem Gegensatze zu dem fast stürmi-
schen Verlaufe der Weltereignisse, in deren Rahmen gerade
damals zuerst Bonaparte meteorartig auftaucht, dass der Regens-
burger Reichstag und mit ihm auch das Reich ein Anachronis-
mus geworden war. Und wie die Ernennung des Erzherzogs
zum Reichsgeneralfeldmarschall fast nur noch eine Formalität

---

[1] Beil. zu Fahnenberg's Bericht an Thugut, Regensburg, 10. Mai 1796, und
zu Breuner's Bericht von demselben Tage. Natürlich unterliessen es die
kurmainzische und die beiden fürstlichen Directorialkanzleien, sowie die
Erbmarschallkanzlei nicht, sich bei Zeiten bei Hügel um die in
solchen Fällen üblichen Remunerationen zu melden. Fahnenberg brachte
eine solche für sämmtliche Bewerber im Gesammtbetrage von 500 fl.
in Vorschlag. (Fahnenberg an Thugut. Regensburg, 22. April 1796).
Der Erzherzog hatte anfangs die Absicht, Fahnenberg aus Erkenntlichkeit eine goldene Dose zuzusenden. Da indess der bevorstehende Beginn
des Feldzuges ihn an dem Ankaufe einer solchen hinderte, so sandte er
demselben durch den Hofsecretär der k. k. Kriegskanzlei Blank einen
Wechsel von 388 fl. zu, mit der Bestimmung, dass davon 300 fl. zu
Fahnenberg's eigener Disposition stehen sollten, um sich ‚eine solche
Galanteriewaare' anzuschaffen, der Rest unter das Kanzleipersonale vertheilt werden möge. Vermuthlich wurden in ähnlicher Weise auch andere
an der Sache betheiligte Personen bedacht. Uebrigens stellte bei dieser
Gelegenheit die kurmainzische Reichskanzlei den Satz auf, ‚dass nur ihr
ein Bibale oder Honorarium gebühre, indem sie allein das Reichsgutachten zu expediren habe'. Fahnenberg an Thugut. Regensburg, 25. Mai
1796. Or.

5*

war, die wenige neue Befugnisse zu denjenigen gesellte, welche
er bereits als Commandirender eines Theiles der kaiserlichen Truppen besass, so war dieselbe zugleich selbst das Ergebniss einer Reihe von Formalitäten, welche den übrigens
niemals besonders lebenskräftigen Geist der Reichswehrver-
fassung völlig ertödtete. Das Reichsschwert, das der Erzherzog
schwingen sollte, war verrostet, die Reichsgeneralität zu einer
Reichsreliquie geworden, die zwar an sich ehrwürdig, aber
eben eine Reliquie, d. i. so gut wie leblos war. Galt doch für
den Reichsfeldmarschall eine Instruction, die aus dem Jahre
1672 datirte, während die Instruction für den Generalkriegs-
commissär der Reichsarmee Bestimmungen für die ‚Piqueniere
unter dem Kriegsvolk‘, d. i. für eine Waffengattung enthielt,
die schon nahe an hundert Jahre abgeschafft war. Was der
Erzherzog unter der Bezeichnung einer Reichsarmee übernahm,
war daher nur noch ein übrigens bald völlig versiegender Rest
jenes militärischen Gebildes, dem einst schon der Markgraf
von Baden und Eugen von Savoyen vergebens Geist und Kraft
einzuflössen versucht hatten. Immerhin gehört es mit zu dem
romantischen Schimmer, der das heilige römische Reiche deutscher Nation selbst in seinen letzten Leidensstunden umfloss,
dass die Reihe der Reichsgeneralfeldmarschälle, welche der
Eroberer von Landau und der Sieger von Höchstädt ruhmvoll
eröffnet hatten, ein nicht minder verehrungswürdiger Name,
jener des Erzherzogs Carl beschloss, der die letzten Siege über
den französischen Erbfeind auf dem alten Reichsboden erringen
sollte. In ihm, dem Sieger von Amberg und Würzburg, von
Ostrach und Stockach, hat sich die Idee der Reichsgeneralität
gewissermassen ausgelebt.

---

[1] v. Vivenot, Herzog Albrecht von Sachsen-Teschen als Reichsfeldmarschall
   I, 65 ff.

BEILAGE.

Verzeichniss der Reichsgeneralität seit dem Anfang dieses Jahrhunderts.[1]

Generalfeldmarschälle.

Katholische.

Zeit der Ernennung		Anmerkung
1704	1. Ludwig, reg. Markgraf zu Baden-Baden	† 1707
1707	2. Eugen, Prinz von Savoyen	† 1736
1734	3. Carl Alexander, reg. Herzog zu Würtemberg	† 1737
1737 8. Juli	4. Franz Stephan, Herzog zu Lothringen	Er bestieg 1745 den Kaiserthron
1746 14. Mai	5. Carl, Herzog von Lothringen	† 1780
1760	6. Friedrich, Herzog von Pfalz-Zweibrücken	† 1767
1767 18. Dec.	7. Albrecht K., Prinz von Polen, Herzog von Sachsen-Teschen	
1785 8. Juli	8. Josef Friedrich, Prinz von Sachsen-Hildburghausen	† 1787
1787 13. Juli	9. Josef Wilhelm, Fürst von Hohenzollern-Hechingen	
1796 5. April	10. Carl, kön. Prinz von Hungarn und Böheim, Erzherzog zu Oesterreich	

Protestantische.

1704	1. Christian Ernst, reg. Markgraf zu Brandenburg-Bayreuth	† 1712

---

[1] Dieses Verzeichniss liegt dem Berichte Fahnenberg's an Thugut vom 22. April 1796 bei. In den Anmerkungen geben wir die hievon abweichenden Daten nach einer von Lehrbach am 12. Februar 1796 an Thugut eingesandten Liste.

Zeit der Ernennung		Anmerkung
1712	2. Eberhard Ludwig, reg. Herzog zu Würtemberg	† 1733
1734	3. Ferdinand Albrecht, Herzog zu Braunschweig-Bevern	† 1735 als regierender Herzog zu Braunschw.-Wolfenbüttel.
1734	4. Leopold, reg. Fürst zu Anhalt-Dessau	† 1747
1750	5. Max, Prinz von Hessen-Cassel	† 1753
1753	6. Ludwig, Prinz von Braunschweig	† 1788
1760	7. Carl August, Markgraf von Baden-Durlach	† 1786
1787	8. Christoph, Markgraf von Baden-Durlach	† 1789
1793 8. April	9. Friedrich Josias, Prinz von Sachsen-Coburg	
1794[1] 18. März	10. Heinrich August, Fürst von Hohenlohe-Ingelfingen	† 1796

Generale der Cavallerie.

Katholische.

1704	1. Friedrich Wilhelm, Fürst zu Hohenzollern-Hechingen	resignirte 1735
1735	2. Friedrich Ludwig, Fürst zu Hohenzollern-Hechingen	† 1750
1751	3. Graf von Hohenems	† 1756
1757	4. August Georg, letzter reg. Markgraf zu Baden-Baden	† 1771
1772	5. Josef Wilhelm, Fürst zu Hohenzollern-Hechingen	gegenwärtig Feldmarschall
1787	6. Friedrich, Landgraf von Fürstenberg	
1793	7. Graf Wenzel Colloredo	

[1] Nach Lehrbach's Liste vermöge Reichsgutachtens vom 26. August 1793 ernannt.

Zeit der Ernennung		Anmerkung
	Protestantische.	
1704	1. Eberhard Ludwig, Herzog zu Württemberg	ward 1712 Feldmarschall
1712	2. Georg Wilhelm, reg. Markgraf zu	
1727	Brandenburg-Bayreuth	† 1726
	3. Fürst zu Oettingen	† 1731
1731	4. Graf von Seckendorf	resignirte 1757 † 1763
1758	5. Georg Wilhelm, Landgraf von Hessen-Darmstadt	† 1781
1787	6. Heinrich August, Fürst von Hohenlohe-Ingelfingen	ward 1794 Feldmarschall
1793	7. Friedrich Ludwig, Erbprinz von Hohenlohe-Ingelfingen	
1794 [1]	8. Friedrich August, Fürst zu Nassau-Usingen	

Generalfeldzeugmeister.

Katholische.

1704	1. Freiherr von Thüngen	† 1709
1712	2. Freiherr von der Leyen	† 1724
1734	3. Graf von der Mark	† 1753
1734	4. Ferdinand Maria, Herzog von Bayern	† 1738
1739	5. Josef Friedrich, Prinz von Sachsen-Hildburghausen	ward 1755 Feldmarschall
1754	6. Ludwig, Landgraf zu Fürstenberg	† 1760
1761	7. Freiherr von Brettbach	† 1767
1768	8. Herzog von Aremberg	† 1779
1785	9. Carl August, Herzog von Pfalz-Zweibrücken	† 1795
1785	10. Carl Friedrich, Fürst zu Hohenzollern-Sigmaringen	† 1786
1787	11. Alexander, Graf von Königsegg	
1793	12. Carl, Graf von Clerfayt.	

---

[1] 26. August 1793. L.

Zeit der Ernennung		Anmerkung

Protestantische.

1712	1. Herzog zu Sachsen-Meiningen	† 1725
1725	2. Ferdinand Albrecht, Herzog zu Braunschweig-Bevern	ward 1734 Feldmarschall
1734	3. Max, Prinz von Hessen-Cassel	ward 1750 Feldmarschall
1734	4. Johann Adolf, Herzog zu Sachsen-Weissenfels	† 1746
1750	5. Ludwig, Prinz von Braunschweig	ward 1753 Feldmarschall
1750	6. Wilhelm, Prinz von Sachsen-Gotha	resignirte 1760
1754	7. Carl August, Markgraf zu Baden-Durlach	ward 1760 Feldmarschall
1761	8. Christoph, Markgraf zu Baden-Durlach	ward 1787 Feldmarschall
1761	9. Carl, Prinz von Stollberg	† 1764
1768	10. Graf von Wied	† 1779
1785	11. Friedrich August, reg. Fürst zu Anhalt-Zerbst	† 1793
1787[1]	12. Ludwig Georg, Prinz von Hessen-Darmstadt	
1793	13. Friedrich Wilhelm, Fürst zu Hohenlohe-Kirchberg	
1794[2]	14. Friedrich, Landgraf zu Hessen-Homburg	

Generalfeldmarschall - Lieutenants.

Katholische.

1704	1. Freiherr von Bibra	† 1706
1706	2. Freiherr von der Leyen	avancirte 1712
170(?)	3. Freiherr von Haxthausen	† 1736
1736	4. Ludwig, Landgraf von Fürstenberg	avancirte 1754
1750	5. August Georg, Markgraf zu Baden-Baden	avancirte 1757

---

[1] 13. Juli 1787 L.
[2] 26. August 1793 L.

Zeit der Ernennung		Anmerkung
1750	6. Graf von Ostrin	† 1759
1755	7. Herzog von Aremberg	avancirte 1768
1756	8. Josef Wilhelm, Fürst von Hohen-zollern-Hechingen	avancirte 1771
1768	9. Carl, Prinz, nachmals Herzog von Pfalz-Zweibrücken	avancirte 1785
1768	10. Graf von Hollenstein	† 1780
1772	11. Freiherr von Ried	† 1779
1785	12. Friedrich, Landgraf zu Fürsten-berg	avancirte 1787
1785	13. Carl Alexander, Graf von Königs-egg-Aulendorf	avancirte 1787
1785	14. Fiedel, Graf zu Truchsess-Wurzach	
1787	15. Hermann, Graf von Hohenzollern-Hechingen	
1787	16. Johann Alois, Fürst zu Oettingen-Oettingen	
1793	17. Freiherr von Staader	
1793	18. Carl, Erzherzog zu Oesterreich	ward 1796 Feld-marschall

Protestantische.

1704	1. Prinz von Sachsen-Meiningen	avancirte 1712
1712	2. Carl Alexander,[1] Prinz, nachmals Herzog von Würtemberg	ward 1734 Feld-marschall
1735	3. Freiherr von Wuttgenau	† 1736
1738	4. Wilhelm, Prinz von Sachsen-Gotha	avancirte 1760
1750	5. Carl August, Markgraf zu Baden-Durlach	avancirte 1764
1750	6. Freiherr von Brettbach	trat zur kath. Reli-gion über, avan-cirte 1762 (!) auf dieser Seite
1750	7. Moriz, Graf von Isenburg	† 1772
1754	8. Georg Wilhelm, Landgraf zu Hessen-Darmstadt	avancirte 1758

---

[1] Carl Alexander trat 1712 oder 1713 zum Katholicismus über; vgl. Allgem. Deutsche Biographie XV, 368.

Zeit der Ernennung		Anmerkung
1758	9. Carl, Prinz von Stollberg	avancirte 1761
1768	10. Friedrich August, Fürst zu Anhalt-Zerbst	avancirte 1785
1768	11. Heinrich August, Fürst von Hohenlohe-Ingelfingen	avancirte 1785 (!)
1772	12. Ludwig, Prinz von Hessen-Darmstadt	avancirte 1787
1785	13. Friedrich, Prinz von Nassau-Usingen	avancirte 1794
1785	14. Friedrich, Landgraf zu Hessen-Homburg	avancirte 1794
1787	15. Friedrich, Fürst von Solms-Braunfels	
1793	16. Carl, Graf von Erbach	
1793	17. Ferdinand, Prinz von Würtemberg	
1794[1]	18. Friedrich Ludwig, Fürst zu Anhalt-Bernburg	
1794[2]	19. Christian Ludwig, Prinz von Hessen-Darmstadt	

[1] 26. August 1793 L.
[2] 26. August 1793 L.

V.

Die Mauriner Ausgabe des Augustinus.

Ein Beitrag zur Geschichte der Literatur und der Kirche im Zeitalter Ludwigs XIV.

Von

Dr. Richard C. Kukula.

III. Theil. II.

(Schluss.)

— — —

Mehrjährige Berufsthätigkeit in der Provinz und Trauer-
fälle im Kreise meiner Angehörigen haben mich zur Unterbrechung der vorliegenden Arbeit genöthigt; mit um so grösserer
Freude folgte ich wiedergewonnener Stimmung und der zurück-
gegebenen Möglichkeit, das Begonnene dort zu Ende zu führen,
wo ich mich dank der verfügbaren bibliothekarischen Hilfsmittel
an die Vollendung zu wagen vermochte.

II.

Indem ich somit auf den III. Theil I, S. 1f. meiner Abhandlung verweise, wo ich über Zweck und Ziel der folgenden
Zusammenstellungen im allgemeinen sprach, lege ich nunmehr
den Mitarbeitern an der Ausgabe des Augustinus drei Tabellen
vor, durch welche

1. die von den Maurinern gewählten Bezeichnungen
ihrer Handschriften etymologisch-topographisch erklärt,

2. ihre Correspondenz über die Recension der Augustinischen Werke gesichtet und zugänglich gemacht,

3. ihre Collationen für jedes einzelne Werk gesammelt
und übersichtlich nachgewiesen werden sollen.

Ueber die Nutzbarkeit und Nothwendigkeit dieser Tabellen
hoffe ich keinem abfälligen Urtheile zu begegnen. Denn die

bisher erschienenen Theilausgaben des Corpus bestätigen die
mir auch aus persönlichem Verkehre mit den Mitarbeitern gewordene Wahrnehmung, dass der Versuch, die von den Maurinern
benützten Handschriften auszuforschen und zu identificiren
oder doch wenigstens ihre Collationen für die Neuausgabe des
Augustinus zu verwerten, zwar öfter beabsichtigt wurde, aber
noch niemals consequent durchgeführt werden konnte, weil

1. die von den Maurinern für ihre Handschriften ein-
geführte ‚Nomenclatura' mit ihren unklaren und schwankenden
Bezeichnungen oft nicht einmal auf den ehemaligen Aufbewahrungsort jener Handschriften einen sicheren Schluss ge-
stattete, mithin ein planloses Herumstöbern in den verschiedensten
Bibliotheken erfordert hätte,

2. weil die von den Maurinern in ihrer Ausgabe erwähnten
Merkmale der benützten Handschriften für die Identification
derselben oft auch dann nicht ausreichten, wenn man glücklich
die Provenienz einzelner fraglicher Handschriften entdeckt oder
errathen hatte,

3. weil die zerrissene Unordnung, in welcher die Collationen
und andere hierher gehörige Aufzeichnungen dem App. Bened.
beigebunden sind, für jeden einzelnen Mitarbeiter vor allem
die genaue Durchsicht sämmtlicher 22 Foliobände verlangt hätte,
eine Arbeit, deren immerhin zweifelhafter Erfolg in vielen
Fällen kaum die aufgewendete Zeit und Mühe, geschweige
denn die Umständlichkeit des Transportes der ganzen Hand-
schriftenserie nach Wien oder gar die Kosten einer Reise in
die Pariser Nationalbibliothek zu lohnen versprach.

Schon zu Ende des vorigen Jahrhunderts hat C. T. G.
Schoenemann, Bibl. Patr. II, p. 191 sqq. den Versuch unternommen, ein alphabetisch geordnetes Verzeichniss der von den
Maurinern benützten Handschriften anzulegen. Wie wenig der
sonst so verlässliche Mann mit dieser naiven Zusammenstellung
geleistet hat, beweist die Thatsache, dass in seiner Liste mehr
als ein Drittheil der hineingehörigen Handschriften fehlen,
dass er über Bezeichnungen wie *Becheronense exemplar, Bernardinorum de Misericordia Dei liber, codex Martinensis, Valinensis
liber* u. a. offenbar selbst ganz und gar im Unklaren war, dass
er p. 207 infolge eines Lesefehlers einen *codex Puxensis* (statt
Fuxensis) in seine Tabelle aufnahm u. dgl. m. Das Eine ist ja

klar, dass eine solche Zusammenstellung nur dann ihren Zweck
erfüllen wird, wenn sie uns, wie es durch meine erste Tabelle
geschehen soll, aufzuklären vermag, dass z. B. codex *Becheronensis* dasselbe bedeutet wie *codex Bernardinorum de Misericordia
Dei*, dass die Bezeichnung *Compendiensis* identisch ist mit
Corneliensis, dass von den Maurinern e i n e u n d d i e s e l b e
Handschrift bald *codex Antissiodorensis*, bald *liber Marianensis*,
bald *exemplar Norbertinum* genannt wurde, wenn uns ferner
wenigstens mit annähernder Sicherheit angegeben wird, ob wir
z. B. für einen von den Maurinern mit *Vincentianus* bezeichneten Codex die Bibliothek der Benedictinerabtei Saint-Vincent
de Besançon oder eines der Benedictinerstifte Saint-Vincent
de Laon, Saint-Vincent de Metz, Saint-Vincent du Mans oder
endlich die Bücherei irgend eines anderen der zahlreichen französischen Vincentiusklöster als ehemaligen Standort anzunehmen
haben. Ist in dieser Richtung einmal die unbedingt nöthige
Klarheit geschaffen, d. h. in den einzelnen Fällen jene Bibliothek ausgeforscht, in welcher sich eine bestimmte Handschrift
d a m a l s b e f a n d, a l s s i e v o n d e n M a u r i n e r n b e n ü t z t
w u r d e, so wird es auch in der Regel mit Hilfe der in neuerer
Zeit erschienenen überaus sorgfältigen Bibliothekskataloge, vor
allem des vielbändigen *Catalogue général des manuscrits
des bibliothèques publiques de France* mit seinen vorzüglichen
Nachweisen über die Provenienz der in der betreffenden Bibliothek vereinten Handschriften, mit Hilfe des *Cabinet des manuscrits* von D e l i s l e, des *Inventaire sommaire* von Ulysse R o b e r t [1]
und anderer, älterer Werke, wie der *Catalogi* H a e n e l's, des
Dictionnaire des manuscrits von M i g n e oder des trotz seiner
Schwächen noch immer brauchbaren Handbuches von V o g e l [2]
keiner allzu grossen Schwierigkeit mehr unterliegen, die Schicksale selbst ganz kleiner Bibliotheken zu verfolgen, für bestimmte
Handschriften, sofern sie nur noch existiren, den h e u t i g e n
Aufbewahrungsort ausfindig zu machen und endlich auch die
gesuchte Handschrift selbst zu agnosciren. Denn der Brief-

---

[1] I n v e n t a i r e s o m m a i r e des manuscrits des bibliothèques de France dont
les Catalogues n'ont pas été imprimés. Paris 1896.

[2] L i t e r a t u r früherer und noch bestehender europäischer öffentlicher und
Corporationsbibliotheken, zusammengestellt von Ernst Gustav V o g e l,
Privatlehrer zu Dresden. Leipzig, T. O. Weigel, 1840.

wechsel der Mauriner (Tabelle 2) sowie ihre Collationen und übrigen Notizen (Tabelle 3) bieten, wenn man sie nur erst in Zusammenhang gebracht hat, in der Regel hinreichende Anhaltspunkte, um gegebenen Falls die Agnoscirung mit Sicherheit durchführen zu können.

Ueber ein anderes, oft bewährtes Mittel, die von den Maurinern verglichenen Codices schon äusserlich zu erkennen, habe ich bereits im III. Theil I, S. 19 ff. gesprochen. Freilich wird diese Arbeit aus Gründen, die wir sofort erwähnen wollen, nicht immer von positiven Erfolgen gelohnt und selten leicht und kurzweilig sein, ja auch oft blos das Spiel des Zufalles entscheiden, ob solche bibliothekarische Streifzüge mit der gewünschten Beute oder einer Enttäuschung enden sollen. Im günstigen Falle, d. h. wenn die gesuchte Handschrift gefunden wird, ist es wohl selbstverständlich, dass der Herausgeber, statt die Collationen und Copien der Mauriner zu benützen, die Handschrift mit eigenen Augen einer neuen Prüfung und Vergleichung unterzogen wird: im ungünstigen Falle aber, d. h. wenn sich eine von den Maurinern benützte Handschrift nicht mehr eruiren lässt, erwächst uns dagegen, wie ich glaube, sofort die unabweisliche Verpflichtung, auf jene emsig gesammelten Collationen unserer Vorgänger in ähnlicher Weise Rücksicht zu nehmen, wie die Mauriner ihrerseits die Collationen Ihrer Vorgänger, der Löwener Theologen und des Typographicus Conventus, zu Nutz und Frommen ihrer Ausgabe verwertet haben. Unterliegt es doch nicht dem geringsten Zweifel, dass den Maurinern in der Augustinischen Textkritik besonders französische Handschriften von grossem Alter und hoher Güte zur Verfügung standen, und dass daher ihre LAA.-Sammlungen schon deshalb nicht unterschätzt werden dürfen, weil ein nicht unbeträchtlicher Theil von Handschriften jener Zeit bald nach Vollendung der *Bibliothèque des Pères* nach allen Richtungen der Windrose zerstreut, von Entlehnern verschleppt, gestohlen, in der Revolutionszeit von flüchtenden Mönchen mitgenommen, verschenkt oder verkauft, durch Schadenfeuer oder plündernde Banden vernichtet wurde. So verlor z. B. die Abtei Saint-Remi de Reims im Jahre 1774 durch einen Brand etwa 900 ihrer seltensten

und ältesten Handschriften (Remigienses), noch ärger ergieng
es der Bibliothek der Kathedralkirche von Lyon (Lugdunenses),
wertvolle Manuscripte von Saint-Germain des Prés muss man
heute in Petersburg suchen, Handschriften aus der Abtei Saint-
Bénigne de Dijon (Benigniani), aus dem Kloster von Corbie
(Corbeienses), aus der Privatbibliothek Nicolas-Joseph Foucault's,
aus dem Stifte Saint-Vaast (Vedastini) wanderten nach England,
Middlehill und Glasgow, Reste der Bibliotheca Boheriana finden
wir verstreut in Dijon, Montpellier, Troyes, Paris, codices
Floriacenses (aus Saint-Benoît de Fleury) kamen theils nach
Orléans, theils mit der Bibliothek Alexander Petau's bis nach
Rom, theils nach Paris, Bern, Genf, Amsterdam u. s. f. Wer
ältere und neuere Bibliothekswerke durchblättert, wird um
andere Beispiele nicht verlegen sein. Je weniger verlockend und
erfolgreich also unter gewissen Umständen die Jagd nach verlorenen oder verschollenen Handschriften zu werden verspräche,
um so weniger, meine ich, können die Wiener Herausgeber
des Augustinus auf das Materiale des App. Bened. verzichten,
sofern sie ihren Ausgaben das Gepräge sorgfältiger, umfassender
und abschliessender Arbeiten wahren wollen. Denn wie man bei
Horaz sich bequemen musste, statt aus der Blandinischen Originalhandschrift die LAA. dieses Codex aus den mangelhaften
Berichten des Cruquius zu schöpfen, so wird man sich auch
bei Augustinus über unwiederbringlich verlorene Originalhandschriften um so lieber aus den LAA.-Sammlungen der Mauriner
informiren, als ihre Arbeit im allgemeinen weit höher als die
des Cruquius zu taxiren ist[1] und ihre Aufzeichnungen, wie ich

---

[1] Vgl. die trefflichen Worte K. Schenkl's in seiner jüngst erschienenen
Ausgabe des Ambrosius (Corp. script. eccl. lat. vol. XXXII, p. I, fasc. II,
pag. LXXVIII): ‚Si Maurini non eam qua nunc homines eruditi in tali
munere administrando utuntur rationem adhibuerunt, si non semper
codices uetustissimos tamquam certos duces secuti sunt neque ad eorum
normam scripturam totam conformauerunt, sed eos in aliquot tantum
locis emendandis respexerunt ceteris ita ut uulgati erant relictis, si denique
interdum in corruptelis sanandis codicibus recentioribus . . . . obtem-
perare quam ex antiquiorum uestigiis lectiones germanas eruere maluerunt,
haec omnia non tam eis culpae uertenda sunt quam artis quae
tum plerumque erat condicione excusanda. certo non is sum qui
uiris illis egregie meritis detrahere uelim *haerentem capiti multa cum
laude coronam.* ac uellem sane ut mihi Maurinorum adparatu

an anderer Stelle (Berlin. philol. Wochenschr. 1896, S. 875 f.
und 985) zu erwähnen Gelegenheit hatte, singuläre LAA.
aufweisen, von denen wir augenscheinlich durch die noch
erhaltenen Codices keine Kenntniss erlangen könnten. Da
mithin die Collationen des App. Bened. in dieser Beziehung
ein wertvolles Hilfsmittel Augustinischer Textkritik
repräsentiren, so wird der Zweck meiner 3. Tabelle sein, zunächst über die zu den einzelnen Schriften Augustins erhaltenen
Collationen und Copien der Mauriner mit genauer Angabe ihres
Platzes im App. rasch und sicher zu orientiren und in
Verbindung damit alle jene zerstreuten Notizen und brieflichen
Mittheilungen übersichtlich nachzuweisen oder zu citiren, die
mir für die Ausforschung mancher Handschrift von Wichtigkeit
zu sein schienen.

Wie schon betont wurde, gilt das eben Gesagte insbesondere
von den verloren gegangenen Handschriften des App. Bened.;
ein viel geringerer Marktwert kann den Collationen aller jener
französischen, englischen, belgischen, italienischen Codices, die
uns erhalten blieben, also vor allem den Variantensammlungen
aus dem fast ganz unversehrt auf uns gekommenen und genau
katalogisirten Bestande der Vaticanischen Bibliotheken zugestanden werden, über welche C. F. Vrba in diesen Berichten
(Band CXIX, 6. Abhandlung) mit geringem Glücke geschrieben
hat. Denn indem er a. a. O. S. 2 von der schwer begreiflichen
Voraussetzung ausgieng, dass die Mauriner für die in den
Bänden II—VIII der editio Lovaniensis enthaltenen Werke
Augustins ‚nachweisbar‘ (!) keine Vaticanischen Handschriften Augustins eingesehen und collationirt, sondern ihren
ganzen Vaticanischen Apparat blos aus den beiden unter
Clemens VIII. zusammengeschriebenen Collationsbänden des
Typographicus Conventus (codd. Vat. lat. 4991 sq.) geschöpft

---

uti licuisset; nam eo inspecto de codicibus quibusdam ab
illis adhibitis, quos frustra quaesiui, certi iudicii faciendi
mihi facultas data esset, sed quamquam litteris missis id egi, ut
certior fierem num Parisiis aut in alio Galliae oppido hic adparatus
etiamnunc extaret, idem semper responsum tali nullum eius uestigium
inueniri, longe maiora autem sine dubio Maurinorum de aliis
patribus Latinis atque in primis de Augustino merita sunt
quam de Ambrosio ...'.

hätten, glaubte er dadurch, dass er die in diesen zwei Collationsbänden von den *Typographi* über ihre Vaticanischen Handschriften gegebenen Mittheilungen mit jenen verglich, welche
die *Mauriner* in den Admonitiones ihrer Ausgabe über benützte
‚Vaticani‘ veröffentlicht haben, ‚Irrthümer‘ und ‚Nachlässigkeiten‘
der Benedictiner aufdecken zu können, von deren Mehrzahl sie
schon bei flüchtiger Einsicht in ihren literarischen Nachlass
gänzlich freigesprochen werden müssen. Der II. Band des App.
Bened. enthält nämlich die erwähnten LAA.-Sammlungen des
Typographicus Conventus in einer getreuen Abschrift, durch
deren Zwischenblätter und Correcturen trotz des Abganges
einiger Quaternionen, welche die Varianten zu den Episteln, zu
*De civitate Dei, De gestis Pelagii, De gratia Christi et de peccato
originali* und theilweise auch zu *De nuptiis et concupiscentia*
enthielten, bis zur Evidenz bewiesen wird, dass die Collationen
des *Typographicus Conventus*, wie ich schon im III. Theil I,
S. 25 meiner Abhandlung kurz bemerkte, von den römischen
Sendlingen der Mauriner selbst revidirt und nach den
Originalhandschriften gebessert und ergänzt wurden.
Im Einklange damit erbringen andere Variantenverzeichnisse
des App., welche man unten registrirt finden wird, den Nachweis, dass die Mauriner sowohl für die in die Bände I, IX und X
der ed. Lov. eingereihten Schriften Augustins Vaticanische
Handschriften ausfindig gemacht und verglichen haben als auch in
Bezug auf die Bände II—VIII mit methodischem Vorbedacht die
Collationen des *Typographicus Conventus* fortzusetzen und auf
andere noch nicht von den *Typographi* verglichene Handschriften auszudehnen bemüht waren. Wenn also z. B. die
Mauriner in ihrer Ausgabe über die ep. 244 Lov. (= 79 Migne)
mittheilen: ‚non reperitur nisi in Vaticano exemplari‘, während
die Epistel in den Collationen des *Typographicus Conventus* fehlt,
so beruht dieser ‚wunderliche‘ Widerspruch keineswegs auf einem
‚Irrthum‘ der Mauriner, ‚durch welchen sie eben verschiedene
Notizen, die sich an verschiedenen Stellen der ed. Lov. finden,
mit der Angabe des *Typographus* confundirten‘ (Vrba S. 41),
sondern vielmehr auf der erfreulichen Thatsache, dass sie im
Vatican wirklich eine Handschrift gefunden hatten, in welcher
jene Epistel enthalten war (vgl. unten Brief Nr. 36 zu Migne
tom. II). Ebensowenig machen sie sich ‚wieder‘ einer Ueber-

treibung oder Ungenauigkeit schuldig, wenn sie angeben, zu
De Trinitate eilf Vaticani benützt zu haben (Vrba S. 47),
sondern berichten völlig wahrheitsgetreu, da sie die zehn von
Obrius verglichenen Vaticani um die von ihnen selbst besorgte
Collation eines Urbinas vermehrt hatten (s. unten zu Migne
tom. VIII, sub Nr. 19). Nicht minder fälschlich bezichtigt sie
Vrba S. 52 und 67, zu *De catechizandis rudibus*, *De continentia*, *De patientia*, *De bono coniugali* ‚irrthümlich‘ von zwei,
beziehungsweise drei, vier, fünf (statt von einem, beziehungsweise
zwei, drei und vier) Vaticani gesprochen zu haben, da sie auch
hier neben den von Obrius verfertigten Collationen in der That
noch ihre eigene Collation eines von ihnen selbst ausgeforschten
Vaticanus, beziehungsweise Urbinas benützt haben u. s. f. Die
paar Beispiele mögen genügen, um gegenüber derartigen Beschuldigungen zu weitgehender Vorsicht zu mahnen, zu einer Vorsicht, die uns insbesondere auch vor jenen ebenso voreiligen wie
ungerechtfertigten Schlüssen behüten muss, die Vrba aus den
erwähnten ‚Admonitiones‘ der Mauriner Ausgabe zu ziehen
für gut fand. Denn auf unbedingte Richtigkeit und Verlässlichkeit dieser Avertissements zu bauen, verbieten ja schon die
überaus knappe Form, in die sie zumeist gegossen wurden, und
der durchsichtige Zweck, dem sie dienten. Und wenn wir bei
dieser Gelegenheit die vermeintlichen Beweise Vrba's für die
Unglaubwürdigkeit oder Unverlässlichkeit der Mauriner noch
zu überbieten im Stande sind, indem wir darauf hinweisen
können, dass sich z. B. im App. Bened. Collationen von Handschriften finden, die in den ‚Admonitiones‘ mit keiner Silbe
erwähnt werden, dass also die Mauriner in solchen Fällen zwar
nicht, wie Vrba behauptet, übertrieben, aber in scheinbarem
Gegensatze zur Wahrheit von weniger Handschriften
sprechen, als sie wirklich eingesehen hatten, so liegt
für uns selbst hierin noch durchaus keine Veranlassung, sie zu
schelten, und keine Gefahr, durch die ‚Admonitiones‘ getäuscht
zu werden, zumal für die Erklärung solcher Widersprüche
zwischen ‚Admonitiones‘ und Apparatus zwei gleich wahrschein-
liche Annahmen offenbleiben:

1. dass die Mauriner wohl ähnlich, wie ja auch wir
verfahren, noch vor oder während der textkritischen Arbeit
manche schon fertiggestellte Collationen von Handschriften,

welche sie nach genauerer Prüfung für wertlos erachteten, aus
ihrem Apparate auszuscheiden pflegten, oder dass sie sich

2. nach der Gepflogenheit ihrer Zeit überhaupt nicht für
verpflichtet hielten, alle benützten Handschriften anzuführen,
sondern durch ihre ‚Admonitiones‘ nur ganz ungefähr der in
zwei Lager getheilten *république des lettres* einen Einblick in
die grosse Ausdehnung ihrer oft verlästerten Nachforschungen
in Augustinischen Handschriften ermöglichen wollten.

Diesen wenigen Vorbemerkungen sollen sich nunmehr die
Tabellen anschliessen, über deren innere Einrichtung noch Folgendes zu erwähnen ist:

1. Tabelle. Die Mauriner bezeichneten ihre Handschriften theils nach dem Collegium, dem Orden oder Schutz-
heiligen des Klosters, in dessen Besitz sich die Handschriften
befanden, z. B. als *codices S. Bertini, liber manuscriptus PP. Dominicanorum, liber Martinensis, exemplar Norbertinum, codices
Sorbonici*, theils nach dem Namen der Stadt oder Bibliothek, in
welcher die Handschriften aufbewahrt wurden, z. B. als *Ande-
gavenses, Bellovacenses, Palatini*, theils nach dem Eigenthümer
der Privatbibliothek, aus welcher sie stammten, z. B. als *codex
D. Antonii Faure, manuscriptum Jolyense* u. s. f. Meiner Tabelle
sind in kleinerem Drucke jene Handschriften der Löwener
Theologen beigefügt, welche erwiesenermassen, sei es im Ori-
ginale, sei es nach einer Collation oder nach dem Anhange der
ed. Lov., auch von den Maurinern benützt wurden.

2. Tabelle. Die Briefe wurden mit fortlaufenden
Nummern versehen, unter welchen sie der Kürze wegen auch
in der 3. Tabelle angeführt werden sollen. Aus mehrfachen
Gründen, über welche ich vor kurzem in den ‚Studien und
Mittheilungen aus dem Benedictiner- und dem Cistercienser-
orden‘, Jahrgang 1896, S. 651 ff. gesprochen habe, wurden sie
chronologisch nach ihrem Datum, nicht alphabetisch nach ihren
Schreibern oder Empfängern geordnet. In den Anmerkungen
verweise ich auf jene Stellen meiner Abhandlung, an welchen
einzelne Briefe entweder in ihrer Gänze oder im Auszuge
citirt worden sind.

3. Tabelle. Die Collationen, über deren Entstehung
und Einrichtung ich im III. Theil I meiner Abhandlung ausführlich gehandelt habe, wurden aus praktischen Rücksichten

nach den Werken Augustins in der durch den Migne'schen
Nachdruck eingehaltenen Reihenfolge zusammengestellt. Auffällig sind hier die nicht unbedeutenden Lücken des Apparatus.
Denn das gänzliche oder vereinzelte Fehlen von Collationen
zu einer grösseren Anzahl von Augustinischen Schriften kann
nicht überall mit der Annahme erklärt werden, dass diese
fehlenden LAA.-Sammlungen ebenso wie einzelne Quaternionen
der Vaticanischen Collationen (s. o. S. 7) nach Vollendung der
Ausgabe in Verlust gerathen sein mögen, bevor man sie
noch für spätere Zeiten zu sammeln und einzubinden beschloss.
Wir können vielmehr nur vermuthen, dass die Mauriner die
Varianten mancher Handschriften überhaupt nicht eigens
notirt, sondern den Augustinischen Text unter Vergleichung
der ihnen vorliegenden Handschriften mit einer älteren Ausgabe,
wobei sie ihre Arbeit mit Rothstift unterstützten (s. o. III. Theil
I. S. 20f.), sofort druckfertig hergestellt haben, oder dass sie
auch öfter die abweichenden LAA. ihrer Codices nicht wie
gewöhnlich in eigene Collationshefte eintrugen, sondern an den
Rand gedruckter Augustinausgaben schrieben. Nicht
unwahrscheinlich ist es, dass sich in französischen Bibliotheken
noch solche Collationsexemplare finden liessen; vgl. die Schluss-
note im App. X, fol. 3: ‚Dans tous ces mss il y a toujours
michi, nichil. Les mots differens du texte qui sont marqués aux Marges de l'Edition sont ceux qui sont dans
ces mss, non pas ceux qui sont dans les pages, ce qui soit
noté une fois pour toutes.‘

1.

Handschriften.

Albinensis: aus der Bibliothek der Abtei Saint-Aubin
d'Angers, Sanctus Albinus Andegauensis (Maine-et-Loire); vgl.
Vogel a. a. O., S. 249 und Monast. Gallic.[1] préf., p. XX,
pl. 141.

---

[1] Monasticum Gallicanum, collection de 168 planches de vues topo-
graphiques, représentant les monastères do l'ordre de Saint-Benoit etc.,
le tout reproduit par les soins de M. Peigné-Delacourt avec une
préface par M. Léopold Delisle. Paris, Victor Palmé. 1871 (2 tomes).

[Alnensis: Alnonse Monastorium = Alna, Aulne, Alue an der Sambre, Diöcese Lüttich, ursprünglich Benedictiner-, später Cistercienserkloster; s. Sanderus[1] II, p. 234 sqq. und Janauschek[2] I, p. 108; vgl. Schoenemann, Bibliotheca patrum II, p. 194.]

[S. Amandi: Saint-Amand en Pevele = Elnon, Sanctus Amandus in Pabula, bei Tournai; s. Sanderus I, p. 28 sqq. und Vogel, S. 445; vgl. u. zu *Telierius* und Schoenemann, Bibl. patr. II, p. 194.]

Andegavensis: Abtei Saint-Serge d'Angers, Sanctus Sergius et Bacchus Andegauensis; s. Monast. Gallic. préf., p. XXIX, pl. 144. App. X, 1 sq. enthält die Collation eines Manuscriptum Ecclesiae S. Mauritii Andegavensis; vgl. o. zu *Albinensis.*

Anglicani: s. u. zu *Bodleianus, Cantuarensis, Ex Archiva Laudina* und *Mertonensis.*

Antissiodorensis, Autissiodorensis, Altissiodorensis = Marianensis: aus der Prämonstratensercanonie Saint-Marian d'Auxerre, Sanctus Marianus Autissiodorensis (Yonne); vgl. Vogel, S. 252.

Antonii Arnaldi: aus dem Besitze Antoine Arnaulds, s. I. Th., S. 37 meiner Abhandlung; vgl. Delisle, Cabinet des Manuscrits I, p. 278, not. 1.

Arnulfensis: Abtei Saint-Arnoul bei Metz, Sanctus Arnulfus Metensis; vgl. Vogel, S. 271 und u. zu *Metensis.*

Audoenensis, Andoenensis: Abtei Saint-Ouen de Rouen, Sanctus Audoenus Rotomagensis (Seine-Inférieure); vgl. Vogel, S. 298 (unter *Rouen, Bibliothek der Abtei ,S. Andoin')* und Monast. Gallic. préf., p. XXVII, pl. 121—128.

PP. Augustinianorum maioris conventus Parisiensis; PP. Augustinianorum ad Sequanae ripam.

Aureae Vallis: Cistercienserabtei Orval (Güldenthal), Diöcese Trier; s. Janauschek I, p. 23.

Beccensis: Abtei von Bec, Sancta Maria de Becco, Diöcese Rouen (Eure); s. Monast. Gallic. préf., p. X, pl. 114; vgl. Vogel, S. 253.

---

[1] Antonii Sanderi Bibliotheca Belgica Manuscripta sive Elenchus universalis codicum manuscriptorum in celebrioribus Belgii coenobijs, Ecclesijs, Urbium ac Privatorum Hominum Bibliothecis adhuc latentium. Insulis, Ex Officina Tussani le Clercq, sub signo S. Ignatij, Anno M. DC. XLI.

[2] Origines Cistercienses descripsit P. Leopoldus Janauschek. Viudobonae 1877.

Becheronensis: Cistercienserabtei Bechero oder Becheron — La Merci-Dieu, Misericordia Dei, an der Gartempe im Gouvernement Poitou (Vienne); s. Janauschek I, p. 129.

Bellovacensis: So bezeichnete Handschriften stammen theils aus der Bibliothek der Abtei S. Quintin, theils aus der Bücherei der Domkirche S. Lucian in Beauvais, App. XV, 279sqq. enthält auch die Varianten eines ‚Manuscrit de Beauvais presté par M. Hermant‘; s. Vogel, S. 253, vgl. Monast. Gallic. préf., p. XXV.

Benignianus (Benignianensis): Abtei Saint-Bénigne de Dijon, Sanctus Benignus Diuionensis (Côte-d'Or); s. Vogel, S. 261, Monast. Gallic. préf., p. XX, pl. 36—38.

Bernardinorum collegii Parisiensis: Die Mauriner unterscheiden die Handschriften dieses Collegiums stets von den sogenannten ‚Cistercienses‘ (s. u.) und wohl auch von den ‚Fulienses‘ (PP. Fuliensium coenobii S. Bernardi Parisiis, s. u.); vgl. übrigens den Situationsplan von Paris am Ende des 18. Jahrhunderts in Spruner-Menke's Handatlas, Blatt 55, und Delisle, Cabinet des Manuscrits II, p. 251f., 255f.

Bernardinorum de Misericordia Dei = Becheronensis, w. s.

D. Antonii Francisci Berterii Episcopi Ainensis (?); vgl. Moréri, Grand Dictionnaire historique z. d. N.

S. Bertini in Belgio = S. Bertini Sitiensis; s. Migne, Dictionnaire des abbayes, col. 100: ‚Saint-Bertin (avant Sithiu), Sanctus Bertinus ou Sithiu (Pas-de-Calais, France), ancienne et illustre abbaye de l'ordre de Saint-Benoit, dont on voit encore les magnifiques ruines près la ville de Saint-Omer‘; vgl. Vogel, S. 254 und 275.

Bigotianus: aus der Bibliothek Émeric Bigot's in Rouen; s. Vogel, S. 288 und Delisle, Cabinet des Manuscrits im Index III, p. 409.

des Blancsmanteaux: aus dem Convent der Blancs-Manteaux in der rue des Blancs-Manteaux (Paris), Abbatia Beatae Mariae Alborum Mantellorum, Prieuré de Notre-Dame des Blancs-Manteaux, auch Monastère de N.-D. des Bénédictins à Paris genannt; s. Monast. Gallic. préf., p. X, pl. 68—73.

Bodleianus: aus der Bodley'schen Bibliothek in Oxford; s. Vogel, S. 424ff.

Boherianum exemplar: aus der Bibliothek des Präsidenten Bouhier von Dijon; s. die Nouvelle Biographie Générale z. d. N.; vgl. Migne, Dict. des manuscr. I, coll. 16, 22ff., 38 (Journal des savants 1841f.) und Delisle, Cabinet des Manuscrits, im Index III, p. 411.

[Cambronensis: Cistercienserkloster Cambron, Camberona, bei Chiòvres im Hennegau, Diöcese Cambrai; s. Janauschek I, p. 113, vgl. Sanderus I, p. 345 sqq., Schoenemann, Bibl. patr. II, p. 194.]

Cantuarensis: aus Canterbury; vgl. Vogel, S. 394f.

Carcassonensis: aus der Bibliothek der Kathedrale von Carcassonne; vgl. Vogel, S. 257.

Carmelitarum: aus dem Karmeliterkloster de la place Maubert; vgl. Vogel, S. 283, s. III. Theil I, S. 30 meiner Abhandlung („Regius. 1. Seu Carmelitarum', „Regius. 6. Seu Carmelitarum').

Carnotensis, Carnutensis: aus der Abtei Saint-Père de Chartres, Sanctus Petrus Carnotensis (Carnutensis), al. in Valle (vgl. Vogel, S. 258, Monast. Gallic. préf., p. XXVIII, pl. 54) oder aus der Abbaye de N.-D. de Josaphat in Chartres, Sancta Maria de Josaphat, Abbatia Beatae Mariae de Josaphat Carnutensis (Eure-et-Loir), vgl. Monast. Gallic. préf., p. XV, pl. 56.

[Carthusianus: aus dem Karthäuserkloster in Löwen; vgl. Schoenemann, Bibliotheca Patrum II, p. 194 sub Lovanienses.]

Casalensis, Casalinus: Abtei von Chezal-Benoit, Sanctus Petrus de Casali Benedicti in der Diöcese Bourges (Cher); vgl. Monast. Gallic. préf., p. XII.

Cassinensis: Monte Cassino; vgl. Vogel, S. 330.

Christinaeanus: aus der Bibliothek der Königin Christine von Schweden (Vatican); vgl. Vogel, S. 369.

Cisterciensis: aus dem Mutterkloster der Cistercienser in Citeaux, Cistercium, Diöcese Châlons-sur-Marne (Côte-d'Or); vgl. Vogel, S. 259, Janauschek I, p. 3. S. auch u. zu *Romanus.*

Claraevallensis: Cistercienserkloster Clairvaux, Clara-Vallis, Diöcese Langres (Aube); s. Janauschek I, p. 4, vgl. Vogel, S. 259.

PP. Dominicanorum Claromontensium: aus dem Dominicanerkloster von Clermont-Ferrand in der Auvergne; vgl. Montfaucon, Bibliotheca Bibliothecarum II, p. 1353sq. und Vogel, S. 259, s. u. zu *Dominicanorum.*

Cluniacensis: aus der Benedictinerabtei von Cluny; vgl. Vogel, S. 260.

Colbertinus: aus dem Fonds de Colbert der Bibliothèque Royale (Nationale) in Paris; vgl. u. zu *Fuxensis* und Schoenemann II, p. 199: ‚In Colbertinam Bibliothecam iam tum transierant Thuanei MSS., vnde Thuanei codices interdum censendi sunt ex Colbertina‘.

Compendiensis: Compiègne = Compendium an der Oise; s. Vogel, S. 260 und u. zu *Corneliensis*.

Corbeiensis: Abtei von Corbie, Sanctus Petrus Corbeiensis, Diöcese Amiens (Somme); s. Vogel S. 260 und Monast. Gallic. préf., p. XII, pl. 76.

Corneliensis = Compendiensis: aus der Abtei Saint-Corneille de Compiègne, Sanctus Cornelius Compendiensis, Diöcese Soissons (Oise); s. Vogel, S. 261 f. unter *S. Corneille* und Monast. Gallic. préf., p. XXI, pl. 97.

Culturensis: Abtei Saint-Pierre de la Couture au Mans, Abbatia Sancti Petri de Cultura in suburbio Cenomanensi (Sarthe); s. Vogel, S. 295 und Monast. Gallic. préf., p. XIII, pl. 156.

Cygirannensis, Sigiramnensis: ‚Saint-Cyran en Braine ou Lonrey, Longoretum, sanctus Sigirannus in Brena (d'abord dioc. de Bourges, puis de Nevers), monastère de l'ordre de Saint-Benoit, sur la Claïse, dit aussi Lonrey, du lieu où il fut bâti‘ (Migne, Dict. des abbayes, col. 237); vgl. Delisle, Cabinet des Manuscrits II, p. 78, 257.

D. Deslyons: s. u. zu *des Lyons*.

PP. Dominicanorum maioris conventus Parisiensis via Jacobaea; vgl. Migne, Dict. des ordres religieux, tom. II, col. 110 und Delisle, Cabinet des Manuscrits, im Index III, p. 458 unter Jacobins.

PP. Dominicanorum conventus Claromontani, s. o. zu *Dominicanorum Claromontensium*.

Ebrulphensis: aus dem Benedictinerkloster Saint-Évroul d'Ouche, Sanctus Ebrulphus Uticensis in der Normandie, Diöcese Lisieux; vgl. Vogel, S. 262, s. Monast. Gallic. préf., p. XXII, pl. 111.

D. Antonii Faure: Dr. theol. und Generalvicar des Erzbischofs Le Tellier von Rheims; vgl. Oudin, Comm. de script.

eccles. III, p. 907 und 2659, s. Delisle, Cabinet des Manuscrits, im Index III, p. 438.

Ferrariensis: Abtei Saint-Pierre de Ferrières, Sanctus Petrus Ferrariensis, Diöcese Sens (Loiret); s. Monast. Gallic. préf., p. XIV, pl. 134, vgl. Vogel, S. 263.

Fiscannensis: Abbaye de la Trinité de Fécamp, Abbatia SS. Trinitatis Fiscannensis, Diöcese Rouen (Seine-Inférieure); s. Monast. Gallic. préf., p. XIV, pl. 115—116, vgl. Vogel, S. 263.

[Floreffiensis: aus dem Kloster Notre-Dame de Fleurus, Monasterium Floreffiense S. Mariae, bei Namur, Belgien.]

Florentinus: aus der Mediceo-Laurentiana in Florenz; vgl. Vogel, S. 323ff.

Floriacensis: Abtei Saint-Benoît de Fleury, Sanctus Benedictus Floriacensis, Diöcese Orléans (Loiret), auch Saint-Benoît-sur-Loire oder Sanctus Benedictus de Floriaco genannt: s. Monast. Gallic. préf., p. XIV, pl. 61, vgl. Vogel, S. 263 und Haenel bei Migne, Dict. des Manuscr. I, coll. 639sqq., nota 237.

Fossatensis: Saint-Maur-des-Fossés, Sanctus Maurus Fossatensis in der Diöcese Paris; s. Montfaucon, Bibliotheca Bibliothecarum II, p. 1141sqq. („Codices S. Mauri Fossatensis, qui emti, et Bibliothecae Germanensi additi fuere‘), vgl. Migne, Dict. des manuscr. I, coll. 1020ff.

Domini Foucault, Montalbanensis iurisdictionis summi administratoris: Nicolas-Joseph Foucault, s. die Nouvelle Biographie Générale z. d. N. Vgl. den Katalog des Hunterian Museum in Glasgow bei Haenel, Catalogi libror. Manuscr., p. 786; Migne, Dict. des Manuscr. II, coll. 95sqq.; Delisle, Cabinet des Manuscrits, im Index z. d. N.

PP. Franciscanorum maioris conventus Parisiensis.

Fuliense manuscriptum: aus der Bibliothek des Feuillantinerklosters in Paris; vgl. Vogel, S. 284, s. o. zu *Bernardinorum* und Delisle, Cabin. des Manuscr. im Index zu *Feuillants* III, p. 439.

Fuxensis: aus der Bibliothek des Collége de Foix (Fuxum), Fuxense Collegium apud Tolosates, im Département Ariège, vgl. Vogel, S. 302f.; zu De continentia erwähnen die Mauriner ein ‚ms. Fuxense nunc Colbertinum‘.

Gallensis (Abbatiae S. Galli): Stiftsbibliothek S. Gallen in der Schweiz; vgl. Vogel, S. 465f.

S. Gatiani: aus der Bibliothek der Kirche Saint-Gatien in Tours, Sanctus Gatianus Turonensis (Indre-et-Loire); vgl. Vogel, S. 303.

[Gemblacense: aus der Benedictinerabtei von Gemblours (Gembloux), Gemblacum, in der Provinz Namur, Belgien; vgl. Vogel, S. 446 f.]

Gemmeticensis: Abbaye de Jumièges, Sanctus Petrus Gemmeticensis (Seine inf^re) in der Diöcese Rouen; vgl. Vogel, S. 265 f., s. Monast. Gallic. préf., p. XV, pl. 118.

Genovefaeus: Abtei Sainte-Geneviève in Paris; vgl. Vogel, S. 282.

Georgianus: ‚i. e. Codex Domini de S. Georges, Canonici Comitii Lugdunensis, post Episcopi Claromontani et, cum ad finem opus Maurinorum properaret, Archiepiscopi Turonensis a Rege designati‘ (Schoenemann II, p. 204).

Germanensis (Sangermanensis): aus Saint-Germain-des-Prés bei Paris; vgl. Vogel, S. 278.

Gervasianus: aus der Bibliothek von Saint-Gervais bei Paris, Aumônerie Saint-Gervais de Paris, Sanctus Gervasius Parisiensis, auch Collegium Gervasianum apud Parisios genannt, ‚domus quam Alexander III. asseruit fratribus de Eleemosyna anno 1175‘ (Migne, Indices zur Patrologie, tom. CCXX z. d. W.); vgl. Migne, Dictionnaire des Ordres religieux, t. IV, coll. 557 sqq.

Goldasti exemplar: aus der Bibliothek des Rechtsgelehrten und Historikers Melchior Goldast von Haiminsfeld; s. Vogel, S. 50, 542 und die Nouv. Biogr. Générale z. d. N.

Jolyensis: Claudius Joly, ‚Cantor et Canonicus Ecclesiae Metropolitanae Parisiensis‘, s. die Nouv. Biogr. Générale z. d. N. und Delisle, Cabinet des Manuscrits im Index.

Jordani de Saxonia autographum: s. *Augustinus, ed. Migne, t. VI, coll. 1233 sqq.* und die Nouv. Biogr. Générale z. d. N.

Ex Archiva Laudina: s. Coxe, Catalogi codicum manuscr. bibliothecae Bodleianae, Oxonii 1853, pars. I, coll. 492 sqq. (‚Catalogus codicum mss. quos academiae donavit dom. rev. Gulielmus Laud, Archiepiscopus Cantuarensis‘).

Laudunensis (Laudinensis): So bezeichnete Handschriften stammen theils aus der Abtei St. Jean-Baptiste de Laon, Sanctus Johannes Laudunensis (s. Monast. Gallic. préf., p. XXIV, pl. 85), theils aus der Abtei Saint-Vincent près Laon, Sanctus Vincentius Laudunensis (ad Laudunum) — s. Monast.

Gallic. préf., p. XXXI, pl. 88, vgl. Vogel, S. 305 —, theils
aus der Bibliothek der Kathedralkirche von Laon im Département Aisne, Laudinensis Ecclesia maior, im App. auch schlechtweg ‚Maius Monasterium‘ genannt (vgl. Vogel, S. 266, Journal
de l'Instruction publique 1847, p. 142 und Migne, Dict. des
manuscr. I, col. 155).

Lemovicensis: aus der Bibliothek der Kirche Saint-
Martial (früher Saint-Sauveur) in Limoges (Haute-Vienne),
Sanctus Martialis Lemouicensis; vgl. Montfaucon, Bibliotheca
Bibliothecarum II, p. 1033sqq. (‚Catalogus manuscriptorum bi-
bliothecae S. Martialis Lemovicensis, quae nunc Regiae adjuncta
est‘) und Vogel, S. 267.

Lirensis, Lyrensis, Lyranus: Abtei N.-D. de Lyre, Beata
Maria de Lyra, in der Diöcese Évreux (Eure), s. Monast. Gallic.
préf., p. XVI, pl. 108; vgl. Vogel, S. 249 unter S. Alire.

Longi-Pontis: aus der Cistercienserabtei Longpont,
Longus-Pons, Longipons in der Diöcese Soissons (Aisne); s.
Janauschek I, p. 22, vgl. Vogel, S. 267.

[Collegii Lovaniensis: vgl. Vogel, S. 451f. unter Löwen, Schoenemann, Bibl. patr. II, p. 194 sub Lovanienses.]

Lugdunensis: aus der Bibliothek der Kathedralkirche
in Lyon; vgl. Vogel, S. 268 und Haenel, p. 190sq.: ‚Archium
ecclesiae Lugdunensis tempore tumultuum civilium penitus ex-
pilatum iam antea codices manuscriptos perdiderat, ita ut spem
reperiendi codicis Theodosiani, qui nomine ‚Codicis Lugdunensis
ecclesiae‘ a Jurisconsultis saepe commemoratur, plane abiecerim.‘

D. des Lyons: aus dem Besitze des Decans und Professors der Theologie Jean Deslyons in Senlis (Oise); s. die
Nouv. Biogr. Générale z. d. N.

Lyranus, Lyrensis = Lirensis, w. s.

D. Mabillonii: aus dem Besitze D. Jean Mabillon's;
vgl. I. Theil, S. 83ff., 88ff. meiner Abhandlung u. ö.

Maioris Monasterii = Laudinensis Ecclesiae maioris, w. s.

D. Nicolai Manessier, Doctoris Theologiae Parisiensis
et socii Sorbonici.

D. de Maran, Archidiaconi Ecclesiae Tolosatensis; die
Collation im App. XII, 43 (s. u. zu Migne, tom. VIII, sub 3:

De utilitate credendi) ist von derselben Hand besorgt, welche die Collation der ‚mss. Fuxensia‘ (s. o. zu *Fuxensis*) geliefert hat.

Marianensis = Antissiodorensis, s. o. z. d. W.

S. Martialis = Lemovicensis, s. o. z. d. W.

Martinensis. Damit werden von den Maurinern Handschriften folgender drei Bibliotheken bezeichnet: 1. der Bibliothek von Saint-Martin de Champeaux-en-brie, Sanctus Martinus de Campellis, auch Sanctus Martinus de Campis apud Parisios oder Sanctus Martinus a (in) Campis genannt, ‚ancien monastère fondé avant l'an 700, dans le diocèse de Paris; le lieu qu'il occupait est aujourd'hui du diocèse de Meaux‘ (Migne, Dict. des abbayes, col. 501). — 2. der Bibliothek von Saint-Martin de Séez, Sanctus Martinus Sagiensis; s. Monast. Gallic. préf., p. XXVI, vgl. Vogel, S. 299. — 3. des Benedictinerklosters S. Martin in Tournai (Doornik) im Hennegau, Sanctus Martinus Tornacensis; vgl. Sanderus I, p. 91—141, Haenel, coll. 874 sqq., Vogel, S. 457 und Migne, Dict. des manuscr. II, coll. 164, 243 sqq., 269, 331, 367 (nota 59), 383, s. u. zu *Telierius*.

[Martinianus: wahrscheinlich aus der Bibliothek des Augustinerklosters Martinsdael, In Valle Sancti Martini, bei Löwen; vgl. Sanderus II, p. 206—233, Vogel, S. 452 und 454.]

S. Mauritii: s. o. zu *Andegavensis*.

Medardensis: Abtei Saint-Médard de Soissons, Sanctus Medardus Suessionensis (Aisne), Diöcese Soissons; s. Monast. Gallic. préf., p. XXVI, pl. 101, vgl. Vogel, S. 300 und u. zu *Suessionensis*.

Ex Collegio Mertonensi: Bibliothek des Merton-College in Oxford; vgl. Montfaucon, Bibliotheca Bibliothecarum I, p. 661 sq., Vogel, S. 422, Migne, Dict. des manuscr. II, col. 315 sq.

Metensis (Mettensis) = Arnulfensis, s. o. z. d. W.

Michaelinus: Abtei Mont-Saint-Michel au péril de la mer, Mons Sancti Michaelis in periculo maris, in der Diöcese Avranches (Manche); s. Monast. Gallic. préf., p. XVII, pl. 102, vgl. Vogel, S. 273.

Codex Moromontarus (Mortmontarus?) Saxoniae: der unleserliche Name findet sich nur einmal im App. Bened., s. u. zu Migne, tom. II unter *II. Copien* (App. V, 357—359).

Narbonensis: s. u. zu *Phimarconensis*.

Navarricus: aus der Bibliothek des Collegiums von Navarra (Paris): s. Vogel, S. 281.

Noaliensis: aus dem Besitze des Herzogs Anne-Jules de Noailles, Marschalls von Frankreich 1693—1708; s. *Augustinus ed. Migne, tom. VI, col. 290 (Admonitio):* ,unus in primis laudandus codex, quem Germanensi nostrae bibliothecae dono dedit illustrissimus Dominus D. Dux Noaliensis', vgl. ibid. tom. X, col. 960.

Norbertinum exemplar = Marianensis = Antissiodorensis, w. s.; die Prämonstratenser nannten sich nach ihrem Stifter Norbert von Gennep auch Norbertiner (vgl. III. Theil I, S. 21 ff. meiner Abhandlung).

Noviomensis: aus der Abtei Saint-Éloi de Noyon, Sanctus Eligius Noviomensis, Diöcese Noyon (Oise); s. Monast. Gallic. préf., p. XXII, pl. 90.

Ottemburanum: aus der Bibliothek des Benedictinerklosters Ottobeuren in Schwaben; s. Vogel, S. 181.

Padolironensis: aus dem Benedictinerkloster S. Benedicti Padolironense, Saint-Benoît de Padolyrone, in der Diöcese Mantua; vgl. Montfaucon, Bibl. Bibliothecarum I, col. 531.

Palatinus: aus der Palatina (Vatican).

[Parcensis: Prämonstratenserabtei Park, Parcum Dominorum, auch S. Maria del Prato genannt, bei Löwen; s. Sanderus II, p. 162 sqq., Vogel, S. 455.]

Petavianum manuscriptum: aus dem Besitze der Familie Petau, deren Handschriften grösstentheils der Abtei Saint-Benoît de Fleury (s. o. zu *Floriacensis*) entstammten und theils nach Rom in die Reginensis, theils nach Gent wanderten; vgl. Haenel bei Migne, Dict. des manuscr. I, coll. 639 sqq., nota 237 und Vogel, S. 369; über Denis, Paul und Alexandre Petau s. die Nouv. Biogr. Générale z. d. N.

Petrensis = Carnotensis, w. s.

Phimarconensis: ,Codex corticeus, qui olim Narbonensis ecclesiae fuit, nunc est illustris familiae Phimarconensis' (?); vgl. *Syllabus codicum* in *Augustin. ed. Migne, tom. II, col. 59 sq.* und A. Goldbacher in den *Wiener Studien* 1895, S. 72 ff.

Pithoeanus: aus dem Besitze Pierre Pithou's; s. Boivin de Villeneuve, Vita, elogia, opera et bibliotheca P. Pithoei,

Paris 1715, und die Nouv. Biogr. Générale z. d. N.; vgl. Delisle, Cabinet des Manuscrits, im Index III, p. 497.

Portensis: aus der Chartreuse des Portes, Carthusia Portarum, ,quae Bugiensem prouinciam (*Bugey*) in Galliis exornat' (s. *Augustin. ed. Migne, tom. X, col. 1049 sq., Admonitio*); vgl. Vogel, S. 296 und Migne, Dict. des abbayes, col. 542: ,Portes, ancien monastère de Chartreux, qui a fleuri dans l'ancienne province de Bourgogne.'

Portus regii: aus Port-Royal des Champs; s. o. I. Th., S. 36 meiner Abhandlung und vgl. ebend. III. Th. I, S. 21.

PP. Praedicatorum maioris conventus Parisiensis via Jacobaea = PP. Dominicanorum m. c. P. v. J., w. s.

Pratellensis: Abtei Saint-Pierre de Préaux, Sanctus Petrus Pratellensis, Diöcese Lisieux (Calvados); s. Monast. Gallic. préf., p. XIX, pl. 112, vgl. Vogel, S. 296.

Regius: aus der Bibliothèque Royale (Nationale) in Paris.

Reginae Sueciae (Suecorum) = Christinaeanus, s. o.

Regiomontensis: aus der Cistercienserabtei Royaumont, Regalis Mons, Diöcese Beauvais (Oise); s. Janauschek I, p. 230 sq., vgl. Vogel, S. 299.

Remensis: So werden von den Maurinern die Handschriften folgender vier Bibliotheken benannt: 1. der Bibliothek der Kathedralkirche von Reims, Ecclesia Cathedralis Remensis, s. Vogel, S. 297; 2. der Abtei Saint-Nicaise de Reims, Sanctus Nicasius Remensis, vgl. Monast. Gallic. préf., p. XXVII, pl. 92; 3. der Abtei Saint-Remi de Reims, Sanctus Remigius Remensis, s. Vogel, S. 296 f., vgl. Monast. Gallic. préf., p. XXIX, pl. 93 (die Handschriften dieser Abtei werden auch als *Remigienses* bezeichnet, vgl. u. z. d. W.); 4. der Abtei Saint-Thierry près Reims, Sanctus Theodoricus prope Remos, s. Vogel, S. 297, vgl. Monast. Gallic. préf., p. XXX, pl. 95 (die Handschriften dieser Abtei heissen auch *Theodoricenses*, vgl. u. z. d. W.).

Remigiensis: s. o. zu *Remensis*, sub 4 und Migne, Dict. des manuscr. I, coll. 719 und 1301 sq.

Romanus: Darunter verstehen die Mauriner, wenn keine nähere Bezeichnung, wie *Romani duo* **Vaticani** u. ä., hinzugefügt wird, stets Handschriften des Conventes von S. Croce in Gerusalemme in Rom, Cisterciensium S. Crucis in Jerusalem de Urbe (= Monasterium Sessorianum); s. Vogel, S. 363, vgl. Janauschek I, p. LXIX und I. Theil, S. 83 meiner Abhandlung.

Rotomagensis = Audoenensis, w. s.

Sagiensis = Martinensis, s. o. z. d. W. sub 2.

Sanaudoenianus = Audoenensis, w. s.

Sangermanensis = Germanensis, w. s.

Santheodoricianus = Theodoricensis, s. u.

Sanvictorinus = Victorinus, s. u.

Sergiensis (Sansergianus) = Andegavensis, w. s.

Sigiramnensis = Cygirannensis, w. s.

Silvaemaiorensis: aus der Abtei N.-D. de la Sauve-Majeure, Beata Maria de Silva Maiori, in der Diöcese Bordeaux (Gironde); s. Monast Gallic. préf., p. XXXI, pl. 16.

Silvanectensis: aus der Kathedralkirche von Senlis, Ecclesia Silvanectensis (Oise); vgl. auch oben zu *D. des Lyons*.

Sorbonicus: aus der Bibliothek des Collegiums der Sorbonne (Paris); vgl. Vogel, S. 281.

Suessionensis: aus der Abtei N.-D. de Soissons, Beata Maria Suessionensis (Aisne), Diöcese Soissons; s. Vogel, S. 300, vgl. o. zu *Medardensis*.

S. Sulpicii: aus dem Cistercienserkloster Saint-Sulpice-en-Bresse, Sanctus Sulpicius in Bressia (Ain) in der Diöcese Belley, auch Sanctus Sulpicius in agro Sebusiano oder Sanctus Sulpicius in provincia Sebulsiana genannt; vgl. Migne, Dictionnaire des abbayes, col. 750 und Janauschek I, p. 27.

Telierius, Tellerianus: aus der Bibliothek Charles-Maurice Le Tellier's, Erzbischofs von Reims, s. Vogel, S. 282; er stellte den Maurinern, wie aus App. IV 26, X 171, XX 386 (vgl. Delisle, Cabinet des Manuscrits I, p. 304—319) hervorgeht, unter anderem Handschriften zur Verfügung, die er für seine Bücherei aus den Klosterbibliotheken von Saint-Amand und Saint-Martin in Tournai erworben hatte, s. o. zu *S. Amandi* und zu *Martinensis, sub 3*. Vgl. auch o. zu *D. Antonii Faure*.

Theodoricensis, Theodoricianus: s. o. zu *Remensis sub 4*.

Thuaneus: aus der Bibliothek des M. Jacques-Auguste de Thou; s. o. zu *Colbertinus* und Delisle, Cabinet des Manuscrits, im Index III, p. 521.

[Tornacensis: s. o. zu *Martinensis sub 3* und zu *Tilierius*; vgl. Vogel, S. 457, Schoenemann, Bibl. patr. II, p. 194.]

Turonensis: s. Vogel, S. 303, vgl. o. zu *S. Gatiani*.

Valinensis: wahrscheinlich aus dem Besitze Jean oder René Vallin's; vgl. Delisle, Cabinet des Manuscrits I, p. 431.

Vallis Lucensis: aus dem Cistercienserkloster N.-D. de Vauluisant, Vallis-Lucens Beatae Mariae, in der Diöcese Sens (Yonne), vgl. Janauschek I, p. 16 und Vogel, S. 304, zu unterscheiden von *Vauluisant de Bouchet* in der Auvergne (Janauschek I, p. 201).

Vaticanus: s. u. meine Zusammenstellung der Collationen und Vogel, S. 364 ff.; oft = *Christinaeanus, Palatinus, Reginae Suecise, Urbinas*, w. s., vgl. auch o. zu *Romanus*.

Vedastinus: aus der Bibliothek der Benedictinerabtei Saint-Vaast bei Arras, Sanctus Vedastus Atrebatensis (Pas-de-Calais); vgl. Sanderus I, p. 61—90, Vogel, S. 250, Haenel bei Migne, Dict. des manuscr. I, coll. 111 (Anm. 139), 202 (Anm. 153), ebend. II, col. 269.

Victorinus: aus der Abtei Saint-Victor in Paris; vgl. Vogel, S. 279.

Vincentianus: Damit bezeichnen die Mauriner bald Handschriften von Saint-Vincent de Laon (s. o. zu *Laudunensis*), bald Handschriften der Abtei Saint-Vincent du Mans, Sanctus Vincentius Cenomanensis, Diöcese Mans (Sarthe); s. Monast. Gallic. préf., p. XXXI, pl. 157, vgl. Vogel, S. 270.

Vindocinensis: aus der Abtei de la Trinité in Vendôme, Abbatia SSᵃᵉ Trinitatis Vindocinensis, Diöcese Blois (Loir-et-Cher); s. Monast. Gallic. préf., p. XXXIII, pl. 51—52, vgl. Vogel, S. 304.

D. de Vion d'Herouval: s. Oudin, Comment. de scriptor. ecclesiae antiq. II, col. 1550, III col. 2264; vgl. Lelong, Bibliothèque historique de la France z. d. N. in der Table des Personnes, tom. V, p. 283, und Delisle, Cabinet des Manuscrits im Index zu Vyon III, p. 528.

Urbinas: aus der Bibliothek der Herzoge von Urbino (Vatican); vgl. Vogel, S. 369.

Uticensis = Ebrulphensis, w. s.

2.
Briefe.

Nr.	Datum des Briefes. Tag, Monat, Jahr:	Ort:	Schreiber des Briefes:	Adressat	Band, Folio des App. Bened.
1.	11. XII. 1659	Paris	?	? (in Florenz)	I 173
2.	17. X. 1670	St-Germain-des-Prés	Bernard Audebert	Gedrucktes, an sämmtl. Klöster der Mauriner gerichtetes Sendschreiben; vgl. I. Th., S. 40.	XVIII 156to
3.	28. X. 1670	Ferrières	Jean-Marie Nacot	Claude Martin	I 229
4.	29. X. 1670	St-Jean-de-Laon	Seb. Chrestien	Claude Martin	I 243
5.	4. XI. 1670	St-Ouen	Jean Garet	?	I 89
6.	19. XI. 1670	St-Vincent-de-Laon	Jean François Lemoyne	Claude Martin	I 120
7.	22. XI. 1670	Nogent	Philippes Pannier	Claude Martin	I 137
8.	4. XII. 1670	Soissons	Symeon Maubaillard	?	I 136
9.	18. V. 1671	St-Denis	Claude Martin	François Delfau	I 135
10.	14. VII. 1671	Mont-St-Michel	Louis Hinault	Claude Martin	I 85

Ad 5: s. u. mein Citat zu Migne, tom. III sub 18 (De mirab. sacrae script.). — 6: s. u. zu Migne, tom. VII sub III (Briefe). — 9: s. o. I. Theil meiner Abhandlung, S. 43, Anm. 2, und III. Theil I, S. 10.

| Nr. | Datum des Briefes | | Schreiber | Adressat | Band, Folio des App. Benedi. |
	Tag, Monat, Jahr:	Ort:	des Briefes:		
11.	1. VIII. 1671	Chezal-Benoît	Robert Tailhandyer	?	} 1148—150
12.	10. VIII. 1671	Chezal-Benoît	Robert Tailhandyer	?	}
13.	14. VIII. 1671	St-Martin	Claude Estiennot	?	I 74
14.	20. XI. 1671	St-Fiacre	Lucien Lescuyer	Claude Martin	I 125
15.	12. XII. 1671	St..... (4 Buchstaben fehlen)	Louis Troisin	?	I 157
16.	26. XII. 1671	Tournay	Alexandre Legrand	François Delfau	I 114
17.	29. XII. 1671	Tournay	Alexandre Legrand	Claude Martin	I 112
18.	22. I. 1672	Emporium Dolorificum	Claudius Andreas Staurophilus	?	I 164
19.	n. d. 6. Febr. 1672 Stilo angliae	Oxford	Johannes Wallis, S. T. B. Geom. Profess.	?	I 162
20.	15. III. 1672 u.r.	Oxford	E. Bernardus S.	?	I 163
21.	16. III. 1672	St-Fiacre	Lucien Lescuyer	Claude Martin	I 126
22.	25. III. 1672	St-Vincent-de-Laon	Jean François Lemoyne	?	I 118
23.	5. IV. 1672	Breteuil	Anselme de la Rocque	François Delfau	I 108
24.	9. IV. 1672	St-Vincent-de-Laon	Jean François Lemoyne	Robert Guerard	I 119
25.	25. IV. 1672	La Grasse	Paul Lucaze	Claude Martin	I 106
26.	7. V. 1672	St-Remy	Eustache Gilles	François Delfau	I 91
27.	10. V. 1672	Rom	Antoine Durban	Claude Martin	I 72
28.	21. V. 1672	Rom		François Delfau	I 70

Nr.	Datum	Ort			
30.	7. VIII. 1672	Meulent	Robert Defaueil	Vincent Marsolle	VIII 131
31.	20. X. 1672	St-Georges	Paulin Jacquet	François Delfau	I 85
32.	2. XII. 1672	Avignon (St-André-de-Villeneuve)	Pierre Buisson	Claude Martin	I 24
33.	20. XII. 1672	St-Pilée (?)	Hilaire Gaillard	?	I 87
34.	17. III. 1673	Monasterium S. Martini Pontisarensis	Christophe Daubin	François Delfau	XVI 221
35.	8. V. 1673	?	Nicolas Vacquyer	François Delfau	I 159
36.	17. V. 1673	?	Robert Guerard	Antoine Durban	I 174
37.	17. VI. 1673	St-Georges	Adrien Leclerc	François Delfau	I 111
38.	17. VIII. 1673	St-Germain-des-Prés	Robert Guerard	?	I 104
39.	20. VIII. 1673	St-Arnoult-ce-Meta Meulent	Placide Beuuillon	Robert Guerard	I 6
40.	15. IX. 1673	Meulent	Christophe Pellé	Robert Guerard	I 140
41.	1. X. 1673	Pontoise	(Unterschrift weggerissen)	Robert Guerard	I 166
42.	7. I. 1674	?	Claude Estiennot	François Delfau	I 77

Ad 13: s. o. I. Theil, S. 84; vgl. u. zu Migne, tom. III, sub 14 (In ep. Io. ad Parth.). — 16: s. o. I. Theil, S. 43; vgl. u. zu Migne, tom. X, sub 10 (Contra Iulianum). — 17: s. o. I. Theil, S. 43 und 53, Anm. — 19: s. o. I. Theil, S. 42 und III. Theil I, S. 41f. — 20: s. o. I. Theil, S. 42. — 21: s. o. III. Theil I, S. 11. — 22: s. o. III. Theil I, S. 33. — 27: s. o. I. Theil, S. 21, 25 (Anm.), 41, 83 (Anm. 1). — 28: s. o. I. Theil, S. 41. — 29: s. u. zu Migne, tom. VIII, sub 16 (De trinitate). — 30: s. o. III. Theil I, S. 12f. meiner Abhandlung. — 33: s. u. mein Citat zu Migne, tom. III, sub 6 (Locutiones). — 34: s. u. zu Migne, tom. III, sub 14 (In Io. euang. tr. CXXIV). — 36: s. u., zu Migne, tom. II, sub IV (Briefe) und tom. III, sub 10 (De cons. euangel.). — 37: s. u. zu Migne, tom. III, sub 1 (De doctr. Christ.). — 39: s. o. III. Theil I, S. 19f. — 40: s. o. III. Theil I, S. 11. — 41: s. o. III. Theil I, S. 11. — 42: s. o. I. Theil, S. 84.

Nr.	Datum des Briefes		Schreiber des Briefes:	Adressat	Band, Folio des App. Bened.
	Tag, Monat, Jahr:	Ort:			
43.	3. VI. 1674	Paris	François Delfau	Abbé Le Roy	XIII 1
44.	18. VII. 1674	Rom	Antoine Durban	François Delfau	I 165
45.	5. VI. 1675	Rom	Antoine Durban	François Delfau	I 68
46.	12. VI. 1675	Rom	Antoine Durban	François Delfau	I 70
47.	24. XII. 1675	St-Vincent-de-Laon	Damien Raulin	?	I 145
48.	2. III. 1676	Ambournay	Robert Guerard	?	I 95
49.	2. III. 1676	Ambournay	Robert Guerard	Jean Durand	XXII 322
50.	15. IX. 1676	Ambournay	Robert Guerard	Thomas Blampin	I 100
51.	7. XI. 1676	St-Sulpice-les-Bourges	Estienne de Marcey	?	I 128
52.	1. XII. 1676	Ambournay	Robert Guerard	Thomas Blampin	I 97
53.	4. I. 1677	Loewen	A. Laurent („Doctor Theol. Lovanij")	?	I 109
54.	2. III. 1677	Fécamp	Julien Bellaise	?	XII 236
55.	18. VIII. 1677	Rom	Antoine Durban	Thomas Blampin	I 59
56.	27. VIII. 1677	Rom	Antoine Durban	Thomas Blampin	I 63
57.	27. X. 1677	Rom	Antoine Durban	Thomas Blampin	I 65
58.	14. XII. 1677	Dijon	Robert Guerard	Thomas Blampin	I 102
59.	22. II. 1678	Évreux	Nicolas Le Nourry	Simon Bougis	I 121

	Datum	Ort				
63.	16. XI. 1678	Rom	Jean Durand	Thomas Blampin	I	57
64.	16. XI. 1678	Rom	Antoine Durban	Thomas Blampin	I	58
65.	27. XII. 1678	Rom	Jean Durand	Thomas Blampin	I	45
66.	7.—14. VI. 1679	Rom	Jean Durand	Thomas Blampin	I	49
67.	21. VI. 1679	Rom	Gabriel d'Auche	?	I	4
68.	29. VIII. 1679	Rom	Jean Durand	Thomas Blampin	I	47
69.	31. VIII. 1679	Fécamp	P. Le Sauuage	Thomas Blampin	I	123
70.	26. IX. 1679	Rom	Jean Durand	?	I	46
71.	2. I. 1680	?	De Lannoy, Rᵈ de Cist.	Thomas Blampin	I	107
72.	5. I. 1680	St.-Taurin-d'Évreux	Robert Guerard	Thomas Blampin	I	98
73.	18. X. 1680	S.-Allire	François Ferret	Simon Bougis	I	82

Ad 43: s. o. III. Theil I, S. 22. — 44: s. o. I. Theil I, S. 21 (Anm.), 41f., 83 (Anm. I). — 45: s. o. I. Theil, S. 31, 81 (Anm. 2), 83 (Anm. 1); vgl. u. zu Migne, tom. III, sub 9 (Speculum) und tom. IV, sub II (Briefe). — 46: s. o. I. Theil, S. 42 u. 63 (Anm. 1); vgl. u. zu Migne, tom. V, sub IV (Briefe). — 47: s. u. zu Migne, tom. III, sub 5 (De gen. ad litt.) und tom. VII, sub III (Briefe). — 48: s. o. III. Theil I, S. 6ff., 24, 25 (Anm. 2). — 49: s. o. III Theil I, S. 4f., 14, 26 (Anm. 2). — 50: s. o. I. Theil, S. 44 (Anm. 1), 45 und III. Theil I. S. 10, 24 (Anm.), 26. — 51: s. o. III. Theil I, S. 39f. — 52: s. u. zu Migne, tom. III, sub 10 (De cons. euangel.). — 53: s. o. I. Theil, S. 43 (Anm. 1). — 54: s. o. III. Theil I, S. 36. — 55, 56, 57: s. o. I. Theil, S. 83 (Anm. 1). — 58: s. u. zu Migne, tom. VIII, sub 20 (Contra Felic. de unit. Trinitatis). — 59: s. u. zu Migne, tom. III, sub 9 (Speculum). — 60: s. o. III. Theil I, S. 23f. — 61: s. o. III. Theil I, S. 33f. — 62: s. o. I. Theil, S. 38 (Anm.). — 63: s. o. I. Theil, S. 83 (Anm. 1); vgl. u. mein Citat zu Migne, tom. I (Zusatz) und zu tom. II, sub IV (Briefe). — 64: s. u. zu Migne, tom. II, sub IV (Briefe). — 65: s. o. I. Theil, S. 81f. (Anm. 2) und 83 (Anm. 1); vgl. u. zu Migne, tom. X, sub 5 (De gest. Pel.). — 66: s. o. I. Theil, S. 82 (Anm.) und 83 (Anm. 1); vgl. u. zu Migne, tom. V, sub IV (Briefe). — 67: s. o. I. Theil, S. 53 (Anm.); vgl. u. zu Migne, tom. VI, sub 7 (Enchiridion). — 68: s. o. I. Theil, S. 60f. (Anm. 2) und 83 (Anm. 1); vgl. u. zu Migne, tom. I, sub 3 (Confessiones). — 69: s. u. zu Migne, tom. VIII, sub 1 (De haer. ad Quodquult.). — 70: s. o. I. Theil, S. 83 (Anm. 1); vgl. u. zu Migne, tom. III, sub 8 (Speculum). — 71: s. u. zu Migne, tom. II, sub IV (Briefe).

Nr.	Datum des Briefes		Schreiber	Adressat	Band, Folio des App. Bened.
	Tag, Monat, Jahr:	Ort:	des Briefes:		
74.	14. VIII. 1681	?	Esprit d'Aubonne, Capucin	Mr Boileau, Doyen de Sens	XVIII 1
75.	2. II. 1683	?	Le Pescheur	Thomas Blampin	I 141
76.	16. I. 1684	?	Le Pescheur	Thomas Blampin	I 142
77.	22. VII. 1684	Fère-en-Picardie	Goulet, chanoine du chateau de la Fere	au T. R. P. prieur de l'abbaye de St. germain des prés	I 92
78.	18. VIII. 1634	Rom	Jean Durand	Thomas Blampin	I 56
79.	19. VI. 1685	Paris	Sezille Dubuhat	?	I 146
80.	21. IV. 1693	Rom	Cardinal Colloredo	?	XVIII 2
81.	31. V. 1693	Reims	L'ar. duc de reims'	C. Boistard	XVIII 4
82.	14. VII. 1696	Rom	Cardinal Sfondrate	?	XVIII 3
83.	7. VII. 1698	Paris	Joannes Mabillonius	Claudius Stephanotius (= Claude Estiennot)	XVIII 134
84.	15. III. 1699	Paris	Jean Mabillon	Cardinal Casanata	XVIII 7
85.	14. IV. 1699	Rom	Claude Estiennot	Jean Mabillon	XVIII 8sq.
86.	28. IV. 1699	Rom	Claude Estiennot	Jean Mabillon	XVIII 8sq.
87.	1. V. 1699	Rom	Edmond Martene	?	XVIII 10

		Neapel	Cardinal Cantelmi	Bernard de Montfaucon	
91.	18. VI. 1699				XVIII 26, vgl. 16ᵃ
92.	30. VI. 1699	Rom	Guillaume Laparre	Jean Mabillon	XVIII 17
93.	7. VII. 1699	Rom	Guillaume Laparre	Thierry Ruinart	XVIII 18
94.	7. VII. 1699	Rom	Guillaume Laparre	Jean Mabillon	XVIII 19
95.	13. VII. 1699	Rom	(m.³: „de Mr. Voillart')	Jean Mabillon	XVIII 20
96.	21. VII. 1699	Rom	Guillaume Laparre	Thierry Ruinart	XVIII 21
97.	21. VII. 1699	Rom	Guillaume Laparre	Jean Mabillon	XVIII 22
98.	28. VII. 1699	Rom	?	?	XVIII 23
99.	4. VIII. 1699	Rom	Bernard de Montfaucon	Thierry Ruinart	XVIII 25
100.	10. VIII. 1699	?	Jean Mabillon	Guillaume Laparre	XVIII 27
101.	11. VIII. 1699	Rom	Guillaume Laparre	Jean Mabillon	XVIII 28
102.	18. VIII. 1699	Rom	Guillaume Laparre	Jean Mabillon	XVIII 29
103.	23. VIII. 1699	Paris	Jacques-Joseph du Guet	Jean Mabillon	XVIII 30

Ad 74: s. o. I. Theil, S. 51 f. — 75: a. u. zu Migne, tom. IV, sub II (Briefe). — 76: s. o. III. Theil I, S. 40. —
77: s. u. zu Migne, tom. V, sub IV (Briefe). — 78: s. o. I. Theil, S. 54 (Anm. 1), 56 (Anm. 1). — 80: s. o.
I. Theil, S. 93. — 84: s. o. I. Theil, S. 78 f. — 85, 86: s. o. I. Theil, S. 78 (Anm. 2) und 84. — 87: s. o. I. Theil, S. 83 f.
— 88: s. o. I. Theil, S. 59, 78 (Anm. 2) und 84. — 89: s. o. I. Theil, S. 78 (Anm. 2), 84, 87. — 90: s. o. I. Theil, S. 78
(Anm. 2) und 84. — 91: s. o. I. Theil, S. 86 nebst Anmerkung. — 92: s. o. I. Theil, S. 81 (Anm. 1). — 93: s. o. I. Theil,
S. 81 (Anm. 1), 82 (Anm.). — 87 und meinen Artikel im XVII. Jahrgang (1896) der ‚Studien und Mittheilungen aus
dem Benedictiner- und dem Cistercienser-Orden', S. 653 f. — 94: s. o. I. Theil, S. 82 (Anm.), 85 und ‚Studien und Mittheilungen' a. a. O., S. 654 f. — 95: s. ‚Studien und Mittheilungen' a. a. O., S. 656. — 97: s. o. I. Theil, S. 92 (Anm.). —
98: s. o. I. Theil, S. 76 (Anm.), 79 (Anm.), 81 (Anm. 1), 86 und ‚Studien und Mittheilungen' a. a. O., S. 656 ff.
— 99: s. o. I. Theil, S. 86 f. (Anm. 1) und ‚Studien und Mittheilungen' a. a. O., S. 659 f. — 100: s. o. II. Theil, S. 29
(Anm.) und ‚Studien und Mittheilungen' a. a. O., S. 660 f. — 101: s. o. II. Theil, S. 16 f. und ‚Studien und Mittheilungen'
a. a. O., S. 661 f. — 102: s. o. I. Theil, S. 82 (Anm.), 85 (Anm.). — 103: s. o. I. Theil, S. 95.

| Nr. | Datum des Briefes. | | des Briefes: | | Band, Folio des App. Bened. |
	Tag, Monat, Jahr:	Ort:	Schreiber	Adressat	
104.	25. VIII. 1699	Rom	Guillaume Laparre	Nicolas Doü	XVIII 32
105.	1. IX. 1699	Rom	Guillaume Laparre	Jean Mabillon	XVIII 34
106.	11. IX. 1699	?	Claude Guenié	Jean Mabillon	XVIII 35
107.	14. IX. 1699	?	Claude Guenié	Thierry Ruinart	XVIII 36
108.	15. IX. 1699	Rom	Guillaume Laparre	Jean Mabillon	XVIII 38
109.	29. IX. 1699	Rom	Guillaume Laparre	?	XVIII 39
110.	20. X. 1699	Rom	Guillaume Laparre	?	XVIII 40
111.	20. X. 1699	Rom	Cardinal Colloredo	Jean Mabillon	XVIII 41
112.	27. X. 1699	Reims	‚L'ar. duc de reims'	Jean Mabillon	XVIII 42
113.	15. XI. 1699	Paris	J. Déz S. J.	Sendschr. a. d. Provinzialoberen d. Jesuiten	XVIII 43 und 108
114.	17. XI. 1699	Paris	Claude Boistard	Sendschreiben an die Aebte der Mauriner Congregation	XVIII 107 und 155[18]
115.	21. XII. 1699	?	Lenormant (= le Normand, Chanoine de S. Honoré et Doct. de Sorbonne)	Thierry Ruinart	XVIII 45
116.	5. I. 1700	?	Cardinal Colloredo	Jean Mabillon	XVIII 47
117.	12. I. 1700	Desertina	F. Adalbertus	Jean Mabillon	XVIII 49
118.	2. VI. 1700	Reims	Thomas Blampin	?	XVIII 51

		Paris	"Docteur" Jacques-Joseph du Guet	Jean Mabillon	
121.	7. X. 1700	Paris	Jean Mabillon	Jean Mabillon	XVIII 53 und 114
122.	14. X. 1700	Bec-en-Normandie	Claude Boistard	?	XVIII 117
123.	16. X. 1700	?	Le Mectayer	Jean Mabillon	XVIII 115
124.	10. XII. 1700	Évreux	Charles Le Boucher	Jean Mabillon	XVIII 56
125.	27. XII. 1700	?	Jean Thireux	Claude Boistard	XVIII 50
126.	8. II. 1701	Nogent	Pierre Coustant	Thierry Ruinart	XVIII 57
127.	9. II. 1705	Paris		Leonard-Augustin Deschaux	XX 2
128.	26. VII. 1705	?	Thomas Blampin	Pierre Coustant	XX 10
129.	19. IV. 1706	Rom	Clemens XI.	Simon Bougis	XVIII 117 a. 132, LXII 90
130.	20. IV. 1706	Rom	Cardinal Franciscus Paulutius	Denis de Sainte-Marthe	XVIII 131 u. XXII 91
131.	21. VIII. 1706	?	Jean Mabillon	?	XVIII 117

Ad 104: s. o. I. Theil, S. 82 (Anm.), 87 und 'Studien und Mittheilungen' a. a. O., S. 663. — 105: s. o. I. Theil, S. 82 (Anm.), 87; II. Theil, S. 17; Studien und Mittheilungen a. a O., S. 664f. — 106: s. o. I. Theil, S. 60 (Anm. 1). — 108: s. o. I. Theil, S. 81, 82f. (Anm.), 87 (Anm.) und 'Studien und Mittheilungen' a. a. O., S. 665f. — 109: s. o. I. Theil, S. 82 (Anm.) und 'Studien und Mittheilungen' a. a. O., S. 667. — 110: s. o. I. Theil, S. 82 (Anm.), 85 (Anm. 1) und 'Studien und Mittheilungen' a. a. O., S. 667. — 111: s. o. I. Theil, S. 99. — 113: s. o. I. Theil, S. 103. — 114: s. o. I. Theil, S. 101f. — 115: s. o. I. Theil, S. 104 (Anm. 1). — 116: s. o. I. Theil, S. 99, 105. — 118: s. o. I. Theil, S. 49; III. Theil, S. 44. — 119: s. o. I. Theil, S. 99. — 120: s. o. II. Theil, S. 29. — 121: s. o. II. Theil, S. 23. — 122: s. o. II. Theil, S. 25. — 124: s. o. II. Theil, S. 29. — 125, 126: s. o. II. Theil, S. 24. — 127: s. o. III. Theil I, S. 32. — 130: s. o. II. Theil, S. 32 (Anm. 1). — 131: s. o. II. Theil, S. 25 f.

Nr.	Tag, Monat, Jahr:	Ort:	des Briefes:		App. Bened.
132.	31. VIII. 1706	Rom	Clemens XI.	Ludwig XIV.	XXII 93
133.	1. X. 1707	Rom	Guillaume de Laparre	„au R. P. General“	XVIII 60
134.	8. XI. 1707	Rom	Claude de Vie	Robert Marcland	XVIII 62
135.	9. XII. 1707	Rom	Claude de Vie	Robert Marcland	XVIII 63ᵇ
136.	14. I. 1708	Rom	Claude de Vie	Robert Marcland	XVIII 64
137.	4. II. 1708	Rom	Claude de Vie	Robert Marcland	XVIII 67
138.	25. II. 1708	?	Claude de Vie	Robert Marcland	XVIII 66
139.	10. III. 1708	Rom	Guillaume de Laparre	Simon Bougis	XVIII 68
140.	?	?	„L'ar. duc de reims“	?	XVIII 6
141.	?	?	S. Diroys	?	I 40
142.	?	Rom	„De Mr. le Doct. Diroit“	?	I 41
143.	?	Rom	Jean Durand (mit PS. von A. Durban)	Thomas Blampin	I 52
144.	?	Rom	Jean Durand	Thomas Blampin	I 54
145.	12. VII. 1675?	Rom	Antoine Durban	François Delfau	I 70
146.	14. III. ?	?	Joannes Elie	?	I 73
147.	?	?	F. L'Escuyor	Thierry Ruinart	XVIII 65
148.	22. VIII. 1680?	Sᵗ-André d'Avignon	Claudo Estionnot	Jean Mabillon	I 75
149.	11. VI. ?	?	Madame de Fomper.	Thomas Blampin	I 84

		Reims			
151.	?	?	Claude Guenié	?	XVIII 59
152.	?	?	Jean-François Lemoyne	François Delfau	I 117
153.	?	?	Morellus	Thomas Blampin	XVIII 72
154.	?	?	Pierre Pelhestre	?	I 138
155.	?	?	‚Ex litteris D. Stapletoni‘	‚ad Prouincialem Flandriae P. Oliuarium‘	I 147
156.	?	?	Le Tellier	?	XVIII 70
157.	?	?	Le Tonnellier	François Delfau	I 127
158.	6. IV. ?	?	Jean Trichaud	Simon Bougis	I 151
159.	10. III. ?	Compiègne	François de Villers	?	I 161
160.	?	?	?	?	I 167
161.	?	?	?	Thomas Blampin	I 169
162.	23. XII. ?	?	?	Louis Bulteau	XX 4
163.	?	?	?	?	XX 107

Ad 134: s. o. II. Theil, S. 33, 33, 35 (Anm. 2), 41 (Anm.). — 135: s. o. II. Theil, S. 34 (Anm. 1), 35 (Anm. 1), 38 (Anm. 1), 39 (Anm. 1). — 136: s. o. I. Theil, S. 11 (Anm.). — 141, 142: s. o. I. Theil, S. 48 (Anm. 3). — 143: s. o. I. Theil, S. 25 (Anm.), 27 (Anm.), 82 (Anm.), 83 (Anm. 1). — 144: s. o. I. Theil, S. 82 (Anm.), 83 (Anm. 1); vgl. u. mein Citat zu Migne, tom. V, sub IV (Briefe). — 145: s. o. I Theil, S. 42, 83 (Anm. 1). — 147: s. o. II. Theil, S. 24f. — 148: s. o. I. Theil, S. 84 und u. mein Citat zu Migne, tom. V, sub IV (Briefe). — 150: s. u. zu Migne, tom. X (Vorbemerkung). — 151: s. o. I. Theil, S. 100f. — 154: s. u. zu Migne, tom. V, sub IV (Briefe). — 155: s. o. I. Theil, S. 31 (Anm.). — 156: s. o. II. Theil, S. 24. — 157: s. u. zu Migne, tom. III, sub 3 (De gen. contra Man.). — 158: s. u. zu Migne, tom. III, sub 19 (De mirab. sacr. script.) et 20 (Quaest. uet. et noui test.) und tom. V, sub IV (Briefe). — 160: s. o. III. Theil I, S. 26 und 42. — 161: s. u. zu Migne, tom. X, sub 14 (De dono persen.). — 163: s. o. III. Theil I, S. 45.

3.

Collationen, Copien, Varia, Briefe.

Migne, tom. I.

1. Vita Augustini auctore Possidio: App. III, 1 Fragment einer Collation, in welcher drei Handschriften mit der Bezeichnung 5, 6, 7 berücksichtigt sind; die Mauriner benützten nach ihrer Angabe sechs Handschriften; vgl. unten meine Bemerkung zu tom. II sub ‚Varia‘ über App. XVII, 170.

2. Retractationes:

a. Collationen: App. III, 2sq. ‚Les Retractations du Manuscrit 414 du Vatican Confronté auec limprimé de Paris en lannée 1586‘; 4—6 ‚Beati Aurelii Augustini Libri duo Retractationum Ad triginta et octo expl. mss. et Tria excusa cum coniecturis Latini Latinij. in summa ad 42 codices Castigati‘; 7 ‚Variantes Lectiones‘; 8—22 ‚Variantes lectiones ex Anglicanis MSS. excerptae et ad nos transmissae cura D. E. Bernard Astronomiae in Oxoniensi Academia Professore‘ und zwar aus sechs in folgender Weise bezeichneten Handschriften: a = MS. Bodl. I. 1. 14 seu Cod. 84 super Art. — b = MS. Coll. Mert. N. 1. 1. Art. — c = MS. Bod. A. 5. 8. Th. seu A. 5. 6. — d = MS. Bod. A. 8. 11. Th. — e = MS. Arch. Laud. E. 17. — f = MS. Coll. Mert. N. 2. 7. Art.

b. Varia: App. II auf den ersten sechs Blättern; XI, 15 textkritische Notizen.

c. Briefe: Nr. 23, 56, 57.

3. Confessiones:

a. Collationen: App. III, 23—41 ‚Variantes Lectiones ex Anglicanis MSS. excerptae‘ und zwar aus g = MS. Coll. Merton. N. 3. 10. Art. — h = MS. Bodl. Th. A. 16. 12. — i = MS. Arch. Laud. L. 31. — b = MS. Coll. Merton N. 1. 1. Art.; 63—65 ‚Variae Lectiones in lib. Confessionum ex Beda et Mss. Flori‘; 66—105 ‚Variae Lectiones quibus discrepat codex Manuscriptus, confessionum Sancti Augus⁼ⁱ· Ex bibliothecá Religiosissimi ac reuerendissimi D. D. Antonij Francisci Berterii, Episcopi Ainensis (?), a Libris earundem Confessionum, operá

et studio Monachorum ordinis Sancti benedicti, e congregatione
Sancti Mauri Excusis. M. D. C. LXXIX.' In der zuletzt genannten Collation liegt uns also eine Variantensammlung vor,
die erst nach dem Erscheinen des I. Bandes der Mauriner
Ausgabe angelegt wurde.

      b. Varia: App. II auf den ersten sechs Blättern; III,
45—54, 55—62 ,Tituli Capitum' und ,Notae in libros Confessionum Beati Augustini'.

      c. Briefe: Nr. 51 und 68 (,Je viens de remarquer quel-
que chose en regardant le Tableau des MSS. et des editions que
vous avez mis a la fin du premier tome dont ie dois vous faire
un reproche a mon tour en faveur des P(ères) J(ésuites). Vous
vous este servi dans les livres des Confessions de l'edition du
P. Sommalius, vous luy avez mesme fait l'honneur de la citer
quelque fois dans vos Notes, cependant vous n'en faites aucune
mention dans l'enumeration que vous faites des Editions sur
quoy vous avez collationé les confessions de St Aug. Je
voudrois que vostre ouvrage neust point de plus rigoureux cen-
seur que moy, ny de fautes plus considerables. Je remarque
aussi que dans ces minuties que vous avez mises a la fin vous
ometez presque toujours le texte et ne mettez que la Variation,
peutestre quen le mettant vous soulageriez').

      4. Soliloquia: App. III, 41—44 ,Variantes Lectiones ex
Anglicanis MSS. excerptae' und zwar aus d = MS. A. 8. 11. Th.
Bodl. — g = MS. Mert. N. 3. 10. Art. — m = MS. Mert.
N. 3. 11. Art. — o = E. 102. Cant. — q = B. 10. Cant.; 120
—142 unter anderen Collationen auch eine Variantensammlung
zu den Soliloquia aus Codex Vaticanus 445, wobei ein ,Impress.
Parisiis 1586' als Collationsexemplar diente.

      5. Contra Academicos: App. III, 120 Varianten aus
dem Codex Vaticanus 446, Collations-Exemplar wie zu 4.

      6. De beata vita: App. III, 122 sq. ,Liber vnus Diuj
Aurelij Augustinj ex Tomo 1° de Beata Vita per Theologos
Louanienses ex Impressione Antuerpiae, Collatus cum opere
Badij. ad annum millesimum quingentesimum septuagesimum
sextum'.

      7. De ordine: App. III, 120 sqq. u. a. Varianten zu De
ordine aus dem Codex Vaticanus 446.

8. De immortalitate animae: App. III, 124sqq. Colla tion mit Vaticanus 445. Brief: Nr. 37.

9. De quantitate animae: App. III, 124sqq. Collation mit Vaticanus 445. Briefe: Nr. 37 und 51.

10. De musica: App. III, 106—108 Collation der fünf ersten Bücher mit Vaticanus 446, des sechsten mit Vaticanus 445 (Collations-Exemplar wie zu 4); 109—119 ‚Libri de Musica editionis Parisiensis annj 1651 collati ad MS. S^{ti} Albinj ande gauensis. priorem locum obtinet editio parisiensis, posteriorem vero M. S. Litterae A. B. C Locum columnae indicant'.

11. De magistro: App. III, 135sq. Zusammenstellung von LAA. aus einer Anzahl nicht näher bezeichneter Hand schriften; 124sqq. Collation mit Vaticanus 445.

12. De libero arbitrio: App. III, 124sqq. Collation mit Vaticanus 445; II auf den ersten sechs Blättern u. a. auch Notizen zu de lib. arb. — Brief: Nr. 127.

13. De moribus ecclesiae catholicae et de moribus Manichaeorum: App. III, 135sqq. summarische Varianten- sammlung wie zu 11; 120sq. Collation mit Vaticanus 446; 143 —150, 153—160 Sammlung von LAA. aus neun, beziehungs- weise fünf nicht näher bezeichneten Handschriften (s. III. Th. I, S. 14f. der vorliegenden Abhandlung); 151sq. LAA. zu De moribus Manichaeorum, am Kopfe der Sammlung die Prove- nienznote: ‚Regina Suetia Romae'.

14. Regula ad seruos dei: App. III, 160 (bis) ‚Regula D. Aug. ad Seruos Dei collata cum MS. Fuxensi habetur tom. 1. edit. Par. an. 1631'; 161—163, 165 summarische Varianten- sammlung unter folgendem Titel: ‚Regula ad Servos Dej ad A 1 S. Albini — B 2 S. Michaelis D. 22 — C 3 S. Medardj. L — D 4 Thuanum 262 — E 5 S. Germanj 552 — F Vatica- num vnum — G 7 Vaticanum alterum (non potuimus distin- guere Vaticana) — L 8 S. Victoris B d 3 — I 9 Gemblacense — K 10 Amerbachianam editionem — L 11 Erasmj — M 12 1000 annorum Corbeiensis'; 166sq. LAA. eines Codex Remensis zur ‚Regula 1^a et 2^a (Tom. 1^{ss} pag. 589)' und zum ‚Sermo Arrianorum (Tom. 6. pag. 451 A)' mit der Provenienznote: ‚de la Cathedrale de Rheims. Tom. 1 et T. 6'. Brief: Nr. 60. — Die Mauriner hatten also neben den von ihnen in der ‚Ad-

monitio' erwähnten dreizehn Handschriften auch noch einen
Codex Fuxensis und einen Remensis zur Einsicht.

15. Categoriae decem ex Aristotele decerptae:
App. III, 147 sqq. Varianten zwischen dem ,Impress. Parisiis
1586' und dem ,vetust. M. S. num. 213 Bibl. Palat'.

16. Regula secunda: Die Mauriner erwähnen in der
,Admonitio', dass sie ein ,exemplar Corbeiense ante mille annos
exaratum' verglichen hätten; App. III, 166 sqq. (s. oben zu
14) enthält auch die Varianten eines Remensis, welche ibid.
fol. 164 sq. mit den LAA. des genannten Corbeiensis, der ,edi-
tiones Amerbachii et Erasmi' und eines Codex Gemblacensis
übersichtlich vereint sind (hiezu von m² die Notiz: ,Vide sis
codicem Corbeiensem qui consentit cum Remensi; sed ambo
plurimum distant a reliquis'.

Zusatz. Ueber die Schrift: ,Arithmeticae et geometriae principia', welche keine Aufnahme in die ed. Maur. gefunden hat, berichtet
Brief Nr. 63 Folgendes: ,Le R. P. Procureur general a recu reponse du mont
cassin touchant les Traittez dont S¹ Augustin fait mention dans ses retractations, mais dont on na pu encore rien trouver dans les Editions ny dans
les MSS. ou lny mande qu'on a seulement trouvé, principia Arithmeticae,
et principia Geometriae. Le Traitté des principes del' Arithmetique
commence par ces mots. Incipit prologus S. Augustini Episcopi de
numero et de qua arte processisset. De Numero igitur dilec-
tissimi. Les Principes de la Geometrie sont en deux mss. Dans l'un
des MSS. ils commencent ainsy Sexqualtera proportio. et dans Lautre
ms. ils commencent Trianguli fiunt. Nous avons icy le nombre et la mar-
que des mss.'

Migne, tom. II.

[Epistolae.]

I. Collationen:

App. II, Quat. XLVIII, fol. 1 LAA. aus Cod. Vatic. 655
zur ep. CCXXV.

App. IV, 1—33 enthält jene Zusammenstellung collatio-
nirter Handschriften, über welche ich im III. Theil I meiner
Abhandlung (S. 27—31) ausführlich gehandelt habe; fol. 34
folgt eine Tabelle unter dem Titel: ,Epistres du MS. de Foix' [1]
und fol. 35—409 eine Sammlung der handschriftlichen Varianten
zu 186 Episteln.

---

[1] S. o. Tabelle 1 unter *Fuxensis*.

App. V trägt auf dem Vorlegeblatt den Vermerk: ‚Epistolarum tomus posterior‘, darunter die Bemerkung: ‚Ad calcem quaterniones quidam imperfecti‘ und enthält: 1—3 verschiedenartige Notizen zu den Episteln, z. B. ein Verzeichniss mit Inhaltsangabe der Briefe, ‚dont Posside fait mention dans son Index et dont nous navons plus rien‘. — 4—9 Varianten zu 18 Episteln, wobei die Handschriften nur mit Nummern bezeichnet sind, unter dem Titel: ‚D. A. Augustini Hipponensis Epi͠ Operum Tomus 2. Complectens Epistolas, Per Theologos Louanienses Castigatus Ex Editione Parisiensi Anni 1586; Denuo collatus ad diuersa manuscripta‘. — 10—76 Collationen von Episteln mit französischen Handschriften. — 77—118 Varianten aus englischen Handschriften; 77ᵇ die Bemerkung: ‚Notitia MSS. quae hic conferuntur. A. Bodleianum I; B. Bodleianum II; C. Mertonensem codicem denotat‘. — 119—126 Collationen einer Reihe von Episteln ‚ad MS. S. Bertinj Sitiensis‘. — 127 sq. Varianten zu mehreren Episteln aus einem Codex Sᵗⁱ Arnulphi. — 129—194 Varianten zu zahlreichen Briefen aus mehreren ‚MSS. Cistercij‘. — 195—221 Collation zahlreicher Briefe mit den Handschriften des Collegium Fuxense. — 222—229 ‚Eplae Quaedam cum ms.⁰ Abbatiae Sᵗⁱ Sulpicij Ord. Cisterciensis Ex prouinciâ Sebulsianâ Scripto ab ann. Circiter. 500. et ultrâ, Ex Editione lugd. an. 1664.‘ — 230 sq. Varianten unter der Ueberschrift: ‚[De la Cathedrale de Rheims Tom. 2. Ep. 200] Tom. 2. pag. 525‘. — 231 ein Vorlegeblatt mit der Aufschrift: ‚Imperfecti Quaterniones‘ und hierauf fol. 232 —351 Zusammenstellung von LAA. ‚ad diuersa manuscripta‘, welche nur mit fortlaufenden Ziffern bezeichnet erscheinen.

App. XIII, 134 sq. ‚Collatio Eplae 50. Edit. par. an. 1571 fol. 43. p. 2. C. 1 lit. G. ad MSS. Fuxense‘ (= ep. 185 ed. Migne). — 177: ‚Les deux Epistres suivantes [Tom. 7. pag. 833] doiuent estre deuant le traité *de Dono perseverantiae*. Je croyois quil les falloit omettre n’estans pas de S. Aug. neanmoins lon ma conseillé de les collationner. Collãõé coe les precedens livres. 1. Prosperi Epla ad Aug. de Reliquiis pelagianae haereseos..... 2. Hilarius Augustino de eadem materia .....‘ (es folgen die Varianten).

App. XVII, 232—235 LAA. zur ‚Epistola CV, Editio Paris. an. 1635 Pag. 174‘ aus einem ‚MS. Cistercij 500 annorum‘.

App. XXI, 104—107 und 110: Fragmente von Collationen zu den epp. 167—173 und zur ep. ad Volusianum; die verwerteten Handschriften sind blos mit Nummern bezeichnet.

II. Copien:

App. I, 78 ‚Epistola consolatoria S^{ti} Augustini ad Probum ex ms. cod. bibl. Cassinensis notato 16‘ (inc. ‚Caritatis tua scripta percepi, quibus animum tuum‘, expl. ‚suscipere festinauit‘). Diese Abschrift wurde von D. Erasme de Gaëte, Bibliothekar in Monte-Cassino, nach Rom an D. Estiennot geliefert und von diesem an D. Blampin nach Saint-Germain-des-Prés gesendet.

App. V, 352 sq. mehrere Abschriften von Episteln aus einer nicht näher bezeichneten Handschrift. — 354 sq. ‚Epla S. Augustini Episcopi ad Italicam‘ und ‚Epistola S. Augustini ad Auxilium 2^a‘ aus einem ‚Cod. MS. Aureae Vallis Ord. Cist. Dioeces. Treuiren. in Ducatu Luxemb.‘ — 357—359 Abschrift der ep. ad Mercatorem ‚ex ms. cod. Moromontaro (?) Saxoniae ab annis fere 800 exarato‘; die Etymologie des Ausdrucks *Moromontarus* (oder *Mortmontarus*?), für dessen richtige Entzifferung ich nicht einstehen kann, ist mir unbekannt.

App. IX, 3^b—4 eine Abschrift der ep. ad Theodorum, hiezu von zweiter Hand die Notiz: ‚L'Epitre suiuante ne se troute point dans l'imprimé, et a eté copiée d'vn ms. de n̄re Dame de Reims, donné par Hincmare‘ und von dritter Hand: ‚Est Epist. olim 223. nunc 61‘.

III. Varia:

App. I, 38 eine Empfangsbestätigung folgenden Wortlautes: ‚Jay receu de Monsieur Tonnellier bibliothecaire de la royale abbaye de St. Victor trois mss. .... de quelques ouvrages et particullierement des Epistres de St. Augustin. L'un est cotté b c 32. Laultre b f 29. Le troisiesme b d 2. que Je Lui rendrai fidelement. de l'abbaye St. Germain Le 22. april 1671. F. Fr. Delfau‘. Vgl. die im III. Theil I, S. 9 meiner Abhandlung citirte Empfangsbestätigung Puischard's.

App. II auf den ersten sechs Blättern Notizen zur ‚Epistola 105‘ (= CXCIV) und zur ‚Epl. 107 vitali‘ (= CCXVII); vgl. ibid. Quat. XLVII, fol. 6.

App. V, 356 textkritische Bemerkungen ‚sur la Nouvelle Epistre de S. Aug. à Marius Mercator‘; eine Notiz von der

Hand Mabillon's über den Inhalt eines Codex der ‚bibliotheca Biltiniana‘[1] und eines andern der ‚bibliotheca Alnensis‘.[2]

App. XVII, 170 ein Verzeichniss von 17 Episteln aus einem ‚Codex Mss. In Archivis Ecclae Carcassonensis repertus‘ und dazu die Bemerkung: ‚Insuper leguntur et alia quaedam opera Divi hieronimi, ut liber contra dogma Origenis de Resurrectione carnis et Creatione animae ...... Sunt etiam in codice MSS°. plures homiliae Venerab. Bedae Praesbiteri in Evangelia. — In fine Codicis ponitur historia D. Augustini octo parvis distincta capitib. Stylo satis simplici. Sed videtur quod non sit consummata. terminatur enim sic (Perpetuumq. ei certamen contra omnes haereses quae per Affricam pullulabant; maxime contra Manichaeos et Donatistas, quos omnes confutabat subtilj disputatione)‘.

App. XX, 366—386 Notizen über Anzahl und Abfolge der Episteln in einer Reihe von Codices, von welchen ein grosser Theil auch mit der Signatur ihrer Stammbibliothek bezeichnet wird (s. meine Abhandlung III. Th. I, S. 32); darauf folgen: ‚Indices Operum S. Augustini‘, mit welchen eine neue Paginirung des Bandes anfängt, und zwischen fol. 2 und 3 die oben (III. Th. I, S. 37) erwähnte Schriftprobe.

IV. Briefe:

Nr. 36: ‚Dans les variations des Epistres outre celles qui ne se trouuent point dans le uatican sçauoir la 219 a Faelix [= *Migne, ep. 252*], qui commence Nouit optime ǁ la 218 [= *Migne, ep. 50*] Suffectanis, qui commence, Immanitatis uestro ǁ il y en a deux qui sont dans les ms. du Vatican et qui n'ont pas esté collationnées, a cause dit le Collecteur, de la multitude des ms. dans les quels se trouuent ces deux Epistres, ce sont la 178. a laurens [= *Migne, ep. 20 append.*] qui commence, laurentius uir clarissimus, c'est l'altercaõn entre St. Augustin et ce laurens ǁ et la 244 a un prestre Manicheen [= *Migne, ep. 79*] qui commence ǀ sine causa tergiuersaris, les quelles deux Epistres ne se sont point encore trouué dans nos ms. de France que nous auons ueus jusqu'a present‘. — Nr. 42; 52; 62; 63: ‚Il y a quelques jours que J'accompagnay

---

[1] = Bertiniana? Vgl. o. Tabelle 1 unter *S. Bertini*.
[2] = Ainensis? Vgl. o. Tabelle 1 unter *Berterii* und S. 34.

Le R. P. Procureur chez le Père Lupus qui est encore icy pour l'affaire des Docteurs de Louvain, nous eumes un assez long entretien sur l'edition de St. Aug. particulierement sur L'Epr. ad Celestinum [= *Migne, ep. 209*], il est entierement persuadé quelle est de St. Aug. et il nous dit qu'il se souuenoit de l'avoir vu citée dans Hincmare de Reims, et il promit de chercher L'endroit. on pouroit au moins en dire quelque chose dans la preface generale si celle citation se trouvoit vraye'. — Nr. 64: ,Ceux a qui iay monstré uos obseruations et uos preues pour monstrer que la lettre de St. Aug.ᵢᵤ au Pape Celestin est en effet de luy, les ont trouué tres bonnes ..... Neantmoins un des amys dela congregation m'a dit qu'il nous falloit prendre bien garde de ne rien mettre dans nostre edition qui puisse choquer les precautions du St. Siege comme il pouuoit facilement arriuer au fait de la lettre susdite qui pouuoit estre aussy bien prise d'une facon contraire a l'opinion de Rome. que selon celle que uous auez bien defendue, cest pour euiter quelque atteinte que la medisance pouroit donner a uostre belle edition que tout le monde loue hautement et estime beaucoup'. — Nr. 71: ,Je n'ay aucune connoissance du fragment d'une Epistre de St. Augustin a Maxime et nous n'auons point la bibliotheque des PP. de Cologne. En voicy bien deux autres qui se sont trouuées dans le MS. d'Orval au Diocese de Treues que iay receu assez a temps pour vous les enuoyer en estrennes au commencement de cette année que je vous souhaitte bonne et heureuse, l'une est ad Italicam, comme vous voiez, qui fera la 3ᵉ. l'autre ad Auxilium (*hiezu von anderer Hand die Bemerkung:* ,elles sont imprimées'); vous scauez l'endroit ou vous les voulez mettre, peut estre que ce sera a la fin de second tome a la Place du Privilege françois'. — Nr. 141, 151, 163.

Migne, tom. III.

1. De doctrina Christiana:

a. Collationen: App. II, Quat. I — Quat. II, fol. 6 LAA. der codd. Vaticani 414, 463, 489. — App. VI, 2 Zusammenstellung der benützten Ausgaben und Handschriften, darunter folgender Codices mit Angabe ihrer Signatur: Floriacensis A. 18; Vindocinensis XX; Corbeiensis 213; Corbeiensis 203;

San-Romigianus C. 36; B. M. de Lyra B. 6; San-Theodoricianus
prope Remos 48; Beatae M. de Becco 2; Gemeticensis C. 22;
Sanaudoenianus A. 7. C. 11; Thuanus 546 und anderer; 3—51
folgen die Varianten. 52sq. ‚Sancti Augustini de Doctrina
Christiana Libri 4ʳ qui habentur Tomo 3° Editionis Parisiensis
annj 1651 Collati sunt In Monasterio S. Georgij anno 1673 Cum
manuscripto Codice D. Dñj Bigot In qͨbus Variè Legntr̃ quae
Seqntr̃‘; hierauf die Varianten. 54—59 Sammlung von LAA.,
links oben von zweiter Hand der Vermerk: ‚Editio paris. 1651.
S. Aubin d'angers', am Schlusse die Mittheilung: ‚Nous nous
seruons de l'Impression de paris de l'année 1651 dans tous
les traittez — nous Continuons de Collationner les traittez dont
il y a icy quelques Commencements'. 60—70 summarische Zusammenstellung von Varianten verschiedener Handschriften
(‚Rem.', ‚Flor.', ‚Corb.', ‚S. Theod.', ‚S. R.' u. a.) unter dem
Titel: ‚[De Meulent Tom. 3] Notae et Observationes In libros
D. Augustini De Doctrinâ Christianâ factae a. RR. PP. Sᵗⁱ
Nicasij de Mellento'. 71—73 Varianten einer Handschrift ‚ex Bibliotheca Sᵗⁱ Martialis Lemouic.'; 74—76 eines ‚Codex Franciscanorum Magni Conuentus parisiensis'; 79—89 eines ‚Ms. Cister-
ciense 500 annorum'; 90—98 eines ‚Codex Casalis Benedicti'; als
Collations-Exemplare dienten: 1. ‚Parisiis In Officina Claudij
Cheuallonij anno MDXXXI', 2. ‚impressum Editionis parisiensis
anno 1651', 3. ‚Editio Parisiens. an. 1664. Bibliothecae asceticae Tom. V', 4. ‚editio Frobeniana 1529 Basileae'.

b. Varia: App. VI, 1 Entwurf zur ‚Admonitio' (Migne
III, col. 13 sq.). — 77sq. Entwurf der ‚Summarien'. — App.
X, 85 textkritische Notizen.

c. Nr. 37, Begleitschreiben zu der Collation App. VI,
52sq. (s. oben).

2. De vera religione: App. III, 120sqq. Collation mit
Vaticanus 446. — Notizen: App. II auf den ersten sechs Blättern. — Brief: Nr. 60.

3. De genesi contra Manichaeos: App. III, 135sq.
LAA. aus mehreren nicht näher bezeichneten Handschriften;
vgl. die Bemerkung App. XII, 6 zu De haeresibus ad Quodvultdeum (Migne, tom. VIII); 151sq. LAA. mit der Kopf-
notiz: ‚Regina Suetia Romae', wie zu Migne, tom. I, Nr. 13
(s. oben). — Briefe: Nr. 7; 158: ‚Je vous enuoye touts les

Manuscrits que vous me demandez. Vous remarquerez s'il vous plaist que le traité de St. Aug. que ie vous enuoye sur la genesi contra Manichaeos est attribué par Richard du Mans a Hugues de St. Victor. Consarcinatum, dit il, ex diuersis Augustini epistolis. Je vous prie de me les renuoyer ..... Je vous renuoye le recepisse des Manuscrits que vous m'auez rendus'.

4. De genesi ad litteram imperfectus liber: App. II, Quat. XIII, fol. 1 sq. LAA. aus Codex Vaticanus 445.

5. De genesi ad litteram libri XII: App. II, Quat. XIII, fol. 3 — Quat. XV, fol. 8 LAA. aus den codd. Vaticani 414, 449, 450; VI, 54—59 Varianten aus einer Handschrift von Saint-Aubin d'Angers;[1] VIII, 1—84 ,Libri duodecim Sancti Augustini De Genesi ad Literam excusj Parisiis 1614. Collati ad quinque Manuscriptos Codices: quorum primus est bibliothecae Sancti Petri de Cultura *d à.* nobis inscriptus 6. Secundus est Sancti Theodoricj notatus a tergo 39. Nobis verò inscriptus 7. Tertius est de Lyra notatus 7. nobis 8. Quartus Sancti Michaelis in Periculo maris notatus 33. nobis 9. Quintus B. Mariae de Josaphat[2] a nobis inscriptus 10'. — 85—102 Varianten aus einem ,Codex D. Bigot Rothomagaej'; 103—130 aus einem ,Manuscriptum Ecclesiae Cathedralis Laudunensis'; 131—200 eine umfassende Variantensammlung, über welche ich im III. Theil I, S. 12—14 ausführlich gehandelt habe; 201 sq. ,[Tom. 3. Breteuil.] D. Augustini Epi. hipponensis de genesi ad litteram librj 12. collati ad 7 MM. Exemplaria gallicana Quorum oĩu. Iᵘˢ est Bibliot. S. Germanj a Pratis sine Notis. 2ᵘˢ S. Audoenj. Inscriptum A. b. et C. 12 nobis 2ᵘˢ. 3ᵘˢ S. Remigij sub hac nota C. 14. nobis 3ᵘˢ/4ᵘˢ Bibl. S. Petri Gemmet. sub hac nota C. 30. nobis 4ᵘˢ/5ᵘˢ S. Michaelis in peric. D. 33. nobis 5ᵘˢ. 6. Vindocinens. m. 34. nobis 6ᵘˢ. 7ᵘˢ de Lyra sine Notis. nobis 7ᵘˢ', eine Titelüberschrift, auf welche eine sehr magere Variantensammlung folgt, die mit der in Breteuil angelegten offenbar nicht identisch sein kann; 203—273 ,[D'Eureux.] Libri Duodecim Sᵗⁱ Augustini De Genesi ad Litteram excusi Basileae Anno Millesimo quingentesimo Quinquagesimo sexto Collati ad Quinque MSS. Codices quorum 1ᵘˢ est Bibliothecae Sᵗⁱ Remigij inscriptus à tergo C. 14.

[1] S. o. Tabelle 1 unter *Albinensis.*

[2] S. o. Tabelle 1 unter *Carnotensis.*

nobis 1ᵉ. 2ᵘ Vindocinensis M. 34. nobis 2ᵘ. Tertius Gemmeticensis C. 30. nobis 3ᵘˢ. Quartus Sᵗⁱ Audoeni sine nota nobis 4ᵉ.
Quintus Sⁱ Petri de pratellis notatus 4. nobis 5ᵉˢᵗ; 274—295
LAA. aus einem ‚Manuscr. Cistercij‘, der Schluss (von lib. XII,
cap. 4 an) fehlt. — Varianten oder Conjecturen: App. II auf
den ersten sechs Blättern. — Briefe: Nr. 23; 30; 47: ‚Le tres
Reñd Pere Gnäl ma comendé de vous enuoier ce petit trauaile
que nos confreres on fait a la priere de D. Fr. Delfaut. de
vous dire que nous avons encore entre les mains un manuscrit
de Genesi ad litteram. quil y a encore dans la bibliotecque de
la catedrale de cette ville (dou nous auons eu les deux prece-
dents) les liures de la cité de dieu dont nous esperons la
communication. Je ne crois pas que nos confreres puissent
acheuer la collation de Genesi ad l. auant la diette et quil leur
faudra au moins un an pour faire celle des liures de ciuitate‘; 49.

6. Locutionum libri VII: App. II, Quat. II, fol. 6 —
Quat. III, fol. 1ᵃ LAA. aus Cod. Vaticanus 490. — VI, 99—
112 Variantensammlung aus 12 mit fortlaufenden Nummern
bezeichneten Quellen; 113—117 aus einem ‚Manuscr. Cistercij‘,
am Schlusse die Notiz: ‚absolui 6. an. 1677. hora 2. Pomerid.‘
— 118—160 Sammlung von LAA. unter folgendem Titel: ‚Locutiones ad 1. Sᵗⁱ Michaelis D. 13. — 2. Corbeiens. - 3. Beccens.
L. 55. — 4. Sᵗⁱ Victoris E. f. 31 ... mendis scatet. — 5. Eiusdem. B. c. 21. — 6. Collegii Bernardinorum Paris. — 7. Sorbonicum 619. — 8. Vaticanum. — 9. Edition. Amerbach. —
10. Edit. Erasmj. — 11. Gemblacens. Louuan. — 12. Sᵗⁱ Amand.
Louu. — 13. Coniecturas Latini Latinii.[1] — 14. Correctiones
Emanuelis Sa.ᶜˣ — IX, 99ᵇ—100ᵇ Abschrift der ersten 31 locutiones des III. Buches aus einem Codex Cisterciensis; s.
III. Theil I, S. 37 meiner Abhandlung. — Textkritische Notizen:
App. II auf den ersten sechs Blättern. — Brief: Nr. 33, Begleitschreiben einer Sendung von fertiggestellten Collationen.

7. Quaestionum libri VII: App. II, Quat. XXI, fol. 2
— Quat. XXIV, fol. 3 LAA. aus den codd. Vaticani 463 und
490. — IX, 13—56 ‚[Tom. 4. Melodunum] Tractatus Quaestionum Sᵗⁱ Augustini Super Pentateuchum Collatus ad quinque

[1] S. o. I. Theil, S. 21 und 41 (Anm. 2).
[2] S. o. III. Theil I, S. 44 (Anm. 1).

MS. Quorum 1ᵐ St. Michaëlis Notatum D. 13. — 2ᵐ Corbeiense Notatum 226. — 3ᵐ Beccense Notatum L. 55. — 4ᵐ Sᵗⁱ Benigni Divionensis notatum 88. — 5ᵐ Sᵗⁱ Remigii Rhemensis notatum C₅. 15ᶜ; 57—83 Varianten aus einem ‚ms. Cistercij‘; 101 sq. aus einem ‚MS. Fuxense‘; 103—176 LAA.-Sammlung ‚ex Manuscriptis codd.: S. Sorbonico qui annorum est circiter (*corrigiert zu* plus quam) 400. — T. Thuano annorum plus quam 800. — V². Vaticanis duobus. — b. Beccensi annorum 500 (*corrigiert zu*: 600). — c. Corbeiensi ann. 850. — d. San-benigniano Divionensi annor. 800. — m. San-Michaelino annorum plus quam 500. — r. San-remigiano Remensi annor. fere 500. — l. ex iis demum quibus Lovanienses Doct. usi sunt. — Eu. Mss. duobus excerptorum ab Eugypio. — fl. Excerptorum a Floro. — l. 2. Ex Editis: Rat. ab Augustino de Ratispona. Am. ab Johanne de Amerbach. — Er. ab Desiderio Erasmo. [Accesserunt Var. Lectiones collectae ex ms. Fuxensis Colleg. apud Tholosates]‘. — X, 69 sq. Varianten zum I. und II. Buche ohne Angabe der Provenienz. — Textkritische Notizen: App. II auf den ersten sechs Blättern und X, 85.

8. Annotationes in Iob: App. X, 69 handschriftliche Varianten ohne Angabe der Provenienz; 93—104 Sammlung von LAA. aus einem Codex ‚collegii Navarrici‘, einem Codex ‚Regiae bibliothecae qui est annorum circiter (*corrigiert aus*: ‚plus quam‘) 200‘, zwei Handschriften der ‚Abbatia Sanvictorina‘, einem Beccensis, einem Codex ‚Floriacensis Abbatiae annorum ferè sexcentorum‘, aus dem Codex, ‚quo usi sunt Lovanienses‘ und drei gedruckten Ausgaben. — Textkritische Notizen: App. II auf den ersten sechs Blättern und X, 85.

9. Speculum: App. VIII, 296—310 ‚Diui Aurelij Augustini Speculum Ex tom. 3. p. 324 Edition. Parisiensis Collatum cum Manuscripto Ecclesiae Cathedralis Carnotensis‘; 311 —326 Varianten aus drei Quellen, über welche jede .nähere Angabe vermisst wird. — Briefe: Nr. 45 (‚Je trouue parmi les m̃ss de Sᵗ Augustin qui sont en la bibliotheque du monastere de Sᵗᵒ croix de Jerusalem que le speculum est diuisé en deux parties dont la seconde est de testimoniis scripturarum S. Augⁱ contra Donatistas. qui est un des liures que vous mauez mandé autrefois — n'auoit iamais esté imprimé ainsy que d'autres qui sont contenus dans le catalogue qu'on .... a en-

uoié, ie tacheray de uoir ce m̄s̄ et vous en donneray raison si
ie puis'); 59 (der Schreiber bezweifelt ,que le liure intitulé
Speculum soit un ouurage de St. Augustin' und gibt hierüber
eine längere Auseinandersetzung); 70 (,Nous avons esté ce matin
dans L'hospice ....(?) de Sᵗᵉ croix en Jerusalem pour voir
le ms. 9 ......(?) L'avons examiné a loisir et nous ny avons
point trouvé le Traitté de Probationum et Testimoniorum contra
Donatistas dont S. Aug. fait mention dans ses retractations,
nous y avons seulement trouvé ce Speculum dont on vous
avoit envoyé la note. Il est vray qu'il est intitulé sur la premiere feuille de Testimonijs scripturarum contra Donatistas et
Idola, mais je n'en ay pu comprendre la raison par la lec-
ture que jay fait d'une partie de ce traitté. L auteur a eu le
mesme dessein que celuy du P. Vignier mais il est six fois
plus estendu, Les passages qui sont seulement citez dans Ledition du P. Vignier, y estant descrits tout au Long, et d'une
version de L'escriture toute differente ce qui pouroit faire
douter qu'ils fussent tous deux du mesme autheur. Le MS. ou
est ce Speculum est fort ancien, cest un petit in folio qui est
gros de trois bons doits, cepandant ce Traitté se remplit tout
entier a la reserve de trois petits traittez de Sᵗ Cyprien qui
sont a la fin').

10. De consensu euangelistarum:

a. Collationen: App. II, Quat. XXV, fol. 1 — Quat.
XXVII, fol. 6 LAA. aus den codd. Vaticani 414, 450, 463,
486. — IX, 85—99 LAA. aus einem ,ms. Cistercij' (,fere 500.
ann.'); 213 ,Librorum quatuor de Consensu Evang. Castigationes
et Variantes Lectiones collectae sunt ex Codd. Manuscriptis:
G ex uno bibliothecae Sᵗᵃᵉ Genovefae Parisiensis qui annorum
est circiter 400. — L Ecclesiae Laudunensis ann. ...' (Zahl
fehlt). — V⁴ Vaticanae bibliothecae quatuor. — a vno Abbatiae
S. Albinj Andegavensis annorum ... (Zahl fehlt). — b 1. 2.
Abbatiae Beccensis duobus quorum primus annorum 500 designatur a nobis b 1. alter qui designatur b 2 est annorum 600. —
c Bibliothecae Corbeiensis uno pervetusto qui videtur annorum
1000. — f Abbatiae Floriacensis codice annor. 700. — ff Ab.
Fiscannensis annorum plus quam 700. — gg Abb. Gemmeticensis annorum plus quam 500. — o Sᵗⁱ Audoeni Rothomagens.
annor. ... (Zahl fehlt). — p Ab. Pratellensis an. plusq. 500.

— r S. Remigii Remensis annor. fere 800. — u S. Trinitatis
Vindocinensis an. 600. — y S. Mauri Fossatensis ann. 800. —
L⁴ nec non ex iis quibus usi sunt Doct. Louanienses sicubi
hanc L adiecimus. — Ex editis etiam'; 214—225 LAA. aus
einem ‚ms. Ecclesiae Laudunensis in pergameno' *(darunter von
zweiter Hand*: ‚ad duo Mss.'); 226—239 Varianten aus einem
Codex Fiscannensis (s. III. Theil I meiner Abhandlung, S. 35);
240—243 aus einem ‚codex m. S. S. Albini, St. Aubin dangers'
(der Schluss zu Buch IV scheint zu fehlen); 244—277 summarische Zusammenstellung von Varianten unter folgender
von verschiedenen Händen vielfach corrigirter Titelüberschrift
(fol. 246): ‚De Consensu Euangelistarum Ad 16 MS. quorum
1ᵐ est Corbeiense notat. 793. 2ᵐ Vindocinense §. 3ᵐ S. Rhemigij
C₃. 30. 4ᵐ Pratellense 53. 5ᵐ Gemeticense C. 1. 6ᵐ S. Audoënj
C. 4. 7ᵐ Beccense 67. 8ᵐ S. Genouefae 3. imperfect. 9ᵐ Floriacense. 10ᵐ Beccense. 11. S. Albini Andegau. 12. Laud. Ecclesiae
et ad 4ᵒʳ Vaticana. Item mss. Fossatense not. 19 et Fiscannense
notat. 20. Et duo Colbertini 21. 22. quibus accesserunt Editiones
Badij not. 17 et Erasmi not. 18. Item accessit mss. Abbatiae
B. Mariae Siluae majoris prope Burdigal.'

     b. Varia: App. II auf den ersten sechs Blättern.

     c. Briefe: Nr. 36 (‚Je nay trouué dans les variations
de rome que les endroits suivants ou ces mots sont marqués,
hic deficit Excusus. Sçauoir dans le 3ᵐᵉ liure de Consensu
Evangelistarum quaest. 70. apres ces mots, qui datus est nobis.
des quatres ms. sur les quels ce traitté a esté collationné il y
en a deux qui ont beaucoup plus que l'imprimé et ce sur-
plus est escrit tout au long dans les uariations'); 52 (‚ie vay
commencer de consensu Evangelistarum, le manuscr. a plus de
mille ans, cest Mʳ de Sᵗ George chanoine et comte de Lyon
qui me la presté, son antiquité ma porté a le collationner'); 54.

     11. De sermone Domini in monte: App. II, Quat.
XXXI, fol. 3 — Quat. XXXII, fol. 3 LAA. aus den codd. Vaticani 445 und 485; IX, 5—12 aus einem ‚Codex S. Arnulphi
Metensis'; X, 12sq. aus einem MS. Fuxense (Collations-Exemplar: ‚ed. Par. an. 1631'); 14—22 aus einem Ms. Cistercij
(Collations-Exemplar: ‚Editio Paris. Bibliothecae asceticae tom. V.
an. 1664'); 24—34 ‚Diui Aurelij Augustini de Sermone Domini
in Monte secundum Matthaeum Liber primus parisiis excussus

anno 1586 sub insigni magnae nauis Collatus ad 5 M. M. exemplaria gallicana Quorum omnium primum est Bibliothecae Beccensis inscriptum 67. nobis 2. Secundum ejusdem Bibliothecae inscriptum 6. nobis 2. Tertium Bibliothecae Gemeticensis C. 31. nobis 3. Quartum Bibliothecae S. P. de Pratellis inscriptum 53. nobis 4. Quintum Bibliothecae beatae Mariae de Lyra inscriptum B. nobis 5 etc.'; 35—56 Vereinigung sämmtlicher LAA. aus den zwei Vaticani, zwei Beccenses, einem ‚Corbeiensis an. 500‘, einem Gemmeticensis, einem ‚Lyrensis an. fere 600‘, einem Codex S. Michaelis in periculo maris ‚an. circiter 600‘, einem Pratellensis, einem Codex ‚Sti Martini Sagiensis annorum circiter 600 qui priore parte mutilus est‘, einem Vindocinensis S. Trinitatis ‚annor. circiter 700‘, je einem Floriacensis, S. Albini Andegavensis, Colbertinus, S. Arnulphi Metensis und anderen Behelfen; 57—64 LAA. aus einer Handschrift von Saint-Aubin d'Angers (s. III. Theil I meiner Abhandlung, S. 15). — Briefe: Nr. 14, 21, 60.

12. Quaestionum euangeliorum l. II: App. II, Quat. XXIV, fol. 3 — Quat. XXV, fol. 1 LAA. aus Codex Vaticanus 463; IX, 177—186, 188—200 aus einem Codex Arnulfensis, einem ‚Cisterciensis annorum circiter 400‘, je einem Sorbonicus und Vaticanus, aus zwei ‚Sanvictorini‘, einem Corbeiensis, einem ‚San-michaelinus annorum fere 600‘, aus ‚MSS. duob. excerptorum ab Eugypio‘, ‚Mss. duobus Flori‘ und anderen Quellen; 201—210 aus einem ‚ms. Cistercij‘ (am Schlusse die Bemerkung: ‚In ms. sequebatur De diffinitionibus rectae fidei et ecclesiasticorum dogmatum. *Incipit* Credimus unum Deum esse, patrem et filium et SS. *des.* merito igitur cuncti adoramus Vnum Deum etc. — 400. an. Cod. ms.‘); 211sq. ‚Castigationes Librorum S. Augustini qq. Euangelicarum ad M. S. Sorbonae. S. — S. Michaelis. μ. — S. Germani. γ. Γ. — S. Victoris, y‘; 212bis ‚D. Aurelii Aug. quaestionum Euangelicarum Libri 2. collati cum MSS. Fuxensi, in quo deest prologus qui in editione praemittitur, ac praeterea 1us Liber inscribitur quaest. ex euangelio Secundum Matthaeum, 2us uero Secundum Lucam. habentur tom. 4. ult. edit. Par. p. 141. col. 1‘. — Textkritische Notizen: App. X, 85.

13. Quaestionum XVII in euang. sec. Matth. l. I: App. II, Quat. XXV, fol. 1 LAA aus Cod. Vaticanus 463; IX,

5—12 Varianten aus einem Codex S. Arnulphi Metensis; 186ᵇ
—212 aus denselben Handschriften, aus welchen die Quaestiones euangeliorum (s. oben Nr. 12) verglichen wurden, ausgenommen den Codex Arnulfensis und den Codex ‚San-michaelinus‘, ‚in quibus desideratur iste liber‘ (fol. 188).

14. In Ioannis euangelium tractatus CXXIV:
App. XVI, 1—17 ‚Tractatuum B. Augi in Ioannem Variae lectiones Impress. Parisijs anno MDCXLVIII ms. cod. Beche-
ronj seu misericordiae Dej ad Wartimpam v. la mercy Dieu
sur Gartampe‘; 18—48 ‚Tractatus Sᵗⁱ Augustini in Euangelium
Sᵗⁱ Joannis collatus cum codice MS. Bibliothecae S. Mauri Fossatensis‘, fol. 48 die Notiz:

‚Explicit.

INGILBTVS ABBA IN
HONORE DI ET SCi
PETRi HVNC LiBRV FIERi
IVSSiT

Omns vos qui legitis orate pro eo
ut Deus reddat ej mercedem
in die adventus sui. amen.

— haec leguntur in fine codicis mss.‘; 49—222 ‚Expositiones
Diui Augustini In Euangelium sancti Joannis Collatae ad octo
Exemplariħ Manuscripta: 1ᵘᵐ est Biblioth. S. Audoeni Rothomag.
Inscript. A 11. nobis 1ᵘᵐ—2ᵘᵐ Biblioth. S. Benedicti Floriacens.
Inscript. VI. tom. 9. nobis 2ᵘᵐ—3ᵘᵐ Biblioth. S. Petri de pra-
tellis. Inscript. 72. nobis 3ᵘᵐ—4ᵘᵐ Biblioth. S. Remigii Rhemens.
Inscript. c. 13. nobis 4ᵘᵐ—5ᵘᵐ Biblioth. Vindocinencis Inscript. 25.
M. nobis 5ᵘᵐ—6ᵘᵐ Biblioth. S. Germani Inscript. 197. nobis 6ᵘᵐ
—7ᵘᵐ Biblioth. S. Petri Gemmeticensis Inscript. c. 27. nobis 7ᵘᵐ
— 1ᵃ pars. 8ᵘᵐ Biblioth. S. Remigii Rhemens. Inscript. c. 11.
nobis 8ᵘᵐ — 2ᵃ pars. 8ᵘᵐ Biblioth. S. Remigii Rhemens. Inscript.
c. 12. nobis 8ᵘᵐ — [9. Fossat. — 10. de mia Dei]. — Opera
Monachorum Benedictinorum Congregationis S. Mauri in Gallia,
Monasterium Sancti Martini Pontisarensis Incolentium Anno
Domini Millesimo Septuagesimo Tertio 17ᵃ die Martii‘, hierauf
die Zusammenstellung der Varianten, dann fol. 221ᵃ die Bemerkung: ‚Le Reuerend Pere Dom Francois Delfau prendra la

peine de tourner le feuillet sil luy plaist' und endlich fol. 221ᵇsq.
Brief Nr. 34: ‚Pax Christi. Mon Reuerend Pere, Je mets icy
en detail ceque Jay remarqué le plus exactement que jay pû
en general et dans chaque lieu selon la page et le chiffre ....
sur tout du quatriesme et du second Manuscrit qui sont les
deux qui ont varié le plus extraordinairement. Le quatriesme
est de Sᵗ Remy .... ce Manuscrit diuise ses traités en 2 parties. La premiere en comprend cinquante quatre. et le cinquante
cinquiesme de l'Imprimé qui commence (coena domini) fait le
premier sermon de sa seconde partie, qui contient septante
sermons. — Le second Manuscrit de mesme [*diuise*] ses traités
en deux parties et en comprend cinquante deux dans sa premiere partie ou il omet le 21. et le 22. traités tous entiers de
l'Imprimé. et transpose le 29ᵉᵐᵉ et le met apres le vingtiesme.
dans sa seconde partie .. il contient 69 traités et en omet un qui
est le cent neufieme de l'Imprimé .. Il est un des plus anciens
que nous ayons et de la Bibliotheque de Sᵗ Benoist sur Loire (s. o.
Tabelle 1 zu *Floriacensis*). Voici en detail les traités ou il Varie
ou obmet le plus en diverses reprises. — Le second Manuscrit
obmet 52 Lignes en 5 endroits dans le traité cinquante sixiesme
de l'Imprimé. dans le traité 57ᵉᵐᵉ il omet 42 lignes en 2 endroits .... [*fol.* 222] dans le 124 il obmet 166 Lignes en
8 endroits. et en adioute enuiron quinze qui ne sont point
dans l'Imprimé. tout cela est marqué en son lieu dans les feuilles
que je vous enuoye suppliant Vrē Reuerance de se souvenir
en ses SS. Sacrifices de celuy qui est de tout son coeur, Mon
Reverend Pere, Vrē tres obeissant Čfrère et Seruiteur Fr. Chri-
stophe Daubin M. B.' — XVII, 107—161 ‚Diui Augustini Expositio in Euangelium sancti Joannis Edita parisiis anno 1635°
Collata ad Codicem Manuscriptum Bibliotecae Cathedralis Carcassonensis. Notae Generales. I° Mss. noster dividitur in duas
partes. 1ᵃ continet homilias quinquaginta duas; 2ᵃ verò Sermones septuaginta. Editio vero nostra dividitur in Tractatus
124. II° In Mss.° duo praemittuntur indices, unus antè homilias, alter ante sermones. Illi autem Indices nihil aliud sunt
quam Collectio titulorum homiliis vel sermonibus praefixorum.
III° In fine cujuslibet homiliae ponitur: Explicit homilia 1ᵃ.
incipit homilia 2ᵃ. explicit homilia 2ᵃ. incipit homilia 3ᵃ et sic
de sermonibus. IV° In notis particularibus textus qui 1° Loco

ponitur, est textus editionis, ille vero qui 2° loco ponitur, est
textus Manuscripti'; hierauf folgt die LAA.-Sammlung und
fol. 161 die Schlussbemerkung: ‚In fine leguntur ista Verba
— Explicit in Expositione Katá joannem Evangelistam Aurelij
Augustini hipponensis Episcopi, Sermo Septuagesimus, in ex-
tremâ parte Amen.' — Textkritische Notizen: App. II auf den
ersten sechs Blättern.

15. In epistolam Ioannis ad Parthos tractatus X:
App. XVI, 237 LAA. eines ‚MS. Fuxense'; 238—240 und
331—334 ‚Tractatus 2ᵘˢ Aug. de expositione in Epistolam
B. Joīs Collatus ad MS. Laudunensis Ecclesiae in 4° Cuius
deest principium et incipit in MS.° ab his Verbis hesternus
et Crastinus in Tom. 9. p. 241' (fol. 239 Varianten zu Tract.
3; fol. 240 zu Tract. 4; fol. 331 sq. zu Tract. 5—8; fol. 333 sq.
zu Tract. 9 und 10); 241—245 LAA. eines ‚Ms. S. Quintinj
Bellouacensis'; 246—251 Variantensammlung aus Saint-Denis
(s. III. Theil I, S. 36 meiner Abhandlung); 252—320 ‚Expositio S. Augustini in epistolam B. Joannis Contenta in tomo
Octano Impresso Parisiis 1614 Et Collata ad sex mss. Codices quorum primus est Bibliothecae S. Germanj a pratis a
nobis inscriptus 6 ... Secundus est S. Michaelis In periculo
marjs. Notatus in primâ pag. num. 7 et a nobis etiam Sic
notatus 7 ... Tertius est DD. Bigot ab Ipso et a nobis pariter
notatus num. 14. quartus Et quintus S. Benedictj Floriacensis
Notatj num. 17 et 19. Sextus denique est ejusdem DD. Bigot
Supradictj not. ab Ipso et a nobis num. 25 — Pag. 235,
Col. 1ᵃ Lit. D.'; 321—330 Variantensammlung aus Saint-Martin
de Pontoise (s. III. Theil I, S. 12 meiner Abhandlung). —
Briefe: Nr. 13 (‚nous acheuons les traittés in Epłam Joannis.
Le dixiesme entier manque dans l'imprimé, ayés soing de
nous lennoyer, il finit a ces mots Legem dei diligis sempiterna
erit labor ...'); 60.

16. Expositio quarumdam propositionum ex epistola ad Romanos: App. II, Quat. XXXII, fol. 5—7 LAA.
aus Cod. Vaticanus 445; X, 65 Varianten aus einem ‚Ms. Fuxense'; 66 Sammlung von LAA. aus einem ‚Ms. PP. Bernardinorum Collegii Parisiensis qui videtur esse annorum fere 400',
einem ‚Ms. Domini Joly Cantoris Ecclesiae Paris.', einem ‚Ms.
Collegii Navarriej annorum circiter 400', je einem ‚Codex Thua-

4*

nae' und ,Vaticanae Bibliothecae', zwei ,Mss. bibliothecae Abbatiae S. Victoris Parisiensis', einem ,Ms. Abbatiae Corbeiensis qui
est annorum circiter 900' und einem ,Codex S. Germani a pratis
in Suburbio Paris. annor. 600'; 69—75 LAA. ohne Angabe der
Provenienz; $83_{(2)}$—$83_{(9)}$,Expositio quarumdam ppoum ad Romanos ad sex ms. quorum 1^m S. Germani 200. 2^m Corbeiense
216. 3^m Thuanum 678. 4^m Dñi Jolly 7. 5^m S. Victoris B. d. 2.
Sextum S. Vict. B. c. 19'.

17. **Epistolae ad Romanos inchoata expositio:**
App. II, Quatern. XXXII, fol. 3^b—5^b LAA. aus Codex Vaticanus 445.

18. **Epistolae ad Galatas expositio:** App. II, Quat.
XXXII, fol. 7 — Quat. XXXIII, fol. 1^b LAA. aus Cod. Vaticanus 445: X, 67sq. Varianten aus den auch zur Expos. ep. ad
Roman. (s. oben Nr. 16 zu App. X, 66) benützten Handschriften
und ausserdem aus einem zweiten ,Thuanus', einem ,Ms. Abbatiae S. Albini Andegauensis', einem ,Ms. S. Michaelis' und einem
,Ms. Abb. S. Sergii et Bacchi Andegauensis'; 69sq. und 76—
83 LAA. ohne nähere Angabe; 84 Varianten aus einem ,Ms.
Fuxense'; 86sq. aus einem ,Codex San-Sergianus Manuscriptus'; 88—92 aus einem ,manuscriptum S. Albini Andegav.';
$92_{(2)}$—$92_{(8)}$ LAA.-Sammlung, über welche im III. Theil I, S. 15
meiner Abhandlung berichtet wurde; $92_{(9)}$—$92_{(12)}$,T. 4. Appendix. Expositio eplae ad Galatas. Iterum ad quatuor (quinque) ms. quorum
1^m uel potius quartum S. Germani 200. quintum Thuanum
678. Sextum S. Germani 216. Septimum S. Michaelis D. 25.
Octauum S. Victoris B. d. 3' (hierauf folgen die Varianten und
wegen der irrigen Ueberschrift: ,T(omus) 4. Appendix' eine
Berichtigung von der Hand Durand's: ,Ces Variations sont sur
le mesme Traitté que les precedentes; les Mss. sur quoy on les
a fait sont ioints avec les autres'). — Textkritische Notizen:
App. X, 85.

19. **De mirabilibus sacrae scripturae:** Briefe Nr. 5
(,Voicy la 3e feuille de l'Extrait des Mss. de St Aug. que i'enuoye a V. R. ou elle trouvera la suite du 2e liure de Mirabilibus S. Scripturae et le 3^e tout a fait'); 159 (der Schreiber
spricht von einem nicht näher bezeichneten Codex, in welchem
sich neben anderen Schriften Augustins auch die drei Bücher

De mirab. S. Script. fänden: ,mais ils sont dans le meme Ms.
tres differents de toutes les editions, ce sont bien pour la
plus part les memes questions et les memes matieres, mais
qui sont traitées tout d'une autre façon et beaucoup plus suc-
cincte dans le Ms. ce qui est cause qu'on ne scauvoit les
collationer auec l'edition, sans transcrire tous les 3 liures tout
dulong'.).

20. Quaestiones veteris et noui testamenti: Brief
Nr. 159 (,Dans le meme volume — *s. oben zu 18. De mirab.
s. script.* — il reste encore les 127 questions de novo et
veteri testamento qui sont dans l'appendice du 4 tome de Louuain
p. 426. mais comme elles sont fort reiettees par les autheurs
de cette edition, et auec quelque fondement, je serois bien aise
de scauoir si V. R. en ueut la collation etc.'.).

21. Expositio in Apocalypsim B. Ioannis: App. XVI,
223—236 ,Ex MS. Codice Vetustissimo Monasterii S. Petri in
Valle Carnot'. — Copie der ,homelia de Apocalypsin numer.
XVIII' in App. XXII, 101.

Migne, tom. IIII.
[Enarrationes in psalmos.]

I. Collationen:

App. II, Quarternio L: ,Variae lectiones in Tomum VIII
operum D. Augustini continentem enarrationes in Psalmos, ex
collatione exemplaris excusi Lugdun. in folio 1586. ad manuscriptum Vaticanum quod in Indice notatur Nr. 89 als 457
collectae'; textkritische Notizen zu Ps. 7 und 66 ebenda auf
den ersten sechs Blättern.

App. XIV, 1—302 Variantensammlung aus Meulant (s.
III. Theil I, S. 11f. und 15f. meiner Abhandlung); 303—314
,Collationes factae unius ms. Serenissimae Reginae Sueciae con-
tinentis psalmos 19. hoc est à psalmo 34 usq. ad psalmum 50"
inclusiue, super impressum Venetiis apud Joannem Grauiscum
et Socios, anno 1584. in 4°', am Schlusse (fol. 314ᵇ) die Bemerkung: ,explicit mss. liber Ecclesiae B™ Mariae humolarien-
sis qui nunc ē Serenissimae Reginae Sueciae'; 315—328 ,Col-
lationes factae super m͞s. serenissimae Reginae Sueciae qui
complectitur psalmos 31ᵘᵐ *(so!)* hoc est a 119. usque 150., et

super impressum parisiis anno 1541 apud hugonem et haeredes
Aemonis a porta' (der Schluss von Ps. 148 an fehlt).

App. XV, fol. 2 diente früher als Umschlag für ein an
Blampin gerichtetes Schreiben und trägt jetzt infolge eines
Risses, dem der obere Rand des Blattes zum Opfer gefallen
ist, nur mehr folgendes verstümmelte Avertissement:

[fol. 2ᵃ] ,. . . . . gagenae psalmorum
. . . . mus ms. duodecim; quorum
. . . . tura // a 101° ad 118ᵐ inclusive
. . . . cense 16 // a media parte Concionis quartae
de quarta parte
. . . . psalmj 103ⁱ ad 146 inclusive.
3ᵐ Gemeticense C. 26 // a 101 ad 150.
4ᵐ S. Audoënj C. 72 // a psalmo 102 ad median partem
psalmi 150.
5ᵐ Pratellense 69 // a 101 ad 150.
6ᵐ S. Michaelis D. 32 // a 101 ad 150.
7ᵐ { Corbeiense 186 // a 101 ad 110 inclusive.
    Corbei. 187 // a 109 ad 134.
    Corbei. 189 // a 134 ad 141.
    Corbei. 190 // a 141 ad 150.
8ᵐ { Corbeiense 188 // a 111 ad 118.
    Corbeiense 192 // a 119 ad 131.
9ᵐ S. Rhemigij Cc₁₀ // a 119 ad 136.
10ᵐ S. Rhemigij Co₂₁ //a 119 ad 136.
11ᵐ S. Theodoricj 41 // a 119 ad 133.
12ᵐ S. Michaelis D. 14 // a 119 ad 132.

Enuoyé aux Reuerends Peres de Meulent le 16ᵉ d'Aoust
1673 les mss. suiuants. —

In Collatione ultimae Quingagenae (so!) psalmorum Ex
augustino usi sumus septem manuscr. quorum 1ᵐ Gemeticense
notatum a tergo C. 26. incipit a psalmo 101 ad psalmum cen-
tesimum quinquagesimum. — 2ᵐ S. Audoënj notatum à tergo
C. 72. a psalmo 102. ad mediam partem psalmj 150. — 3ᵐ Pratellense notatum 69. a Psalmo 101 ad 150. — 4ᵐ S. Michaelis
notatum a tergo D. 32. a 101 ad 150. — Corbeiense divisum
in 4ᵒʳ Tomos quorum primus Tomus notatur a Tergo 186, et
Continet psalmos decem a 101 ad 110. 2ᵘˢ Tomus notatur 187.

et habet .:. mos ... a psalmo 109 ad 134. 3us Tomus 189. continet psalm. 8. a 134 ad 141. / 4us Tomus 190 habet psalmos decem a 141 ad 150. haec quatuor mss. siue hi quatuor Tomi ut .. ms. numerarj debet pro hac ultima quingagena.

[fol. 2^b] 6^m S^{ti} Martini de .... ad 150.

7^m Conuentus S^{ti} Jacobj Dominicanoru .... ad 150.'

Die diesem Avertissement folgenden LAA.-Verzeichnisse sind zum Theile in grosser Unordnung zusammengebunden; von Mittheilungen über die den Maurinern vorgelegenen Handschriften sei Folgendes herausgehoben: Fol. 12^b ‚Expositiones D. Augustini In psalmos collatae (ad) nouemdecim Exemplaria Manuscripta a 1 ad L. Quorum omnium 1um est Bibliothecae S. Petri Pratellensis notat. 67. nobis 1um—2um S. Benigni Diuionensis notat. 213. nobis 2um—3um Biblioth. B. Mariae de Lyra sine nota. nobis 3um—4um biblioth. S. Theoderici prope Rhemos notat. 42. nobis 4um—5um Biblioth. S. Petri Corbeyensis notat. 174. nobis 5um—6um Biblioth. SS. Trinitatis de Vindocino Inscript. 22. M. fol. nobis 6um—7um biblioth. Corbeyensis Inscript 175. nobis 7um—8um S. Remigii Remensis Inscript. C. 38. nobis 8um—9um Biblioth. S. Petri de Cultura sine nota nobis 9um—10um Biblioth. Floriacensis. Inscript. A$_4$ nobis 10um—11um Biblioth. S. Audoeni Rothomag. Inscript. c. b. — 12um Biblioth. Gemmeticensis. Inscript. c. 24. nobis 12 —13um Biblioth. S. Remigii Rhemens. Inscript. c. 16. nobis 13um—14um Biblioth. S. Michaelis In periculo Inscript. D. 30. nobis 14um—15um S. Petri Corbeyensis Inscript. Corbye St Germain tom. 8. 176. nobis 15um—16um S. Remigii Rhemensis Inscript. c In medio Littera k. Infra 17 .... nobis 16um—17um S. Petri Corbeyensis Inscript. Corbye St Germain tom. 8. 177. nobis 17um—18um Bibl. S. Remigii Rhemens. c. 19. nobis 18um —19um Bibl. S. Remigii Rhemens. c. 18. nobis 19um — Opera Monachorum Benedictinorum congregationis Sancti Mauri in Gallia, Monasterium S. Martini Pontisarensis Incolentium‘; von zweiter Hand sind zerstreute, schwer leserliche Notizen hinzugekritzelt, die von einem Vaticanus 49 und einem ‚Regius annorum circiter 700‘ Nachricht geben.

Fol. 13—92 Variantensammlung zu dem ‚Impress. pag. 4. col. 2 Litt. d psalm. *2 pro eo dictum est* — pag. 201. col. 2 litt. A *quos fide dixistis ut baptizarentur'* ohne Angabe der Provenienz.

Fol. 93 Notiz über die gewählte Numerierung der Handschriften in den darauf folgenden Variantensammlungen und unten die Bemerkung: ‚Nota quod in nostris codicibus reperimus omnes varias lectiones quae in editione habentur. atque adeo eas non referimus.'

Fol. 94—174 Variantensammlung aus Meulant (s. III. Theil I, S. 21 meiner Abhandlung).

Fol. 175—191 LAA. zu Ps. 63—98 ‚ex perfracto et pervetusto ms.° mnrij S. Petri Ferrarie(nsis) Collato cum editione Parisiensi Theologorū Louanensium anni 1635'.

Fol. 192—196 Varianten zu Ps. 141—150 unter folgender Titelüberschrift: ‚Notanda ex m̄s. Diuj Augustini Super Decem Ultimos psalmos Dauidis Collato ad Imp. Louaniensem, quod m̄s. est eccłiae Cathedralis Laudunensis, datumq. a Didone episcopo Laudunensi qui florebat anno Dominj 886. ms. est in 4° pluribus erroribus et omissionibus refertum.'

Fol. 197 ‚Explanatio S⁸ Augustini In psalmos Graduales Ex Impresso parisiis anno 1649 collato cum Manuscripto Codice S⁸ Mauri Fossatensis.'

Fol. 204 ‚Diuus Augustinus in psalmos Editionis Louaniensium parisiis 1635 Collatus ad manuscriptum Ecclesiae metropolitanae Sancti Gatiani turonensis.'

Fol. 279—290 LAA. von Ps. 101 an aus einem ‚Manuscrit de Beauuais presté par M. Hermant' (s. o. Tabelle 1 zu *Bellovacensis*).

II. Briefe:

Nr. 3; 38; 45 (‚Il ny a aucun ms. do pscaumes, qui vous manquent, au Vatican; ie trouue quil y en a un chez la Reine de Suede qui contient les 50 derniers pseaumes, ie tacheray de l'avoir mais ie ne scais plus par lemois de qui, le card. Bona estant mort; car il nest pas possible de l'aller collationer sur les lieux; elle demeure a l'extremité de Rome et nous a l'autre, la bibliotheque n'est pas publique'); 61; 73; 75 (‚Je prens la liberté de vous avertir qu'en lisant S. Augustin sur les Pseaumes, j'ay trouvé sur le Ps. 53. p. 494. lig. derniere

ces deux mots, Dico dicitur, au lieu desquels il y a dans le
vieux S. Aug. de Mr de T. Deo dicatur, il a cru qu'il estoit
bon de vous donner avis de cela⁴).

Migne, tom. V.
[Sermones.]

I. Collationen:

App. XIII, 202sq. ,[Tom. 9.] Liber de Pastoribus Collatus
Cum ms.° 800^{an} DD. de St. Georges Ecclesiae cathed. S^{ti} Joannis
Lugdunensis Canonici et Comitis nec non doctoris Sorbonicj,
Ex Editione Lugdunensi 1664. In MS.° desunt a Paginá 234. ad
pag. 237. col. 2. litter. C. et incipit ab his verbis *quia et cum
praesens est lux etc.*;⁴ 204sq. LAA. derselben Handschrift zum
,liber de ouibus‘; 205₍₃₎sq. ,[laon Tom. 9.] Liber S. Aug. de pastoribus Tom. 9. pag. 274 Impress. [mag. nauis] Parisiis Ann. M.
DC. XXXV. Collatus ad MS. Cathedr. Eccl. Laudun. Deest in
MS. Principium huius libri usque ad hoc verbum *Qui Pastorum*‘;
206—217 LAA. aus einem ,Ms. Cistercij‘ zu ,De Pastoribus‘
und ,de ouibus‘; 220sq. ,D. Aurelij Aug. Liber de decem chordis collatus cum MS. Fuxensi‘; 219ᵇ und 222sqq. Varianten aus
einem ,Ms. Cistercij‘ zu ,De Decem Chordis‘; 233₍₂ et ₃₎ Collation
von ,de Ouibus‘ mit dem oben (fol. 205₍₃₎sq.) verwerteten Codex
aus Laon; 233₍₄ et ₅₎ ,[Tom. 9. St Euroux.] Tractatus S. augustini Tomo 9 impresso parisijs 1635 in manuscripto E 5 1 Ex
bibliotheca S. Ebrulphi Uticensis De decem chordis‘; 234—237
,[Append. Tom. 9 Compendium.] † De Arbore scientiae boni et
mali Tractatus 22ª Censura. Non videtur Augustini. I*(mpressum)*:
Nota quod hic Tractatus 22ª ponitur Inter opera spuria D. Augustinj, In Calce tomj nonj Editionis parisiensis annj 1635.
pag. 452. M*(anuscriptum)*: Tractatus de Arbore paradisi, positus
in Impresso 23 Monasterij SS. Cornelij et Cyprianj Compediens‘.

App. XVII, 12—25 ,Sancti Augustini Episcopi Sermones
de Verbis domini Collati cum tribus mss. Colbertinis numero 343.
nobis 1. 597. nobis 2. et 821. nobis 3‘; 161—165 Varianten zu
Sermo CXXV ed. Migne aus einem ,Manuscriptum Bibliotecae
Cathedralis Carcassonensis‘ mit der im III. Theile I, S. 16 meiner
Abhandlung erwähnten Schlussbemerkung; 171 ,Tractatus de
decem plagis, in editione Lugdunensi anni 1563 Insertus tomo 9.

pag. 1439 Collatus ad Cod. Manuscriptum Eccliae Carcassonensis'; 172—184 LAA. zu 12 Sermones aus einem ms. Fuxense; 185—191 ,Liber 50 homiliarum D. August. Edit. Parisiens. an. 1635 collatus cum MS. codice Collegii Fuxensis apud Tolosates'; 192—197 ,Notae ex Ms. Codice Matricis Ecclesiae Carcassonensis' zu dem ,Sermo Diui Augustini in Sabbat. post Dominicam quinquagesimae' und dem ,Sermo Diui Augustini in Coenâ Domini'; 194—200 LAA. zu 4 Sermones aus einem ms. Fuxense; 201—206 zu 21, fol. 207—214 zu anderen 25 Sermones aus einem ,MS. Matricis Ecclesiae Carcassonensis'; 215 ,Sermo S. Aug. de Eleemosinis collatus cum MS. Fuxensi'; 216 —227 LAA. zu 20 Sermones aus einem ,Ms. Cistercij'; 230sq. gleichfalls aus einem ,Ms. Cistercij' zur ,Oratio Aduersus Judeos. Editio Paris. an. 1635', am Schlusse die Bemerkung: ,Ex Cod ms. Sermonum Partis Hiemalis ad usum refectorij Sermone 6. 500 annorum'; 232—235 desgleichen zur or. adu. Jud. aus einem ,MS. Cistercij 500 annorum'; 236—241 Varianten zu einer Reihe von Sermones aus einer Handschrift von Préaux (s. III. Theil I, S. 36f. meiner Abhandlung); 242—246 LAA. zu mehreren Sermones aus einer ungenannten Handschrift; 247—249 ,Sermo 16. S. Aug^ni inter hactenus ineditos collatus ad ms. Ecclesiae Cathedralis quod videtur esse annorum 800 circiter et est in folio' (keine nähere Angabe); 250 ,Variae lectiones excerptae ex ms. 26. S. Cornelij Comp. in Sermon. 127. novae edit.'; 251—267 und 306 Collation einer Anzahl von Sermones mit sieben in folgender Weise bezeichneten Handschriften: a) ,ms. Vindocinense notatum 8', b) 13 ,S^ti Michaelis in periculo maris'. c) ,quod est 9. S^ti Benedicti Floriacensis', d) ,12. S^ti Remigii', e) ,ms. notatum 11. S^ti Theoderici', f) ,notata 1. S^ti Petri Corb. et 10. S^ti Theoderici'; 268 —305 LAA. zu 61 Sermones ,ad mss. codicem S. Mauri Fossatensis annor. circiter 600'; 309—322 ,Liber 50 homeliarum Collat. ad manuscripta 3. 4. 5' (jede nähere Angabe fehlt); 323—329 Varianten aus mehreren ,Mss. S^ti Benedicti Floriacensis', aus einem ,vet. cod. Colbertinus qui annos praefert circiter 800 vel 700' (u. zw. zum ,Sermo XLII De Tempore') sowie aus anderen unbenannten Handschriften; 330—333 und 388sq. aus einem ,M. S. bibliotecae Ecclesiae Catedralis Carnotensis'; 334—387 ,Beati Aurelij Augustini Sermones De Verbis Dominj

et de Verbis Apostolj recensiti ad duodecim Exemplaria Manuscripta Sic notata I. Gemmeticense, II. S. Remigij, III. Vindocinense, IIII. Corbeiense, V. Diuionense, VI. S. Michaelis in
per. maris, VII. B. Mariae de Lyra, VIII. S. Audoenj, IX. S.
Benedicti Floriacense, X. S. Petri Praxelensis, XI. S. Benigni
Diuionensis, XII. Ejusdem' (am Rande von zweiter Hand hinzugefügt: ,Add. Fossatensis. Colbertini quatuor'); 390—419
eine im Jahre 1680 (s. fol. 405) angefertigte Variantensammlung
zu den Sermones de Sanctis, de Tempore u. dgl. ,cum Manuscriptis membranis RR. PP. Dominicanorum Claromontensium'
(überall genaue Angabe des Collations-Exemplars und fol. 413 die
Adresse: ,Au Reverend pere Dom Simon Bougis Secretaire du
tres Rd. pere general A paris'); 420sq. Collation des ,Tractatus
d. Augustini de communi uita Clericorum' mit einem ,codex Ma-
nuscriptus 500 circiter annorum in abbatiâ S\[ti] quintini belua-
censis repertus', darüber von zweiter Hand die Notiz: ,Tom. 10.
S\[ti] Quintini Beluacensis. Sermo 49. de diuersis (propter quod)';
422sq. Fragment einer Variantensammlung derselben Hand,
welche anderwärts die Collationen der ,mss. Laudunensia' liefert.

    II. Copien:

    App. XVII, 26—68 Copien von 55 Sermones, fol. 68\[b] die
Subscriptio: ,Expliciunt Sermones de Scc. Vigilia Beati Pauli
Apostoli num. X. Basilica Apostolorum Philippi et Jacobi' und
von anderer Hand die Bemerkung: ,In fine Codicis manuscripti
Vaticani, ex quo Sermones hic descripti exscripti fuerunt, eodem
penitus caractere scriptum habetur: Qui legitis, obsecro ut oretis
pro scriptore ut precibus apostolorum principum solvantur vin-
cula Haemundi Presbiteri peccatoris sicut inutilis Scriptoris Deo
gratias'; 60—83 von derselben Hand, wie die vorangehende
Sammlung, Copien von 28 Sermones, deren erste folgende
Ueberschrift trägt: ,Incipit Sermo Sancti Augustini de Sanc-
torum Macabeorum Kal. Augustas. I. pag. I. Ex antiquissimo
M\[sto] Vaticano 3836. Gratias dilectissimi Dño deo nostro quod
quanta sit diei huius etc.' (fol. 83\[b] heisst es ähnlich wie oben
auf fol. 68\[b]: ,In fine codicis m̄s. Ex quo hi sermones exscripti
sunt, habetur scriptum eodem penitus caractere: Qui legitis,
obsecro ut oretis pro scriptore ut precibus aplorum principum,
soluantur uincula Haemundi presbiteri peccatoris sicut inutilis
scriptoris. Deo gratias.').

Ibid. 84—98: Abschriften von 13 Sermones aus den Codices 55, 60, 108, 156 und 159 des römischen Klosters S. Croce in Gerusalemme; 99—104: Abschriften aus dem ‚homiliarium Magnum 4222‘ (s. unten die Briefe Nr. 46 und 66).

Ibid. 105 von derselben Hand, welche anderwärts die Collation der ‚mss. Cistercij‘ besorgt, zwei Abschriften ohne nähere Angabe der Provenienz: 1. von sermo LIII ed. Migne, 2. der ‚Praefatio Angelomi in expositione quam super genesim edidit‘; 106 zwei Abschriften von der Hand D. Robert Guerard's ‚ex M⁰ S⁰ⁱ Benignj Diuionensis 800 an. c.‘: 1. ‚Incipit oratio S⁰ⁱ Augustini. Succurre mihi Deus meus, cur spreuisti me etc.‘, 2. ‚Gratias tibi ago dne Jesu non solum voce non solum corde etc.‘; 161—165 Copie von sermo CXXV ed. Migne aus einem ‚Manuscriptum Bibliotecae Cathedralis Carcassonensis‘; 228sq. Abschrift des sermo XCIV ed. Migne aus einem ‚Ms. Cistercij‘.

App. XX, 290—313 Abschrift des ‚Liber de decem Cordis‘ aus einem ‚Ms. Carcassonense‘, s. III. Theil I, S. 14 und 16 meiner Abhandlung.

III. Varia:

App. I, 171sq. ein an D. François Delfau adressierter Katalog von Handschriften der Werke und Reden Augustins ‚ex tomo 6, 9, 10‘ mit der Ueberschrift: ‚Corbey 10‘. — II auf den ersten sechs Blättern Notizen zum ‚sermo 4 de uerbis apli‘. — XVII, 1sq. Fragment eines Index Initiorum zu den Sermones de diuersis; 4sq. Verzeichniss der ‚Sermones spurii in Appendicem rejiciendi‘; 6—11 ‚Sermones S. Augustini excerpti ex vetustis et maioribus Lectionarijs Bibliothecae Remigianae‘; 166—170 ein Verzeichniss von 121 Sermones aus einem ‚Codex Mss. In Archivis Ecclae Carcassonensis repertus‘ (davon sind 27 durch das Zeichen + als solche bezeichnet, ‚qui adscribuntur D⁰ Augustino ab Authore Codicis‘). — XX, 6 ein Versuch, in sermo CCXCIX, cap. 5 (s. Migne, t. V, col. 1370sq., Anm. b) die handschriftliche Lücke zu füllen; 13—15 Notizen aus einem ‚Ms. Ottemburanum‘, einem ‚MS. Reg. 3793‘, einem ‚ms. Compendiense a 700 saltem annis exaratum‘, einem ‚ms. Ecclesiae Carnutensis ann. 800‘ und anderen Handschriften über die muthmasslichen Verfasser einzelner von den Maurinern im Appendix abgedruckten Sermones, wie ss. XCVII, CX, CXXX, CCLXXXVII u. a.

IV. Briefe:

Nr. 7; 27; 37; 45; 46 [der Schreiber theilt mit, dass er schon vor längerer Zeit mit der Abschrift einiger Homilien aus dem ‚Homiliarium Magnum S⁰ Augustini‘ der Vaticanischen Bibliothek begonnen habe: ‚mais ayant trouué que St. Bonauenture y estoit cité ic desistaj‘]; 52; 60; 61; 66: ‚J'ay tant fait de diligence et jay tant cherché le Ms. 4222 dans la bibliotheque du Vatican, que je lay enfin decouvert; il est justement nommé Homiliarium magnum parce qu'il est d'une grandeur extraordinaire. cest un Ramas de diverses homelies des Peres sur les festes et sur les dimanches de l'année .... Il peut estre de cinq a six cent ans. Il est escrit presque du mesme caractere que le commentaire sur les Epistres de St. Paul attribué a Flore que vous avez dans la bibliotheque de St. Germain en deux volumes .... Je lay examiné tout entier et Jy ay trouvé plusieurs sermons de St. Aug. dont la pluspart sont imprimés. Je vous envoye les titres, le commencement et la fin des autres dont je doute et que je ne trouve pas dans nostre Edition, mais en qui je ne me fie pas trop parce quelle est fort defectueuse, vous les examinerez sil vous plaist avec les autres dont je vous ay escrit cydevant afin que je sois assuré de ce quil faudra copier pour vous lenvoyer .... [der Schreiber lässt hier Titel, Initium und Finis von im ganzen 18 Sermones ‚Ex Homiliario Magno notato 4222‘ folgen und führt dann fort:] Il y a encore un sermon sans titre qui commence audivit nobiscum caritas vestra etc. et finit exultet Jabob et laetetur Israel quia dominus natus est Emmanuel [vgl. Mai Bibl. P. P. nova I, 233]. Ces derniers paroles feroient douter sil ne seroit point pour le jour de Noel ......‘; 77 [C'est mon Reverend Pere que m'estant trouué à l'abbaye de La-val-Dieu, ordre de premontré, gouuernée par M⁰ brodé abé du D⁰ Lieu, j'y ay lu les sermons de S⁰ augustin en un moyen tome in folio en manuscrit daté, si je me souuiens, de l'an unze cents trente huit, deux ans aprés la fondation de cette abbaye‘]; 127; 143; 144 [‚Nayant pu trouver commodement un Tome de ledition de Louvain pour collationner sur ms. de S⁰ croix Le sermon dont vous avez besoin, J'ay fait une copie .... ce ms. est de caractere Lombard semblable au p⁰ modele de la f⁰ Table du diplomatique qu'on a tiré d'un ms. de Corbie‘];

149 [Mittheilungen über Handschriften der ‚Bibliotheque du
College de Foix a Toulouse‘, der ‚Bibl. de S¹ André dauignou‘
und der ‚bibliotheque de feu mr. de sponde qui est aux mi-
nimes de Toulouse‘]; 155 [‚pour vostre edition de S¹ Augustin
jay un recueil de plusieurs homelies qui ont possible bien 400
ans et apart un sermon de trinitate que je trouve ala verité
nestre quun fragment dun autre ouvrage sur cette meme
matiere, mais il y a quelques differences de l'imprimé‘]; 159: ‚De
4 sermons que V. R. prit la peine de m'indiquer dans sa derniere lettre je n'en ay trouvé que 3, Le 4ᵐᵉ de cruce et Latrone
qui commence hodierna die n'aiant que ces deux premiers mots
de semblable auec le ms. J'aurois esté bien aise de scauoir le
sentiment de V. R. sur les autres qui restent: elle me dit bien
a la ucrité que tous ces sermons nouueaux luy paroissent un
peu douteux, a cause de plusieurs autres semblables qu'on a
melé iusques a present parmi les oeuures de St. Aug. de quoy
je ne disconuiens nullemᵗ auec elle: mais je ne scays pas bien
si cela ueut dire qu'il faille absolumᵗ abandonner ceux cy. tout
ce que je puis dire a V. R. pour le present est que outre que
les Ms. ou ils se trouuent est d'une tres bonne note, le peu
encore que j'en ay leu auec attention ne me paroit pas indigne
de St. Aug.‘.

Migne, tom. VI.

1. De diuersis quaestionibus LXXXIII: App. II,
Quat. XXVII, fol. 6 — Quat. XXVIII, fol. 8 LAA. aus den
codd. Vaticani 445 und 515; X, 69 sq. aus anderen Handschriften
ohne genauere Bezeichnung. Textkritische Notizen: App. I, 143
(Beilage von Brief Nr. 76) und X, 85.

2. De diuersis quaestionibus ad Simplicianum
libri II: App. II, Quat. XXVIII, fol. 8 — Quat. XXIX, fol. 4
LAA. aus den codd. Vaticani 445, 500, 501; X, 1 sq. aus einem
‚Manuscriptum Ecclesiae S. Mauritii Andegauens.‘ und 69 sq.
aus ungenannten Handschriften. Textkritische Notizen: App. I,
143 und II auf den ersten sechs Blättern.

3. De octo Dulcitii quaestionibus: App. II, Quat.
XXIX, fol. 4—6 LAA. aus den codd. Vaticani 445, 461, 500;
X, 3 sqq. aus einem ‚Ms. Fuxense‘ und einem ‚mss. Majoris

monasterij'; 69sq. aus ungenannten Handschriften. Textkritische Noten: App. I, 143.

4. De fide rerum, quae non videntur: App. II, Quat. XXXIV, fol. 8 — Quat. XXXV, fol. 1 LAA. aus Cod. Vaticanus 447; VIII, 337sq. aus einem ‚Manuscriptum Regalis-Montis'.

5. De fide et symbolo: App. II, Quat. III, fol. 1—3 LAA. aus den codd. Vaticani 417 und 445; VI, 161 aus einem ‚ms. Cathed. Eccliae Laudun. quod est annorum 700 circiter'. Textkritische Noten: App. I, 143.

6. De fide et operibus: App. II, Quat. XX, fol. 6 — Quat. XXI, fol. 2 LAA. aus den codd. Vaticani 445, 470 und 484; IX, 1—3 aus einem ‚MS. Beatae Mariae Remensis' und 5sqq. aus einem Codex S. Arnulphi Metensis. Textkritische Noten: App. I, 143 und II auf den ersten sechs Blättern.

7. Enchiridion ad Laurentium:

a) Collationen: App. II, Quat. III, fol. 3 — Quat. V, fol. 8 LAA. aus den codd. Vaticani 414, 445, 476, 492, 513; textkritische Noten ebendort auf den ersten sechs Blättern; XXII, 263 Bericht aus mehreren Handschriften über die LA. ‚si velle(n)t' [Migne, t. VI, col. 275, cap. 95].

b) Copie: App. XX, 290sqq. aus einem ‚Ms. Carcassonense' (s. III. Theil I, S. 16 meiner Abhandlung).

c) Briefe: Nr. 17; 49; 67 („Jay trouvé votre lettre quand je ne la cherchois plus; et n'etant pas en état d'aller au Vatican, j'ay prié le R⁴ Pere Robert d'y aller. il l'a fait, ou il a trouvé le Reverendissime Pere Lauria fameux Theologien du Pape. ils ont cherché le passage de Sᵗ Augustin dans deux manuscrits de Sᵗ Augustin. Dans l'un il y a *si vellet*, dans l'autre il y avoit *si vellent*, mais on a effacé l'*n*, desorte qu'il y a *si vellet*, et l'on voit que la lettre *n* a été effacée. Ils ont regardé dans saint Augustin imprimé. Il y a *si vellent* et à la marge *fortè vellet* comme dans le S. Augustin de notre couvent de Rome. Le Reverendissime Pere Lauria a dit que le sens du passage veut qu'il y ait *vellent*, et qu'il croit que Sᵗ Augustin n'etant que Simple Prestre avoit mis *vellet*, mais qu'etant Evesque il avoit mis *vellent*'; vgl. I. Theil, S. 52ff. meiner Abhandlung).

8. De agone Christiano: App. II, Quat. XV, fol. 8 und Quat. XVI, fol. 7 sq. LAA. aus den codd. Vaticani 414, 445, 448; Brief Nr. 60.

9. De catechizandis rudibus: App. II, Quat. XXX, fol. 2—4 LAA. aus Codex Vaticanus 445; X, 8 ein Verzeichniss von Varianten zwischen der Editio Louaniensis, Amerbachiana, Erasmiana einerseits und 7, beziehungsweise 8 und 10 ‚Scripta‘ anderseits; 9 sq. LAA. aus einem Codex Urbinas (s. III. Theil I, S. 25 f. meiner Abhandlung); 69 sq. aus ungenannten Handschriften.

10. De continentia: App. II, Quat. XXX, fol. 4—7 LAA. aus den codd. Vaticani 447 und 469; IX, 5 sqq. aus einem ‚Codex S. Arnulphi Metensis‘; 9 sq. aus dem oben zu 9 (De catech. rudib.) genannten Urbinas; 69 sq. aus ungenannten Handschriften.

11. De bono coniugali: App. II, Quat. XLI, fol. 2 LAA. aus den codd. Vaticani 376, 414, 445, 512; X, 9 sq. aus dem oben zu 9 und 10 erwähnten Urbinas; XIII, 177—179 aus einer nicht näher bezeichneten Handschrift; Notizen: X, $10_{(2)}$ sq. (s. III. Theil I, S. 42 f. meiner Abhandlung); Brief Nr. 151 (Begleitschreiben zu einer fertiggestellten Collation ‚sur un Ms. de N̄re Dame de Reims donné par Hincmars Arch.‘).

12. De sancta virginitate: App. II, Quat. XLI, fol. 2—4 LAA. aus den codd. Vaticani 414, 445, 512, 656; X, 9 aus dem oben zu 9—11 genannten Urbinas; Excerpte: XIII, 184; Notizen: X, $10_{(2)}$ sq.

13. De bono viduitatis: App. II, Quat. XXXI, fol. 1—3 LAA. aus den codd. Vaticani 414, 445, 512; textkritische Notizen: X, 11.

14. De coniugiis adulterinis: App. II, Quat. XLI, fol. 4—6 LAA. aus den codd. Vaticani 376, 445, 512; Brief Nr. 37.

15. De mendacio: App. II, Quat. XX, fol. 1—3 LAA. aus Codex Vaticanus 445; Brief Nr. 37.

16. Contra mendacium: App. II, Quat. XX, fol. 3—6 LAA. aus den codd. Vaticani 445, 448.

17. De opere monachorum: App. II, Quat. XVI, fol. 6 — Quat. XVII, fol. 3 LAA. aus den codd. Vaticani 414, 445, 489; Briefe: Nr. 7 und 14.

18. De diuinatione daemonum: App. II, Quat. XVII,
fol. 3 LAA. aus den codd. Vaticani 414, 445, 458.

19. De cura pro mortuis gerenda: App. II, Quat.
XXIX, fol. 6 — Quat. XXX, fol. 2 LAA. aus den codd. Vaticani 414, 445, 461, 505; IX, 5sqq. aus einem ‚Codex S. Arnulphi Metensis‘; X, 4—7 aus einem ‚Mss. Majoris monasterij‘;
67sq. aus ungenannten Handschriften; textkritische Notizen:
X, 85; Briefe: Nr. 24 und 37.

20. De patientia: App. II, Quat. XXX, fol. 7 — Quat.
XXXI, fol. 1 LAA. aus den codd. Vaticani 447, 469, 514;
IX, 5—12 aus einem ‚Codex S. Arnulphi Metensis‘; X, 9 ‚Ex
mss. bibliothecae Urbinat. notato nro. 118‘; 69sq. aus unbenannten Handschriften.

21. De symbolo ad catechumenos: App. XIII, 238sq.
Varianten aus einem ‚ms. Ecclesiae Laudunensis‘.

22. De disciplina Christiana: App. XIII, 217—219
LAA. aus einem ‚Ms. Cistercij 400 annorum‘; Brief: Nr. 37.

23. De cantico nouo:
24. De quarta feria: App. XIII, 238—246 Collation
25. De cataclysmo: mit dem oben zu 21 genannten
26. De tempore bar-   ‚ms. Ecclesiae Laudunensis‘.
barico:

27. Dialogus quaestionum LXV: App. II, Quat.
XXXIII, fol. 1 — Quat. XXXIV, fol. 5ᵇ Collation mit den
codd. Vaticani 283, 289, 458, 513; IX, 5—12 mit einem ‚Codex
S. Arnulphi Metensis‘; X, 106 ‚[Append. tom. 4.] Lib. 65 qq.
Sive Dialogus sub titulo orosij interrog. et Augi. Respond.
collatus ad ms. Regium not. 1653. In ms. titulus est: Inqui-
sitiones orosij et Responsiones Augustini — In decursu libri
ad singulas qq. praefigitur nomen Orosij. Et ad singulas respon-
siones nomen Augustini‘; 107—110 Collation mit einem ‚Mss.
Domini foucault‘ (s. III. Theil I, S. 34f. meiner Abhandlung). —
App. X, 105 eine mangelhafte Copie (wahrscheinlich aus einem
Ms. Fuxense). — Brief: Nr. 36.

28. De fide ad Petrum: App. II, Quat. XVIII, fol. 4
— Quat. XIX, fol. 1 LAA. aus den codd. Vaticani 289, 414,
417, 448; VIII, 329—337 ‚hae sunt Correctiones et variae lectiones quae repertae sunt in Libro B. Augustini De Fide ad
petrum; iuxta Manuscriptum Regalis-Montis. Dico decimo die

mensis Septembris 1675. Fr. philibertus Berbis, eiusdem abbatiae prior'; 339sq. LAA. aus einem ‚MS. Codex Franciscanorum
magni Conuentus parisiensis'.

29. De spiritu et anima: App. II, Quat. XIX, fol. 1—7
LAA. aus den codd. Vaticani 414, 467, 473, 601.

30. De vera et falsa poenitentia: App. II, Quat.
XXXV, fol. 1—4 LAA. aus Codex Vaticanus 473; IX, 84 aus
einem ‚ms. Cistercij'.

Migne. tom. VII.
[De ciuitate dei.]

I. Collationen:

App. VII, 289 304 Fragment einer Variantensammlung
(vom 18. Buch bis zum Beginn des 21.).

App. XI, 1sq. und 16—90: ‚[Analysis librorum de Civitate dei. Tom. 5.] Beati Aurelij Augustini De Civitate Dei De
novo castigat. . . . . . ad sexdecim mss. gallicana. quorum A.
primum est Corbeiense — B. Secundum Corbeiense alterum —
C. 3um Sancti Remigij Rhemensis — D. 4am S. Petri Gemmeticensis — E. 5em S. Audoeni Rothomag. — F. 6em Beccense —
G. 7um S. Vincentii Laudunensis — H. 8um Vindocinense —
J. 9em Bae Mariae de Lyra — L. 10em S. Michaelis in periculo
maris — M. 11um D. Bigot — N. 12em S. Albini Andegavensis.
Incipiens tantum a 18o libro ad finem. — O. 13em S. Mariae
Suessionensis — P. 14um Ecclesiae Bellovacensis — Q. 15 Ecclesiae Sylvanectensis — R. 16. Collegij Navarrej — Et tredecim
mss. Vaticanae Bibliothecae — S. 17. quibus accesserunt conjecturae Latini Latinij Ecclesiae Viterbiensis Canonicj. et — T. 18.
Editio Vindelinj anno MCCCCLXX — V. 19. Editio Erasmj'.

Ibid. 91—149 eine sehr sorgfältige Collation aller 22 Bücher mit einem ‚ms. Cistercij'.

Ibid. 150—304 Variantensammlung aus drei, mit C 1.,
2. und 3. bezeichneten Handschriften; aus Rand- und Interlinear-
noten geht hervor, dass damit ein Codex Colbertinus, ein Codex
Domini Faure und ein Codex Gervasianus bezeichnet werden.

Ibid. 305—350 LAA. ‚ex Manuscripto Ecclesiae cathedralis
Remensis scripto anno millesimo quadringentesimo nonagesimo,
collato cum editione parisiensi 1651. correcta a Doctoribus
Louaniensibus'.

Ibid. 351—430 fragmentarische Variantensammlung mit textkritischem Commentar, bis zum 9. Buche von Jean Durand niedergeschrieben; von dort beginnt eine zweite Hand, und eine dritte hat über den Titel: ‚Liber Nonus de Civitate Dei‘ die Bemerkung gesetzt: ‚Les Leçons sur le liure 8. ne sont la pluspart que dans le grand cahier fait en Normandie depuis le chap. 20;‘ der Apparat zu den letzten Büchern fehlt.

II. Varia: App. II auf den ersten sechs Blättern; XI, 3—14 ein lateinisch geschriebener Bericht über die ‚Codices Manuscripti ex naufragio ac djreptjone Bibliotecae Syluanectensis, raros, sed antiquae et probatae fidei, superstites‘ (s. III. Theil I, S. 43 meiner Abhandlung); XX, 10 sq. ‚Errata lib. de civ. Dei‘.

III. Briefe: Nr. 6 und 47 mit Berichten über Handschriften der Abtei Saint-Vincent de Laon.

Migne, tom. VIII.

1. De haeresibus ad Quodvultdeum: App. II, Quat. XXXV, fol. 4 — Quat. XXXVI, fol. 1 Vaticanischer Apparat, bestehend aus den codd. 414, 445, 495, 499, 511, 655, 1319 (s. Vrba, Beiträge S. 61 ff.); XII, 1—5 Varianten eines ‚Ms. Collegii Fuxensis Thlae‘; 6 ‚[C. Regius x.] Ex lib. Sancti Aug. ad Quoduult Deum de haeresibus fragmentum ex quodam MS. Bibliothecae Regiae, annorum fere 900‘, darüber von anderer Hand die Notiz: ‚isthuc fragmentum in Regio codice praefixum est ad libros de Genesi contra Manichaeos‘; 7—10 LAA. aus einem mit m bezeichneten Codex; 11 sq. aus den auch App. XXII, fol. 303 erwähnten ‚exemplaria S¹¹ Victoris notatum B g 23 et Dominicanorum Majoris Conventus notatum 2‘ (s. III. Theil I, S. 5 Anm. meiner Abhandlung): 13—17 Collation mit einem ‚ms. Becheronense seu misericordiae Dej v. la mercy-Dieu‘. — Briefe: Nr. 56 und 69; der Schreiber des zweiten Briefes übersendet auf Bitte D. Julien Bellaise's an Blampin einen kaum 22 Zeilen langen ‚traitté de S¹ Aug. des heresies qui se trouve icy dans un de nos mss.‘, glaubt aber weder, dass er vollständig erhalten, noch dass er Augustinisch sei (incip. *Simoniani dicunt indiferentia utendum*).

2. Tractatus aduersus Iudaeos: App. II, Quat. XXXVI, fol. 8 LAA. aus den codd. Vaticani 447, 479, 480.

5*

3. De utilitate credendi: App. II, Quat. XXXVII,
fol. 2—4 LAA. aus den codd. Vaticani 414, 445, 555, 655 und
einem fünften ,codex non compactus, qui in Indice camerae
ultimae secretae notatur numero 97'; XII, 43 LAA. aus einem
,MS. codex membraneus perantiquus Domini de Maran', 44sq.
aus einem nicht näher bezeichneten Codex ,Eccl. Laudun.',
46—48 aus einer Handschrift der ,Blancsmanteaux'; XIII, 222
—233 Collation mit einem ,MS. Cistercij'.

4. De duabus animabus: App. II, Quat. XXXVII,
fol. 6 LAA. aus zwei codd. Vaticani: 445 und dem oben zu 3
(De util. cred.) erwähnten ,codex non compactus'.

5. Contra Fortunatum Manichaeum: App. II, Quat.
XXXVII, fol. 7sq. LAA. aus Codex Vaticanus 445.

6. Contra Adimantum: App. II, Quat. XXXVII, fol. 8
— Quat. XXXVIII, fol. 2 LAA. aus den codd. Vaticani 445 und
655; XII, 57sq. Varianten aus einem ,ms. Corbeiense designatum per C. 2 [in quo initium deest usq. ad capitis 9' medium]
et S. Victoris designatum per VV'; 59—61 LAA. aus einem ,ms.
corbeiense designatum per C. 1' und einer mit S bezeichneten
Handschrift, wahrscheinlich einem Sorbonicus; 62—66 aus einem
,manuscriptum Monrij Casalis benedictj'.

7. Contra epistolam Manichaei quam vocant Fun-
damenti: App. II, Quat. XXXVII, fol. 4sq. LAA. aus den
codd. Vaticani 445 und 655; XII, 45 aus einem ,Ms. Fuxense';
49—52 aus einem ,ms. gemmeticense' und einem ,ms. S. Victoris'; 53—56 ,Contra Eplā Fdñti tract. Collat. cum mss. C. S.
[Corbeiensi design. per C. et ms. Sorbonico 611 designato
per S.]'. — Notizen: App. II auf den ersten sechs Blättern.

8. Contra Faustum Manichaeum libri XXXIII:
App. II, Quat. XXXVIII, fol. 2 — Quat. XXXX, fol. 2 Collation
mit den codd. Vaticani 507, 508, 509, 510, 450, 463; XII, 67
—74 ,[Tom. 6. Chartres] Diuj Aurelij Augustinj Hipponensis
Episcopj aduersus Faustum Manicheum Tomi 6. Librj Collati
cum octo Manuscriptis Codicibus, quorum primus S. Petri
Carnotensis Inscribitur sine nota nobis I. secundus B. Mariae
de Lyra Inscribitur B nobis 2'. 3' S. Michaelis in periculo maris
Inscribitur D nobis 3'. 4' S. Petrj Corbeiensis Inscribitur 212
nobis 4'. 5' S⁗ Benignj Diuionensis Inscribitur 64 nobis 5'. 6'
S. Remigij Rhemensis Inscribitur C¹⁰ nobis 6'. 7' Ss. Trinitatis

Vindocinensis Inscribitur M nobis 7ª. 8ª S. Audoenj Rothoma-
gensis Inscribitur C¹⁵ nobis 8ᵘ. — 75—104 ,[Blancmanteaux
1676 Tom. 6.] Librorum Contra Faustum Collatio ad M. M.
S. S. C. C. 11, 12, 13 et 14ᶜ; mit ,S. S.ᶜ und ,C. C.ᶜ sind
zweifellos ein Sorbonicus und ein Corbeiensis bezeichnet, über
die Bedeutung von ,11, 12, 13 et 14ᶜ klärt eine Randnote auf:
,Floriacense 11. Bernardinorum 12. notatum a tergo 4. Dominicanorum 13. Et alterum eorundem 14. notatum a tergo. 1ᶜ. —
105—119 summarische Zusammenstellung von Varianten zahlreicher Handschriften (s. III. Theil I, S. 15 meiner Abhandlung).
— 120—127 eine im ,Monasterium Sᵗⁱ Georgijᶜ besorgte Collation ,cum ms. dñi Bigotᶜ. — 128—139 ,Sancti Augustini Contra
Faustum libri 33 editionis Coloniensis annj 1616. Collati sunt
In monasterio Bᵃᵉ Mariae de Josaphat Cum Codice manuscripto
Bibliothecae Cathedralis Ecclesiae Carnotensis anno dominj 1677ᶜ,
von zweiter Hand: ,ms. annos habet circiter 900ᶜ. — 140—153
Varianten ,ad 3 Codd. mss. quorum 1ᵘˢ Sᵗⁱ Petri de Pratellis
notatus a tergo 36. nobis vero p. 2ᵃˢ Sᵗⁱ Martini Sagiensis
notatus a tergo A. 2. nobis vero S. 3ᵃˢ Sᵗⁱ Victoris Parisiensis
notatus a tergo B. c₂₄ nobis vero W.ᶜ — 154—200 LAA. aus
einem ,ms. Cistercijᶜ, hiezu fol. 190ᵇ die im III. Theil I, S. 37
meiner Abhandlung erwähnte Notiz; vgl. App. XIII, 222—233.
— Exegetische Notizen am Schlusse der unvollständigen Variantensammlung App. XII, 105—119. — Brief: Nr. 15.

9. De actis cum Felice Manichaeo: App. XII, 201
—203 Collation ,cum MS. Floriacensi annorum ad minus 400ᶜ;
204—207 Collation ,ad M. S. Cazalis benedictiᶜ; 208 Zusammenstellung von LAA. eines ,ms. Sorbonicum (S.)ᶜ, eines ,Corbeiense
(C.)ᶜ und eines ,Fossatense (fff)ᶜ ohne nähere Bezeichnung.

10. De natura boni: App. II, Quat. XXXX, fol. 2sq.
LAA. aus den codd. Vaticani 414, 445, 655, 818; XII, 209—
211: ,1676. Liber Sᵗⁱ Augustini de natura bonj contra manichaeos impressus basileae anno 1528 collatus ad M. S. Casalinaᶜ;
212—213: ,Diuj aurelij augñi hipponensis episcopi de natura
bonj Contra manicheos liber collatus ad editionem Erasmi cum
MS. moñrij Cazalis Benedictiᶜ; 214—215: ,D. Aug. Episc. de
natura boni contra Manichaeos l. unus in t. 6. impress. magnae
nauis an. 1635. collatus ad Ms. cath. eccl. laud. qd uidetur eö
annor. circiter 700. Et est in 4ᵒᶜ.

11. **Contra Secundinum Manichaeum**: App. XIII, 195—201 Collation ‚ad Vetustissimum MS. Monasterii S. Petri in Valle Carnotensi Ord. S. Benedicti‘.

12. **Contra aduersarium legis et prophetarum**: App. II, Quat. XXXX, fol. 4 sq. LAA. aus Cod. Vaticanus 445; XII, 216—219 Zusammenstellung von Varianten folgender Handschriften und Ausgaben: ‚1. S. Michaelis D. 24. — 2. S. Petri de Pratellis A. 4. — 3. Corbeiense 221. — 4. S^ti Germanj a Pratis 222. — 5. S. Remigij C. 32. — 6. Vaticanum 445. — 7. Tellerium L. — 8. Sorbonicum 617. — 9. Editio Amerbach. — 10. Ed. Erasmi. — 11. Regium 6;‘ 220—230: ‚[A meulent.] Libri 2 D. Augustini contra adversarium legis et prophetarum emendati Super codices 4^or manuscriptos quorū c. 1^s est Corbeiensis notatus 221 — r. 2^s S. remigii notatus C. 32 [Codex ab Hincmar donatus S. Remigio] — g. 3^a S. Germani notatus 22 — p. 4^s S. petri pratellensis notatus A. 4^t (es unterliegt keinem Zweifel, dass der hier genannte Sangermanensis 22 mit dem oben fol. 216 sub nr. 4 angeführten Germanensis 222 identisch sein muss und somit hier oder dort ein Schreibfehler vorliegt); 231—236 Collation mit einem Cod. Fiscannensis saec. XI (s. III. Theil I, S. 35 f. meiner Abhandlung); 238—241 Collation ‚ad M. S. Casalina‘ (s. III. Theil I, S. 15 meiner Abhandlung); 242 sq. eine in Breteuil angefertigte Variantensammlung, in welcher die benützten Handschriften nur mit Ziffern bezeichnet erscheinen. — Textkritische Notizen: App. II auf den ersten sechs Blättern. — Brief: Nr. 54.

13. **Ad Orosium contra Priscillianistas et Origenistas**: App. II, Quat. XXXX, fol. 6 LAA. aus den codd. Vaticani 495 und 499; XII, 244 Varianten eines ‚MS. Fuxense‘.

14. **Sermo Arianorum; Contra sermonem Arianorum**: App. II, Quat. XXXX, fol. 6 LAA. aus den codd. Vaticani 445, 497, 498, 504; III, 166—168 LAA. aus einer Handschrift ‚de la Cathedrale de Rheims‘; XII, 245 aus einem ‚MSS. codex membraneus perantiquus Domini de Maran‘; 246 sq. aus einem Cod. Pratellensis, einem Michaelinus, Corbeiensis und einem Sangermanensis; 247₍₂₎—247₍₅₎ Fragmente einer Variantensammlung ohne nähere Angaben über die benützten Handschriften.

15. **Collatio cum Maximino; Contra Maximinum Arianorum episcopum**: App. II, Quat. XXXX, fol. 7 LAA.

aus den codd. Vaticani 445 und 504; XII, 253—258 aus einem
‚Cod. ms. Cistercij mendosus et lacunis repletus 300 ann.‘;
259—261 Variantensammlung ohne nähere Bezeichnung der
Handschriften, links oben der Vermerk: ‚Tom. 6. Eccl. Laudun.‘;
262 Collation ‚cum MS. codice membraneo Domini de Maran‘;
263—268 Collation ‚ad tres Codices Mss. quorum 1ᵘˢ Sorbonae
notatus a tergo 619 *(hiezu von zweiter Hand die Notiz: ‚hic
non continet lib. 2. neq. 3.‘)*, 2ᵘˢ Sᵗⁱ Martini a campis, 3ᵘˢ Sᵗⁱ Mauri
Fossatensis.‘ — Brief: Nr. 36.

16. De trinitate libri XV:

a. Collationen: App. II, Quat. VI, fol. 1 — Quat. XIII,
fol. 1 LAA. aus den codd. Vaticani 414, 415, 416, 417, 418,
419, 420, 421, 422, 463. — App. VII, 1: ‚Variations sur les
Livres De la Trinité revnies et examinées Jusqu'au 13ᵐᵉ Livre
Exclusivement. Beati Augustini De Trinitate Libri Quindecim Collati ad triginta[1] Codices Manuscriptos. Primus Sancti
Gatiani Turonensis — 2ˢ Cisterciensis — 3ˢ Vindocinensis primus
— 4ˢ Floriacensis — 5ˢ Pratellensis[2] — 6ˢ Sᵗⁱ Petri Carnotens.
— 7ˢ Sᵗⁱ Michaelis in periculo maris — 8ˢ S. Remigii Rhemens.
— 9ˢ Vindocinens. alter — 10ˢ S. Vincentii Laudunens. — 11ˢ
Sᵗⁱ Benigni Divionens. — 12ˢ S. Theodorici prope Rhemos —
13ˢ B. Mariae Beccens. — 14ˢ B. Mariae de Lyra — 15ˢ S. Germani a Pratis — 16ˢ S. Remigii Rhem. alter — 17ˢ S. Petri
Carnotens. alter[3] — 18ˢ S. Albinj Andegavens. deficit in medio
Libri sextj — 19ˢ Ecclesiae Rhemens. Datus ab Hincmaro —
20ˢ Dñi Bigot — 21ˢ Anonim.[4] Ecclesiae Laudunensis — 22ˢ
Collegii Navarrei — 23ˢ Collegii Navarrei[5] — 24ˢ Majoris Conventus Dominicanorum — 25ˢ Majoris Convent' Dominican. —
26ˢ Sorbonicus notatus numero 600. — 27ˢ Sorbonicus notat' 611.
— 28ˢ Sorbonicus notat' 640. — 29ˢ Sorbonicus not. 623. —

---

[1] Nachträglich corrigiert zu: ‚quadraginta et vnum‘.

[2] Zu den Nummern 3ˢ—5ˢ ist am Rande notiert: ‚hi mss. codices collati
sunt in monasterio B. Mariae de Argentolio‘.

[3] Zu 6ˢ—17ˢ wird am Rande bemerkt: ‚hi manuscripti codices 12 collati
sunt ad S. usque librum a PP. S. Petri Carnotensis et apud eosdem
Patres nunc temporis extant‘.

[4] Nachträglich durchgestrichen.

[5] Zu 22ˢ und 23ˢ am Rande die Note: ‚In Monᵗⁱˢ S. Dionysii‘.

30ᵃ Sorbonicus not. 689. — 31ᵃ Editio Erasmi — 32ᵃ Editio
Amarbachii¹ — 33ᵃ Conjecturae Latini Latinij — 34ᵃ Conjecturae
Emmanuelis Sa — mss. 35ᵃ Majoris Convent⁸ Augustinianorum
notat⁸ 57. Et decem mss. Vaticana. adjecti sunt a Libro octauo
ad finem decimi quinti mss. septem collati in Monasterio S. Mar-
tinj Pontisarensis notati Ipsis 6., 7., 8., 9., 10., 11., 12. Nobis:
36. Sᵗⁱ Benigni Divionensis — 37. S. Theodoricj prope Rhemos
— 38. Sᵗᵃᵉ Mariae de Becco — 39. Bᵗᵃᵉ Mariae de Lyra —
40. S. Germanj a Pratis — 41. S. Rhemigij Rhemensis — 42.
S. Petri Corbeiensis'. — ibid. 2—32 *bis* Collation mit einem
Cisterciensis ,600 aut ad summum 700 ann.' (s. III. Theil I,
S. 15 meiner Abhandlung). — ibid. 33—91: ,Diui Aurelij Augustini de Trinitate Libri Quindecim Collati cum Vndecim
Manuscriptis codicibus, quorum 1ᵃ Sancti Petri Carnotensis Sine
nota inscribitur nobis Iᵃ. Secundus Sᵗⁱ Michaelis in periculo maris
inscribitur 2. tertius Sanctj Remigij Rhemensis inscribitur 3ᵃ.
quartus Sanctissᵃᵉ Trinitatis Vindocinensis inscribitur 4ᵃ. quintus
Sᵗⁱ Vincentij Laudunensis inscribitur 5. Sextus Sᵗⁱ Benigni Diuionensis inscribitur 6. Septimus Sᵗⁱ Theo[do]ricj prope Remos
inscribitur 7. octauus Beatae Mariae Beccensis inscribitur 8.
nonus Beatae Mariae de Lyra inscribitur 9. decimus Sᵗⁱ Germanj
a pratis inscribitur 10. Vndecimus alter Sᵗⁱ Remigij Rhemensis
inscribitur 11ᵃ. duodecimus alter Sᵗⁱ Petri Carnotensis inscriptus 12ᵃᶠ. — ibid. 92—111 Varianten ,ex Manuscripto Remensis
ecclesiae dato ab ipso hincmaro Archiepiscopo Ejusdem Metropolitanae ipsi Cathedrali, Collato cum Editione Parisiensi, 1651,
Per Theologos Louanienses'. — ibid. 112—179 und 180—196
zwei summarische Variantensammlungen, in welchen die Handschriften nur mit Nummern bezeichnet sind. — ibid. 197—215
LAA. aus einem ,Ms. Ecclesiae Laudunensis'. — ibid. 216—
222 Variantensammlung unter dem Titel: ,Sancti Augustini
Libri de Trinitate Impressi parisiis anno 1651 Collati sunt in
monasterio Sᵗⁱ Georgij cum Manuscriptis Dominj Bigot'. —
ibid. 223—236 Varianten zu Buch 12—15 aus zwei Handschriften (,Nauar. 24.' und ,Sorbon. 28.') und zwei Ausgaben

---

¹ Zu 24ᵃ, 25ᵃ, 27ᵃ, 28ᵃ, 30ᵃ—32ᵃ am Rande die Notiz: ,S. Dionysii'; die
bezeichneten Handschriften und Ausgaben wurden also in der Abtei Saint-
Denis collationiert; zu 33ᵃ und 34ᵃ s. o. S. 44.

(„Erasm. 31.' und „Amarbach. 32.') mit der Ueberschrift: Collation des derniers Liures de La Trinité par nos PP. des Blancs manteaux. Pour le R. P. Dom Jean Brulley'. — ibid. 237—248 das Original der oben auf fol. 1 zu den Nummern 3ᵃ—5ᵇ erwähnten, in Argenteuil fertiggestellten Collation eines Vindocinensis, Floriacensis und Pratellensis. — ibid. 249—263 „Augustinus de Trinitate editionis Louaniensium Parisijs 1635 Collatus cum antiquo manu scripto Ecclesiae Metropolitanae sancti Gatiani Turonensis'. — ibid. 264—288 Variantensammlung zu allen fünfzehn Büchern mit Ausnahme der verlorengegangenen Partie von lib. VI, cap. 7 — lib. VII inclusive. — App. X, 9 sq. LAA. aus einem Cod. Urbinas (s. III. Theil I, S. 25 meiner Abhandlung).

      b. Varia: Textkritische Notizen App. II auf den ersten sechs Blättern.

      c. Briefe: Nr. 15; 29 (der Schreiber übersendet *les Ms. de la Cathedralle Collationnez* und theilt mit: „il y a encore les 15 liures de St. Augustin de Trinitate ... le Ms. des liures de la Trinité est in folio d'enuiron 900 ans'); 37; 155 (s. oben zu Migne, tom. V sub Nr. IV, *Briefe*); 161.

      17. Aduersus quinque haereses: App. II, Quat. XXXVI, fol. 1—6 LAA. aus den codd. Vaticani 203, 343, 414, 415, 458, 479, 513, 655, 656, 818; XII, 18 sq. Varianten aus einem „MS. codex membraneus perantiquus Dñi de Maran' (s. III. Theil I, S. 37 meiner Abhandlung) mit folgendem „Praemonitum': „In quattuor potissimum differt codex MS. ab editione. 1° in titulo qui in MS. sic habet [Liber de origene haeresum]. 2° in prologo seu praefatione quae deest in MS. forte quòd inter Epistolas recensendam scriptor censuerit. ideoque praemisso haeresum indiculo sic absolute incipit liber in MS. [cum Dominus ascendisset in coelum hi haeretici exorti sunt etc.] quae priora verba ultima sunt in editionis praefatione ...... 3° in numero haeresum, qui editionem tribus superat. 1ᵃ ipsa est quae in editione cum 50ᵃ confunditur his uerbis [De Photinianis autem quos isto loco Epiphanius commemorat iam superiùs satis locutus sum]: haec inquam in MS. distinguitur a proximè superiori, nec forte contra D. Augustini mentem, si consulantur ipsius verba relata in haeresi 57. p. 12. c. 1. Lit. c. — duae aliae eaedem sunt cum 2 et 3 Appendicis, putà

Nestorianorum et Eutychianorum. ultimò tandem MS. differt aliquandò ab editione in nomenclaturâ haeresum, quarum etiam indiculus non in recto contexitur ut in editione ob haec praecedentia uerba [hi haeretici exorti sunt] ad quae sequentia referuntur; sed isto modo [de Symonianistis] et sic subsequenter'; 20 Varianten einer nur mit ‚ms.' bezeichneten Handschrift, links oben der Vermerk: ‚Tom. 6, Eccl. laudun.'; 21—24 Collation ‚ad mss. S. Albinj Andegauensis'; 25sq. ‚cum manuscripto codice Sancti Gatianj Turonensis'; 27—32: ‚[Tom. 6. Sͭ Euroult. Ex Bibliotheca S. Ebrulphi Uticensis.] Tract᷈ d. Aurelij Augustini de 5 haeresibus parisiis impressus an. 1635 Cum Manuscripto notato 11 Collatus'. — Brief: Nr. 60.

18. Contra Iudaeos, Paganos et Arianos sermo de symbolo: App. II, Quat. XXXVI, fol. 6—8 LAA. aus den codd. Vaticani 417 und 479; XII, 33—38 aus einem ‚MS. Corbeiense', über welches der Collationator bemerkt: ‚le caractere de manuscrit me semble rendre tout au moins de 500 ans'; 39—42 aus einem ‚manuscript. Sͭͥ Quintini Bellouac.'.

19. De fide contra Manichaeos: App. II, Quat. XXXX, fol. 4 LAA. aus Cod. Vaticanus 203; VI, 166—173 und 183 Collation ‚ad ms. Cathed. Eccliae Laudun. quod est annorum 700 circiter [et] Est in folio'; XII, 248—252 LAA. aus einem ‚ms. Cistercij mendoso et quam plurimis lacunis repleto 300 Ann.'.

20. Contra Felicianum de unitate trinitatis: App. II, Quat. XLI, fol. 1 LAA. aus den codd. Vaticani 250, 445, 511, 655; VI, 161 und 166sqq. Varianten eines ‚ms. Ecclesiae Laudunensis'; 162—164 ‚Liber ëtra Felicianum Edit. p. 323. col. 1. c collatus ad MSS. Remig. et Fuliens. Initium deest in Remig. incipitq; a cap. 3'; 165 Collation ‚cum MS. codice membraneo Domini de Maran'; 174—182: ‚[St. Germain des prz 1676. Tom. 6.] Liber Sͭͥ Augustini de vnitate Trinitatis contra Felicianum editus Parisiis, anno .... *(die Zahl fehlt)* collatus ad 8 mss. codices, quorum primus est bibliothecae S. Victoris notatus B. c. 19. nobis autem inscriptus 1. Secundus majoris Conuentus Dominicanorum Parisiens. not. 5. nobis 2. Tertius Gemmeticensis not. C. 22. nobis 3. Quartus Sͭͥ Audoenj not. A. 7. C. 11. nobis 4. Quintus Sͭͥ Michaelis in per. maris not. D₂₃. nobis 5. Sextus B. M. de Lyra not. C. 7. nobis 6. Septimus S. Albinj Andegav. Octauus alter minor codex S. Albinj Ande-

gauensis 8', am Rande der Vermerk: ‚Maior cod. cum nota †
nobis 7'. — Brief: Nr. 58 (‚Jay oublié de vous faire remarquer
que le dialogue de St. Aug. auec Felicianus du 6ᵐᵉ Tome n'est
point dans l'indicule ms. ni dans l'imprimé de 1571, ce que
fauorise l'opinion du P. Chifflet qui donne ce traitté vigilio
Epo Tapsensi seu Tapsitano par l'authorité d'un ancien
ms. qu'il dit auoir trouné en l'abbaye de St. Claude qui porte
ce nome au Commencement de ce traitté contra Felicianum').

21. De incarnatione verbi: ⎫ App. II, Quat. XXXIV,
22. De essentia diuinitatis: ⎬ fol. 5—7 LAA. aus Cod.
                         ⎭ Vaticanus 458.

23. De ecclesiasticis dogmatibus: App. II, Quat. XVII,
fol. 4 — Quat. XVIII, fol. 4 LAA. aus den codd. Vaticani 458,
466, 473, 514; VIII, 327sqq. LAA. aus einem ‚Manuscriptum
Regalis-Montis' (s. oben zu Migne, tom. VI sub Nr. 28).

Migne, tom. IX.

1. Contra epistolam Parmeniani: App. II, Quat. XLI,
fol. 6sqq. LAA. aus den codd. Vaticani 445 und 505; XIII,
247—252 aus den ‚Manuscripta Casalina'; 253—278 eine in
Meulant fertiggestellte Variantensammlung ‚super tres manuscriptos codices scil. S. Michaelis in periculo maris, S. petri de
pratellis, et S. Benigni Diuionis'.

2. De baptismo contra Donatistas: App. II, Quat.
XLII, fol. 1—4 LAA. aus den codd. Vaticani 376 und 506;
X, 111—124 eine in Laon besorgte Collation ‚ad exemplar ms.
cath. Eccl. laud. notatum a d'; 125—144 ‚[1676. Sᵗ Germain
des prz] Sᵗⁱ Augustini De Baptismo contra Donatistas libri septem editionis Antuerpiae 1576. collati ad duos MSS. codices
ex connentu majori Dnicanorum primus notatus a tergo I. 2ᵈᵘˢ
vero 5.'; 146—155 ‚[Tom. 7.] D. Aur. Augustini de Baptismo
libri Septem Edition. Lugdun. 1664 Collati Cum antiquo Codice
MSᵒ ann. 800. viri ill. ac Doct. D. D. de St. Georges Canonicj
et Comitis Ecclesiae Cathedralis Sᵗⁱ Johannis lugd. nec non
doctoris Sorbonicj'; 145 und 156—170 Variantensammlung aus
sieben nicht näher bezeichneten Handschriften. — Brief: Nr. 52.

3. Contra Cresconium grammaticum partis Donati:
App. XIII, 136—170 LAA. eines ‚codex Dnj de St. Georges'

(s. III. Theil I, S. 16 meiner Abhandlung; vgl. ebenda S. 14); 171—176 „[De St. Denys Tom. 7.] Beati Augustini libri contra Cresconium Grammaticum collatj ad duo MSS. quorum alterum est bibliothecae S. Germanj sub hac nota 215, nobis I. alterum uero S. Michaelis in monte inscriptus a tergo D₂₂. nobis 2.'

4. De unico baptismo contra Petilianum: App. II, Quat. XLII, fol. 4 LAA. aus Cod. Vaticanus 445; X, 209sq. eine in Laon besorgte Collation mit einer nicht näher bezeichneten Handschrift; 211—214 Variantensammlung unter folgendem Titel: „[tom. 7.] b. Aur. Aug. liber de unico baptismo collatus ad a) domini archiēpi remensis, b) Sti germani 201, c) pratellense 51, d) Sti michaelis d 24, e) beccense a 45, f) floriacense B 7, g) dominicanorum 5, h) Sti Victoris B d q, i) ecclesiae Laudunensis, k) Vaticanum — accessit editio [L] amerbachij, et [m] erasmj nec non Variae Lectiones Lovaniens.'. — Brief: Nr. 52.

Migne, tom. X.

Vorbemerkung. Allgemeines zu den „Opera polemica contra Pelagianos' bietet App. XIX (s. meine Inhaltsangabe im III. Theil I, S. 44 f. meiner Abhandlung); Brief Nr. 151 lautet: „J'enuoye a Votre Rᶜᵉ le reste des Collations que nous auons faites sur les ms. de notre Dame de Reims scauoir *de Natura et gratia, De gratia et libero arbitrio, de Correptione et gratia. De praedestinatione Sanctorum, De Dono perseuerantiae, Prosperi Epistola ad Augustᵐ, de Reliquiis pelag. haereseos, de eadem materia, Hilarij Epla ad Aug., De Bono conjugali, De Nuptiis, de Concupiscentia, De definitionibus quae dicuntur Coelestij* — toutes ces matieres ont été collationnées sur un Ms. de Nre Dame de Reims donné par Hincmars Arch. et sur l'impression de Froben. A Basle etc.'.

1. De peccatorum meritis et remissione et de baptismo parvulorum: App. II, Quat. XLII, fol. 5—7 LAA. aus den codd. Vaticani 445, 461, 501; X, 171—185 „[Tom. 7. Sti. Germani] De baptismo paruulorum ad 5ᵉ Ms. 1ᵐ Tellerium olim Sᵗⁱ Amandi. 2ᵐ Beccense. 3ᵐ pratellense. 4ᵐ Sᵗⁱ Remigij. 5ᵐ Corbeiense 206. 6ᵐ laudunense. 7ᵐ Casalis Benedictj. 8ᵐ S. Cigiranni'; 186—188 fragmentarische Variantensammlung aus vier Handschriften ohne nähere Bezeichnung; 189—208 desgleichen zum zweiten und dritten Buch. — Brief: Nr. 52.

2. De spiritu et littera: App. II, Quat. XVI, fol. 1—6 enthält die Copie der von Christophorus Obrius 13. Mai bis 3. Juni 1597 aus den codd. Vaticani 445, 458, 461, 489, 501

geschöpften Variantensammlung; zwischen die Quaternionen XV und XVI ist ein Blatt eingeklebt, welches von der Hand Durban's (s. I. Theil, S. 81 ff. meiner Abhandlung) mit den ‚Tituli capitū lib. de spū et lr̄a‘ beschrieben ist. Durban entnahm diese Capitelüberschriften zwei Vaticanischen Handschriften, der einen 53, der anderen 35 Titel, und bemerkt am Schlusse: ‚nonnulla sed pauca hic desiderantur ex codice Vaticano quae legi omnino non potuerunt. hoc folium pertinet ad quaternionem 16, et reponendum ante Initium libri de spiritu et littera ....‘. — Brief: Nr. 52.

3. De natura et gratia: App. II, Quat. XLII, fol. 7 sq. und Quat. XLVIII, fol. 8 LAA. aus den codd. Vaticani 458, 500, 501, 655, 656. — Brief: Nr. 15 und 151 (s. oben Vorbemerkung).

4. De perfectione iustitiae hominis: App. II, Quat. XLVII, fol. 1 sq. und Quat. XLIX, fol. 4 LAA. aus den codd. Vaticani 414, 500, 501, 656; XIII, 132 sq. Fragment einer Collation mit drei nicht näher bezeichneten Handschriften; 183 desgleichen mit einer vierten Handschrift. — Briefe: Nr. 15 und 151 (s. oben Vorbemerkung).

5. De gestis Pelagii: Die Abschrift des Vaticanischen Apparates fehlt, da der Quat. XLIII des II. Bandes in Verlust gerieth. App. XIII, 56 enthält eine Variantensammlung unter folgendem Titel: ‚Variae lectiones Tractatus Sancti Augustini de Gestis Pelagii Collati cum MS. Thuano, atque aliis tribus ex Bibliotheca Serenissimi Magni Ducis nec non cum excusis Augustae Vindelicorum 1611, et Lutetiae parisiorum 1626 Deniq. Lovan. 1647‘; die magere Sammlung scheint nachträglich noch mit den LAA. anderer Handschriften, als der im Titel erwähnten, vermehrt worden zu sein, worauf folgende Randbemerkung hindeutet: ‚T. ms. Thuanum, R. ms. Romanum, Urb. ms. Bibl. Vrb. not. 118 *(vgl. oben zu Migne, tom. VI, Nr. 20 und III. Theil I, S. 25 meiner Abhandlung)*, F. mss. Florentina, L. Louaniensis editio, P. Parisiensis Editio 1616. A. Editio Augusta Vindelicorum‘. — Textkritische Notiz: App. XIII, 55. — Brief: Nr. 65 mit Mittheilungen über einen römischen Codex, ‚assez recent‘, welcher die Schrift De gestis Pelagii enthalte.

6. De gratia Christi et de peccato originali: Der Vaticanische Apparat fehlt (s. o. zu 5. De gestis Pelagii). Brief: Nr. 143.

7. De nuptiis et concupiscentia: Der Vaticanische Apparat fehlt (s. o. zu 5. De gestis Pelagii), ausgenommen die Varianten des Cod. Vaticanus 655 (App. II, Quat. XLVIII, fol. 8). App. XIII, 179—182 LAA. aus einer ungenannten Handschrift unter der Ueberschrift: ‚Tom. 7. pag. 548 — Ce qui suit nest point dans l'imprimé — Ms. hic incipit liber D. Augustini. de Nuptiis. Scripsi duos libros ad Inlustrem etc.‘ (s. Retractat. lib. II, cap. 53); fol. 182 die Schlussbemerkung: ‚Le reste de ce traité est si effacé dans le manuscript qu'on n'a pu le lire‘; ibid. 185—192 und 193sq. LAA. aus einem ‚Manuscriptum Regium‘ und einem ‚ms. Cistercij‘. Excerpte und textkritische Notizen: App. II auf den ersten sechs Blättern und XIII, 184. Briefe: Nr. 62 und 151 (s. o. Vorbemerkung).

8. De anima et eius origine: App. II, Quat. XLVI, fol. 3sqq. LAA. aus Cod. Vaticanus 445.

9. Contra duas epistolas Pelagianorum: App. II, Quat. XLV, fol. 6 — Quat. XLVI, fol. 3 LAA. aus den codd. Vaticani 500 und 501.

10. Contra Iulianum libri VI: App. II, Quat. XLIV Quat. XLV, fol. 6 und Quat. XLIX, fol. 1—4 LAA. aus den codd. Vaticani 500, 501, 502, 503 und einem ‚codex non compactus, qui est in ultima camera secreta bibliothecae Vatic. notatus num. 97‘; die LAA. zu dem I. und dem grösseren Theile des II. Buches fehlen, da Quat. XLIII verloren gieng (s. o. zu 5. De gestis Pelagii). — App. II auf den ersten 6 Blättern textkritische Notizen; XIII, 54sq.: ‚Index rerum et verborum quae aliquam observationem mereri videntur in opere perfecto Contra Julianum.‘ — Briefe: Nr. 16 (‚... jay trouué un liure imprimé a Lisle qui ma donné connoissance de tous les Mss. qui se trouuent dans la Flandre, il s'appelle Bibliotheca Belgica manuscripta etc. par Antoine Sanderus Chanoine . . ., je croy que V. R. n'a pas connoissance de ce Liure. Vous y auriez appris tout ce qui peut vous servir dans touttes les bibliotheques de ce pais, ie nay pas voulu le faire achepter sans scauoir si vous sauez ou non, obligez moi de nous faire sçavoir si vous le souhaittez, cela m'a empesché de faire le Catalogue des bibliotheques et des Mss. pour vous enuoyer les ayant imprimés en deux Volumes in 4°. Il y a un St. Augustin contra Julianum a Asnon abbaye voisine, le R. p. Dom Martin m'a

mandé que vous n'en ponuiez recouurir que deux peut estre
quon poura auoir celuycy auec diuers traittez de St. Anselme
non imprimez'); 17; 63.

11. De gratia et libero arbitrio: App. II, Quat. XLVII,
fol. 6 — Quat. XLVIII, fol. 1 und Quat. XLIX, fol. 5 LAA.
aus den codd. Vaticani 414, 458, 500, 501, 655, 656. — Brief:
Nr. 151 (s. o. Vorbemerkung).

12. De correptione et gratia: App. II, Quat. XLVII,
fol. 6sqq. und Quat. XLIX, fol. 5sqq. LAA. aus den codd.
Vaticani 414, 500, 501, 655, 656. — Textkritische Notizen:
App. II auf den ersten sechs Blättern. — Briefe: Nr. 151 (s.
oben Vorbemerkung) und 156.

13. De praedestinatione sanctorum: App. II, Quat.
XLVIII, fol. 1—7 LAA. aus den codd. Vaticani 488, 500, 501, (655
zur epist. Prosp. ad Aug.); X, 9sq. LAA. ohne Angabe der
Provenienz. — Textkritische Notizen: App. II auf den ersten sechs
Blättern. — Briefe: Nr. 151 (s. oben Vorbemerkung) und 156.

14. De dono perseuerantiae: App. II, Quat. XLVIII,
fol. 2—7 LAA. aus den codd. Vaticani 488, 500, 501; XIII,
177 trägt die Subscriptio einer verlorengegangenen Collation:
‚Explicit liber S. Augustini De Bono perseuerantiae'. —
Textkritische Notizen: App. II auf den ersten sechs Blättern.
— Briefe: Nr. 37; 151; 156; 162 (ein Billet ohne Datum und
Unterschrift folgenden Inhalts: ‚Le Reuerend Pere Blampin
est prié tres humblement de uoir sy dans ses manuscripts de
Saint Augustin il n'y a pas de differentes lecons dans ce passage
De Dono Perseuerantiae C. 7. Quae tamen libertas uolun-
tatis in illius primae conditionis praestantia quantum ualuerit
apparuit in angelis qui diabolo cum suis cadente in ueritate
steterunt et ad securitatem perpetuam non cadendi etc.').

15. Contra secundam Iuliani responsionem imperfectum opus: Ueber die schwankende Bezeichnung dieser
Schrift bald als *opus perfectum* bald als *imperfectum* vgl. die
Admonitio der Mauriner bei Migne, tom. X², pag. 1045sq. —
App. XIII, 2—32 und 57—131 Variantensammlungen, über
welche ich bereits im III. Theil I, S. 21 ff. meiner Abhandlung
ausführlich gehandelt habe; ibid. 33—53: ‚beati aurelii opus
perfectum contra Julianum antea erutum ex C. ms. clareuallensi

nunc denuo recensitum et emendatum ad elegantissimum exemplar manu exaratum Sti Mariani altisiodorensis quod nobis
humanissime utendum dedit R. p. nicolaus Cailleu, doctor theologiae, et praepositus meritissimus collegii praemonstratensis'.
— Briefe: Nr. 16, 43, 50, 52, 63.

16. Hypomnesticon, vulgo libri Hypognosticon:
Textkritische Notizen im App. II auf den ersten sechs Blättern.

————————

Der langwierigen, hiemit zu Ende geführten Arbeit habe
ich nur noch wenige Schlussbemerkungen beizufügen. Sie gelten
nicht dem III., rein philologischen Theile der Abhandlung, der
sich, wie ich hoffe, eines Nachwortes kaum bedürftig erweisen
wird, sondern vielmehr den vorangehenden Theilen, von welchen
ich mir, als ich sie vor Jahren ans Licht brachte, eigentlich
sehr wenig Erfolg versprochen hatte. Denn ich war mir voll
bewusst darüber gewesen, dass ich als zünftiger Philologe und
Dilettant auf dem Felde historischer Darstellung besonders
mit meiner Ansicht über die Stellung der Benedictiner zu Port-
Royal (s. I. Th. S. 12ff., 70ff., 89, II. Th. S. 51ff.) der scheinbar abgeschlossenen Forschung über die jansenistische Bewegung auf französischem Boden theils zu widersprechen,
theils von einem neuen Gesichtspunkte aus mich zu nähern
wagte. ,Ueberflüssige Digressionen', zu welchen ich mich überdies wider meine ursprüngliche Absicht genöthigt sah, weil
ich meine Arbeit zunächst in den Dienst philologischer Mitarbeiter zu stellen hatte, wurden mir in der That von autoritativer
Seite vorgeworfen und liessen mich fürchten, dass mit ihnen
auch das Hauptsächliche und Neue verurtheilt werden könnte.
Hätte mich deshalb eine kühle, ja ironische Ablehnung keineswegs überrascht, so belehrten mich nun allerdings Urtheile
im Druck,[1] in brieflichen und mündlichen Aeusserungen will-

————

[1] S. Revue critique d'histoire et de littérature, 1890, p. 189 sqq. — Tübinger
theolog. Quartalschrift, 1891, S. 315 f. — P. Suitbert Bäumer, Johannes
Mabillon, ein Lebens- und Literaturbild, Augsburg 1892, S. 98 f., 100,
103, 105 f. — Zeitschrift f. d. österr. Gymn., 1891, S. 412 ff. — Revue
Bénédictine, 1893, p. 336; 1897, p. 160. — The Downside Review, 1893,
vol. XII, no. 2, p. 125—132. — A. M. P. Ingold, Bossuet et le Jansé-
nisme, Paris, Hachette, 1897, p. 72 u. 6.

kommenerweise bald eines Besseren. Man wird es mir somit zugute halten, dass ich meine Genugthuung darüber nicht unterdrücke und, soweit die Kräfte reichen und mein Beruf es zulässt, an die in manchen Détails erwünschte Besserung,[1] Ergänzung[2] oder Vertheidigung, aber auch an die methodische Fortsetzung meiner Arbeit denke. Denn die literarischen Verbindungen nicht blos französischer, sondern auch deutscher und österreichischer Benedictiner mit Jansenisten und Protestanten, Verbindungen, auf welche erst vor kurzem wieder G. Waniek's inhaltsreiches und geistvolles Buch über ‚Gottsched und die deutsche Litteratur seiner Zeit‘ (Leipzig, Breitkopf und Härtel, 1897) überraschende Streiflichter geworfen hat, gestatten den Schluss, dass die Waffenbrüderschaft der Benedictiner und Jansenisten nicht auf Frankreich und Italien beschränkt blieb, sondern auch unter deutschen und österreichischen Mönchen Wiederhall und Parteinahme hervorrief. Durch manchen bisher unbehobenen Briefwechsel, wie z. B. durch die im Besitz von St. Paul in Kärnten befindliche umfangreiche Correspondenz des Fürstabtes Martin II. Gerbert von S. Blasien im Schwarzwalde, welche derzeit von reichsdeutschen Gelehrten bearbeitet wird und zur Publication gebracht werden soll, dürfte vielleicht neues und bedeutsames Materiale zu Tage gefördert werden. Möge der Erfolg die Mühe belohnen! Denn viel bleibt noch zu thun übrig, um im Sinne Ranke's (s. o. II. Theil, S. 54f.) der Entwicklung, Verbreitung und Wirksamkeit des Jansenismus über ganz Europa hin nachzuforschen, und mehr als auf anderen Gebieten gilt in der vorliegenden Frage bei jedem neuen Funde in Bibliotheken und Archiven das Wort: Qui addit scientiam, addit et laborem (Eccle. 1, 18).

---

[1] Vgl. die ‚Bibliographischen Nachträge zu Dr. Rich. C. Kukula's Abhandlung über die Mauriner Ausgabe des Augustinus‘ von P. Odilo Rottmanner O. S. B. im CXXIV. Bande der vorliegenden Sitzungsberichte (13. Abhandlung).

[2] Um gleich hier einen für die Resultate meiner Arbeit allerdings belanglosen Unterlassungsfehler gutzumachen, sei zu den Literaturangaben des I. Theiles meiner Abhandlung noch beigefügt: Muratori, Lettere inedite, p. 278 und Reusch, Der Index der verbotenen Bücher, II, S. 685 ff.

VI.

Die Sprache der Bribri-Indianer in Costa Rica.

Von

H. Pittier de Fábrega.

Herausgegeben und mit einer Vorrede versehen

von

Dr. Friedrich Müller,

wirkl. Mitgliede der kais. Akademie der Wissenschaften.

Mit einer Karte.

Vorrede.

Unter den Sprachen der central-amerikanischen Republik Costa Rica, die noch wenig bekannt sind (in dem 1858 erschienenen Buche ‚The literature of American aboriginal languages by Hermann E. Ludewig. With additions and corrections by Professor Wm. W. Turner. Edited by Nicolas Trübner‘ finden sich nicht einmal deren Namen verzeichnet,[1]) ist es blos eine, von

---

[1] In der damals vorhandenen einzigen Quelle über die Sprachen Costa Ricas: Carl Scherzer, Sprache der wilden Indianerstämme der Blancos, Valientes und Talamancas, entlang der Ostküste zwischen dem Rio Zent und Bocca del Toro im Staate Costa Rica (Sitzungsber. der k. Akad. der Wissensch., phil.-hist. Classe, Bd. XXI, 1855, S. 28—35) kommen blos die bei den Spaniern gangbaren allgemeinen Bezeichnungen (Blancos = Cabecars, Bribris und Tirribis) vor. Ueber den linguistischen Werth des Scherzer'schen Vocabulars äussert sich Gabb mit Bezug auf H. Bancroft ‚The native races of the Pacific States‘ Vol. III, pag. 793: ‚This traveller (nämlich C. Scherzer) did not visit Talamanca, but from internal evidence I believe the words to have been obtained from some of the half-civilised Cabecars of Tucuriqui or Orosi, little villages not far from Cartago. In evidence of its unreliability, I note two or three of the most glaring errors of the list.

‚Man signa-kirinema. Woman signa-aragre. Here signa clearly a clerical error for sigua, means foreigner, and the word given for woman — sigua erdkur means foreign woman. So, the prefix sa and su before the

deren Bau wir einigermassen eine Vorstellung haben, nämlich
die Sprache der Bribri-Indianer. Ich habe dieses merkwürdige
Idiom in meinem ‚Grundriss der Sprachwissenschaft‘ Bd. II,
Abth. 1, S. 318—321, nach der damals einzig vorhandenen zuverlässigen Quelle, nämlich Wm. M. Gabb ‚On the Indian tribes and languages of Costa Rica, (Proceedings of the American
philosophical Society held at Philadelphia for promoting useful
knowledge. Vol. XIV [1875], pag. 483—602) bearbeitet und,
wie ich glaube, eine richtige Skizze desselben geboten.

Obschon meine Quelle, wie ich jetzt sehe, ganz zuverläs-
sig war, so hatte sie doch den einen empfindlichen Mangel, dass
sie lediglich aus kurzen grammatischen Notizen und einem
Wörterverzeichniss bestand und von keinem Texte begleitet
war, an welchem ich die Richtigkeit meiner Aufstellungen hätte
prüfen können. Da erfuhr ich durch meinen hochverehrten
Freund Dr. A. S. Gatschet vom Bureau of Ethnology in Wa-
shington, dass Herr H. Pittier de Fábrega, Leiter des Instituto
Fisico-Geográfico de Costa Rica in San José auf seinen For-
schungsreisen ein reichhaltiges ethnographisches und linguisti-
sches Material gesammelt habe, welches auch über den Stamm
der Bribri sich erstreckt. Da einerseits die Veröffentlichung
dieses Materials in unabsehbare Ferne gerückt war, und andererseits eine Publication desselben in Costa Rica in spanischer
Sprache für die amerikanische Linguistik und die allgemeine
Sprachwissenschaft überhaupt von minderem Nutzen gewesen
wäre, so wandte ich mich an Herrn Pittier mit dem Ersuchen,
mir sein Material zur Veröffentlichung in den Schriften der
kais. Akademie der Wissenschaften zu überlassen. Herr Pittier
ist meinem Ersuchen mit seltener Freundlichkeit nachgekommen,
wofür ich im Namen der Sprachwissenschaft ihm den innigsten
Dank abstatte. Ich habe nun dieses Material sorgfältig studirt
und genau geprüft und Herrn Pittier, der kein Sprachforscher
von Fach ist, manche Winke und Vorschläge mitgetheilt, welche

---

names of parts of the body is the personal pronoun — our. *Suhu* is *an
hu* ‚our house‘. — ‚I‘ *be-he* is really ‚thou‘, the error arising from the
Indian answering thou, when he was asked ‚how do you say I?‘ the inter-
locutor doubtless pointing to himself. Fortunately the vocabulary is very
short but I am sure there are not more than three or four words in it
that would be intelligible to a Costa Rican Indian.‘

derselbe getreulich befolgte. So hat er z. B. statt der ursprünglich von ihm angewandten spanischen Orthographie das linguistische Standard Alphabet angenommen, und das Wörterverzeichniss, welches ursprünglich deutsch-spanisch-Bribri angelegt war, im Hinblick auf die Arbeit Gabb's, welche ein englisch-Bribri-Wörterverzeichniss enthält, in ein Bribri-deutsch-spanisches umgearbeitet und dieses Wörterverzeichniss obendrein mit einem Bribri-Indianer durchgenommen, eine Arbeit, für welche die amerikanische Linguistik dem Autor zu besonderem Danke verpflichtet sein dürfte.

Von dem Materiale, welches durch die vorliegende Publication der gelehrten Welt zugänglich gemacht wird, bilden die Originaltexte entschieden den werthvollsten Theil. Dieselben gestatten uns nämlich einerseits die Angaben Gabb's und Pittier's genau zu prüfen und andererseits über diese Angaben, da beide Persönlichkeiten nicht als Sprachforscher von Fach gelten können, hinauszugehen. In der letzteren Beziehung dürfte wohl die Entscheidung der von mir im ‚Grundriss der Sprachwissenschaft' (Bd. II, Abth. 1, S. 183 und 318 und Bd. IV, Abth. 1, S. V) angeregten Frage sowohl für die amerikanische Linguistik als auch für die allgemeine Sprachwissenschaft von der grössten Wichtigkeit sein. Die einzige Möglichkeit zur Entscheidung dieser principiellen Frage bieten aber die mitgetheilten Originaltexte. Ich habe demgemäss die angedeutete Frage an den Texten geprüft und erlaube mir im Nachfolgenden, worin der aus dem Material Pittier's gegenüber jenem Gabb's gezogene grammatische Gewinn im Kurzen angegeben ist, meine dahin zielenden Untersuchungen mitzutheilen.

Der wichtigste Redetheil der Sprache ist unstreitig das Verbum. Wie Freund H. Schuchardt ganz richtig bemerkt, hat Jemand, der das Verbum einer Sprache kennt, so ziemlich den ganzen Organismus der betreffenden Sprache begriffen.

Ich habe nach den Aufzeichnungen Gabb's (‚Grundriss der Sprachwissenschaft' Bd. II, Abth. 1, S. 319 und 320) das Bribri-Verbum als einen Ausdruck gefasst, der aus dem Verbalstamme und dem ihm vortretenden Personalpronomen zusammengesetzt ist. Beim Ausdruck des pronominalen Objectes wird dieses zwischen das Subjectpronomen und den Verbalstamm eingefügt. Demnach lautet das Paradigma:

1*

I. Intransitives Verbum.

	Singular		Plural
1. Person	*dže mítka* ‚ich gehe‘		*sa mítka*
2. Person	*be mítka*		*ha mítka*
3. Person	*ie mítka*		*iepa mítka.*

II. Transitives Verbum.

dže be pu   ‚ich dich schlage‘
be dže pu   ‚du mich schlägst‘
sa be pu   ‚wir dich schlagen‘
ha dže pu   ‚ihr mich schlaget‘
sa ha pu   ‚wir euch schlagen‘ u. s. w.

Darnach könnte man das intransitive Verbum morphologisch als einen Possessivausdruck fassen, da z. B. *dže mítka* ‚ich gehe‘, *be mítka* ‚du gehst‘, *sa mítka* ‚wir gehen‘ und *dže hu* ‚mein Haus‘, *be hu* ‚dein Haus‘, *sa hu* ‚unser Haus‘ völlig identisch sind.[1]

Nach den vorliegenden Texten stellt sich die Sache ganz anders.

Erstens bedarf das Verbum, falls das Subject durch ein Nomen ausgedrückt erscheint, nicht des subjectiven Personalpronomens. Man sagt z. B. *mik Sibú-surá tu sa amé* ‚als Gott uns gab‘, *mik sar-pu taĩn dibite pik ki tú ékur se kurú-ué* ‚als Adler gross kam, Flügel auf zu uns ergriff‘, *nemú tú itśé iš* ‚Jaguar sagte zu ihm‘, *ékur api kiki ie dur tú si tśáke tú* ‚ein Mensch Herrn gleich trat zu uns, fragte‘, *tśitśi kué* ‚Hund beisst‘, *tkebir be kué-ua?* ‚Schlange dich gebissen hat?‘ *bu-uó ńórke boá* ‚Feuer brennt gut‘, *kibukurú-pa tu s-kuká itśé* ‚die Alten zu unseren Ohren sagten‘, *kö uákepa kené-bru uru* ‚des Ortes Leute arbeiten viel‘. Hier stehen die Verbalausdrücke *amé, dibite, kurú-ué, itśé* (Sg. und Plur.), *dur, tśáke, kué, ńórke,*

---

[1] Gegenüber dem Vorgange in den anderen amerikanischen Sprachen, vor allem dem Mexicanischen, kann nicht genug scharf der Umstand hervorgehoben werden, dass im Bribri das persönliche Pronomen als selbständiger Redetheil, dann als Subject- und Objectausdruck am Verbum und als Possessivelement am Nomen immer dieselbe Gestalt beibehält und entweder mit dem Verbum oder Nomen verbunden oder auch selbstständig geschrieben werden kann.

kẹné-bru ohne das pronominale Subject, da dieses durch ein vorausgehendes Nomen ausgedrückt ist.

Manchmal kann sogar der Ausdruck des Subjects ganz fehlen, z. B. *tšer* ‚(er) sagte‘ = *i-tšer* (z. B. *Jáburú i-tšer* ‚Jaburu sagte‘), *kaballo ir boai* ‚Pferd dieses (ist) schön‘, *kaballo ir surue* ‚Pferd dieses (ist) hässlich‘.

Zweitens ist die Stellung sowohl des subjectiven als auch des objectiven Pronomens zum Verbum keine ganz feste. In der Regel herrscht wohl die oben angegebene Construction (Subject — Object — Verbum); es finden sich aber auch Fälle, wo das Subject dem Verbum nachsteht und Fälle, wo das Object dem Subject vorangeht.

I. Reguläre Construction.

džer ba a-pátke o džwuk ńid etke ‚ich dir befehle Beil mach mir eines‘, *dže kí-ua i-ame-ne ie id, džer i-ame be id* ‚ich nicht es gab ihm-zu, ich es gab dir-zu‘.

dže ańú i ańé-i-tsuk	‚ich ihn verlache‘,
be ańú i ańé-i-tsuk	‚du ihn verlachst‘,
ie-r dže ańé-i-tsé	‚er mich verlacht‘,
sa-r i ańé-i-tsé	‚wir ihn verlachen‘,
a-r i ańé-i-tsé	‚ihr ihn verlachet‘,
ie-par sa ańé-i-tsé	‚sie uns verlachen‘.

Sorkurá di džu-ke ‚Sorkura Wasser trank‘.

II. Umstellung des Subjects.

bẹkós kaballo i-ske amé-mi džu mid? ‚wie viel Pferd (es) sein — Werth, geben — werde ich dir?‘, *tskú amé džu tšitši id* ‚Fleisch gab ich Hund zum‘, *i-na-e džu* ‚ihn (es) belauere (will belauern) ich‘. *iúte so* ‚wir antworteten‘, *uká-kur tké sú* ‚Gynerium pflanzen wir‘.

III. Umstellung des Objects.

a) Das Object ist nachgesetzt: *tu i kẹ-tú su* ‚dass er fresse uns‘, *i-kẹtú su* ‚sie fressen uns‘, *i-rátske fté-ua i-rir* ‚er kam, tödtete es‘.

b) Das Object ist vorgesetzt: *tú džú i kẹté* ‚dass mich er frisst‘, *dže i tšdker tu dže kirina* ‚mich er fragte, ob ich krank‘.

su ska kuru-ué er mi ï-ûd urúru ‚und wieder ergriffen habend,
ging er weit, weit‘.

Diese Fälle dürften genügend beweisen, dass der Organismus des Bribri-Verbums von jenem der meisten amerikanischen Sprachen, vor allen des Mexicanischen, ganz abweicht
und dass meine (‚Grundriss der Sprachwissenschaft‘, Bd. II,
Abth. 1, S. 318, Note) über den Bau der Bribri-Sprache geäusserte Ansicht, deren Richtigkeit von Prof. D. Brinton in Zweifel
gezogen wurde, einigermassen begründet sein dürfte.[1]

Das Personalpronomen lautet (‚Grundriss der Sprachwissenschaft‘, Bd. II, Abth. 1, S. 319):

	Singular	Plural
1. Person	*dže, dže-re*	*sa*
2. Person	*be, be-re*	*ha*
3. Person	*ie*	*ie-pa.*

Von dem *re* in den beiden Formen *dže-re, be-re* bemerkt
Gabb (p. 555): ‚*re* is a sort of emphasis, added occasionally to
all the personal pronouns except *ye-pa*.‘ Pittier erklärt *džer*,
auch *džir* = *dže-rur, ber* = *be-rur* und für die dritte Person
auch *ir, irir* = *ie-rur*.

Wichtig erscheint die Mittheilung Pittiers, dass innerhalb
der ersten Person Plural zwei Formen, nämlich eine für den
inclusiven Plural = *sę* und eine für den exclusiven Plural =
sa bestehen. Diese Mittheilung wird aber durch die Texte
nicht bestätigt.

Neben *dže, sę, sa* kommen auch die Formen *džu, su (so)*
vor; wie es scheint, werden sie bei der unregelmässigen Stellung des Pronomens im Verbalverhältnisse angewendet.

Zum Ausdruck des Dativverhältnisses des Personalpronomens existiren folgende Formen:

	Singular	Plural
1. Person	*dže-id, ńid*	*si-d*
2. Person	*be-id, mid*	—
3. Person	*ie-id, id*	*ie-pa-id, id*.

---

[1] Vgl. *se mia i-saunk* ‚wir gingen es sehen‘, *dže mi kar bikuk* ‚ich gehe
Baum fällen‘.

Das Element *á* erscheint zur Bezeichnung des Dativs auch beim Nomen, z. B.: *sibú dé-uä i-ku-á* ,Gott kam an seine Thür-zu', *sibú dé i-hu-ku-á* ,Gott kam-sein-Haus-Thür-zu', *dže-hu-á* ,mein-Haus-in'.

Das Suffix *-tša,* welches vom Nomen und Pronomen Adjective ableitet (*hu-tša* ,des Hauses', *dže-tša* ,mein'), führt Pittier in der vollen Gestalt *-itša* an.

Die Pluralbildung mittelst des Suffixelementes *-pa* ist nicht blos bei der dritten Person des persönlichen Pronomens (*ie-pa*) gebräuchlich, sondern es kommen auch solche Fälle beim Substantivum vor, z. B. *kibukurú-pa* ,die Alten', *sikua-pa* ,Fremde'.

Dies dürften die hauptsächlichsten Punkte sein, welche für die Sprachwissenschaft eine Bedeutung haben; auf einzelne Specialitäten hier näher einzugehen, halte ich nicht für nötbig.

Bibliographie.

Fernández, Leon. Documentos para la historia de Costa Rica; t. I—V, 1881—1886.

— — Historia de Costa Rica durante la dominación española 1502—1821. Madrid 1889.

Frantzius, A. von. Das rechte Ufer des San Juan-Flusses. Petermann's Geogr. Mittheilungen, Bd. VIII, 1862.

— — Der südöstliche Theil der Republik Costarica. Ebend. Bd. XV, 1869.

Gabb, W. M. On the Indian tribes and languages of Costa Rica. (Proceedings of the American Philosophical Society. Philadelphia 1875.)

— — Informe sobre la Exploración de Talamanca. San José de Costa Rica 1894.

Garcia Pelaez, Dr. Fr. de P. Memorias para la Historia del Antiguo Reyno de Guatemala. t. I—III. Guatemala 1852.

Juarros, Br. Don Domingo. Compendio de la Historia de la Ciudad de Guatemala. Edición del Museo guatemalteco. t. I—II. Guatemala 1857.

Peralta, D. Manuel M. de. Costa Rica, Nicaragua y Panamá en el siglo XVI. Madrid y Paris 1883.

— — Costa Rica y Colombia de 1573 à 1881. Madrid y Paris 1886.

— — Limites de Costa Rica y Colombia. Madrid. 1890.

— — Apuntes para un libro sobre los aborígenes de Costa Rica. Madrid 1893.

Pinart, A. L. Colección de lingüística y etnografía americanas. t. IV. San Francisco 1882.

Pittier de Fábrega. Explorations dans la Talamanca, en 1894. Nouvelles Géographiques. t. III. Paris 1894.

Pittier, H. Nombres Geográficos de Costa Rica. I. Talamanca. San José 1895.

Thiel, Dr. B. A. Apuntes lexicográficos de las lenguas y dialectos de los Indios de Costa Rica. San José de Costa Rica 1882.

— — Viajes á varias partes de la República de Costa Rica. San José 1896.

Erster Abschnitt.

Ethnographische Einleitung.

I. Bemerkungen über die ehemalige Verbreitung der Indianer Costa Ricas.

Vor der vorrückenden Civilisation der weissen Rasse müssen die Indianer Costa Ricas — wie es übrigens in ganz Süd- und Nordamerika der Fall ist — zurückweichen, und unterliegen in dem Kampfe, auf welchen ihre frühere Entwicklung sie nicht vorbereitet hat. Der Alcohol, die Prostitution und verschiedene Krankheiten, wie z. B. die Pocken, im Verein mit den von jeher einheimischen Lastern und dem verhängnissvollen Einfluss einer oft unwirthlichen Umgebung — diess Alles wirkt so verheerend auf diese Indianer, dass die Zahl der Todesfälle fast beständig diejenige der Geburten übersteigt. Anderseits — und eben diesem Umstande sollte mehr, als es bisher geschehen ist, Rechnung getragen werden — schliesst sich der Indianer mit der grössten Leichtigkeit der spanisch-amerikanischen Rasse an, nimmt schnell ihre Gebräuche an, verleugnet seine Herkunft und hört hiemit auf, zu seinen früheren Stammesgenossen zu zählen. Endlich bringt das gänzliche Fehlen anderer Frauen auf den am weitesten vorgeschobenen Posten der Civilisation es mit sich, dass die indianischen Weiber häufig als Beihälterinnen genommen werden; die diesen wilden Ehen entstammenden Abkömmlinge verleugnen ebenfalls ihr indianisches Blut. Besonders die Mischung der Spanier mit den Eingeborenen ist viel beträchtlicher, als man es gewöhnlich zugestehen will, selbst in Costa Rica, wo doch die weisse Rasse verhältnissmässig mehr Vertreter hat als in den übrigen Republiken Mittelamerikas. Ganze Dörfer, wie Pacaca, Barba, Cot, Tucurriqui u. s. w., welche vor fünfzig Jahren noch fast ausnahmslos von Indianern bewohnt wurden, weisen heute eine Bevölkerung von Mischlingen aller Grade auf, und der Vollblutindianer unter ihnen ist beinahe als Ausnahme zu betrachten.

In Folge dieser Umstände, und zum Theil auch der beständigen Kriege unter einander, haben ganze Stämme aufgehört als solche zu bestehen, und nicht immer lässt sich nach mündlichen, weniger noch nach schriftlichen Ueberlieferungen das Gebiet bestimmen, welches sie einst bewohnten; ausserdem ist der Indianer nicht so an die Scholle gebunden, wie der Weisse, und häufige Wanderungen haben in der Vertheilung der Stämme nicht unbeträchtliche Aenderungen hervorgerufen. Die Spanier ihrerseits haben solche Wanderungen erzwungen, indem sie ganze Ortschaften nicht blos aus einem Gebiet in das andere, von einem Abhang der Scheidegebirge an den andern sich zu verlegen nöthigten, sondern sie sogar bis nach Nicaragua und noch weiterhin fortgeschoben. Obgleich es deshalb sehr schwierig ist, die ursprüngliche Vertheilung der Indianerstämme mit aller Sicherheit zu bestimmen, sei uns doch der Versuch gestattet, sie auf beiliegender Karte zu verzeichnen, indem wir den Angaben der alten spanischen Urkunden folgen.

Die in den alten Dokumenten am häufigsten erwähnten indianischen Völkerschaften in Costa Rica sind die Corobici, die Voto und die Tariaca, welche ausschliesslich auf der Nordseite der grossen Gebirgskette wohnten. Das Gebiet der letzteren erstreckte sich längs der Küste von Port Limon bis zur Mündung des Tarire. Gegen die grosse Wasserscheide hin wohnten verschiedene Stämme, von denen einige von den Guétaru abhängig waren, während diejenigen, welche in den Thälern des Tarire und des ehemaligen Estrellaflusses ihre Palenques aufgeschlagen hatten, mehr selbstständig waren. Bei seiner Expedition nach Talamanca traf im Jahre 1564 Vásquez de Coronado am westlichen Eingang in den Almirantenbusen auf eine Niederlassung, deren Häuptlinge sich der Sprache der Nahua bedienten. Gerne geben wir zu, es habe dort wirklich eine mexikanische Niederlassung gelegen, können ihr jedoch keine so grosse Ausdehnung zuschreiben, wie es Peralta thut, welcher noch die Xicagua und Moyagua zu ihnen rechnet, ohne jedoch für diese Annahme die Gründe anzugeben. Xicagua und Moyagua sind viel wahrscheinlicher von Xikak-uák und Moi-uák abzuleiten. Ein Ort Xika-u und ein Fluss Moi finden sich jetzt noch in dem Thale des North River, und es ist naturgemässer anzunehmen, dass die beiden vom genannten Verfasser für mexikanisch gehaltenen Namen von diesen herstammen, als die Wichtigkeit jener Nahuatl-Colonie auf zweifelhafte etymo-

logische Untersuchungen zu stützen. Der einzige ganz an die
Nahua erinnernde Ortsname ist Corotapa oder Corótapa,
was wohl Corótepec oder Corótepec sein möchte, aber nicht
Colotlapan, wie Peralta annimmt. Im vorliegenden Falle ist
dies jedoch von unwesentlicher Bedeutung.

In den Thälern des Reventazón (Caribische Abdachung)
und des Tárcoles (Pazifische Abdachung), welche das Scheidegebirge unter 10° nördlicher Breite nahezu durchschneiden,
wohnten die Guétaru, eine Verbindung von verschiedenen
Stämmen. Im äussersten Norden hatten sich allem Anscheine
nach die Corobici jedenfalls auf beiden Seiten des Haupt-
gebirgszuges niedergelassen.

Gegen den Stillen Ocean hin, auf der Halbinsel Nicoya
und im ganzen Gebiet der heutigen Provinz Guanacaste hatten
die Chorotegas ihre Wohnstätte. Sie hatten vom Norden her
eine relativ höhere Civilisation mitgebracht, und theilten sich
ebenfalls in eine grosse Anzahl von Stämmen, deren Häuptlinge
die Oberherrschaft desjenigen von Nicoya anerkannten.

Die Quepos, deren Namen jetzt noch ein Vorgebirge an
der Küste des Stillen Oceans trägt, hatten das Gebiet der
Flüsse Pirris, Naranjo und Savegre inne, wo heutzutage
zwar nicht ein einziger Indianer, dagegen zahlreiche Spuren früherer Wohnplätze sich finden. Längst bekannt sind solche Ueberreste in San Marcos und in Santa María de Dota; Frantzius
erwähnt anderer in den Ebenen der Pirris und gegen die
Mündungen des Paquita und Naranjo hin, und schliesslich
wies Pittier auf seinen wiederholten Reisen in jenen Gegenden
zahlreiche Spuren in den Thälern des Naranjo und des Savegre nach.

Ihrem Gebrauche gemäss, die Indianer in für die Administration günstigen Gegenden zusammenzuziehen, hatten die
Missionäre die Quepos in dem Gebiet vereinigt, welches heute
noch nach ihnen benannt wird, und wo sie, nach Frantzius,
noch im XVII. Jahrhunderte sich aufhielten. Heute ist von dieser Abtheilung der Ureinwohner von Costa Rica nichts übrig
als Grabstätten und sagenhafte Ueberlieferungen.

Wenn man den sehr unbestimmten Angaben der alten
Chronikschreiber und den übrigen aus der Zeit der Eroberung
stammenden Dokumenten Glauben schenken darf, lebten in dem

Küstengebiete zwischen Punta Burica und dem Diquís oder Dikri die Brunka, Boruca oder Burica, während die Coto, welche dem ersten Vordringen des Vásquez de Coronado im Jahre 1563 heftigen Widerstand entgegensetzten, die ausgedehnten Savannen im Innern besetzt hatten. Peralta gibt der Meinung Ausdruck, es seien die heutigen Brunka Abkömmlinge der Coto, welche Ansicht durch eine alte Brunka-Ueberlieferung bestätigt wird, nach welcher sie in langen Kriegen die ‚pueblos‘ an der Küste bekämpft und unterworfen hätten. Als ich die Grabstätte bei Palmar untersuchte, sagte einer meiner Brunkaführer, indem er mit Stolz auf ein eben geöffnetes Grab hinwies: ‚Nosotros hemos acabado con ellos‘; das heisst: ‚Diese haben wir vertilgt.‘ Wer aber waren dann jene ‚Völker an der Küste‘, welche um die Laguna de Sierpe, auf der Halbinsel Osa und am Golfe gleichen Namens wohnten? Gewiss ist, dass die früheren Autoren über diesen Gegenstand im Unklaren sind, und aus ihren Ueberlieferungen kann man nur so viel mit Sicherheit schliessen, dass drei Hauptnationen, die Coto, die Boruca (Brunka) und die Turucaca das Thal des Diquís und den zugehörigen Küstenstrich zwischen dem Chiriquí Viejo und dem Savegre bewohnten.

Wie dem auch sein mag, die Bewohner der inneren Thäler des Diquís haben uns zahlreiche Beweise ihrer Existenz hinterlassen. Ueberall, vom Thale des General am Fusse des majestätischen Cerro de Buena Vista abwärts bis zu den Grasfluren von Cañas Gordas fand ich selbst fast Schritt für Schritt die charakteristischen Mahlsteine, welche jeweilen eine alte Wohnstätte andeuten, und nicht wenige sind die Ausgrabungen, welche ich an früheren Grabstätten vornehmen konnte. In Buenos Aires bestehen noch deutliche Anzeichen eines früheren Dorfes mit seinem bedeckten Versammlungsplatz und anderen tempelartigen Gebäuden neben einer Begräbnissstätte, in welcher die Todten sogar schichtweise übereinander beigesetzt worden sind. Endlich sind auch die Savannen, welche ich meinerseits als zum Theile absichtlich angelegt betrachten muss, ein weiterer Beweis für das einstige Vorhandensein einer dichten und thätigen Bevölkerung in diesen heute verödeten Gegenden.

In den Thälern des Tarire und des Tararia gegen das Caribische Meer hin wohnten ebenfalls eine grosse Anzahl ‚par-

cialidades' — um uns dieses verständlichen Ausdrucks des
spanischen Autors zu bedienen — von denen im Allgemeinen
nur die Namen auf uns gekommen sind. Am häufigsten finden
wir erwähnt die Urinama, die Cabécara, die Talamanca,
die Viceita und die Térraba, Térbi, Téjaba. Gegenwärtig sind diese fünf Gruppen auf drei zurückgegangen: die
Cabécara im oberen Thale des Coén und des Tarire; die Bribri, ohne Zweifel gebildet aus den früheren Talamanca, Urinama und Viceita, in der innern Ebene von Talamanca und
in den Thälern des Arari und Urén sesshaft; schliesslich die
fast ganz unbekannten Térbi im Flussgebiete des Tararia.

II. Die gegenwärtigen Reste der Urbewohner
von Costa Rica.

Es ist ziemlich schwierig, den richtigen Zusammenhang
anzugeben zwischen den heutigen Indianern und denen, welche
zur Zeit der Landeseroberung durch die Spanier Costa Rica
bewohnten. Einstmals volkreiche Stämme haben an Kopfzahl
abgenommen und sich schliesslich mit anderen, die einem ähnlichen Verhängniss unterlagen, verschmolzen. Andere wechselten
ihren Wohnort oder wurden verjagt und durften sich glücklich
schätzen, nicht der Grausamkeit der Eroberer ganz unterlegen
zu sein.

In Bezug auf ihre geographische Verbreitung bilden die
Ueberreste der Ureinwohner zwei verschiedene Gruppen, die
durch einen breiten Landesstrich getrennt erscheinen, aus
welchem die Indianer als solche verschwunden sind. Im Norden,
im Gebiet des Rio Frio und der kleinen Flüsse, die sich in den
Nicaraguasee ergiessen, wohnen die sogenannten Guatusos,
über welche schon so viele Vermuthungen laut wurden, und
die wahrscheinlich die Ueberreste bilden der Corobici, der
Chontales und der Voto. Als vor einem Jahrhundert der
Bischof Tristan jene Gegend besuchte, sprachen sie fast denselben Dialect wie die Eingeborenen der Solentiname-Inseln im
See von Granada. Auch heute noch wissen wir sehr wenig über
ihre Abstammung, Zahl, Gebräuche und Sprache, welch' letztere
mit derjenigen der in Süd-Costa Rica wohnenden Indianer nur
wenig Aehnlichkeit zu haben scheint. Vor fünfzig Jahren noch

erstreckte sich ihr Gebiet weiter nach Osten gegen das Fluss-
gebiet des San Carlos: v. Frantzius berichtet sogar von einer
vereinzelten Familie, welche im Jahre 1847, als die Bewohner
der centralen Hochebene zum ersten Male das Gebiet des Rio
Sucio besetzten, an den Ufern dieses Flusses angetroffen wurde.
Interessant ist, dass jene Familie sich mit dem die Reisenden
begleitenden Indianer aus Térraba verständigen konnte, was
darauf hinzudeuten scheint, dass jene kleine Colonie vielleicht
dem Stamme der Guétaru angehörte.

Die ausgedehnten Ebenen des Rio San Juan und die centrale vulkanische Cordillera, oder besser gesagt, die tiefe Senkung, welche den Südabhang dieser Bergkette von den ersten
Vorbergen der grossen südöstlichen Cordillera von Talamanca
trennt, bilden heutzutage eine mächtige Scheidewand zwischen
den Indianern des Nordens und denen des Südostens. Auf der
Seite des Stillen Oceans kann man noch viel weiter gehen, bis
in die breiten Thäler des Diquis, um jene letzteren anzutreffen,
während gegen das Caribische Meer hin sie schon in der unmittelbaren Nähe der spanisch-amerikanischen Civilisationscentren zu
finden sind, von denen sie sich rasch beeinflussen lassen.

Etwa 20 Kilometer thalabwärts von Cartago, auf einer
der grossen Terrassen am rechten Ufer des Reventazón liegt
das Dorf Tucurrique oder Tucurriquí, dessen Bewohner-
schaft noch vor wenigen Jahren ausschliesslich aus Indianern
bestand, und zwar waren es zum geringeren Theil alte Bewohner des Thales (Guétaru oder Huétaru), zum grösseren
Theil aber Ueberreste verschiedener Stämme der beiden Seiten
der Cordilleren, die aus ihren ursprünglichen Wohnsitzen durch
die Spanier verdrängt worden waren. Dr. Thiel, Bischof von
Costa Rica, konnte noch vor einigen Jahren einen Theil eines
Wörterverzeichnisses ihrer Sprache zusammenstellen, welche
auch weiter westlich, in der Umgebung des ehemaligen Klosters
Orosí gesprochen wurde. Heute soll dieser Dialect gänzlich
verschwunden sein. Es war, so weit eine oberflächliche Untersuchung zu beurtheilen gestattet, eine Art Verschmelzung des
Bribri und des Cabécara mit einigen eigenthümlichen Wörtern.

Die Indianer in dem Flussgebiete des Pacuare und des
Chirripó gehören derselben Gruppe an. Der Theil derselben,
welcher mit den Weissen in häufige Berührung kommt, ist halb-

civilisirt; aber gegen das Quellgebiet jener Flusssysteme hin
leben noch viele Familien, die der Civilisation absichtlich aus-
weichen, in durchaus primitivem Zustande. Diese Leute erinnern sich noch der durch die alten Spanier und ihre Alcal-
den erzwungenen Auswanderungen und fürchten sich sie er-
neuert zu sehen. Wahrscheinlich waren die Indianer, die als
die ersten den Oberlauf des Diquís, oder General, bewohnten, desselben Stammes. Nach Dr. Thiel wohnen in den nahe
bei einander liegenden Quellgebieten der Flüsse Chirripó und
Tarire mehrere Indianerfamilien in gänzlich wildem Zustande,
welche nach den Ueberlieferungen von den Cabécaras abstammen, die 1709 die Franziskanermissionäre ermordet hatten.
Noch wissen wir nichts Bestimmtes über die Region, die sie
bewohnen, und eben die Gewissheit über ihre Existenz beruht
auf sehr unbestimmten Angaben.

Wie erwähnt bewohnen die Cabécaras das Hochthal von
Cabecar, das heisst das Quellgebiet des Coén und seiner Zu-
flüsse. Sie scheinen einen der kräftigsten und verständigsten
Zweige der Indianer Costa Ricas zu bilden; ihre Sprache und
ihre Gebräuche sind jedoch noch sehr unvollständig bekannt.
Die Bewohner des Estrellagebietes (North River oder Taín-bi)
gehören jenem Stamme an und sprechen nahezu dieselbe Sprache.
Bemerkenswerth ist, dass ihre Weiber eine ausgesprochene Zu-
neigung zu der Negerrasse zu haben scheinen: fast überall in
dem Estrellathale stösst man auf Indianerhütten, aus denen der
Indianer verschwunden ist, Haus und Frau dem Schwarzen
überlassend. Bis jetzt haben wir noch keinen Abkömmling dieser
Ehen zu sehen bekommen, und zweifeln fast daran, dass dieses
Zusammenleben der Fruchtbarkeit der Indianerweiber günstig sei.

Die Bribri, auf die wir später noch zurückkommen werden, halten das schon oben bezeichnete Gebiet besetzt. Von
allen Stämmen, welche die ereignissvolle Periode der Eroberung
überlebt haben, ist dieser wohl der am besten bekannte; dennoch werden wir im Verlaufe dieser Studie noch auf manchen
dunklen Punkt stossen.

Von den Tirbis, Térbis oder Térribes in den wilden
Gebirgen östlich vom Kanuk oder Pico Blanco wissen wir noch
sehr wenig: ihre Geschichte bildet jetzt noch ein weisses Blatt
in der Ethnographie Costa Ricas. Wir haben Gründe zu ver-

muthen, dass sie zahlreicher sind, als man allgemein annimmt, und dass sie sich auf beiden Seiten der grossen Wasserscheide festgesetzt haben. Diese Frage wird jedoch nur durch den Forschungsreisenden aufgeklärt werden können, der in ihre unwirthlichen Thäler vordringen und den dichten Urwald durchqueren wird, welcher die Südabhänge der Cordillera vom Fluss Cabagra bis zum Vulkan Chiriquí bedeckt.

Man muss annehmen, dass das Auswandern der Indianer von einer Seite des Gebirges nach der andern, je nach der Jahreszeit oder den augenblicklichen Umständen, früher eine allgemeine Gewohnheit gewesen ist. So wissen wir z. B., dass zur Zeit des grossen Handelsverkehrs über Land zwischen Guatemala, Nicaragua und Panamá die Terrabas sich an diesem Verkehrswege bei Cañas Gordas oder Chiriquí Viejo niederliessen, um die Reisenden bequemer ausplündern zu können. Die Colonien der Bribri und der Cabécaras in der Gegend von Térraba und Buenos Aires sind allgemein bekannt, und zur Zeit der ersten Niederlassungen im Thal El General im Jahre 1865 hatten die Chirripoes ausgedehnte Bananenpflanzungen und mehrere Palenques, dort, wo heute nur ein elender, von Weissen bewohnter Weiler vorhanden ist. Schliesslich habe ich ganz gute Gründe, anzunehmen, dass auf demselben Abhange der Cordillera, gegen den östlichen Theil des Diquisbeckens hin, zahlreiche Palenques der eben erwähnten ursprünglichen Térrabas bestehen.

Die Indianer der beiden benachbarten Dörfer Térraba und Boruca sind die civilisirtesten der heute in Costa Rica noch bestehenden Stämme, und ihre Wohnsitze sind sogar dorfartig gruppirt. Bekannt ist, dass die Térrabas oder Tixbi demselben Stamme angehören, wie die Bewohner der oberen Thäler des Tararia, von wo sie von den Franziskanern im XVIII. Jahrhunderte herübergeführt worden sind. Allein der ursprüngliche Typus ist fast gänzlich verschwunden dank der häufigen Mischung mit den Spaniern. Die Rasse der Brunka hat sich reiner erhalten; sie ist vermuthlich der Ueberrest der zahlreichen Tribus (Brunka, Turucuca, Quepos und vielleicht Guétaru), welche zur Zeit der ersten Eroberer diese Gegend bewohnten.

Die officielle Volkszählung in Costa Rica gibt durchaus keine zuverlässigen Resultate. Ich selbst habe in Talamanca

constatiren können, dass gutbevölkerte Wohnplätze, die nur
durch einige Kilometer Wald von dem Sitze der Behörden getrennt sind, im Jahre 1892 bei der Zählung übergangen wurden.
Die Bewohner von Térraba und Boruca glaubten damals einen
Zusammenhang zu sehen zwischen der Zählung und dem
Militärdienst, zu dem man sie nöthigt, sobald man sie ergreifen
kann, und thaten desshalb ihr Möglichstes, um an Zahl geringer zu
erscheinen, als sie es wirklich sind. Es ist desshalb schwierig,
die Kopfzahl der heute noch existirenden Indianerstämme Costa
Ricas anzugeben. Vergleiche ich jedoch die statistischen Angaben
mit den Thatsachen, die ich auf meinen verschiedenen Forschungs-
reisen sammeln konnte, so komme ich zum Schlusse, dass die
Anzahl der Eingeborenen zwischen 4800 und 5000 schwanken
muss.

III. Der Bribri-Stamm.

a. Allgemeines.

Wie schon wiederholt bemerkt wurde, bilden die Bribri
für sich eine scheinbar homogene Gruppe der Indianer Costa
Ricas. Sie haben eine einheitliche Sprache, und bewohnen die
Thäler des Urín und Arari, sowie einen Theil der grossen
Ebene von Talamanca und das Quellgebiet des Haguri oder
Cabagra auf der Seite des Stillen Oceans.

Der Name Bribri, den sie sich selbst beilegen, ist ohne
Zweifel eine Form oder Umänderung von *deri-deri*, was so
viel heisst als die Starken oder die Tapfern. So viel man
aus den wenig klaren Daten der Chroniken aus der Eroberungs-
zeit entnehmen kann, sind die heutigen Bribri-uak derselbe
Stamm, der abwechselnd mit den Namen Abicétava, Biceita,
Viceita, Vicétava, Blancos, Talamancas, Urinames und
Valientes bezeichnet wurde, vielleicht aber auch sind sie eine
Verschmelzung dieser verschiedenen Gruppen.

Was ihre Kopfzahl anbetrifft, so sind wir nur auf ungefähre
Schätzungen angewiesen, da die einzige Zählung, die einigermassen vertrauenswürdige Resultate ergab, von Gabb im Jahre
1873 ausgeführt wurde. Es ergab sich damals für den ganzen
Stamm (Urin-Arari und Ebene von Talamanca) eine Bevölkerung von 995 Personen, welche Zahl jedoch geringer ist als
die der heute das Bribri sprechenden Indianer.

Noch hat Niemand die Bribri regelmässigen anthropo-
metrischen Studien unterworfen. Bis zu meiner letzten Reise nach
Europa (1896) fühlte ich mich noch nicht sicher genug in der
Ausführung solcher Messungen; und seit meiner Rückkehr habe
ich noch nicht Gelegenheit gehabt, bei diesen Indianern mich
aufzuhalten, deren Sitten, Ueberlieferungen und allgemeiner ethno-
graphischer Charakter ebenfalls noch ungenügend bekannt sind.

b. Aeussere Merkmale.

Die Bribri-uák unterscheiden sich nicht durch ihre äussere
Erscheinung von den übrigen Indianern Costa Ricas. Sie sind
von mittlerer Grösse und breitschulterig; Arme und Beine sind
dünn mit kleinen Händen und Füssen. Bei den Frauen scheint
der Beckengürtel äusserst breit und ausgebogen zu sein. Der
Schädel ist dolichocephal, mit gewöhnlich zurückweichender
Stirn und vorspringenden Backenknochen; die Augen, immer
mit dunkler Iris, sind kaum merklich schief geschlitzt; die
Nase ist verschieden, der Mund etwas gross und das ganze
Gesicht mehr oder weniger oval.

Die Hautfarbe ist ziemlich von demselben Ton sowohl
beim einzelnen Individuum als beim ganzen Stamm. Die Haare
sind schwarz und straff, der Bart ist selten und erscheint jedenfalls erst sehr spät. Gabb versichert, dass der ganze übrige
Körper bei beiden Geschlechtern vollständig haarlos sei, was
mir nicht möglich war zu constatiren.

Die Angaben desselben Autors, es seien die Brüste der
Frauen nicht konisch, sondern halbrund wie bei den Europäe-
rinnen, ist ungenau. Bei den jungen Mädchen sind sie sicherlich konisch, klein und etwas seitlich gerichtet; bei Müttern
mehrerer Kinder sind sie länglich, herabhängend und mehr
oder weniger keulenförmig. Nie habe ich bei diesen Frauen
die runden, vollen Brüste der Weissen bemerkt. Ebensowenig
konnte ich die Eigenthümlichkeiten wahrnehmen, die der erwähnte Autor in Bezug auf die Entwicklung der Saugwarze
hervorhebt. Vielleicht beziehen sich seine Bemerkungen auf
einen speciellen Fall, den er ganz besonders in seinen Einzel-
heiten studiren konnte.

Diese wenigen Angaben über die hervorragenden Merkmale der Bribri-uák dienen wenigstens dazu, das Ungenügende

unserer Kenntnisse, die sich auf vorliegendes Capitel beziehen, hervorzuheben; bei nächster Gelegenheit hoffen wir, wird es uns möglich sein, das Fehlende zu vervollständigen.

c. Anthropologische Bemerkungen über die Bribri-Indianer.

Um mich so kurz als möglich zu fassen in Bezug auf die wesentlichsten Punkte, werde ich meine Bemerkungen nach dem Muster und in derselben Reihenfolge anordnen, welche die Herren Garson und Read in ihrem Werke ‚Notes and Queries on Anthropology‘ (2. Ausgabe — London 1892) adoptiren.

Vor Allem jedoch muss ich gestehen, dass unsere Kenntnisse über die Anthropologie und Ethnographie der Bribri-uak noch sehr lückenhaft sind, und dass es nothwendig ist, noch lange zu arbeiten, um einige Vollständigkeit zu erreichen.

Trotz ihrer scheinbaren Apathie und ihrem schmächtigen Körperbau scheinen die Bribri-Indianer einer ziemlich grossen Muskelanstrengung fähig zu sein. Wir können dies zwar nicht durch directe Versuche darthun; allein die Kraft, welche die Bootfahrer entwickeln müssen, um ihr schweres Fahrzeug durch die Stromschnellen der reissenden Flüsse thalaufwärts zu bringen, und die Ausdauer, mit welcher Männer und Frauen mit schwerer Last Tag für Tag marschiren, berechtigen unseren Ausspruch.

Bei meinen Reisen durch Talamanca wurde das Gepäck gewöhnlich auf dem Rücken der Indianer weiter befördert. Die Manneslast betrug zwar nur 25 bis 30 Kilogramm, die Marschdauer jedoch von 7 Uhr Früh bis Abend 4 Uhr. Die Träger betrachteten diese Anforderung als besonders günstig, denn im Allgemeinen schleppen sie während eines oder zweier Tage wohl eine doppelte Last und während einiger Stunden eine solche, welcher der europäische Lastträger unterliegen würde.

Der Schritt des Indianers ist kurz und sein Gang langsam; er schreitet jedoch Stunde um Stunde seines Weges dahin, ohne zu ermüden, und legt auf diese Weise auf nicht allzu gebirgigem Wege, jede Stunde etwa 3 *km* bewältigend, ganz beträchtliche Strecken zurück.

Es macht mir den Eindruck, es sei der Bribri verhältnissmässig kurzsichtig, was sich leicht dadurch erklären dürfte, dass er sein Leben lang in dichten Wäldern oder beschränkten Lichtungen sich aufhält. Hingegen erblickt er mit wunderbarer Raschheit das geringste Vorkommniss in dem ihn umgebenden Laubwerk oder Dickicht und sieht Manches, was dem eingeübtesten Europäerauge entgehen würde.

Auch sein Gehör ist äusserst scharf, und er hört Geräusche, für die ein anderes Ohr unempfindlich ist, und gibt ohne zu zögern die Richtung an, von wo das Geräusch herkam.

Mittelst des Geruchsinnes erkennt er die Fährte der meisten wilden Thiere, und je nach der Intensität des Geruches schätzt er die Zeit ab, seit welcher das Thier die betreffende Stelle passirt hat.

In meinen Notizen finde ich keine Angaben über die ruhende Körperhaltung des Bribri-Indianers. Beim Lagerfeuer nimmt er eine kauernde Stellung ein, das ganze Körpergewicht ruht auf den Fussspitzen, die verschränkten Arme sind auf die Kniee gelegt. Es ist dies auch die bevorzugte Stellung der Frauen zu Hause, nur mit dem Unterschied, dass sie die Kniee weit entfernt von einander halten, die Ellbogen darauf stützen und das Gesicht auf die Hände halten oder diese hinter dem Kopf zusammenlegen.

Die Haltung der Männer beim Gehen ist eher schlaff und allzu ungezwungen. Sie marschiren mit leicht gebeugten Knieen, herabhängenden Armen und die Hände etwas vorgehalten. Bei den Frauen bemerkt man häufig die Gewohnheit, beim freien Marsche die Hände hinter dem Kopf zusammenzulegen und den Oberkörper etwas zurückgebogen zu halten; vielleicht rührt das daher, dass sie, wenn sie belastet gehen, auf dieselbe Weise den Kopf halten, welcher die ganze Last mittelst eines über die Stirne gehenden Bandes oder Seiles tragen muss. Diese Angewohnheit hat eine ausserordentliche Entwicklung der Nackenmuskeln zur Folge sowohl bei den Männern als auch bei den Frauen.

Männer und Frauen geniessen vor ihrer Verheiratung eine vollständige Freiheit in geschlechtlicher Beziehung, und eine jungfräuliche Braut ist als eine Ausnahme zu betrachten.

Die Menstruation beginnt zwischen dem 11. und 14. Jahre. Beim Eintritt der ersten Regeln zieht sich das Mädchen in eine eigens zu diesem Zwecke im Walde erbaute Hütte zurück.

Dort bleibt sie, bis ein *auá* (ein Arzt) sie gereinigt hat durch
Anhauchen und mittelst Auflegen von verschiedenen Gegenständen, wie Federn, Vogelschnäbeln, Thierzähnen, Baumwoll-
fetzen u. s. w. Nachdem sie auf diese Weise gereinigt worden
ist, legt sie alle diese Dinge in ein Körbchen, um sie für ihre
jüngeren Schwestern oder ihre eigenen Töchter aufzubewahren.

Von diesem Augenblick an lassen es die Familienmitglieder
des Mädchens sich angelegen sein, ihm einen Ehemann zu finden; meist jedoch trifft es selbst eine Wahl. Von einer Hochzeits-
ceremonie ist nicht im Geringsten die Rede.

Bei jeder Wiederholung der Regeln wird die Frau *bukurá*,
d. h. unrein. Sie bedient sich ausschliesslich als Teller nur der
Bananenblätter, welche sie nach dem Gebrauch an einen ganz
abgelegenen Ort wirft: denn wenn eine Kuh sie finden und
fressen würde, müsste sie abmagern und zu Grunde gehen.
Sie trinkt ebenso aus einem besondern *guacal*, da die Person,
welche nach ihr dieselbe Schale benützen würde, ebenfalls abmagern und unfehlbar sterben müsste. Während der ganzen
Dauer der Regeln bleibt die Frau bei ihrem Manne, ohne jedoch mit ihm in nähere Beziehung zu treten. Sie gurgelt sich
täglich mit Wasser, in das sie die zu Pulver zerstossene Rinde
des Baumes *kepurí* gelegt hat, von welcher sie stets einen im
Rauche getrockneten Vorrath heimlich versteckt hält.

Sobald der Mann wahrnimmt, dass seine Frau schwanger
ist, unterwirft er sich einem strengen 24stündigen Fasten und
vermeidet von nun an jede geschlechtliche Annäherung. Die
Schwangere selbst trifft allerlei Vorsichtsmassregeln, um ihrem
Kinde Gesundheit, Stärke und andere unter den Bribri ge-
schätzte Eigenschaften zu geben. Damit es kräftig werde und
lange lebe, trägt die künftige Mutter in ihrer Leibbinde ein Stück
einer Schildkrötenschale oder einer Faulthierhaut; damit es ein
guter Fischer werde, fügt sie den Schnabel des Eisvogels bei;
soll es weiss geboren werden, lässt sie sich durch einen Weissen
etwas cardirte Baumwolle auf den Unterleib auflegen. All dies
heissen sie das Kindheilen (*i kẹpé χaruré*).

Fühlt die Frau sich der Niederkunft nahe, so sagt sie es
ihrem Manne, der nun schleunigst für sie an einem abgelegenen
Orte eine Hütte baut, in der sie von nun an ganz allein wohnt
und nur mit ihrer Mutter oder an deren Statt mit einer anderen

alten Frau in Verkehr treten darf. Diese benachrichtigt zur richtigen Zeit den Mann, damit er den *auá* rufe, welcher der Entbindung beiwohnen muss. Eine schwere Niederkunft ist unter den Indianerinnen äusserst selten. Bei der Geburt wird das Kind mit Beihilfe der Mutter aufgenommen und sofort mit lauwarmem Wasser gewaschen. Die junge Mutter muss trotz ihrer Leiden ihr Möglichstes thun, um fröhlich zu erscheinen, und, kaum entbunden, eilt sie, sich im nächsten Fluss zu baden. Dann handelt es sich darum, sie vom *niá* (*ñá*), d. h. einer schlimmeren Unreinheit, als es das *bukurú* ist, zu befreien. Der zu diesem Zwecke herbeigeholte *auá* haucht sie an, wobei er ihr das nächstbeste Thier auflegt. Nach einem wiederholten Bade bekommt sie aus einer vollen Schale einige Schlücke Chocolade, während der *auá* den Rest selbst austrinken muss. Von diesem Augenblick an ist die junge Mutter nur noch *bukurú* wie während einer Menstruation, nur muss sie dieses Mal während eines ganzen Mondmonats von den anderen Hausgenossen getrennt bleiben. Unter dieser Zeit gurgelt sie sich jeden Morgen mit *kępári-χkuo*, enthält sich des Cacao und des Salzes und isst und trinkt unter den schon oben erwähnten Vorsichtsmassregeln.

Durch eine Fehl- oder eine Todtgeburt verschlimmert sich der Zustand der Mutter dadurch, dass das *niá* viel intensiver ist. Der *auá* darf sich dann nicht damit begnügen, die Kranke nur einmal anzuhauchen, sondern muss es mindestens dreimal thun, indem er ganze Nächte bei der Hütte, singend und seine Steine um Rath fragend, zubringt. Unterdessen darf die Frau sich keiner lebenden Seele nähern; schon das blosse Berühren der von ihr benützten Gegenstände ist äusserst gefahrbringend. An einen langen Stab gebunden werden ihr die Lebensmittel hingereicht. Dies dauert gewöhnlich etwa drei Wochen, worauf die Kranke wieder heimkehrt unter denselben Bedingungen wie nach einer gewöhnlichen Niederkunft.

Was das Kind anbetrifft, so wird es ohne weitere Ceremonien in Empfang genommen, ebensowenig wird es künstlichen Deformationen unterworfen. Es wird verschieden lange Zeit gesäugt, je nach dem Zeitraume, der die Niederkunft von der nächsten Schwangerschaft trennt; ich habe Beispiele gesehen, wo mindestens dreijährige Kinder noch die Mutterbrust beanspruchten.

Kinder unter 10 Jahren erhalten keinen besonderen Namen. Das Sichhingeben einer Frau wird nicht als unehrenhaft angesehen; sie lebt weiter mit ihrer Familie, welche ihre Kinder gerade so aufnimmt, als wären sie einer regelrechten Ehe entsprossen. Ob die Bevölkerung zu- oder abnimmt, ist noch nicht festzustellen, und es wird diese Frage erst nach einer genau ausgeführten Volkszählung beantwortet werden können.

Der ganze Bribristamm theilt sich in zwei Gruppen, und die Heiraten finden nur aus der einen in die andere statt, nie unter den Gliedern derselben Gruppe.

Jede dieser Abtheilungen besteht wiederum aus einer Anzahl von Familien oder Clan, wie folgende Tabelle zeigt, die ich meinen ,Nombres geográficos de Costa Rica' entnehme.

Clan oder Familien der Bribri-uák.

Túbor-uák:	*Kork-uák* oder *Dχbar-uák:*
Surits-uák [1]	*Dχbar-uák*
Duts-uák [2]	*Dí-u-uák* [9]
Bokir-uák	*Tkbiri-uák* [10]
Dóχk-uák	*Kos-uák* [11]
Sark-uák [3]	*Kipirχk-uák* [12]
Dógdi-uák [4]	*Amú-kir-uák* [13]
Oróri-uák [5]	*Tsirú-ru-uák* [14]
Kúgdi-uák [6]	*Úni-uák*
Tkíut-uák [7]	*Sibri-uák* [15]
Duri-uák [8]	*Dáuíbri-uák* [16]

---

[1] *Suri* Wild.   [2] *Du* Vogel.   [3] *Sar* Affe; dieses ist die Familie der Könige, von welcher nur noch ein Mann und eine Frau existieren. [4] *Dúg-di, dúg-di* Muschelfluss.   [5] *Orori* Name eines Zuflusses im Quellgebiet des Arari.   [6] *Kúg* Textilpalme.   *di* Wasser; Name eines Nebenflusses des Urén.   [7] *Tki* Floh; *ut* Zusammenziehung von *u-t-itú* Ort des Hauses.   [8] *Du* Vogel; *ri* Bach.   [9] *Di*, Wasser; *u* Haus.   [10] *Tkbi* Schlange; *ri* Bach.   [11] *Kos* Bergabhang.   [12] *Kipi* Frucht einer wilden Liane, gekocht geniessbar.   [13] *Amú* Agave; *amúk* Agavenpflanzung. [14] *Tsirú* Cacao; *ru* Ableitung von *gri* reif.   [15] *Si* Pfosten; *bri* Wasser, Bach.   [16] *Daui-bri* muss der Name eines Baches sein.

Tsbor-wik: *Kork-uák* oder *Dχbar-uák:*

   Ardu-uák [1]   *Amúk-uák* [3]

   Uriχk-uák [2]   *Akter-uák* [4]

                   Kúr-ki-uák [5]

                   Katsá-ut-uák [6]

                   Bóbri-uák [7]

Im Gegensatz zu der Meinung von Gabb gehören die einer Ehe entsprossenen Kinder stets der Familie oder dem Clan der Mutter an.

Nach dem Tode eines vermöglichen Mannes verschwindet der grösste Theil seines beweglichen Besitzthums während der Trauerfeierlichkeiten; es scheint jedoch, dass seine Kleinodien auf den ältesten Sohn der ältesten Schwester des Verstorbenen oder, sollte dieser fehlen, auf den der zweiten Schwester u. s. f. übergehen.

Zweiter Abschnitt.

Grammatischer Abriss.

I. Die Laute.

a. Vocale.

             a   *å*   *a̧*

      e   *ȩ*   *ĕ*   *o*   *ǫ*   *ö*   *ō*

  i   *i̧*   *ı*   *u*   *ṷ*   *ů*

         a̱   *ȇ*   *ı̣*   *ŏ̧*   *ṷ̱*

b. Consonanten.

                 h

   k   *g*   *χ*   *χ́*   *ṅ*

   tš   *dž*   *š*   *ń*

   ts   *dz*   *y*

   t   *d*   *s*   *z*   *l*   *r*   *n*

   p   *b*   *f*   *w*   *m*

[1] *Ará* Donner, u Haus.   [2] *Uri* Ameisenbär.   [3] *Amá* Agave; *amúk* Agavenpflanzung.   [4] *Akter* Steinfeld.   [5] *Kurki* Name eines Ortes im Quellgebiet des Urén; wahrscheinlich von *χkur* Ameisenbaum *(Cecropia* sp.); *ki* in, auf.   [6] *Katsá*, spanisch Achiote; *ut*, Abkürzung von *u-t-itá*, Ort des Hauses.   [7] *Bobri*, Ort im Quellgebiet des Urén. — *Uák* Volk, Tribu.

An- und Auslaut.

Am Anfang der Worte lassen sich folgende Consonanten-verbindungen nachweisen: *bl, br, dl, dr, mń, mr, ńr, sk, śk, sl, śt, sts, stš, tk, tr, ts, tš, tsb, tsk, tšk, χk.* Der Auslaut ist ebenso häufig vocalisch als consonantisch; von Consonanten finden sich im Auslaute: *ń, n, m, r, l, s, k, t, b, tk, gl, rl.*

Bemerkungen.

Ich habe mit ganz besonderer Sorgfalt mein Ohr und meinen Mund in der Unterscheidung und Aussprache der gehörten Laute zu üben gesucht und glaube, dass im Allgemeinen die von mir angenommene Orthographie so genau als möglich der Aussprache der Bribri-Indianer entspricht.

Beim Vergleichen meiner Arbeit mit derjenigen Gabb's, die vor etwa zwanzig Jahren veröffentlicht wurde,[1] wird man sich wundern über die durchgängige Verschiedenheit der Orthographie, die so weit geht, dass man beim ersten Blick glauben könnte, es handle sich um zwei verschiedene Mundarten, obschon wir unser Material an demselben Ort, theilweise sogar in derselben Familie[2] gesammelt haben.

Diese Verschiedenheit lässt sich jedoch leicht erklären. Mein Vorgänger in der Erforschung von Talamanca war vor Allem ein Fachgeolog und keiner anderen als der englischen

---

[1] On the Indian tribes and language of Costa Rica. Proceedings of the American Philosophical Society. Philadelphia vol. XIV, 1875.

[2] Aus Gründen, auf die wir uns nicht näher einzulassen brauchen, hat es Gabb unterlassen, mitzutheilen, dass er über ein Jahr lang in wilder Ehe lebte mit der Schwägerin seines Freundes Lyon, der Indianerin Florencia; ihr verdankt er zum grössten Theil das umfangreiche Material, welches die Grundlage seines ausgezeichneten classischen Werkes bildet. Jenem Bündniss entspross ein Sohn, Guillermo Gabb Lyon, heute ein intelligenter Jüngling; er wurde auf Staatskosten im Lyceum von Costa Rica erzogen, verzichtete jedoch nach Vollendung seiner secundären Studien auf das civilisirte Leben und kehrte zurück in die wilden Thäler von Talamanca, um dort nach Art seiner mütterlichen Vorfahren zu leben. — Ich verdanke ihm einen guten Theil meines Wörterbuches, und er hat mir sogar in seinem Dialekte geschrieben; ich muss jedoch bemerken, dass ich fast immer die von ihm gegebenen Sätze beiseite lassen musste, da die Satzconstruction etwas zu viel an das Spanische erinnerte.

Sprache mächtig; er kannte weder die phonetischen Regeln, noch die zur Wiedergabe der Töne gebrauchten Zeichen. Obschon er erklärt, er habe immer das spanische Alphabet gebraucht, ist dieses so oft mit dem englischen vermischt und verwechselt, dass es fast immer schwer ist, die Worte zu erkennen. So haben wir z. B. *e* oder *y* statt *i* (*ke* für *ki*; *yuk* für *iuk* etc.) und immer vor den Vocalen *a*, *e*, *i* und *o* das englische *w*, das dem *u* entspricht (*kipár-wo* für *kipár + uo*, *wíg-bru* für *uíg-bru*, *bu-kwé-wo* für *buk-ué+uó* etc.). Auch die Frage ob *l* oder *r* hat mich oft in Verwirrung gebracht, doch habe ich durchweg eher *r* gesetzt, als der allgemeinen Aussprache am meisten entsprechend, obschon ich, bei den wenigen Weibern und Kindern, mit denen ich Gelegenheit hatte mich zu unterhalten, eine entschiedene Neigung nach dem reinen *l* zu bemerken glaubte. Gabb im Gegentheil gebraucht *l* fast ausschliesslich und so auch sein Sohn in den meisten Fällen, wenn er einen Satz in Bribri zu schreiben versuchte. Was das *ng* als Zeichen der Nasalirung gewisser Vocale betrifft, so scheint es mir, dass es eine vollständige Veränderung der wahren Betonung verursachen kann. Endlich ist es möglich, dass in zwanzig Jahren eine nicht geschriebene Sprache in ihrer Aussprache merkliche Veränderungen erlitten habe.

In den mehrsilbigen Wörtern wird der Vocal, der den Hauptaccent hat, wie im Spanischen bezeichnet. Der Accent auf einem einsilbigen Wort bezeichnet einen sehr kurzen Laut, von einer Art Aspiration gefolgt (*tsó* Haar, *ki* Floh etc.); dies wurde von Gabb mit einem Schluss-*h* bezeichnet, wie ich auch in meinem ersten Glossar der Sprache von Térraba gethan habe.[1]

Viele Wörter endigen mit einer gesungenen Silbe, das heisst zu einem mehr oder weniger musikalischen Ton gedehnt, was mit dem gewöhnlichen Zeichen (⌢) angegeben wird.

Das gerollte *r* der Spanier (Zungen-Zitter-Laut) und das gewöhnliche *l*, ersteres sehr häufig, das letztere hingegen sehr selten, sind die Extreme, welche eine ganze Reihe von schwer wiederzugebenden Mittellauten einschliessen. Man kann ebenso

---

[1] Vergl. H. Pittier y C. Gagini, Ensayo lexicográfico sobre la lengua de Térraba — 1892.

gut schreiben *Tarire* oder *Talile, ará-busi* oder *alá-busi;* aber
weder der eine noch der andere der Consonanten *r* und *l* geben
genau die wirkliche Aussprache; jedoch nähert sich diese gewöhnlich mehr der von *r*, und darum habe ich letzteren Buchstaben meistens gebraucht, während Gabb *l* vorzog.

Wie ich an anderer Stelle dargethan habe,[1] lässt sich
die Aussprache der Consonanten und Vocale nicht genau
durch feste Regeln bestimmen wie bei den geschriebenen
Sprachen; in manchen Fällen kann man z. B. dieselbe Silbe
mit *m, b, p, l, r* oder *d* schreiben, ohne dass dadurch das
Wort, zu dem sie gehört, unverständlich wird. Uebrigens ist
es wahrscheinlich, dass die vorzugsweise Aussprache, auf die
eine oder die andere Weise, in verschiedenen Zeiten durch
den Gebrauch herrschend wird.

Diese beständige Schwankung der Aussprache, nach der
Zeit und von einem Individuum zum anderen, scheint eine Folge
der den Eingebornen heisser Länder eigenen, natürlichen Trägheit zu sein. Die spanisch-amerikanischen Creolen entgehen
kaum dieser Trägheit in der Articulation, und man bemerkt
z. B. in den Schulen fast des ganzen spanischen Amerika eine
mehr und mehr ausgeprägte Neigung, *b* und *v* zu verwechseln,
was gewiss keinem Deutschen, Engländer oder Franzosen ein-
fallen würde. Um auf die Bribri-Sprache zurückzukommen,
will ich noch erwähnen, dass die Uebergänge von *m* in *b* und
p und von *d* in *l* und *r* die am häufigsten beobachteten sind.

Diese Erklärungen und die weiter oben gegebenen werden
genügen, den allzu auffälligen Unterschied zwischen Gabb's
Arbeit und der meinigen zu erklären.

II. Die Wortbildung.

Das vorliegende Vocabularium enthält über 1800 Wörter,
wovon an 800 Hauptwörter, 200 Beiwörter und über 300 Zeitwörter. Wenn man in Betracht zieht, einerseits dass, wie
die meisten ihrer Verwandten, die Bribri-Sprache überaus reich
an Bezeichnungen für die Pflanzen und Thiere des Waldes ist,

---

[1] Vergl. H. Pittier, Nombres geográficos de Costa-Rica. I. Talamanca — San José 1895.

von welchen ich nur einen geringen Theil aufnehmen konnte, weil mir die Aequivalente in einer anderen bekannten Sprache fehlten, und andererseits, dass eine Menge Zeitwörter, Beiwörter etc. mir natürlicherweise entgehen mussten, weil ich nicht so gründlich und so lange als nothwendig in der Sprache verkehren konnte, so wird man mit mir zugeben, dass die Gesammtzahl der Wörter der betreffenden Sprache 2500 oder mehr betragen muss. Von diesen Wörtern sind die meisten, besonders von den Zeit- und Hauptwörtern, zusammengesetzt, und ihre Analyse bietet keine Schwierigkeiten, ausser in den Fällen, wo die zu ihrer Bildung dienenden Theile nicht mehr als Einzelnwörter gebraucht sind oder eine gründliche Formenveränderung erlitten haben.

In den meisten Fällen wurden die Worte, die die Theile einer Zusammensetzung bilden, durch das Zeichen + getrennt, während ein einfacher Bindestrich die ursprünglichen Worte, die jene gebildet haben, trennt. In dieser Eintheilung, die vom linguistischen Standpunkt aus betrachtet nothwendig ist, werden sich zweifelsohne manche Irrthümer eingeschlichen haben, doch war dies schwierig zu verhüten bei unserer unvollkommenen Kenntniss der Sprache.

a. Bildung der Hauptwörter.

Es gibt gewisse Wörter, die in einer grossen Anzahl von Zusammensetzungen gebraucht werden; die folgenden sind die am häufigsten vorkommenden:

uó

— rund, ganz — bedeutet für sich allein gebraucht das Gesicht einer Person und die Frucht einer Pflanze. Im letzteren Falle, wenn man die zu nennende Frucht genauer bezeichnen will, so steht vor *uó* der Name des Baumes, der die Frucht trägt, während die in der Frucht enthaltenen Samen des Baumes durch Wiederholung des Suffixes *uó* bezeichnet werden. Beispiel: *mé*, Kalebassenbaum, *mé-uó* Kalebasse; *mé-uó-uó*, Samen des Kalebassenbaumes.

bo-uó	Licht, Feuer	*si-uó*	Mond
di-uó	Sonne	*bik-uó*	Stern

mo-uó	Wolke	*ik-uó-uó*	Maiskorn
kö+kö-uó	Gebirge	*átu-uó*	Bohnensamen
uk-uó	Stein	*aš-uó*	Orange
tsä-uó	Kiesel	*uó*	Gesicht
uká-uó	Gyneriumgras-	*mné-uó*	Nacken
	blüthe	*tsu-uó*	Brüste
ukát-uó	Fackel	*mó-uó*	Nabel
bi-uó	Halsband (wörtl.	*kitsá-uó*	Gelenk
	Teufelsauge)	*ta-uó*	Knöchel (des
kipar-uó	eine Art Beinkleid		Fusses)
kipam-uó	Gürtel, mit dem sich	*sẹmé-uó*	Wunde
	die Weiber auf-	*tku-uó*	eine Art Leucht-
	schürzen		käfer, *Photinus*
kar-uó	Baumfrucht im All-		sp.
	gemeinen		

ko-uó-ón	Höhle.	*dži-uó-ka*	Kohle (*dži-uó* Holz,
			ká, aká Zahn).

Die mit *uó* anhängenden Wörter sind im Glossar leicht
zu finden.

uó entspricht dem Térraba *kuó*, welches in derselben Bedeutung bei einer grossen Anzahl Zusammensetzungen gebraucht wird.

kö

Dies entspricht Gabb's *kong*. Alleinstehend bedeutet es
Zeit, Wetter, Ort, Land und Ausdehnung im Allgemeinen. ‚Wie
heisst du Alles, was uns umgibt, so weit wir sehen können,
und Alles, was hinter den Bergen und jenseits des Meeres liegt?'
frug ich einst einen meiner indianischen Führer. Er sah mich
einen Augenblick an, als verstände er mich nicht, dann rief
er aus, indem er die ausgestreckten Arme im Kreise umher-
bewegte: *kö urítẹne!* womit er offenbar die ganze Erde, soweit
ein Talamanca-Indianer sich dieselbe vorstellen kann, meinte.

kö findet sich am Anfange einer sehr grossen Anzahl
Wörter, welche sich leicht an der betreffenden Stelle des Glossars
finden werden. Mitten in einem zusammengesetzten Worte
oder an dessen Ende kommt es überaus selten vor (z. B. *sibú-kö*
Himmel, oder Gottes Ort etc.).

Dieselbe Wurzel (*kŏ-p*, *kŏ-k* oder *kŏ-g*) findet sich in einigen Hauptwörtern der Térraba-Sprache; in der Brunka-Sprache wird dafür *ka-k* gesetzt. Beispiele:

Terraba:		Brunka:	
kŏ-k	Land, Ort	*ka-k*	Land, Donner,
kŏ-k+ĭko	Höhe, Gipfel		Sonne
kŏ-g+degúk	Thal	*ka-k+tuχ*	Berg, Vulcan
kŏ-g+oh́	Kopf, Haupt	*ka-g+ba*	Tageslicht.
kó-p+kuo	Himmel.		

t̆ka

Für sich allein bedeutet dieses Wort: Fleisch, Stoff, Substanz; den Pflanzennamen angehängt, gibt es den Begriff der Geselligkeit, des Zusammenwachsens von Individuen einer Art an einem Orte. Ferner steht es hinter den Namen der Metalle, der verschiedenen Erdsorten, der Harze etc., wie in der folgenden Liste zu sehen ist:

kŏ-t̆ka	der Wald, oder die Gesammtheit der ihn bildenden Pflanzen	*tsiní-t̆ka*	Kautschuk-gummi
uká-t̆ka	Gyneriumfeld	*kйkộ-t̆ka*	Cocosnussfleisch
grú-t̆ka	Palmenwald	*arí-t̆ka*	Stärke, Mandiocafeld.
inúkur-t̆ka	Silber	*kurúb-ri-t̆ka*	gemahlene und gekochte Bananen
tẹbé-t̆ka	Eisen		
ñ-t̆ka	Thon	*iñó-t̆ka*	Mehl
tsŏ-t̆ka	Sand.	*murú-t̆ka*	Asche.
dú-t̆ka	Schlamm, Schmutz, Koth		

t̆ka entspricht dem Térraba *ǐo* (= *sho* des Ensayo lexicográfico), welches in derselben Bedeutung gebraucht wird, und wird auch an die Namen gewisser in den Savannen und in der Nähe der Häuser gesellig wachsenden Pflanzen gehängt. Die Brunka-Sprache bildet dieselben Wörter auf eine andere Weise, die mit der obigen Regel keinen bemerkbaren Zusammenhang hat, wie aus folgenden Beispielen erhellt:

	Térraba:	Brunka:
Silber	dẹbúrr-šó	drik
Eisen	dẹrún-šó	drik
Boden, Thon	krún-šó	tap
Sand	ará-šó	u-up
Schmutz, Koth	krún-šó	sura'
Cocosnussfleisch	kóko-šó	—
Asche	frún-šó	brún
Mimosa pudica L.	šká-šó	tšu-tša
Escobilla (Sida sp.)	kuar-šó	—

uak,

welches ,Volksstamm' bedeutet und dem Térraba *ua* entspricht, wird Völkernamen jedesmal angehängt, wenn die Gesammtheit ausgedrückt werden soll. Auch steht es immer mit den Namen einiger Insecten, die gewöhnlich in grösserer Anzahl zusammengetroffen werden, wie z. B. manche Ameisen. Endlich dient es zur Bildung des Plurals, wenn der Inbegriff der Leute, die dieselbe Profession üben, bezeichnet werden soll. Folgende Liste gibt Beispiele der drei Fälle:

bribri-uak	der Bribristamm
murú-uak	Süsswassersardinen
stsa-uak	rothe Ameisen, Blattschneider
tkir-uak	schwarze fleischfressende Ameisen
bur-uak	Melipona, eine Art Biene
mré-tšik-uak	Zangenkäfer
súr-uak ⎫	
kar-uak ⎬	Milbenarten
mo-uak ⎭	
kẹno-tkuk-uak	die Schiffer, die Seeleute
táñ-bruk-uak	die Kaufleute
kö-kẹné-bruk-uar	die Ackerleute

dió, rió (aus di oder ri = Wasser)

dienen, um gewisse halbflüssige Producte zu bezeichnen, wie z. B.:

tšmú-rió	Bananen-Chicha	bur-dió	Bienenhonig
pakul-dió	Rohrzucker	tsu-rió	Milch.

Dieselbe Anhängesilbe findet sich im Térraba, wo wir finden: *or-rió* Honig, *no-rio* Milch, *šo-rió* Schweiss, *bo-rió* Thräne.

ió

steht in zusammengesetzten Hauptwörtern, die einen Zierat bezeichnen oder auch Theile von Kleidern, die in dem Klima von Talamanca ja auch als Zierat betrachtet werden können; also:

ku-kú+ió	Ohrgehänge	*(a)pá+ió*	Hemd
urí-ts+ió	Fingerring	*kurú+ió*	Hose

Für sich allein hat *ió* keine Bedeutung. Es scheint in demselben Sinne im Térraba gebraucht zu werden, denn in dieser Sprache haben wir:

kuo-on t-ió kró	Ohrring	*po-ió kró*	Hemd
king-so ió kró	Halsband	*ku-ió kró*	Shawl.

Die bisher erwähnten Anhängesilben sind diejenigen, welche man am häufigsten finden wird beim Durchgehen des Vocabulariums. Man könnte noch einige aufzählen, wie: *kurú* Fuss, welches bei Bäumen und Pflanzen auf dieselbe Weise wie im Französischen gebraucht wird (Beisp.: *ik-u-kurú* eine Maispflanze, *tsirú-kurú* ein Cacaobaum etc.), *ki-tša* Strick, welches in den Zusammensetzungen *kuri-kitša* Hals, *urá-kitša* Arm, *kurú-kitša* Bein, *stsá-kitša* Liane etc. steht.

Ausser diesen verhältnissmässig häufigen Wurzeln gibt es eine ziemliche Anzahl Hauptwörter von noch eigenthümlicherer, aber nicht weniger interessanter Zusammensetzung. Der Thau heisst Wolkentropfen (*mö-wúri*), der Regen ist das Wetterwasser (*kö-ri*), während der Staub die Asche des Wetters (*kö-mure*) ist; die glühende Kohle ist der Zahn des Feuers (*bo-uó-ka*), und die Wogen sind das Sieden des Meeres (*dẹdši+ tẹ-uó*) etc. Sehr anziehend ist auch das Studium der Ortsnamen, über welches Thema ich an anderer Stelle [1] geschrieben habe, weshalb ich auf dasselbe hier nicht zurückkommen kann.

b. Bildung der Beiwörter.

Die Adjectiva sind verhältnissmässig zahlreich, und der Reichthum an Variationen, den sie aufweisen, zeugt von der

---

[1] H. Pittier, Nombros geográficos de Costa Rica. I. Talamanca.

Einbildungskraft der Bribri-uák. Etliche, wie *sá-sa*, *tó-to*, sind nachahmend; andere bestehen aus mehreren Wörtern, wie *io-ki-ta* enge (wörtlich: Breite nicht hat); *ki-tška-ta* mager (= kein Fleisch hat), *kir-ié-boa* feig (= zu nichts gut) etc. Ein anderer, charakteristischer Zug der Adjectiva ist die häufige Reduplication der sie bildenden Silben.

Der Fremde, der die Sprache der Indianer zu lernen versucht, erregt oft Gelächter bei diesen durch unpassende Anwendung mancher Adjectiva. Unser Wort j u n g z. B. wird je nach den Umständen durch verschiedene Worte wiedergegeben:

> junger Mann   *uíb durá-kur*
> Mädchen   *erákur bú-si*
> junges Schwein *kutsi ará-ra.*

Das Térraba hat für j u n g zwei verschiedene Worte. eines für Weiber und Weibchen, das andere für Männer und Männchen:

> junger Mann   *dóven durá-z-rẹhé*
> junges Mädchen *guare kog-rohé.*

Letztere Sprache hat auch das Wort *mite* zart, jung, das ohne Unterschied für Menschen, Thiere und Pflanzen gebraucht wird.

Eine andere Unterscheidungsart der Bribri-Sprache:

> *nẹmú dẹ-ró-ro* der schwarze Jaguar
> *uíb tsé-tse*   der schwarze Mensch.

Gabb, l. c., führt andere Beispiele an, von welchen die folgende merkwürdige Reihe von Bezeichnungen für Schweine je nach deren Form und Farbe gebraucht wird:

> *mu-lúš*   weisses   Schwein
> *do-lúš*   schwarzes   „
> *bíš*   graues   „
> *máš*   rothes   „
> *bi-tsús* halb weisses und halb schwarzes Schwein
> *kẹ-džús* pekarischwarzes Schwein
> *bu-líχs* Schwein mit Anhängsel am Hals
> *ná-na*   kurzbeiniges Schwein.

Eine Anzahl Adjective, wie *kirína*, *stsína*, *itirína*, *dẹrína*, *irína* und *urúna* sind durch ihre gleichmässige Endung bemerkenswerth und sind wahrscheinlich als Verbalformen zu betrachten.

c. Bildung der Zeitwörter.

Bei der Rückkehr von meiner ersten Forschungsreise in Talamanca war ich nicht wenig überrascht, als ich beim Vergleichen des von mir eben zusammengestellten Glossars mit dem W. Gabb's fand, dass, während sich die Endungen der zweihundert Zeitwörter des Ersteren auf einige wenige Typen zurückführen lassen: *uk*, *ûk*, *ok*, *ua*, mit sehr wenigen Ausnahmen, die achtzig bis hundert von Gabb aufgezählten diese charakteristische Einförmigkeit nicht aufweisen. Mein Material stammte theilweise vom Indianer John Taylor († 1895), zum Theil vom jungen W. Gabb Lyon, während Ersterer fast immer bei meinen Uebungen mit dem Letzteren zugegen war. Ich kam dadurch auf den Verdacht, dass der junge Gabb die Endungen absichtlich systematisiert hatte, und dass Taylor auf diese grammaticalische Phantasie eingegangen war. Doch überzeugte mich eine sorgfältige Untersuchung, dass diese Verschiedenartigkeit in der Wirklichkeit nicht so gross ist, wie es den Anschein hat; der Unterschied ist nämlich in sehr vielen Fällen ausser denjenigen, in welchen die Endung in beiden Vocabularien vollständig übereinstimmend ist, ein ganz geringer. So haben wir:

i+šku	eine Form des Präsens für			*i-škuk*	marschieren
klu+ptu	orthograph. Variation		für	*kurú-tuk*	tanzen
iš-tsu	„	„	„	*i+stsuk*	singen
i+ki-ú	„	„	„	*i+ki-uk*	rufen
i+keu-tu	„	„	„	*i+kẹtuk*	essen
tu-eñke	„	„	„	*i+ta-ûk*	kaufen
i+hdw-na	„	„	„	*ŏ-nuk-ua-iš*	fallen
i+da-wo-wa	„	„	„	*i+dẹwúk+ua*	sterben

u. s. w.

Im Jahre 1895 hatte ich Gelegenheit, meine Liste zu bereichern und mich zu überzeugen, dass die Zeitwörter, aus

denen sie besteht, so correct als möglich und für alle Bribri
verständlich sind. Es gibt wirklich für jedes eine unpersönliche Form, die dem Infinitiv entspricht, und die von William
Gabb angegebenen gehören fast immer dem Indicativ an.

Trotz der Einförmigkeit der Endungen bieten die Verba
doch Schwierigkeiten genug, um mich zu bestimmen, kein ein-
gehendes Studium davon zu versuchen. Die Rücksicht darauf,
dass ich Laie in der Linguistik bin, soll zur Entschuldigung
des Mangels an Zusammenhang im Folgenden dienen.

Die meisten Bribri-Zeitwörter sind zusammengesetzt, und
zwar gewöhnlich aus einem Hauptwort, einem Beiwort oder
sonst einem Wort und einer Endung, die selbst wieder ein
Verbum ist. Beispiele:

iχ-stsuk hören, aus *iχ, uχ* Stimme und *stsuk* singen.

si-uk trocknen, aus *si* trocknen und *uk* schütteln.

šu-štuk wählen, aus *šu* mitten und *štuk* nehmen.

ari-nuk reifen, *(a)?*, *ri* = reif, *nuk* Endung (vielleicht
    machen?).

urá-bętsuk heiraten, aus *urá* die Hände, *bętsuk* vereinigen.

urá-ûk gesticulieren, winken, aus *urá* und *ûk* machen oder
    bewegen *(uk)*.

i+uoma-ûk knüpfen, *i* es, *uomá* Knoten, *ûk* machen.

Zuweilen besteht die Zusammensetzung aus mehr als zwei
Wörtern:

dę-uó+ua+di+a ertrinken (litt.: sterben Wasser im).

i+tuk+kurú-ñak+ua stampfen (litt.: es schlagen Ferse mit).

i+amuk+i-me schenken (es für Nichts geben).

i+uχtu+stsuk gehorchen (das Wort hören).

i+kuri-ña+ñu-kuk erwürgen (litt.: ihm Kehle abschneiden).

sęuí+uó+džuok nähen (= Tuch rund machen, d. h. es zu einem
    Ganzen vereinigen) etc.

Einige Zeitwörter weisen eine wirklich primitive Zusammensetzung auf. Das treffendste Beispiel, das ich anführen
kann, ist *tška+ku* essen, aus *tška* Nahrung, Fleisch und *ku*
Mund, zusammengesetzt. Uebrigens gibt es eine andere, regel-
mässigere Form, *kętuk*, die dasselbe bedeutet.

Die Indianer halten, wie Gabb bemerkt, die Leber für den Sitz des Gefühls, und zwar mit demselben Recht, mit dem wir diese Eigenschaft dem Herzen zuschreiben.[1] In der That zeigt die Leber in dem tropischen Klima eine ausserordentliche Empfindlichkeit — worauf die vielen Krankheiten, denen dieselbe ausgesetzt ist, hindeuten — und die Eindrücke, die das Individuum empfängt. wirken in directerer Weise auf die Leber als auf irgend ein anderes Organ. Man wird also begreifen, warum die Kinder der Tropen, von denen man nicht erwarten kann, dass sie mehr von diesen Sachen verstehen als die civilisierten Menschen, der Leber dieselbe Ehre erweisen wie wir, in gleicher Unwissenheit, nach uralter Tradition, dem Herzen.

Daher finden wir in der Bribri-Sprache, zuweilen auch in der von Térraba, bei den meisten Zeitwörtern, die einen psychischen Zustand ausdrücken, die Wurzeln ēn und *guo*, welche Leber in den respectiven Sprachen bedeuten. Beispiele:

ēn+ḍ-i+o-nuk sich erinnern (litt.: zur Leber rufen); terr.: *guó io širir gin*

ēn+bi-kuk denken (litt.: die Leber gehen machen); terr.: *guó ide gin.*

ēn+ḍ-i+o-tuk dankbar sein (litt.: es bleibt in der Leber); terr.: *ta beno guó kúpsoe bob koṇ* = ich bin dankbar

ēn+uk ruhen (die Leber bewegt sich); terr.: *guó šti gin*

ēn+ḍ-dẹ-rir fühlen, bedauern (litt.: die Leber leidet in)

ēn+ḍ-i-de-rir lieben (litt.: es thut in der Leber leid, für Jemand oder Etwas)

ēn+io sich freuen; terr.: *era ta guó kúpsoe* ich freue mich.

ēn+i+ḍ+i-tšuk-ua vergessen (litt.: die Leber verlieren); terr.: *guo-ió hér.*

Die Brunka-Sprache scheint diese Eigenthümlichkeit, welche jedoch im Cabécara oder Chirripó vorkommen mag, nicht zu besitzen.

Von allen einheimischen Sprachen Costa Rica's scheint blos die der Bribri rückbezügliche Verba zu haben. Hier einige davon:

---

[1] Gabb, l. c.

3*

a-ñí-puk sich schlagen
i+a-ñe+i-tṣuk einander spotten
a-ñ+uk lachen (litt.: einander Gesichter
    machen)
a-ñí-kuk sich begegnen
a-ñí-kẹtuk, im Kriege kämpfen (= einander
    auffressen)
a-ñí+i-tša-kuk sich grüssen (= zusammen-
    sprechen)

> *a* = du, dich
> *ñí* = ich, mich
> *a-ñí* = du und ich

Wegen den übrigen siehe im Glossar.

III. Die Redetheile.

a. Das Hauptwort.

1. Das Geschlecht der Hauptwörter.

Das Unbelebte hat kein grammatikalisches Geschlecht.
Um das Geschlecht der Thiere anzudeuten, wird dem betreffenden Namen das Wort *ará-ki* (Weibchen) oder *uiñe* (Männchen)
nachgesetzt. Nur für den Menschen erleidet diese Regel eine
Ausnahme. Für die Bezeichnung der Jungen der verschiedenen Thiere scheinen keine besonderen Namen zu bestehen.
Beispiele:

uíb	der Mann
ará-kur	die Frau
ará	das Kind
ará-ará	der Säugling
nẹmú	der Jaguar (im Allgemeinen)
nẹmú+uiñe	das Jaguarmännchen
nẹmú-ará-ki	das Jaguarweibchen
nẹmú-tsirẹrar	das Junge des Jaguars.

Die Frau nennt ihren Ehemann *a-dži* (*dže a-dži*, mein
Mann), der Mann seine Frau *dže bẹrt*. Den Kindern gegen-
über machen die Bribri Gebrauch von einer grossen Anzahl
Unterscheidungs- und Kosenamen:

ie-ra der Sohn	*ie-ra-rá-kur* die Tochter
ará+uíb der Knabe	*ara-ará-kur ta-džíra*, das Mäd- chen

uíb+durá-kur der Jüngling	*ara-búzi, ará-kur-búzi* die Jungfrau

bi-surú	—	
bí-a	*bí-bi*	
kẹbí-ra	*ará-ra*	
ó-kub	*ó-kub*	} Kosenamen
sini	—	
árma (vielleicht vom span. „*armado*')	—	
tsurí	*tsurí*	

Eine Mutter nennt ihren Sohn oder ihre Tochter etwa *a ókub, a árma, a tsurí, a bí-bi,* aber niemals *a bi-surú, a kẹbí-ra, ará-ra* oder *a tadžira,* weil diese letzteren Namen für die Kinder im Allgemeinen, die ersteren jedoch nur für die den Sprechenden eigenen Kinder gebraucht werden.

2. Die Zahl der Hauptwörter.

Im Ganzen genommen besteht im Bribri kein besonderes Suffix, um den Plural der Hauptwörter zu bilden. Soll die Einheit eines Gegenstandes besonders betont werden, so wird dem Wort das Zahlwort ein nachgesetzt (*ek, ékur, etk, étub* oder *iré,* je nach dem Nomen); in den anderen Fällen wird, falls es der Sinn des Satzes erfordert, die Zahl auf ähnliche Weise angedeutet. Beispiele:

kurá etk eine Bank.

bi-tk be kurá ua tso?
Wie viel deine Bank sind } Wie viele Bänke hast du?

dže ua kurá tso tsé-é
Meine Bank sind mehrere } Ich habe mehrere Bänke.

bi-tk u-e be u-r?
Wie viel Häuser deine Häuser sind? } Wie viele Häuser hast du?

dže u-r tsé é
Meine Häuser sind viele } Ich habe viele Häuser.

u etk u-é
Haus ein Haus } Ein Haus.

Das Hauptwort *di-ká,* Dorn, bildet eine Ausnahme, indem seine Mehrzahl *di-ké* ist. Man sagt:

di-ká súrue ein schlimmer Dorn.

ir-i-ké? Was für ein Dorn?

bṛ-tšúr di-ké die Dornen des Sandbüchsenbaumes *(Hura crepitans)*.

Gabb erwähnt auch *di-tšé*, Plural von *di-tšá* Knochen, und ferner *ura-tskué* Hand, Gesammtheit der Finger *(ura-tska)*. Ich habe weder die eine noch die andere dieser Formen beobachten können.

Eine Ausnahme von der Regel bilden auch die Personennamen und die Fürwörter. Die ersteren erhalten im Plural die Nachsilbe *pa* (= Leute) oder eine Variante derselben, wie in:

ará-kur das Weib	*ará-kur+pa* die Weibsleute
uib der Mann	*uíp-pa* die Mannsleute
naí der Oheim	*naá-opa* die Oheime.

Für die Mehrzahl der Fürwörter siehe die Conjugationsbeispiele.

b. Das Beiwort — Steigerung.

Die Adjectiva sind unveränderlich in Geschlecht und Zahl.

Die Bribri-Sprache scheint besondere Comparativformen zu besitzen, aber weder Gabb noch ich haben dieselben genügend studirt. Ich lasse einige Steigerungsbeispiele folgen:

taí = gross; wird gebraucht, wenn man von verhältnissmässig wenig umfangreichen Gegenständen und auch von Thieren und Personen spricht. *Taí-ié* ist der Superlativ.

kibi und *kibi-ié* gross und sehr gross, werden gebraucht, wenn man von Flüssen, Bergen, vom Meer etc. spricht. Die von Gabb angeführten Wörter *brú-bru* und *taí-bru* habe ich nie gehört; vielleicht sind dies dem Cabécara entnommene Formen.

tsir = klein, zart, dünn (man braucht auch *ud-ud-ne*).

dṛ-púnet kleiner.

tsír-la-la sehr klein.

tsir-šún-taí am kleinsten.

boa gut, *boa-é* sehr gut, *boa-šún-taí* am besten.

Die Locution *šún-taí*, welche stets bei der Bildung des Superlativs gebraucht wird und auch in einigen Adverbien vorkommt, scheint nicht für sich allein in Gebrauch zu sein, und ihre Anwendung geht nach Regeln vor sich, die noch bestimmt werden müssen. So kann man zum Beispiel sagen:

dže kirína urúe ich bin sehr krank, aber nicht *dže kirína šún-taí.*

dže tso boai šún-taí ich bin sehr zufrieden, aber nicht *dže tso boai urúe* etc.

c. Das Fürwort.

Die persönlichen Fürwörter weisen eine Form auf, die dem Dativ entspricht und durch die Zusammenziehung des Nominativs und die Vereinigung mit der Präposition *iд* entstanden ist. Beispiele:

dže	ich, mich	*ńiд, ńié = dže-iд*		mir
be	du, dich	*miд = be-iд*		dir
ié	er, ihn	*ie-iд* (nicht contractirt)		ihm
se̜, sa	wir, unser	*s'ki = se̜ ki, sa ki* (auf uns),		uns
a	ihr, euch	? ? ?		
ie-pa	sie	*iд = ie-pa-iд*		ihnen

Eine ähnliche Verschmelzung zeigt das Hilfszeitwort *rur* sein; man hat *džer* und *džir* für *dže-rur*, *ber* für *be-rur* und *ir* oder *irir* für *ie-rur*.

Se̜ und *sa*, die erste Person der Mehrzahl, scheinen nicht willkürlich Eins für das Andere gesetzt werden zu können: *se̜* bezeichnet den Sprecher und die Angeredeten; *sa* bedeutet den Sprechenden und die Seinen, im Gegensatz zu den Zuhörern. Derselbe Unterschied wird auch gemacht, wenn beide Fürwörter den Besitz bezeichnen; Jemand sagt z. B. *sa tši-tši* wenn er zu Dritten von einem Hund spricht, der ihm und seiner Familie gehört, während er, wenn der Hund ihm und den anderen Anwesenden gehören würde, sagen müsste: *se̜ tši-tši.*

Wenn ein Mann von seinem Weibe spricht, so nennt er es gewöhnlich nicht bei ihrem Namen, sondern gebraucht das Pronomen *ié*, welches in diesem Falle auf eigenthümliche Weise betont wird. Dasselbe gilt von dem Weibe, wenn es von seinem Manne spricht.

d. Das Verbum.

Conjugationen — Hilfszeitwörter.

Die Einförmigkeit, die man bei den meisten Zeitwörtern
findet, berechtigt zu der Annahme, dass alle aus einem primi-
tiven Substantiv mit angehängter, heute ungebräuchlicher Pro-
nominalform bestehen, die als Charakteristik des betreffenden
Zeitwortes im Infinitiv geblieben ist. Diese Substantivwurzel
ist unveränderlich, und die Abwandlung wird blos durch die
Verschiedenheit in der Endung angegeben. Im Allgemeinen
hat die Sprache keine besondere Form für die verschiedenen
Personen. In fast allen Zeitwörtern findet man die drei einfachen Grundzeitformen: Vergangenheit, Gegenwart und Zukunft, und ausserdem bei mehreren derselben Formen, die auf
eine schon compliciertere Syntax hinweisen. Das Futurum wird
stets durch Anhängen von *mi* an die Präsensform gebildet.
Diese Silbe ist offenbar das Präsens Indicativi von *i-mi-átke*
gehen, so dass also ,ich werde singen' in Bribri wirklich mit
,ich gehe singen' *dže stsú-mi* gegeben wird.

Ich glaube hier einige der im Glossar verzeichneten Con-
jugationen wiederholen zu müssen:

sprechen

Inf.   *uχtúk*
Ind. Präs. *χtu* (manchmal *f·χtú*) — Plur. 1. Pers. *s'uχtú*
  Pass.   *ut*
  Fut.   *χtú-mi*
Imp.   *bç χtú* (Sprich zu ihm!) — Gabb gibt
            i-štú, welches eher nehmen entspricht.

uχtú bedeutet Wort, Stimme, und *uχtúk* lässt sich auf
ganz natürliche Art davon ableiten. Wir haben übrigens eine
verwandte Form in

antworten

Inf.   *i+uχtuk*
Ind. Präs.   *i+uχté*
  Perf.   *i+úχti*
  Fut.   *i+uχté-mi*
Imp. 2. Pers. s. *i+uχtú.*

Bui i+tšá·ke, éma uritɛne mi+uχté·mi·rak, wenn du dies frägst, werden dir Alle dasselbe antworten. Die gesperrte Form ist besonders zu merken!

finden

Inf.		*i+kúk·ua*
Ind. Präs.		*i+kué*
	Perf.	*i+ku*
	Fut.	*i+kué·mi*
Inf. Perf.		*i+ku·na* (= Participe passó der Franzosen).

zittern, sich fürchten

Inf.		*pa+ine+kū̃+kɛ·tú·tu*
Ind. Präs.		*pa+inu+kõ+kɛ·tú·tu*
	Perf.	*pa+ine+kã+kɛ·tú·tu*
	Fut.	*pa+inu+mi+kã·kɛ·tú·tu.*

waschen, reinigen

Inf.		*pá+i+kuruk*
Ind. Präs.		*pá+i+kɛré*
	Perf.	*pá+i+rik*
	Fut.	*pá+i+kɛré·mi.*

machen, bauen, zusammenstellen

Inf. Präs.		*i+džu·ok*
	Perf.	*(i+)džu*
Ind. Präs.		*i+džu·é*
	Perf.	*i+džu; i+džu·rak* (pl.)
	Fut.	*i+džu·é·mi; i·džu·é·mi·rak* (pl.)

schreiben

Inf.		*adžiχ·kuo+štuk*
Ind. Präs.		*adžiχ·kuo+štú*
	Perf.	*adžiχ·kuo+kit*
	Fut.	*adžiχ·kuó+štu·mi.*

kaufen

Inf.   *i+ta-ãk*
Ind. Präs.   *i+ta-uê*
  Perf.   *i+tó*
  Fut.   *i+tá-uê-mi.*

sich setzen

Inf.   *é-tkuk-is*
Ind. Präs.   *tku-is*
  Perf.   *tki-di*
  Fut.   *tku-mi-du*
Imp. 2. Pers. s. *be é-tkú-is*
     1. Pers. pl. *é-tku-rú.*

Wir haben auch *die tkir-is* ich sitze (aus *tkir* = sitzen?).

fallen

Inf.   *ó-nuk-ua-ìs*   Gabb hat: *i+ó-na*
Ind. Präs.   *ó-nu-a-ìs*   *i+ó-nuk*
  Imperf.   *i+ó-ne-tke*
  Perf.   *ó-ne-ua-ìs*   *i+ó-ne*
  Fut.   *ó-ne-mi-ua-ìs*   *i+ó-na (mi)*

gehen, marschieren

Inf.   *škuk*   Gabb hat: *i+škú*
Ind. Präs.   *škú*   *i+škuk*
  Perf.   *ški*   *i+šké*
  Fut.   *šku-mi*   *i+škú.*

tödten

Inf.   *i+χtúk-ua (i+ftúk-ua)*
Ind. Präs.   *i+χté*
  Perf.   *i+kút*
  Fut.   *i+uχté-mi*
Imp.   *i+χtú, i+χtú-ua.*

singen

Inf.   *stsúk*
Ind. Präs.   *stsú*   Gabb hat: *i+štsú* Inf.
  Perf.   *stsé*   Thiel „ *i+štsuk* „
  Fut.   *stsú-mi.*

fürchten, erschrecken

Inf.   *sę+uá-nuk*
Ind. Präs. *sa+ud-r* od.   Gabb hat: *sę-uá-na*
          sa-uá-na
Perf.   *sa+uá-ne*
Fut.   *sa+uá-r-mi*

sich schämen

Inf.   *ai-nuk*
Ind. Präs. *ai-r*
Perf.   *ai-ne*
Fut.   *ai-r-mi.*

Es gibt noch eine andere Perfectform, sozusagen eine Art
Aorist: *tadźira ai-nóko*, das Mädchen schämte sich.

suchen

Inf.   *dźu-rúk*
Ind. Präs. *dźu-ré*   Gabb hat: *lu*
Perf.   *dźu-rú*   Thiel „ *i+dźu-ru* od.
Fut.   *dźu-ré-mi*   *i+tśu-lú.*

schlafen

Inf.   *kępúk+ua*   Gabb hat: *kipuk*
Ind. Präs. *kępú-ua*   *kipa-ué-tke*
Perf.   *kępi-ua*   *kipé*
Fut.   *kępú-ua-mi*   *kipú-tke.*

Gabb gibt ausserdem noch ein Perfect *kipúk-ua* (er
schreibt *ki-púg-wo*) mit der Form *ki-pé-tke* für die dritte Person
des Plurals an. In den von mir gesammelten Beispielen finde
ich: *be kępé-re ēn-iö neńé-ué dźe hu á?* hast du letzte Nacht
in meinem Hause geschlafen? — *Ki dźe kępi-ne-ua ēn-iö neńé-
ué urú ikri tso e+kuen-ke*, ich habe letzte Nacht nicht geschlafen wegen der vielen Moskiten.

gehen, fortgehen

Inf.   *i+mia-tke*   Gabb hat: *i+mia*
Ind. Präs. *mi; mi-tke*   *mi-tka, mia-tka*

Ind.	Imperf.	*mia, minea,*	
		mineā bak	
	Perf.	*mia-tke*	Gabb hat: *re, rá-re* (Formen v.
			i+ra-tske)
		di (= estuvo)	*miá-ña* (= ich gehe
			auch, im Coen Dia-
			lekt)
		be di-di?	*mi tšo* (= er geht
		(= fuiste?)	fort)
	Plusqp.	*minéa; minéa-*	
		rak	
	Fut.	*mia; mik-do*	*mia*
Cond.	Präs.	*mimi*	
Imp.	Präs.	*džu; b'džu-ška*	*džu*
		mi-ška (= *mi* wir gehen, *ška* marschieren).	

Ausser diesen Formen gibt es noch andere, wie *i+mia-rak, mik* etc., doch ist es oft schwierig, deren wirkliches Verhältniss zu Modus und Zeit zu erkennen.

kommen

Inf.	*i+rá-tske*
Ind. Präs.	*rá-tse, dá-tse, rá-tske*
Perf.	*dá-re, rá-re*
Fut.	*(dže) bi-tú-mi* (= [ich] werde kommen!)

Dieses Verbum verschmilzt sich mit demjenigen, welches unserem ankommen entspricht, und von welchem ich die unpersönliche Form nicht aufgefangen habe, die wahrscheinlich von *i+ra-tske* verschieden sein wird.

Was die Hilfszeitwörter betrifft, so bin ich darüber noch sehr im Unklaren. In manchen Fällen ist sein gar nicht zu übersetzen, wenn blos ein vorübergehender Zustand des Subjects angedeutet ist:

Dže štiríña, ich bin müde.

A en-siña, ihr seid durstig (wörtl.: ihr habt die Leber trocken).

Apí ir akíški, dieser Mann ist alt.

In' manchen Fällen gebraucht man *rur* oder *dur*, welche öfters mit dem Subject oder auch mit der Negation *ki* zusammengezogen werden:

Je rur buzi boa ṡún-taí. Sie ist das hübscheste Mädchen.

Pedro dur apí boaí. Peter ist ein guter Mensch.

Dże bak inúkur-brú, erí ki dże sēne boaí. Ich war reich, aber nicht glücklich *(Dże bak* wäre das Imperfectum von *dże rur!).*

Caballo i kir boaí. Dieses Pferd ist nicht schön *(kir = ki-rur).*

Endlich wird sein noch durch *tso* übersetzt:

I tso i hu ả. Er ist zu Hause.

I tso tána. Er ergraut (wird scheckig — Anspielung auf die zwei Farben der Haare).

Purí amú nia bir sẹ tso ie éχke. Gib mir so viele Muscheln, als wir hier Leute sind.

Kö tso-ru tsínet o kả́mi? Ist das Dorf nahe oder weit?

Idzír tso boaí. Alles ist gut (= die Sachen sind gut).

Dem Wort haben, in affirmativer Form, entspricht auch *tso*, mit vorangehendem *ua* und Einschaltung des Subjects zwischen beide:

Be ua inúkur tso? Hast du Geld?

Dże ua i tso ué. Ich habe genug.

Be ua ik+uó tso kū ki? Hast du Korn oben (auf dem Gerüste)?

In verneinender Form scheint man blos *ua* zu gebrauchen:

Dże ki ua iń́ kun. Ich habe keine tortilla.

Endlich wird auch es gibt mit *tso* übersetzt:

Ie boa tso be kū ska? Was gibt es Gutes in deinem Dorfe?

Vaca tso ié-do? Gibt es Rinder hier?

e. Onomatopoeen.

Die Anzahl der nachahmenden Wörter scheint sehr gering; beim Durchgehen des Vocabulariums finde ich blos folgende:

Hahn — *dókoró,* Nachahmung des Krähens dieses Vogels.

Guako — *uáko,* Nachahmung des Krähens dieses Vogels.

Camaleon — *kɛrikik*, Nachahmung des Schreies dieses Falken.

Tucan-Art — *bɛtsik*, Nachahmung des Schreies dieses Vogels.

Tucan-Art — *urík*, Nachahmung des Schreies dieses Vogels.

Eisvogel-Art — *träk*. Diesen Namen trägt eine Ceryle-Art, die beim Fliegen einen kurzen Ton von sich gibt, der durch das Bribri-Wort ziemlich gut wiedergegeben wird.

Ibycter americanus Bodd. — *kokok*, Nachahmung des Schreies dieses Vogels.

Flintenkugel — *mok+kur+uó-ui-ui* — *uó* gibt die Idee des Runden und *uí-uí* ist eine Nachahmung des Zischens einer abgeschossenen Kugel.

Schrot — *mok+kur+tsir-tsir* — *tsir+tsir* gibt die Idee der Kleinheit und runden Form der Schrotkörner.

Die Betonung derjenigen Wörter, die eine besonders aus-gezeichnete Idee ausdrücken, ist sehr charakteristisch, bei Diminutiven mit höherem, bei Augmentativen mit schwererem Ton.

f. Anderen Sprachen entliehene Wörter.

Wenn ein wilder Volksstamm in Berührung mit der Civilisation kommt, so eignet er sich nothwendiger Weise eine Menge Namen von vorher unbekannten Gegenständen an, die der Phonetik der eigenen Sprache angepasst werden. Wir müssen also solche Entlehnungen in der Bribri-Sprache finden; dieselben stammen aus dem Spanischen und Englischen. Das Spanische selbst hat sich eine Menge Hauptwörter aus der Nahuatl- und der Quiché-Sprache assimiliert, und davon sind auch einige in die Sprachen unserer Indianer übergegangen. Aus irgend welcher Ursache sind diese Wörter bisher meinen Beobachtungen entgangen, aber Gabb gibt deren einige an:

arroz (sp.) Reis, *zapato* (sp.) Schuh, *sombreno* (anstatt *sombrero* sp.) Hut, *tiχera* (sp.) Scheere, *pús* (*puss* engl.), Katze, *tšitši* (nahuatl) Hund, *bi-uó* (engl. *bead*) Halsband, *catšimba*(?) Pfeife.

Von dieser Liste ist, wie ich glaube, *bi-uó* auszuschliessen, welches ein echtes Bribri-Wort ist und Teufelsauge bedeutet. Hingegen sind die folgenden fünf beizufügen: *mitši* (nahuatl) Katze, *cutši* (sp.) Schwein, *vaca* (sp.) Kuh, *caballo* (sp.) Pferd, und *burro* (sp.) Esel. Uebrigens finden wir in unserer Sprache eine Anzahl Wörter, die dem Cabécara entlehnt sind.

g. Das Zahlwort.

Die Bribri zählen bis hundert geläufig, nach einem rein decimalen System. Das primitive **eins** *(ek, etk, e)* scheint aus *ik, ik+uó*, Maiskorn, zu stammen, was daher kommen wird, dass sie diese Körner als Hilfsmittel bei ihren Rechnungen gebrauchen. *Skēr, ske*, fünf, kann man, wie Gabb es thut, als von *(ura-) ska*, die Finger (der einen Hand) kommen lassen; aber die Etymologie von *dábop* oder *dębop*, zehn, bleibt immer noch fraglich, wofern man nicht die Endung *bop* als von *bu, bur, buu, buur, buuk* oder *butk*, zwei, abgeleitet betrachten will.

Von zehn *dębop* aufwärts werden die Zahlen gebildet durch Anhängen der Reihe der Einheiten an die Decimalbezeichnung und Einschalten von *ki*, welches **auf, über** oder **mehr** bedeutet. Also *dábop-ki-ekur* elf oder 10 + 1 etc. Zwanzig entspricht *dábop buu dĭuk* = 10 zwei machen, oder zweimal zehn, und alle anderen Decimalzahlen werden auf dieselbe Art gebildet bis 100, welches *dębóp dĭuk dębóp* oder zehnmal zehn ist.

Aber die interessanteste Eigenthümlichkeit des Bribri-Zählens ist, dass sie bis fünf verschiedene Zählungsarten aufweist, je nach der Natur der zu zählenden Gegenstände, wie aus folgenden Beispielen erhellt:

a. Für Personen.

Se ekur	1 Person (wörtl. unser eins, einer von uns)	
se buur	2 Personen	
se mńór	3 „	
se kúr	4 „	
se skēr	5 „	
se térul	6 „	
se kuúr	7 „	
se pagul	8 „	
se surí-tu	9 „	
se dábop ki ekur	10 „	
se dábop ki ekur	11 „	(wörtl. zehn auf eins)

se *dábop ki buúr*   11 Personen
se *dębop buu dźuk*   20   „   (wörtl. zehn zwei machen)
se *dębop buu dźuk ki ekúr*   21   „
se *dębop mńa dźuk*   30   „
se *dębop kię dźuk*   40   „
se *dębop ske dźuk*   50   „
se *dębop ter dźuk*   60   „
se *dębop kuúr dźuk*   70   „
se *dębop par dźuk*   80   „
se *dębop surí+tu*   90   „
se *dębop dźuk dębop*   100   „

b. Runde Gegenstände.

aś ek   1 Apfelsine
aś buuk   2 Apfelsinen
aś mńor   3   „
    u. s. w. wie für Personen.

c. Kleine Thiere.

du etk
du butk
du mńatk
du kir   u. s. w.

d. Lange Gegenstände und grosse Thiere.

stsa é-tub   1 Strick
stsa bu-tub   2 Stricke
stsa mńa-tub   3   „
stsa ki-tub   4   „
stsa ské-tub   5   „
stsa tek-tub   6   „
stsa kuk-tub   7   „
stsa pak-tub   8   „
stsa surí-tub   9   „
stsa dębop-tub   10   „
stsa dębop ki é-tub   11   „

e. Bäume und Pflanzen.

tsirú iré kar   1 Cacaobaum
tsirú bur kar   2 Cacaobäume
tsirú mńor kar   3   „
tsirú kir kar   4   „
tsirú skər kar   5   „
tsirú terul kar   6   „
tsirú kur kar   7   „
tsirú pagurkar   8   „
tsirú surí-tu kar   9   „
tsirú dębop kar   10   „
tsirú dębop ki er kar   11   „

    u. s. w. wie für die erste Serie.

f. Häuser.

hú etk ué   1 Haus
hú butk ué   2 Häuser
hú mńatk ué   3   „

hú kir ué   4 Häuser
hú skər ué   5   „
hú terur ué   6   „

hú kur ué	7 Häuser	*hú dębop ué*	10 Häuser
hú págur ué	8 „	*hú dębop ki etk ué*	11 „
hú suri-tu ué	9 „	u. s. w.	

Die Térraba-Sprache hat nur zwei Zählungsarten, eine für die langen, andere für die runden Gegenstände, welche beide sich blos dadurch von einander unterscheiden, dass bei der ersten der Zahlenreihe *kro* vorgesetzt wird (zuweilen in *kra* abgeändert), welches bei der zweiten durch *kuo* ersetzt ist. *Kro* (Strick, Schnur) und *kuo* (Samenkorn) drücken das erstere den Begriff der Länge, Dehnung und das letztere den der Rundung, des Abgerundeten aus. Letzterer findet sich im Beiwort *kuo-tilagua* klein (wenn man von runden Sachen spricht), und der erste ist in demselben Falle durch *so* ersetzt: *so-tilagua* klein (wenn man von langen und dünnen Sachen spricht).

Die übrigen Sprachen Costa Ricas machen, mit Ausnahme des Térribe, derartige Unterschiede nicht in ihrer Art zu zählen; man findet aber Spuren des Térraba-Systems bei den meisten Dialekten der Dorasque- und Guaimi-Sprachen, in Chiriqui und Veragua.

h. Elementarregeln der Syntax.

In der Construction der affirmativen Phrasen stehen gewöhnlich Subject und Prädicate vor dem Zeitwort. Beispiele:

Uáko ŏ-tka-ŏ, ta-ud-rea tšer.[1]
Guaco singt Schnupfen sngt.
Der *guaco* singt, wir werden Katarrh bekommen.

Dše-r e-rä-kur é-ua.
Ich bin Weib getrennt.
Ich bin von meiner Frau getrennt.

Pedro tú ié ir   túk+ua+uak kút-ua
Peter sein(es) Bruder(s) Mörder   tötete.
Peter tödtete die Mörder seines Bruders.

---

[1] Dies ist ein Sprichwort, das ich wiederholt gehört habe: die Bribri glauben nämlich fest, dass sie jedesmal einen tüchtigen Schnupfen bekommen, so oft sie den unangenehmen Schrei dieses Vogels hören.

Die Verneinung steht am Anfang des Satzes:

Ki　sę　ruk　iñe　Kębé-kir+kū-ska,　kắmi irir
Nicht wir ankommen heute　Cabécar,　weit dies ist
e-kuén-ki.
deswegen.

Wir werden heute nicht nach Cabécar kommen, weil es
weit ist.

Ki dʒʹbu dur ia-mik.
Nicht mein Gesicht ist ihm zu.
Ich liebe ihn nicht.

Ki dʒu mi-ẵ bęsé amé-ku.
Nicht ich dir das geben werde.
Ich werde dir das nicht geben.

Der Genitiv steht immer vor dem zu seiner Bestimmung
dienenden Hauptwort:

Dʒe a-rá-kur dʒi.
Der Vater meiner Frau (wörtl.: Meine Frau Vater).

Dʒe tʃi-tʃi uǫ+kir.
Der Kopf meines Hundes (wörtl.: Mein Hund Kopf).

In Fragesätzen folgt das Verbum dem Subject:

I do-mi auí kū-ki-kō?
Es geht dort oben?
Was geht dort oben?

Kō　tso　ó　kū+tʃka tso　úro　i ki?
Dörfer es gibt oder Wälder es gibt Weg dieser auf.
Gibt es Dörfer oder Wälder auf dem Wege?

In denselben Beispielen wird man bemerken, dass die
Präpositionen am Ende der Sätze stehen.

Wenn der Satz ein trennbares Verbum enthält, wie *ki...
...kiana* brauchen, *ęn-â̂+i+dęrir* lieben, *ua......tso* haben, so
steht das directe Prädicat zwischen beiden Theilen des Zeitworts.

Dʒe ki hu taï kiana étkué. Ich brauche ein grosses Haus.
Ich　Haus gross　eins　(*ki......kiana*, brauchen).

Dʒe ęn-â̂ dʒi dʒi dęrir. Ich liebe meinen Vater.
Ich　mein Vater　(*Dʒe ęn-â̂.......dęrir* = ich liebe).

Be ua inü+kur tso? Hast du Geld?
Du　Geld　(*Be ua.......tso* = hast du?).

IV. Die Verwandtschaftsverhältnisse der Bribri-Sprache.

Fünf einheimische Sprachen werden in Costa Rica noch gesprochen; es sind: *Cabécara*, mit drei Dialekten (Estrella, Chirripó und Tucurriqui), *Bribri*, *Térribe* mit dem abgeleiteten *Térraba*, *Brunka* und *Guatuso*. Aus den Vergleichungen, die ich bisher habe anstellen können, geht hervor, dass sie eine grosse Anzahl von Wurzeln, deren Verhältniss durch das Studium des *Térribe* und des *Guatuso*, welche ich nur eben angegangen habe, noch bedeutend steigen wird, gemeinschaftlich haben; ihre Syntax ist ebenfalls dieselbe; sie gehören entschieden einer einzigen Sprachengruppe an, und haben sich ohne Zweifel durch aufeinander folgende Abzweigungen von einer einzigen von ihnen gebildet; von welcher, können wir bei dem heutigen Stande unserer Kenntniss noch nicht entscheiden.

Andererseits gestattet uns ein Vergleich unserer Sprachen mit den in den angrenzenden Ländern gesprochenen folgende Schlüsse zu ziehen:

1. Mit wenigen, vielleicht zufälligen Ausnahmen besteht keine nähere Verwandtschaft zwischen den Sprachen Costa Ricas und den weiter nördlich früher und auch jetzt noch gesprochenen.

2. Der Fluss San Juan und der See von Nicaragua bilden die wahre ethnische Grenze zwischen Central- und Süd-Amerika, mit Ausnahme jedoch der pacifischen Abdachung, wo die Auswanderungen von Norden her bis nach der Halbinsel von Nicoya drangen.

3. Die Sprachen Costa Ricas haben mit denen der süd-östlich gelegenen Gegenden Chiriqui und Veragua eine unverkennbare Aehnlichkeit, die sich sogar nachweisen lässt im Cuna, Chibcha, Tule und anderen Sprachen noch entfernterer Völker des nördlichen Süd-Amerikas.

4. Die Senkung von Nicaragua hat als chorographische Schranke gedient, sowohl in Bezug auf die Verbreitung der zwei grossen ethnischen Gruppen Central-Amerikas, als auch auf die Vertheilung der Floren und Faunen.

	Wasser [1]	Cecropia-Arten	Cacao
Guatuso	di	i-kúr	káɣo
Bribri	di	χkúr	tsirú
Cabécara	di-krɥ	kúr	tsirú
Térraba	di	sɐrū-dó	ko
Brunka	di	ko-kuá	koó
Dorasque	ti (Gualaca)	ha-gúl	doló
	χi, si (Chánguena)	—	—
Guaimí	ño	kúra (Val.)	koo (Val.); kuá
	—	—	kuó (Penonom.)
Cuna	ti	—	tšid-gua

	Tabak	Yamwurzel	Grosse Capsicum-Art	Kleine Capsicum-Art	Cedernholz
Guatuso	tu-á	tú-e	?	tuéχ-ho	u-rúk
Bribri	dɐ-uá	tú	di-pá	tieñ́	u-rúk
Cabécara	dɐ-uá	tú	di-pá	?	u-rúk
Térribe			i-bó	?	—
Térraba	du-ó	tú	i-bó	?	rru-ga
Brunka	du-á	tú	tšɐ-bá	?	run-kra
Dorasque	du-á	tú	ase	?	u-lú
Guaimí	so	—	ni-vá	?	ru-ka
	—	ɡrún	—	—	—
Cuna	gua-lá	gua-ku-bú	ká	?	hu-lúb

	Mayo (ein Baum)	Baumwolle	Baum	Blatt	Laus [2]
Guatuso	χliχirí	χlu-χio	kóra	ku	kú
Bribri	tski-rík	se-ui (džuk)	kar	ku	kú
Cabécara	beek	šu-ki	kar	ku	kú
Térribe	?		kor	gu	kú
Térraba	?	skuí-(šo)	kor	ga	kū
Brunka	?	tšɐ-búk		ga	ku-á
Dorasque	?	?	kál-kala	kál-aka	ku
Guaimí	?	ɡóboro	kri	ko; go	ku
Cuna	?	úb-sana	gual	ká-glia	ku

[1] Tule, Guarani: di.   [2] Chibcha: ku-e.

	Paca	Kapuzinerratte	Brüllaffe
Guatuso	*kurí*	*ok; χuan-aunga*	*urí*
Bribri	*kęnó*	*uk*	*uib*
Cabécara	*könö*	*χook*	*dę-ké*
Térribe	—	—	*?*
Térraba	*kurí*	*ián-igo*	*bip*
Brunka	*biχt*	*ok*	*urí*
Dorasque	*so-kuílo-i*	*?*	*uli; ola*
Guaimí	*úo; nú*	*noroáú* (Valiente)	*χuri; uri; Ɵuri*
	—	*Ɵárua* (Penon.)	—
Cuna	*tsúle*	*ke-ka*	*tsúlu*

	Koati-thier	Hokko	Ansfresser	Hirsch
Guatuso	*pu-si*	*tufi*	*uró*	*χluuri*
Bribri	*tsi*	*dę-uí*	*urú*	*suri*
Cabécara	*sí-rak*	—	*oró*	*surí*
Térribe	*?*	—	*?*	*?*
Térraba	*?*	*irō-póboga*	*onós-ku; kiu-gra*	*surín*
Brunka	*si*	*diví; dębi*	*bu-só; bu-sá*	—
Dorasque	*?*	*?*	*sōp; sōt; sópi*	*kari; kabi*
Guaimí	*?*	*kolé; trigí; erigi*	*tsa; úde; uléda*	*burá; purá*
Cuna	*?*	*tsígli*	*mulá*	*ko-gué*

	Baum-frosch	Tapir	Schmetterling
Guatuso	*?*	*χligi-karsa*	*fú-ufá*
Bribri	*uén*	*naí*	*kuá-kuá*
Cabécara	*uén*	*nai*	*kuái-kuá*
Térribe	*?*	*só*	*?*
Térraba	*guén*	*só*	*pon-guó*
Brunka	*ue-én*	*naí*	*kuáχ-kua*
Dorasque	*?*	*bisé posá* (chum.)	*koa-gua*
	—	*villa* (Gualac.)	—
Guaimí	*?*	*moló*	*maián-kua-te*
Cuna	*?*	*moli; tsapúr*	*?*

	Jaguar	Alligator	Zahn	Zunge
Guatuso	táfa	u-χú	ó-ka	ku
Bribri	nẹmú	torók	á-ka	ku
Cabécara	duriχ-krí	torók	ka	ku-ktú
Térribe	?	?	—	?
Térraba	dẹbö-kis	kú	kó-guo	kér-ku-o
Brunka	kurá	kú	ka-sa	ku- át-kua
Dorasque	kalí	ku-li	su	kú-ba
Guaimí	kurá(Penon).	lápa	tu	tu-drá
	korá (Val.)	—	—	—
Cuna	atśu-parpíti	?	nu-kal	guá-pín

	Haus	Bank	Stein
Guatuso	hú	kurú	ak
Bribri	hú	kar-uá	ak
Cabécara	hú	kurá	hak
Térribe	hú	?	ak
Térraba	hú	kuruk	ak
Brunka	hú	te-krá	kang
Dorasque	hú	sér-kala	hak; hága
Guaimí	hú	to-gró	χó
	—	to-koró	—
Cuna	né-ka	kan; kána	ák-ua

Dritter Abschnitt.

Wörterverzeichniss.

A.

a, ả, ā.

a	ihr, euch, euer; vosotros, vuestro.
a+búr	ihr beide; vosotros dos.
a+itśa	das euere, eueres; de vosotros.
ả	etwas drinnen, hinein; en
abá-ba	} dicht (von einer Flüssigkeit, Thiel);
abás-abas	} flüssig (Gabb); espeso, líquido.

a-dži	Gatte; esposo — (nur von Weibern ge- braucht).
a-dži+bruk	jagen; cazar.
adži-χkuo	Papier, papel (χkuo == Haut, Rinde, Häutchen).
adži-χkuo+sa-ûk	lesen (wörtl.: Papier sehen); leer.
adži-χkuo+štuk	schreiben; escribir; — Präs.: *adži+χkuo+ štú*; Perf.: *adži-χkuo+kit*; Fut.: *adži- χkuo+štú*.
ag+bruk	stehlen; wegnehmen; robar, cogerse cosa agena.
ág-nęmo	Geist, Seele; espíritu, alma.
ai-nuk	sich schämen, Scham; avergenzarse; ver- güenza; — Präs.: *air*; Ao.(?): *ta-dži- ra ai-nóko*, das Mädchen schämte sich; Perf.: *ai-ne;* Fut.: *air-mi*.
ai-ú-šét	gegenüber; en frente de (Gabb).
ak	Stein, Fels, Niere; piedra, roca, riñón.
ák+bu	Feuerstein; piedra de chispa.
ák+nęmé	eine Fischart; chupa-piedras, un pez.
ák+tú	Abgrund; precipicio (Gabb).
ák+uo	Kiesel; china, cascajo.
ák+uo-õ	Höhle; cueva.
a-ká	Zahn, Spitze; diente, punta.
a-ká+džęva	Kinn; barba.
a-ká+džua	Kinnlade, unterer Kiefer; quijada inferior.
a-ká+džua aišét	oberer Kiefer; quijada superior.
a-ká+ruk	Bart; barba.
a-ká+ruk pa-siuk	rasiren; afeitarse.
a-ká+ta	gewetzt; spitzig (Gabb); afilado, agudo.
a-ká+tški-ta	eckig, winkelig; anguloso.
a-ká+ûk	wetzen; gewetzt (Gabb); afilar, afilado.
akák	eine Eidechsenart (Thiel); lagartija.
aki	heimlicherweise; á escondidas.
akí	rauh; crudo.
akí-ki-ra	Greis; viejo, anciano.
akí-tški	alt; viejo.
a-kõ	über, auf, herauf, hinauf; sobre, encima. arriba.

a-kó	Bett; cama.
ak-uók	schwimmen, baden; nadar, bañarse.
a-la+bú-si	(Gabb, Thiel; vide ará-búzi).
a-lika-like	wiegen, schwanken (Gabb); mecer, balancear, oscilar.
amé	glatt; liso.
amé-amé	schwach, weich; flojo.
a-mí	Mutter; madre.
amó	Avogadobaum (Persea gratissima L.); aguacate.
amó+kurú	ein Baum derselben Art; un arbol de aguacate.
amó+uo	die Frucht desselben; la fruta del aguacate.
a-mó-mo	lau, lauwarm; tíbio.
amú	eine Foureroya-Art; eine Bromelia-Art (beide faserig und von den Indianern als Stoff für ihre Seile und Schnüre benutzt); Schnur; cabuya, piñuela, cáñamo, cuerda delgada.
amú+uo	die Frucht des Ananas; piña.
a-muk	geben, dar; — Präs.: a-mé; Perf.: a-mé-ne; Fut.: a-mé-ku, a-mé-mi; Imper. 2. Pers. sg.: a-mú.
a-mú uag-brí-na!	Möge Gott! Ójala!
aní-ni	halbfaul; remaduro.
aní-ni-e	weich; suave (Gabb).
a-ñí; a-ñé	du und ich (a = du; ñí = ich; nur in Zusammensetzungen gebraucht); tu y yo, ambos; uno y otro.
a-ñí+es	gleich; igual, semejante.
a-ñí+i-tša-kuk	sich grüssen (wörtl. sich unterhalten); saludarse.
a-ñí+kp-tuk	kämpfen, kriegen (= einander fressen); pelear, luchar.
a-ñí+kuk	sich begegnen; encontrarse, toparse.
a-ñí+puk	streiten, Streit; pelear, pelea, riña.
a-ñí+suú	gleich, parecido.
a-ñí+ta	zusammen, miteinander (ta = mit); juntos.
a-ñí+χke	gleich; igual.

a-ńí+uk-ĺt	sich trennen, scheiden; separarse, apartarse.
a-ń+uk	lachen (sich einander Gesichter schneiden); reir; — Präs.: á-ń+ú; Perf.: a-ń+é; Fut.: a-ń+ú-mi.
apá	das Aeussere, die Oberfläche etc. (nur zusammengesetzt); lo exterior, la superficie, uno etc.
apá+boa	rein, sauber; limpio.
apá+ku	Gaumen, Geschmack; paladar, sabor.
apá+mẹnéne	rein, sauber; limpio.
apá+nuk	warten (auf Jemand); esperar (alguien).
apá+pa	weder jung noch alt; ni joven ni viejo.
apá+rir	Schweiss; sudor.
apá+ri-nuk	schwitzen; sudar.
apá+śu-tu+ní-ni	rauh, runzelig; rudo, rugoso.
apá+tue	Lohn, Besoldung; jornal, salario, paga.
apá+u-nuk+pé	drohen; amenazar.
apá+uó-ma	knotig, warzig; nudoso, verrugoso.
apé+i-tuk	entlehnen, borgen; pedir prestado.
a-pí	die Leute; la gente.
a-piχ	Blut; sangre.
apó	Friedhof; cementerio (Thiel).
ap-rí	weisse Ameise; comején.
apú-uá-bẹ-ruk	die Knochen im Begräbnisshause beisetzen; poner los huesos en el panteón.
ar, arχ	eine einheimische Baumart; almendro.
a-rá	Sprössling, Kind; hijo, niño.
a-rá+a-rá+kur	Mädchen; muchacha.
a-rá+a-rá+tsu-dźuk iĺ	Säugling; niño de pecho.
a-rá+búzi	Jungfrau, mannbares Mädchen; doncella, niña casadera.
a-rá+ki	Weibchen; hembra.
a-rá+kur	Weib, Frau, Gattin; mujer, esposa.
a-rá+kur kírt-ki	schwangeres Weib; mujer embarazada.
a-rá+kur+paapa-ió	Frauenhemd; camiseta de mujer.
a-rá+kur+tsu-dio	Frauenmilch; leche de mujer.

a-rá+ra	jung (nur von Thieren); joven (sólo se dice de los animales).
a-rá+ulb	Knabe; muchacho.
a-rá	
a-rá+ıcú-ñon	
a-rá+i-uo-narke	} Blitz, Donner; relámpago, rayo, trueno.
(Thiel)	
arabá	Batate (Batata edulis et sp. pl.); camote.
a-ra-bo-ua	cylindrisch; cilíndrico (Gabb).
á-rib	Rheumatismus, Gliederfluss; reumatismo.
á-rib+ua i-de-ıcú-ki	erstarrt; entumecido.
arí	Manihotpflanze; yuca.
arí-tška	Manihotfeld, Stärke; yucal, almidon.
arí-nuk	reif werden; madurar.
á-rua	Schwager; cuñado.
á-rure	verschieden; diferente.
aš	Alle Citrus-Arten; los árboles del genero Citrus.
áš+ko-škuo	die saure Orange; naranja agria.
áš+šku-šku	die Citrone; limon.
áš+uo	die süsse Orange; naranja dulce.
átu	Alle Bohnenarten; los frijoles en general.
átu+kurú	eine Bohnenpflanze; una mata de frijol.
átu+uo	ein Bohnensamen; un grano de frijol.
aú	nein; no.
au-á	Zauberer, Mediciner; brujo, médico.
á-ua	Fischotter; nutria.
á-ua+só	Seekrebs; langosta.
au-í	eine Seeschildkrötenart; tortuga de aceite.
auí	dort, da; allá.
auí+e-du	dort, da; allá.
auí+é-tub	jener; aquel.
auí+šet	jenseit; del otro lado, allende.
a-ú-ku-ri	schwimmen; nadar (Gabb).
aure	verschieden; diferente (Thiel).

ayil	Bruder, wenn ein anderer Bruder spricht von demselben; hermano, si habla otro hermano (Thiel).
ayil+ńápa	jüngerer Bruder; hermano menor (Thiel).
aχ-ká+śku	Barthaar; pelo de la barba.
aχ-keé	weit, fern; lejano.
aχ-kí	Galle; hiel, bilis.
aχ-kí+kri	*Eupatorium Valverdeanum* Klatt, eine Pflanze; gavilana.
áχ-ku	Mund, Korb; boca, canasta.
áχ-ku+át	eierförmig; aovalado.
áχ-ku+bi-té	eine Art Eichhörnchen (*Sciurus aestuans Peters*); ardilla.
áχ-ku+śut-kuk	gähnen, bostezar.
áχ-ku+tú	Gaumen; paladar.
aχ-tá	so nennt ein Weib seines Gatten Schwester; así llama una mujer á la hermana de su marido.

B.

ba	warm (in Zusammensetzung), Wärme; caliente, calor.
ba+ba	warm; caliente (Gabb).
ba+li-na	sehr warm (von einer Flüssigkeit); muy caliente (de un líquido), (Gabb).
ba+śki-ri-ri	glühend (gelb warm); ardiente (Gabb).
baca	Kuh; vaca (dem Spanischen entlehnt).
baca+ará+ará-ki	kleine Kuh; ternera.
baca+ará uíńe	kleiner Stier; ternero.
baca+ri-pa	eine *Capsicum*-Art, Kuhpfeffer; una especie de Chile.
baca+χkuo	Kuhleder; cuero de vaca.
baga	vide *baca*.
bak-tuk	tanzen (Todtentanz); bailar (baile de los muertos).
bána	Weiberrock; enagua, ropa de mujer.
be	du, dein; tu.
be-itśa	deines, das Deinige; tuyo, el tuyo.

be-r	Abkürzung für *be-rur* = du bist; contracción por *be-rur* = tu eres.
be-re	du (emphatisch); tu (enfático), (Gabb).
beék	eine Baumart; die Jahreszeit in welcher dieselbe blüht; un arbol, y la estación en que florece.
be-ka-i-tsúk	betrachten, bedenken; considerar (Thiel).
be-ket-ke	bereit, bereiten; listo, alistar (Gabb).
be-ket-sé-ke	betrachten, bedenken; considerar, tantear (Gabb).
be-kom	eine wildwachsende Fruchtbaumart; sonsapote.
be-kós	
be-kos i-amö-n-å	Gewicht (wörtl.: wie es schwer); peso (de una cosa).
be-krí	Stinkthier *(Didelphis aurita Wied.)*; zorro pelón.
beri	die Gattin, wenn ihr Mann von ihr spricht; esposa, cuando el marido habla de ella.
be-rí	Hunger; hambre.
be-ro-dĭur+tke-bi	Korallenschlange; culebra corral.
be-rúr	vielleicht; talvez, quizás.
be-sé	dieser; ese.
be-tá	Spitze, Gipfel, Ende; cima, cumbre, fin, punta.
be-tá+ka	hinter, hinten; atras, detras.
be-tá+kín	Gipfel eines Hügel; Ende eines Weges; über; punta de una loma, sobre (Gabb).
be-tá+ón-te	Rest; das Uebrige; resto (Gabb).
be-tá+ta	spitzig; agudo.
be-ta+tsó-nia	Rest; das Uebrige; resto (Gabb).
be-ta+ūk	gewetzt, aguzado (Gabb).
be-té+ká	letzt; último (Gabb).
be-te	erschrecken; asustarse (Gabb).
bét+k	schnell; pronto, ligero.
bét+ku	plötzlich, rasch; auffordern, drängen; rápido, repentino; apresurar, precisar (Gabb).

bét+šñ-taí	sogleich; inmédiatamente.
bę-trúk	biegen, spannen; doblar; — Präs.: *i-bu-turé*; Perf.: *i-b-rút*; Fut.: *i-bu-turé-emí*; Imperat.: *i-bu-trú*; Part.: *brú-turé.*
bę-tšd+bę-tša	bitter, amargo.
bę-taí	roth; rojo.
bę-tsik	eine Tucanart *(Pteroglossus* sp.*)*; curré pequeño.
bę-tsír-ke	wehen; soplar (el viento), (Gabb).
bę-tšo-nóno	missgestaltet; disforme.
bę-tsñ	Kolibri; pájaro-mosca; chupa-flor; colibrí.
bę-tsúk	verbinden, verknüpfen; — fasten; pegar, juntar; — ayunar.
bę-tsúke	sie hat ihre monatliche Reinigung (wörtl. == sie ist im Fasten, fastend); tiene sus reglas (wörtl. == está ayunando).
bę-tsúr	eine *Ficus*-Art; higueron.
bę-tšúr	Sandbüchsenbaum *(Hura crepitans* L.*)*; javillo.
bętú	Leuchtkäfer; carbúnculo (Thiel).
bi	eine Baumart; ojoche hembra, un arbol.
birχk	eine Baumart; ojoche macho, un arbol.
bį	Teufel, Geist, böser Geist, Gespenst; diablo, espíritu, espíritu malo; fantasma.
bį+ke-i-tsúk	glauben; creer.
bį+kir	Faulheit; pereza.
bį+kir urú	faul; perezoso.
bį+ko-rú	Haken; gancho, garfio (Gabb).
bį+kró+ki-tša	eine *Vitis*-Art; agrá.
bį+kurú	Fischhaken (wörtl.: Teufelsfuss, Krüppelfuss); anzuelo.
bį+kurú+ kę-ta	Fischhakenstock; caña de pescar.
bį+kurú+ki-tša	Fischhakenseil; cuerda del anzuelo.
bį+ne	Einsamkeit, Stillschweigen; silencio Gabb).
bį+ó-ka	Haken; gancho (Thiel)

bj+tsi	Skorpion; alacrán.
bi	} Thier, Thierwelt (Gabb).
bi+uak	
bi-dó-nia	Kehl; garganta (Gabb); vide *bi-ró-nia*.
bi-ká-kra	Verwalter der Festlichkeiten; mayordomo de las fiestas.
bi-kúk	Bäume fällen; derribar árboles.
bík-uo	Stern; estrella, lucero.
bió-bio	weich (Brot, Kissen etc.); suave (pan, almohada etc.).
bir	} wie viele; cuantos.
bit (Gabb)	
bir-bir	wenig, wenige; poco, pocos.
bir-bir i-tá-ué	billig (wörtl.: wenig werth); barato (wörtl.: se paga poco).
bi-ró-nia	Kehle; garganta.
bi-ro-nia+bu-rar	schnarchen; rencar.
bi-tā	eine Eichhörnchenart *(Sciurus Hoffmanni* Peters); ardilla.
bi-ti+bi-ti	klebrig; pegajoso (Gabb).
bi-tśa-bi-tśoi	bitter; amargo (Gabb).
bi-tsī	lang, weit; — Höhe; largo, luengo; — altura (Gabb).
bj-tsi	Brust; pecho.
bit-ū-ua	doppelt; doblo, duplicado.
bi-úk	herausziehen, ausfördern; sacar, quitar.
bi-uó	Halsband aus falschen Perlen (Gabb vermuthete, *bi* sei eine Umwandlung des englischen Wortes *bead*); collar de perlas falsas; cuenta; abalorio.
bla (Gabb)	vide *bra*.
ble	das Gute; el bien (Gabb).
boá	Iguana.
boá	gut, hübsch; bueno, bonito.
boa-í	gut, angenehm, schmackhaft; bueno, agradable, sabroso.
boá+kẹte	essbar; comible.
boa-i+stsina	zufrieden; contento.

bó-bok-ié	schwanger (von Thieren); preñado (de los animales) (Gabb).
bo-i	hübsch, gut; — Vernunft; bonito, bueno; — razin (Gabb).
bo-ir+ke	heilen; curar (Gabb).
boi-sen	zufrieden; contento (Gabb).
bo-kli (Gabb).	vide *bu-uk-ri*.
bo-kut	Schwägerin; cuñada (Gabb).
boró	eine *Erythrina*-Art; poró, un arbol.
boró	Chicha, eine Art Kornbräu; täitša.
boró-boró	süss (von Geschmack); dulce (al paladar).
boró-boró-i	süss (id.); dulce (id.) (Gabb).
boró-tšú-tke bi	Korallenschlange; culebra corral (Thiel); vide *bero-džur-tkebi*.
bo-rú	Häuptling; Cazike; jefe, cacique (Gabb); vide *bu-rú*.
bó-ruk	Feind; enemigo.
bö-sútk	Alles, was fest ist; cualquier cosa sólida (Gabb).
bo-ui	sehr schnell; muy ligero (Gabb).
bó-uo	Feuer, Herd, Licht einer Kerze; fuego, fogon, luz de una candela.
bó-uo+a-kd	Kohlengluth; braza.
bó-uo+be-tsúk	anzünden; encender.
bó-uo+é-na	sich verbrennen (das Holz); consumirse (la leña).
bó-uo+i-kuk	aufblasen (Feuer); soplar (el fuego).
bó-uo+kd	Funke (wörtl.: Feuerzahn); chispa.
bó-uo+uö	brennen (das Feuer); arder (el fuego).
bó-uo+štúk	auslöschen (das Feuer); apagar (el fuego).
bra	eine *Spondias*-Art (Baum); una especie de sismoyo.
brú	vide *bo-ró*.
bru	nicht wissen; wer weiss? vielleicht; ignorar, quizás (Gabb).
bru+mik	spät, ungewiss (wörtl.: wer weiss wann?); tarde, dudoso (Gabb).

b+ru-turé	gebogen, gespannt; doblado, encorvado.
bu	zwei (wird allein nicht gebraucht); dos (no se usa solo).
bu+i-kí	übermorgen; pasado-mañana.
bu+krí	antier; vorgestern.
bu+tk	zwei, für Häuser und kleine Thiere; dos, contando casas y animales pequeños.
bu+tub	zwei, für verlängte Gegenstände; dos, contando casas largas.
bu+uk	zwei, für runde Gegenstände; dos, contando cosas redondas.
bu+ur	zwei, für Personen; dos, contando personas.
bu	Holz; leña.
buá (Thiel)	Iguana; vide *boá*.
bú-e	Zehrwurzel; essbare Kolokasie *(Colocasia esculenta* Schott); tiquisque.
bu-kj	Kröte; sapo.
bu-nú	grosser Frosch; rana grande (Gabb).
bu-kué-na	eisernes Werkzeug; fierro (Gabb).
bu-kra (Gabb)	vide *bu-kurá*.
bu-kurá	eine grosse, schwarzbläuliche Wespenart; una especie de avispa.
bu-ku-rú	schmutzig; unrein, von Geistern besucht; sucio, impuro, encantado.
bui	
bul	
but } (Gabb)	zwei; dos; vide *bu, bu-tk, bu+ur* etc.
bo	
bu-lá-mi (Gabb)	vide *bu-rá-mj.*
bu-lé (Gabb)	vide *bu-ré.*
bur	(Onomatopöe); Biene (wird allein nicht gebraucht); abeja (no se usa solo).
bur+dió	Honig; miel (de abeja).
bur+nid	Bienenwachs; cera de abeja (Gabb).
bur+uá	
bur+uak	eine Bienenart *(Mellipona);* una especie de abeja.

bu-ré	morgen (nächsten Morgen); mañana.
bu-rá+mi	der (gegenwärtig kommende) Morgen; la mañana.
bu-rar	tönen, schallen, ein Horn blasen; sonor.
bur-i-ñá-ué	verbrennen; consumir (por el fuego).
burí	kleine Erdschneckenarten; caracoles de tierra pequeños.
burí+ku-ruk	tanzen; bailar.
burir	eine kleine, schaarenweise schwimmende Fischart; un pez pequeño.
burir-ié	eine Milbenart, schwarmweise lebende Zecke; una especie de garrapata.
bu-rí-ri	dicht; espeso (Gabb).
bus-kra	gedrehtes Seil; cuerda torcida.
bu+tsá-na	brechen, zerschlagen; quebrar (Gabb).
butt	Ende, Lösung; fin, conclusión (Gabb).
búzi	jung (von einem Mädchen); joven (hablando de una niña). .

Addenda.

zwischen *ai* u. *átu: ataná*	eine Baumart *(Inga* sp.*)*; guajiniquil.
zwischen *bę-ka-i+tsuk* u. *bękétke: bę-kę-rik*	umgekehrt; arrevesado.
zwischen *bi-ká-kra* u. *bi-kuk: bikrut*	gebogen; doblado (Gabb).
zwischen *bo-ai* u. *bo-á-kęte: bo-ai+i+tso*	gesund; sano.
zwischen *bǫ-sutk* u. *bo-ui: bǫ-tšęno-noi*	Rippe; costilla (Gabb).
zwischen *bru+mik* u. *bru-tu-ré: bru-bru*	gross (von Hausthieren, Geschirren etc.); grande (de animales domésticos, utensilios etc.), (Gabb).
bru-dži	jemand (wörtl.: wer weiss wen?); alguien (wörtl.: quien sabe quien).

D.

dá-bop *dę-bóp*	zehn; in Zusammensetzung bei vielen Numeralien. diez; entra en la composición de muchos numerales.

dá-tset	her (kommend); indica un movimiento hacia el que habla.
da-tsí (Gabb)	eine Baumart; mastate; — vide *df-trí*.
da-uás (Gabb)	Jahr; año; — vide *df-uás*.
df-bóp	zehn; diez; — vide *dá-bop*.
df-bú+kut	Gattin meines Bruders oder Schwester meiner Gattin; mujer de mi hermano, ó hermana de mi esposa.
df-dží	Salz, Meer; sal, mar.
df-dží+i	gesalzen; salado.
df-dží+kf-džu	Pionius menstruus L., ein Vogel; un pájaro.
df-dží+kin	Meer; mar.
df-dží+tf-uó	Meeresbrausen; oleaje.
df-ié (Gabb)	vide *df-dží*.
df-kí+tf-ne	fest, still; firme, quieto.
df-ki+tkf-bi	unruhig; inquieto.
df-kór	eine Fischart; un pez, sardina de rio.
df-koró	Henne; gallina.
df-koró+a-rá	Ei; huevo.
df-koró+uí-ñe	Hahn; gallo.
df-kó-rum	Puma, Kuguar, amerikanischer Löwe; puma, león.
df-kra+dt-kf	Sinnkraut, eine *Mimosa*-Art; sensitiva, dormilona.
df-kró+ra	Ei; huevo; vide *df-koró+a-rá*.
df-kuk+ko	treten; pisar.
df-kúr	Fledermaus; murciélago.
df-lí	Speise, Waare; alimento, mercaderia.
df-lí+bu-ru	Händler; comerciante.
df-lí+ku-rú	Pisangpflanzung; platanal.
df-li-na	Schmerz, Leiden; dolor, pena; — vide *df-rí+na*.
df-pú-net	kleiner; menor.
df-ré+re	stark, fest; fuerte, firme; — vide *df-rí+ri*.
df-rí	Bürde, Last, Kraft; fardo, fuerza.
df-rí+e-džuk	tragen, Last; llevar, carga, equipaje.
df-rí+na	Schmerz; dolor, pena.

dẹ-rí+rj	stark, fest; fuerte, firme.
dẹ-ri+ri-i	hart, kräftig; duro, viguroso.
dẹ-ri-uá	während; mientras que.
dẹ-ró-ro	schwarz (Thiere und Dinge); negro (animales y objetos).
dẹ-ró-roi	schwarzblau; azul negro (Gabb).
dẹ-tíg-e	wachsen (Pflanzen); crecer (plantas), (Gabb).
dẹ-tsi	Mastatebaum; mastate.
dẹ-tsi+bána	Weiberrock aus der Rinde des Mastate-baumes; manta de mastate.
dẹ-tsi+g-pugr	Mastatedecke; cobertor de mastate.
dẹ-uá	Tabakpflanze; tabaco.
dẹ-uá+s-uók	rauchen; fumar.
dẹ-uá	Gatte meiner Schwester oder Bruder meiner Gattin, Schwager; esposo de mi hermana, ó hermano de mi esposa; cuñado.
dẹ-uá+ki	Schwiegervater, Schwiegersohn; suegro, yerno.
dẹ-uá+tske	Onkel mütterlicherseits; tio materno.
dẹ-uás	1. ein *Gynerium*-Gras; una especie de caña-blanca; — 2. eine gewisse Jahreszeit, wenn diese Pflanze aufblüht; una cierta estación, cuando la caña blanca echa flores; — 3. ein Jahr, d. h. die Zeit, die von einer zur anderen *dẹ-uás*-Blüthezeit verfliesst; un año, es decir, el tiempo que separa una florescencia de la otra.
dẹ-uás+bak-mi	voriges Jahr; el año pasado.
dẹ-uás+buk-óno	zwei Jahre vorher; dos años ha.
dẹ-uás+dátse	nächstes Jahr; el año entrante.
dẹ-uás+i	dieses Jahr; este año.
dẹ-uás+mñor-óno	drei Jahre vorher; tres años ha.
dẹ-uás+po	verwüstet, trocken; árido, seco.
dẹ-uás+po-é	die Trockenzeit; el verano.
dẹ-uí	*Hokko* (*Crax globicera* L.), eine Vogelart; pavon.

5*

dę-ué	
dę-uó	} krank; enfermo.
dę-wúk	
dę-ué+bro+uá	berauscht; ebrio.
dę-uó+ke	krank (für längere Zeit); enfermo (de largo tiempo).
dę-uó+ke+bo-rú+ua	berauscht; ebrio.
dę-uó+ua	gestorben; muerto.
dę-uó+ua+di ɑ́	ertrinken; ahogarse.
dę-wúk+bę-rí+ua	hungrig sein; tener hambre.
dę-wúk+ua	sterben; morir.
di	Wasser, Fluss, Getränk, Sonne; agua, rio, bebida, sol.
di+ána	lösen, auflösen, schmelzen; disolver, derretir (Gabb, Thiel).
di+apa+sír-ke	absteigen (vom Wasser); bajar (el agua).
di+a-rá	Bach; riachuelo.
di+bę-krí	*Chironectes variegatus* Illig, ein Beutelthier; zorro de agua.
di+bę-ta ɑ́	mittags, Mittag (wörtl.: die Sonne auf der Spitze); mediodia.
di+bul	Abgrund, Bergschlucht; abismo, barranco (Thiel).
di+dę-ié	Meer, mar (Gabb); vide *dę-díí*.
di+dú-mi	fliessen; correr el agua.
di+χku ɑ́-mik	des Flusses entlang; á lo largo del rio.
di+kar+tak	Brücke; puente (Thiel).
di+kí-bi	grösserer Fluss; rio grande.
di+la	Bach; riachuelo.
di+ñak	Flussmündung; embocadura de rio.
di+o	irgend eine ausgepresste Flüssigkeit, Milch, Honig etc.; cualquier jugo exprimido, leche, miel etc.
di+pe	stilles Wasser zwischen zwei Schnellen (wörtl.: das Wasser schläft); poza.
di+por	Ueberschwemmung; inundación.
di-rätsę	aufsteigen (vom Wasser); crecer (el agua).
di+sę-ré-re	wässerig; acuoso (Gabb).

di+sir-ke	abnehmen (vom Wasser); bajar (el aqua).
di+škré	Wasserdampf; vapor de agua.
di+si-pó	der Fluss ist trocken; el rio está seco.
di+si-tír	trocken sein (von einem Flusse); estar seco (el rio).
di+tkę-bi	Wasserschlange; culebra de agua.
di+tsd-ri	Sammel-Gebiet eines Flusses; cabeceras de un rio.
di+tsik	Heuschrecke, Baumgrille; chapulin, cigarra.
di+tśmu	eine Bananen-Sorte; guineo macho.
di+tsuk	Wasser bringen; traer agua.
di+tsur	fliessendes Wasser; agua curiente (Thiel).
di+túk-so	Wasser ausschütten; derramar agua.
di+uó	Sonne; sol.
di+uó+do-kó	aufgehen (die Sonne); salir el sol.
di+uo+tski-na	
di+uó+škl+bir-ke	Wasserwirbel; remolino.
di+χkú	Flussufer; ribera.
di	
di-ki å	unter; debajo.
di-ia	} dort, da; allí, allá (Gabb).
di-ia+é-ku	
di-u+šet	diesseits; aca, de este lado.
di-u+si	gleich (wie dies); semejante.
di-u+ši-ko	rückwärts; para atras.
di-iúm	Familie, familia (Gabb); — vide *dżab*.
di-ká	Dorn; espina.
di-ké	Dornen; espinas.
di-ká+tęné-tęné	rauh; áspero (Thiel).
di-kó	} *Guilielma utilis* Oerd., eine Palmenart; pejivalle, pejibaye.
di-kóχ	
di-ko+tška	ein mit den Früchten des Pejivalle bereitetes Getränk; chicha de pejivalle.
di-pá	*Capsicum*, resp. Rothpfefferarten; chile.
di-pá+bo-ro-bo-ro	süsser Rothpfeffer; chile dulce.

di-rá	Cyclothurus didactylus L., ein kleines Säugethier (von Indianern als Unglücksthier betrachtet); serafin de platanar.
di-i-ra	Jagd; caza, caceria.
di-tsá	Bein; hueso.
di-tsé	Beine; huesos.
di-tse+uó	Hüftgelenk; articulación de la cadera (Gabb).
di-tsí	Mastatebaum; mastate (Gabb); — vide de-tsí.
dli	Gepäck, Bürde; lío, fardo, paquete (Gabb); — vide de-rí.
do-ko-rú	Ei; huevo (Gabb); — vide de-ko-ró+ a-rá.
doχ-ka	Koth, Schlamm (Gabb); — vide du-tská.
d-ra-d-dai	eben; parejo (Gabb).
dri	Gepäck, Bürde; lío, fardo, paquete (Thiel); vide de-rí.
du	Sumpf, Morast; pantano, laguna.
du+kuí	kleine Erdschildkröte; pequeña tortuga de tierra.
du+tška	Koth, Schmutz, Schlamm; lodo, barro.
du	Vogel; ave, pájaro.
du+a-ká	Schnabel; pico de pájaro.
du+a-rá	Ei; huevo.
du+ká-nuk	aufblühen; florecer.
du+mrék	Vogelschwanz; cola de pájaro.
du+sid	eine Art Waldhuhn (Chamaepaetes unicolor Salv.); pajuila.
du+trák	Klapperschlange; cascabel.
du+hú	Vogelnest; nido de pájaro.
du-du	bis; hasta que
duk	die grösseren Sterne, Planeten; lucero del cielo.
dú-ki	geflochtenes Seil; cuerda trenzada
du-rá	Fleisch eines Thieres; carne de un animal; Horn, cuerno.

durá-kur	Jüngling; mozo, joven.
du-ri+tuk	tanzen; bailar.
du-rú+iuk	achten, verehren; respetar.
du-rú-ruí	Licht, leuchtend, glänzend; luz, relumbrante, brillante.
dža	Wetzstein; piedra de amolar.
džab	Familie, Verwandtschaft; familia.
džak	Schwiegermutter, Schwiegertochter; suegra, nuera.
dža-mi	Freund; amigo.
džé	ich, mein; yo, mi.
džé+i-tša	meines, das Meinige; mío, el mio.
džé+uak	ich selbst; yo mismo.
džękúnu-džekúnu	zerquetscht; arrugado (Gabb).
dzę-rę-bi	*Odontophorus* sp., eine Vogelart; un pájaro.
dzę-rę-uí	meine Gegner, d. h. die, welche meinem Clan nicht angehören; mis contrarios.
dzę-rę-wi	Tochter eines Onkels väterlicherseits mit einer Frau von anderem Stamm; hija de un tío carnal con mujer de otra familia.
dzę-ri	die Plejaden; las Pleyadas ó Siete Cabritas.
džę-uí	eine Baumart, eine Krabbenart; laurel, cangrejo.
dži	Vater; padre.
dži-ra	Onkel väterlicherseits; tio paterno.
dži?	wer? quien?
dži+ni á?	wem? á quién?
dži+tó?	mit wem? con quién?
dži+tsá?	wessen? de quién?
dži-dži	rein, glatt; limpio, pulido (Gabb).
džik	eine Bremsenart (*Dermatobia noxialis* L.); tórsalo.
dži-kut	Nase; nariz.
džin-o-ré	wahrscheinlich, gewiss; probablemente, ciertamente.
dži-ria	Jäger; cazador.

džis+džis	glatt; liso (Gabb).
dži-uo+ka	Kohl; carbon.
džo-džur	eine grossblüthige *Aristolochia*-Art; aristoloquia de flores muy grandes.
džŭ-ok	machen, bauen; hacer, edificar.
džurār+uók	mahlen; moler.
džŭ-ruk	suchen; buscar.

E.

e

ē+dẹ-wúk-škik	stehen; estar parado.
e+džuk-tso	ausgehen; salir.
e+iuk+ki-pū+ā̂	sich in der Hängematte niedersetzen; sentarse en la hamaca.
e+kuk+i-džŭ+ki	kriechen; arrastrarse.
e+kuk+ko	aufstehen; levantarse.
e+niā+ŭk	schuldig sein; deber; — Präs.: ber *dže niā-ué-ke*, ich bin dir schuldig; *džer be niā-ué-ké*, du bist mir schuldig.
e+niā-ŭk+ko	sich verbrennen; quemarse.
e+tkuk-is	sich setzen; sentarse; Präs.: *dže tku-is*; Perf.: *dže tki-di*; Fut.: *dže tkú-mi-du*.
e+tso+sí	sein, haben; ser, estar, tener.
e+tsúk-ua	eintreten; entrar.
e+túk	sich niederlegen (Thiere); echarse (animales).
e+túk-uá	zu Bett gehen; acostarse.
e+tŭ+kuk	sich vertheidigen; defenderse.
e+uāg-bru+surú	böse sein; portarse mal.
e+uru-ŭk	sich ärgern; molestarse.
e+uo+ura-ŭk	lernen; aprender.
é, et, ek (ek, ik, Maiskorn)	eins.
é+k	eins, für runde Gegenstände; uno, contando objetos redondos.
é+ket-ke	einzig, auf einmal; de una vez (Gabb).
é+kur	eins, für Personen; einzig, einfach; uno, contando gente, único, sólo sencillo.
et+é-kur	einmal, einst; una vez.
et+et	beide; ambos (Gabb).

e+tk	eins, für kleinere Thiere und Häuser; uno, para animales pequeños y casas.
et+ket	wenig; poco (Gabb).
e+tub	eins, für lange Gegenstände und grössere Thiere; uno, contando cosas largas y animales grandes.
e+tub+kurú	einst; una vez.
e+tub+kurú+i-ki	andersmal; otra vez.
é	
é+die-ka	zusammen; juntos (Gabb).
é+e-do	in; en
é+itú-ki	nachher; despues.
é+ke̜-pi	also, auch, gleich; tambien, igual.
é+ma	dann; entonces.
é+mi	nur; solamente.
é+td	dann; entonces.
é+ua	nachher; después.
ed-í	was; que (Gabb).
én	Leber; hígado.
en+d-de̜-rir	bedauern, bereuen, lieben; sentir, amar.
en+d-i-de̜-rir	leiden, wehthun; sufrir, doler.
en+d-i-ó-nuk	erinnern, sich erinnern; recordar, acordarse.
en+d-i-ó-tuk	dankbar sein; agradecer.
en+d-i-tšúk	vergessen; olvidar.
én+bi-kuk	denken; pensar.
én+io	sich freuen; alegrarse.
én+sir	Durst (wörtl.: trockene Leber); sed.
én+uk	ausruhen; descansar.
é-na	fertig; concluido (Gabb).
en-d	} langsam; lentamente.
en-en	
ené-rie	zukünftige Zeit; tiempo futuro (Gabb).
en-i-ai	vorüber (seit mehreren Stunden); pasado; ha tiempo; hace horas (Gabb).
e-nú-ne-ua	verfault; podrido (Gabb).
e-rä+kur	vide *a-rä-kur*.
er-apá	vorüber (gleich vorüber); hace poco tiempo (Gabb).

é-ri	reif; maduro (Thiel).
er-ke-pa	dann, folglich; luego (Gabb).
és-e	dieser, jener; ese (Gabb).
es-es	dieser ist; ese es (Gabb).
ét-ā	dann, alsdann; entonces.
et-to	„ „ „ (Gabb).
e-tso	haben; tener (Gabb).
éts+urú (é-tso urú?) ·	schwer; pesado.
éχ-ke	seit; después.

H.

ha	ihr; vosotros (Gabb); — vide a.
hak	Niere; riñon (Gabb); — vide ak.
ha-ki	unreif, rauh; verde, crudo, no maduro (Gabb); — vide akí.
ha-lar	Geräusch, Getöse; ruido (Gabb).
haú-ri	verschieden, ungleich; diferente, desemejante (Gabb); — vide au-re.
hé	ja; sí.
hed-i-óna	Verdruss, traurig; pesar, sentimiento, triste (Gabb).
hé-ke-pi	also, auch, gleichwie; tambien, asi como, igual (Gabb); — vide é+ke-pi.
hen	Leber; higado (Gabb); — vide én.
hen+be-ku	denken; pensar (Gabb); — vide én+ bi-kuk.
he-ne-ke	ausruhen; descansar (Gabb); — vide én+uk.
hen+tso-ua	Irrthum; error (Gabb).
hi	Wurm; gusano.
hí	ja, was? sí, que?
h i-é	} hier; aquí.
hi-é+du	
hog-bru	stehlen, dieben; hurtar, robar (Gabb); — vide ag-bruk.
hú	Haus; casa.
hú+eś-ke	innerhalb (des Hauses); adentro (de la casa).

hú+ki-tšu	cultivirter Melonenbaum *(Carica Papaya* L.); papaya.
hú+kó	Dachstroh; paja del techo.
hú+kú	Dach; techo.
hú+r-ikí	ausserhalb (des Hauses); asuera (de la casa).
hú+ru	häuslich, zahm; manso.
hú+šiü	Hausboden; suelo de una casa.
hú+ško-ro	Besen; escoba.
hú+škruk	kehren; barrer; — Präs.: *dže hu-škru*; Perf.: *hu-ši-rik*; Fut.: *hu-škru-mi*.
hú+šku	Thür; puerta.
hú+šü	innerhalb (des Hauses); adentro de la casa.
hú+suri	grosskonisches Indianerhaus; palenque.
hú+tše̞-né	dünne Dachstangen; cañas del techo.
hú+tše̞-rí	die Stangen, welche an der Dachspitze zusammenlaufen, wenn es sich um ein Palenque handelt; varas del techo.
hú+χku	Thür; puerta.
hu-dže	kurz; corto (Gabb); — vide *úš-ié*.
hu-nya	Wurm; gusano (Gabb); — vide *u-niñ*.
hu-ši-a	kurz; corto (Gabb); — vide *úš-ié*.

I.

i	Erdbeben; temblor, terremoto.
i, ie	der, die, das; dieser, e, es; sein, o, es; hier; el, la; este; su, él, aquí. — Wird fast immer als Präfix gebraucht.

a. Vor Substantiva.

i+apí+ku	Geschmack (wörtl.: es auf Zunge); sabor.
i+apá+mik	die Umgebung, um; los alrededores, alrededor de (Gabb).
i+aχkit-tu suriíe	Krieger (wörtl.: der wirft grausamerweise den Speer); guerrero.

i+bitsí	Länge; longitud, largo (de una cosa).
i+dží	Thier; animal.
i+džír	Ding, Sache; cosa.
i+džír+amǎ-ûa+tębé-uó	Wage, Gewicht; balanza, peso.
i+džír boá	gutes Ding, nützlich; cosa buena, útil.
i+džír kir boá	unbrauchbares Ding, unnützlich; cosa mala, inútil.
i+džír+stsé+ka	Thiere (pl.), (wörtl.: lebende Dinge); animales (wörtl.: cosas con vida).
i+džúk	Boden; suelo.
i+džúk+uo-ón	Grab; hoyo.
i+džú-ud	Viertel eines Thieres; cuarto de un animal (Gabb).
ié+ku	hier, in dieser Richtung; aquí, en esta dirección (Gabb).
ié+i-me	nur er; sólo él (Gabb).
ié+itša	seiner, das seinige; de el, suyo, el suyo.
ié+pa	sie, ihr (pl.); ellos, su.
ié+pa+itšá	ihrer, das ihrige (pl.); de ellos, suyo, el suyo.
ié+uák	er selbst; él mismo.
i+é+tub	dieser; éste.
i+én boa	zufrieden (wörtl.: gesunde Leber); contento (wörtl.: hígado bueno).
i+kono+tku urúe	Schiffer (wörtl.: der, welcher am Schiffe stark treibt); marino.
i+ku	Kante; arista (Gabb).
i+ku-ku+ne	gerade vorbei; hace poco rato.
i+kuo-lit	Rinde, Leder; corteza, cuero (Gabb).
i+nia	hier, auf diesem Orte; aquí, en este lugar (Gabb).
i+o-ró-tę-nu	Echo; éco (Gabb).
i+pá+kur	Zuckerrohr; caña de azucar.
i+pá+χkuo	Schorf; costra.
i+pik	Flügel; ala (Gabb); — vide *pik*.
i+ra-pa (ir-apáî)	Berg, Wald; montaña, selva (Gabb).
i+rí-ria+tška	Erde; suelo.

i+rub	junger Hirsch, mit behaarten Hörnern; venado joven, de cachos velludos.
i+sa	dieser; este (Gabb).
i+sa+ka	wieder, auch; otra vez, de nuevo, tambien (Gabb).
i+stsa-nę-me	*Felis pardalis* L.; tigrillo.
i+šu+dži	Schaum; espuma (Gabb).
i+šñg	das Innere, in; lo interior, en (Gabb).
i+to	Ort; lugar (Gabb).
i+u-ku	Schneide, Rand; filo, borde (Gabb).
i+uo-ín	Grab; hoyo.
i+u-a	Klinge; hoja (de cuchillo).
i+uo+mo	Knoten; nudo (Gabb); — vide *uó-ma*.

b. Vor Adjectiva, Verbalformen u. s. w.

i+â-mik	längs; á lo largo de (Gabb).
i+â-mi	von der Seite, seitlich; del lado, lateralmente (Gabb).
i+a-ñi-é-ua	Ehe geschieden, Ehescheidung (wörtl.: sie schieden von einander); divorciado, divorcio.
i+a-ñi+tsé-ua	ehebrecherisch; adúltero.
i+ara+nunú	stinkend (wörtl.: es riecht wie verfault); hediondo.
i+bę-tsú-ua	gegen; contra (Gabb).
i+da-uó-ua	gestorben; muerto (Gabb); — vide dę-uó-ua.
i+džina	gewiss; ciertamente.
i+é-na	voll, angefüllt; lleno.
i+lí-na	verrückt, wahnsinnig; loco (Gabb).
i+mi+bak	abwesend; ausente (Gabb).
i+nú	alt; viejo (Gabb).
i+sér-ke i+uak+a-mik	frei (wörtl.: der lebt allein und für sich); libre.
i+sí	seicht; poco profundo (del agua), (Gabb).
i+šké	so viele; tantos (Gabb).
i+šñg boi	rein, sauber; limpio (Gabb).

i+sŭ ta-ꞁ	tief; hondo (Gabb).
i+stsi-ne	fröhlich; alegre (Gabb).
i+ta-ue	Preis (wörtl.: [wie viel] es bezahlen): precio.
i+tki nor-ke ski-kui	schräg; precipitado.
i+tso+mnés	lebhaft, fleissig, hurtig; vivo, habil, ligero.
i+tú-uo	teigartig; pastoso (Gabb).

c. Vor Verba.

i+d+i+ó-nȩ-mi	können; poder; — Präs.: dže i+d+i +ó-ne-mi; Perf.: i+d+i+ó-ne; Fut.: i+d+i+ó-nȩ-mi.
i+d-mō-ñk	messen, wiegen, versuchen, zielen; medir, pesar, tantear, apuntar.
i+a-muk+í-me	schenken; regalar.
i+a-muk i+tu+ua	legen; poner, colocar; — vide a-muk.
i+a-muk mré	zurückgeben; devolver.
i+a-ńe+i-tsuk	spotten; burlarse.
i+a-pa+bȩ-truk	verwirren, verwickeln; enredar, envolver; — vide bȩ-trúk.
i+apa+i+ki-uk	reiben: frotar.
i+apa+i+kruk+ku+ ua	lecken (wörtl.: die Oberfläche mit der Zunge reinigen); lamer.
i+apa+ku+džuk	saugen; chupar.
i+apa+ku-ok	kauen, nagen; mascar, roer.
i+apa+siu	reiben, raspeln; raspar (Gabb).
i+apa+stsuk	fühlen; sentir.
i+apa+štuk	pressen, zusammendrücken; apretar.
i+apa+štuk+ua	drücken; comprimir.
i+apa+tkuk	stossen, treiben; empujar.
i+apa+tškuk	zermalmen; machucar.
i+apa+u-χstsuk-uk	entwirren; desenredar.
i+ape+i+tuk	bitten; rogar.
i+ard+stsuk	riechen; oler.
i+ba-tsá-ua	anhangen, zusammenlegen; adherir unir (Gabb).
i+ba-ñk	erwärmen; calentar (Gabb).

i+bę-ké-tke	bereiten; alistar, preparar (Gabb).
i+bę-kú	einpacken, treiben; empacar, empujar (Gabb).
i+bę-kú+ua	einwickeln; envolver (Gabb).
i+bi-te+uá-tke	anfangen; comenzar.
i+bi-uk	kratzen; rascar.
i+bor+a-rú	brummen; zumbar (Gabb).
i+bra-tuk	vertheilen; repartir.
i+bruk	behalten, begraben; guardar, enterrar.
i+bruk-ót	niederlegen; depositar.
i+bruk+ua	verbergen; ocultar.
i+bu-ra-ūk	ausklopfen; aporrear.
i+dĕ-li-na	schmerzen; doler (Gabb); — besser Schmerz, conf. dę-ri-na.
i+dźn-na-tsu	auffordern, reizen; desafiar (Gabb).
i+dzę-bú-rik	jagen; cazar (Gabb).
i+dzę-wúk	aufstellen, aufsetzen, aufschlagen; armar (una cosa).
i+dźir-stśu-kuk	zerreissen; desgarrar; — Part.: i+stśi-nł-nł; zerrissen, gespalten; desgarrado, hendido — auch Schuh.
i+dźir-tkuk	säen; sembrar.
i+dźú	gehen, laufen; ir, correr (Gabb) — Imper. 2. pers. s.: bę dzú-ska.
i+dźuk	trinken, beber; — Präs.: dźe-r i-dźé; Perf.: i+dźú; Fut.: i+dzé-mi; Imperat. 2. pers.: i+dzú.
i+dźuk+bi-uk	graben, ausgraben; excavar.
i+dźú-ki	folgen; seguir (Gabb).
i+dźu-ok	machen, thun; hacer; — dzú, gemacht; hecho.

Präs.: $\begin{cases} dźe\text{-}r,\ be\text{-}r,\ ie\text{-}r\ i+dźú\text{-}e \\ sa\text{-}r,\ a\text{-}r;\ ie+pa\text{-}r\ i+dźú\text{-}e \end{cases}$

Perf.: $\begin{cases} dźe\text{-}r,\ be\text{-}r,\ ie\text{-}r\ i+dzú \\ sa\text{-}r,\ a\text{-}r,\ ie\overline{+}pa\text{-}r\ i+dzú\text{-}rak. \end{cases}$

Fut.: $\begin{cases} dźe\text{-}r,\ be\text{-}r,\ ie\text{-}r\ i+dzú\text{-}é\text{-}mi \\ sar,a\text{-}r,ie\text{-}pa\text{-}r\ i+dzu\text{-}é\text{-}mi\text{-}rak. \end{cases}$

i+dźu-ruk	suchen, ernten; buscar, cosechar.
i+ftúk+ua	tödten; matar.

i+gud-at-ruk	drehen, ringen; torcer.
i+hô-na	fallen; caer (Gabb).
i+hú+džuk	hinauswerfen; arrojar (de la casa), (Gabb).
i+hú-ñt	scheiden; separarse (de la casa), (Gabb).
i+iú	erfüllen; llenar (Gabb).
i+iuk	wegbringen; a carrear.
i+iuk-ót	verlassen; abandonar.
i+kę-tuk	essen; comer.
i+kia-na	wollen, brauchen; querer, necesitar.
i+kin-tsu	warten, aufwarten; esperar, aguardar (Gabb).
i+ki-tša+iuk+uó	mit einem Seil einfassen; amarrar pasando una cuerda por debajo.
i+ki-tša+tkuk+uó	aufhängen; colgar (de una cuerda).
i+ki-uk	heissen, rufen, vorladen; llamar, citar.
i+ko-kut+ua	biegen; doblar, encorvar (Gabb)
i+kraš-ána	zerreissen (Leinwand u. s. f.); desgarrar (tela etc.), (Gabb).
i+kua-ïtsé	schmecken, kosten; probar, gustar (Gabb).
i+krūg	greifen; asir, coger, empuñar (Gabb).
i+kruk	reiben, reinigen; raspar, frotar, limpiar.
i+ku+džuk	saugen, lecken; chupar, lamer.
i+kué+ua	beissen; morder (Gabb).
i+kuk	treiben, ziehen; halar, tirar de una cosa.
i+ku-ke	braten, rösten; asar (Gabb).
i+kuk+ko	aufheben, aufhängen; levantar, suspender; — Präs.: *dže-r i+ke+ko*; Perf.: *i+ka+ko*; Fut.: *i+ké-mi+ko*.
i+ku-ku	aufgehen; levantarse (Gabb); vgl. *e+kuk-ka*.
i+kuk+ua	auffinden, aufheben; hallar, levantar; — Präs.: *dže-r i+kué*; Perf.: *i+ku*; Fut.: *i+kué-mi*; — *i+ku-na*, gefunden, hallado.
i+ku-mi	nachschleppen; arrastrar (Gabb).
i+ku-ni-tsu+ua	kneifen; pellizcar (Gabb).
i+ku-ū-ui	finden; encontrar (Gabb).

i+ku-ok	beissen; morder; — Präs.: *dže-r i+ kué-é*; Perf.: *i+ku-o*; Fut.: *i+ kué-mi.*
i+kuri-ña(k)+ñu-kuk	die Kehle abschneiden; degollar.
i+kuri+skuk+ko	sich erhängen; ahorcarse; — Präs.: *ié e+kuri+sku+ko*; Perf.: *e+kuri+ sik+ko*; Fut.: *e+kuri+sku-mi+ko.*
i+kur-ñk	greifen, fangen; coger.
i+kü-tsa	schütteln; sacudir (Gabb).
i+ku-ua	berühren; tocar (Gabb).
i+lu	kochen; cocinar (Gabb).
i+lu-gur	glänzen; brillar (Gabb).
i+ma-ñk	binden; atar, amarrar; = *i-ma-o* (Gabb).
i+mę-ne-ñk	wechseln; cambiar; — Präs.: *dže-r i+ mę-ne-ué*; Perf.: *i+mę-ne-ó*; Fut.: *i+ mę-ne-ué-mi*; Imper.: 2. p. s.: *i-mę- ne-ú-ia.*
i+mér-duo	aufstehen; estar en pié, parado (Gabb).
i+mé-rir	kaufen; vender (Gabb).
i+mi-á-tke	gehen, weggehen; ir, irse; — Präs.: *dže mi-ke*; Perf.: *mi-nea*; Fut.: *mi-mi.*
i+mo-uo-ka	aufhängen; colgar (Gabb).
i+mú	geben; dar (Gabb).
i+mu+boi-kli-na	ordnen; arreglar (Gabb).
i+muk	legen; poner (Gabb).
i+murú-kuk	verschlucken; tragar; — Präs.: *dže-r i+męre-é*; Perf.: *i+męro-ó*: Fut.: *i-męré-mi.*
i+murú-mi	verschlucken; tragar (Gabb).
i+na-ñk	auflauern, aufwarten; aguaitar.
i+né-ne	laufen; correr (Gabb).
i+nuk	spielen; jugar; — Präs.: *dže i+nû̃*; Perf.: *i+né*; Fut.: *i+nú-mi.*
i+ñú-kuk	sich schneiden; cortarse.
i+nú-ne	verfaulen lassen; echar á perder (Gabb).
i+oró-dzuk+ua	brechen, zerreiben, zermalmen; ma- chucar.
i+pá+kruk	reiben, waschen; raspar, lavar; — vide *i+kruk.*

i+pá+na	warten; esperar (Gabb).
i+pá+nana	zerbrechen; quebrar (Gabb).
i+pá+šku-ok	(die Oberfläche) waschen; lavar (el exterior de una cosa).
i+pá+tkuk	befehlen, senden; mandar, enviar.
i+puk	schlagen, stossen, öffnen; golpear, empujar, abrir.
i+puk+kar+ua	prügeln; apalear.
i+ra-pá-na	anhäufen; amontonar (wahrscheinlich eine Form des Folgenden).
i+ra-pa-ūk	anhäufen; amontonar (Gabb).
i+rá-tske	kommen; venir; — Präs.: dže rá-tse; Perf.: di; Fut.: bi-tú-mi.
i+re-ska	erreichen (mit der Hand); alcanzar (con la mano), (Gabb).
i+ru-mi	wieder ertappen; alcanzar (en el camino), (Gabb).
i+sá-ūk	sehen, kennen; ver, conocer.
i+šké-na	aufwachen, erwecken; despertar (Gabb).
i+škuk	gehen, marschieren, reisen; andar, viajar; — Präs.: dže šku; Perf.: ški; Fut.: škú-mi.
i+šku-ku-ka	aufmachen, entkorken; destapar (Gabb).
i+škuok	waschen; lavar.
i+šku-pá+bę-kuk	zumachen, verstopfen; cerrar, tapar.
i+štuk	sprechen, sich unterhalten, reden; hablar, conversar.
i+štuk	aufheben, einsammeln; alzar, recoger (Gabb).
i+stsé-uo	hören; entender.
i+stšŏ-a-ga	verwickeln; enredar (Gabb).
i+štsu	hören, zuhören; escuchar, vir (Gabb).
i+šu+bruk	mischen; mezclar.
i+šūg+pu	entfalten; desplegar (Gabb).
i+šūg+tsú	entwickeln; desarrollar (Gabb).
i+šu+i+krūg	umrühren; revolver (Gabb).
i+sū-kūg	ausreissen, strecken; estirar (Gabb).
i+sū-lu	übereinkommen; convenir (Gabb).
i+sū-sa-ūk	durchsuchen; registrar.

i+tar-áno	wachsen (Leute und Thiere); crecer (animales y gentes), (Gabb); vide *tará-nuk.*
i+tar-árke	wachsen (Pflanzen u. s. f.); crecer (plantas etc.).
i+tá-ūk	kaufen; comprar; Präs.: *dže-r i+tá-ue*; Perf.: *i+to*; Imperf.: *i+ta-ūk*; Fut.: *i+ta-ué-mi*; Imperat. 2. p. s.: *i+ta-ú.*
i+te-tká-ō	nicht treffen; errar.
i+ti-ūg+ud	erdolchen; dar de puñaladas (Gabb).
i+tke-uét	stechen; picar (Gabb).
i+tkuk	stechen, mit dem Bogen schiessen; picar, tirar del arco; — Präs.: *dže-r i+tké*; Perf.: *i+tkí*; Fut.: *i-tke-mí*; Imper. 2. p. s.: *i+tkú.*
i+tkuk surí+bę-ta+ua	mit dem Speer stechen; picar con chuzo.
i+tša-kuk	fragen, grüssen, versuchen; preguntar, saludar, tantear; — Präs.: *dže-r i+tšá-ke*; Perf.: *dže-r i-tšá-ke*; Fut.: *i+tša-ke-mi.*
i+tsó	verlieren; perder (Gabb).
i+tsú	nehmen; tomar (Gabb).
i+tsúk	bringen; traer.
i+tšúk	sagen; decir.
i+tšuk surú-ié	schimpfen; insultar.
i+tšuk+ua	biegen; doblar (Gabb).
i+tú	werfen, schneiden, laufen, schlagen, schütteln; arrojar, tajar, correr, azotar, derramar (Gabb).
i+tu-is	niederlegen; acostarse.
i+tuk	(mit einem Gewehr) schiessen; tirar (con escopeta); — Präs.: *dže-r i+té*; Perf.: *i+tí*; Fut.: *i+té-mi*; Imperat. 2. p. s.: *i+tú.*
i+tuk-kuru-ñak+ua	stampfen; pisotear.
i+tu-šku-ok	(das Innere eines Gefässes) waschen; lavar (el interior de un vaso).
i+tu-ti-ūg	jagen; cazar (Gabb).

6*

i+tu-tsûg	schütten; derramar (Gabb).
i+tú+uo	kochen; cocinar (Gabb).
i+u	schütten, giessen; derramar (Gabb).
i+ud-kę-ta	schütten; derramar (Gabb).
i+u-dźuk	werfen; arrojar, tirar.
i+ñg-kea	wägen; balancear (Gabb).
i+uk	weinen; llorar; — Präs.: dźe i+ú; Perf.: hi; Fut.: i+ú-mi; Imperat. 2. p. s.: mę i+ú.
i+uk-stśu-kuk	(ein Stück) wegreissen; arrancar (un pedazo).
i+u-mûk-á	gegenübersetzen; oponer.
i+u-nę-mi pik ki	fliegen; volar.
i+uó+bę-truk	aufrollen, drehen; arrollar, torcer.
i+uó-dźuk-tsa	öffnen; abrir; — geöffnet: á-se.
i+uó+dźuk+uó	nähen, coser.
i+uog-dźú	hin und her bewegen; menear, sacudir con moción suave (Gabb).
i+uok	mahlen; moler.
i+uo-ma-ûk	anknüpfen; einen Knoten machen; anudar.
i+uó+pu	öffnen; abrir (Gabb).
i+uó+pug	falten; plegar (Gabb).
i+uó+ski-ûk	biegen; doblar (Gabb).
i+uó+ti-u	(heftig) schütteln; sacudir con violencia (Gabb).
i+uó+tru	donnern; tronar (Gabb).
i+uó+tsuk	losmachen; desatar.
i+uó+tuk	zumachen, wägen, brauchen, auslöschen; cerrar, pesar, usar, apagar (Gabb).
i+uó+ua	öffnen; abrir (Gabb).
i+urá+i+uk	leiten, führen; conducir.
i+uχtuk	antworten; contestar; — Präs.: dźer i+uχté; Perf.: i+úχti; Fut.: i+ uχté-mi; Imper. 2. p. s.: i+uχtu.
i+úχtu-stsé	gehorchen; obedecer.
i+wu-dźi-ka	entleeren; vaciar (Gabb).
i+wu-śkruk	kehren; barrer.

i+χkú-nuk	sorgen, besorgen; cuidar; — Präs.: *dže-r i+χkú-ne*; Perf.: *i+χku-né*; *i+χku+nę-mi*.
i+χkuo-χstsuk	abschälen; pelar.
i+χstsuk	hören; oir.
i	als; que (Gabb).
i+á	obschon, noch; aún, todavía.
i+é-ē?	für was? para qué?
i+es	so; así.
i+íre	etwas; algo.
i+íta?	womit? con qué?
i+kí	gegen; contra.
i+kuē-ki?	warum? porqué?
i+ma?	wie? como?
i+me	vergebens; en vano.
i+ná-ui?	warum? porqué?
i+niés	so; así (Gabb).
i+nui?	warum? porque?
i+tú-ki	seit, nachher; después, atrás.
i+ub?	warum? porqué? (Gabb).
iapána	bis; hasta (Gabb).
ie-ra	Sohn; hijo (sein Sohn?).
ie-ra-ra+kur	Tochter; hija (su hija?).
ik	Mais; maís.
ik+džuk	Mais säen; sembrar maís.
ik+ui-u	Chichagefäss, Wassertopf; olla para chicha; tinaja.
ik+ui-u+tška	Töpferthon; barro de olla.
ik+u-kurú	Maispflanze; mata de mais.
ik+u-néne	junger Maiskolben; elote.
ik+uó	Maisfeld; maizal.
ik+uó-oróna	junger Maiskolben; elote.
ik+uó-uo	Maiskorn; grano de maís.
ik+uó-uo-ié	reifer Maiskolben; mazorca madura.
ik+uó-uok	Mais mahlen; moler maís.
ik+uó-χkuó	Maiskolben von Körnern entblösst; tusa.
ike-ike	ja (es ist gut); sí (esta bien).
inan	und; y
íñe	heute, jetzt; hoy, ahora.

iñe+betk	sofort, sogleich; en el acto.
iñó	Brot; pan, tortilla.
iño-iño	plastisch; plástico.
iño+tška	Mehl; harina.
inui-tkina i+á-mik	schuldig; culpable.
inú+kur	Geld; plata, moneda.
inú+kur+burú	reich (wörtl.: Herr des Geldes); rico (wörtl.: señor de la plata).
inú+kur+tška	Silber; plata (el metal).
io-io-é	in früheren Zeiten; tiempos pasados.
ióksoro	kleine Erdschneckenschalen; conchas de caracoles terrestres.
ip-tsu	losmachen; soltar (Gabb).
ir	Bruder, wirklicher Vetter; hermano, primo hermano.
ir+kibi	älterer Bruder; hermano mayor.
ir+tsir-ę-ra	jüngerer Bruder; hermano minor.
is	unter, unterseits; abajo.
is-is-ié	tiefer; más abajo.
is+ki	unterwärts; hacia abajo.
is+kin	die untere Region eines Landes; la región inferior de un país.
isá-tá	in diesem Augenblicke; en este instante.
iχke	von derselben Grösse; del mismo tamaño.
iχki-ki	später; más tarde.

K.

ká	Schale, aus einem halben Baumkürbis gemacht; tutuma, guacal.
kai	*Penelope cristata* L., eine Art Waldhuhn; pava.
kais	*Platalea ajaja* L., eine Art Reiher; garza.
kakú	Bremse; tábano.
ká-mi	fern, weit; lejos.
káp-sa-ūk	träumen; soñarse.
kar	Baum, Stange, Hebel, Stock; arbol, palo, palanca, baston.

kar+a-rà	Bäumlein; arbusto.
kar+du+ka	Blume; flor.
kar+du-ru	Sprossen; retoños.
kar+džuk	Laub; foliaje.
kar+kipé-ki	Hausbalken; sobre-solera.
kar+kitša	Wurzel; raiz.
kar+ku	Blatt; hoja.
kar+ku-džuk	Laub; foliaje.
kar+sik	*Heliconia* sp., eine Pflanze; vijagua, bijao.
kar+ški-ki	Hausbalken; solera.
kar+stšó	Laub; foliaje.
kar+surí	eine Hirschart (*Mazama temama* Kerr); cabro de monte.
kar+tak	Holz, Brett, Ruder; madera, tabla, canalete.
kar+tsir	Bäumlein, Strauch; arbusto.
kar+tsirú	eine wildwachsende Cacaobaumart; cacao cimarrón.
kar+uák	eine parasitische Milbenart; una especie de garrapata.
kar+uí+uó	Baumstamm; tronco de árbol.
kar+u+ku	ein niedergefallener Baumstamm; tronco de arbol tumbado.
kar+uó	Frucht; fruto.
kar+uó+uo	Samen; semilla.
kar+urá	Baumast; rama.
kar+urá-tska	Aestchen (wörtl.: Baumfinger); ramita (wörtl.: dedo de árbol).
kar+χkuó	Rinde; cáscara.
kdš	Haarkamm; peine.
kdš+škruk	kämmen, strehlen; peinar.
kātšá	Orleanbaum (*Bixa orellana* L.); achiote.
kasir	Nabelschwein (*Dicotyles tajacu* L.); sahíno.
ka-tšuk	eine *Mustela*-Art; collareja (*Mustela* sp.).
kębé	dünner Bambushalm, Flöte, Pfeife; caña delgada, flauta, pito.

kębé+bura-ñk	pfeifen, Flöte spielen; toca la flauta ó el pito.
kębí	Knabe, Junge; muchacho, jóven.
kek	innerhalb vier Tagen; dentro de cuatro dias.
kę-kok-tsęne	eine Art Specht; una espécie de carpintero (*Melanerpes* sp.).
kękú	Wasserkalabasse; calabazo de sacar agua.
kękut	geneigt; inclinado.
kęne-bru	Arbeit; trabajo.
kęné-bruk	arbeiten; trabajar.
kęné-bru+urú	arbeitsam; laborioso.
kęñi-ru	wild; cimarron, silvestre.
kęñi-ko	Wald; selva, monte.
kęnõ	Kahn; canoa, bote.
kęno	Paca (*Coelogenys Paca* L.); tepescuintle, paca.
kępák-ua	Schlaf, schläfrig sein; sueño, tener sueño.
kępé+dźuk	heilen; curar.
kępú	junge Pflanzensprosse u. dgl. als Gemüse gebraucht; quilites.
kępú	ein Farnkraut; helecho rabo de mico (*Hemitelia horrida* R. Br.).
kṛpúk+ua	schlafen; dormir; — Präs.: *dźe kępú+ua*; Perf.: *kępí+ua*; Fut.: *kępú+ua-mi*.
kępú-ri	ein Baum; un arbol (sp. *incogn.*).
kępu-ri+χkuo	die Rinde des *kępu-ri*, als Arzneimittel für weibliche Krankheiten gebraucht; corteza del *kępu-ri* usada contra ciertas enfermedades de las mujeres.
kęrikik	eine Falkenart (*Falco sparverius* L.); camaleón. Das Wort ist eine Onomatopoea.
kęta	Stock; vara, baston.
kętsu	Löffel, aus einer Cocos- oder Kalabasseschale gemacht; cuchara de guacal.

kẹtū̃	eine Art Leuchtkäfer (*blater* sp.); car- búnculo grande.
kẹtut	krumm, bucklig; encorvado, jorobado.
ké-ué	der Erste, der Hauptmann; el primero, el principal entre la gente.
ki	nicht, gegen, auf; no, contra, sobre.
ki+dżi	Niemand; nadie.
ki+e-muk	verneinen, verweigern; negar, re- husar.
ki+es	anders; de otro modo (wörtl.: nicht so).
ki+éta	leicht, fett; liviano, gordo.
ki+i-ki kẹné kun	unthätig (wörtl.: arbeitet nicht); ocioso (wörtl.: no trabaja).
ki+i-kukuna stsir	ungehorsam (wörtl.: sein Ohr hört nicht); desobédiente.
ki+ku	nicht mehr; no más.
ki+si-χtsar+χkuo	Harnverhaltung; mal de orina.
ki+ta	ohne (wörtl.: nicht mit); sin.
ki+tška-ta	mager (wörtl.: hat kein Fleisch); flaco (wörtl.: no tiene carnes).
ki	Floh; pulga.
kî	Schamöffnung; vulva.
kî+ak	Hode; testículo.
kî+ak+bi-uk	entmannen; castrar.
ki-â-kuk	furzen; ventosear.
kibi	grösser; mayor.
kibi-ié	mehr; más.
kibî	Wasserjungfer; libelula.
kiki	Mann. Häuptling, Herr; hombre, jefe, señor.
kinū̃	krebsartiges Geschwür; cancer, carnes malas.
kipák	wagerecht; horizontal.
kipar	Schooss, Gürtel; cintura (del cuerpo).
kipa+muó	Binde um dem Weiberrock zu befesti- gen; cintura para atar la manta.
kipar+uó	Hose; pampanilla.
kipé	Hausloso Meerschnecken, aus denen man eine violette Farbe zieht; mo-

	luscos marinos sin concha de que se extrae un color morado.
kipú	Hängematte; hamaca.
kir, kiir, kir tub	vier, cuatro.
kirí	Eidechsenart; una especie de lagartija.
kir-ié-boa	weich, schwach; flojo.
kiriná (kir+én-d?)	krank (= keine Leber?); enfermo.
kitšá	Seil, Sehne, Blutgefässe; cuerda, tendon, vasos sanguineos (arterias y venas).
kitša+tkuk	mittelst eines Seiles aufhängen; colgar con cuerda.
kitšu	Baummelone, wilder Melonenbaum; so heissen auch scherzweise die Brüste einer Jungfrau; papaya, papayo cimarron; asi llaman tambien, bromeando, los pechos de una niña.
kitšu-kitšu	elastisch; elástico.
kitsú	eine Vogelart (*Icterus* sp.); chorcha.
kịtút	gebogen; encorvado.
kiú	Fett, Oel; manteca, aceite.
klo	eine Baumart; gasparillo.
kô̂	Helfer eines Sängers; asistente de un cantor.
k o	Himmel, Zeit, Wetter, Land, Ort, Dach; über, auf, ober; cielo, tiempo, pais, lugar, techo; sobre, encima.
k o + ba-ški-riri	warm; caluroso.
k o + bẹ-ta	Bergspitze; cerro.
k o + bitk	jeder Tag; cada dia.
k o + boa	Frühling, Sommer, trockene Zeit; verano.
k o + btú-e	Morgenröthe; el amanecer.
k o + burar	Geräusch; ruido.
k o + dẹ-bop ñi-ue	innerhalb zehn Tagen; dentro de diez dias.
k o + dẹ-bop óno	vor zehn Tagen; hace diez dias.
k o + kẹne + bruk + ua	Landwirth, d. h. die Leute, welche die Felder bearbeiten; labrador.
k o + kitše	Gebirge (= Bergwurzel); serrania.

ko + ko-ri-é	Winter, Regenzeit; invierno.
ko + kó-t-tu	Himmel; cielo.
ko + kó-uó	Gebirge; serranía.
ko + muré	Staub; polvo.
ko + ñini	Tag (Tageslicht); día.
ko + ñok	Grenze, Rand; límite, orilla.
ko + ñok + tir	Donner (wörtl.: es zittern die Landes-enden); trueno.
ko + óka	fremdes Land; país extraño.
ko + pá-ki	Geschichte, Erzählung; historia, cuento.
ko + pá-kuk	erzählen; contar (wörtl.: durch die Zeiten spazieren).
ko + ri	Regen; lluvia.
ko + ri + muré	schwacher Regen; garrua, pelo de gato.
ko + ri + tsuna	lange ununterbrochene Regenperiode, sp. temporal.
ko + ri + uo	Regentropfen; gotas de lluvia.
ko + ri + uo darke	tröpfeln; gotear.
ko + sé	kalt; frio.
ko + se + kuru-ua e in	sich erkälten; resfriarse
ko + skú	Kopfhaar; cabello.
ko + šǒ-but	Mitternacht; media noche.
ko + šta ūk	erzählen; contar.
ko + suritu ñi-ue	innerhalb neun Tagen; dentro de nueve días.
ko + suritu óno	vor neun Tagen; hace nueve días.
ko + ta-uína	die Dämmerung; el crepúsculo, el ano-checer.
ko + tšé	Lüge; mentira.
ko + tsé-tse	Finsterniss, Dunkelheit; tinieblas, oscu-ridad.
ko + tška	Pflanzenreich, Wald (als Masse betrach-tet); selva, plantas.
ko + tšuk	lügen; mentir.
ko + t-tú	Fels; peña.
ko + ú-ku	Hügel, Bergabhang; loma, cuesta, pen-diente.
ko + ú-kir	Insel; isla.
ko + uo-ón	Graben; hoyo.

ko+uritẹne	} Weltall; universo.
ko+urítẹne sẹ-ra-ŏ	
ko+χke	Ebene, hoch; llanura, alto.
ko+χke-taí	Thal, grössere Ebene; valle, llanura grande.
ko+χku	Rand; orilla.
kokŏ̂	Meeresschildkröte; tortuga de mar.
kokók	ein Vogel (*Ibycter americanus* Bodd.); cacao (ave).
kom	noch, noch nicht; aun, aun no.
korŏ̂	eine Baumart (*Mauria* sp.); jinocuave.
koró	eine Pflanzenart (*Piper peltatum* L.); una planta.
korob	Sapotillbaum (*Achras Sapota* L.); sapote.
koro-ié	Zwillinge; gemelos.
korúro	wie ein Jaguar gefleckt; pintado como un jaguar.
kóru	eine Papageienart (*Conurus* sp.); periquito.
korú	Frosch; rana terrestre.
kọrúb	Pisang, Banane; plátano, banano.
kọrúb+bri+tska	gekochter und gemahlter Pisang; plátano cocido y molido.
kọrúb+érkar	Fruchtrispe des Pisangs; rácimo de plátanos.
kọrú(b)+kẹtu	gebratene Pisangfrucht; platano asado.
kọrúb+kurá	Pisangpflanze; mata de plátano.
kọrú(b)+ri	reife Pisangfrucht; plátano maduro.
korú(b)+uó	Pisangfrucht; fruto de plátano.
kọ̄+uó	Wirbel; vertebra.
kras-kras	biegsam; flexible (Gabb).
krá-tska	Fussfinger; dedo del pié.
krem	eine Fischart (*Amiurus* sp.?); barbudo, un pez.
kro	eine Baumart; gasparillo; — vide *klo*.
kŭ̂	Tausendfüssler; centopiés.
ku	Feder; pluma.
kú	Laus; piojo.
ku	Mund, Zunge; boca, lengua.

kūr, kuur, kuk-tub	sieben; siete.
ku+ki	vor sieben Tagen.
ku+kik	innerhalb sieben Tagen.
kua-kua	Schmetterling; mariposa.
kudžir	Guanacastebaum (*Enterolobium* sp.); guanacaste.
kū+džuk	Thierhaar; pelo de animal.
kuén-ke	wegen; á causa de, por causa de.
kuí	grosse Erdschildkröte; tortuga grande de tierra.
kuiš+uó	Warze; verruga.
kuk	eine Palmenart; palma hilera, gruesa y dulce.
kú+kitša	eine Lianenart; bejuco real.
ku-kó	eine Papageienart (*Ara macao* L.); lapa verde.
kú-ku	Cocospalme; cocotero.
kú-ku+dio	Cocosmilch; leche de coco.
kú-ku+tška	Cocosfleisch; carne de coco.
kú-ku+uo	Cocosnuss; nuez de coco.
kú-ku+χkuo	Cocosschale; cáscara de coco.
ku-kū	Ohr, Gehör; oreja, oido.
ku-kū+io	Ohrgehänge; aretes, pendientes.
ku-kū+na	Ohr; oreja.
ku-kū+na dęra-ié	taub; sordo.
ku-kū+ne	nahe; cercano.
ku-kū+ua-χtsir boa	gehorsam; obediente.
kûme-ié	taub; sordo.
kuo-tše	Knie; rodilla.
kurá	Bank, Sitz; banco, asiento.
kurí	*batea*, flaches hölzernes Gefäss; batea.
kurí+ęrębo	runde *batea*; batea redonda.
kurí+škit	eiförmige *batea*; batea ovalada.
kurí	⎫ Hals; cuello.
kurí+kitša	⎭
kurók	eine Baumart; un árbol.
kurú	Fuss, Bein; pié, pierna.
kurú+io	Hosen; pantalon.
kurú+ka-ket	hinkend; cojo.

kurú+kitśa	Bein; pierna.
kurú+kni-ńak	Knie; rodilla.
kurú+pórure	hinkend; cojo.
kurú+rębó	Wade, Schenkel; pantorilla, muslo.
kurú+tuk	tanzen; bailar; — Präs.: *dźe kuru-tú*; Perf.: *kuru-tí*; Fut.: *kuru+tú-mi*.
kuru+t-tá	Fußsohle; planta del pié.
kuru+wú+tśka	barfuss; pié descalzo.
ku-rúk	schreien; gritar; — Präs.: *dźe ku-rú*; Perf.: *ku-ré*; Fut.: *ku-rú-mi*.
kuś	Nadel; aguja.
kutấ	Schwester, wirkliche Base; hermana prima.
kutấ+kibí	ältere Schwester; hermana mayor.
kutấ+tśírẹra	jüngere Schwester; hermana menor.
kutśí	Schwein; cerdo (spanischer Herkunft?).

L.

la-ki	Weibchen; hembra (Gabb); vide *a-rá+ki*.
la-la	Kind; niño (Gabb); vide *a-rá*.
lu	suchen; buscar (Gabb).
lu	Licht; luz (Gabb).

M.

ma-iú	weinen; llorar (Gabb).
mấ-ki	Wahrheit, wahr, gewiss; verdad, verdadero, ciertamente.
malek	Schwanz; cola (Gabb); — vide *mrek*.
mấ-ma	Spielzeug, Blume; eine Art Flöte; juguete, flor, una especie de flauta.
mấ-ma+uó	Blume; flor.
man-e+bẹ-ta	Scheitel; coronilla de la cabeza (Gabb).
manéne	rein, klar; limpio, claro.
ma-rú	röthlichbraun; rojo parduzco (Gabb).
mat+kré	roth, fleischroth; rojo encarnado.
mat+mat	röthlich; rojizo.
mé	Kalebassenbaum (*Crescentia Cujete* L.); calabacero.
mé+uó	Kalebasse, Herz; calabazo, corazón.

me-ukú	stumm; mudo.
me-dže	fest; sólido (Gabb).
mi	Mutter; madre.
mi+ra	Tante (wörtl.: Mütterchen); tía (lit.: madrecita).
mi-đ	dir; á tí.
mí-a-la	Tante; tía (Gabb); — vide *mi+ra*.
mi-dža	Krüppel; estropeado (Gabb).
mik?	wann? bis wann? cuando? hasta cuando?
mik-đ?	seit wann? desde cuando?
mik-đ-re	wenn; si (Gabb).
mik-eri	einige Male; algunas veces.
minóš	eine Vogelart; chachalaca.
mi-nū-đ	hin, fort; yendo.
mńa-tk, mńa-tub	drei; tres.
mńa+ri	vor drei Tagen; hace tres días.
mńat+džuk	dreimal; tres veces.
mńe-k	innerhalb dreier Tage; dentro de tres días.
mnaš-mnaš	duften; oler bien (Gabb).
mnéš	hurtig, schnell; presto, ligero.
mné-ué	wechseln; cambiar (Gabb).
mné+uó	Nacken; nuca.
mńör	drei; tres.
mô	Nebel: nube.
mô+udk	eine auf trockenen Blättern schaarenweise stehende Milbenart; coloradilla.
mô+wu-ri	Thau (wörtl.: Nebeltropfen); rocío (wörtl.: gotas de nube).
mok	eine Eulenart (Thiel); buho.
mok+kūr	Flinte; escopeta.
mok+kūr+kuru-ūk	die Waffen nehmen; tomar las armas.
mok+kūr+muré	Pulver; pólvora.
mok+kūr+uó+tsir-tsir	Schrot; munición.
mok+kūr+uó+uí-uí	Kugeln; balas.
mŏ-mok	feucht; húmedo.
mo+uó	Knoten, Nabel; nudo, ombligo.

mré	wieder; de nuevo, otra vez.
mrek	Schwanz, männliches Glied; cola, miembro viril.
mré+tši+udk	Zangenkäfer; forficula.
mri-stsa-ua	verwickelt; enredado.
mrús	eine Baumart (*Croton* sp.); colpachi.
mū̃	Gattin eines Oheims; esposa de un tio.
mú-i	Schuld; deuda (Gabb).
murú	Staub; polvo.
murú+ḳẹdžu	eine Vogelart (*Pionius senilis* Spix.); un pájaro.
murú+sik	eine Pflanze (*Calathea* sp.; Silber palme); vijagua plateada.
murú+tška	Asche; ceniza.
murú+udk	eine Fischart; un pez.

N.

ñḋ	Aas, Dreck, schmutzig, unrein; suciedad, excremento, sucio, impuro.
ñḋ+bus-ẹri	Eingeweidewurm; lombriz (Gabb).
ñḋ∓but-skri	eine Art *Aristolochia*; una especie de Aristolochia.
ñḋ+dže	schwanger; preñada, embarazada (Gabb).
ñḋ+é	schwanger; preñada, embarazada.
ñḋ+ri+kibj	Eingeweide; intestino.
ñḋ+tkẹ-bi	Eingeweide; intestino.
ñḋ+udk	Eingeweidewurm; lombriz.
ñḋ+ué	Bauch, Magen; vientre, estómago.
ñḋ+uúk	scheissen; obrar.
ña+e-u-mi	ich beuge mich; me inclino, me agacho.
naí	Tapirus (*Elasmognathus Bairdii* et *E. Dowi*, Gill.); tapir, danta, macho-monte.
nai+r sẹ te-é *nai+r š-i+tšu*	Nasenbluten, durch schlechte Behandlung eines Tapirs verursacht (Bribri-Aberglaube); hemorragia de la nariz, causada por el mal trato de una danta.
nai+tẹrí	Seepferd (*Trichechus australis*, Tiles); manatí.
ñak	Mündung eines Stromes; boca de un rio.

namá	eine Baumart; cedro macho.
namú	die Gattung *Felis* im Allgemeinen; el género *Felis*; — vide *nẹmú*.
namú+kró-ro	gefleckter Jaguar (*Felis onca* L.); tigre pintado (Gabb).
ná-ná	von Wolken befreit; despejado.
naú	Onkel mütterlicherseits; tio materno.
naú+a-ki-ra	Schwiegersohn; yerno (Gabb).
nẹmú	Jaguar (*Felis onca* L.); jaguar, tigre.
nẹmú+ka	Halsschnur aus Jaguarzähnen; collar de dientes de jaguar.
nẹ úd-ué dĕka	ich bin satt (wörtl.: mein Bauch kam schon an); estoy harto.
nẹ-ńĕ-ué	Nacht; noche.
ńí	(Gabb) — siehe unter *a-ńí*.
ńí+i-kẹpi	gleich; igual, semejante (Gabb) = *a-ńi+é-kẹpi*.
ńí+i-ńtéi	wörtlich; igual, en palabras (Gabb) = *a-ńi+uχtéi*.
ńí+kẹpi	gleich; igual (Gabb) = *a-ńi+é-kẹpi*.
ńí+la	zusammen; juntamente (Gabb) = *a-ńi+ra*.
ńí+pu	streiten; pelear (Gabb); vide *a-ńi+puk*.
ńí+ŝkĕ	zusammen; juntamente (Gabb) = *a-ńi+ŝke*.
niá ⎫ = *dže iá*	mir; á mí.
nie ⎭	
niets	schwer; pesado (Gabb).
nimá	Fisch; pez, pescado.
nimá+dziria	Fischer; pescador.
nimá+kuó	Fischschuppe; escama de pez.
nio-ró	Weg; camino (Gabb); vide *úró*.
ńí-ue	Tageslicht; luz del día.
úo-úó-ni	in früheren Zeiten; en tiempos pasados (Gabb); — vide *io-ió-e*.
ńori	eine Baumart (*Xanthoxylum* sp.); un árbol.
úró	Weg; camino.
úró+ki	auf dem Wege; de camino, en camino.
úró+ki+tšo	des Weges entlang; á lo largo del camino.
úró+nẹmé	eine Fuchsart (*Urocyon* s.); tigrillo.
núbur	eine Taubenart (*Columbigallina* sp.); tortolita.
ńuk	Steissbein; rabadilla (Gabb).

nu-kur	Geld, Metall, Spielzeug; plata, metal, juguete (Gabb); — vide *inú+kur*.
nú-kuk	schneiden; cortar.
nuná+ua	verfault; podrido.
nuné-ga	nass; mojado (Gabb).
nurúre	nass; mojado.
nu-uí+dže-ke	Grossmutter; abuela (Gabb).

O.

ó	Schulterblatt, Axt; omoplato, hacha.
o	oder; ó.
ók	eine Art Reiher (*Ardea herodias* L.); herón.
ŏk	Wange; mejilla (Gabb).
oka	andere; otros.
óka	Schulter; hombro.
ókub	Leichenbestatter; encargado de los funerales.
ó-no	enden, fertig machen; concluir, acabar; — Präs.: *dže ó-no*; Perf.: *o-nó-tke*; Fut.: *o-nó-mi*; — *é-na*, *ó-na*, bereit, fertig.
onosi	einfach; simple, sencillo (Thiel).
o-nuk	bellen, miauen, brüllen etc.; ladrar, maullar, mugir etc.; — Präs.: *ọ̃*; Perf.: *oné*; Fut.: *óṇẹmi*.
o-nuk+ua is	fallen; caerse; — Präs.: *dže on+ua is*; Perf.: *oné+ua is*; Fut.: *óṇẹ-mi+ua is*.
orabó	Knöchel des Fusses (vgl. mit *é-rẹbo* = rund); tobillo.
órke	Stimme; voz.
orke taĩ	lauter; en voz alta.
oritẹne	jedes, alle; cada uno; todos (Gabb); — vide *uritẹne*.
oróna	ergänzen; completar (Gabb).
oróni	fertig, vollendet (Gabb); concluído, terminado.
orũ̂	Königspalme; palma real.
o-ru-ha-ra (?)	stinken; heder (Gabb).
o-rú-i	reichlich, viel; abundante, mucho (Gabb); — vide *urú-e*.
o-rúna	erzürnt, böse; enojado (Gabb).
ót	schief, schräg; inclinado, sesgado.

o-tuk	bleiben; quedarse; — Präs.: *dže óte*; Perf.: *ó-te*; Fut.: *ó-te-mi*; Imp. 2. p. s.: *be ó-te.*
o-utk	schief, schräg; inclinado, sesgado (Gabb).

P.

pa, pa-gul, pá-gur, pá-i *pa-k-tub*	} acht; ocho
pá-i+ki	vor acht Tagen, innerhalb acht Tagen; hace ocho días, dentro de ocho días.
pá	Haut; piel (Gabb).
pá+be kú	decken; cubrir, tapar (Gabb).
pá+i+ku-ruk	reinigen; limpiar; — Präs.: *dže-r i+pá+i+ke-ré*; Perf.: *i+pa+i+rik*; Fut.: *i+pa+i+ke-ré-mi.*
pá	eine Papageienart (*Psittacus diademata* L.); lorita.
pâ	eine Papageienart (*Ara militaris* L.); lapa colorada.
pá-gl+chi-ka	Zucker; azucar (Gabb); vide *pá-kur+tška.*
pa+ió	Kleid, Hemd; vestido, camisa.
pa+íne+ko+ke-tú-tu	zittern; temblar; — Präs.: *dže pa+ínu+ko+ke-tú-tu*; Perf.: *pa+íne+ka+ke-tu-tu*; Fut.: *pa+ínu+mi+ka+ke-tu-tu.*
pá-kul+dio	flüssiger Rohrzucker; miel de caña.
pá-kúr+tška	Zucker; azúcar.
pana	Casserolle; cacerola (Thiel); — (englisch *pan*).
pá-ni	neu; nuevo (Gabb).
pa-pá	Halt! alto! (Gabb).
pa-pó	stossen; dar un golpe.
pā-ri	frisch; fresco (Gabb).
pa-ta-ūk	bezahlen; pagar.
pat-džú	malen, pintar (Gabb).
pi	Volk, Leute; pueblo, gente.
pi-đ	eine Baumart (*Suhea* sp.); molenillo, un árbol.

7*

pi-á	eine Vogelart (*Psilórhinus mexicanus* Rüpp); piá-piá.
pik	Flügel; ala.
pi-ska	Leiter, Treppe; escalera.
pó	eine Rüsselkäferart; gorgojo, un coleóptero.
pó	eine Pflanzenart (*Maranta* sp. pl.); platanillo.
po-é	dicht, trocken; cerrado, denso, tupido, seco.
po-pó-i	trocken; seco (Gabb).
po-ri	neu, rauh; nuevo, crudo.
pú	Adler, Falke; águila, gavilán.
pu-li	Seeschnecken; caracoles de mar (Gabb); — vide *puri*.
pú-pu	jung; joven (Gabb).
puri	einschalige, langgestreckte Land- und See-schnecken, wie z. B. *Glandina, Bulimulus, Mitra, Turritella, Olivella, Melania* etc.; conchas univalvas y alargadas.
puri+kitša	Halsschnur aus einschaligen Seeschnecken; collar de conchas univalvas.
pus	Katze; gato (englisch *puss, pussy*).

R.

rä+ki (a-rä+ki)	Weibchen, hembra.
rç-wú+dšç-ke	Grossvater; abuelo (Gabb).
rī	reif; maduro.
rur	sein; ser, estar; — Präs.: *dše rur*; Perf.: *bak*; Fut.: *dú-mi*.

S.

sa, se, sç	wir, uns, jemand, unser; nosotros, alguien, nuestro.
šä	gegenüber; en frente.
sa-ka	ein Anderer; otro.
sár	eine Art Klammeraffen (*Ateles Geoffroyi* Kühl); mono colorado.
sár+kuró	eine Spinnenart; una especie de araña.
sar+pū	Königsadler (*Spizaetus ornatus* Daud.); aguila real.

sará	grosse Muschelart (*Donax* sp.); molusco bivalvo grande (Gabb).
sa-sa	Geflüster; cuchicheo.
saui	eine Baumart (*Inga* sp.); guavo machete.
sa-ñk	sehen; ver.
sa-ué+ar	es gehängt zu sehen; verlo guindando.
sa-ué+tkir	es gesessen zu sehen; verlo sentado.
sa-ué+yir	es untergetaucht zu sehen; verlo consumido.
se, se-sé	kalt, frisch; frio, fresco.
se, sę	wir, uns, jemand, unser; nosotros, alguien, nuestro; — vide *sa*.
sę+bę+kó+no-e	Volk, Nation; pueblo, nación.
sę+bę-ruk	eine Leiche im Walde legen; poner un cadaver en el monte.
sę+bura+ñk	Todtenfest; fiesta de los muertos.
sę+dźu+ki	vor, voran, vorwärts; delante, adelante.
sę+itśa	unser, das unsrige; nuestro, de nosotros, lo nuestro.
sę+ki+pá-tu-é	Belohnung; premio, recompensa.
sę+ko+mok-kur	Blasrohr; cerbatana.
sę+ñå-ui+dęrir	Bauchschmerzen; cólicos.
sę+en boai	angenehm, zahm; dulce, manso.
sę+pá-tue+ko-etk	Taglohn; jornal.
sę+tinóno+ñå-ri+ié	Ruhr; disentería.
sę+uó-kir	Häuptling (d. h. unser Haupt); jefe.
sé	Wassereidechse; lagartija de agua.
sê	alles; todo (Gabb).
se-ánum	schwarzer Jaguar (*Felis onca* L.); tigre negro (Gabb).
se-bak	Trommel; tambor.
se-kęré	Gast; huesped.
se-mé+uo	Wunde; llaga.
senö	eine Art Faulthier (*Choloepus Hoffmanni* Peters); perico ligero.
sé-nuk (sę en-uk!)	leben, wohnen; vivir, habitar.
sępú	eine Vogelart (*Nyctidromus albicollis* Gm.); cuyeo.

seṛa-tak	Grosse Süsswassermuschel; bivalva grande de agua dulce.
seṛí	eine Art Faulthier (*Bradypus casta-neiceps* Gray); perico ligero.
serú-ru; serú-serú	weiss; blanco.
se-sĕd	Sitte (unsere?); costumbre (nuestra?).
seṭi	Werkmeister; maestro de oficio.
se-tśó-ne	kitzeln; hacer cosquillas (Gabb).
se-tśú	Spanner und andere Nachtschmetter-linge; mariposas nocturnas.
se-uák	eine Kürbisart (*Sechium edule* Sw.); chayote.
se-uá-ñk	erschrecken; asustar, espantar.
se-uá na	Furcht; miedo, temor.
se-uí	Kleidung im Allgemeinen; vestido en general.
se-uí+dźuk	Baumwolle; algodon.
se-uí+dźu-ok	weben; tejer.
se-uí+kurú	Baumwollenpflanze; mata de algodon.
se-uí+uó+dzu-ok	nähen; coser.
se-uí+wú (se-uí+uó?)	Baumwollenblume; flor de algodon.
se-uí	Hase (*Lepus Gabbi* Allen); conejo de Talamanca.
se-uî	eine Baumart (*Inga* sp.); guavo ma-chete; — vide *sauí*.
se+uó	schwarzer Mais; mais negro.
si	trocken (wird nur zusammengesetzt ge-braucht, wie z. B. in *tsiru+si*; *kar-si*, *tu-si*); seco (solo se emplea com sufijo en palabras compuestas como *tsiru-si*, *kar-si*, *tu-si*).
si	Hauspfosten; horcón de casa.
si	Mond, Monat; luna, mes.
si+matk	zunehmender Mond; luna creciente.
si+pđ-ri	Neumond; luna nueva.
si+te-ui	abnehmender Mond; luna menguante.
si+uó	Mond; luna.
si+bak-mi	letzter Monat; en el mes pasado.
si+i-ua	in diesem Monate; en este mes.

si+rá-tse	nächster Monat; en el mes entrante.
si	Nebel, eine Art Eidechse; nube, garrobo.
sibi+dže-wúk	pfeifen; chiflar, silbar.
sibú	Gott; Dios.
sibú+ko	Himmel (= Gottesort); cielo (= lugar de Dios).
sibú+i+tá-mi	Gottes Bewahrerin, häufiger Ausdruck in den Bribri-Sagen; cuidandera de Dios.
sibú-buí	dünn, fein; ralo, delgado.
sié	blau; azul.
sié-sié	bläulich; azulado.
sik	Blatt; hoja.
sikua	fremd; extranjero.
sikua+bo-ro	Rum, Branntwein; aguardiente.
simí-ngmé	eine Fischart; sávalo, un pez.
sjnd	eine Art Faulthier (*Choloepus Hoffmanni* Peters); perico ligero.
siná-ua	verwelkt; marchito.
síne	trocken; seco.
siní	eine Art Nabelschwein (*Dicotyles labiatus* Cuv.); cariblanco; — auch der Aspirant für die Würde eines *stsu+kûr*; aspirante á cantor.
siní	Kautschukbaum (*Castilloa elastica* Cerv.); arbol de hule.
siní+tška	Kautschuk; hule (Gabb); — vide *tsiní*.
sio	arm; pobre.
sio+uó	eine Pflanze (*Gonolobus edulis* Hemsl.); cuayote.
si+póe	mager; flaco.
sir-apá	schnell, hurtig; presto (Gabb).
sjri	eine Art Faulthier (*Bradypus castaneiceps* Gray); perico ligero.
sirú	Cacao, Cacaobaum; cacao (Gabb).
sirú-ē	viel; mucho.
si-tšia	Winkel, Kante; ángulo, arista de un prisma (Gabb).
si-tšit-kia	ein viereckiges Prisma, wie z. B. ein Balken; prisma cuadrado (Gabb).

si-tšík	eine Fischart; roncador, un pez.
si-uả	Wind, Athem; viento, respiración.
si-uả+brúk-uả	schweigen; callar; — Präs.: *dže si-uả+brú-uả*; Perf.: *si-uả+bri-uả*; Fut.: *si-uả+bru-ua-mi* (wörtl.: den Athem verbergen).
si-uả+éna	ohnmächtig werden; desmayarse (Gabb).
si-uả+kitša	Puls; pulso.
si-uả+tat-ié	Sturm; tempestad.
si-uả+tkuk	athmen; respirar; — Präs.: *dže si-uả+tku*; Perf.: *si-uả+tkí*; Fut.: *si-uả+tku-mi*.
si-uk	trocknen; secar.
siχka	taubstumm; sordo-mudo.
ška-kñ	Pfeife; pito (Gabb).
ška+tšmu	eine Pisangart; plátano guineo.
šké	anstatt, gleich; en lugar de, equivalente.
ške, šker	fünf; cinco.
škek, ške+i+ki	innerhalb fünf Tagen; dentro de cinco dias.
ške+ni	vor fünf Tagen; hace cinco días.
ške	über, hinauf; arriba (Gabb).
ške+ka	senkrecht; perpendicular (Gabb).
ške+ué	aufrecht; derecho, erecto, parado (Gabb).
ške	Galle; hiel (Gabb).
škek	Blutgeschwür; divieso, furúnculo (Gabb).
škẹmé	Bogen; arco.
škẹmé+kitša	Bogenseil; cuerda de arco.
škikri+ku	eine *Begonia*-Art; una especie de *Begonia*.
škí-ku-kar	ein Pilz (*Polyporus* sp.); una especie de hongo.
škj-kui	aufrecht; parado, derecho.
ški-ški	rund; redondo.
ški-ški-ié	sphärisch; esférico.
ški-ški-ả	winkelig; anguloso.
škitk	überall; por todas partes (Gabb).
škí-tke	Ring, sortija (Gabb).
sko	Dorf; pueblo, caserio.
sko+uák	Landsmann; paisano.
škoro	Rauch; humo.
sko-tĕ-e	überflüssig; abundante (Gabb).

škri	Mosquitofliege; mosquito.
škrã̃	eine Bambusart; caña gíra, caña hueca.
škū	Korb; canasto.
škub	eine Palmenart (*Bactris horrida* Oerst.); huiz coyol.
sku-e	ein Maulwurf (*Geomys heterodus* Peters); taltuza.
sku-i	Hausmaus (*Mus* sp.?); raton de casa.
sku-ra	Feldmaus (*Hesperomys* sp.); raton de monte.
škuík	Blutgeschwür; divieso.
škuk	gehen, marschiren; andar, marchar; — Präs.: *dže šku*; Perf.: *ški*; Fut.: *šku-mi*.
škuk+e-i+tu+ki	zurückgehen; devolverse.
škuk+i+tu-ki	verfolgen; perseguir.
škuk+ko	steigen; subir, trepar.
skū-ok	waschen; lavar.
škūri-duk	Nackenanschwellung bei den Trägern; masa nucal.
šku-šku-i	sauer; agrio.
škūk-te	eine Art Auster; una especie de ostra.
šó	Krebs (*Palaemon jamaicensis* L.); camaron.
šo	breit, geräumig; ancho, espacioso.
šo+ki+ta	eng; angosto, estrecho.
šö	mitten in; en medio.
šö-buts	die Hälfte; la mitad.
sok	Wiese; pradera (Gabb); — vide *suk*.
so+kur+χkuó	Schild; escudo.
soró	wilder Cacaobaum (*Theobroma* sp.); cacao de mico.
šorok	eine Pisangart; plátano de pedunculos largos.
šo-utk	schräg geschnitten; cortado en sesgo (Gabb).
su	Caretschildkröte; tortuga carey.
su	Stachelschwein (*Synetheres mexicanus* Kerr.); puerco-espin.
sū	gleichen; parecerse (Gabb).
sū-ar-i-a	immer; siempre (Gabb).
šūg-uó	Rücken; espalda (Gabb).

suk	Wiese, Savanne; pradera, sabana.
su-litk	gedrückt, gedrängt, verstopft; apretado, constreñido (Gabb).
súme	nackt, kahl; desnudo, pelado.
suná	gebären; parir (Gabb).
sú-o	zwischen; entre.
surá	Gott, guter Geist, die erste Frucht eines Baumes, ein Vogel; Dios, el espíritu bueno, la primera fruta de un arbol, el pajaro mirasol.
sura+ko	Gottesland, häufiger Ausdruck in den Sagen; el país de Dios.
surá+uo	Muttermal; lunar.
surá	Salzfass aus einer Cocosnuss gemacht; salero hecho de un coco.
suré	eine Baumart (*Psidium Guayaba* L.); guayabo.
suri	eine kleine Meermuschel (*Donax assimilis* Sow.); almeja.
suri	rund; *redondo.*
suri	Pfeil; flecha.
suri+a-ka+tiki-ta	Harpune; chuzo harponado.
suri+by-ta	Pfeilspitze; punta de flecha.
suri+érębo	glattspitziger Pfeil; chuzo liso.
suri	eine Hirschart (*Dorcelophus clavatus,* True); venado.
suri+máru	andere Hirschart (*Mazama temama* Kerr); cabro-montés.
suri+mru-rom	junger *Dorcelophus;* venado *capasuri.*
suri+tkębi	Riesenschlange (wörtl.: Hirschenschlange); boa.
šuri	Aguti (*Dasyprocta isthmica* Alston); guatusa.
s'uritęne (se uritęne)	Stamm (wörtl.: wir alle); tribu (litt.: nosotros todos).
suritęne	grobes Schimpfwort bei den Bribri, aber Bedeutung unbekannt; palabra injuriosa, de sentido desconocido.
suri+tu, suri+tub	neun; nueve.

surū, surú-e, surú-i	böse, schlecht, hässlich, viel; malo, feo, mucho.
surú-i aχki-bru	karg; ávaro.
surú+na	böse; malo (Gabb).
surú+uak (suri-uák?)	grosse Milbenart; garrapata grande.
surū	eine Baumart (*Psidium* sp.); guavo macho.
surūru-i	blau; azul (Gabb).
su-šŏ	inmitten, zwischen; en medio, entre (Gabb).
su-sú-i	Rand; borde (Gabb).
šu+štuk	wählen (*šu* = mitten in; *štuk*, aufheben); escoger.
šu-taī	gross, breit; grande, ancho.
šu-taī-é	tief; hondo.
sutát	eben; plano (Gabb).
sutát-ke	gedruckt; comprimido (Gabb).
šu+ti-ñk	rühren, umrühren; menear, revolver.
s'u-χtuk+ua	Mord; asesinato.
s'u-χtuk+ua+uák	Mörder; asesino.
šta-ñk	erzählen; contar.
štirína	müde; cansado.
stsa	allerlei Seilarten; cable, cuerda, burío, majagua.
stsa+kitša	eine Liane, die als Band benutzt ist; bejuco de amarrar.
stsa+nemé	eine kleine Pardelkatze (*Felis pardalis* L.); manigordo.
stsa+uó	eine Baumfrucht (*Anoma muricata* L.); guanábana.
stsa+uo-úk+ua	einen Knoten lösen; soltar un nudo.
s'tšār+χku-ok	pissen; orinar.
stšind-nd	abgenutzt, abgetragen; raído.
stsū	Musik, Gesang; música, canto.
stsuk	singen; cantar; — Präs.: *dže stsu*; Perf.: *stsé*; Fut.: *stsu-mi*.
stsu+kūr	Sänger; cantor.
stšú+uó	einheimische beulenartige Hautkrankheit; bubas.

T.

ta, tã	mit, zusammen; con, junto con.
tabé+ra	kleines Messer; cuchillo pequeño; — vide *tębé+ra*.
tadžíra	Mädchen; muchacha.
taĭ	gross, sehr, viel; grande, muy, mucho.
taĭ+bru	hoch; alto (Gabb).
taĭ+é	sehr gross; muy grande.
taĭ+i-or	dick; grueso.
tak	Stück, Brett; pedazo, tabla.
tak	Milz, Fieber; bazo, calentura.
tak+de-kã taĭ	Milzkrankheit; hinchazon del bazo.
tãkur	ein Vogel (*Phalacrocorax mexicanus* Brandt); un pájaro.
tará	Grossvater väterlicherseits; abuelo paterno.
tará-nuk	wachsen (von Leuten); crecer (la gente).
tarí	Haifisch (so heisst auch jemand, der den Weibern sehr zugethan ist); tiburón (así llaman tambien un hombre muy mujerero).
tátsi+ko	Gras, Heu; hierba, sacate.
táu	Juwel, Edelsteine, Glasperlen; joyas, piedras preciosas, cuentas.
táu+bruk-uák	herumziehende Kaufleute; merchantes cambalacheros.
táu+mat+kré	rothe Edelsteine oder Perlen; piedras ó perlas rojas.
táu+pik+ta	Goldadler (Juwel); águila de oro.
táu+sęrú-ri	weisse Edelsteine, Perlen etc.; piedras ó perlas blancas.
tauina	verdunkelt; oscurecido.
tã-uo	Schienbein, Knöchel; tibia (espinilla), tobillo.
tębé	Messer, Säbel; cuchillo, machete.
tębé+ra	kleines Messer; cuchillo pequeño.
tębé+tška	Eisen; hierro.
tębé+u	Eisentopf; olla de hierro.
tek-tub, ter-ul, ter-ur	sechs; seis.

ter-i	vor sechs Tagen; hace seis dias.
ter+ik, ter-i-ki	innerhalb sechs Tagen; dentro de seis dias.
tẹmŏ	eine *Inga*-Art; guavo torcido.
tẹri	Haifisch; tiburon; — vide *tari*.
terir-urú	Weiberjäger; mujeriego.
tẹridi+ki+kur	
té-uo	Schenkelbein; femur.
tẹ-wúk	sieden; hervir.
ti	Maisfeld, Gebüsch; milpa, charral.
ti+mẹnéne	Acker; campo.
ti+urí	Ameisenfresser (*Myrmecophaga jubata* L.); oso real.
tié	Geschenk; don (Gabb).
tié	Wanze; chinche.
tiéś	eine Art Rothpfeffer (*Capsicum* sp.); chile menudo.
tinÁne	verwundet; herido.
ti-nuk	erwachen; despertar; — Präs.: *dśe tin*; Perf.: *ti-ne*; Fut.: *ti-nẹ-mi*.
tis	epiphytische Bromeliaceen; Bromeliáceas epífitas.
ti-ué	stören; perturbar (Gabb).
ti-uk	(?) nähren; nutrir (Gabb).
tkā-ri	vor vier Tagen; hace cuatro dias.
tkẹbi	Schlange; männliches Glied.
tkẹbi+i-tśukré	eine Giftschlange (*Trigonocephalus* sp.); toboba.
tkẹbi+tkina	Regenbogen (wörtl.: die Schlange liegt); orco-iris (litt.: la culebra está puesta).
tki+a-rā	Sandfloh (*Pulex penetrans* L.); nigua.
tkir+uak	eine Ameisenart; una especie de hormiga.
tki-uk	säen; sembrar.
tki-uó	eine Art Leuchtkäfer (*Photinus* sp.); cucuyo.
tku-uó	eine Art Leuchtkäfer; luciérnaga (Gabb).
tó	Husten; toz.
to-nuk	husten; toser.
to	als; que.
tȯ-kur	Ente; pato.
torók	Alligator; lagarto.

tó-to	mild, schwach, weich, zart; suave, débil, tierno, delicado.
trak	Eisvogel (*Ceryle* sp. pl.); martin-pescador.
tsã	Sand; arena.
tsã+ki	Sandufer; arenal, playa.
tsã+tška	Sand; arena.
tsã+uó	Kiesel; china, piedrita.
tsa-i+nẹmé	eine Fischart; róvalo, un pez.
tsa-kitša	Liane; bejuco (Gabb); — vide *tsa-kitša.*
tšär	Harn; orina.
tsará	grosser Pisang; plátano grande.
tsã-ri	Brunnen, Quelle; ojo de agua, fuente.
tsã tä aišet	mehr; más.
tsã+tkirχk (tso+tkirχk?)	} untertauchen; consumirse en el
tsã+tkuk (tso+tkuk?)	} agua.
tsba-tsba	feucht, nass; humedo, mojado.
tsé	doppelt; duplicado, doble.
tsé-ẽ	genug, viele; bastante, muchos.
tsé+šũ-taĩ	sehr, viel; muy, mucho.
tsé-i	eine Falkenart; gavilan pescador.
tsẽ-ka	lebendig; vivo (Gabb).
tšẹné	Rippe; costilla.
tsẹpa	eine Palmenart (*Chamaedorea* sp.); palmera coligallo.
tsé-tse	schwarz (von Leuten); negro (de la gente).
tsé-tse+uak	Neger; negro.
tsẹuí	Gürtelthier (*Tatusia novemcincta* L.); armadillo.
tsẹ-uíb+uó	eine Mücke; mosquito jején.
tse+uó	eine Vogelart (*Gymnostinops montezumae* Less.); oropéndula.
tsĩ	Schulter; hombro.
tsĩ	Koatithier (*Nasua narica* L.); pisote.
tsi-ka	hinten; por detrás.
tši-kré	voll; lleno.

tsínet	nahe; cerca.
tsini	Kautschukbaum (*Castilloa elastica* Cerv.); arbol de hule.
tsini-tska	Kautschuk; hule, caucho.
tsiní	Gehirn; sesos.
tsipa-tsipa	grün; verde.
tsipoti-é	stumpf; embotado.
tsipú	ein Baum; un arbol.
tsír	klein, dünn; pequeño, delgado.
tsír+a-rä *tsír+la-la*	} klein, kleiner; pequeño, más pequeño.
tsír+šñ-tai	sehr klein; pequeñísimo.
tsirú	Cacao, Chocolade; cacao, chocolate.
tsirú+kurú	Cacaobaum; cocaotero.
tsirú+tkębi	eine Art Baumschlange; culebra bejuquilla.
tsirú+uó	Cacaokerne und Frucht; mazorca y semilla de cacao.
tšitši	Hund; perro.
tšitši+na	Bellen; aullido.
tsíu	Tukan (*Rhamphastos tocard* Vieill.); tucan.
tska	Körper, Fleisch, Substanz; cuerpo, carne, sustancia.
tska+ku	essen; comer; — Präs.: *dže tsku*; Perf.: *džúk*; Fut.: *tsú-mi*; Imp. 2. p. s.: *be tsku*.
tski	gestern; ayer.
tski-nḍŋa	gespalten; aufgeblüht; hendido, reventado, florecido.
tski-nuk	(Blätter) treiben, sprossen, aufblühen; brotar, reventar, florecer.
tskirik	ein Baum (*Tecoma* sp.?); — die Jahreszeit, wenn dieser Baum zu blühen anfängt; la estación en que este arbol echa flores.
tskiri-ri	gelb (d. h. die Farbe der *tskirik*-Blumen; amarillo (el color de las flores del cortez).
tši-nuk	niesen; estornudear; — Präs.: *dže tšir*; Perf.: *tši-ne*.
tski-tski-a	eben, glatt; parejo (Gabb).
tsku	Korb, Tragnetz; costal, red para cargar (Gabb).

tsĭku	Lebensmittel, Proviant; comida.
tsmö	essbare Knospen einer *Maranta*-Art; cogollo comible de un platanillo.
tsĭmü	Banane; banana.
tsĭmü+mat+kré	rothe Banane; banana colorada.
tsĭmü+rio	Essig, *chicha*, ein Getränk; vinagre, chicha de plátano.
tso	es gibt, es ist; hay, está.
tso+bŏá	gesund; sano.
tso, tso	Haar; pelo.
tso+ku	Haupthaar; cabello.
tso+mçnéne	kahl; calvo.
tso+ñro	Haarscheitel; carrera del pelo, raya.
tsori	Nachmittags, Abends; por la tarde.
tsĭu	eine Art Waldhuhn (*Tinamus robustus* Scl. et Salv.); gallina de monte.
tsĭu-tsĭu	eine Art Rebhuhn (*Dendrortyx leucophrys* Gould); chirráscua.
tsuk	nehmen, wegnehmen; tomar, llevar.
tsĭuk	wiederkauen; rumiar.
tsü	weibliche Brust; pecho de mujer.
tsu tsü+buk+uó	eine Grasart (*Pharus glaber* Kunth); una gramínea.
tsu tsü+krí+uó	die Frucht des *Solanum mammosum* L.; pichichio.
tsü+nuk	gebären; parir.
tsü+ne	Geburt; nacimiento.
tsu+rio	Milch; leche.
tsu+uó	Brust; pecho de mujer.
tsu+uó+bç-ta	Brustwarze; pezón.
tsurit	eine Baumart; palo santo, un arbol.
tú	Schenkel; Yamwurzel (*Dioscorea sativa* et sp. pl.); muslo; ñame.
tú	als, ja; que, sí.
tuk-tso	giessen; verter.
tuns	eine *Carludovica*-Art; una especie de *Carludovica*.
tän-uk	laufen, springen; correr, saltar; — Imp. 2. p. s.: *be tún*.

tūn-uk+tsut-tsut	springen, hüpfen; saltar, brincar.
turū	Vollmond; luna llena.
turū+tkina	der Mond geht auf; scherzweise auch ein schwangeres Weib; ya salió la luna; por chanza, una mujer embarazada.
turubūk	eine Cedrela-Art; cedro macho, un arbol.
tús	eine Palmenart; palmera guagra.
tu-si	Pisangfrucht, wenn geräuchert und gemahlen; plátano seco al humo y molido.

U.

u	Kochtopf; olla.
u+apā+bę-kuk	den Topf zudecken; tapar la olla.
u+ārina	zusammen gekochtes Fleisch und Gemüse; cocido, olla.
u+ā-ruk	kochen; cocer.
u+tška	Pfeifenthon; arcilla plastica.
ua-džuk-uk	nichts Gutes aus etwas ahnen; augurar mal.
uā-ié	aufwärts; hacia arriba.
uak	Volk, Leute, selbst; pueblo, gente, mismo.
uak-džurūre	bunt, gestreift; abigarrado, rayado.
u-ā-kā-tsē-ua	sich irren; equivocarse.
uāna	Schwiegermutter; suegra (Gabb).
ua-uá-ne	wenig, weniger; poco, menos.
udžir	eine Baumart (Luhea sp.); guácimo.
ūdzŭm	kable, grasbedeckte Gipfeln des Hochgebirges; picos pelados de la cordillera.
uē?	Wo? woher?; donde, de donde?
uē.......du?	wohin? á donde?
uĕ-ē?	welch? cual?
uĕn	Laubfrosch; rana de arbol.
uĕre-uĕre	einige; algunos.
uĕś-ki	das Innere (eines Gefässes); el intenir (de un vaso); (Gabb).
ūg	Topf, Becher, Schale; jarro (Gabb).
úgęta	schwarzer Maisbrei; puntal ó mazmora, de mais.
uíb	Brüllaffe (Mycetes palliatus Gray); congo.

úib (pl. *uip-pa*)	Mann, Gatte; hombre, marido.
úib+dura+kur	Jüngling; mozo.
úib+rá (úib+a-rá)	tapfer (wörtl.: Mannessohn); valiente (litt.: hijo de hombre).
úig-bru	Seele; alma.
ui+kurú	eine Riesenspinne (*Mygale* sp.); araña pica-caballo.
uíńe	männlich, Männchen; macho.
ui-ńuk	Wurzeln; raices (Gabb).
uiri	Speichel; saliva.
uiri+ty-uók	speicheln; escupir.
uis-uïs+i	fein; fino (Gabb).
uiśí	junges Weib; mujer recien casada.
ui-tsy-icuk	tanzen (die Weiber in den Todten-festen); bailar (las mujeres en los funérales).
ui-tïke	Grossmutter; abuela.
u-i-uχtśer	wissen; saber.
uk	wackeln, wedeln; menear.
uk	Kapuzineraffe (*Cebus hypoleucus* Humb.); mono carablanca.
ukú	eine Bambusart (*Chusquea* sp.); caña brava.
ukú+bur+kn	Pfeil; flecha.
ukú+but	*Gynerium*-Halm; verolis.
ukú+kür	eine *Gynerium*-Art, ein Stock; caña blanca, un bastón (de caña).
ukús, ukút	die Jahreszeit, wenn das *Gynerium* aufblüht; la estacion en que florece la caña blanca.
uka+tïkn	*Gynerium*-Feld; cañablancal.
ukat+uó	*Gynerium*-Blumenrispe; flor de caña.
uńá	Wurm; gusano.
ú-nuk+mi	fliehen; huir.
u-nuk+pik+ki	fliegen; volar.
uó	Im Allgemeinen stellt *uó* den Begriff von Rundung oder Abgerundetheit vor; es meint auch Gesicht und Samen, Frucht; en general, *ou* re-

presenta la idea de redondez; tambien significa *cara* y fruto, semilla.

uó+bę-tsuk	gefallen; gustar.
uó+bli	tief; profundo (Gabb).
uó+bra	Auge, Pupille; ojo, pupila ó niña del ojo.
uó+bra+dęrir	Augenschmerzen; dolor de ojos.
uó+bra+ku	Wimpern, Augenbraue; pestañas, cejas.
uó+i+kuk	blasen; soplar; — Präs.: *džer i·uo+i·ké*; Perf.: *i·uó+ik*; Fut.: *i·uó+i·ké·mi*.
uó+kę·tšuk	tief; profundo (Gabb).
uó+kir	Kopf; cabeza.
uó+kir·boai	verständig, klug; inteligente.
uó+kir+ditšé	Todtenkopf; calavera.
uó+kir+ki+ta	dumm; estúpido.
uó+kir+wu+tška	mit blossem Kopfe; con cabeza descubierta.
uó+ki+tā	leer; vacío.
uó+kitša	Schläfe; sienes.
uó+ko	Augenlid; parpado.
uó+mā	Knoten; nudo.
uó+nin	Blitz; relámpago.
uó+su-li	Körperseite; costado (Gabb).
uó+tsę	Hirn; frente.
uó+tška	leer; vacío.
uó+uón	wenig (wenn es sich um Dinge handelt); poco (hablando de cosas).
u·pá·kuk	besuchen, spazieren; visitar, pasear.
u·pá·kūr	Stock; baston.
urá	Hand; mano (Seite; lado [Gabb]).
urá+bękęrik	linke Hand; mano izquierda.
urá+bękęrik·ké	links; á la izquierda.
urá+bę·tsuk	heiraten; casarse; — Präs.: *dže ura+bę·tsú*; Perf.: *ura+bats*; Fut.: *ura+bę·tsu·mi;* — Heirat (wörtl.: Hände verbinden); casamiento (= juntar manos).
urá+boa	rechte Hand; mano derecha.
urá+boa·χké	rechts; á la derecha.
urá+džu·mi	führen; conducir (Gabb).
urá+kęni·ñak	Ellenbogen; codo.
urá+kitša	Arm; brazo.

8*

urá+krŏ; urá+krob	Oberarm; brazo superior (Gabb).
urá+kutši+uó	Ellenbogen; codo (Gabb).
urá+úd-ué	Fleisch des Armes; grueso del brazo(Gabb).
urá+ptú	Handfläche; palma de la mano (Gabb).
urá+skué	linke Hand; mano izquierda (Gabb).
urá+tska	Finger; dedo.
urá+tska+kibi	Mittelfinger; dedo mayor.
urá+tska+χkuo	Nagel; uña.
urá+ts+ió	Ring; anillo, sortija.
urá+tsĩrẹra	der kleine Finger; dedo meñique.
urá+t-tu	Handfläche; palma de la mano.
urá+ŭk	mit der Hand winken; hacer señas con la mano.
urá+uo-bak	Faust; muñeca, puño de la mano (Gabb).
urá+uo+ma	Faust; puño.
uri	Ameisenbär (*Myrmecophaga 4-dactyla* L.); tejon; oso colmenero.
ŭrik	eine Art Tucan (*Rhamphastos carinatus* Sw.); curré.
uris-uris-ē	eben, glatt; llano, liso.
urítẹne	alles, alle; todo, todos.
ŭrmemé+uo	eine Gurkenart (*Pittiera longe pedunculata* Cogn.); chiverrillo.
urú	sehr, viel; muy, mucho.
urú+i+ágbrŭ	Dieb (stiehlt viel); ladron (= roba mucho).
urú+i+ba	sehr warm; muy caliente.
urú+i+ká-tšu	falsch, lügnerisch; falso, mentiroso.
urú+i+tá-ué	theuer (viel werth); caro (vale mucho).
urū̃	eine Baumart (*Ochroma lagopus* Sw.); balsa.
urú	eine Palmenart; una palmera.
urú+tška	Palmenwald; palmital.
urú	Aasgeier (*Catharistes atrata* Bart.); zopilote.
urúbuk	eine Art Vielfrass (*Galictis barbara* L.); tulumuco.
urúk	eine *Cedrela*-Art; cedro amargo.
urú-urú	zart, unreif; tierno, cele.
úŏ	Kehricht; basura.

usé+kŭr	Grosser Zauberer der Talamanca-Indianer; gran sacerdote de los Indios.
ŭśie	kurz; corto.
u-sńó-u	eine Pisangart; plátano chingo.
utȩkɪ	ausser; exterior (Gabb).
utsi	Aasgeier, Königsgeier (Gypargus papa L.); rey de zopilote.
ŭtŭk	eine Taubenart (Engyptila verreauxi Bon.); paloma coliblanca.
uχtŭ	Stimme, Wort; voz, palabra.
uχtŭk	sprechen; hablar; — Präs.: dśe χtŭ; Perf.: ŭt; Fut.: χtŭ-mi.
uχtŭk+mɑ̀-ki	wahrhaft (wörtl.: Wahr sprechen); veraz (litt.: hablar verdad).
uχtŭ+sásɑ	leise; en voz baja.
uχtŭ+ui-ui	laut; en voz alta.

W.

wŭ	vide uó.
wŭ+bra (== uó+bra)	Augen; ojos (Gabb).
wŭ+dśȩ-wuk	betrügen; engañar; — == uó+dzu-ok, Gesichter machen!
wŭ+dśka (== uó+ tśka!)	leer; vacio (Gabb).
wŭ+ri (== uó+ri!)	Thränen; lágrimas.
wŭ+ri+tȩ+uó	speicheln; escupir (Gabb); vide uiri+ tȩ-uŏk.
wŭ+ti+ńk	schütteln; sacudir.
wŭ+wu+ra-uk	zeigen; enseñar; == uó+urá-ńk.

X.

χka-kuk	pfeifen; silbar; — Präs.: dśe χka-ku; Perf.: χka-ku-é; Fut.: χká-ku-mi.
χkit	Spiess; jabalina.
χkur	Ameisenbaum, Trompetenbaum (Cecropia sp.); guarumo.
χku+ri	Haut; piel.
χku-χkuó	Lippen; labios.

Vierter Abschnitt.

Original-Texte.

I. Iáburú tu sę+rí-tsé[1] *kę-tä.*

Wie Jaburú ass unser Geschlecht.

Surá[2] *mi-á   tj   ki   érẹré+ua,   Jáburú dé   sę+ri-tsé*
Sura   ging Feld auf   während   Jaburú kam unser Geschlecht

kę-täk-uä.   Jáburú tu   e-u-ku-ki   Surá   kä-tę+uä,   bẹri+ua   i+rir
essen.   Jaburú   nachher Surá ermordete grub ein dieser

i   hu   tsí-ä   bę-tá+ki   tsirú,   mé   é+bu   džuk   tkj
sein Haus hinter   auf   Cacaobaum, Kalebasse beide eingrub gesäet

i-rir.   Sibú   tso   mré   ën+bi-kuk:[3] *tu   úi   mi   i+ftúk+uä.   Je   é-*
diese. Sibu ist wieder   denken   ich werde ihn tödten.   Er sich

uä   á-rure   du   Jáburú   s'ä   I   tšer   i   a: ,Ä   na-ú,   sị
machte verschieden bis Jaburú Haus. Er sagte ihm zu Du Onkel unser

tsirú   džú.ʰ   I   uxter: ,ki   dže   tsirú   täʰ. — ,Aú,   i   be   kä-tsu,
Cacao trinken. Er antwortete kein ich Cacao habe.   Nein so du lügst

a-i   dže   tká-bité   ta   ek   džu   i   sa-ué+är.ʰ   Tšer: ,iki-ki: a
dort ich ging vorbei dann ein ich es sehe hängen. Erwiderte Gut ihr

džu   i   tsuk,   mé   ar-i-ki   ek   tsú-bi-tu   aña.ʰ   Tsirú   dé-
geht es pflücken Kalebasse hängend dort eine bringt   auch. Cacao kam

---

[1] Die Bribri glauben, dass im Anfang der Dinge Gott die Samen von jeder Menschenart in einer Art Körbchen bereit hatte, die er Surá's Hut anvertraut hatte. *Sę+ri-tsé* bedeutet das, was von einer Ernte zur andern zur neuen Aussaat aufbewahrt wird; man sagt *sę+ik-uó+ri-tsé*: das (unsrige) Saatkorn.

[2] *Sibú* ist das höchste Wesen, der ,Gott‘ der Christen. — *Surá, Jáburu, Sórkura* und viele andere, deren Namen in den Erzählungen der Indianer vorkommen, sind untergeordnete Gottheiten oder Genien, sowohl gute, wie Surá, als auch diabolische, wie Jáburu und Sórkura. *Sibú-Surá* ist der Inbegriff aller guten Gottheiten oder Geister, der Indianer-Surá soll auch der Schöpfer der Menschen gewesen sein, und zu ihm geht die Seele nach dem Tode.

[3] Wenn *en+bi-kuk* sich auf *Sibú* bezieht, bedeutet es etwas Anderes als blos denken, weil dies Denken Gottes stets sofortige Erfüllung (des Gewünschten) zur Folge hat. Der Sinn ist eher durch beschliessen wiedergegeben. Wenn hingegen *en+bi-kuk* von Jáburu oder Sórkura gesagt wird, so bedeutet es blos einen einfachen Gedanken.

uá hu-eške, ta Jaburú i-tšer: ,*á, tu   sẹ-ił   Surá-ma-krā*
an   berein   dann Jaburú   es sagte Ihr   unser für Sura erste Frucht
ku-ku! *Kẹ+tú-na,   o-na,   mé   ủắna   i-džu-kur-i-é.* *Itł*
rösten   geröstet   beendet[1] Kalebasse ausgehöhlt es trinken um. Dann
Sibú en+bi-kū tú   dže ki i+a-mú dé ké-uē! *Etł es i+uag-brina,*
Gott   dachte   dass ich auf es gebe käme erst. Dann so es   geschah
Sibú tu i+tšé: ,*Ne na-ú, te-džu i-uả!"* *Jaburú tu tširú dže*
Gott   es sagte Mein Onkel trinken es mit.   Jaburú   Cacao trank
ará-ra   tł i+ku-ri-ña burar: tšāā: *Né-ē i+tšer:* ,*á na-ú*
auf einmal dann seine Kehle klingen tschaa! Hierauf er sagt Mein Onkel
Sura-mắ-kra dže džu!" *Bir-bir-ta   taĩ i urú-na-ka du*
Sura erste Frucht[2] ich trinke.   Wenig nach sehr es anschwellen bis
sẹ-tšắk   tł i-tški-nắnd. *Né-ē Sibú tu   sẹ+ri-tsé   tso Jā-*
später(?) dann geplatzt. Hierauf Gott   unser Geschlecht ist Ja-
burú   šu-ắ   dẹ-pa-uē   mré se-ra-ả. *Itł Sibú en+bi-kū tu*
buru innerhalb sammelte wieder alles.   Dann Gott   dachte   dass
Surá a-mu škena mré. *Né-ē s'ay-kú   a-mé mré i-ả.*
Sura   gebe erwache wieder. Hierauf unser Korb   gab wieder ihm zu.

Uebersetzung.

Während Surá auf dem Maisfeld war, kam Jaburú und
frass unser Geschlecht auf.   Hierauf ermordete er auch Surá,
grub ihn hinter seinem Hause ein und pflanzte darauf einen
Cacao- und einen Kalebassenbaum.   Deswegen beschloss Gott
Jaburú auch zu tödten.   Er wandelte sich um und ging bis
zu Jaburú's Hause und sagte zu diesem: ,Du Onkel, lass uns
unsern Cacao trinken!" Dieser antwortete: ,Ich habe keinen
Cacao.' — ,Lüge nicht so! sah ich ihn doch dort hängen, als
ich vorbeiging!" — ,Es ist gut,' erwiederte Jaburú, ,ihr (zu
seinen Weibern sprechend) geht, ihn zu pflücken und bringt
auch eine Kalebasse, welche dort hängt!" Der Cacao kam, und
Jaburú befahl seinen Weibern: ‚Röstet Surá's erste Frucht für

---

[1] *Ôna* heisst wörtlich: beenden, aber im vorliegenden Falle soll es besonders die Arbeit der Entfettung des Cacaos ausdrücken.

[2] Die Frucht eines Cacaobaumes oder irgend eines andern Baumes heisst
noch heute: *Surá+mā-kra,* was die Indianer mit: *primera fruta de Dios,*
übersetzen. Es sind die Erstlinge, die auch bei den orientalischen Völ-
kern, in deren Kindheit, eine Rolle spielten.

uns!' Sie rösteten und bereiteten ihn und höhlten die Kalebasse
aus, um den Cacao zu trinken. Dann dachte Gott: möge die
erste Schale zu mir kommen! und als es so geschah, sagte er:
,Mein Onkel! ich schenke es dir, damit du trinkest.' Jaburú
verschluckte den Cacao auf einmal, so dass seine Kehle klang:
tschaa! Hierauf sagte er: ,Mein Onkel! Surá's erste Frucht
habe ich getrunken!' Aber gleich darauf fing er an zu schwellen,
bis er platzte. Dann sammelte Gott unser Geschlecht wieder,
das im Innern Jaburú's war, und dachte: Möge Surá wieder
erwachen! Und als es so geschah, gab er ihm unsern Korb
wieder.

II. Sibú tu Sórkura kut.

Wie Gott tödtete Sórkura.

Sórkura   di   dżu-ke   tub   ł,   e   ł   bȩkri [1]   *ter-ke*
Sórkura Wasser trank Quelle aus diese in Stinkthier pflegte seine

úł-uok.   Sibú en+bi-ku tu Sórkura a-mú   tū bȩ-
Bedürfnisse befriedigen. Gott   dachte dass Sórkura möchte Stink-

kri fté-ua. I mi-a i ki stȩuk dżu ki tł i+rátske fté-ua i+rir,
thier tödten. Er ging es auf warten lief auf als es kam tödtete es

si-ué bu-tsłk ar-i-ki   uł-dżuk-ié.   Sórkura mi-a
trocken Feuer über hängend Unheil verkündend als. Sórkura ging zum

kȩńi+ko érȩrȩ-uā, Sibú dé-uā   i   hu ł.   Sibú dé   i   hu-
Walde   während Gott kam an sein Haus zu.   Gott kam sein Haus

χku ł,   ētá sār+kuró i+tšā-ke i+rir: ,ba ł tso-rók,[2] *tso-rók!'*
Thür zu, dann Spinne   es sprach diese   du da bist,   bist

I   u-ter: ,dżn ł tso-rok, tso-rok!'   Bȩkri-si i tšá-kēr:
Sie erwiederte ich da bin   bin   Stinkthier trocken es fragte

ba ł si?   I   u-ter: dza ł   si!   Sȩui-tub-kipēr-uó
du da trocken. Es antwortete: ich hier trocken. Baumwolle eine Hose

---

[1] Das Stinkthier, *bȩ-kri*, spielt in der Mythologie unserer Indianer eine
ebenso wichtige Rolle wie der Fuchs in den Thiersagen Europas oder
dass ,*Skunk*' bei den Eingebornen Nord-Amerikas. Es entspricht
Reineke Fuchs. Aber es ist nebenbei auch ein Unglücksbote: wenn
ein Indianer beim Antreten einer Reise oder beim Auszuge auf die
Jagd ein *Bȩkri* quer über seinen Weg laufen sieht, so kehrt er wohl-
weislich um und geht nach Hause zurück.

[2] Die Spinne ist *Sibú*'s Spion, der mit ihr spricht, und zwar in *Brunka*,
wie die Indianer behaupten, weil sie keine andere Sprache versteht.
Jedoch haben die Frage und die Antwort keinen Sinn in dieser Sprache.

dé-i-uá. Etá Sibú tu i+uó-i-kj sǫ-nêne, tǎ i si-uá
trug es mit. Dann Gott es blies es auf unser Hauch dann sein Athmen

i-e-na, du-nǎ-ka sé-iẽ, é ke i-rir sǫuí-tub kipér-uo
es begann stand auf wir gleich es befahl diesem Baumwolle eine Hose

ma-uk. Sibú ua[1] tǎ-dé, e tśé i-rir bǫkri i-ǎ tu:
aufbinden. Gott Kürbischen mit trug es sagte dieses Stinkthier es zu

‚á na-ú, be uá i-dú-kur‘. I u-ter: ‚a-ú, dźé uǎ
Du Onkel du Kürbischen es haben sollst. Das antwortete Nein ich selbst

se-bak dú-kur‘. Etǎ i+bu-rar kj̄. Sórkura tso krúi-ko tu
Trommel haben möchte. Dann es klingen lang. Sórkura ist Wald

i-tśé: ‚Dźi bu-rar tǔǔ, tǔǔ, dźe hú ǎ?‘ Itɐ i en+bi-ku: ‚dźi
er sagte Wer klingt tuu, tuu mein Haus in. Dann er dachte wer

bu-rɐr. Ki dźi ku dźi dé dźa hú ǎ burá-nuk‘. Sibú dé-
klingt. Nicht wer gibt wer käme mein Haus zu um zu spielen. Gott kam

uǎ uá-dźuk-bruk ki-tu-ki-tśa. Etǎ+ńé-ẽ Sórkurá en+bi-ku: ‚i+
an bezaubern vier Male. Dann Sórkura dachte es

na-e dźu!‘ Ié bará-ua hu-eś berar ǎ i+ki+stsuk. Dźu-ki
lauern ich. Er barg sich Haus in Wand hinter es auf warten. Während

tǎ Sibú dátɐke; mi-ǎ bura-nuk bǫkri-si ta. Sórkura
dies dann Gott kam an kam in lärmen Stinkthier trocken mit. Sórkura

tu i+ki-stsé i-ɣki uá. Sibú tke, i+rir, té-ẽ Sibú tu
es auf wartete seine Speere mit. Gott schoss dieser lenkte Gott

sí a-mik; i-ska tke i+rir, té-e u uá; i-mǔutk-ki ti-a
Pfosten in es ander schoss dieser lenkte Topf mit es drittes auf lenkte

i+rir bu uá; i tkir i ti-ę i+rir hu+ɣku-ǎ. Eta Sórkura
dieses Feuer mit; es viertes es lenkte dieses Haus-Thür zu. Dann Sórkura

tú i+ku-rú-uě i-rí di-tsa i-rę pú; dźe-tsę ie-rę uo étǎ i+
es ergriff dieses Pfeifchen nur an liess es freiwillig dann es

tká-śka. Sórkura+kę-ré mi-ne i-tu-ki i-uftúk-uǎ, tu
entfloh. Sórkura Leute (Familie) gingen es nach es tödten dann

kj̄ i+kúne-iǎ. — Sibú e-tśu-ǎ-uá du ko-tké tǎ i+ratśke
nicht es fanden. Gott es verlor selbst bis Tage vier dann es kam

---

[1] Die Sänger (*stɐ́-kur*) begleiten ihren Gesang mit einem Instrument,
das aus einem kleinen Flaschenkürbis, an einem kurzen Holzstiele be-
festigt, besteht und einige Samenkörner des indischen Blumenrohres
enthält. Dieses Instrument ist das Abzeichen des Sängers; sein Ge-
hilfe, *sini*, trägt eine Trommel. Das Stinkthier lehnt also die Ehre,
erstere zu tragen, ab und zieht bescheiden vor, das Amt des *sini* zu
bekleiden.

mré   e+é·uá   Sórkura akí+kur bri·ne·ua   e   s û̃,   sçmé·ĩ,
wieder umgewandelt Sórkura   alt   begraben dieses gleich Wunde mit

stśu·ĩ,   a·pi akí·tśki urû̃, dé   mré Sórkura s'â.   Itâ
Geschwür mit Mann   uralt   sehr kam wieder Sórkura's Leute.   Dann

i+tśâ·ker: „i+tśe   tu   ar·ar   d tu Sibú di·tśa   tse·ot?"
es sagte es sagen dass Junge euch   Gott Pfeifchen wegnahmen.

Sórkura   i·uté: „i·ri+tśé;   ber   Sibú ęré?"   I+u·ter: „mâ
Sórkura antwortete dies sagst du bist Gott vielleicht. Der sprach du

a·ńak u·fta·ku se akí·tśki·uí·tśke ta.   Í   Sibú? i·es Sibú
lachst sprichst wir   sehr alt   mit welch' ein Gott es so Gott

dur?" — Tse: „aú,   ber   Sibú ęré"   —   I+uter mre·r:
sein   Sagte Nein, du bist Gott vielleicht. — Es antwortete wieder

Sibú di·tśa tse·ot a tu   é·uák   dur i·es?" — *Sórkura mi·a*
Gott Pfeifchen über euch es Eigenthümer ist es gleich   Sórkura ging

di·tśa yir·ar 'χku·χku ki tsuk.   Ka·tśer i·â tsé Sibú tú
Pfeifchen hängend Korb·Mund auf brachte. Zeigte es zu griff Gott

ki kitśa é·uá Sórkura tú.   I+bura·úe i+rir   itâ   i+tśer:
nicht Schnur lassen Sórkura.   Es spielte dieses dann es sagte

Sibú·Surá   dźú·ne   du·kú·kętu boá e ar·i tsâ·ié. —
(die guten Götter) wurden gemacht Tugend gut mit ihr es schlecht.

Itâ i+tśer i·â: „i kitśa o·uá   ni·â!"   Tśer: „aú'.
Dann es sagte es zu die Schnur loslassen mich für. Antwortete Nein.

Sibú en+bi·ku i   a·mé   é·uá i+rir; i   a·mé ko
Gott   dachte es geben wurde loslassen diese; es geben wurde Ort

sę·ua a·ía hú+śú·â. Erę·ré·ua Sibú mi+bu·nun i·dźu·ki, min
schen hinten Haus ins. Während dies Gott ging hinaus sofort ging

burar tśõ úró·ki. Sórkura en+bi·ku: „ńi·mi i+na·uk ai·śet·
spielen dort Weg auf. Sórkura   dachte: ich gebe es lauern jenseits

ko! I·kí kuru·ué i·rir kir, i sókur·χkuó, i duk kitśa
Ort. Seine Speere ergriff diese vier sein   Schild seine Muschel Schnur

i+é·ua; jtâ i kę·ré·ia i+tśer: „ńi+mi Sibú ftúk·ua! mik
es hing; dann seine Leute zu es sagte ich gehe Gott   tödten wenn

dźe duk burá·ńa etâ Sibú fté·ua dźú! etâ a tu tsirú bâ·
mein Muschel erschallt dann Gott getödtet ich dann ihr Cacao warm

ua dźe dźú ki'. I ki stser tâ Sibú da+mí·tke tker i
machen ich komme auf. Er auf wartete dann Gott kam vorbei schoss sein

kí·ua ta. Sibú ku·kú tko ta é·tu i+tśer i·â: a·pir be tké·ke!
Speer mit. Gott Ohr anderes mit eins es sagte ihm zu Leute du schiessen.

I-kĭ   da-on-tis   i-ĺ ĺ-mik.   Ska   tkĕr   p̄-np̄-dĕ́ barí-me.
Sein Speer fiel mit Gelärm   zu Seite.   Wieder schoss fielen vergebens.
Né-e Sibú tu i+kurú-ué etk urd-ua.   *E-uĕ́   Sórkura tkĕ́;*
Dann Gott   es ergriff   eine Hand mit.   Diese mit Sórkura schoss
i+rir té-ê̂ Sórkura tu i sókur-χkuó-ua.   Itĺ i+en+bi-ku: dĕi
dieser auffing Sórkura   sein   Schild mit.   Dann er   dachte   ich
bi-te i+ftuk-uĺ: Sórkura a-mú-uó   ké-ka-kó.   Tker aréve
werde ihn tödten.   Sórkura gegeben wurde hinüber blicken. Schoss zielen
ka i+rir mris   i-wĺ-ki.   Itĺ Sibú tu i   duk bura-uĺ:
traf dieses richtig sein Gesicht auf. Dann Gott   seine Muschel erschallt
ûû̂. ûû̂. Sórkura ti+o-ror i+rir tp̣bé+uĺ; tĕka dĕ́é-uĕ́, di-tĕ́é
uu. uu. Sórkura zerstückte dieser Messer mit Fleisch machte Knochen
dĕ́é-uĕ́, a-pi dĕ́é-uĕ́,   i-úa   dĕ́é-uĕ́, se   ua-dĕ̆uk ié.[1]
machte Blut machte Eingeweide machte wir schlechte Anzeichen für
Sórkura kẹré tu   i-ki-stĕ́é tṣo tĺ, kĭ-î̂,   i di mrĕ́.   Sibú
Sórkura Leute   ihn auf warten etwas   nicht er kam wieder.   Gott
tu Sórkura kút-ua.
Sórkura getödtet.

Uebersetzung.

Sórkura pflegte das Wasser einer Quelle zu trinken, in welche das Stinkthier seine Bedürfnisse zu befriedigen pflegte. Gott dachte, er möchte gern, dass Sórkura das Stinkthier tödte. Sórkura ging, wartete auf das Stinkthier, tödtete es und liess es über dem Feuer hängen zum Trocknen, da es ein Unglücks-prophet war. Während Sórkura im Walde war, kam Gott zu seinem Hause. Gott kam an Sórkura's Thür an und sprach zur Spinne: ‚Bist da, bist da?‘ Erwiderte diese: ‚Hier bin ich, hier bin ich‘. Dem trockenen Stinkthier sagte er: ‚Dort bist du und trocken!‘ und es antwortete: ‚Hier bin ich und trocken!‘ Gott trug eine baumwollene Hose mit sich. Er hauchte auf das Stinkthier, dieses athmete wieder, stand auf wie unsereiner, und es wurde ihm befohlen sich die Hose anzubinden. Gott hatte ein Sängerkürbischen mitgebracht und sagte zum Stinkthier: ‚Du, Onkel, sollst das Kürbischen haben.‘ Dieses antwortete:

---

[1] Wenn die Indianer im Walde Laub mit Blut befleckt finden oder auch Knochen oder Excremente, deren Herkommen sie sich nicht erklären können, so sehen sie darin die Ueberreste Sórkura's und betrachten dieselben als ungünstige Zeichen für ihr Unternehmen.

‚Nein, ich will lieber die Trommel (des Gehilfen) haben!‘ Dann
spielten sie lange Zeit. Sórkura, im Walde, sagte zu sich selbst:
‚Was klingt tuu, tuu in meinem Hause?‘ Und er dachte fort:
‚Was klingt? Es gibt Niemand, der käme, nach meinem Hause,
zu bezaubern. Dann beschloss er, auf ihn zu lauern. Er
verbarg sich im Hause, hinter einer Wand, um auf ihn zu
warten. Gott kam an, um mit dem trockenen Stinkthier zu
lärmen. Aber Sórkura erwartete ihn mit seinen Speeren. Er
schoss einen von diesen, und Gott machte es so, dass er in
einem Pfosten stecken blieb; er schoss einen andern, aber Gott
lenkte ihn mit einem Topfe ab; er schoss einen dritten, welcher
ins Feuer fiel, und der vierte ging in die Thür des Hauses.
Sórkura konnte nur das Pfeifchen ergreifen, welches ihm Gott
freiwillig überliess, als er davonlief. Sórkura's Leute gingen
nach, um ihn zu tödten, aber sie konnten ihn nicht finden.
Während vier Tagen liess sich Gott nicht mehr sehen. Als er
wiederkam in einen alten, längstbegrabenen, wunden- und ge-
schwürvollen Sórkura umgewandelt, sprach er: ‚Man sagt, dass
ihr Jungen Gott sein Pfeifchen weggenommen habt.‘ Sórkura
antwortete: ‚Wie sagst du dies? bist du vielleicht Gott?‘ Jener
sprach wieder: ‚Du willst auf mich spotten, weil ich so alt bin.
Ich, Gott? Könnte Gott gleich wie ich sein!‘ Sagte (aber Sórkura): ‚Nein, du magst Gott sein!‘ Sprach dieser wieder: ‚War
Gott, des Pfeifchens Eigenthümer, gleich wie ich?‘ Sórkura ging
und brachte das Pfeifchen, welches am Rande eines Korbes
hing. Er zeigte es Gott, und dieser griff es an, aber Sórkura
liess die Schnur nicht los. Dann sagte Gott: ‚Die guten Götter
sind mit guten Tugenden gemacht worden: was ihr gethan
habt, ist übel.‘ Und er fuhr fort: ‚Lass mir die Schnur los!‘
Sórkura antwortete: ‚Nein.‘ Gott dachte: Möge er das Pfeifchen loslassen! möge er rückwärts nach dem Innern des Hauses
seh'n!‘ Und als es so geschah, lief Gott gleich hinaus und
ging fort, auf seinem Wege pfeifend. Sórkura dachte: ‚ich
werde gehen und ihm auf dem Wege auflauern.‘ Er ergriff
vier von seinen Speeren und seinen Schild, hing seine Muschel
an einer Schnur um und sagte zu seinen Leuten: ‚Ich gehe
Gott zu tödten; wenn meine Muschel erschallen wird, werde
ich Gott getödtet haben. Ihr werdet dann meinen Cacao
wärmen, während ich zurückkomme‘. Er wartete auf Gott,

und als dieser vorbeikam, schoss er einen von seinen Speeren
nach ihm. Aber Gott hatte hinten ein anderes Ohr, das ihn
benachrichtigte, dass Jemand ihn schiessen wollte. Der Speer
fiel mit Geräusch zu seiner Seite. Sórkura schoss wieder, aber
vergebens. Dann ergriff Gott einen Speer mit seiner Hand und
warf ihn nach Sórkura. Dieser aber fing ihn auf mit seinem
Schild. Gott dachte: ‚Ich will Sórkura tödten; möge er über
seinen Schild wegsehen!‘ Er schoss dann und traf ihn richtig
ins Gesicht. Dann blies Gott seine Muschel und zerstückelte
Sórkura mit seinem Messer: er machte: Fleisch, Knochen, Blut
und Eingeweide, die alle böse Zeichen für uns sind. Sórkura's
Leute warteten lange auf ihn: er kam nie wieder. Gott hatte
Sórkura getödtet!

III. Se dú-ua ké-uó štá-ué.

Unseres Sterbens Erzählung.

Kibukurú-pa	*tu*	*s'kukú*[1]	*itsé*	*tu*	*iâ-iâ*		*mik*
Die Alten	zu unserm Ohr	sagten	dass	in	frühesten Zeiten		als

Sibú-Surá[2]	*tu*	*sa*	*amé*	*ketáno*[3]	*du*	*iâ*	*ī*	*iâ*,[4]	*étā*
Gott	(Accus.)	uns	gab	essbar	Vögeln	zu	und	andere	zu dann

itsá	*se*	*bak-iâ*	*kö*	*óka*	*ki.*
selbst	wir	wohnten	Ort	verschieden	in auf.

Étu-kurú	*se*	*tso*	*inák*	*tsé*	*kö*	*manéue*	*ki,*	*mik*	*sar-pā*
Einst	wir	waren	spielend	viele	Orte	eben	auf,	als	Adler

taín	*dibite*[5]	*pik*	*ki*	*tú*	*ékur*	*se*	*kurú-ué*	*ieko*	*irir*	*axkú*	*taín*
gross	kam	Flügel	auf	zu	eins	uns	ergriff	gab	dies	Korb	gross

dibite	*í-uá*[6]	*e*	*ā.*	*Mi*	*ī-uá*	*uráru*	*dukō*	*Kámuk*		*ki*
kam	ihm		mit.	Ging	er	fern	fern	bis oben	Kamuk (Pico blanco)	auf

---

[1] *se kuku* = unser Ohr.

[2] *Sibú* ist der gute Gott, *Surá* der böse; *Sibú-Surá* ist ein Begriff, über
    den sich die gegenwärtigen Indianer nicht Rechenschaft geben können.

[3] *idïir ketáno* bedeutet Alles, was essbar ist.

[4] *ī* = etwas mehr.

[5] *Dibite* = in vergangenen Zeiten, und *débite*, welches kaum von dem
    vorigen zu unterscheiden ist, braucht man, wenn man andeuten will, dass
    ein Ereigniss soeben sich zugetragen hat; z. B.: *J débite dsé ta*, er kam
    soeben mit mir.

[6] = *ié-uā* = er oder ihm —.

ëë 'tä[1] *i štirína kępú-ra sę   uó-tsę   eédu etä   kom*[2]
dort dann er   müde   schlief uns zusammen (mit) dort   da   noch nicht

i-biké-i-tsú[3] *irir tú dž'u*[4] *i kęté. Sa skä   kuru-ué 'ér*[5] *mi*
er dachte   dies dass mich er frisst uns wieder ergriffen habend ging

i-uä urúru dú Nęmósulbęta, ëë   i-éne-di[6]   *etä kŏm*[2] *i i-*
er fern fern bis Nęmosul-Hügel dort er ruhte aus dann noch nicht er

biké-i-tsú[3] *irir tú dž'u*[4] *i kęté. Ska i   mi   urúru du Nę-*
dachte   dass mich er frisst wieder er ging fern fern bis Nę-

moiébęta, ëë i dé tä i   aní-kué[7]   *nęmú   ui-ui   tä,*
moié-Hügel dort er ankam als er kam zusammen Jaguar gross-gross mit

etä   i-aní-pakúrak[8] *ués i-uä*[9]   *sa   męnét. Nęmú tu itéé*
dann sie sagten zu einander wie er   uns gebracht. Jaguar zu sagte

iä   tú i kętú   su;   iúter   iki-ki   búr-i sę kętér
ihm zu dass sie fressen uns; antwortete das ist recht beide uns assen

aní-ta;   sę kęté uár; ŏnŏ   itúki i únúmi urúru dúkŏ
zusammen uns assen sie   fertig nachdem er ging fort fern fern bis oben

Nęmoiébęta ä éta   ńé-é   i úä-ué-é kŏ-bęta ki; énui
Nęmoié-Spitze auf dann gewiss dass er   kakte   Spitze   auf deswegen

kŏ-bęta uír mikré sęrúru. Kŏ-bęta é ki sa   katáne
Spitze ist manchmal weiss.   Spitze jene auf wir gegessen wurden

ké-ué, ékuenki nęmú uo-uráne-uä sę kętúk. Kibukurúpa   ir
zuerst weil Jaguar lehrte   uns essen   die Alten   nur sie

si-ä[10] *itéé   tu   Nęmoiébęta   ak   tso taín uir ués nęmu*
zu uns sagten dass Nęmoié-Spitze Steine sind gross sind wie Jaguare

ékępi. Mik sa dé éé-du tá   i-da[11] *mi-ō   ués nęmú*
gleich. Wenn wir gehen dort dann sie schnell sich wandeln wie Jaguare

e-stsi-ka ékępi; énę-ui-itéá kir[12] *ak dur*[13] *bí. Kíkipa kŏ-páku*
erwachen gleich; deswegen es nicht Stein ist Teufel die Alten erzählten

---

[1] Für *etä* = dann —.

[2] = *ki mi*, noch nicht —.

[3] *ënbikuk* = denken; *i-bik-é-i-tsuk*, an etwas denken.

[4] = *die-tú* —.

[5] Für *kuru ué irir*; *kuru-unk* = ergriffen.

[6] *i-ene-di-*, *ënnk*, ausruhen; *i éne*, er ruhte aus; *di* = *du*, dort.

[7] Von *aníkuk*, sich begegnen —.

[8] Von *kŏ-pakuk*, Geschichten erzählen, buchstäblich in der Zeit spazieren.

[9] = *ic-ua*.

[10] *se iä.*   [11] *dä* = schnell.

[12] = *ki rur* = ist nicht.

[13] = *du rur* = ist.

sę uŏ-tsę ńe-ês ékępi iŭ tŏkí [1] *sikunpa   katŭne   nęmŭ urŭ*
uns mit   so   gleich einst   Fremde gegessen wurden Jaguar Klauen
ŭ Nęmoié-bęta ŭ;   énę-ui   ki   sę kŭne sénuk éʒke ko-dędŏi [2]
in Nęmoié-Hügel auf; deswegen nicht wir dürfen leben jenem Ort-Meer
surŭ é-ŏu-a.
schlecht in.

Uebersetzung.

Die Erzählung von unserem Sterben.

Die Alten erzählten uns, dass in längst vergangenen Zeiten,
als wir an anderen Orten lebten, die Götter uns den Vögeln
und den übrigen Thieren zu fressen gaben.

Als einst viele der Unserigen in einer Ebene spielten,
kam ein mächtiger Adler geflogen, welcher einen von uns ergriff und ihn in einen grossen Korb warf, welchen er mit sich
trug. Er trug ihn fort bis auf den Gipfel des Kamuk, wo er
müde mit seiner Beute einschlief. Dann dachte er noch nicht
daran, ihn aufzufressen. Wieder auffliegend mit seiner Beute,
trug er sie weit, weit fort bis auf die Spitze des Nęmósul, wo
er ausruhte, ohne noch daran zu denken, ihn aufzufressen.
Und wieder flog er weit weit, bis auf den (Berg) Rücken des
Nęmoié, wo er mächtige Jaguare antraf. Und er erzählte ihnen,
wie er den Menschen hergebracht habe. Ein Jaguar machte
ihm den Vorschlag, ihn gemeinsam zu fressen. Er antwortete
bejahend, und sie frassen ihn auf. Sie frassen ihn; und nachher flog der Adler weit, weit fort bis auf die Spitze des Nęmoié, wo er kakte. Und deshalb sieht man hie und da diese
Spitze weiss. Auf jener Spitze war es, wo der Mensch zum
ersten Mal gefressen wurde, weil der Jaguar lehrte, uns zu
fressen. Dieselben Alten sagten, dass auf jenem Bergrücken
sich Steine in Jaguarform finden. Wenn Jemand dorthin kommt,
verwandeln sich schnell diese in wirkliche Jaguare. Und das,
weil es nicht Steine, sondern böse Geister sind.

---

[1] *iŭtŭki* = *iŭiŭ-e+tiki* (*iŭiŭe* = in früheren Zoiten; *tiki* = gestern) =
lange Zeit vorher —.

[2] *Kŏ-dędŏi* bedeutet buchstäblich Meer-Orte, d. h. unbekannte Orte; es ist
einer der Ausdrücke, welche in der Bribri-Sprache häufig vorkommen.
Sie sagen ebenso, z. B. *kęnt ŭ sik ŭ*, d. h. im Wald im Blattwerk =
mitten im Walde.

So erzählten uns die Alten, und sagten auch, dass auf dem Rücken des Nęmoié einmal fremde Menschen die Beute der Klauen des Jaguars wurden. Und deshalb war es uns nicht gestattet, an jenen gefährlichen Orten zu leben.

IV. Naí ké-uó štá-ué.

Tapir vom Erzählung.

Uës   siní   surí   burú   ta,   ékępi   naí
Wie der Wildschweine, Hirsche König es gibt, gerade so Tapir

itša tȧ aúȧ.   Bura sé miȧ adžibruk kęńik ȧ, ukábut
den seinigen hat auch. Zwei wir gingen   jagen   Walde in,   Pfeile

džȧa sa-uȧ búr i; ékur tú naí sęrúru kué   su tkémi.
tragend wir zwei;   einen zu Tapir weiss   wir schossen ohne zu

Sa ú-númi urúru   itúki,   ékur+tu úró   óka
treffen. Wir liefen weit weit hinter ihm,   einen   Weg verschieden

kurú+ué tšȧrȧ bęrȧ ué du; džuré ékur+tu   min-min   ki
gehend verloren wer weiss wo; suchte   einer   auf jener Seite nicht

kúne   démre   uéš tu se itšáke   tȧ ki   se   démre,
begegnete kam zurück inne   wir fragte dann nicht wir zurück gekommen

úé-e i-tšer tú   iχtšursur [1]   tšurȧ da-ón-ié.   I-tšurȧ é ir,
dann er sagte dass er war gestorben verloren ganz der verlorene dieser

unȧmi urúru naí itú ki; kȧmi sę   dé   tȧ   eé i-tšó-uȧ
laufend weit Tapir nach   weit wir ankamen dann dort er verlor

i-uo ȧ; sę ené-di   dur,   birbir   i   tȧ dękoró óno
ihn   wir ruhten aufstehend ein wenig nicht mehr Huhn Krähen

škuk ȧ, ńé-é sę én-biku tú   bęrȧ   dži   u tkir eédu
unser Ohr zu dann wir denken dass wer weiss was Haus jenes dort

tšinet; se mia i-saunk tȧ api   u-suri   taín tkir etkué.
nahe; wir gingen es sehen zu Mensch rundes Haus gross war da eines.

Sa dé uȧ uesh tȧ ékur api kíki ie   dur tú sí tšáke
Wir traten ein hinein zu ein Mensch Herr gleich stand zu uns sagte

tú: iš be tsó?   ište   su tú boȧ; i uk be tškú?   ište
zu: wer du bist? antworteten wir dass gut; Wozu? du gehst? antworteten

so tú naí   tké-mi   džu é džurúk džu tsó. Ńé-é
wir dass Tapir schossen ohne zu treffen ich dies suchend ich bin. Dann

---

[1] = *i-χtšur se rur*, d. h. ohne Verwandte sind wir? Ein Ausdruck den man braucht, um zu sagen: Jemand ist gestorben.

si a itšér tú: inçuí ár   i-tké-mi   í onós?
uns zu sagte dass warum sie es schossen ohne zu treffen für Nichts?

mik a én i-tkáku tå i-uχtú-ua måki,   i   ár   i
wann ihre Leber schiessen dann es tödten gewiss Nichts mehr? ihr es

    tké-mi   tå urá iå ó ńå-uok å. Bi štirina éma: ma
schiessen ohne zu treffen viel zu ihm   Du müde dann du

é-tkú-du is   énuk;   boró   džé sú, is å si t'ré irir naí-
sitze wieder ausruhen chicha trinken wir er zu uns essen er Tapir

tška uá,   ser i-tki-mi   é uχté-ua irir sú u-
Fleisch   wir es schossen ohne zu treffen dies tödtete er uns gab

dža-ié. Sa éne óno, díno, didžáno óno, ta ńée su
zu essen? Wir ausruhten fertig, getrunken, gegessen fertig   dann wir

i-tšé-iå tu džé da ba apákuk; éta si å i-tšér tú
ihm sagen dass ich kam zu dir spazieren; dann uns zu er sagte dass

ukå-kur urírub i tsú-mi   tkú   ba   u å tå mik
Gynerium Stuk dies nimm weg pflanze (es) dein Haus in dann wenn

idé   taín kré eχke b'uχtúruk kå mré. Sa di mré
es wächst gross   bis dann du sprichst laut wieder. Wir gingen zurück

sa u å ki uχtútå šú-taín; ukå-kur tké sú tarána
unser Haus zu nicht sprechen gar nicht Gynerium pflanzen wir wuchs

dé   taín kré eχké sa   útkå mré; éta su idžir
ankam gross ziemlich bis wir sprachen wieder dann wir die Sache

apáki męnéne ues sa óno ekępi — Apí u å sa didi
erzählten rein wir fertig so   Mensch Haus ein wir gingen

dur naí burú, énuí ié uágbri   sę tå ekępi.
war Tapir König desswegen er that (handelte) uns mit so.

Uebersetzung.

Die Geschichte vom Tapir.

Wie die Wildschweine und die Rehe ihren König haben,
so haben ihn auch die Tapire. Zwei Bribri zogen in den Wald,
um zu jagen, und Jeder nahm seine Pfeile mit. Sie begegneten
einem weissen Tapir, auf welchen sie schossen, ohne zu treffen.
Beide verfolgten ihn weit hin und der Eine schlug einen anderen
Weg ein und verirrte sich wer weiss wo! Der Andere suchte
ihn überall, ohne ihn zu finden, und ging nach Hause, fragte
nach ihm, und er war noch nicht zurückgekehrt; dann sagte
er, er sei sicherlich umgekommen.

Der Verlorene lief weit fort hinter dem Tapir her, bis er
ihn aus dem Gesichte verlor; da blieb er stehen, um auszuruhen.
Und alsbald schlug der Ruf eines Hahnes an sein Ohr. Da
dachte er, es sei irgend ein Haus in der Nähe, und ging hin,
um zu sehen, und kam zu einem grossen, runden Haus (Palenque). Er ging hinein, und da stand ein Mann von vornehmem
Ansehen und fragte ihn: ‚Wie befindest du dich?‘ Und der
Andere antwortete: ‚Gut.‘ Warum bist du hieher gekommen?‘
Und er antwortete, dass er auf einen Tapir geschossen und
jetzt ihn suche. Dann fuhr der Andere fort und sagte: ‚Warum
schossest du zum Spass? Wenn du ihn schiessen willst, so tödte
ihn, damit er nicht von den Würmern gefressen werde. Aber
du bist müde; so komm herein und setze dich.‘ Und er brachte
ihm Chicha und gab ihm Fleisch zu essen von dem Tapir,
auf welchen er geschossen hatte, ohne zu treffen, welchen aber
der Andere getödtet hatte.

Und als er ausgeruht, getrunken und gegessen hatte, sagte
der Jäger, dass er ihn nun besucht habe. Aber der andere
erwiederte: ‚Da, nimm dieses Stück Schilfrohr (*Gynerium*)
mit dir, pflanze es zu Hause und wenn es gross gewachsen
sein wird, wirst du wieder sprechen können.‘

Als der Jäger nach Hause kam, konnte er kein Wort
reden, und er pflanzte das Rohr; es wuchs, und als es gross
geworden war, da konnte er auf einmal wieder sprechen. Da
erzählte er ausführlich, wie Alles geschehen war.

Der Mann, in dessen Haus der Jäger gewesen war, war
der Tapirkönig, und deshalb hatte er ihn so behandelt.

V. Ankunft auf Besuch in einem Hause.

Wenn ein Bribri einen anderen besucht, beginnt die
Unterhaltung immer auf dieselbe Weise und nimmt erst nach
Erschöpfung der gebräuchlichen Formeln einen besonderen,
originellen Charakter an.

Bei seinem Eintritt in das Haus spricht der Ankommende
kein Wort; es ist Sache des Hausherrn zu beginnen, indem
er sagt:

Kurá ki! Setze dich!

und mit der Hand auf den Sitz hinweist. Ist der Besucher eine Persönlichkeit von einigem Ansehen, so wird, falls eine Hängematte im Hause ist, ihm diese mit den Worten:

kipú ki! oder kipú hõ!

angeboten. Ist jedoch die Hängematte im schlechten Zustande, so ändert sich die Formel in:

stsá ki! (= auf das Seil).

In Begleitung meines Indianers John besuchte ich im März 1894 ein palenque im Urenthal. Das Haupt des Hauses stand mit meinem Begleiter in verwandtschaftlicher Beziehung und nannte ihn ‚Schwager‘. Nachdem wir uns gesetzt hatten, ich in die Hängematte, mein Gefährte auf einen Holzblock, begann folgendes Zwiegespräch:

Hauswirth: *Arua, be ráts-ki!* Du bist gekommen, Schwager!
John: *Éh, dže ráts-ki.* Ja, ich bin gekommen.
H.:   *Ué be bité?* Wo kommst du her?
J.:   *Dže bité keñt-ko.* Ich komme aus dem Walde.
H.:   *Iz bę skéna?* Wie befindest du dich diesen Morgen?[1]
J.:   *Dže skéna boai.* Ich befinde mich wohl.[2]

Jetzt that der Hauswirth, sich halb umwendend, als suchte er etwas in seiner Nähe, und fügte dann mit zerstreuter Miene hinzu:

Sę ré hi éma? Wir sind also angekommen?

John: *Hohóu.* Ja (gut! = ja wohl!).

Ich glaubte zu verstehen, dass der Sinn der letzten Frage und ihrer Beantwortung eine neue Wendung des Gespräches bedeute. Und wirklich, sich an die um das Feuer sich kauernden Weiber wendend, sagt der Besitzer der Hütte:

Sę bróh éna, inuí ar sę tié? Wir haben unser Bier ausgetrunken, warum bietet ihr keines an?

Auf die Bemerkung John's, dass der Bleichgesicht *(cicua)* kein Bier trinke, fuhr er, immer sich an die Weiber wendend, fort:

Díba baú ar! Macht heisses Wasser!

---

[1] Sp. = Como amaneciste?
[2] Amanecí bien. — Mehrmals habe ich folgende Form gehört: Wirth: *Mįnú iã?* Wie geht es dir? Besucher: *Boué boa!* So so.

Hier ist der Ausdruck *díba* (heisses Wasser) in bescheidenem Sinne für ‚Cacao‘ gebraucht.

Nach Verlauf einiger Minuten allgemeinen Stillschweigens kam eines der Weiber mit zwei *jícaras* (Schalen) Cacao auf mich zu und reichte mir die hin, welche es in der rechten Hand trug. Den schon vorher von John erhaltenen Anweisungen folgend, wies ich mit der Hand die Schale zurück und sagte mit dem ernsthaftesten Gesichte der Welt:

Bé tíne! Trinke du ihn zuerst! (wörtl.: erwache du!)

welcher Aufforderung sie getreulich nachkam. Erst nachher reichte es mir die andere Schale, welche ich, ohne unhöflich zu sein, nicht verweigern durfte.

Ganz dieselbe Ceremonie wiederholte sich mit John.

Wir machten Anstalten aufzubrechen, was aber erst nach folgendem Zwiegespräch geschehen durfte:

Hauswirth: *I hi sᵹué bú keñi-kö?* Was hast du sonst im Walde gesehen?

John: *Uᵉ be mído?* Wo gehst du hin?

H.:   *Mik be duk mré sa apákuk?* Wann kommst du wieder?

J.:   *Bi ur mik; dᵉe mi-dtke.* Wer weiss; ich gehe.

H.:   *Sa pakéke mré!* Komm wieder einmal auf Besuch!

VI. Sätze bestehend in Beispielen, welche sich auf die Verba beziehen.

anfangen	*Kö boar bité-tke.*
i+bite-ud-tke	Wetter gut fängt an.
	(Der Sommer beginnt).
	Dᵉe kᵹné i bre+bité-tke.
	ich Arbeit diese anfangen.
	(Ich habe diese Arbeit angefangen.)
arbeiten	*Taín bᵹ kᵹné-bri.*
kᵹné-bruk	Viel du arbeitest.
	(Du arbeitest viel.)
	Kö udk-ᵹpa kᵹné-bru urú, kᵹpú-ua.
	Ort Leute arbeiten viel schlafen.
	(Die Leute dieses Ortes, welche arbeiten, schlafen viel.)

athmen | *I tináne si-uá-t-kuké iä.*
si-uá-tkuk | Verwundete athmete noch.
(Der Verwundete athmete noch.)

befehlen | *Dźer ba a-pátke o dźwúk niä etk.*
i-pátkuk | ich dir befehle Beil mache mir eines.
(Ich befehle dir, mir ein Beil zu machen.)

Dje ba apátke.
ich dir befehle.
(Ich befehle dir.)

begleiten | *Ki i én ška-ku dźe to.*
Nicht seine Leber geben mir mit.
(Er will mich nicht begleiten.)

beissen | *Tkębi-r bę kué-ua?*
i-ku-ók | Schlange dich gebissen hat?

tši-tši kué.
Hund beisst.

tšitši-r i-kú-uó, éri kuta-uá.
Hund biss dies tödtete.
(Er starb, vom Hunde gebissen.)

beleidigen | *dźe e nag-bri surú Sibú ta.*
Ich es thun böses Gott zu.
(Ich habe Gott beleidigt.)

bestrafen | *dźu-i i-pá os i uo-urar.*
Ich ihn schlug damit er sich bessert.
(Ich bestrafte ihn, damit er sich bessere.)

bleiben | *Ma ö-te dź'ua-pie dźe suána kęní ko.*
ö-tuk | Du bleibst meine Gesellschaft? ich Furcht Walde im.
(Bleibe bei mir, ich fürchte mich im Walde.)

brennen | *Bu-uó nórke bod.*
bú-uô non | Feuer brennt gut.
(Das Feuer brennt gut.)

bringen | *Bó si tsá-mi to bu-uó uó-bętsú.*
Holz trocken bring zu Feuer anzünden.
(Bring trockenes Holz, um das Feuer anzuzünden.)

Bu-uó bątsę.
Feuer angezündet.
(Das Feuer ist angezündet.)

dankbar sein	*Boa ńa ēn ꝇ ma ó-no.* Wohl meine Leber zu dir bleibt. (Ich bin dir dankbar.)
denken, glauben ēn+bi-kuk	*dže en+bi-ku tu ierur inúkur-burú.* inan ich dachte dass er ist Geld-Häuptling und *ńe i-tšer-dak tu siǒ i-rir.* jetzt er sagt dass arm er ist. (Ich dachte er sei reich, und jetzt sagen sie dass er arm ist.)
ehren durú-iuk	*S'uritene tu akíki durú-ié.* alle den Herrn ehrten. (Alle ehrten den Herrn.)
enden ó-no	*Si-uꝇ é-na.* Monat endete. (Der Monat endete.)
ernten, pflücken	*dže mi kár-uó tšuk.* ich gehe Früchte pflücken. (Ich gehe, um Früchte zu pflücken.) *džer kár-uó depá-ué.* ich Früchte pflücke. (Ich pflücke Früchte.)

ertrinken
dę-uó-ua+di-ꝇ
	džú i dž'étsë di ꝇ i dę-wuk-é-ua
	Ich ihn zog Wasser in er starb (war ster-
	                                      éta.
	                                      bend) sonst.
	(Er war dem Ertrinken nahe, aber ich
	zog ihn heraus.)

essen tška-ku	*džé ēn tška-ku.* Meine Leber (Essen-Mund). (Ich will essen.) *Ma ēn tška-ku?* Deine Leber essen. (Willst du essen?) *Bę tškú bę di džú.* . du iss du trinke. (Iss und trinke.)

fallen
ó-nuk+uá-ts

Nŏ ó-nẹ-mi.
Ich werde fallen.

I ŏn-â-bĭ-te caballo ki.
Er   fiel   Pferde vom.

I ŏ-nâ-bĭ-te pórure caballo ki.
Er   fiel   verwundet Pferde vom.
(Verwundet fiel er vom Pferde.)

fällen
bi-kuk

dže mi kar bi-kuk.
Ich gehe Bäume fällen.

fasten
bẹtsuk

Erákur bẹsé butz kŏ mádtk.
Weib dieses fastete Tage drei.
(Dieses Weib fastete drei Tage lang.)

fliehen
ú-nuk+mi

Api ará-r i ié-ten au ie i-núk-bak
Männer Kinder sind es sind dort spielen
djar-mi-dnk.
  fliehen.
(Die Männer, deren Kinder dort spielen,
sind entflohen.)

I ú-ne-mi ués sẹ bóruk tu sẹ tutié
Er   floh   wie unser Feind als wir verfolgen
ᵉg-ẹpi.
(als ob?)
(Er floh, wie vom Feinde verfolgt.)

fliessen
di+do-mi

Di+do-mi škro-rú-e. ⎫ Das Wasser fliesst
Di+do-mi betk   ⎬ schnell.
Aui-r Ará-di dó-mi?
dieser Ará-Fluss fliesst?
Ist das der Arári(-Fluss)?

folgen, verfolgen
škuk i-tú-ki

dže sku surí i-tú-ki.
Ich ging Hirsch hinter.
(Ich verfolgte den Hirsch.)

fragen, anfragen
i-tša-kuk

Api bẹsé i-tša-ku i ima i kié?
Mann diesen ihr fragt es wie sein Name.
(Frage diesen Mann, wie er heisst.)

Bui i-tšá-ke, éma urítẹne mi-ute-mi-rak
Du es frägst, dann alle dir antworten
   irir añiés.
werden dasselbe.

(Wenn du darnach frägst, werden dir Alle dasselbe antworten.)

Eri dźu i-tśá-ke ta ki   i   én iká-ku
Vergebens ich es frage mit nicht seine Leber gehen

dźe ta.
mir mit.

(Umsonst fragte ich ihn, ob er mit mir kommen wolle.)

dźe i-tśá-kér tu dźe kirína.
mich er fragte wie ich krank.

(Er fragte mich, ob ich krank sei.)

freuen, sich *dźe én-iò.*
én-io   Ich freue mich.

dźe   stsina-re   ba saŕnk mrŕ.
Ich zufrieden sehr du sehen wieder.

(Es freut mich sehr, dich wieder zu sehen.)

Bon i én á i-ón-ęmi.
Gut seine Leber zu es fällt.

(Er wird sich sehr freuen.)

fürchten   *Je durá urúe.* Ich fürchte ihn sehr. — *Jé*
sę-uá-nuk   *durá ta.* Er ist gefürchtet (wörtl.: Er ist geachtet.)

Ma óte dź'uá pié dźe s'ua-na   kęúik-á.
bleibe mir bei ich fürchte mich Walde im.

(Bleibe bei mir, ich fürchte mich im Walde.)

gebären   *Arákur ará tsú-no.* Das Weib gebar. — *Waka*
tsú-nuk   *ará pónо.* Die Kuh kalbte. — *Kro ará mé.*
Das Huhn legte.

Man kann sagen *dź'erákur ará tsúno eni-á neŕiem* == ,mein Weib gebar letzte Nacht'; aber die gebräuchliche Form ist: *dź'erákur mi-á kęúik-á eni-á neŕiem,* == ,mein Weib ging in den Wald letzte Nacht'.

geben   *Je-pa ŕiá iŕá amé, dźer i-á atú-uó amé.*
amúk   Sie mir Brot gaben ich ihnen Bohnen gab.

(Sie gaben mir Brot, ich gab ihnen Bohnen.)

dže   dži   ki   dže kiána džę   tębé   amúk dže
Mein Vater nicht ich   will   mein Messer geben mein

ir   i-ā.
Bruder zu.

(Mein Vater wollte, dass ich meinem Bruder mein
Messer gäbe.)

džer mi-ā i-amé ua-ŭe tā   be ki-ua niā i-amé-ne.
Ich   dir   es gab Alles dann du Nichts mir es gabst.

(Ich gab dir Alles, und du gabst mir Nichts.)

dže ki-ua i-amé-ne ie iā, džer i-amé be iā.
Ich Nichts es gab ihm zu   ich   es gab dir zu.

(Ich gab es nicht ihm, ich gab es dir.)

Ki džu miā bę-sé   améku.
Nicht ich   dir   dies geben werde.

(Ich werde dir dies nicht geben.)

Ma   én   bę-sé   āmúk niā?
Deine Leber dies   geben   mir.

(Willst du mir das geben?)

Bękós caballo i   ské   amé-mi   džu miā?
Wie viel   Pferd   sein Werth geben werden ich   dir.

(Wie viel muss ich dir für dieses Pferd geben?)

Jer nia iñā amé.
Er ist mir Brot gibt.

(Er gibt mir Brot.)

Tšká amé džu tšitši iā.
Fleisch gab ich   Hund zum.

(Ich gab dem Hunde Fleisch.)

gefallen　　Jé bę tso-iā ié dęrí-ua be uó-bętsé i-ua kibi-ié.
uó+bę-tsuk　Hier du bist hier während dir gefällt   dies   mehr.

(Je länger du hier bist, um so mehr gefällt es dir.)

Bęsé é-ua džúo-bętsé. (Dies gefällt mir.)

Bu-uó bętsé busi ua? (Gefällt dir das Mädchen?)

gehen　　dže   šku-mi　　kö dębóp kı sker étā dže retsę
i-mi-atke　Ich werde gehen Tage zehn mehr fünf dann ich komme an

Ort es auf.

kö i kı.

(Ich { muss
{ werde
während vierzehn Tagen reisen, bis
ich an jenen Ort komme.)

Se mi-ke. Wir müssen gehen.

Sa mi-ke iă. Wir gehen weiter.

dže šku   bétk mérie.
ich gehe schnell immer.

(Ich gehe immer schnell.)

Iñe   ó   burré   se mike?
heute oder morgen wir gehen?

(Werden wir heute oder morgen gehen?)

Se mike nrọ urá boa étub ki   o   urá bẹkrik
Wir gehen Weg Hand gut eins durch oder Hand linke
    ítub ki?
    eins durch.

(Werden wir den Weg rechts oder den links
    nehmen?)

Mik   di-uó   de-is,   ẹχke se   mik-do.
Wenn die Sonne untergeht, dann wir gehen weiter.

(Wenn die Sonne untergeht, dann werden wir
    weiter gehen.)

dže   mía,   éma be mimi dže ta?
Ich würde gehen, dann du gehst mir mit.

(Wenn ich ginge, würdest du mich begleiten?)

dže mí-nea, éma be di-di dže ta.
Ich   ging   dann du gingst ich mit.

(Ich ging, dann gingst du mit mir.)

Apt   surú   ki   mi   betk,   éma džu i-té
Mann schlecht nicht geht schnell dann ich werfe
    ak-ua.
    Stein (nach).

(Geht der böse Mann nicht schnell fort, so werfe
    ich ihm einen Stein nach.)

Ki mẹ mi betk, éma ak-ua dže   bẹté b'uo+
Nicht du gehst schnell dann Stein ich du werfe dein
    kir ki.
    Kopf auf.

(Gehe schnell fort, sonst werfe ich dir einen Stein
    an den Kopf.)

Mik kö setá éta i-mia-rak.
Als Sonne ging unter dann gingen sie.
(Als die Sonne unterging, gingen sie fort.)
Mik di-uó de-îs éta mi-ŝka.
Wenn die Sonne senkte dann wir gehen.
(Wenn die Sonne sich neigt, gehen wir.)
Miŝka San José! Gehen wir nach San José!
  dŝe mike Bribri. Ich gehe nach Talamanca.
  dŝe mike aña. Ich gehe auch.
  Miŝka dŝe ta sę buraünk.
Gehen wir ich mit tanzen.
(Gehen wir zusammen zum Todtentanz.)
  Jo-ió-e se bribri-uak kö ka (aka?) kö(m)-
Lange Zeit wir Bribri-Stamm Zeit?   Gebirge
  bęta ki auíshet ioshet.
  auf diesseits jenseits.
(Lange Zeit reisten die Bribri von einer Seite
  des Gebirges nach der anderen.)
  dŝe ŝku betk mérie.
Ich gehe schnell immer.
(Ich gehe immer schnell.)
  I ŝku-ua surúe.
Er geht böse.
(Er geht sehr schnell.)
  dŝe mi ŝkuk. Ich will reisen (gehen).

hinabsteigen *dŝe do-mi kö uk-u ki.* Ich steige den Berg
  hinab.

hungern *Hié mitke tä sę ra-wu-mi-bęri-ua.* Wenn wir
dęwuk-bęri-ua jetzt gehen, werden wir hungern.
kommen, *Uŝ bé bite?* Woher kommst du?
ankommen *Auí étub kutŝi akiŝki dátse.*
iratske Dort ein Schwein alt kommt.
  (Dort kommt ein altes Schwein daher.)
  I rátske. Er muss kommen. — *Tse api díbite.*
  Viele Leute waren gekommen.

  Be rátse dŝe ta, o ma óte u eshke?
Du kommst ich mit oder du bleibst Haus in.
(Kommst du mit mir, oder bleibst du zu Hause?)

džé débite tā i miatke.
Ich ankam dann er gegangen.
(Als ich ankam, war er schon fortgegangen.)

Ué bé bite é-é kŏ-r tain o tsir?
Wo du kommst jenes Dorf gross oder klein.
(Ist das Dorf, woher du kommst, gross oder
klein?)

Kŏ bęla bę škena,   éma bę dúmi ie-ro
Zeit Spitze du stehst auf, dann du ankommst hier
buráme.
früh.
(Wenn du früh aufstehst, so kommst du hier
früh an.)

Ki   sę   rák   inié Kebékir+ko ska kâmi
Nicht wir ankommen heute   Cabecar   in   weit
i-rir é kuénki.
es ist desswegen.
(Wir werden heute nicht in Cabecar ankommen,
weil es sehr weit ist.)

Sa   dítse   ué i kút-ua-rak irir eŏŏ.
Wir ankamen wo er   tödten   sie daselbst.
(Wir kamen dahin, wo sie ihn tödteten.)

džie díbite kut-ua-rak irir.
Jeder ankam   tödteten   ihn.
(Sie tödteten jeden, der kam.)

Burré i rátske. Morgen kommt er.

lachen   *dže aŭú i aŭé-i-tsuk.* Ich lache über ihn.
aŭúk   *Be aŭú i aŭé-i-tsuk.* Du lachst über ihn.
              Jer dže aŭé i-tse.   Er lacht über mich.
              Sar i aŭé i tsé.   Wir lachen über ihn.
              Ar i aŭé i tsé.   Ihr lacht über ihn.
              χepar sa aŭé i-tsé.   Sie lachen über uns.

lassen   *Ŏs dže ótę.* Erlaube mir zu bleiben.

legen   *Tebé amé-ka kurá ki.*
i-amuk i-tú-ua Messer legte ich Bank auf.
              (Ich habe das Messer auf die Bank gelegt.)

leihen	*džer bi di-ká a-pé-ite.*
	Ich du Nadel entlehne.
	(Leihe mir deine Nadel.)
lieben	*Je én+a dže derir.* Er liebt mich.
ĕn+a+i-dęrir	*Suritene dęrir i én+a.* Er liebt uns Alle.
	dže én urú dž' arákur dęrir, ég-ępi ié
	Meine Leber sehr mein Weib liebt auch seine
	én urú dže dęrir.
	Leber sehr mich liebt.
	(Ich liebe mein Weib sehr, und mein Weib
	liebt mich auch sehr.)
	Surítęne én a i dęrir. Alle lieben ihn.
	dže én a dži dži dęrir.
	Meine Leber ich mein Vater liebt.
	(Ich liebe meinen Vater.)
	dže én a arákur i dęrir.
	Meine Leber in Weib es liebt.
	(Ich liebe dieses Weib.)
	Nia én a dęrína.
	Meine Leber in leidet.
	(Te quiero.)
	Je én a dže dęrir.
	Seine Leber in mich leidet.
	(Er liebt mich.)
löschen	*Bu-uó i-tke uá-tke.* Das Feuer löscht aus.
bú-uó štuk	
lügen	*Ki i kŭ-dži, i džír mó-ki.*
	Nicht er log er sagte wahr.
	(Er hat nicht gelogen, er hat die Wahrheit
	gesagt.)
	Urú i kŭ-tšu.
	sehr er Zeit (Luft) sagt.
	(Er lügt viel.)
machen	*džer u džu étk-ue.* Ich habe ein Haus gebaut.
i-džu-ok	— *χú!* Macht es! — *Ber i ú!* Mache es. —
	dže mi ú džę-wúk. Ich werde ein Haus bauen.
	— *dže mi kipú džę-wuk.* Ich werde eine
	Hängematte machen. — *dži to kurá džu-é-*

mi etk? Wer macht eine Bank? — *Api teo aut é uó-urár i dźuok.* Die Leute, welche dort sind, können sie machen. — *I ua i-djué-ir?* Womit machen sie sie? — *I dźu-ér o uá.* Sie machen sie mit einer Axt.

niederlegen	*Tebé amék-a kurá ki.*
ia-múk-i-tú-ua	Ich habe mein Messer auf die Bank gelegt.
prügeln	*dźe pé i-rir.* Ich prügle dich. — *tśki dźer ará*
i-puk	*buk par.* Gestern schlug ich das Kind.
rauchen	*dźe kin dę-ua+sauó.*
dę-uá+suuk	Ich rauche nicht.
regnen	*Ko+ri rátske.* Es regnet. — *Ko+ri í-dęke.* Es
	regnet. — *Ko+ri í-te.* Es hat geregnet. —
	Ko-ri i-tke. Es wird regnen.
reif werden	*Kar-uó arír-ke.* Die Frucht wird reif.

VII. Andere Sätze.

Kir (ki rur) surú, her bod.
Es ist nicht schlecht (böse), es ist gut.
I apá kir surúe, i apar (apá rur) boaí.
Es ist nicht schmutzig, es ist rein.
Pedro dur api boaí.
Peter ist ein guter Mensch.
Apí ir a-kiśki.
Dieser Mann ist alt.
caballo ir boaí.
Dieses Pferd ist schön.
caballo ir surúe.
Dieses Pferd ist hässlich.
caballo i kir ié boaí.
Dieses Pferd taugt nichts.
caballo i kir boaí.
Dieses Pferd ist nicht schön.
ié-pa dur túto.
Sie waren schwach.

dźer i dźí.
Ich bin sein Vater.

Ber dźí?
Wer bist du?

Auir dźí?
Wer ist jener?

Ber dźi uák?
Woher bist du?

dźir dęli i uák?
Wer ist der Besitzer dieser Arbeit?

Ir dźe í-tša; auir be í-tša.
Dieses ist mein, jenes ist dein.

Ué be di tški?
Wo warst du gestern?

dźibak kö mńatk dźe dźi ú a.
Ich war drei Tage in meines Vater Haus.

Ir dźi ú?
Wessen Haus ist dies?

Ir dźe caballo.
Dies ist mein Pferd.

Bęse-r (bęsé rur) uî.
Es ist genug.

Ber dźe tso-ta.
Du bist grösser wie ich.

Je rur i kibi surítęne tso ta.
Er ist der Grösste von Allen.

Je rur búsi boa-šü-taín.
Sie ist das hübschere Mädchen.

Kö-bęta ué er kibi ié Costa-Rica á?
Welcher ist der höchste Berg in Costa Rica?

Bir-bir i-rir idë-púnet.
Es ist ein wenig kleiner.

Surú ie-par ues kutši apa ekępi.
Er ist schmutzig wie ein Schwein.

Be tso rur ues lana ékępi.
Dein Haar ist wie Wolle.

Taíñ i-nan de-rí-ri i-rir.
Er ist gross und stark.

Mé-u-ku inan surú i-rir ék-epi.
Er ist nicht nur dumm, aber auch böse.

dže bak inúkur-brú erí ki dže sene boá.
Ich war reich, aber nicht glücklich.

Tsir i-rir eri de-rí-ri.
Er ist klein, aber stark.

Urítene sa štirina.
Wir sind Alle müde.

caballos štirina.
Die Pferde sind müde.

Ué bé bite é-é ko-r taíñ ó tsir?
Ist das Dorf, woher du kommst, gross oder klein?

Tsir i-rir.
Es ist klein.

Kor taíñ.
Das Dorf ist gross.

dž'urú-na urú e kuéñki irir.
Desswegen bin ich sehr böse.

I tso i u á.
Er ist zu Hause.

Vaca tso ié-do?
Gibt es Vieh hier?

Ja ki vaca inan caballo kun.
Hier gibt es weder Vieh noch Pferd.

tšitši kí kun ié-do.
Hier gibt es keinen Hund.

Legua múdtub í i-tsó du.
Es sind nur drei Wegstunden.

Jé boá tso be ko ska?
Was gibt es Neues in deinem Dorfe?

I džir tso boá.
Alles ist (== die Sachen sind) gut == wohlauf.

Kö tso-ru tsínet ó kamí?
Ist das Dorf nahe oder ferne?

Se-ko tso o ko-tška i tso ńro i kt?
Gibt es Dörfer oder nur Wälder unterwegs?

Nimạ tso di i ki o ki i kun?
Gibt es viele oder keinen Fisch in diesem Flusse?

Ki i kun ié, i tso-iā škuk.
Er ist nicht hier, sondern noch auf der Reise.

Jé bẹ tso ia ié deri-ua be wu-bẹ-tsé i-ua kibi-ẹ.
Je länger du hier bist, desto mehr gefällt es dir.

Kö-bẹta o së miké-tku é-é nẹmú tso?
Gibt es viel Jaguare in dem Walde, durch den wir gehen
müssen?

Ki i kun.
Es gibt keine.

Ki ié ua i uák brine, óka+ri uag-bri.
Er machte es nicht selbst, sondern Andere machten es.

Uére uére ni mi-du.
Ich gehe nach einigen Ortschaften spazieren.

Urítẹne sa štirina.
Wir sind Alle müde.

Surítẹne (= se uritẹne) ēn á i dẹrir.
Wir Alle lieben ihn.

Surítẹne dẹwń-ua ta.
Wir müssen Alle sterben.

Surítẹne dẹrir i ēn á.
Er liebt uns Alle.

Bẹkos be ua inukur tso?
Wie viel Geld hast du?

Ue-pa bir?
Wie viele Leute?

Kẹné tso taín é.
Viele Arbeit.

Ińo tso širu é.
Viel Brot.

Bir-bir i-rir idẹ-púnet.
Er ist etwas kleiner.

I-ire tson ńua urd â.

Ich habe etwas in der Hand.

Caballo tsé.

Viele Pferde.

Kó-kot-tu pa irí nâ-nâ.

Der Himmel ist hell.

Surú kō mi-â.

Der Himmel ist bewölkt.

Di-uó dé-tsę.

Die Sonne geht auf.

Di-uó mi-u-atke.

Die Sonne geht unter.

Urú di-ba.

Sehr heiss.

Di-uó uó-ńęr.

Die Sonne glänzt.

Si do kátke.

Der Mond geht auf.

Turú tkina.

Schon geht der Mond auf (sie sagen auch so scherzweise von einem schwangern Weibe).

Ki si kun.

Der Mond scheint nicht (buchstäblich = es gibt keinen Mond).

Ir-i ké?

Was für Dornen?

Bętšur diké.

Javilla-Dornen.

Diká súrue.

Böser Dorn.

tšku aké; tšku póri.

Rohes Fleisch.

Kurúb akí.

Rohe Banane.

tšku-io akí.

Das Essen ist roh.

Erúkur apdpa.
Das Weib ist weder alt, noch jung.

Kurúb-ri aníni.
Ueberreife Banane.

Kutśi aníni.
Ein sehr fettes Schwein.

Kar tki-u-ko śki-kui-é.
Stelle den Stock aufrecht.

ńro domi dźis-dźis i.
Der Weg führt geradeaus.

Di domi amí.
Der Fluss fliesst oben.

Ma é dęwuk ko dęríri.
Stehe fest.

Ti tśka poé.
Das Gebüsch ist sehr dicht.

Arákur-pa toto.
Die Weiber sind gebrechlich.

Kar amer kętut.
Der Stock ist krumm.

tśki dźer ará buk-par.
Gestern schlug ich das Kind.

Ué be di tśki?
Wo warst du gestern?

Iñe o burré sę mike.
Heute oder morgen werden wir gehen.

Burré ko boa-é.
Morgen wird es schönes Wetter sein.

Kö-ri írke mérie.
Es regnet fortwährend.

Se mike iâ.
Wir gehen immer noch.

Kom sé mi.
Wir gehen noch nicht.

Bdjuska bétk.
Gehe schnell.

Kö bẹtu be škena, éma be dúmi iero buráme.
Wenn du früh aufstehst, dann wirst du zeitig hier sein.

Ki i kun ié, i-tso iá škuk.
Er ist nicht hier, sondern noch unterwegs.

U á.
Im Hause.

U a-pá.
Um das Haus.

U ki.
Auf dem Hause.

I dikí á.
Unter dem Hause.

Ak-tu šū-á.
Zwischen zwei Felsen.

Di ki.
Dem Flusse entlang.

U á mik tsínet.
Nahe dem Hause.

U-ku ki.
Gegen die Thür.

U-ku ša.
Gegenüber der Thür.

Sombrero ké-ta.
Ohne Hut.

Dže amí kuénke.
Wegen meiner Mutter.

Dže caballo ta.
Mit meinem Pferde.

Dže de mré éχke.
Seit meiner Rückkehr.

Nè mia dẹré un.
Während meiner Abwesenheit.

Išku uá surúe.
Er geht sehr schnell.

I tšku urú.
Er isst viel.

Dže erákur dur boa šúntain be itša tso tó aišet.

Mein Weib ist schöner als deines.

Dže i be tsá ta.

Ich bin grösser als du.

Džer be tsá ta deríri.

Ich bin stärker als du.

Je-par tsé se tsá ta.

Sie sind zahlreicher als wir.

I sa én étstá-tku di á éri ki sa bak.

Vergebens versuchten wir den Fluss zu durchkreuzen, wir konnten es nicht.

Kir (= ki rur) surú, her boá.

Er ist nicht böse, er ist gut.

I-apá kír (= ki rur) surúe. i-apar (= i-apa rur) boai.

Das ist nicht schlecht, das ist gut.

Bdu ués Sibú e-ún-ke!

Wer weiss, was Gott bestimmt!

Ko úir ir.

Es ist noch früh.

Kó tę-uir ir.

Es nachtet schon.

Di-uó džir ór-ke.

Die Sonne senkt sich.

dže ki u taín kiána ét kué.

Ich brauche ein grosses Haus.

dže kpak un-tké.

Ich bin schläfrig.

Je-é tębé-tška dor boa?

Wozu ist das Eisen brauchbar?

VII.

Die Geschichte und der gegenwärtige Stand der Forschung über König Alfreds Uebersetzung von Bedas Kirchengeschichte.

Von

Dr. J. Schipper,

wirkl. Mitgliede der kais. Akademie der Wissenschaften.

Die von mir der hohen philosophisch-historischen Classe der kaiserlichen Akademie der Wissenschaften vorgelegte, mit ihrer dankenswerthen Unterstützung veröffentlichte Ausgabe von König Alfreds Uebersetzung der Kirchengeschichte Bedas (erste Hälfte) ist die vierte Ausgabe dieses wichtigen angelsächsischen Prosadenkmals. Die erste wurde besorgt von Whelock als Beigabe zum lateinischen Text, Cambridge 1643, in Folio, auf Grundlage eines der Universitätsbibliothek zu Cambridge gehörigen vollständigen Manuscriptes, *K. k. 3. 18 (Ca.)*, mit nur gelegentlicher Benützung zweier anderer, nämlich des Manuscriptes Nr. 41 des *Corpus Christi College* zu Cambridge *(B)* und des Cottonianischen, dem britischen Museum zu London gehörigen Manuscriptes *Otho B. XI (C)*. Die zweite, und zwar für ihre Zeit vortreffliche Ausgabe, war diejenige von Johannes Smith, gleichfalls in Folio zu Cambridge 1722 gedruckt. Auch hier bildet der angelsächsische Text nur eine Beilage zu dem lateinischen, auf dem Moore-Manuscript basierten Text der *Historia Ecclesiastica*, welche nebst den übrigen historischen Schriften Bedas den Inhalt des Bandes ausmacht. Smith's Ausgabe des lateinischen Originaltextes der Kirchengeschichte war so gut, dass sie allen folgenden Editionen mit Recht als Grundlage gedient hat. Für den angelsächsischen Text hatte er wieder die schon von seinem Vorgänger benutzte

Handschrift der Cambridger Universitätsbibliothek zu Grunde
gelegt, die in neuerer Zeit jedoch als eine für die Textkritik
ziemlich bedeutungslose Abschrift von der Handschrift Nr. 279
des Oxforder *Corpus Christi College (O)* erkannt worden ist.
Im Uebrigen aber hatte Smith auch für das bessere Verständ-
nis des angelsächsischen Textes schon sehr viel gethan durch
Vergleichung und Benutzung der vier übrigen Handschriften,
nämlich des Tanner-Manuscriptes 10 der Bodleiana *(T)* und
der drei oben bereits erwähnten Handschriften *O, B* und *C,*
von denen die zuletzt genannte neun Jahre nach Veröffentlichung der Smith'schen Ausgabe bei dem Londoner Brande
im Jahre 1731 zum grössten Theile ein Raub der Flammen
wurde. Diese Ausgabe von Johannes Smith hat 168 Jahre
lang dem Studium des angelsächsischen Beda-Textes als Grundlage dienen müssen. Bei meinem ersten Aufenthalte in England
in den Jahren 1869—1871 fasste ich den Plan, die angelsächsische Beda-Uebersetzung neu zu ediren, collationierte die
wichtigsten Manuscripte *T, O, B,* bei wiederholten späteren Besuchen die übrigen und von den ersteren *O* und *B* zum zweiten
Male. Die Ausführung meines Planes wurde aber leider theils
durch die in Königsberg und später in Wien übernommene
lehramtliche Thätigkeit, theils durch die Ausführung anderer
wissenschaftlicher Arbeiten, theils durch die der geeigneten Veröffentlichung der Ausgabe sich in den Weg stellenden Schwierigkeiten von Jahr zu Jahr hinausgeschoben, bis die letzteren
endlich durch die kaiserliche Akademie der Wissenschaften in
Wien behoben wurden.

Inzwischen hatten, wie bei dem Aufschwunge, den die
Wissenschaft der englischen Philologie während der letzten
zwanzig Jahre genommen hat, nicht anders zu erwarten war,
auch andere Forscher ihre Aufmerksamkeit diesem wichtigen
Denkmale zugewandt. Zupitza hatte anlässlich des bekannten,
die Dichtererweckung Cædmons behandelnden, in seinem ,Alt-
und mittelenglischen Lesebuche' auf Grundlage des mit Recht
von ihm für das beste und älteste erklärten Tanner-Manuscriptes mit genauer Angabe der Varianten der übrigen Handschriften von ihm veröffentlichten Capitels (IV, 24) nachgewiesen, dass die von Whelock und Smith ihren Ausgaben zu
Grunde gelegte Handschrift der Cambridger Universitäts-

bibliothek aus dem Manuscripte des Oxforder *Corpus Christi College* geflossen, ‚also für die Textkritik werthlos sei'. Derselbe Forscher hat ferner in der Handschrift *Domitian A IX* drei alte Excerpte aus Alfreds Beda aufgefunden, in welchen uns Reste von älteren Handschriften des angelsächsischen Textes erhalten sind. Diese von Zupitza in Haupts Zeitschrift für deutsches Alterthum XXX, 185, gedruckten, von ihm dem Anfange des 10. Jahrhunderts zugeschriebenen kurzen Fragmente, die textlich von den uns erhaltenen mehr oder weniger vollständigen, der zweiten Hälfte des 10. und der ersten Hälfte des 11. Jahrhunderts angehörigen Manuscripten kaum abweichen, zeigen in der Schreibung die älteren Sprachformen (nach Miller untermischt mit einigen anglischen Formen) der von H. Sweet für die *Early English Text Society* 1871/72 herausgegebenen Uebersetzung König Alfreds von Gregors Schrift *De cura pastorali*, durch welche Edition das Interesse für König Alfreds schriftstellerische Thätigkeit aufs Neue lebhaft angeregt worden war, wie dies nicht minder geschah durch Sweets 1883 gleichfalls für die *Early English Text Society* veröffentlichte Ausgabe von König Alfreds Uebersetzung der Weltgeschichte des Orosius. Zahlreiche wertvolle Untersuchungen über die Sprache Alfreds, die seitdem angestellt worden sind von Leicht, Fleischhauer, Philipsen, Hüllweck, Wack, Wülfing u. A. (vgl. das bibliographische Verzeichnis in des Letzteren ‚Syntax in den Werken Alfreds des Grossen', Bonn, Hanstein 1894, 8°, I, S. XXIV—XXVIII) legen Zeugnis dafür ab, wie vor allen Dingen auch die grammatischen Arbeiten von Ed. Sievers.

Die Erforschung des Beda-Textes im Besonderen wurde um ein bedeutendes Stück gefördert durch die ‚Untersuchungen über König Alfreds Beda-Uebersetzung' von August Schmidt, Berliner Dissertation 1889, worin er das allerdings schon von Johannes Smith in seiner Ausgabe vom Jahre 1722 erkannte Familienverhältnis der Handschriften, unter denen sich *T, B* zu einer, *C, O, Ca* zu einer anderen Gruppe scheiden, im Einzelnen begründete, das Verhältnis der Uebersetzung zum Originaltexte in Bezug auf Auslassungen und Zusätze beleuchtete und auch über die stilistischen Eigenthümlichkeiten der Uebersetzung wertvolle Beobachtungen mittheilte.

1*

Im Jahre 1890 erschien dann der erste Band der von
Dr. Thomas Miller als Nr. 95 und 96 in den Publicationen
der *Early English Text Society* herausgegebenen angelsächsischen Beda-Ausgabe unter dem Titel: ‚*The Old English Version of Bede's Ecclesiastical History of the English People with a
Translation and Introduction*‘. Der Herausgeber, früher *Fellow*
von *Queen's College* zu Cambridge, dann Lector an der Universität zu Göttingen, jetzt an der zu Strassburg, hat für seine
Ausgabe die schon früher von Zupitza als die beste und älteste
bezeichnete Handschrift *Tanner 10* der Oxforder Bodleiana zu
Grunde gelegt. Leider aber ist diese Handschrift nicht nur zu
Anfang und zu Ende unvollständig, da eine Anzahl von Blättern,
wahrscheinlich wegen der darauf befindlichen Illuminationen,
abgetrennt worden ist, sondern sie zeigt auch noch an sieben
anderen Stellen Lücken von je einem Blatt, die vermuthlich
aus dem gleichen Grunde zu erklären sind. Miller hat nun
die fehlenden Theile der Handschrift ergänzt aus den Handschriften *C, O* und *Ca*. Da diese Handschriften aber in der
Schreibung der Wörter ziemlich erheblich untereinander und von
der Orthographie in der Haupthandschrift *T* abweichen, welche
ihrerseits wiederum von fünf verschiedenen, nicht nur durch die
Schriftzüge, sondern auch durch gewisse Eigenthümlichkeiten in
der Wiedergabe der Laute sich charakterisierenden Schreibern
herrührt, so hat Millers im Uebrigen sehr schätzenswerte
Ausgabe durch dies Verfahren ein etwas buntscheckiges Gepräge
erhalten, welches dem Original in dieser Weise jedenfalls nicht
eigen gewesen sein kann. Die Mittheilung der Lesarten der
übrigen Handschriften hat Miller sich für den bis jetzt noch
nicht erschienenen zweiten Band seiner Ausgabe, die auch ein
vollständiges Glossar enthalten soll, vorbehalten.

Von besonderem Interesse ist die von Th. Miller seiner
Ausgabe vorangestellte Einleitung. Er gibt hier zunächst eine
Beschreibung der fünf uns erhaltenen Manuscripte, begründet
dann durch Hervorhebung gewisser, allen gemeinsamen Eigenthümlichkeiten in der Anordnung des Inhalts ihre Abstammung
aus einer gemeinsamen Quelle und beleuchtet ferner ihr Ver-
wandtschaftsverhältnis in ähnlicher Weise, wie es in der von
ihm benutzten Dissertation von Schmidt geschieht, dessen Angaben er noch weiter ausführt. In dem letzten Theile der

Einleitung sucht er dann in eingehender Darlegung die Ansicht
zu begründen, dass der unseren Handschriften zu Grunde liegende Urtypus der angelsächsischen Beda-Uebersetzung mercischen Ursprunges gewesen sei und daher nicht von dem westsächsischen König Alfred dem Grossen herrühren könne. Er
stützt diese Behauptung darauf, dass in der Handschrift *T*
besonders, vereinzelt aber auch in den anderen Handschriften,
in Bezug auf die Schreibung der Wörter, wie auch hinsichtlich des Sprachgebrauches und des Wortschatzes Reste mercischer Mundart anzutreffen seien, wie z. B. *on* statt *ond*, das
öftere Vorkommen von *ono* in der Bedeutung *nam, ergo, igitur,
itaque, si itaque* etc., ferner der Präposition *in* statt *on*, der
Präposition *mid* mit dem Dativ und Accusativ statt allein mit
dem Dativ, dann das Vorkommen gewisser mercischer Ausdrücke, wie *leorde* statt *ferde* etc. etc., deren Vorhandensein
auf einen mercischen Ursprung der Uebersetzung hinweise.
Miller hat diese Ansicht noch weiter zu stützen gesucht in
einer besonderen Schrift über die Ortsnamen in der angelsächsischen Beda-Uebersetzung (*Place Names in the English
Bede and the Localisation of the Manuscripts*. By Thomas
Miller. Strassburg 1896 [Q F 78], 8°, 80 S.), aus deren Schreibung er gleichfalls den mercischen Ursprung des Urtypus der
angelsächsischen Beda-Handschriften nachzuweisen sucht, und
die Kritik hat ihm theilweise, keineswegs aber allgemein oder
unbedingt, zugestimmt (vgl. Binz, Zeitschr. f. deutsche Phil. 29,
S. 414 ff.; Pabst, Anglia, Beiblatt, VIII, S. 133/34, doch auch
Pierce in *Modern Language Notes* 1892, VII, 102, und Wülfing, a. a. O., XI—XIII).

Aber selbst wenn durch Millers Untersuchungen der mercische Ursprung der Quelle, aus der die uns überlieferten angelsächsischen Beda-Handschriften abstammen, als erwiesen angesehen werden sollte — was wegen der verhältnissmässig geringen
Zahl der gerade im mercischen Dialekt uns erhaltenen und zur
Vergleichung dienenden Sprachdenkmäler meines Erachtens noch
nicht ohne weiteres zuzugeben ist —, so ist damit doch noch nicht
die keineswegs schlecht verbürgte Autorschaft König Alfreds
in Bezug auf unser Sprachdenkmal als hinfällig anzusehen.

Während wir für die anderen Werke König Alfreds, abgesehen von der *Cura Pastoralis*, wo er sich in der Vorrede

selbst als Uebersetzer der Schrift nennt, nur das Zeugnis William von Malmesburys aus dem 12. Jahrhunderte haben, besitzen wir für seine Autorschaft des Beda ausserdem noch dasjenige des Abtes Aelfric in seiner Homilie auf den heil. Gregor
(*Aelfric's Homilies ed. by B.* Thorpe II, 116—118) aus dem
Ende des 10. und dasjenige der angelsächsischen Beda-Hand-
schrift *Ca* aus etwa der Mitte des 11. Jahrhunderts, in welcher
sich zu Anfang und zu Ende ein von der Hand des Schreibers
geschriebenes Distichon findet, welches lautet:

> *Historicus quondam fecit me Beda latinum,*
> *Alfred rex Saxo transtulit ille pius.*

Dazu kommt noch ein inneres, gleichfalls in dieser Handschrift enthaltenes Zeugniss, nämlich die Hinzufügung der Genealogie der westsächsischen Könige bis auf Alfreds Thronbestei-
gung, welches nach der Uebersetzung von Bedas *Praefatio* eingeschaltet ist. Im Manuscripte *B*, der zweiten vollständigen Handschrift, findet sich diese Genealogie nicht. Ob die Handschriften
T und *C* sie enthalten haben, wissen wir nicht, da diese zu Anfang unvollständig sind, *T* auch zu Ende. Im Manuscripte *O*, welches gleichfalls zu Anfang und zu Ende unvollständig ist, wird
sie sich aber vermuthlich, ebenso wie auch das erwähnte Distichon,
befunden haben, da die Handschrift *Ca* in allem Uebrigen eine
nur in Kleinigkeiten abweichende Copie von *O* ist, und dadurch
würden dann auch diese von dem Abt Aelfric unabhängigen
Zeugnisse noch bis in das Ende des 10. Jahrhunderts, um welche
Zeit Manuscript *O* wahrscheinlich entstanden ist, hinaufgerückt,
während König Alfred bekanntlich im ersten Jahre des nämlichen
Jahrhunderts starb, nachdem er die Uebersetzung der Kirchengeschichte etwa um die Zeit von 887—890 geschrieben hatte.

Diesen zwar nicht mit König Alfred gleichzeitigen, aber
doch zum Theil noch aus dem Jahrhundert, in welchem er starb,
stammenden, von verschiedenen Seiten überlieferten historischen
Zeugnissen gegenüber fallen die Einwände, die Miller gegen
König Alfreds Autorschaft vorgebracht hat (diejenigen Sweets
in seinem *Anglo-Saxon Reader* S. 195 sind kaum der Erwähnung wert), doch allzu leicht ins Gewicht.

Denn selbst wenn wir es als erwiesen anzusehen haben
sollten, dass der den uns überlieferten angelsächsischen Beda-
Handschriften zu Grunde liegende Urtypus im mercischen Dia-

lekt geschrieben war, so wäre es ja sehr wohl möglich, dass
die verschiedenen Abschriften, die von der verloren gegangenen
westsächsischen Originalhandschrift des Königs gemacht worden
waren, im Laufe der Zeit gleichfalls verloren giengen, während
eben nur die nach Millers nothwendiger Voraussetzung bis in
die zweite Hälfte des 10. Jahrhunderts hinein erhalten gebliebene mercische Abschrift den uns bekannten Handschriften als
indirecte Quelle diente. Oder es liegt die Annahme noch näher,
dass ein mercischer Beirath und Mitarbeiter des Königs dessen
Uebersetzung revidirt und dabei in derselben mehr oder weniger deutliche dialektische Spuren seiner Thätigkeit zurück-
gelassen habe. Weist doch Miller selber hin auf einen ziemlich sicheren Anhaltspunkt für diese Annahme in einer von ihm
citierten Aeusserung des William von Malmesbury, welche
lautet: ,*Praeterea, quia nullus in suo regno literarum erat pe-
ritus, evocavit ex Mercia Wicciorum episcopum Werefrithum,
qui jussu regis Dialogorum libros in Anglicum sermonem con-
vertit.*' Miller sagt nicht ausdrücklich, dass er Werfrith, den
Bischof von Worcester, der auf Wunsch Alfreds von den Dia-
logen Gregors eine angelsächsische, von dem Könige mit einem
Vorworte begleitete Uebersetzung anfertigte (vgl. Krebs,
Anglia II, S. 65—70 und III, S. 70—73; Wülcker, Grundriss
zur Geschichte der angelsächsischen Literatur. §§ 503—506)
für den Uebersetzer von Bedas Kirchengeschichte halte. Er
sagt vielmehr: ,*The version may have been executed by Mercian
scholars under orders from the king*' und weist zur Stütze für
diese Behauptung auf die oben citierte Mittheilung William von
Malmesburys hin. Weshalb er freilich von mehreren *scholars*
spricht, ist aus seinen sonstigen Ausführungen nicht ersichtlich.
Auch sind die Gründe, mit denen Pierce, ein amerikanischer
Gelehrter, in seinem am 28. December 1892 gehaltenen, in den
Publicationen der amerikanischen *Modern Language Association
(vol. VIII, No. 4, pp. VI—X)* nur im Auszuge veröffentlichten
Vortrage die Ansicht stützt, dass die angelsächsische Beda-
Uebersetzung von mehreren Verfassern herrühre, dort zu wenig
eingehend mitgetheilt worden, um ein Urtheil darüber gerecht-
fertigt erscheinen zu lassen. Uebrigens hatte er schon in seiner
Recension des Miller'schen Buches (a. a. O.), obwohl er für
Alfreds Autorschaft eintrat, die Ansicht geäussert, dass der

König Mitarbeiter gehabt haben müsse, da das Werk nicht einheitlich sei: „... *in many places*', sagt er, ,*it is quite free and idiomatic, and in other passages it is so oppressively literal as hardly to be English at all*'. Dass Alfred auch bei dieser Arbeit Hilfe gehabt und sich der Unterstützung der von ihm an seinen Hof gezogenen gelehrten Geistlichen bedient haben wird, ist allerdings von vornherein wahrscheinlich. Sein Verfahren wird auch hier kein anderes gewesen sein als wie er es selbst in der Vorrede zu seiner Uebersetzung des Werkes Gregors ,*De cura pastorali*' beschrieben hat mit den Worten: ,Indem ich mich nun erinnerte, wie sehr die Kenntnis der lateinischen Sprache früher in England in Verfall gerathen war und wie doch noch Manche Englisch zu lesen verstanden, fieng ich an, unter verschiedenen und mannigfachen Obliegenheiten dieses Königreiches das Buch ins Englische zu übersetzen, welches auf Lateinisch *Pastoralis* und auf Englisch *Hirdeboc* (d. h. Hirtenbuch, Seelsorge) genannt wird, zuweilen Wort für Wort und zuweilen Sinn für Sinn, sowie ich es gelernt hatte von Plegmund, meinem Erzbischof, und Asser, meinem Bischof, und Grimbold, meinem Messpriester, und Johannes, meinem Messpriester. Nachdem ich es so kennen gelernt hatte, wie ich es verstand und wie ich es am sinngemässesten darstellen konnte, übersetzte ich es ins Englische.'

Wir haben uns also nach des Königs eigenen Worten vorzustellen, dass er zunächst den ihm vorliegenden Text oder vermuthlich jedesmal ein Stück desselben mit einem seiner Gelehrten genau durchnahm, sich von diesem erklären und wohl auch zum Theil vorübersetzen liess, und es dann selber in seine Landessprache übertrug. Höchst wahrscheinlich ist es, dass er sich dabei zur Erleichterung seiner Arbeit und zur Unterstützung für sein Gedächtnis schriftlicher Aufzeichnungen und Glossierungen bediente, die er sich (oder vielleicht auch ein Anderer für ihn) während des Studiums des Textes gemacht hatte.

Gerade in dem Beda-Texte sind nach meinem Dafürhalten noch Spuren von diesem Verfahren erkennbar in den zahlreichen wörtlichen Uebersetzungen des Accusativus cum infinitivo, des Ablativus absolutus und sonstiger Participialconstructionen, sowie anderer specifisch lateinischer Satz- oder Wortformen, wie z. B. der Deponentia (vgl. Schmidt, a. a. O., S. 52—56). Die bisherigen Specialuntersuchungen über die syntaktischen Verhältnisse in König Alfreds Werken haben ergeben, dass seine übrigen Schriften vom Lateinischen im Ausdruck und Satzgefüge wenig beeinflusst worden sind, dass er in diesen seiner Vorlage in syntaktischer Beziehung freier gegenübersteht und die Gedanken meistens so zum Satze fügt, wie sein Idiom es erheischte (vgl. G. Wack, Ueber das Verhältniss von König Alfreds Uebersetzung der Cura Pastoralis zum Original, Greifswald 1889, S. 55). Mit der Beda-Uebersetzung aber verhält es sich anders, und gerade der Umstand, dass der König hier oftmals ganz unidiomatische, direct dem Lateinischen nachgebildete Constructionen aus seinen Vorstudien beibehielt, wie z. B. Christianum jam me esse cognosce: *donne wite ðu me cristene beon* —, procedente autem tempore: *ða forðgongenre tide* —, cunctis pene egressis: *neah ðon eallum utgongendum* —, extinctis hostibus: *adwæsctum þinum feondum*,[1] statt sie in natürlicher Weise aufzulösen, wie

---

[1] Wendungen dieser Art begegnen oft in der Interlinear-Version des Durhambuches, z. B. nobis dormientibus: *us slependum*, Matth. XXVIII, 13, gegenüber *þa we slepun* in der Uebersetzung, oder inpositis manibus suis interrogavit eum: *onsettum hondum his gefrægn hine*; Text: *his hond onasette and hine axode* Marc. VIII, 23; dicente Christo: *cwcedne Criste* Joh., Argum; januis clausis: *durum bilyndum* Joh. XX, 26, etc. Oefters auch werden die wörtlichen Uebersetzungen durch danebenstehende Umschreibungen erklärt, z. B.: et convocatis eis: *ond efne geceigde ða ilca vel miððy geceigd wcron ða ilco;* Text: *and he hi togædere geclypode* Marc. III, 23, I, 18 etc.; eo descendente: *hine stigende vel soðlice miððy he gecade reglunrd* Joh. V, 13; hæc illo loquente: *ðas hine sprecende vel miððy he was sprecende* ib. VIII, 30; meistens aber werden nur die Umschreibungen angewendet: relicto patre suo zebedwo: *miððy forleort fæder his zebedwo;* Text: *and hi heora fæder zebedeo on scipe forletun,* Marc. I, 20; hoc audito jhesus: *miððy gehcrde ðis se hælend;* Text: *þa se hælend þis gehyrde,* ib. II, 17; VI, 16, 41; Joh., Argum.; Joh. II, 3, etc., woraus man schliessen darf, dass schon den älteren Glossatoren die freiere Wiedergabe als die der natürlichen Redeweise entsprechende galt. Wenn daher in zusammenhängenden Prosatexten sich gelegentlich wörtliche Nachbildungen des Ablativus absolutus oder anderer lateinischer Wendungen finden, z. B. adhuc eo loquente: *him þa gyt sprecendum,* Marc. V, 35, 40 etc., oder wenn derartige Constructionen sogar vereinzelt in poetischen Denkmälern vorkommen, wie *heora andwlitan in bewrigenum,* Gen. v. 1585; Räths. 60, 13, so waren sie eben nur als eine unidiomatische, aus dem Lateinischen entlehnte Construction allmählich in Ge-

z. B. bei der Uebersetzung von regnante Oswaldo: *da Oswald
cyning wæs*, und an anderen Stellen des Beda, sowie in der
Regel in seinen übrigen Schriften, scheint mir für die auch durch
sonstige Gründe gestützte Annahme von Wülfing zu sprechen,
dass die Beda-Uebersetzung Alfreds erstes Werk war, in welchem er noch am meisten mit den Schwierigkeiten der lateinischen Sprache ringt, während er sie in der Folge durch fortgesetzte Uebung mehr und mehr beherrschen lernt. Ferner
sprechen derartige steife, unenglische Constructionen entschieden
gegen Millers Vermuthung, dass die Beda-Uebersetzung von
mercischen Gelehrten oder überhaupt von irgend welchen
Gelehrten verfasst worden sein könne, da die gelehrten Pro-
saiker, die wir kennen, wie Aelfric, Wulfstan u. A. derartige unidiomatische Wendungen gewöhnlich nicht gebrauchen und ihre
Vorlagen in freier Weise übertragen, ähnlich wie Alfred dies
gleichfalls in seinen späteren Schriften, am meisten in der
Uebersetzung des Orosius, des Boetius und der Soliloquien
Augustins that.

So sind die Fragen und Untersuchungen, zu denen Alfreds angelsächsische Uebersetzung von Bedas Kirchengeschichte
Anlass gibt, recht zahlreich und mannigfacher Art, besonders
auch noch hinsichtlich der weiteren Erforschung der angelsächsischen Sprachformen.

Diesem Forschungsgebiet namentlich habe ich durch
Herausgabe der beiden bisher noch ungedruckten Handschriften,
von denen ich die ältere, an Wert dem von Miller edierten
Manuscripto *T* nicht viel nachstehende, jedenfalls weniger lücken-
hafte und in einheitlicherer Sprache geschriebene Handschrift *O*,
ohne eine eigentlich kritische Ausgabe liefern zu wollen, doch
auch in gewissem Sinne textkritisch behandelt habe, das nöthige,
durch Angabe sämmtlicher Varianten der übrigen Manuscripte
vervollständigte Material liefern wollen, während ich hoffe, den

brauch gekommen, wie dies schon M. **Callaway**, *The absolute Participle
in Anglo-Saxon*, Baltimore 1889 (mir leider nur bekannt aus den Be-
sprechungen in den Mittheilungen zur Anglia, 1891, S. 368, und in den
Englischen Studien XVI, S. 395 ff.) und Wülfing (a. a. O., §§ 95, 132
nachgewiesen haben, und es ist wohl nicht zu viel behauptet, dass die
Interlinear-Versionen, worauf vielleicht noch nicht aufmerksam gemacht
worden ist, vermuthlich sehr zu ihrer Verbreitung beigetragen haben.

Fachgenossen die Entscheidung über die vorhin erwähnten, mit der inneren Textkritik zusammenhängenden Fragen zu erleichtern durch Mittheilung der von König Alfred übersetzten Stellen des lateinischen Originaltextes nach der neuesten, von C. Plummer, Oxford, im Verlage der *Clarendon Press* in zwei Bänden 1896 veröffentlichten Ausgabe der *Historia Ecclesiastica Gentis Anglorum* des Beda Venerabilis. Ueber diese vortreffliche Edition mögen hier noch einige Bemerkungen folgen.

Die umfangreiche Einleitung, die Plummer seiner Ausgabe vorangeschickt hat, zerfällt in zwei Theile, nämlich eine 79 Seiten umfassende Abhandlung über Bedas Leben und Werke, wofür ihm, wie er in der Vorrede bemerkt, die vortreffliche Monographie ‚Beda der Ehrwürdige und seine Zeit' unseres am 4. April 1888 verstorbenen wirklichen Mitgliedes Dr. Karl Werner von besonderem Werthe gewesen ist (wozu noch zwei *appendices* gehören, und zwar 1. Ueber die Chronologie von Bedas Werken und 2. die Schrift ‚*De obitu Bedae*'), und zweitens eine 64 Seiten umfassende Abhandlung über die Handschriften der *Historia Ecclesiastica*. Die Zahl derselben beträgt nach Hardys *Catalogue* (I, 433—441) nicht weniger als 133. Als die vier ältesten, sämmtlich dem 8. Jahrhundert angehörigen Manuscripte bezeichnet Plummer das *Moore-Manuscript (M)*, K. k. V, 16 der Cambridger Universitätsbibliothek, so genannt wegen seines einstigen Besitzers John Moore, Bischofs von Ely, nach dessen Tode im Jahre 1714 es König Georg I. kaufte und der Bibliothek schenkte; ferner die Cottonianischen Manuscripte *Tiberius A. XIV (B)* und *Tiberius C II (C)*, endlich das Manuscript zu Namur Nr. 11 im gedruckten, gleich Nr. 2 im geschriebenen Katalog *(N)*. Plummer bezeichnet aber dies letztere Manuscript, welches sich nach seiner Angabe durch eine barbarische Schreibung von lateinischen Wörtern wie von Eigennamen charakterisiert, als für die Herstellung des Textes werthlos. Im Uebrigen bildet dies Manuscript mit *M* und *B* unter diesen ältesten Handschriften eine Gruppe, der *C* als eine zweite, etwas jüngere, aber wie Plummer zum ersten Male gezeigt hat, von Beda selbst vorgenommene, durch gewisse kleine Unterschiede des Inhalts und der Anordnung desselben sich charakterisierende Textrecension gegenübersteht.

Die angelsächsische Uebersetzung folgt, wie ich leider erst
aus Plummers Ausgabe im vergangenen Sommer, wenige
Wochen nach dem Erscheinen derselben, mit Bestimmtheit
ersah, als die drei ersten Bogen meiner Edition bereits gedruckt waren, der schon von Miller (S. 23) als Vorlage des
Uebersetzers vermutheten jüngeren Recension, welche die An-
rede an den Leser an den Schluss des Werkes setzt, während
sie sich in meiner Ausgabe, ebenso wie in derjenigen von
Smith (wo sie übrigens zum Schluss noch einmal steht) und
wie in allen bisherigen Ausgaben des lateinischen Textes, auch
derjenigen Plummers, an das Vorwort Bedas anschliesst.

In den weiteren Bemerkungen über die Manuscripte charakterisiert Plummer dann die wichtigsten der übrigen, die
alle mindestens 200 Jahre jünger sind, und ordnet sie dem *M*-
oder dem *C*-Typus unter. Die Zahl der von ihm zu diesem
Zwecke verglichenen Manuscripte ist eine recht beträchtliche.
Völlige Klarheit in dieser Hinsicht über die zahlreichen Manuscripte zu verbreiten, würde aber, wie er meint, viele Jahre
Arbeit kosten und betreffs der jüngeren Manuscripte des 14.
und 15. Jahrhunderts kaum der Mühe wert sein.

Plummers Ausgabe beruht auf den vier oben genannten
ältesten Manuscripten, namentlich dem schon früher die Basis
der meisten Editionen bildenden *Moore-Manuscript*, wovon alle
inhaltlichen Abweichungen verzeichnet sind. Der Unterschied
des Plummer'schen Textes von demjenigen Holders ist demnach kein erheblicher. Betreffs der Orthographie ist weder diejenige des Manuscriptes *M* beibehalten, noch auch ist sie von
Plummer normalisiert worden. Vielmehr hat er, wie er bemerkt, die vorwiegende Schreibung der vier Manuscripte wiedergegeben, welche im Wesentlichen nach seiner Ansicht die Schreibung des 8. Jahrhunderts darbieten dürfte.

Eine wichtige Eigenthümlichkeit der Ausgabe Plummers
besteht darin, dass er alle diejenigen Theile des Werkes durch
cursiven Druck gekennzeichnet hat, welche Beda früher bereits
existierendem Material, so weit es bekannt ist, entnommen hat,
so dass der Historiker nun auf den ersten Blick die eigenen
Berichte Bedas von den Angaben seiner Quellenschriften unterscheiden kann. Ausser der *Historia Ecclesiastica* enthält der
erste Band auch noch Bedas *Historia Abbatum*, dessen

Epistola ad Ecgberctum und die *Historia Abbatum auctore anonymo.*

Der zweite, 545 Seiten umfassende Band enthält umfang-reiche chronologische Tabellen zu den im ersten Bande heraus-gegebenen Texten, ferner eingehende Anmerkungen und ein ausführliches Namen-, Orts- und Sachregister. Auch der Inhalt dieses Bandes der Plummer'schen Ausgabe von Bedas Kirchen-geschichte ist für die angelsächsische Uebersetzung derselben, auf welche oft hingewiesen wird, von erheblicher Bedeutung.

VIII.

Zur Geschichte und Kritik der Urbarial-aufzeichnungen.

Von

Josef Šusta.

Einleitung.

Die Stellung, welche die Urbarialaufzeichnungen im Kreise des schriftlichen Quellenmaterials einnehmen, wurde noch nie mit genügender Schärfe präcisirt. Man behauptete des Oeftern, sie seien unter die Urkunden einzureihen. Doch ganz trifft dies nicht zu. Die geläufigste Definition bezeichnet nämlich die Urkunden als schriftliche, unter Beobachtung bestimmter Formen aufgezeichnete Erklärungen, welche bestimmt sind, über Vorgänge rechtlicher Natur als Zeugnisse zu dienen.[1] Diese Definition fasst aber eine Reihe von Aufzeichnungen, welche nicht über Vorgänge, sondern über Zustände rechtlicher Natur Zeugniss abgeben, nicht ganz in sich. Es sind das meist statistische Aufzeichnungen, wie Catasterbücher, Inventare, Steuerrollen, Weisthümer und Urbare. Alle diese Schriftwerke befassen sich mit den herrschenden rechtlichen Zuständen gewisser Objecte, ohne in der Regel auf die Entstehung und Ursache derselben Rücksicht zu nehmen. Das unterscheidet sie von den eigentlichen Urkunden. Eine Kaufurkunde und ein Urbar dienen einem ähnlichen Zwecke, nämlich der Evidenzhaltung der Besitzrechte. Doch überliefert eine Urkunde die Art und den Zeitpunkt, in welchem dieses rechtliche Verhältniss entstanden ist, wogegen ein Urbar blos die Thatsache des Besitzes im Ge-

---

[1] H. Bresslau, Handbuch der Urkundenlehre I, 1.

dāchtniss erhält. Die beiden Gruppen sind zwar verwandt, aber
nicht identisch. Die Urkunden repräsentiren die Dynamik, die
statistischen Aufzeichnungen die Statik der rechtlichen Verhältnisse.

Auf Grund dieser Erwägung wird man vielleicht für die
Urbare folgende Definition aufstellen können: Urbarialaufzeichnungen sind schriftliche Erklärungen, welche dazu bestimmt
sind, als Zeugnisse über Zustände rechtlicher und wirthschaftlicher Natur einer Grundherrschaft zu dienen. Sie haben, wie
unten ausgeführt werden soll, eine rechtliche Beweiskraft,
welche sich vor Allem auf das Verhältniss des Unterthanen
zum Grundherrn bezieht. Sie unterscheiden sich von den anderen statistischen Aufzeichnungen, wie den Steuerrollen und
Catasterbüchern, dadurch, dass sie persönlicher und nicht terri-
torialer Art sind, indem sie sich mit dem oft nicht zusammenhängenden, sondern zerstreuten Besitz einer Person befassen.

Ausser für diese eigentlichen Urbare wird dieser Name
oft für andere in ähnlicher Form verfasste Schriftstücke verwendet, welche keine Rechtskraft besitzen und nur zu administrativen Zwecken dienten. Aber auch diese kommen im Folgenden als Vorläufer der eigentlichen Urbare oder als Ableitungen derselben in Betracht.

Die Urbare fanden bisher, trotz ihrer grossen Bedeutung
für die Culturgeschichte, keine genügende literarische Würdigung.

Bis zur Mitte unseres Jahrhunderts begnügte man sich mit
gelegentlichen Notizen über diese Quellengruppe.[1] M. B. Guérard
war der Erste, welcher das Studium der ältesten Urbarialien
als eine selbständige Aufgabe aufgefasst hat. Seine Bearbeitung
der karolingischen Polyptycha ist noch heute die beste Leistung
auf diesem Gebiete.[2]

Aber auch nach dieser Leistung blieb die Literatur der
Urbarialien eine geringe. In Italien machte A. Rinaldi einen
Versuch, die rechtliche Stellung der Urbare historisch zu be-

---

[1] z. B. Mabillon, De re dipl., L. III, c. 5, Nr. 2. Nouveau traité de dipl.
V, 449. Marini, I papiri diplom., Nr. 137.
[2] Polyptique de l'abbé Irminon I, II. Paris 1844. Polyptique de l'abbaye
de St. Remi de Reims. Paris 1853.

leuchten;[1] für das byzantinische Reich stellte Uspenskij die spärlichen Reste der alten Catasterbücher zusammen.[2]

Das Meiste geschah noch in Deutschland. Hier wurden schon im vorigen Jahrhundert einige Urbare herausgegeben, und die moderne Wirthschaftsgeschichte unserer Jahre bemächtigte sich lebhaft der Quellen dieser Art. Doch die erste literarische Behandlung derselben wurde erst in der verdienstvollen Abhandlung K. v. Inama-Sternegg's ‚Ueber die Quellen der deutschen Wirthschaftsgeschichte' angebahnt.[3] Derselbe Autor erweiterte seine Forschungen in der späteren Abhandlung ‚Ueber Urbarien und Urbarialaufzeichnungen'.[4]

Wie aber überhaupt erst die Arbeiten K. Lamprecht's eine neue Periode in der deutschen Wirthschaftsgeschichte angebahnt haben, so waren sie auch für die Quellen derselben von eminenter Wichtigkeit. Lamprecht hat in seinem monumentalen Werke auf Grund moselländischen Materials zum ersten Male die rechtliche Basis der Urbare scharf beleuchtet und werthvolle Winke zu ihrer Bearbeitung gegeben.[5]

Doch sind alle diese Arbeiten noch lange nicht abschliessend. Die territoriale Detailforschung, welche nun ihr entscheidendes Wort hätte sprechen sollen, hat nur zum geringsten Theil ihre Arbeit angefasst. Kaum einige territoriale Verzeichnisse des grossen ungedruckten Materials sind bisher zustande gekommen.[6]

Wenn wir uns aber zum Stande der Editionen von Urbarien wenden, müssen wir noch grössere Rückstände bemerken. Auch das älteste Material ist nicht ganz herausgegeben, und vor Allem zeigt sich bei den Ausgaben ein vollständiger Mangel an System. Nicht selten werden ganz späte, kaum das Localinteresse erregende Documente herausgegeben, während ältere,

---

[1] Valore storico-giuridico dei cabrei o delle platee. Archivio giuridico XLVIII, 311 ff.

[2] Journal des russischen Ministeriums für Volksaufklärung. 1884 Februar, 1885 Jänner.

[3] Sitzungsber. der Wiener Akad. LXXXIV, 135 ff.

[4] Archivalische Zeitschrift, herausgeg. von Löher II, 26 ff.

[5] Deutsches Wirthschaftsleben im Mittelalter II, 59—123, 657—675.

[6] z. B. Lamprecht, Verzeichniss der niederrheinischen Urbarialien. Marburg 1890. A. Mell, Die mittelalterlichen Urbare in Steiermark in den Beiträgen zur Kunde steiermärkischer Geschichtsquellen XXV. Ottenthal und Redlich, Archivber. aus Tirol.

weit wichtigere Stücke in den Archiven noch der Benützung harren.[1] Auch die qualitative Seite der meisten Editionen ist nicht die beste. Vielleicht bei keiner Quelle sind spätere Nachtragungen so oft und von solcher Bedeutung wie bei den Urbaren, und doch nur bei wenigen selbst unter den neueren Editionen wird jenen eine genaue Aufmerksamkeit gewidmet. Sogar das älteste Denkmal Deutschlands in dieser Gruppe, das Urbar von Prüm, ist nicht vollständig, sondern mit willkürlichen Auslassungen herausgegeben.[2] Bei anderen Ausgaben wieder werden aus blos localem Interesse zusammenhanglose Stücke aus grösseren Aufzeichnungen herausgerissen dargeboten.[3] Ausgaben von Urbaren, welche der jetzigen Höhe sonstiger diplomatischer Studien entsprechen würden, gibt es blos einige.

Dieser Stand der Dinge macht den Boden der folgenden Ausführungen zu einem sehr unsicheren. Durch Herausgabe des zahlreichen noch unbekannten Materials werden gewiss viele unserer Ansichten verschoben werden. Zur Entschuldigung möge also der Umstand dienen, dass unter den bisherigen Verhältnissen ein abschliessendes Wort in diesen Fragen noch kaum zu sprechen ist.

Die römisch-byzantinischen Catasterbücher.

Das Personalitätsprincip ist ein Kennzeichen der Urbare; das Besitzthum einer Person, wenn es auch in verschiedenen Territorien vertheilt ist, findet in ihnen eine einheitliche Behandlung. Einen Gegensatz bilden territoriale Catasterbücher, welche ohne Rücksicht auf die verschiedenen Eigenthümer und ihre anderwärts bestehenden Besitzungen den Stand eines abgeschlossenen Territoriums beschreiben. Aber trotz dieses grundsätzlichen Gegensatzes ist es nothwendig, die Geschichte der Urbare an die territorialen Catastralaufzeichnungen anzuknüpfen. Denn aus diesen erst haben sich jene entwickelt.

---

[1] Klagen darüber bei Inama-Sternegg, Quellen 181, oder Lamprecht, Jahrbücher für Nationalökonomie und Statistik, Neue Folge VI, 237.

[2] S. darüber Lamprecht, Deutsches Wirthschaftsleben im Mittelalter II, 60.

[3] So z. B. Zahn's Ausgabe der auf Oesterreich bezüglichen Theile der Freisinger Urbare in den Fontes rer. Austr. II, 36.

Die mittelalterliche Urkunde ist aus der antiken, römischen hervorgegangen.[1] In einer ähnlichen Weise hat das mittelalterliche Urbar in den Steuerrollen des römischen Kaiserreiches seinen Ausgangspunkt gefunden. Es sei also gestattet, einige Worte über dieselben und über das System, welchem sie dienten, vorauszusenden.

Das System der directen Besteuerung hat in der späteren römischen Kaiserzeit eine hohe Vollkommenheit erlangt. Die Bestrebungen der Imperatoren gingen auf eine Vereinheitlichung des ganzen Weltreiches aus, und auch das Steuerwesen bezeugt diese nivellirende Thätigkeit. Die mannigfaltigen Tribute der unterworfenen Provinzen verschmolzen nach und nach in ein einheitliches Abgabensystem, und am Ende des 3. Jahrhunderts wird demselben auch das bisher privilegirte Italien unterworfen. Eine feste Form für diese Steuerbelastung kam unter dem Kaiser Diocletian zustande. Durch diese wurde die directe Steuer in eine feste Beziehung zu dem Bodenbesitz gebracht. Die Grundsteuer wird zu der wichtigsten Abgabe, deren Höhe durch das Ausmass und die Ertragsfähigkeit des Bodenbesitzes der Contribuenten bestimmt wurde. Eine genaue Catastrirung des gesammten steuerpflichtigen Bodens bildete die Grundlage dieses Steuersystems, und es mangelt nicht an Nachrichten über dieselbe.

Im Jahre 289 wurde der erste allgemeine Reichscataster durchgeführt, und seit dem Jahre 297 wurde er in fünfjährigen Zwischenräumen revidirt.[2] Dieser Cataster war etwas anderer Art als die entsprechenden Arbeiten unserer Zeit. Er war nicht einheitlich, sondern bestand aus zwei Gruppen: dem übersichtlichen grossen Reichscataster und den detaillirten Beschreibungen der einzelnen Civitates. Diese Particularbeschreibungen einzelner Verwaltungsbezirke entsprechen ganz unseren Vorstellungen vom Cataster. Sie enthalten eine vollständige Aufzählung der im Bezirke begüterten Steuerpflichtigen und ihres Besitzes. Verfertigt wurden sie durch ‚censitores‘, nicht

---

[1] H. Brunner, Zur Rechtsgeschichte der römischen und germanischen Urkunde 2.

[2] O. Seeck, Die Entstehung des Indictionscyklus. Deutsche Zeitschrift für Geschichtswissenschaft XII, 285.

ständige, sondern ad hoc ernannte Functionäre,[1] auf Grund der
Steuerprofessionen der einzelnen Besitzer, welche griechisch ἀπο-
γραφαί genannt wurden.[2] Die ‚forma censualis‘ schrieb vor, was die
Steuerprofessionen enthalten sollten: Namen der Parcelle, Ausmass des Ackerlandes, Zahl der Rebenstöcke und der Oliven-
bäume, das Weide- und Waldland mit den zugehörigen Sclaven
und Colonen.[3] Auf Grund dieser Angaben wurde der Cataster
des Stadtbezirkes verfertigt. Er wurde manchmal als Inschrift
auf Stein oder Metall in der Stadt aufgestellt;[4] doch mag dies
der seltenste Fall gewesen sein. Die häufigen Aenderungen
der Besitzverhältnisse verlangten eine einfache schriftliche Aufzeichnung in Steuerbüchern, welche im städtischen Tabularium
aufbewahrt wurden. Sie hatten verschiedene Namen; ‚libri censuales, censuales paginae‘ nannte man sie, ‚encautoria, dia-
grapha, vasaria publica‘. Aber in der späteren Zeit werden
sie fast durchwegs ‚polyptycha‘ genannt.[5] Diesen Namen verdanken sie wohl dem Umstande, dass sie in der Form mehr-
blättriger Bünde geführt wurden.[6]

Von diesen Particularcatastern war der Reichscataster
gänzlich verschieden.

Im Reichscataster wurden nicht alle Einzelposten der
Particularcataster aufgenommen, sondern blos die Zahl der
Steuereinheiten, welche ein jedes Municipium enthielt. Diese
Steuereinheiten sind eine Schöpfung der centralistischen Re-
formen Diocletian's; sie hiessen in verschiedenen Provinzen
‚juga‘ oder ‚capita, millenae, centuriae‘. In Syrien z. B. entsprachen einem ‚jugum‘ 5 jugera Weinland oder 20 jugera

[1] Die eventuelle Revision wurde von den ‚peraequatores‘ vollzogen. O. Seeck
in der Zeitschrift für Social- und Wirthschaftsgesch. IV, 320 ff.
[2] Solche Steuerprofessionen, doch meist über Stadtbesitz, sind aus Aegypten
erhalten. O. Wilken, im Hermes XXVIII. 230 ff.
[3] Die ‚forma censualis‘ bei Ulpian. Dig. 50, 15, 4. J. Marquart, Römische
Staatsverwaltung II, 244.
[4] Von den griechischen Inseln sind uns einige Reste solcher Catastral-
inscriptionen erhalten. Mommsen im Hermes III, 436. Bulletin de corresp.
hellénique IV, 417. Eustratiades in der Archaiologike Efemeris 1870.
Die Inschrift aus Volsci vom Jahre 323 C. I. L. X, 407 ist schwer zu
deuten und gehört kaum in diese Gruppe.
[5] So Cod. Theod. XI, 26, 2; XI, 28, 13. Vegetius, De re militari II, c. 19.
[6] Guérard, Polyptyque de l'abbé Irminon 16.

Acker der ersten, 40 der zweiten und 60 der dritten Classe.[1] Dieses Verhältniss wechselte wohl nach den volkswirthschaftlichen und natürlichen Zuständen der Gegenden, doch war es stets leicht, aus den genauen Catastern der Municipien dem Centralamt jene Zahl von Steuereinheiten anzugeben, welche den gesammten Besitz des Stadtterritoriums repräsentirten.[2] Durch die Zahlen des Reichscatasters wurde der Centralstelle die Steuerkraft jeder Stadt klar. Von da wurde jährlich eine ‚delegatio‘ erlassen, welche den auf jedes Jugum entfallenden Steuerbetrag feststellte; durch eine einfache Multiplication ersah man dann leicht, wie viel jede Provinz an die Reichscasse abzuführen hatte. Die Provinzleiter übermittelten die ‚particulares delegationes‘ den einzelnen Municipien, deren Decurionen die Eintreibung der Beträge von den einzelnen Steuerpflichtigen oblag.[3] Man konnte auch bei diesen Einrichtungen einen Steuernachlass dadurch ausdrücken, dass man die Zahl der Steuereinheiten eines Bezirkes kleiner annahm, als sie im Reichscataster war. Die Decurionen der Städte liessen nach dem Erhalt der ‚particularis delegatio‘ unter Benützung des Particularcatasters ein Verzeichniss verfertigen, in welchem die von einzelnen Besitzern zu leistenden Steuerbeträge verzeichnet waren.[4]

Wir sehen also, dass nicht der Reichscataster, sondern die Particularbeschreibungen, die Polyptycha, unserer Vorstellung von einem Cataster entsprechen. Sie wurden auch so gehandhabt. Wurde z. B. ein Grundstück durch Elementarereignisse ertraglos, so musste es in ihnen bemerkt werden. Ebenso musste beim Verkauf von Realitäten eine Umschreibung der Eigenthümer vorgenommen werden.[5]

---

[1] Siehe Bruns und Sachau, Syrisch-römisches Rechtsbuch.

[2] Die Frage der Steuereinheiten ist eine sehr umstrittene. Am schärfsten beurtheilt diese Einrichtung O. Seeck, Die Schätzungsordnung Diocletian's, sieht aber, wohl fälschlich, auch die Particularcataster als blosse Verzeichnisse von Steuereinheiten an.

[3] O. Karlowa, Römische Rechtsgeschichte I, 907.

[4] Ibidem. Ueber die Art dieser Steuervertheilung besonders Justinian's 128. Novelle, wo ausdrücklich die Repartition der Steuer κατὰ τὴν δύναμιν τῆς ὁμοσίας ἀπογραφῆς vorgeschrieben wird.

[5] Zachariae von Lingenthal in der Zeitschrift für Rechtsgeschichte IX, 268. O. Wilken im Hermes XXVIII, 236.

Auf diese Einrichtungen also stützte sich die diocletiani-
sche Steuerreform. Sie wurden auch in den folgenden Zeiten
beibehalten. Wir wissen, dass Constantin der Grosse ein Normal-
formular für die Steuerrollen festgesetzt hat,[1] und seine Nachfolger suchten das System nach Möglichkeit aufrechtzuerhalten.
Im byzantinischen Reich können wir die Catastraleinrichtungen
bis tief in das Mittelalter verfolgen. Sie verschwanden hier
erst, als die ganze Steuerverwaltung morsch wurde und einen
Rentencharakter annahm. Dann erst vollzog sich die Wandlung,
welche für unser Thema von grosser Wichtigkeit ist, nämlich
der Uebergang der Staatscataster in Privaturbarien. Diese
Wandlung war durch die Lage der Dinge selbst gegeben.

Denn unter den Particularbeschreibungen der Civitates,
von denen ich oben gesprochen habe, wurden auch die Aufzeichnungen der quasimunicipalen Districte verstanden. Die
Provinzen zerfielen nicht nur in eine Anzahl von Stadtterritorien,
sondern sie enthielten auch Districte, welche keiner Stadt einverleibt waren. Es waren die ‚fundi excepti‘ der Senatoren
und anderer Grossgrundbesitzer. Sie erreichten oft eine riesige
Ausdehnung und bildeten einen Organismus für sich, welcher
direct dem Rector der Provinz unterstand und einen Theil der
municipalen Hoheitsrechte besass.[2] Diese salti [3] — das ist die
technische Bezeichnung — erhielten auch in der diocletianischen
Steuerverfassung eine quasimunicipale Stellung. Sie wurden
nicht in den Cataster eines Civitas einbezogen, sondern lieferten
ihren Steuerbetrag an den Provinzleiter direct ab, nach dem
Ausmasse einer Sonderbeschreibung.[4] Darum hiessen sie in der
byzantinischen Reichsverwaltung, weil sie eine Einheit im
Steuerwesen darstellten, ὁμόδουλα, im Gegensatz zu den ὁμάκηνα,
das ist Gründen, die im Gemeindecataster verzeichnet sind.[5]
In diesen Sonderaufzeichnungen über Grossgüter einzelner Besitzer haben wir den Ausgangspunkt für die Urbarialaufzeich-

---

[1] M. Weber, Die römische Agrargeschichte 205.
[2] S. darüber besonders A. Schulten, Die römischen Grundherrschaften, in
  der Zeitschrift für Social- und Wirthschaftsgesch. III, 149 ff.
[3] Sie werden auch ‚possessiones‘, griechisch ἰδιόστατα genannt.
[4] Schulten l. c. 155.
[5] Schulten l. c. 155. Zachariae von Lingenthal, Geschichte des griechisch-
  römischen Rechts 230.

nungen zu suchen. Sie umfassen die Beschreibung eines Grossgrundbesitzes mit genauer Specification des Bodens und der
Unterthanen. Das Territorialitätsprincip trifft hier also mit dem
Personalitätsprincip zusammen. Ursprünglich waren sie nur im
fiscalischen Interesse des Staates entstanden, wohl unter Mitwirkung öffentlicher Functionäre. Doch bald drückte das private
Interesse das staatliche in Hintergrund. Es war eine allgemeine Entwicklung des zerfallenden römischen Weltreiches,
dass die öffentlichen Befugnisse von den Privaten langsam
usurpirt wurden. Der Anfang war dadurch gemacht, dass ein
Grossgrundbesitzer in seiner Grundherrschaft eine Anzahl
municipaler Hoheitsrechte auszuüben begann. Diese Bresche,
welche in die rechtliche Anschauungswelt der römischen Verfassung geschlagen wurde, erweiterte sich dann immer mehr.

Den mächtigen Besitzern ist es seit dem 4. Jahrhundert
oft gelungen, sich von der ordentlichen Steuererhebung überhaupt freizumachen und freiwillige Steuerbeiträge, αὐτόπρακτα
genannt, zu leisten.[1] Verlor der Cataster der Domäne dadurch
seine Bestimmung als Hilfsmittel der Besteuerung, so verschwand
er doch nicht. Der Grundherr, der bereits aus seiner Domäne
einen quasimunicipalen Bezirk geschaffen hatte und von seinen
Colonen analoge Leistungen verlangte, wie sie die Einwohner
eines Municipiums an die Stadt leisteten, bediente sich der bisherigen Steuerrolle zu seinen privaten Verwaltungszwecken. So
wurde die ursprünglich öffentliche Steuerrolle zu einem Urbar.

Wir können diese Entwicklung sowohl in den West- wie
den Ostprovinzen des römischen Reiches verfolgen. Im byzantinischen Reich haben sich derartige Aufzeichnungen bis in
das 14. Jahrhundert erhalten.[2] Man nannte sie ἀναγραφαί oder
πρακτικόν.

So ist uns eine Urbarialaufzeichnung aus Lampsakos,
aus der Zeit der Venezianerherrschaft vom Jahre 1214 erhalten, welche, obwohl durch die lateinische Uebersetzung

---

[1] Schulten l. c. 155.
[2] Zachariae v. Lingenthal l. c. 195. Eine besondere Abhandlung hat diesen
Aufzeichnungen Uspenskij gewidmet, Journal des russischen Ministeriums
für Volksaufklärung, 1884 Februar, 1885 Jänner. Auf diese Abhandlung
verweisen wir, da im Folgenden nur die Urbarien des westlichen Europas
näher behandelt werden.

verstümmelt, dennoch ihren Ursprung aus den alten Steuerrollen nicht verleugnet.[1] Oder wir finden in den Acten des
Klosters Athos Bruchstücke von Urbarien, welche ganz in der
Weise der später zu beschreibenden Polyptychen verfasst
sind.[2] Ja selbst in die südslavische Verfassungswelt drang die
zähe Form der alten Catastralien ein. Man braucht nur in den
Praktikos von Chilandar, einem Urbar, das im 14. Jahrhundert
in serbischer Sprache verfasst wurde, Einsicht zu nehmen, um
sich von der Aehnlichkeit der Beschreibungsart mit den römischen Aufzeichnungen zu überzeugen.[3]

Es kann also über den Ursprung der Urbarialien des
oströmischen Reiches aus den staatlichen Catastralien kaum
ein Zweifel bestehen. Bei dem conservativen Wesen von Byzanz
ist es auch ganz selbstverständlich. Doch auch im Westen
ging dieselbe Entwicklung vor sich.

Die Urbarialaufzeichnungen in Italien.

Das oströmische Reich verzehrte langsam die Errungen-
schaften und Institutionen, welche die Antike aufgespeichert
hatte. Im Westen ging dieser Vorgang rascher vor sich, durch
die neuen germanischen Elemente gefördert. Hier wurden früher
die vielen staatlichen Befugnisse von privaten Kräften aufgesogen;
aber auch hier vollzog sich dieser Process nicht so rasch, dass
wir ihn nicht fast Schritt für Schritt verfolgen könnten.

Es erfolgte kein jäher Bruch mit der antiken Welt nach
der Besitznahme Italiens durch die Germanen. Lange trachteten
die Herrscher derselben die volle Erbschaft der Imperatoren
mit dem ganzen Regierungsapparat anzutreten und aufrechtzuerhalten.

Auch das Steuersystem der Kaiserzeit mit seinen Catastraleinrichtungen behauptete sich lange in den Stürmen, welche
das Land überflutheten. Die Polyptycha behielten auch während
der Germanenherrschaft ihren Sitz in den städtischen Tabularien.

---

[1] Uspenskij l. c. 1884, 290 ff.
[2] Ebenda 1884, 309.
[3] Ebenda 1885, 2 ff., und Uspenskij in den Denkschriften der Universität
von Novorosijsk 38, 1883.

Gleich in der Zeit Odoaker's begegnen wir ihnen. In einer Urkunde vom Jahre 489, welche die Tradition eines Gutes behandelt, übernimmt der Empfänger die fiscalischen Lasten des Besitzes und lässt hiebei seinen Namen in die Polyptycha als Namen des neuen Besitzers eintragen.[1]

Der vorübergehenden Herrschaft Odoaker's folgte die längere der Gothen. Diese war besonders anfangs für die römischen Institutionen geradezu conservirend. Der grosse Theodorich bemühte sich krampfhaft, die Höhe der antiken Cultur zu behaupten. Natürlich hielt auch er die ganze Steuerverwaltung mit ihren Besitzrollen aufrecht. Seine Mandate sprechen oft von Tilgungen und Nachträgen in den Catasterbüchern, deren Namen ‚vasaria‘ und ‚polyptycha‘ beibehalten wurden.[2] Die Verwaltungscorrespondenz, welche in Cassiodor's ‚Variae‘ erhalten ist, zeigt uns diese Steuerrollen als eine stets gehandhabte Institution, welche weitergeführt wird und rechtliche Kraft in Verwaltungssachen besitzt.[3]

Auf die conservative Regierung Theodorich's folgten die zerstörenden Kriegsjahre der Gothenkriege. Aber auch aus diesen Jahren haben wir Nachrichten über den Gebrauch der Steuerrollen.[4] Doch ist in dieser Zeit kaum an ein geordnetes Steuerwesen zu denken; dasselbe ist wohl erst nach dem endgiltigen Siege der Byzantiner wieder aufgenommen worden. Unter byzantinische Herrschaft zurückgekehrt, genoss Italien wieder eine regelmässige Steuerverwaltung, welche zwar

---

[1] Parati sumus singulis annis pro eadem praedia fiscalia conpetentia solvere, unde rogamus, ute jubeatis a polypticis publicis nomen prioris dominii suspendi et nostri dominii adscribi. Marini, I papiri diplom., p. 130.

[2] Tot solidos tributarios supradictae possessionis — ita faciatis de vasariis publicis diligenter abradi. Variae VII, 45.

[3] Ut omnibus a te sollicita atque aequabili indagatione compertis polyptychi inbeantur ascribi. Variae V, 14. Dehinc non polyptychis publicis, ut moris est, sed arbitrio compulsorum suggeruntur provincialium subiacere fortunae. Ibidem V, 39.

[4] Die Urkunde vom Jahre 540 bei Marini, p. 176. Doch muss man dabei andererseits die Fortdauer der formalen Theile der Urkunden in Betracht ziehen.

an Härte den Plünderungen der Kriegsjahre nicht viel nach-
stand, aber auf rechtliche Einrichtungen sich stützte.[1]

Für den grösseren Theil des Landes dauerte aber auch
dieses nicht lange. Neue germanische Eroberer traten hier die
Erbschaft der Ostgothen an. Die langobardischen Könige scheinen
die complicirte Steuerverwaltung Roms nicht angenommen zu
haben. Sicher verschwand sie in ihren Landstrichen bald voll-
kommen und mit ihr die staatliche Einrichtung der Catasterbücher.

In den byzantinischen Theilen Italiens erhielten sich diese
Einrichtungen zwar länger, aber nicht um Vieles. Sie sind auch
hier schon unpracticabel geworden, und die Zustände arbeiteten
an ihrer Vernichtung. Die wirthschaftliche Entwicklung durch-
brach hier die Verwaltungsinstitutionen. In den Gothenzeiten
ist der Curienverfassung, auf welcher die Steuereinnahme beruhte, der letzte Schlag versetzt worden; die verarmten Decurionen waren ihrer Aufgabe nicht mehr gewachsen. Die mächtigen Grossgrundbesitzer dagegen haben sich meist schon früher
durch den oben geschilderten Vorgang der regelmässigen Besteuerung entzogen. So verschwand nach und nach das, wenn
auch drückende, doch theoretisch gerechte Steuersystem, und
mit ihm verschwanden die Polyptycha der Stadtgemeinden.
Nicht ganz dasselbe trat aber bei den grossen Grundherrschaften ein. Wir haben schon oben gezeigt, wie die Grossgrundbesitzer die alten Steuerrollen zum privaten Gebrauche
beibehalten und somit einen Rest des antiken Verwaltungs-
materials in das Mittelalter hinübergerettet haben.

Es war natürlich, dass der grosse Besitzer einen schon
vorhandenen Behelf, welcher ihm die Uebersicht über den ausgedehnten und in verschiedenen Formen bewirthschafteten
Besitz bot, nicht aufgegeben hatte. Indem er einen freiwilligen
Beitrag an Steuern leistete, hörte er nicht auf, sich bei seinen
Colonen zu entschädigen. Der grössere Theil der grundherrlichen Leistungen derselben ist ja als eine Analogie der Lasten,
welche von der Civitas den Bürgern auferlegt wurden, entstanden. So diente die ehemals öffentliche Steuerrolle als ein
privates Gebührenbuch.

---

[1] S. darüber L. Hartmann, Untersuchungen zur Geschichte der byzantinischen Verwaltung in Italien 78 ff.

In Italien befand sich schon in den ersten Jahrhunderten
des Mittelalters der grösste Grundbesitz in den Händen der
christlichen Kirche. Die Güter der Kirche waren schon nach
der antiken Anschauung fundi excepti, wie überhaupt der Besitz
aller juridischen Personen.[1] Der kirchliche Grundbesitz entzog
sich also recht bald dem allgemeinen Steuerschema, und die
eben dargelegte Wandlung der Polyptycha in Privaturbare
vollzog sich hier am ehesten.

Das römische Bisthum überragte an Güterbesitz alle anderen geistlichen Anstalten des Landes. Es ist also natürlich,
dass wir da die ersten Nachrichten über Güterverzeichnisse
erhalten. Die Aufzählungen der Immobilien in den ersten
Theilen des Liber pontificalis gehen auf Verzeichnisse zurück,
welche schon vor dem Ende des 4. Jahrhunderts vorhanden
waren.[2] Eine gründliche Beschreibung der römischen Kirchengüter liess Papst Gelasius I. (492—496) verfassen.[3] Sein Polyptychon entstand aus Einzelbeschreibungen der Güter, deren
Verfassung den Gutsverwaltern obgelegen ist. Eine solche von
dem Diakon Corvinus, Verwalter des Picenischen Besitzes, verfasste wird ausdrücklich erwähnt.[4] Dieses Werk des Papstes
Gelasius I. wurde von den Nachfolgern im Gebrauch erhalten,
und erst nach hundert Jahren fand eine Ueberarbeitung desselben statt. Gregor der Grosse, dessen ganzes Werk für den
Aufschwung der römischen Kirche so bedeutungsvoll war, voll-
brachte diese Erneuerung.[5]

Dieses neue Polyptychon soll ein grosser Papyrusband
gewesen sein, in welchem die gesammten Güter bis auf das
entfernteste mit allen ihren Renten verzeichnet waren. Im
9. Jahrhundert befand es sich noch im lateranensischen Archiv.[6]

---

[1] A. Schulten, Die römischen Grundherrschaften 391.

[2] Duchesne, Le liber pontificalis I, CL.

[3] S. Anm. 6.

[4] Brief Gelasius' an denselben vom Jahre 494 bei P. Ewald, Die Papst-
briefe der britischen Sammlung, Neues Archiv V, 510.

[5] Gregorius — cunctorum patrimoniorum praediorumque reditus ex
Gelasiano polyptyco, cuius nimirum studiosissimus videbatur pedisequus,
adaeravit. Johannes Diaconus, Vita S. Gregorii II, 24.

[6] Extat usque hodie in sacratissimo Lateranensis palatii scrinio — charta-
ceum praegrande volumen. Ibidem II, 30.

Die Güterverwaltung Gregors ist uns aus den Sammlungen seiner Briefe bekannt.[1] Sie war wohlgeordnet und stützte sich viel auf einzelne Güterbeschreibungen.

Ausser dem grossen Polyptychon in Rom hatten die Verwalter der einzelnen Gütercomplexe ihre Einzelaufzeichnungen, ,breve' genannt.[2] Dieselben dienten als Grundlagen zur Verfertigung und Instandhaltung des grossen Polyptychon.[3] Denn man berichtigte bei jeder Aenderung an Güterbesitz die Angaben dieser Bücher und tilgte die abhanden gekommenen Theile.[4]

Wie schon erwähnt, war das Gregorianische Polyptychon noch im 9. Jahrhundert unvergessen. Doch die wirthschaftlichen Grundlagen des Papstthums veränderten sich bald ganz. Die römischen Bischöfe erhoben sich seit der Karolingerzeit über das Niveau gewöhnlichen Grossgrundbesitzes und wurden nach und nach zu einer Grossmacht. Ihre Finanzquellen waren anderer Art als die der übrigen kirchlichen Anstalten, und darum haben wir über sie andere Aufzeichnungen. Die Werke der Päpste Gelasius I. und Gregor's des Grossen verschwanden; ihre Stelle nahmen nun die Bücher des Albinus und besonders des Kämmerers Cencius ein. Diese sind keine eigentlichen Urbarien. Doch ist ihr Zusammenhang mit den Polyptychen der Vorzeit dadurch angedeutet, dass eine Vorarbeit ähnlicher Art, welche im 12. Jahrhundert entstanden ist, der ,liber politicus' des Canonicus Benedict genannt wird.[5]

Neben dem römischen Stuhle war das Bisthum Ravenna wohl die reichste geistliche Anstalt Italiens.[6] Seine Güter waren weit zerstreut und verlangten die Aufrechterhaltung grösserer Verzeichnisse.

Es ist uns glücklicherweise ein Fragment solcher ravennatischer Aufzeichnungen im Original erhalten.[7]

---

[1] Darüber Mommsen in der Zeitschrift für Social- und Wirthschaftsgesch. I.

[2] Reg. Greg. (ed. Migne) XIV, 14.

[3] Ibidem III, 42.

[4] Ibidem IX, 40.

[5] P. Fabre, Étude sur le Liber censuum de l'église Romaine 9 f.

[6] L. Hartmann, Untersuchungen 86.

[7] Marini, I papiri diplom., Nr. 137, p. 203—204, Facsimile davon Tafel XXI.

Es ist ein Bruchstück einer langen Papyrusrolle, welche die Schriftzüge des 5. bis 6. Jahrhunderts trägt. Es sind hier die Güter aus zwei Territorien verzeichnet. In jedem Territorium finden wir die einzelnen Dörfer und Höfe aufgezählt, bei jeder Besitzung sind der Meier, die Geld- und die Naturaleinkünfte verzeichnet. In grosser Schrift ist dann unten die Summe gezogen. Wir sehen bei dieser so frühen Aufzeichnung schon den normalen Charakter der späteren Güterrodeln. Es ist kein Fragment eines grossen Polyptychons der Centralstelle, sondern eher ein Breve, welches, wie auf den päpstlichen Gütern, die Wirthschaftsbeamten einzelner Complexe führten. Wir werden deren Gebrauch jederzeit neben den Centralurbaren bemerken können.

Von anderen kirchlichen Anstalten haben wir vor dem 7. Jahrhundert kaum irgend welche Güterrollen erhalten. Inschriftliche Immobiliarverzeichnisse auf Stein und Metall sind uns in einigen Fällen erhalten; diese können aber nicht als eine praktische Rechtsaufzeichnung betrachtet werden und sind kaum viel früher als im 7. Jahrhundert entstanden.[1] Trotzdem können wir solche Aufzeichnungen in dem byzantinischen Theile Italiens bei grösseren Besitzern voraussetzen. Der brüchige Papyrus war freilich ihrer Erhaltung nicht günstig.

Aber auch in den langobardischen Landesstrichen vergass man die Form der alten Steuerrollen nicht, obgleich das römische Steuerwesen hier nicht mehr vegetirte. Es ist wieder der kirchliche Besitz, in welchem wir ihnen begegnen. Im 7. Jahrhundert verfasste man für die Güter der Kirche St. Lorenzo in Oulx (bei Turin) ein Verzeichniss, das in verstümmelter Form auf uns gekommen ist.[2] Es ist eine recht verworrene Aufzeichnung, aber sie zeigt doch Anklänge an die Form der alten Steuerbücher, und besonders der später zu besprechenden fränkischen Polyptycha.[3] Diese Aehnlichkeiten sind eben aus der gemeinsamen Entstehungsquelle zu erklären.

---

[1] Rossi im Bulletino di archeologia christiana 1870, p. 89 f.

[2] Abgedruckt bei C. Troya, Codice diplomatico Longobardo II, 489—496, Nr. 321.

[3] Ebenso wie in den fränkischen Polyptychen findet sich hier zuerst die ,terra indominicata' beschrieben, dann die Namen und Leistungen der

Als am Ende des 8. Jahrhunderts die karolingische Monarchie auch den grössten Theil Italiens in ihren Machtkreis
gezogen hatte, verschwanden die Urbarialaufzeichnungen keineswegs. Wir werden im folgenden Capitel darlegen, mit welchen
Mitteln die Verwaltung Karl's des Grossen und seiner Nachfolger
die genaue Aufzeichnung der grossen kirchlichen und weltlichen
Besitzungen förderte. Sie verlangte wiederholt eine Inventarisirung des grossen Besitzes und stellte die Mitwirkung der
Missi dominici zur Verfügung. Diese Bestimmungen bezogen
sich auch auf Italien und wurden hier befolgt.

Wir kennen Beispiele von Inventarisation kirchlicher
Güter, wie sie die Capitularien verlangen. Dieselbe Form sehen
wir in einem durch Königsboten verfassten Inventar der
bischöflichen Güter von Mailand aus dem 9. Jahrhundert.[1]

Aus derselben Zeit stammt das Verzeichniss der Besitzungen von St. Martin in Lucca.[2] Man kann dasselbe ganz gut
dem Formular der officiellen Güterinquisitionen gegenüberstellen.[3]
Ebenso wie dort werden hier zuerst die Kirchenparamente aufgezählt, dann das Saalland und endlich die Unterthanen mit
ihren Giebigkeiten. Die Stilisirung ist ebenfalls subjectiv, und
wir finden häufig das bezeichnende ‚invenimus‘. Es haben also
die Inventarisationsverordnungen, denen wir in anderen Theilen
des fränkischen Reiches öfters begegnen werden, auch in Italien
ihre Wirkung gehabt.

Neben den subjectiv gefassten Inventaren finden wir jedoch hier auch die ältere Form des objectiven Polyptychon erhalten. So entstand im Jahre 906 im Kloster der heil. Julia in
Brescia ein Polyptychon, welches. den grossen Urbarialbüchern
der fränkischen Klöster entspricht.[4] Der Vergleich jener mit
diesem zeigt deutlich, wie beide von einer gleichen Form der
römischen Steuerbücher abhängig sind.

Colonen. Die einzelnen Absätze werden mit ‚habet‘ eingeleitet, wie im
Polypt. Irminonis oder Polypt. Fossatense.

[1] A. Fumagalli, Codice diplom. Santambrosiano 172. Guérard, Pol. Irm.
II, 343.

[2] Memorie e documenti del ducato di Lucca V, Nr. 1758.

[3] Ich meine die ‚Brevium exempla ad describendas res ecclesiasticas‘ in
M. G., Cap. I, 250, welche unten eingehender behandelt werden.

[4] L. Cibrario, Della schiavitù e del servaggio II, 223 f.

Doch werden schon in dieser Zeit und noch mehr nach dem 10. Jahrhundert die Urbare in Italien selten, weit seltener als jenseits der Alpen.

Besonders gilt es für Ober- und Mittelitalien. Wir finden hier nur hie und da noch Aufzeichnungen, welche Urbaren nahestehen. Aus Santa Maria di Porto in der Romagna haben wir z. B. ein Breviarium der Besitzungen, das im Anfange des 12. Jahrhunderts entstanden ist und ein Urbar genannt werden kann.[1] Dann finden sich summarische Uebersichten der Besitzungen und Lehen, gewöhnlich ‚breve recordationis‘ genannt.[2] Doch sind solche Documente in Italien recht selten, besonders wenn man damit ihr häufiges Auftreten in Deutschland vergleicht, wo wir sie fast bei jeder Grundherrschaft mehrfach vorfinden.

Diese Thatsache ist aus der wirthschaftlichen Entwicklung Italiens und aus der Stellung seines Schriftwesens zu erklären. Ein gleichförmiger Unterthanenstand und ein festes Hofrecht wie in Deutschland war in Italien nicht zustande gekommen. Besonders in Mittelitalien ist die freie Zeitpacht stets mehr in Uebung gekommen, und selbst das aus der Antike überlieferte Colonat schuf hier keinen einheitlichen Hörigenstand. Es ist ein grosser Unterschied zwischen den deutschen Grundherrschaften, wo jeder einzelne Grundholde in der Hofgemeinde, welche auch dem Herrn gegenüber das Weisungsrecht behauptet, Vertretung findet, und zwischen den italienischen Latifundien. Hier gibt es keine Dorfgemeinde, jeder einzelne Landbewohner steht in einem speciellen Verhältniss zum Herrn, unter verschiedenen Vertragsbedingungen. Dazu kommt noch der ungleich höhere Stand des Schriftwesens Italiens zu jeder Zeit. Wo in Deutschland noch lange der Verbalvertrag das Ueblichste war, bot das ununterbrochen blühende Notariatswesen Italiens eine verlockende Gelegenheit zur schriftlichen Fixirung aller Verhältnisse.

---

[1] Facsimile daraus E. Monaci, Archivio paleografico italiano, vol. 1, 3.

[2] So z. B. Tiraboschi, Storia della badia di Nonantola II, doc. 95, oder Chronicon anonymi Salernitani ap. Muratori, Script. II², 283. Auch Chiuso, Saggio di antichi documenti dell' archivio arcivescovile di Torino 42.

Seit dem frühen Mittelalter war in Mittelitalien das Vergeben des Landes zur freien Kleinpacht ‚per libellum‘ die ge-
wöhnlichste Art. Ueber die Verpflichtungen des Pächters
wurden zwei gleichlautende Libelli durch den öffentlichen Notar
ausgestellt, deren einen der Herr, deren anderen der Bauer
behielt.[1]

Solche Verhältnisse boten keinen günstigen Boden zur
weiteren Entwicklung von Urbarialaufzeichnungen. Das Weisthum, welches in Deutschland die Grundlage des Urbars bildete,
fehlte hier, die Verhältnisse des Herrn zum Unterthanen
waren urkundlich festgestellt. Die Urkunde besiegte die alten
Güteraufzeichnungen und verdrängte sie fast ganz. Wir sehen es
in einem Codex aus Ravenna aus dem 10. Jahrhundert. In diesem
unter dem Namen Codex Bavarus bekannten Buche[2] findet
man eine Zusammenstellung der Libellarverträge und anderer
Verleihungsurkunden über die Güter des Erzbisthums. Diese
Urkundenauszüge sind nicht chronologisch, sondern territorial
nach den einzelnen Domänen geordnet. Es ist das Skelet
eines Urbars, aber mit Urkunden ausgefüllt. Die Urkunde hat
sich hier in das Polyptychon eingeschlichen und es endlich
vollständig verdrängt. An die Stelle der Polyptychen kommen
grosse Urkundensammlungen, wie sie uns z. B. aus Farfa und
Subiaco vorliegen. Wenn man auch dann hie und da in ihnen
eine Güterverzeichnung vornahm, so war das kein wirkliches
Urbar, dessen Vorbedingung doch die örtliche Feststellung und
Weisung des Besitzes und der Rechte ist, sondern eine schlichte
Zusammenstellung aus Urkunden ohne irgendwelche Rechtskraft. Als solche bezeichnet sie auch der Chronist von Farfa,
welcher seine Güterübersicht direct aus Urkunden entnommen
zu haben bekennt.[3] Solcherart ist auch das grosse Güterbuch

---

[1] Portile, Storia del diritto italiano, II. Aufl., III, 167 f., IV, 264 f., und
besonders L. Hartmann in den Mittheil. des Instituts für österr. Geschichtsforschung XI, 361 f. Das von demselben herausgegebene Tabularium
ecclesiae S. Mariae in Via Lata bietet viele solche Pachturkunden.

[2] Codex traditionum ecclesiae Ravennatis ed. J. Bernhart, München 1810.
Darüber L. Hartmann, Bemerkungen zum Codex Bavarus in den Mittheil.
des Instituts für österr. Geschichtsforschung XI, 361 f.

[3] Sicut in authenticis et antiquissimis scriptis membraneis reperimus, Muratori, Script. II, 417 f.

des Erzbischofs von Genua vom Jahre 1143.[1] Eine Rechtskraft
erlangten solche Aufzeichnungen blos, wenn sie in einer königlichen oder päpstlichen Bestätigungsurkunde inserirt waren.[2]
Wahre Urbare haben durch die Archive und Regestenwerke
ihre Bedeutung verloren und kommen kaum vor.

Ebenso sind die statistischen Aufzeichnungen, welche von
den moderne Verwaltungsziele anstrebenden Communen Italiens veranlasst worden sind, nicht als Urbare zu betrachten.
Das Catasterbuch von Orvieto z. B. aus dem Jahre 1292[3] ist
eine statistische, zu Besteuerungszwecken verfasste Beschreibung
der Bürger und ihres Besitzes. Diese und ähnliche Arbeiten
der Staatsgewalten[4] sind ebenso wenig unter den Urbarien zu
behandeln wie die statistischen Arbeiten unserer Tage.

Wirkliche Urbarialien erhielten sich nur in Süditalien
lange. Hier, wo die längere byzantinische Herrschaft andere
wirthschaftliche Grundlagen schuf, wo noch heute der Grundbesitz der Possidenti in weit crasserer Form erhalten ist, behielten die Urbare bis in unser Jahrhundert ihre Rechtskraft.[5]
Sie wurden hier ‚platea' oder ‚cabreo' genannt. Für den ersten
Ausdruck gibt Rinaldi zwei Erklärungen: entweder stammt er
von der ‚platea', dem Gemeindeplatz, wo die Versammlungen
gehalten wurden, oder vom Ackerfeld, welches auch ‚platea'
genannt wird. Zuerst tritt er im Jahre 1165 auf.[6] Der zweite
Ausdruck ist eine Abkürzung von ‚capibrevium', d. h. Verzeichniss. Besonders die Ritterorden, welche in Süditalien reich
begütert waren, gebrauchten die letztere Benennung. Aber
auch die königliche Macht bediente sich solcher Aufzeichnungen,

---

[1] Atti della società Ligure di storia patria II, parte 2. S. auch Rinaldi,
Archivio giuridico XLVIII, 333—335.

[2] So z. B. päpstliche Bestätigungsurkunden für die Kirche von Tivoli.
L. Bruzza, Regesto della chiesa di Tivoli, Rom 1880.

[3] Herausgeg. von G. Pardi im Bollettino della società Umbra di storia
patria II.

[4] Solche sind z. B. R. Foglietti, Il catastro di Macerata dell' anno 1268
oder A. Crivelluci, L' antico catastro di Ascoli aus dem Jahre 1381. Andere Cataster aus Jesi, Amandola, Amelia.

[5] Die Kenntniss dieser Werke verdanken wir ganz der Schrift A. Rinaldi's,
Valore storico-giuridico dei cabrei e delle platee, Archivio giuridico
XLVIII.

[6] Rinaldi l. c. 339.

und in Sicilien entstanden in den ersten Jahren des 16. Jahrhunderts grosse Verzeichnisse der königlichen Güter.[1] Die Rechtskraft der Aufzeichnungen im Königreich der beiden Sicilien dauerte bis in die letzten Jahre, war jedoch durch das Eingreifen öffentlicher Notare bedingt. Im übrigen Italien blieb sie unbekannt; hier beherrschte die Urkunde das ganze Rechtsgebiet.

Staatliche Inventarisirung des Grossgrundbesitzes im fränkischen Reich.

‚Seit dem Untergang des römischen Imperiums vollzogen sich bis in das 10. Jahrhundert zwei Vorgänge ohne Unterbrechung: der eine war die fortgesetzte Schwächung der öffentlichen Gewalt, der andere die Fortschritte des Grossgrundbesitzes und der Vasallität. Unmerklich gelangte man so weit, dass die Grundherrschaft und die Vasallität die einzigen lebenskräftigen Institutionen wurden; sie nahmen die Befugnisse auf, welche in den vorhergehenden Jahrhunderten die Staatsgewalt innehatte. Nach der Vollendung dieser Entwicklung wurde die Gesellschaft nicht mehr durch die politischen Gesetze verwaltet, sondern durch die Gesetze des Grundbesitzes und die Gewohnheiten des persönlichen Feudalnexus.‘ Mit diesen Worten charakterisirt der französische Forscher[2] die Entwicklung der öffentlichen Verhältnisse in Gallien in der nachrömischen Zeit. Die pseudostaatlichen Kräfte, die Grundherrschaft und die Feudalität verschlangen die Kraft der staatlichen Macht. Klar zeigt sich dieser Vorgang in der Weiterentwicklung des Steuerwesens und seiner Aufzeichnungen im fränkischen Reich. Die Germanen fanden in Gallien die römische Steuerverwaltung mit ihren Steuerrollen vor. Weder die Westgothen[3] noch die Frankenkönige verschmähten sie, sie hatten den besten Willen, ihrer Vortheile theilhaftig zu werden. Doch umsonst; diese complicirte Institution war gleich vielen anderen dem Untergange

---

[1] I capibrevi di Giovanni Luca Barberi, herausgeg. von Silvestri in Documenti per servire alla storia di Sicilia, Prima serie, vol. IV, VIII, XIII.

[2] Fustel de Coulanges, Les transformations de la royauté pendant l'époque carolingienne 703.

[3] Polyptychen blieben auch im Westgothenreich bestehen: Praenotati in polypticis publicis atque — censiti, Lex Wisig. XII, 2, 13.

geweiht, und die fränkische Verwaltung hat auf dem Gebiete des Steuerwesens nur Rückschritte zu verzeichnen.[1]

Die römische Grundsteuer blieb unter den Merovingern bestehen. Die alten Steuerrollen behielten ihre Rechtskraft und ihre Namen.[2] Indem sie den neuen Verhältnissen nicht mehr genügten, versuchten die Merovinger des Oeftern, ihre Umarbeitung durchzuführen. Das Werk Gregor's von Tours bietet darüber viele Nachrichten.[3] Wir lesen da oft von dem Unwillen, auf den die königlichen Steuereinschätzer gestossen sind; wir hören vom Verbrennen der Steuerbücher und vom Eingreifen der Heiligen.[4] Aber trotz dieser Bemühungen der königlichen Gewalt verschwindet ganz allmälig das rationelle römische Steuerwesen und verliert seinen Charakter. Es war kein königlicher Erlass, welcher es aufgegeben hatte, es war keine allgemeine Auflehnung des Volkes gegen die Steuer, durch welche seine Abschaffung erlangt wurde. Die Merovinger selbst verloren das rechte Verständniss für das Steuerwesen. Sie selbst betrachteten es nicht als eine gerechte Forderung des Staatsoberhauptes zur Bestreitung der öffentlichen Geschäfte, ihnen selbst erschien es als eine unchristliche Belastung der Unterthanen, als eine Sünde.[5] Wir hören stets von der gnadenweisen Vernichtung der Steuerbücher zum Heile der königlichen Seele, auf Mahnungen des Clerus. Die Geistlichkeit, besonders die Bischöfe, welche das System bereits durch Immunitäten durchbrochen hatten, eiferten gegen das staatliche Besteuerungsrecht. Die Bischöfe und Aebte waren die ersten Grossgrundbesitzer des Landes, sie trugen also viel bei zur Zerrüttung der Centralgewalt. Im 7. Jahrhundert ist der Verfall des Steuerwesens schon unaufhaltbar; die Grundsteuer

---

[1] H. Brunner, Deutsche Rechtsgeschichte II, 234.

[2] Polyptici publici bei Marculf, Form. I, 19, Fredegar Chronicon, M. G., Script. Merov. II, 62, 115; Historia translationis S. Glodesindis in Acta Sanct., Bol. Juli VI, 216. Gregor von Tours nennt sie meist ,descriptiones'.

[3] Gregor von Tours III, 36; IV, 2; V, 28, 35; VII, 15; IX, 30; X, 7; E. Glasson, Histoire du droit et des institutions de la France II, 371.

[4] Fustel de Coulanges, La monarchie franque 265 f.; J. Roth, Geschichte des Beneficialwesens 85 f.

[5] Fustel de Coulanges, Les transformations 30 f.

verwandelte sich überhaupt bald in eine Reallast, die in un-
veränderter Höhe von den belasteten Grundstücken eingehoben
wurde.[1] Sie beendete ihr Dasein, indem sie in die Hände von
Privaten gelangte und zum herrschaftlichen Grundzinse wurde.[2]

Durch diese Entwicklung verloren auch die Polyptycha
ihre Bedeutung als öffentliche Urkunden und wurden von der
Staatsverwaltung aufgegeben.

Die karolingische Dynastie flösste dem fränkischen Staats-
wesen neues Leben ein. Die gewandten Hausmeier und ihre
gekrönten Nachkommen verstanden es, das morsch gewordene
Staatsgebäude zur neuen Blüte zu bringen; auf allen Gebieten
des öffentlichen Lebens versuchten sie eine Revindication der
königlichen Rechte durchzuführen. Karl dem Grossen schwebte
eine Renaissance des absoluten römischen Imperiums vor, alle
noch vegetirenden Reste desselben sollten zu neuer Geltung
gebracht werden.

Doch weder er noch die anderen Karolinger versuchten
es, das abgelebte römische Besteuerungssystem zu neuem Leben
zu bringen. Ihr praktischer Regentensinn sagte ihnen, dass die
ganze thatsächliche Entwicklung dagegen sei. Sie sahen richtig
ein, dass nunmehr das hoffnungsvollste wirthschaftliche Element
die grosse Grundherrschaft sei; sie suchten sich also dieselbe
dienstbar zu machen. Den grössten Grundbesitz im Lande behaupteten sie selber, und sie liessen ihm eine umsichtige Pflege
angedeihen. Zugleich strebten sie aber, den grossen kirchlichen
Besitz in ihren Kreis zu ziehen und die weltlichen Grossen
durch Beneficialwesen und Vasallität an sich zu fesseln. Vor
Allem lag ihnen daran, eine genaue Kenntniss über die wirthschaftlichen Kräfte dieser Besitzungen zu haben. Sie strebten
es nicht an, aus administrativen Zwecken die alten Polyptycha
aufzufrischen, um genaue territoriale Beschreibungen des Reiches
zu haben. Denn der kleine Landbebauer interessirte sie weniger
als die unaufhaltsam wachsenden Grossgüter. Auf diese wollten
sie einen Einfluss behaupten, ihre Kräfte wollten sie sich zunutze
machen, und darum suchten sie auch genaue Kenntniss über
sie zu erhalten. Was zwischen den Latifundien an Kleinbesitz

---

[1] Brunner, Deutsche Rechtsgeschichte II, 235.
[2] Glasson, Histoire du droit II, 371.

lag, schien ihnen von geringerer Bedeutung. Wir sehen auch, dass folgerichtig die karolingische Staatsverwaltung nicht mehr wie die römische die Catastrirungen von Territorien vornimmt, sondern blos Einzelbeschreibungen des Grossgrundbesitzes entstehen lässt.

Die Säcularisirungen von Kirchengut im 8. Jahrhundert boten den ersten Anlass zu solchen Arbeiten. Seit den Zeiten Karl Martell's sah man sich öfter genöthigt, Kirchengut an Laien zu vergeben, um die Bildung einer kräftigen Ritterschaft zu begünstigen. Es geschah zuerst gewaltthätig ohne rechtliche Formen; erst unter Karlmann und Pippin kam eine Verständigung zwischen der Regierung und der Kirche zustande, nach welcher das Eigenthum der vergebenen Güter bei den kirchlichen Anstalten verblieb und die belehnten Laien nur den precaritischen Besitz derselben erhielten. Es war die sogenannte ‚precaria verbo dominico'. Um diese modificirten Säcularisationen auf das ganze Kirchengut gleichmässig zu vertheilen, liess Pippin in den Jahren 750—751 Verzeichnisse des gesammten kirchlichen Besitzes vornehmen. Auf Grund derselben wurde die Vertheilung der precaristischen Verleihungen vorgenommen, was man divisio nannte.[1]

Keines von diesen Verzeichnissen ist auf uns gekommen; sie haben sich kaum viel von jenen der Folgezeit unterschieden.

Unter Karl dem Grossen kamen solche grosse Vergabungen nicht mehr vor; nur in vereinzelten Fällen machte man noch von dieser Massregel Gebrauch.[2] Noch seltener war sie unter seinen Nachfolgern; diese schenkten mehr, als sie nahmen. Doch dadurch wurde das Interesse des Königthums von dem Kirchengut nicht abgewandt. Denn eben im 9. Jahrhundert befestigte sich am Königshofe die Auffassung, dass dem König ein Eigenthumsrecht an den Temporalien der Kirche zustehe.[3] Die Kirchengüter wurden da als eine andere Form des Königs-

---

[1] Annales Alamanici zum Jahre 751: ‚Pippinus rex elevatus, res ecclesiarum descriptas atque divisas.' Ebenso Ann. Guelferbytani und Ann. Nazariani. M. G., Script. I, 26, 27. Vgl. Brunner, Deutsche Rechtsgeschichte I, 246 f.

[2] Roth, Geschichte des Beneficialwesens 341. Im Jahre 787 liess Karl die Güter des Klosters Fontanelle durch den Grafen Richard und Abt Landricus beschreiben. M. G., Script. II, 290.

[3] J. Ficker in den Sitzungsber. der Wiener Akad. LXXII. 101 f.

gutes angesehen. Von diesem Gesichtspunkt geleitet, suchte
dann die Regierung eine genaue Evidenz über die Kirchen-
besitze zu erhalten.

Dasselbe galt von den königlichen Beneficien, bei denen
die Erblichkeit noch nicht feststand, und über welche sich der
König stets ein Verfügungsrecht erhalten wollte. Zum Königsgut im weiteren Sinne wurden auch die Dienstgüter der Grafen
und anderer Beamten gerechnet.

Das Königsgut in diesem weitesten Sinne beschäftigte
also unaufhörlich die Sorge der Karolinger. Wie gross ihre
Sorgfalt für die fiscalischen Güter war, zeigt uns das grösste
Denkmal wirthschaftlicher Organisationsthätigkeit des Mittelalters, das ‚Capitulare de villis‘. Laut dessen Bestimmungen
sollten die Vorstände einzelner Fisci alljährlich einen Rechen-
schaftsbericht und zu Weihnachten ein Inventar der vorhandenen Vorräthe vorlegen.[1] Bei der Centralbehörde war eine
genaue Kenntniss des Zustandes der Domänen zur Durch-
führung der Controle unumgänglich. Urbariale Aufzeichnungen
über die Domänen waren demnach bei so genauer Verwaltung
eine Voraussetzung.

Aber auch über das Königsgut im weiteren Sinne, über
die Kirchen- und Beneficialgüter suchte sich die Centralstelle
genaue Beschreibungen zu verschaffen. Sie waren eben die
subsidiären Quellen königlicher Einnahmen in Nothfällen. Man
bediente sich hiebei des Institutes der ‚missi dominici‘. Diese
wurden oft beauftragt, Inventarisirungen des Grossgrundbesitzes
vorzunehmen.

So gebietet im Jahre 807 Karl den Königsboten, die
Kirchen- und Beneficialgüter zu bereisen und das Ergebniss
ihrer Visitation in einem ‚breve‘ niederzulegen.[2] Deutlicher
spricht sich hierüber ein Capitulare der nächsten Jahre aus.
Hier wird den Missi befohlen, folgende Besitzthümer zu untersuchen und ihre Beschreibung in das ‚missaticum‘ aufzunehmen:
1. Beneficien, mit der Angabe der Grösse und Unterthanenzahl
und der eventuell widerrechtlich allodisirten Theile, 2. Güter
der Bischöfe, Klöster und Grafen, 3. die königlichen Fisci.[3]

---

[1] Cap. de villis c. 51, 62. M. G., Cap. I, 88.
[2] Cap. de causis diversis, c. 807, c. 4. M. G., Cap. I, 136.
[3] Cap. de iusticiis faciendis 811—813, c. 5—7. M. G., Cap. I, 177.

Wir sehen also, welche Gruppen von Gütern an der Centralstelle Interesse erweckten, und wie man durch genaue Kenntnissnahme derselben ihrer Allodisirung vorzubeugen suchte. Auch in der Folgezeit blieb es dabei.

Ludwig der Fromme, der grosse Begünstiger des Clerus, suchte die zerrütteten Kirchenzustände zu regeln. Auch er sandte Visitatoren aus, welche Güterrollen über den Kirchenbesitz herstellen sollten.[1] So wurde unter ihm der Gesammtbesitz des Klosters St. Riquier im Jahre 831 inventarisirt.[2]

Von seinen Nachfolgern erhielt besonders Karl der Kahle diese Institutionen in Kraft. Oefters hören wir von den Besitzermittlungen seiner Missi.[3] Der Zweck dieser Arbeiten erhellt besonders aus der Nachricht der Annales Bertiniani zum Jahre 869. Der königliche Befehl lautete, dass zum ersten Mai die Bischöfe und Aebte ‚breves de honoribus suis, quanta mansa quisque haberet‘ beibringen sollen. Dasselbe galt für die Vasallen und Grafen, bei welchen noch die Vorsichtsmassregel beigefügt wurde, ‚vassalli autem dominici comitum beneficium et comites vassallorum beneficia inbrevient‘. Auf Grund dieser Inventare bestimmte dann der König, wie viel Dienste von je hundert Hufen an den Königshof zu leisten seien.[4] Zu Besteuerungszwecken wurden also zwar auch diese Beschreibungen verfasst, doch wie ganz anders ist dieser Modus gegenüber den territorialen Catastrirungen früherer Zeiten!

Von den auf diese Weise entstandenen Aufzeichnungen ist uns fast gar nichts mehr erhalten. Doch waren sie im 9. Jahrhundert so häufig, dass zu ihrer Verfertigung Vorlagen in Formulare aufgenommen wurden. Ein Bruchstück eines solchen Formulars für Inventare ist uns noch erhalten.[5] Es stammt wohl noch aus der Zeit Karls des Grossen und besteht

---

[1] Ermoldus Nigellus II, 521 f. M. G., Script. II, 488. Poetae lat. 2, 39.

[2] Hariulfi Chronicon. Centulensis abbatiae seu S. Richarii bei d'Achery, Spicilegium II, 310, ed. Lot (Paris 1894), p. 86.

[3] Concilium Meldense-Parisiense 845—846. M. G., Cap. II, 403. Capitulare missorum Suessionense 853, ib. 268.

[4] Ann. Bertin. ed. Waitz (M. G., Schulausg.) 98.' Die Thätigkeit der Missi wird da nicht mehr erwähnt.

[5] Oefters herausgegeben, zuletzt M. G., Cap. I, 250, mit der Bezeichnung: Brevium exempla ad describendas res ecclesiasticas et fiscales circa 810.'

aus drei Theilen. Den ersten Theil bildet das bruchstückweise
erhaltene Inventar der bischöflich Augsburgischen Güter, vornehmlich des Gutes Stafelsee. Es werden hier die Kirchen mit
den Paramenten und Schätzen, die Gebäude mit Wirthschafts-
vorräthen, die Hufen und die Unterthanen mit ihren Leistungen
aufgezählt. Die einzelnen Absätze werden regelmässig mit ‚invenimus' oder ‚reperimus' eingeleitet. Das ganze Stück hat ein wirkliches Inventar des Bisthums als Vorlage gehabt, aber dasselbe
nur auszugsweise wiedergegeben; denn es endet mit den Worten:
‚restant enim de ipso episcopatu curtes VII, de quibus hic
breviatum non est, sed in summa totum continetur. Habet
quippe summa Augustiensis episcopatus mansos' — es wird
hier also blos ein Theil vom Originalbreve wiedergegeben.

Der zweite Theil des Formulars sind einige Traditions-
vermerke des Klosters Weissenburg, welche mit einem ‚et sic
cetera breviare debes' abgeschlossen werden. Im letzten Theil
finden wir das Inventar einiger königlichen Fisci, betitelt: ‚de
ministerio illius maioris vel ceterorum'. Auch hier werden die
Güter mit ihrem Fundus instructus beschrieben und die einzelnen Theile mit ‚invenimus' eingeleitet. Bei den meisten
Fisci ist der Name durch das formelhafte ‚ille' ersetzt. Auch
dieses Stück schliesst mit den Worten: ‚et sic de ceteris —
numerabis'.

Es kann also nicht bezweifelt werden, dass diese Aufzeichnung ein Formular zur Abfassung ähnlicher Inventare
ist. Fraglicher ist ihre Entstehung. Alle, die sich bisher mit
ihr beschäftigt haben,[1] meinten, es sei eine officielle Vorlage,
welche von Karl dem Grossen den Missi mitgetheilt wurde.
Doch ist bei der Annahme des officiellen Ursprunges nicht
erklärlich, warum die Traditionsverzeichnisse hier aufgenommen
sind. Denn es ist doch kaum anzunehmen, dass die Königsboten Traditionsbücher für die Klöster anzufertigen hatten. Es
ist demnach wahrscheinlicher, dass es ein Werk des Privat-
fleisses ist, vielleicht von einem Mitglied der königlichen
Kanzlei, welchem die Einsicht in die Geschäftsstücke der
Finanzbehörde freistand. Vielleicht ist es nur ein Fragment
eines grösseren Formelbuches überhaupt. Das Wichtigste bleibt

---

[1] Pertz, Boretius, Guérard, Inama-Sternegg u. A.

für unsere Frage, dass wir auf eine grosse Verbreitung solcher
Inventare schliessen müssen, da sich ein Bedarf von Formularen
für sie ergab.

Trotzdem sind uns von dieser Masse nur ganz unbedeu-
tende Reste erhalten. So kennen wir die Beschreibung eines
Gutes des Klosters St. Gallen aus dem Ende des 8. Jahrhunderts, welche aber recht flüchtig ist und nicht von der
Intervention der ‚missi‘ erzählt.[1] Ein anderes Bruchstück ist
das ‚breve commemoratorium‘ des Bischof Erchembert von
Freising (836—854). Dieses gleicht mehr dem oben behandelten
Formular und fängt an mit den Worten: ‚hic innotescit quid
ibi invenimus ad Perechirichum‘.[2] Die Thätigkeit der Königsboten ist auch hier nicht ausdrücklich erwähnt. Wir können
jedoch annehmen, dass dies die Regel gewesen sein mag,
indem diese Inventare im Interesse der Staatsgewalt angefertigt
wurden.

Trotz dieser geringen Reste können wir uns aber über
diese von den Karolingern angeregten Inventare eine Meinung
bilden.

Diese Aufzeichnungen sollten ein Bild des momentanen
Zustandes der Güter wiedergeben. Sie führen nicht nur die
unbeweglichen ständigen Güter an, sondern auch die Fahr-
habe und die Wirthschaftsvorräthe. Sie sind das Ergebniss
einer persönlichen Untersuchung an Ort und Stelle.

Das zeigt sich auch in ihrer Form. Sie sind in der Regel
subjectiver Fassung, indem die einzelnen Absätze durch ein ‚invenimus‘ angeführt werden. Man kann zwar nicht, wie es geschah,
aus diesem Worte schlechthin auf die Mitwirkung königlicher
Missi schliessen, denn dieses Wort wird auch bei privaten Inventaren des ganzen Mittelalters gebraucht. Doch war die Mitwirkung der Königsboten wohl Regel. Trotz der Intervention
staatlicher Functionäre ist ein grosser Unterschied zwischen
den karolingischen Brevia und den römischen Steuerbüchern,
welche wir noch in der Merovingerzeit vorfanden.

Zwar ist der Zweck derselbe, nämlich ein finanzieller;
doch ist in der Karolingerzeit eine Grundherrschaft der Gegen-

---

[1] Wartmann, Urkundenbuch von St. Gallen I, 16.
[2] Meichelbeck, Historia Frising. I, 126. Das Schriftstück scheint hier nicht
ganz wiedergegeben zu sein.

stand der Beschreibung, während es früher ein Stadtterritorium
mit allen seinen Kleinbesitzern war. Ebenso sind die Brevia
keine Urbare im wahren Sinne des Wortes. Von diesen unterscheidet sie die Aufnahme von Mobilien und die subjective
Fassung. Der Name ,breve' zeigt sich schon als Gegensatz zum
,plenarium', der wirklichen, objectiv gefassten Urbarialaufzeichnung dieser Zeit. Wenn diese Inventare aber auch keine echten
Urbare sind, so sind sie doch Urbarialien, indem sie als Vorarbeiten zur Herstellung von wirklichen Urbaren dienen können.
Mit ihnen hat die Karolingische Staatsverwaltung den letzten
Versuch gemacht, das Steuerwesen in einem Contact mit dem
Bodenbesitze zu erhalten. In den folgenden Jahrhunderten
kommt dies nicht mehr vor. Wir werden zwar auch noch
später stets die Entstehung grundherrschaftlicher Inventare be-
tonen können, aber ohne dass eine Veranlassung von Seiten
der Staatsverwaltung ersichtlich wäre.

Die fränkischen Polyptycha.

Ausser den eben behandelten Inventaren entstanden in
der Karolingerzeit grössere Urbarialarbeiten, die Polyptycha.
Sie wurden im Gegensatz zu den ersten auch ,plenaria' genannt, indem sie den ganzen nicht beweglichen Besitz eines
Grossgrundbesitzers erschöpfend darstellten.

Es sind durchwegs kirchliche Anstalten, deren Polyptycha
uns überliefert sind. Das grösste Denkmal dieser Art ist das
bekannte Polyptychon von St. Germain des Prés, verfasst vom
Abt Irminon in den ersten Jahren des 9. Jahrhunderts.[1] Ihm
stellt sich würdig zur Seite die Arbeit des Abtes Hincmar
von St. Remi in Reims, die um die Hälfte des 9. Jahrhunderts
entstand.[2] Noch früher, im Jahre 814 verfasste der Bischof
Vuadald von Marseille das Polyptychon seiner Kathedrale und
der Abtei St. Victor.[3] Nur geringe Reste haben wir dagegen
von den Polyptychen von St. Amand[4] und St. Maur.[5] In ver-

---

[1] Guérard, Polyptique de l'abbé Irminon, tom. I: Prolegomènes et
éclaircissements, tom. II: Polyptique. Paris 1844.

[2] Guérard, Polyptique de l'abbaye de Saint-Remi de Reims, Paris 1853.

[3] Guérard, Cartulaire de l'abbaye de Saint-Victor de Marseille II, 633—556.

[4] Nur ein Blatt erhalten; Guérard, Pol. Irm. I. Éclaircissement XIX.

[5] Ibid. II, 283—288.

änderter Gestalt liegt uns auch das Urbar von St. Bertin,
ebenfalls um die Hälfte des 9. Jahrhunderts entstanden, vor.[1]
Dies sind die bisher bekannten geringen Reste der vielen Aufzeichnungen dieser Art. Denn wir können aus zahlreichen Erwähnungen anderer Quellen entnehmen, dass derartige Arbeiten
sich einer allgemeinen Verbreitung erfreuten. So wird im Jahre
840 des Polyptychons des Klosters St. Vincent zu Le Mans
gedacht.[2] Auch das Bisthum Le Mans besass im 9. Jahrhundert
solche Bücher.[3] Eine andere Nachricht dieser Art haben wir
über das Kloster Verberie.[4] Es liessen sich noch mehr solcher
Zeugnisse sammeln von Urbaren, welche im Laufe der Zeiten
verschollen sind. Doch wir ziehen es vor, den allgemeinen
Charakter derartiger Aufzeichnungen auf Grund des vorhandenen festzustellen.

Die Karolingischen Polyptycha waren ihrem Namen entsprechend umfassende Bücher; selten waren sie auf grossen
Pergamentrollen geschrieben, wie das von Marseille, zu wel-
chem eine fast drei Meter lange Rolle verwendet wurde. Sie
enthalten eine systematische Beschreibung des gesammten
Grundbesitzes eines Klosters oder Bisthums. Der ganze Besitz
zerfiel in der Regel in eine Reihe von Domänen. Wir finden
demgemäss in den Polyptychen für jede einzelne Domäne ein
Capitel, ‚breve‘ genannt. In jedem dieser Capitel wird die
Beschreibung folgenderweise vorgenommen: Zuerst wird das
Herrenland, der ‚mansus indominicatus‘, beschrieben, die Felder,
Weinberge, Wiesen, Waldungen mit ihrem Ausmass und Durch-
schnittsertrag aufgezählt, sodann die Industrieanstalten und
Kirchen. Dem folgt die Beschreibung des Rusticalbodens; gewöhnlich werden zuerst die mansi ingenuiles, dann die lidiles,
serviles und hospitia aufgezählt.[5] Bei jeder Hufe werden die

---

[1] Ibid. II, 396—406.

[2] Summa de pollegeticis vel plenariis fratrum Cenomanica in urbe Deo
servientium, Baluze, Miscell. III, 144.

[3] Ceteras villulas, quarum nomina — in pollegeticis et plenariis — prae-
dictae ecclesiae hactenus pleniter repperiuntur insertae. Mabillon, Ana-
lecta vetera 264.

[4] Guérar, Pol. Irm. I, 31, Anm. 6.

[5] Bei dem Polyptychon von Marseille finden wir den anders gearteten
Wirthschaftsverhältnissen des Südens angemessen nicht den Ausdruck
‚mansus‘, sondern ‚colonica‘.

Besitzer mit ihrer Familie namentlich aufgezählt, ihr Alter
und ihre Freiheitsstufe bemerkt, ebenso die an der Hufe lasten-
den Zahlungen und Dienste. Am Ende einer Herrschaftsbe-
schreibung schliessen sich verschiedene Vermerke und die
Summen des Ganzen an. Mobilien werden nur ganz ausnahmsweise erwähnt.

Die Aufzählung ist durchwegs objectiv. Die einzelnen
Absätze werden z. B. im Polyptychon von St. Germain mit
‚Habet (monasterium) in villa . . .‘ oder, wie im Polyptychon
von Rheims, mit ‚In N. est‘, ‚In N. habetur‘ eingeleitet. Dass
die seltenen Ausnahmen von subjectiv gefassten Wendungen
auf die Vorarbeiten zurückgehen, werden wir später sehen.
Trotz der verschiedenen Entstehungsorte der einzelnen Aufzeichnungen haben alle, von geringen Ausnahmen abgesehen,
eine und dieselbe Stilisirung.

Wo die Aufzählung nicht durch spätere Zusätze gestört
ist, macht sie einen systematischen, wohlgeordneten Eindruck,
weit mehr als die Urbarialien der nachkarolingischen Zeit.

Diese einheitliche, geordnete Form der Aufzeichnungen
lässt sich am besten dadurch erklären, dass diese, wie schon
der Name besagt, durch Anlehnung an die römischen Steuerrollen entstanden sind.[1]

Wenn wir die Forma censualis Ulpian's[2] oder das Decret
Valentinian's und Valens' über Güterbeschreibungen[3] mit dem
Polyptychon des Abtes Irminon vergleichen, finden wir dieselbe
Art der Inventarisirung, dieselbe Reihenfolge der beschriebenen
Objecte. Die Erhaltung dieser Formen ist bei der Ständigkeit
der Verwaltung von Latifundien nichts Wunderbares. Bis in
das 7. Jahrhundert hat sich das fränkische Königthum der
römischen Steuerrollen bedient. Nach dem Verfall des ganzen
Steuerwesens blieben die Steuerrollen in den Händen der Bi-
schöfe und Aebte, welche dieselben zu grundherrschaftlichen
Zwecken benützten und in private Urbarien verwandelten.

---

[1] Diese Meinung hat schon Fustel de Coulanges in seinem lichtvollen
Aufsatze über das römische Colonat ausgesprochen, Recherches sur quelques problèmes d'histoire, Paris 1885, 84.

[2] Digest., l. L, 15, 4.

[3] Cod. Just., l. IX, 49, 7.

Wenn wir uns die wahren Ursachen dieses Fortlebens antiker Steuerrollen im Frankenreiche erklären wollen, müssen wir einen Blick auf die wirthschaftliche Structur des gallischen Grossgrundbesitzes werfen.

In der Römerzeit wurden die Latifundien in Gallien ähnlich bewirtbschaftet wie im ganzen Reiche. Ein Theil der Domäne wurde vom Herrn selbst unter dem Pflug gehalten und durch Sclaven bebaut; das Uebrige war an Colonen oder behauste Sclaven vergeben. Die Colonen hatten Zinsungen und Dienste an den Herrenhof zu leisten; die Höhe dieses Canons war durch eine ‚lex dicta‘, die ‚lex saltus‘, festgesetzt und durfte von rechtswegen von keinem der beiden Contrahenten überschritten werden. Sie wurde meist urkundlich festgestellt.[1] Die germanische Invasion hat an diesen Verhältnissen wenig geändert; besonders die grossen Kirchengüter blieben von ihr unberührt. Wir sehen noch in der Karolingerzeit den ‚mansus indominicatus‘ im Eigenbetriebe des Herrn, die Coloni, welche stets ihre persönliche Freiheit behielten, als Inhaber der ‚mansi ingenuales‘ und die behausten Sclaven mit ihren ‚mansi serviles‘. Nur eine Aenderung ist vor sich gegangen. Früher erhob der Grossgrundbesitzer bei seinen Colonen die Steuerbeträge, um sie an die Staatscasse zu übermitteln. Am Ende der Merovingerzeit hörte er auf, diese Beträge an den Staat abzuliefern, und verwandelte sie zu seinen Privateinnahmen. Wir finden in den Polyptychen viele solcher Zinsungen, wie die Abgabe ‚ad hostem‘, welche ursprünglich öffentliche Steuern waren.[2] Das erklärt uns, warum die Grossbesitzer im Frankenreich die Form der alten Steuerrollen beibehielten. Einerseits erhielten sie sich damit immer in genauer Kenntniss über den feststehenden, doch örtlich stets variirenden Canon der Colonen, andererseits erhoben sie mit Hilfe dieser Aufzeichnungen die früher staat-

---

[1] A. Schulten, Römische Grundherrschaften 379; Fustel de Coulanges, Le colonat romain.

[2] E. Glasson, Histoire du droit, p. 377, sagt darüber: Quant aux impôts directs, ils continuent à être désignés sous le nom de cens et ne tarderont pas à former des censives. Ainsi l'impôt a changé à la fois de but et de nature; à proprement parler il n'existe plus, et il est remplacé par des redecevances purement privées établies en faveur du propriétaire qui les perçoit et nullement dans l'intérêt de l'état.

lichen Zinsungen. Denn der Grundherr konnte wohl seine
Sklaven beliebig belasten, aber gegen Colonen war er durch
das bisherige Herkommen gebunden. Zur Wahrung seiner
Rechte musste er sich also schriftlicher Aufzeichnungen bedienen, und diese waren die Polyptycha. Oft entstanden über
die Höhe und Art der Leistungen Streitigkeiten; bei diesen
dienten die Polyptycha als Beweismittel. Als solche treten sie
öfters in den Quellen auf. Im Jahre 832 z. B. entscheidet
Ludwig der Fromme einen Streit der Bewohner von Le Mans
mit dem Bischof, indem er befiehlt, den Zehent und Zins, wie
er in den Grundbüchern der Kirche aufgezeichnet ist, zu
zahlen.[1] In dem Edictum Pistense Karl's des Kahlen aus dem
Jahre 864 lesen wir folgende Bestimmung: ,Ut illi coloni tam
fiscalis quam et ecclesiastici, qui sicut in polypticis continetur
et ipsi non denegant carropera et manopera ex antiqua consue-
tudine debent et margillam et alia quaeque carricare, quae
illis non placent, renuunt, quoniam adhuc in illis antiquis temporibus forse margila non trahebatur, quae in multis locis tempore avi ac domni et patris nostri trahi coepit . . . quicquid
eis carricare praecipitur . . . sine differentia carricent.'[2]

Daraus ergibt sich, dass die Polyptycha als Bewahrer
der ,antiqua consuetudo' sowohl von den Colonen, wie von dem
Herren als massgebend betrachtet worden sind; nur um ihre
Interpretation entspann sich, als der Herr auch den neuen
Mergeltransport unter die alten Fuhrlasten rechnete, ein Streit,
welcher durch das Königswort entschieden wurde.

Diese Bedeutung der Polyptycha als ein Normativ der
gutsherrlichen Verhältnisse und die Quelle ihrer Rechtskraft
beleuchtet am besten eine Urkunde aus dem Jahre 828.[3] Pippin,
König von Aquitanien, berichtet in derselben, dass, als er zu
Gerichte sass, vor ihm vier Colonen aus der Villa Antoniaco,

---

[1] Census cunctos . . . partibus praefatae ecclesiae sicut in plenariis et
breviariis eiusdem matris ecclesiae continentur . . . persolvi praecipimus.
Bouquet, Recueil VI, 585. Ist ein Theil der Urkunde auch zweifelhaft
(Mühlbacher, Reg. der Karolinger, Nr. 833; Julien Havet, Questions
Méroving. VII, in Bibl. de l'École des chartes 53, 632, Anm. 3) um so
unbedenklicher ist diese Stelle, die nur einen alten Brauch bezeugt.

[2] Ed. Pistense, c. 29. M. G., Cap. II, 864.

[3] Bei Guérard, Pol. Irm. II, 344, app. Nr. 9.

Unterthanen des Klosters Cormery, erschienen; diese beklagten sich, dass der Abt mit seinen Vögten grössere Leistungen von ihnen fordere, als recht wäre ‚nec talem legem eis conservabant quomodo eorum antecessores habuerant'. Dagegen wehrten sich die Vertreter des Klosters und behaupteten, keine anderen Leistungen als solche, welche durch die Rechtssatzung (per drictum) oder durch ein Herkommen von dreissig Jahren sanctionirt wären, zu verlangen. Als Beweis legten sie das Polyptychon vor, ‚et discriptionem ibidem optulerunt ad relegendum in quo continebatur, quomodo sub tempus Alcuino abbate, ipsi coloni et ipsa villa, qui ad praesente adstabat una cum eorum pares cum juramento dictaverunt, quid per singula mansa ex ipsa curte desolvere debebant, et habebat daturum ipsa discriptio anno trigesimo quarto regnante Carolo rege.' Die Colonen wurden sodann vom König befragt, ob sie gegen das Urbar etwas anzuführen hätten. Da mussten sie aber bekennen ‚ipsam descriptionem veram et bonam esse', und ebenso, dass diese Abgaben durch viele Jahre geleistet wurden. Auch gaben sie zu, nicht leugnen zu können, dass sie ‚ipsam discriptionem ipsi non dictassent vel antecessores eorum'. Natürlich wurde der Process vom Gerichte zu Gunsten des Klosters entschieden.

Dieser Process zeigt deutlich, welche Rechtskraft die Polyptycha in gutsherrlichen Verhältnissen besassen, und welcher Quelle diese Kraft entnommen ist. Diese Quelle ist die Weisung der Unterthanen.

Die Unterthanen können also das Polyptychon nur dadurch schelten, dass sie leugnen, seinen Inhalt gewiesen zu haben. Das durch den Schwur bekräftigte Weisthum bildet die Grundlage desselben.[1] Wir finden auch in den Polyptychen Spuren dieser Weisung. Am Ende vieler Beschreibungen nämlich folgt eine Reihe von Namen der Unterthanen, welche für die Gesammtheit den Eid geleistet haben.[2]

---

[1] Schon Lamprecht, Deutsches Wirthschaftsleben II, 667 f., hat auf Grund moselländischen Materials mit grosser Schärfe das Weisthum als die Grundlage des Urbars bezeichnet.

[2] ‚Isti juraverunt omnia ita esse' oder ‚Isti dixerunt jurati' oder einfach ‚Isti juraverunt'. Pol. Irm. I, 113, 160, 163, 244, 281; Pol. St. Remi 16, 24, 105. Die Anzahl der Geschworenennamen schwankt zwischen 43 und 4.

Dies weist auf die ganze Entstehungsweise dieser Aufzeichnungen und erklärt uns viele in ihnen sich vorfindende
Widersprüche.

Die Polyptychen waren keine Arbeiten, welche ihr Dasein
dem Fleisse eines Mönches, der in seiner Zelle sein Gedächtniss
anstrengt, verdankten. Sie entstanden unter der Mitwirkung
ganzer Hofgenossenschaften. Ihrer Aufzeichnung ging eine sorgfältige Ermittlung an Ort und Stelle voraus.

Zu diesen Erhebungen wurden von der Centralstelle stets
Pröpste oder andere Delegaten in jeden Frohnhof entsendet.[1]
Sie versammelten die Hofgenossenschaft und verfertigten auf
Grund ihrer Weisung die Einzelbeschreibung des Hofes und
der Unterthanspflichten.[2] Sie gingen bei dieser Aufzeichnung
nach einem einheitlichen Schema vor, was jedoch nicht hinderte,
dass sich Unterschiede in die einzelnen Beschreibungen ein-
schlichen.[3] Diese Erhebungen wurden nicht immer bei allen
Gütern gleichzeitig vorgenommen, so dass die einzelnen Beschreibungen aus verschiedenen Zeiten stammen.[4] Die so entstandenen Protokolle, Breven genannt, waren subjectiv gefasst,
wie die oben besprochenen karolingischen Inventare. Manche
subjective Wendungen, wie das ‚invenimus‘, haben dann aus
ihnen in die objectiv gehaltene Schlussredaction Eingang gefunden. Denn dieser endgiltigen summarischen Fassung, welche
sich in der Form an das Vorbild der römischen Polyptychen

---

[1] Ex sie dixerunt quod ipsi Anselmundo vicedomino Massiliensa, ibidem
[in villa Calladius] descriptionem ad partes S. Victoris Massiliensis facere
viderunt. Cartulaire de l'abbaye de Saint-Victor de Marseille I, 45, zum
Jahre 780. — Guérard, Pol. Irm. I, 33, nimmt die regelmässige Intervention der Missi dominici bei diesen Erhebungen an; sie wird aber
nirgends ausdrücklich erwähnt und braucht nicht angenommen zu
werden, da auch ohne sie das Weisthum bindende Kraft für beide Theile
besass.

[2] Ueber die dabei gebrauchten Formalitäten s. die Hofweisthumsurkunde
im Pol. St. Remi 57.

[3] So hat der Beschreiber des St. Germain'schen Gutes Maisons-sur-Seine
(Pol. Irm. II, 271) gegen die in anderen Theilen des Polyptychon übliche
Art nicht die Aufzählung der Hörigenkinder vorgenommen, was der
Redactor des Ganzen durch Punkte kenntlich gemacht hat.

[4] Die Beschreibungen des Polyptychon von Marseille stammen aus zwei
Jahren.

hielt, gelang es nicht immer, alle Verschiedenheiten der Einzelbeschreibungen auszugleichen.

So finden wir hie und da Aufzählungen einzelner Mobilien, welche sonst in das Grundschema der Polyptychen nicht aufgenommen wurden, wohl aber in den Einzelinventaren sich vorfanden.[1]

Das Polyptychon von St. Germain hat auch noch bei den meisten Capiteln die Aufschriften der Einzelbeschreibungen, wie ‚Breve de Theodaxio‘, ‚Breve de Palatiolo‘ aufgenommen, was bei vielen anderen Urbaren nicht geschehen ist. In grösserem Masse ist es noch bei dem Polyptychon von Marseille der Fall.[2]

Wenig consequent gingen auch die Schlussredactoren bei dem Aufzeichnen der Namen der den Schwur leistenden Unterthanen vor. Manchmal erwähnen sie dieselben, manchmal nicht. Man legte offenbar keinen grossen Werth auf diese Namen, indem die ganze Hofgenossenschaft durch ihren Mund sprach und diese stets zur neuen Bekenntniss gezogen werden konnte.

Die Polyptycha, aus vielen Weisthümern entstanden, hatten demnach eine rechtliche Beweiskraft in dem Verhältniss des Herrn und des Unterthanen. Für dieses Verhältniss fungiren sie als Urkunde.

Wurden sie aber auch für andere rechtliche Fragen als Beweisurkunden betrachtet? Lamprecht behauptet es und schreibt den Polyptychen auch in Processen um das Eigenthum eine Beweiskraft zu.[3] Er stützt sich dabei auf einen Fall aus der zweiten Hälfte des 9. Jahrhunderts. Der Bischof Johann von Kammerich hatte nämlich, indem das Kloster Lobbes durch Kriege hart mitgenommen wurde, ein Polyptychon dieses Stiftes verfassen lassen ‚et hoc [polyptyco] ab apostolica auctoritate, sed et a comprovincialibus episcopis confirmato omnes ecclesiae ipsius pervasores a Christianorum societate sequestrans tali modo ecclesiam a tanto naufragio immunem reliquit‘.[4] Diese Stelle

---

[1] Pol. St. Remi VI, 17; XV, 59; XX, 74.

[2] Dort findet sich noch das ganze Eingangsprotokoll bei jedem Capitel, wie ‚Descriptio mancipiorum S. Mariae Massiliensis de villa Betorrida factum temporibus domno Vuadaldo episcopo de indictione VII‘.

[3] Deutsches Wirthschaftsleben II, 662.

[4] Gesta episc. Camerac. I, 55; M. G., Script. 7, 421.

erläutert Lamprecht: ‚Hier wird der Charakter der öffentlichen
Urkunde mit der Rechtskraft der Revindicationsfähigkeit der
Güter für den Eigenthümer bei dem Urbar vorausgesetzt; der
Bestätigung durch Papst und Landesbischöfe bedarf es, um
die Excommunication wirksam zu machen.' Uns scheint diese
Ausführung nicht ganz richtig zu sein. Es ist wahrscheinlicher,
dass erst durch die Anführung der Güter in einer Papsturkunde
für dieselben ein Beweismittel gewonnen wurde. Es ist wohl
sicher, dass dieses durch eine päpstliche Pancharta geschah,
in welcher ein bündiger Auszug des Polyptychon geboten
wurde. Solche Papsturkunden besassen die meisten kirchlichen
Institute. In der Sanctio dieser Bulle war die Excommunication
der Usurpatoren verlautbart. Eben die Beschaffung einer päpstlichen Bestätigung, welche gewiss finanzielle Opfer verlangte,
beweist, dass man das Polyptychon an und für sich nicht für
beweiskräftig genug hielt, um gegen die Usurpatoren einzu-
schreiten. Es ist ja nicht zu ersehen, auf welche Weise das
Urbar diese Rechtskraft erhalten hätte. Für die Verhältnisse
des Herrn zum Unterthanen war es wohl ein rechtliches Document, da es auf der Weisung der letzteren beruhte. Aber
für einen Eigenthumsstreit unter Freien konnte die Weisung
höriger Leute nicht entscheidend sein. Es wird also die Bezeichnung des Urbars als öffentliche Urkunde etwas modificirt
werden müssen. Es kann als Urkunde bezeichnet werden, aber
nur als eine schlichte Zeugenurkunde, welche vom Empfänger
ausgefertigt ist und keine selbständigen Beweismittel besitzt.
Das bestätigt auch ein Judicat aus dem Jahre 780.[1] Als der
Bischof von Marseille wegen des Besitzes eines Dorfes mit
dem Patricius Antener in Streit gerieth, legte er dem Gerichte
sein Polyptychen vor und verlas die betreffende Beschreibung.
Trotzdem musste aber die Richtigkeit dessen durch einige unter
Schwur vorgenommene Zeugen bekräftigt werden, und erst auf
Grund ihrer Aussage wurde dem Bischof das Gut zugesprochen.

Wir können demnach unsere Erörterungen über die karolingischen Urbare kurz zusammenfassen. Die fränkischen Polyptycha sind die letzten Aufzeichnungen, in welchen die Form
des römischen Catasters weitergelebt hat. Doch war es blos

---

[1] Cartulaire de l'abbaye de Saint-Victor de Marseille I. 45.

die Form, denn die wichtigste Qualität ist ihnen abhanden
gekommen, nämlich die öffentliche Beweiskraft. Sie behielten blos,
dank den Weisthümern, auf denen sie beruhten, noch in hof-
rechtlichen Verhältnissen eine Beweiskraft, für öffentlich rechtliche Beziehungen sanken sie auf das Niveau einer Notitia, einer
schlichten Zeugenurkunde, herab.

Dennoch sind sie ein bedeutendes Denkmal der karolingischen Zeit. In dieser Periode wurden die letzten Versuche
gemacht, alle bis dahin noch erhaltenen Ueberreste der antiken
Welt neu aufleben zu lassen. Das erlöschende Bewusstsein der
Allherrschaft des römischen Imperium flackert hier zum letzten
Male auf, und auf allen Culturgebieten wird ein neuer Aufschwung versucht. Es war keine Neugeburt, keine Renaissance,
eher ein letztes Sichaufraffen des Dahinsterbenden.

Erst mit der Zerschlagung der karolingischen Weltmon-
archie fängt das wirkliche Mittelalter an. Die letzten Reste
römischer Institutionen verschwinden in dem Feudalismus.

Auch die Polyptycha gingen diesen Weg, besonders im Westfrankenreiche. Hier haben wir aus der Zeit nach dem 10. Jahrhundert keine solchen Aufzeichnungen mehr. Doch der Name
gerieth nicht in Vergessenheit. Er wurde im mittelalterlichen
Latein in ‚pulegium‘ umgestaltet und erhielt dann eine eigenthümliche etymologische Erklärung.[1] Die französische Sprache
veränderte dieses Wort wieder in ‚pouillé‘. Dieses bedeutet
aber nicht mehr Urbar. Es werden damit die Verzeichnisse der
einzelnen zu einem Bisthum gehörigen Decanats- und Pfarr-
kirchen mit ihrem schätzweisen Gesammteinkommen bezeichnet.[2]
Diese Aufzeichnungen sind besonders im späteren Mittelalter
in jeder Diöcese zu treffen,[3] haben aber nichts mit den wahren
Urbaren gemeinsam.

Wie in Italien hat auch im Westfrankenreiche die Urkunde das Urbar verdrängt. Schon Mabillon sagt, dass die
Polyptycha als Vorgänger der Cartulare zu betrachten sind

---

[1] Pulegium wird nämlich als ‚publica lex‘ erklärt. M. G., Script. IV, 38.

[2] Die besten Beispiele solcher Pouillés sind das Polyptychum Rotomagensis
dioecesis Bouquet XXIII, 229 f., und das Polyptychum dioecesis Constan-
tiensis, ibid. 494 f., aus dem 13. Jahrhundert.

[3] So haben wir allein aus der Diöcese Lyon sechs solcher Aufzeichnungen aus
verschiedenen Zeiten erhalten. Bernard, Cartulaire de l'abbaye de Savigny II.

und durch diese ersetzt wurden.[1] Seit dem 10. Jahrhundert
fangen die Cartulare in Frankreich an, häufig zu werden, und
ihre Zahl wächst stets. Sie haben auch zu Verwaltungszwecken
gedient, und die Urkunden werden auch hie und da in ihnen
nicht chronologisch, sondern topographisch nach den einzelnen
Gütern geordnet.[2] Es kommen in ihnen hie und da kurze,
urbarialartige Notizen vor; doch sind diese regelmässig nur
Zusammenstellungen auf Grund von Urkunden und werden
auch als solche bezeichnet.[3]

Die Ursache des Verschwindens der Polyptychen liegt in
Frankreich wohl im Ueberwuchern des Lehenwesens. Die
grossen Besitzungen wurden hier überall durch die lange Stufen-
leiter der Afterlehen zersplittert. Der letzte Lehensmann konnte
seinen unbedeutenden Besitz ohne Hilfe schriftlicher Aufzeichnungen verwalten, die Lehensherren hatten keinen directen
Contact mit den Unterthanen, sie suchten nur den Eigenthums-
titel durch Urkunden und Cartulare zu erhalten. Die im späten
Mittelalter häufigen Lehensbücher sind nicht als Urbare zu
betrachten; sie arteten auch oft in eine Art blosser Nachschlage-
bücher aus.[4] Nur in der Normandie haben sich grosse Urbarialaufzeichnungen erhalten, besonders unter dem Einfluss der
englischen Herrschaft, welche Verwaltungsaufzeichnungen wie
das Domesdaybook schuf; sie sind das Höchste, was das Mittelalter im Catastralwesen erreichte.

Deutsche Urbarialaufzeichnungen des früheren Mittelalters.

So lange der Zusammenhang Deutschlands mit dem westlichen Frankenlande ungestört war, übten auch dort die organi-
satorischen Verordnungen der ersten Karolinger ihre Wirkung

---

[1] De re diplom. III, 5, Nr. 2.

[2] So das Magnum pastorale der Kirche von Paris, Guérard, Cartulaire de
l'église Notre-Dame de Paris II.

[3] So z. B. Guérard, Cartulaire de Saint-Père de Chartes I, 35, oder Cartulaire
de l'abbaye de Saint-Victor de Marseille I, 121, 309, 455.

[4] So ist z. B. das Latynsboch des Herzogs von Brabant vom Jahre 1312
ein Lehensbuch, in welchem die Belohnten mit ihren Lehen streng
alphabetisch geordnet sind; Galesloot, Le livre des foudataires de Jean III
duc de Brabant, Bruxelles 1865.

aus. Selbst in den entferntesten Gauen wurde der kirchliche und weltliche Grossgrundbesitz durch die Königsboten inventarisirt; wir sahen solche Arbeiten aus Freising und Augsburg. Ganz besonders war es Baiern, um das die Centralgewalt Sorge trug. Denn hier wurde erst in der Karolingerzeit die einheimische Dynastie entthront, und ihr grosser Besitz fiel an den neuen Herrscher. Karl der Grosse versuchte daher gleich nach der Einnahme Baierns das vielfach vergriffene Herzogsgut zu revindiciren. Er zwang besonders die kirchlichen Anstalten zum Nachweis des rechtlichen Besitzes der Güter, welche früher ein Theil des Herzogsgutes waren. Es geschah in der Weise, wie sie uns im sogenannten Indiculus Arnonis [1] überliefert ist. Die kirchliche Anstalt, in diesem Falle das Erzbisthum Salzburg, musste durch Zeugenaussage von Geschworenen, Laien und Geistlichen, bei allen Besitzungen, die sie von den Agilolfingen oder ihren Vasallen erhalten hatte, ihre rechtliche Erwerbung nachweisen. Darüber wurde dann ein Document niedergeschrieben, welches, wenn es auch kein wirkliches Urbar ist, doch einem solchen in der Form sehr nahe steht. Solche Aufzeichnungen sind der eben genannte Indiculus des Bischofs Arno und das Breviare des Abtes Urolf von Niederalteich, beide im Jahre 788 entstanden.[2]

Die staatliche Vorsorge liess also in allen Theilen des Frankenreiches, auch in den östlichen, gleichmässig Inventararbeiten entstehen. Eine solche Gleichmässigkeit sehen wir keineswegs bei dem Entstehen der blos vom privaten Interesse bedingten Aufzeichnungen, den Polyptychen. Hier machen sich die wirthschaftlichen Unterschiede geltend.

Im 9. Jahrhundert besass das spätere Deutschland keine einheitliche Cultur. Die westlichen Theile, besonders die Rheinlande, waren durch Jahrhunderte von römischer Cultur durchtränkt; in den östlichen Theilen führte die schüttere Bevölkerung inmitten grosser Waldungen ein noch primitives Dasein. Der römisch-gallische Grossgrundbesitz in den Rheinlanden, den schon Ausonius besang, behauptete sich bis in die Karolingerzeit mit seinem Colonat und anderen Institutionen. Die

---

[1] Herausgeg. von F. Keinz, 1869.
[2] Das Niederalteicher Breviare, in Monum. Boica XI, 14—16.

gutsherrlichen Verhältnisse hatten hier eine lange Geschichte
und Tradition. Mehr gegen den Osten war der Grossgrundbesitz noch im Entstehen. Die grossen Rodungen der Klöster
fingen hier erst an, und der einzelne kleine Mann führte noch
eine extensive Wirthschaft auf seiner Hufe.

Bei diesem Zustande war es natürlich, dass grössere Urbarialarbeiten nur in den westlichsten Theilen Deutschlands
unternommen wurden, wo auch das Schriftwesen im allgemeinen
Gebrauche war.

Uns sind von diesen Aufzeichnungen nur ganz geringe
Reste erhalten.

Das bedeutendste Denkmal dieser Art ist das Polyptychon
des mosellländischen Klosters Prüm aus dem 9. Jahrhundert.[1]
Es ist uns weder im Original, noch in der ursprünglichen
Fassung erhalten. Wir kennen es nur in der Abschrift vom
Jahre 1222, welche Caesarius, Exabt des Klosters, angefertigt
und mit erklärenden Glossen bereichert hat.

Die Abschrift scheint recht genau zu sein, doch sie bietet
nicht die ursprüngliche Redaction des Werkes. Wie Lamprecht
nachgewiesen hat, entstand die erste Redaction um das Jahr
810. Sie wurde im Jahre 854 der ersten und im Jahre 893
der zweiten Ueberarbeitung unterzogen. Diese letzte Redaction
wird uns durch die Abschrift des Caesarius überliefert.

Es scheint sicher zu sein, dass diese Umarbeitungen den
ursprünglichen Text stark verändert und vereinfacht haben.
Dadurch sind wohl einige Unterschiede zwischen dem Prümer
Urbar und den älteren westfränkischen Polyptychen zu erklären. So ist bei dem Prümer Polyptychon die Beschreibung
des Saallandes nachlässiger, die veralteten Flächenmasse kommen seltener vor. Die einzelnen Hörigen werden nicht alle
namentlich angeführt, sondern es wird ihre Gesammtzahl verzeichnet und nur einer mit seinem Namen und Leistungen
zum Exempel angeführt. Von den Anderen, die ungenannt
bleiben, heisst es nur ‚similiter alii omnes sicut N.‘ Nur bei
Ausnahmsfällen werden ihre Namen genannt.

---

[1] Die neueste, doch mangelhafte Ausgabe im Mittelrheinischen Urkundenbuch I, 135—201. Lamprecht (Deutsches Wirthschaftsleben II, 59—105)
hat diese Quelle der genauesten Würdigung unterzogen. Auf diese
Untersuchung muss für die Detailfragen verwiesen werden.

Aber ausser diesen Verschiedenheiten, welche vielleicht erst in den späteren Redactionen eingeführt wurden, ist hier dieselbe Form wie bei den westfränkischen Polyptycha eingehalten. Die Gesammtanlage ist dieselbe, die Fassung ist objectiv. Das Fortbestehen des Colonats ist in den Unterscheidungen der ‚mansi ingenuiles‘, ‚lediles‘ und ‚serviles‘ ersichtlich. Auch die Entstehung des Ganzen aus Einzelbeschreibungen ergibt sich daraus, dass die charakteristischen subjectiven Fassungen derselben, ‚wie ‚invenimus in N.‘ oder ‚habemus in N.‘ das objective Gesammtschema öfters durchbrechen.

Nicht weit von Prüm findet sich die alte Abtei Metlach. Auch hier entstand im 9. Jahrhundert ein Polyptychon, welches aber nur in einem Auszug des 10. Jahrhunderts enthalten ist. Es ist die umfangreiche Metlacher Güterrolle, ein Pergamentconvolut, fast 3 Meter lang, auf beiden Seiten beschrieben.[1] Die Benützung des Karolingischen Polyptychon war bei dieser Rolle eine recht unsorgfältige, so dass manche Ortschaften zweimal eingetragen sind. Doch finden wir hier noch eine ähnliche Gutsbeschreibung wie in dem Prümer Urbar, die Unterscheidung der mansi ingenuiles und serviles kommt auch hier noch öfters vor und legt ein Zeugniss für die alte Einrichtung dieses Grundbesitzes ab.

Auch im Kloster Weissenburg am Rhein entstand wohl noch in der Karolingerzeit eine ähnliche Aufzeichnung. Als Abt dieses Klosters, Edelin (1262—1293), zur Abfassung eines neuen Urbars schritt, fand er unter den Archivalien des Klosters auch einen alten ‚liber possessionum‘, dessen Satzungen er nach seinem eigenen Ausspruch wortgetreu in sein Werk übernahm.[2] Diese alte Aufzeichnung stammt gewiss nicht aus jüngerer Zeit als aus dem 9. oder 10. Jahrhundert. Sie ist in dem Urbare Edelin's nur bruchstückweise, wie es den damaligen Verhält-

---

[1] Herausgeg. von Hoefer, in der Zeitschrift für Archivkunde II, 119—132. Mittelrhein. Urkundenbuch II, 338—355. Auch diese Quelle wurde von Lamprecht, Deutsches Wirthschaftsleben II, 105—109, auf's Gründlichste behandelt.

[2] Possessiones ... in presenti libro fecimus annotari, de verbo ad verbum prout in privilegiis et in libro possessionum nostri monasterii sunt conscripto. Zeuss, Traditiones Wizenburgenses 269, wo auch das ganze Urbar Edelin's veröffentlicht ist.

nissen entsprach, wiedergegeben und mit vielen anderen, späteren Vermerken vermischt. Doch tragen noch viele Absätze unverkenntliche Anklänge an die karolingischen Polyptycha. Die manses ingenuiles und serviles werden hier geschieden, was nach dem 9. Jahrhundert nicht mehr in Brauch war; auch solche Bestimmungen, wie ‚scaras in anno barefrida ad regis servicium, eulogias ad palacium portare per ordinem‘ oder ‚III boves in hostem cum III hominibus et II caballis ad palacium regis‘ oder ‚omnes cum suis carrucis per ordinem pergere in hostem debent‘ sind wohl nach dem 10. Jahrhundert ausser Brauch gekommen. Doch diese Reste der alten Aufzeichnungen sind so mit jüngeren Theilen versetzt, dass es schwer möglich ist, sie mit Sicherheit auszuscheiden.

Von anderen Polyptychen deutscher Klöster kennen wir nur Erwähnungen, wie vom Polyptychon des Stiftes Lobbes bei Lüttich aus dem Jahre 868.[1]

Auch im Ostfrankenreiche wurde bei der Herstellung solcher Urbarialarbeiten dieselbe Weise beobachtet wie bei den westfränkischen Polyptychen. Die Kirche von Verdun besass im 9. Jahrhundert ein Polyptychon seiner Güter, welches aber am Ende dieses Jahrhunderts mit allen anderen Archivalien vom Brande zerstört wurde. Nachdem dann noch diese Kirche durch Ungarneinfälle gelitten hatte, versammelte der neue Abt Barnoinus seine Mönche und Bauern; nach den Aussagen und Weisungen derselben verfertigte er das neue Polyptychon, da man verhüten wollte, ‚ne institutio antiqua et redditus villarum atque census eorum prorsus ignorando aboleretur‘.[2] Der Schreiber des Urbars, Sarovardus, fügte seine Ansicht über den Namen, den sein Werk trug, in folgenden Worten bei: ‚Pulegium autem, ut mihi videtur, nil aliud significat aut latialiter sonat quam publica lex vel popularis lex.‘ Diese Etymologie ist falsch, aber sie belehrt uns darüber, dass noch im Anfang des 10. Jahrhunderts die Polyptycha auch im Ostfrankenreiche eine gesetzmässige Kraft gegen die Unterthanen (populares) hatten. Auch die oben angeführte ‚institutio antiqua‘ erinnert an die im vor-

---

[1] M. G., Script. IV, 14, 61.
[2] Waitz hat diese Einleitung des Polyptychon abgedruckt in M. G., Script. IV, 38.

hergehenden Capitel erwähnten Beziehungen der Colonen zum Grundherrn.

Die geringen Reste der ältesten Urbare auf deutschem Boden stammen alle aus den westlichsten Theilen Deutschlands, aus den Rheinlanden. Weiter im Osten können wir keine nachweisen.

In der zweiten Hälfte des 9. Jahrhunderts löste sich das ostfränkische Reich vom westfränkischen, das eigentliche deutsche Reich fing an zu entstehen. Auch der culturelle Zusammenhang mit dem Westen wurde dadurch gelockert. Die beiden bisher so verschiedenen Theile, die Rheinlande und die östlichen Theile Deutschlands, wurden durch ein engeres dynastisches Band verbunden und begannen sich bald auch culturell zu beeinflussen und auszugleichen. Die Zerreissung des fränkischen Weltreiches hatte aber auch andere bedeutsame Folgen. Die Königsgewalt stand nicht mehr einzig und überlegen da, sie hatte in den anderen Theilen des früheren Weltreiches ebenbürtige Gegner; sie war dadurch gezwungen, auf die auswärtige Politik ihr ganzes Bemühen zu richten, und konnte den inneren, besonders den wirthschaftlichen Fragen nicht mehr so viel Pflege zuwenden, wie es den ersten Karolingern möglich war.

Die geistige Cultur Deutschlands war durch die Loslösung vom Westen hart getroffen und hatte zunächst besonders im Schriftwesen Rückschritte zu verzeichnen. Das ganze Schriftwesen, besonders das im Dienste der Rechtsgeschäfte stehende, war ja aus der römischen Welt in das germanische Rechtsleben eingedrungen. Bei der Theilung der fränkischen Monarchie hatte es in den deutschen Ländern noch keine tiefen Wurzeln geschlagen, es fehlte ihm noch die wichtigste Voraussetzung, nämlich eine verbreitete Schreibkundigkeit oder ein Notariatswesen. Darum musste zunächst noch die Urkunde im Rechtsleben der öffentlichen, symbolischen Handlung weichen.[1] Die Geschäftsurkunde kam fast ganz ausser Brauch, und das private Urkundenwesen vegetirte nur mehr in der schlichten Zeugenurkunde, der Notitia.

---

[1] O. Redlich in den Mittheil. des Instituts für österr. Geschichtsforsch. V, 11.

Auch die Urbarialaufzeichnungen zeigen jetzt diesen Rück-
gang des öffentlichen Schriftwesens. Sie verschwinden für eine
Zeit fast ganz, da fast alle Voraussetzungen ihres Entstehens
fehlen. Denn die Königsmacht übt keine socialwirthschaftliche
Politik mehr aus. Sie ist zu sehr mit den auswärtigen Händeln
beschäftigt, besonders mit dem Kampfe um den Primat in
Europa. Der Verwaltung selbst königlicher Güter wird keine
Sorgfalt zugewendet, das Lehenswesen zehrt sie langsam auf.
An eine staatliche Initiative in Gutsbeschreibungen wird nicht
mehr gedacht.

Aber auch der private Grossgrundbesitz fühlte kein Bedürfniss eigener grösseren Urbarialaufzeichnungen. Wir sahen,
wie die alten Polyptycha der rheinländischen Klöster von
Prüm oder Weissenburg in Vergessenheit gerathen und erst im
13. Jahrhundert wieder ans Licht gebracht werden. Selbst
der Name Polyptychon verschwindet ganz. In den östlicheren
Theilen waren überhaupt solche Arbeiten noch nicht entstanden,
da hier der Grossgrundbesitz erst im Werden war. Seit den
Karolingerzeiten hat hier besonders die kirchliche Grundherrschaft ihre erobernde Thätigkeit begonnen.[1] Sie ist hier das
junge, kräftige Wirthschaftselement, wächst im Fluge durch
grosse Rodungen und verzehrt die Hufen der freien Bauern.
Bis um die Mitte des 11. Jahrhunderts dauert die hohe Fluth
der kirchlichen Erwerbspolitik;[2] das Gros der freien Bauern
fügt sich in das Zinsverhältniss der Grundherrschaft. Der so
entstehende Grossgrundbesitz ist anderer Art als der gallisch-
römische. Er hat keinen Pächterstand von Colonen, sondern
eine ausgedehnte, auf Hörigkeit gegründete Eigenwirthschaft
und zerstreute Censualen, von denen sich Jeder unter anderen
Bedingungen tradirt hat.

Unter diesen Umständen können wir keine grossen Urbarialaufzeichnungen aus dem damaligen Deutschland erwarten.
Das Schriftwesen ist im Rückgange, eine geschlossene einheitliche Unterthanenclasse, deren Verhältniss zum Herrn durch

---

[1] S. darüber Inama-Sternegg, Ausbreitung der grossen Grundherrschaften
in Deutschland, Leipzig 1878.
[2] Lamprecht, Deutsches Wirthschaftsleben I, 675.

eine ‚antiqua consuetudo' geregelt gewesen wäre, ist noch nicht ausgebildet; über die Hörigen verfügt der Herr nach seinem Ermessen, sein Verhältniss zu den freiwillig sich unterwerfenden Censualen ist durch den Traditionsact festgestellt. Eine rechtsgiltige Aufzeichnung, wie es die Polyptycha waren, ist also nicht nothwendig. Einem rein administrativen Bedürfniss dienten die Polyptycha nicht, denn der Grossgrundbesitz ist stets noch im Wachsen begriffen. Eine jede Urbarialaufzeichnung musste rasch durch dieses Wachsthum überholt werden und verlangte stete Umarbeitungen.

Wir finden deshalb ganz andere Aufzeichnungen im Dienste des Grossgrundbesitzes, nämlich die Traditionsbücher. In diesen Büchern verzeichnete man fortlaufend den neuen Zuwachs der Grundherrschaft, fixirte hier die Pflichten der Tradition und konnte bei ihnen sich stets Rath einholen, namentlich über Streitfragen, bei welchen der Wille des Grossgrundbesitzers nicht allein Recht schaffen konnte.

Besonders in Süddeutschland entstanden fast bei jedem kirchlichen Institut solche Aufzeichnungen. Sie näherten sich auch in manchen Fällen dem Urbar, wenn sie nach Gauen und nicht chronologisch angeordnet waren.[1] Sie entsprachen am besten den Tendenzen des wachsenden Grossgrundbesitzes und sind in dieser Zeit seine wichtigsten Verwaltungsaufzeichnungen. Darum wurden sie oft kurzweg als ‚Saalbücher' bezeichnet.

Es sind fast durchwegs Ausnahmsfälle, wenn kleine Urbarialarbeiten in dieser Zeit unternommen wurden. Manchmal zwang die grosse Entfernung eines Gutstheiles von der Centralstelle zu einer genaueren Beschreibung desselben. So hatte das Kloster Fulda einige Güter im entfernten Friesenlande. Als der Abt Hadamar im Jahre 940 eine allgemeine Revindication der vielfach entfremdeten Klostergüter versuchte, stellte er den Gutsbestand des Klosters im Friesenlande ganz genau fest und liess darüber eine Urbarialnotiz verfertigen, welche in das Traditionsbuch eingetragen wurde.[2]

---

[1] Solcherart sind die Breves Notitiae aus Salzburg oder das Traditionsbuch von Mondsee oder Passau. Redlich, Ueber bairische Traditionsbücher, Mittheil. des Instituts für österr. Geschichtsforsch. V, 8.

[2] Schannat, Historia Fuldensis 28—29, druckt diese Notitia ab.

Einen gleichen Fall haben wir etwas früher bei dem
Kloster Lorsch zu verzeichnen, wo über die entlegeneren Besitzungen in Mainz eine Theilaufzeichnung verfasst und in das
Traditionsbuch aufgenommen wurde.[1] Dies waren Ausnahmsfälle; für die grössere Masse der Güter begnügte man sich mit
Traditionsvermerken. Kamen solche Ausnahmsfälle oft vor, so
entstanden sehr verworrene Aufzeichnungen, wie das Saalbuch
der Abtei Werder an der Ruhr aus dem 10. Jahrhundert, wo
sich die Urbarialnotizen mit Traditionen regellos vermischen.[2]

Erst im 11. Jahrhundert begegnen wir den ersten An-
fängen einer neuen Urbarialpraxis, aber auch da noch sehr
selten. Im 11. Jahrhundert war der Grossgrundbesitz Deutschlands zu einem gewissen Stillstand gekommen. Der grösste
Theil des Landes war bereits in Grundherrschaften aufgetheilt,
die Reste der kleinen Freien waren unbedeutend geworden.
Wir hören zwar noch bis in das spätere Mittelalter stets von
Güterschenkungen an Klöster und Kirchen, aber es sind nicht
mehr die bedeutenden Güterzuwächse der früheren Zeit, sondern meist mindere Parcellen und Gülten. Das Netz des Grossgrundbesitzes war schon über das ganze Land gelegt, die bisherige Sucht nach Ausbreitung desselben verwandelte sich in
ein Streben nach innerlicher Abrundung durch Schenkung
und Tausch. Denn dieser Grossgrundbesitz war zerrissen; er
bestand, wie es bei seiner Entstehungsweise nicht anders möglich war, aus hunderten von einzelnen Hufen an verschiedenen
Orten. Nachdem die Blüthezeit der grossen Schenkungen vorbei
war, mussten die Grundherren zunächst daran denken, eine
centrale Organisation in diesen bunten Besitz zu bringen. Aus
diesem Streben entstanden im 11. Jahrhundert Aufzeichnungen,
welche sich in vielen Punkten den Urbaren nähern, ohne aber
deren urkundliche Rechtskraft noch anzustreben. Es sind keine
Vertragsdocumente des gutsherrlichen Verhältnisses, sondern
lediglich administrative, nach einem gewissen Gesichtspunkte
verfasste Aufzeichnungen.

Diese Gesichtspunkte waren verschieden. Einen solchen
bot in manchen Gegenden die kräftige Entwicklung des Wirth-

---

[1] Codex Laureshamensis II, 346—347.
[2] Bei Lacomblet, Archiv für Geschichte des Niederrheins II, 217 f.

schaftsbeamtenthums. Die ursprünglich halbfreien Villici, welchen
die Sorge um eine Reihe von Hufen anvertraut war, gewannen mit
der Zeit an Bedeutung. Früher waren sie blosse Werkzeuge
des Gutsherrn, dem sie den ganzen Reinertrag des Gutes
abliefern sollten. Als aber die Besitzungen des Herrn so ange-
wachsen waren, dass seine persönliche Betheiligung an der
Wirthschaftsleitung einzelner Besitzungen stets geringer wurde,
lockerte sich das Verhältniss des Meiers zu ihm. Es geschah
also vielfach im Laufe des 11. Jahrhunderts, dass derselbe
nicht mehr den gesammten Reinertrag des Gutes, sondern nur
eine bestimmte Abgabsquote dem Herrn jährlich ablieferte.[1]
Besonders geschah dies im Nordwesten Deutschlands. Im alten
Sachsen und in Westfalen drängte sich fast durchgehends
der Stand der Villici zwischen die Gutsherren und die Hörigen
und verwandelte die Grundherrschaften in eine Anzahl von
Villicationen, welche für den Herrn blos die Bedeutung von
Renten hatten.[2] Wenn der Grundherr also eine Aufzeichnung
dieser Meierabgaben vornahm, so entstanden Schriftstücke, die
den Urbaren sehr nahe stehen, aber doch nicht gleich sind.
Solcherart sind die bekannten, in niederdeutscher Sprache ver-
fassten Heberegister des Klosters Freckenhorst in Westfalen
aus dem Ende des 11. Jahrhunderts, wo die Abgaben des
Meiers die Hauptsache bilden.[3] Eine ähnliche wirthschaftliche
Lage stellt uns das Urbar der Kirche von Osnabrück aus dem
Jahre 1180 dar, wo die Leistungen der einzelnen Meier ohne
Rücksicht auf ihr Substrat, das Gut, aufgezählt werden.[4]
Aehnlich sind auch die Aufzeichnungen aus dem Kloster Corvei.[5]

Ein anderer administrativer Gesichtspunkt bei der Abfassung von Urbarialien, als Theilung zwischen dem Meier
und dem Herrn, war bei vielen geistlichen Anstalten die
Theilung der Einkünfte unter die einzelnen Glieder der Anstalt.

---

[1] Inama-Sternegg, Deutsche Wirthschaftsgeschichte II, 168 f.

[2] S. darüber besonders W. Wittich, Die Entstehung des Meierrechts und
die Auflösung der Villicationen in Niedersachsen und Westfalen. Zeitschr.
für Social- und Wirthschaftsgeschichte II.

[3] Friedländer, Codex traditionum Westfalicarum I, auch Dorow, Denkmäler II, 1.

[4] J. Möser, Osnabrückische Geschichte II, 118—123.

[5] Kindlinger, Münsterische Beiträge II, Nr. 36, 88.

Der Abt hatte seine Einkünfte in der Regel von denen der
Brüder gesondert, das Hospital hatte direct gewisse Einnahmen
zugewiesen, ebenso die Pitanz, die gemeinsame Tafel, der
Kellermeister und Andere. Um Zwistigkeiten in der Zuweisung
dieser Antheile vorzubeugen, griff man oft zur schriftlichen
Aufzeichnung und stellte die Bezüge der einzelnen Theilnehmer
in urbarialer Form fest.

Ein solches Einnahmsverzeichniss ist uns aus dem Kloster
Tegernsee bekannt; es stammt aus dem Jahre 1017.[1] Hier
werden die Einkünfte nach den Empfängern verzeichnet, so
dass ein Dorf, von welchem der Abt und die Brüder Abgaben
erhielten, an zwei verschiedenen Stellen genannt wird. Aehn-
licher Art ist die ‚charta bonorum‘ von Maurmünster aus dem
Anfange des 12. Jahrhunderts, in der zuerst die Einkünfte des
Abtes und dann die der Brüder verzeichnet werden.[2]

Bei einer Aufzeichnung des Klosters Corvei sind sogar
die Gutsabgaben nach den einzelnen Festtagen angereiht und
den einzelnen Klostermitgliedern zugewiesen.[3]

Alle diese Aufzeichnungen können kaum als echte Urbare
bezeichnet werden, da sie blos administrative Zwecke verfolgen und mit dem Unterthanen im Einzelnen und mit seinem
Gute sich nicht beschäftigen. Aber sie haben dazu beigetragen,
die feste Form der späteren Urbare auszubilden.

Das 12. Jahrhundert zeigt uns fast ein Ringen um eine
Form für die Gutsbeschreibungen, deren Bedarf durch die
wirthschaftlichen Veränderungen stets dringender wurde. Bis
dahin war das Feld des privaten Urkundenwesens in Deutschland durch das Traditionsbuch beherrscht; dasselbe verdrängte
einerseits die Urkunde, andererseits das Urbar. Im 12. Jahrhundert tritt eine umgekehrte Bewegung ein. Das Traditionsbuch wird langsam auf dem rechtlichen Gebiete durch die be-
siegelte Urkunde, auf dem wirthschaftlichen durch Urbarialaufzeichnungen verdrängt und verwandelt sich in ein einfaches
Copialbuch. In den meisten Traditionsbüchern werden die Ur-

---

[1] M. v. Freyberg, Aelteste Geschichte von Tegernsee 221—256.
[2] Schoepflin, Alsatia diplomatica I, 197—201.
[3] Kindlinger, Münsterische Beiträge II, 107—116.

barialvermerke stets häufiger und umfangreicher, während die
eigentlichen Traditionen stets spärlicher auftreten.[1]

Die Urbarialnotizen sind in dieser Zeit oft mit den Traditionsvermerken so bunt vermischt, dass es schwer ist, sich
zu entscheiden, ob die Aufzeichnung als ein Urbar oder als
ein Traditionsbuch zu betrachten sei.[2]

Doch schon im 12. Jahrhundert entstehen auch selbst-
ständige Urbarialarbeiten. Die abnehmende Kraft der grossen
Grundherrschaften drängte dazu. Das Wachsthum derselben
hatte aufgehört, und mit vieler Mühe mussten die Grundherren
den erworbenen Güterbestand zu wahren suchen. Besonders
die inneren Kräfte im Grossgrundbesitze wurden stets zu einer
grösseren Gefahr. Ausser den früher erwähnten Villici suchten
die Ministerialen und Lehensleute Stücke der Grundherrschaften
zu allodisiren, und besonders der kirchliche Besitz litt darunter.
Nichts war also natürlicher, als dass man sich dagegen durch
Revindicationen und Bestandsuntersuchungen zu schützen suchte
und dabei auch zur schriftlichen Aufzeichnung griff.

Eine solche Massregel hat der Abt Marquard von Fulda
im Jahre 1150 gegen die wachsende Entfremdung der Klostergüter ergriffen, indem er an Ort und Stelle den Besitz des
Stiftes nach dem Zeugnisse der ältesten Gedenkmänner ermit-
telte und eine schriftliche Aufzeichnung darüber herstellen liess.[3]

Auch im Bisthum Chur bediente man sich damals dieses
Verfahrens gegen die gefährlich werdende Ministerialität,
deren Dienstgüter ermittelt und aufgezeichnet wurden.[4]

---

[1] So z. B. im Codex Laureshamensis III, 175—230. Für Süddeutschland
ist diese Entwicklung ausführlich festgestellt bei Redlich, Ueber bairische Traditionsbücher, l. c. 59 f., wo Beispiele aus Salzburg, Freising,
Geisenfeld, Gars u. A. angeführt werden.

[2] Solche sind z. B. die Aufzeichnungen des Domstiftes zu Trier oder des
Klosters Ruprechtsberg bei Bingen aus dem 12. Jahrhundert. Mittelrhein.
Urkundenbuch II, 351—355 und 365—391; vgl. Lamprecht, Deutsches
Wirthschaftsleben II, 693 und 754.

[3] Schannat, Historia Fuldensis 31.

[4] Mohr, Codex diplom. I, 283—300. Das ,Haec invenimus in ministerio
quod habuit N.‘, welches den meisten Absätzen vorangeht, bezeugt uns,
dass der Aufzeichnung eine Untersuchung an Ort und Stelle voran-
gegangen ist.

So entstanden aus diesen und anderen wirthschaftlichen Gründen schon im 12. Jahrhundert häufig kleinere oder grössere Aufzeichnungen über Grundherrschaften. Sie sind fast alle noch sehr formlos, ungeordnet, unübersichtlich; denn man hatte das allgemeine Schema noch nicht für solche Arbeiten festgestellt. Wir sehen das deutlich, wenn wir z. B. die ‚notitia‘ des Bisthums Freising aus dem Jahre 1160[1] mit späteren Urbaren derselben Anstalt vergleichen.

In der Regel wurden aber in dieser Zeit noch keine erschöpfenden Beschreibungen des ganzen Gutsbestandes verfasst. Man begnügte sich meist nur mit losen Einzelbeschreibungen jener Gutstheile, welche eine solche am meisten erforderten, ohne dabei die Gesammtheit heranzuziehen. Diese Beschreibungen wurden meist auf Rodeln niedergeschrieben.[2] Von derartigen Güterrotuli sind uns einige erhalten. Einen solchen, der drei Ellen lang war, hatte die Abtei St. Alban in Mainz.[3] Ein anderer stammt aus dem Domstift zu Trier.[4]

Alle diese Schriftstücke sind Vorstufen zu den späteren Urbaren. Sie haben kein festes Schema, geben keine erschöpfende Niederschrift der grundherrlichen Gerechtsame, sondern berühren nur jene Punkte, welche momentan für den Grundherrn Interesse hatten. Sie sind stets noch Aufzeichnungen administrativer Natur und nicht Rechtsurkunden des Verhältnisses der Herren zu den Unterthanen.

Eine besondere Erwähnung verdient der Umstand, dass im 12. Jahrhundert auch schon der weltliche Grossgrundbesitz solche Aufzeichnungen aufzuweisen hat.

Bisher waren es nur Arbeiten kirchlicher Anstalten, welche uns beschäftigt haben. Abgesehen von der sichereren Aufbewahrung in den geistlichen Archiven, war das Schriftwesen im Mittelalter viel mehr im Dienste des Clerus thätig als in dem der weltlichen Herren. Darum finden wir auch im 12. Jahrhundert nur in wenigen Ausnahmsfällen schriftliche Güterverzeichnisse weltlicher Grundherrschaften. Es waren immer besondere Umstände massgebend, durch welche solche

---

[1] Zahn, Codex diplom. Austriaco-Frisingensis, Fontes rer. Austr. II, 36, Nr. 8.

[2] Inama-Sternegg, Quellen 184.

[3] Auszüge daraus bei Bodmann, Rheingauische Alterthümer III, 732.

[4] Lamprecht, Deutsches Wirthschaftsleben II, 693.

Aufzeichnungen hervorgerufen wurden. Am besten zeigt dies das hervorragendste Denkmal dieser Art, der sogenannte Codex Falkensteinensis.[1]

Er ist eine mit Bildern versehene Handschrift, welche die Güterbeschreibung und Traditionsaufzeichnungen der bairischen Grafenfamilie Falkenstein enthält.

Wie die Vorrede sagt, entstand diese Arbeit dadurch, dass Graf Siboto von Falkenstein vor seinem Ableben seinen unmündigen Kindern Vormünder bestimmte, welche er durch Schwur verpflichtete, das ganze Erbe ungeschmälert zu erhalten; zur grösseren Sicherstellung seiner Erben liess er aber auch eine Instruction für dieselben mit einer Güterbeschreibung verfassen. In derselben wurden zuerst die Lehen erwähnt, um welche die Söhne nach seinem Tode die Landesherren bitten sollen, und nach ihnen folgt die Aufzählung der Gutseinkünfte, hauptsächlich mit der Berücksichtigung der einzelnen Verwaltungsbeamten. Die einzelnen Absätze fangen meist an: ,Comes Siboto patefacit . . . quid procurator N. debeat.' Besonders bemerkenswerth ist der Umstand, dass diese Aufzeichnung illustrirt ist; die Burgen sind am Rande bildlich dargestellt, und auch der Lehenskuss und die einzelnen Naturalabgaben sind durch Bilder von Schafen, Schweinen, Geld erlegenden Figuren kenntlich gemacht. Die ganze Aufzeichnung wird mit einem Bilde der gräflichen Familie eingeleitet. Es scheint, dass diese Bilder mit dem zarten Alter derjenigen, zu deren Schutze die Aufzeichnung vorgenommen ward, in Zusammenhang stehen; vielleicht sollte durch dieselben ihr Interesse an der Erhaltung dieses Documentes erweckt werden.

Im Ganzen ist dieses Werk, an das sich dann ein Traditionsanhang angeschlossen hat, kein Urbar, obwohl es vielfach Formen desselben hat. Es ist eher ein in urbarialer Form verfasstes Testament.

---

[1] Zuletzt herausgeg. von Pez, Drei bairische Traditionsbücher aus dem 12. Jahrhundert, München 1880, 1—44. Die Ausgabe ist nicht sorgfältig, da man schon aus dem Druck ersieht, dass die, wohl durch den Einband, in Unordnung gerathenen Blätter nicht in die richtige Reihenfolge gebracht wurden; die richtige Folge der Blätter ist fol. 1, 7, 4, 6, 8, 9—16, wo die Traditionen anfangen, unter die auch fol. 2 und 3 einzureihen sind.

Ganz ähnlich ist ein zweiter Fall von Güterbeschreibung
eines weltlichen Herrn. Auch hier liess der Graf Heinrich
von Dale in Westfalen im Jahre 1188 von Eberhart, seinem
Capellan, eine Urbarialaufzeichnung zu dem Zwecke verfassen,
‚ut eo facilius heredes et successores ipsius comitis Dahlen suos
redditus ·– inspectione praesentis opusculi perpetue reperirent‘.
Und auch darin stimmt dieses Urbar mit dem Falkensteiner
überein, dass es sich nicht mit den Unterthanen direct, sondern
mehr mit den einzelnen Hofverwaltern und Lehensleuten beschäftigt.[1]

Wenn wir also die Leistungen des Urbarialwesens in
Deutschland von den Karolingern bis zum Ende des 12. Jahrhunderts übersehen, so ist darin ein allgemeiner Entwicklungs-
gang nicht zu verkennen. Im 10. Jahrhundert fehlen die Ur-
barialen fast ganz, und das Traditionsbuch ersetzt sie. Im
11. Jahrhundert fängt man schon an, kleine Gutsbeschreibungen
unter die Traditionen aufzunehmen, und die Administration der
Grundherrschaften empfindet bereits ein Bedürfniss nach grösseren Grundbüchern. Im 12. Jahrhundert ist ein allgemeiner Rück-
gang der Traditionsbücher bemerkbar, dagegen werden die
Versuche systematischer Güterbeschreibungen häufiger. Es entstehen schon umfangreiche Urbarialien; aber wirkliche Urbare
im eigentlichen Sinne des Wortes sind es noch nicht. Ihnen
fehlt noch das Hauptmerkmal derselben, der Zweck, als authen-
tische Urkunden des Verhältnisses der Unterthanen zum Grundherrn zu dienen. Sie sind blos einem administrativen Bedürfniss entsprungen: Verwaltungsvermerke, welche besonders durch
Ausnahmszustände hervorgerufen werden. Auch ihre Form ist
noch keine feste. Die beiden Hauptpunkte nämlich, Rechtskraft und ständige Form, wurden erst im folgenden Jahrhundert
erreicht.

Deutsche Urbare aus dem späteren Mittelalter.

Grosse politische und sociale Wandlungen, welche durch
das 12. Jahrhundert vorbereitet wurden, haben in Deutschland
am Ausgang der Staufenzeit ihren Abschluss gefunden. Vor

---

[1] Kindlinger, Münsterische Beiträge III, 81—89, veröffentlicht einige Theile
dieser Aufzeichnung.

Allem die Zersplitterung der staatlichen Macht und die wirthschaftliche Hebung der unteren Gesellschaftsschichten. Diese
beiden Umwälzungen erscheinen gleichzeitig und beeinflussen
sich gegenseitig.[1]

Der lange Kampf zwischen dem Papstthum und den
Kaisern hat der centralen Regierungsgewalt in Deutschland
ihren festen Boden unter den Füssen verschwinden lassen.
Während des Streites um die ideale Weltherrschaft liess sich das
deutsche Königsthum fast alle Theile des einstigen königlichen
Hoheitsrechtes entwinden. Aber auch die grossen Herzogthümer
des einstigen Deutschland waren im 12. Jahrhundert zerfallen.
Deshalb gelangten auch zur Erbschaft der Königsrechte nicht die
wenigen Stammesherzoge, sondern viele kleine Herren. Eine
Zersplitterung der politischen Macht trat ein. Waren bis dahin
die grossen Grundherrschaften blos Gebilde wirthschaftlicher
Natur, so suchten sie nun die Stellung politischer Einheiten zu
erlangen. Vielen gelang es auch. Gierig theilten die Grundherren
die hoheitlichen Vorrechte der Krone untereinander. Diese
politische Umwälzung hatte auch wirthschaftliche Folgen. Bisher
hatte die Grundherrschaft vornehmlich in der Verfolgung ihrer
wirthschaftlichen Aufgabe in die allgemeine Entwicklung ein-
gegriffen, jetzt begann sie die rechtliche Seite ihres Daseins
mehr und mehr zu entfalten, um im günstigsten Falle bis zum
Territorium anzuschwellen.[2] Allen gelang es wohl nicht; aber
fast Allen war das Trachten nach diesem Ziele gemeinsam,
und es äusserte sich bald in wirthschaftlichen Folgen.

Indem der Grundherr stets mehr an dem politischen
Treiben theilnahm, wandte er sich mehr und mehr von der
engen, rein wirthschaftlichen Thätigkeit auf seinem Besitze ab.
Darum ist seit dem 12. Jahrhundert die eigene Bewirthschaftung
der Grundherrschaften im Rückgange begriffen; das vorher
grosse Saalland schrumpft fortwährend zusammen, das Verhältniss des Bodenbesitzers zu der Production des Bodens
lockert sich.[3]

---

[1] Vgl. zum Folgenden besonders Inama-Sternegg, Deutsche Wirthschaftsgeschichte II, 3. und 4. Abschn., und Lamprecht, Deutsches Wirthschaftsleben I, 862—972.

[2] Lamprecht, l. c. I, 991.

[3] Inama-Sternegg, Saallandstudien, Tübingen 1889, 35.

Bei dem Abnehmen des Saallandes werden die Frohn-
dienste der Hörigen mehr und mehr entbehrlich, sie werden
reluirt. War diese Entwicklung vorgeschritten, so verursachte
sie eine grundsätzliche Aenderung der wirthschaftlichen Anschauungen im Grossgrundbesitze. Früher war der Grundherr
mit seinem Gute auf das Engste verbunden, er stieg und sank
mit demselben, sein Einkommen war von dem Unterschiede
der Bewirthschaftungs- und Naturverhältnisse abhängig. Sobald aber die eigene Wirthschaftsführung ganz eingeschränkt
wurde und das Erträgniss der Grundherrschaft nur in Abgaben
der Unterthanen bestand, änderte sich diese Lage. Die Abgaben
waren durch das Herkommen bald unveränderlich geworden
und wurden eine stets gleiche Rente des Grundherrn. Das
Gut wurde blos als ein Rentensubstrat betrachtet und verlor
das Interesse des Eigenthümers. Dies bewirkte die ungeheure
Beweglichkeit des Grundbesitzes im späteren Mittelalter, den
bis ins Unnatürliche gesteigerten Rentenkauf. Dass die Abgaben
der Unterthanen zu einer unveränderlichen Grösse wurden,
war das Resultat der ganzen socialen Entwicklung der arbei-
tenden Bevölkerungsclassen.

Im 13. Jahrhundert steht dem Grundherrn schon ein
starker Bauernstand gegenüber. Mit der alten Verfassung des
früheren deutschen Reiches verschwanden nach und nach auch
die verschiedenen Abstufungen der persönlichen Freiheit. Die
Reihen der eigentlichen Hörigen lichteten sich bei der Ab-
nahme der directen Bewirthschaftung durch den Herrn stets
mehr und mehr, und im 12. Jahrhundert verschwindet diese Classe
fast ganz. Die behausten unfreien Knechte erlangten durch
den langen Besitz ihrer Hufen die Erblichkeit derselben und
näherten sich besonders durch die Verminderung der Frohn-
den der halbfreien Classe der Censualen und Tradirten. Eine
gleiche wirthschaftliche Stellung nivellirte nach und nach die
bisherigen Unterschiede persönlicher Freiheit, und so entstand
ein gleichmässiger Bauernstand, dessen Unfreiheit nur mehr
dinglicher Art war.

Nach dieser Ausgleichung der persönlichen Lage stand aber
der Unterthan nicht mehr allein und schwach dem Grundherrn gegenüber. Er hatte in den gleichgestellten Genossen
eine mächtige Stütze gewonnen. Auf Grund des Zusammen-

lebens durch Generationen und der gemeinsamen Interessen
entwickelte sich die Hofgenossenschaft, welche dem Herrn
gegenüber die Unterthanen vertritt. Das Hofding schützt sie besonders vor der willkürlichen Erhöhung der Abgaben durch
den Herrn und schafft einen Grundstock des bäuerlichen
Rechtes, das Hofrecht.

Die Stellung des Bauers bessert sich zusehends. Die
Abgaben sind fest und in Geld reluirt; sie werden effectiv
fortwährend geringer, da mit der überhandnehmenden Geld-
wirthschaft der Preis des Geldes sinkt und der der landwirth-
schaftlichen Producte steigt.

Das Gesetz des Existenzminimums für arbeitende Classen
wird im 12. und 13. Jahrhundert dadurch ausser Wirksamkeit
gesetzt, dass ein grosser Abgang der überschüssigen Bewohner-
schaft Westdeutschlands in die neuen ostdeutschen Länder und
in die aufblühenden Städte erfolgt. Das Ergebniss all' dieser Fac-
toren war eine gründliche Besserung der Lage des Bauernstandes.

,Nie vielleicht hat sich der Bauer im Mittelalter wohler
gefühlt als im 13. Jahrhundert, ein barbarisches Wohlleben zog
auf dem platten Lande ein, und Grossmannssucht und Ueber-
hebung waren weitverbreitete Krankheiten schwächerer Cha-
raktere. Kräftige Naturen aber wussten die Gunst der Lage
auszunutzen.'[1]

Derjenige, gegen den die Bauern ihre günstige Wirth-
schaftslage in erster Linie auszunützen suchten, war der Grundherr. Auf ihre hofgenossenschaftliche Organisation sich stützend,
suchten sie die bereits recht leicht zu tragenden Lasten noch
weiter herabzusetzen. Der Grundherr, welcher schon an und
für sich dadurch verarmte, dass er an dem wirthschaftlichen Aufschwunge des Landbaues nicht theilnahm, sah sich
gezwungen, seine Rechte eifersüchtig zu wahren. Er griff also
zu dem sichersten Mittel, zu einer schriftlichen Aufzeichnung
der Unterthanspflichten, welche deren Höhe urkundlich feststellte. So entstanden die zahlreichen Urbare des späteren
Mittelalters.

Es gibt wenig alte Grossgrundbesitze, die nicht eine Urbarialaufzeichnung aus den letzten mittelalterlichen Jahrhun-

---

[1] Lamprecht, Deutsches Wirthschaftsleben I, 1511.

derten aufzuweisen hätten. Das Urbar wird zur eigentlich
charakteristischen Aufzeichnung der überreifen, spätmittelalterlichen Grundherrschaft. Wie früher die Traditionsbücher den
jugendkräftigen Grossgrundbesitz in seiner expansiven Kraft
darstellten, so zeigt uns das Urbar, wie die nicht mehr wachsenden Grundherrschaften gegen Verminderungen von aussen
und Entwerthungen von innen durch statistische Aufzeichnungen
sich zu schützen suchen.

Eine Aufzählung auch nur der grösseren Urbarialien dieser
Zeit zu versuchen, wäre eine derzeit kaum durchzuführende
Unternehmung. Die Masse der noch nicht bekannten Auf-
zeichnungen ist so gross, dass hier zuerst die territoriale Detailforschung sprechen muss. Im Grossen und Ganzen kann man
wohl behaupten, dass die Urbare am häufigsten in Süd- und
Westdeutschland vorkommen. In den östlich der Elbe gelegenen
Theilen sind sie viel seltener. Hier hatte der spät entstandene
Grossgrundbesitz zumeist an den Urkunden eine Handhabe.
Er bildete sich hier fast durchwegs durch eine künstliche An-
lage von Dorfschaften, deren Verhältniss zum Grundherrn
von vorneherein durch eine Locationsurkunde geregelt war
und keiner weiteren Feststellung bedurfte. Eine Ausnahme
macht Böhmen. Hier hatte seit dem 10. Jahrhundert besonders
durch geistliche Anstalten der deutsche Grossgrundbesitz Eingang gefunden. Durch kräftige Herrschergewalt war ihm zwar
hier die politische Entwicklung der deutschen Grundherrschaft
abgeschnitten, aber in wirthschaftlicher Hinsicht entwickelte
er sich analog dem deutschen. Daher finden wir hier im
13. und 14. Jahrhundert Urbare, deren Form sich von den
deutschen in nichts unterscheidet.[1] Gleiches gilt für Schle-
sien.[2] Aber schon in Polen lagen die Dinge anders. Hier
treffen wir nur bei den grössten geistlichen Anstalten urbariale
Aufzeichnungen, welche aber mehr den französischen Pouillés
als den Urbaren ähnlich sind, da sie vor Allem auf die zum
Bisthum gehörigen Decanate und Pfarreien Rücksicht nehmen.[3]

---

[1] Emler, Decem registra censuum bohemica, Prag 1881.
[2] Z. B. Codex diplom. Siles. IV, 19, 252; XIV.
[3] Z. B. Johannis de Lasco. Liber beneficiorum archidioecesis Gnesnensis,
ed. Lukowski und Korytkowski, Gnesen 1880. Daselbst in der Vorrede
die Aufzählung anderer Bücher dieser Art.

Vor Allem kommen also die süd- und westdeutschen Aufzeichnungen in Betracht. Diese Urbare weisen zwar nach den einzelnen Gegenden manche Verschiedenheiten auf, ihr Grundschema ist aber fast überall dasselbe. Indem der Besitz des Grundherrn in einige Gutsbezirke geteilt ist, bilden dieselben im Urbar selbständige Abschnitte. In ihnen werden die einzelnen Ortschaften aufgezählt, die Zahl der Hufen und die Abgaben einer jeden ersichtlich gemacht. Manchmal ist die Aufzählung der Hufen nur eine summarische; ein anderesmal wird jeder Unterthan namentlich angeführt. Letzteres wurde meist für überflüssig gehalten, da die Besitzer wechselten und die unteren Beamten sie leicht in Evidenz halten konnten. Dahin ging mindestens die Ansicht des Compilators des Eberacher Urbars, der in der Einleitung zu seinem Werke bemerkt: ‚et quia ex diversis causis mansorum et feudorum cultores aliquociens variantur, ideo tantum notati sunt summatim locorum redditus ac decime predictorum. Nam officiales hec nominatim et singulariter prout eventus mutaverit debent scire.‘ [1]

Seit dem 14. Jahrhundert kommt allerdings die namentliche Aufzählung der Unterthanen in den Urbaren, da diese überhaupt breitspuriger werden, häufiger vor.

Die Fassung der spätmittelalterlichen Urbare ist in der Regel objectiv; wie die hie und da vorkommenden subjectiven Wendungen und Widersprüche zu erklären sind, werden wir später erwähnen. In der Regel geht eine kurze Vorrede voran, welche die Entstehungszeit und die Umstände erwähnt. Doch oft fehlt sie, da die Datirung bei dem Urbar keine solche Bedeutung hatte wie bei einer Geschäftsurkunde.

Im 13. und 14. Jahrhundert sind die Urbare noch in der Regel in lateinischer Sprache verfasst. Doch kommen hier bald Ausnahmen vor, ja früher als bei den Urkunden. So sind schon am Ende des 11. Jahrhunderts die Freckenhorster Heberegister in niederdeutscher Sprache verfasst. Es erklärt sich dies daraus, dass alle diese Aufzeichnungen durchwegs dem ungebildeten Landvolk verständlich sein sollten. [2] Darum wurden auch oft die ursprünglich lateinisch verfassten Urbare

---

[1] Wegele, Monum. Eberacensia 69.
[2] Inama-Sternegg, Quellen 181.

in die deutsche Sprache übersetzt. So ist uns von einem Urbar
des Stiftes Essen aus dem Jahre 1332 auch noch eine gleichzeitige deutsche Version erhalten.[1] Auch die Aebtissin des
Klosters Sonnenburg in Tirol liess am Anfange des 14. Jahrhunderts ein älteres lateinisches Urbarbuch in das Deutsche
übertragen, ‚daz es ein isleich frawe chunne lesen und auch
verstén‘.[2] Im 15. Jahrhundert wird dann der Gebrauch der
deutschen Sprache, ebenso wie in den anderen Privaturkunden,
auch in den Urbaren vorherrschend. In französischer Sprache
verfasst ist das Urbar der Grafschaft Luxemburg aus den
Jahren 1306—1317.[3] Bei den Urbarialien in Böhmen kommt
die böhmische Sprache erst im 15. Jahrhundert in Gebrauch.

Alle diese Aufzeichnungen tragen verschiedene Namen.
Lateinisch wurden sie, da der Name Polyptychon ganz aus dem
Gedächtniss geschwunden war, ‚libri censuales‘ oder ‚registra
censuum‘, ‚libri possessionum‘ genannt. Im Deutschen gebrauchte
man entweder die Uebersetzung ‚Zinsbücher‘ oder ‚Heberegister‘,
ein Wort, das auch für die später zu erwähnenden Auszüge
zum Eintreiben der Abgaben angewandt wurde. In Süddeutschland aber kam seit dem 13. Jahrhundert das Wort ‚Urbar‘,
‚urbarbuoch‘ stets mehr in Gebrauch. Das Wort ‚urbor‘ oder
‚urbar‘ bezeichnete im ursprünglichen Sinne ein bebautes, zins-
tragendes Grundstück. Es wurde dann, als das Grundstück
für den Herrn nur mehr eine Rentenbedeutung gewann, für
den Zins selbst und endlich für dessen Verzeichnisse gebraucht.[4]

Die Urbare veränderten ihre Gestalt seit dem 15. Jahrhundert nicht mehr wesentlich. Sie behielten ihre alte Form
und wurden bis in das vorige Jahrhundert als wichtige Aufzeichnungen der Grossgrundbesitze aufbewahrt und neu verfasst. Besonders in den österreichischen Ländern sehen wir
noch unter Maria Theresia Commissionen, welche zur Reguli-
rung der herrschaftlichen Urbare ernannt werden.[5] Erst die
Aufhebung des Unterthansnexus verwandelte diese Aufzeichnungen zu blossen culturgeschichtlichen Quellen.

---

[1] Kindlinger, Geschichte der deutschen Hörigkeit 392 f.
[2] Zingerle im Archiv für österr. Geschichte XL, 7.
[3] Lamprecht, Deutsches Wirthschaftleben III, 342 f.
[4] Lexer, Mittelhochdeutsches Handwörterbuch unter ‚Urbor‘.
[5] Darüber s. besonders Grünberg, Die Bauernbefreiung in Böhmen.

Die Entstehungsweise und Rechtskraft der Urbare.

Die Rechtskraft, welche den spätmittelalterlichen Urbaren innewohnte, lässt sich nur mit Berücksichtigung ihrer
Entstehungsweise erklären. Der Niederschrift eines rechtsgiltigen Urbars mussten ebenso wie der einer Urkunde, rechtliche Handlungen vorangehen. Bei den mittelalterlichen Urkunden lassen sich viele Widersprüche aus der vorangehenden
Handlung und dem über sie verfassten Act erklären. Ebenso
treffen wir in den Urbaren Widersprüche, welche nur durch
die Annahme mehrerer, nicht gleichzeitig abgefasster Einzelbeschreibungen zu erklären sind. Bevor eine grosse Urbarialaufzeichnung verfasst werden konnten, war es nothwendig,
Detailuntersuchungen in den einzelnen Gutstheilen vorzunehmen
und dieselben zu protokolliren. Aus diesen so entstandenen
Einzelbeschreibungen wurde dann das einheitliche Urbar hergestellt. Dieser Vorgang wird uns in dem Kremsmünsterer
Geschichtswerke besonders verdeutlicht.

Um das Jahr 1300 wollte dort der Abt Friedrich eine grosse
Güteraufzeichnung verfassen. Er entsandte den Kellermeister
Sigmar zur Detailaufnahme der Güter, und derselbe ,Sygmarus
— una cum villicis et officialibus ad hoc necessariis omnes
nostre ecclesie possessiones perambulans et diligenter investi-
gans, scriptam nobis adtulit nostrorum reddituum totam summam
— qui deinde in voluminibus sunt melius ordinati'.[1] Hier
war es also ein einzelner Mann, der mit der Aufgabe der
Einzeluntersuchungen betraut wurde. Bei grösseren Gutsbestän-
den mussten sich mehrere zugleich daran betheiligen, falls
nicht die Aufnahme zu lange währen sollte. So finden wir bei
dem Passauer Urbar von 1324 eine ganze Anzahl von Beamten
mit den Theilbeschreibungen beschäftigt.[2]

Diese Einzelbeschreibungen wurden manchmal neben dem
aus ihnen entsprungenen Hauptbuche verwahrt und sind uns
in einzelnen Fällen noch erhalten.

---

[1] Historia Cremifanensis, M. G., Script. XXV, 628. Mit ihr übereinstimmend
die Vorrede zum erwähnten Urbarbuche des Abtes Friedrich (herausgeg.
von Achleutner, Wien 1877), welche neben Sigmar auch Propst Dietrich
als Mitarbeiter nennt.

[2] Notizenblatt der Wiener Akad. III, 14, 63, 165, 193 u. a.

Im Bisthum Freising verfasste in den Jahren 1316 bis
1318 Bischof Konrad III. ein grosses Urbar aller Besitzungen des Bisthums. Die Vorarbeiten zu diesem Werke begannen schon im Jahre 1291, und in den folgenden Jahren
wurden mehrere Einzelbeschreibungen von Domänen durch
verschiedene Delegaten verfasst, auf deren Grundlage dann
dieses Urbar redigirt wurde. Doch diese Einzelbeschreibungen
wurden nach der Schlussredaction nicht vernichtet und sind
uns noch in einer Handschrift des Münchner Reichsarchives
erhalten. Es sind neun selbständige Urbarialaufzeichnungen
aus verschiedenen Jahren des Zeitraumes 1291—1310; jede
umfasst eine Gutsherrschaft. Sie haben alle zum Eingange
Aufschriften wie ,Annotatio reddituum totius predii in Ud-
marsuelt facta per Chunradum de Ried sub anno domini 1305
in die b. Virginis'. Erst auf Grund dieser Einzelaufnahmen
entstand das systematische, geographisch geordnete grosse Urbar,
15 Jahre nach jenen.[1]

Dieses Beispiel zeigt deutlich, wie leicht zeitliche Widersprüche in die Urbare kommen konnten, und wie bei der Benützung derselben stets auf diesen Umstand zu achten ist.

Wie man bei der Abfassung der Einzelbeschreibungen
vor sich ging, erfahren wir aus mehreren Nachrichten. Ein
oder mehrere Delegaten des Grundherrn begaben sich in die
aufzunehmende Ortschaft, versammelten die Dorfgemeinde und
liessen die Gerechtsame des Herrn durch den Mund der geschworenen Schöffen weisen. Dieser Vorgang wird z. B. in
dem Urbar des Klosters St. Peter in Mainz vom Jahre 1264
geschildert. Zwei Canoniker des Klosters kamen in das Dorf
Monre und liessen ,per sententiam sculteli, advocati et juratorum
ville' erklären ,bona et iura quae secuntur attinere sub debito
prestiti juramenti venerabili ecclesie Sti. Petri'.[2] Die folgende
Einzelbeschreibung ist also ein regelrechtes Hofweisthum. Das
beste Beispiel, welches ausser dem Urbarialcharakter auch alle

---

[1] Ueber diese Aufzeichnungen s. Zahn, Die Freisingischen Saal-, Copial-
und Urbarbücher, im Archiv für österr. Geschichte XXVII. Sie sind von
ihm herausgegeben in Fontes rer. Austr. II, 36, Nr. 12, doch in kaum
richtiger Weise, da er die Einzelaufzeichnungen zu Grunde legt, um
das systematische Urbar mit ihnen zu vergleichen, wodurch dasselbe
zerrissen wird.

[2] Kindlinger, Geschichte der doutschen Hörigkeit 293.

Formen des Weisthums aufweist, ist die Beschreibung des dem Marienkloster in Trier gehörigen Dorfes Elvang aus dem Jahre 1335.[1]

In Gegenwart des Officials der Trierer Kirche ‚pro tribunali in villa de Irank sedentis‘ zählen hier der Villicus und die Schöffen ‚per ipsorum juramenta, ut moris est, requisiti singulariter et generaliter bona, iura, census, redditus et proventus‘ des Dorfes auf. Die Aufzählung ist ganz urbarial, nur wird sie durch die subjectiven Wendungen, welche ein Weisthum kennzeichnen, wie ‚dicebant et pronunciabant spectare ad monasterium‘, ‚item cedunt monasterio‘ eingeleitet. Ein Notar hat diese Aussagen protokollirt, und der Official hat die Aufzeichnung durch sein Siegel bekräftigt.

Gewöhnlich wurden die formalen Einleitungen der Einzelbeschreibungen bei der Schlussredaction ganz beiseite gelassen und nur die Ergebnisse derselben aufgenommen. Vielfach sind sie aber doch der uniformirenden letzten Redaction entgangen und machen sich im Texte der Urbare bemerkbar. So finden wir im Passauer Urbar aus dem 14. Jahrhundert Bemerkungen, wie: ‚Hic annotatur census hofmarchie in Zaissenmauer quantum pro hac vice poterat investigari a Henrico decano Tulnensi qui tunc fuit magister curie ibidem et fratre suo et a colonis et rusticis ibidem‘.[2] Auf das Weisen durch die Unterthanen bezieht sich auch Abt Friedrich von Kremsmünster in der Einleitung zu seinem Urbar vom Jahre 1304, indem er erzählt, dass er bei der Ermittlung des Klostervermögens so verfuhr, ‚ut conventis universis et singulis nostre ecclesie villicis et colonis sub dispendio sui corporis atque rerum prodere cogerentur, quid sibi constaret de eiusdem nostre ecclesie iuribus hactenus sic neglectis.‘[3] Wir sehen also, dass die Einzelbeschreibungen, welche meist ‚inventio‘ oder ‚inquisitio‘ genannt werden, als Weisthümer anzusehen sind. Dass den Unterthanen die Pflicht des Weisens der grundherrlichen Gerechtsame oblag, wird in den Weisthümern selbst ausgedrückt.[4] Wo das Weisen noch nicht vor-

---

[1] Lamprecht, Deutsches Wirthschaftsleben III, 501—504.
[2] Notizenblatt der Wiener Akad. III, 13, auch 14, 63, 93, 165.
[3] Urbar von Kremsmünster, ed. Achleutner, 4.
[4] Lamprecht, Deutsches Wirthschaftsleben II, 657; Maurer, Geschichte der Frohnhöfe II, 508.

genommen wurde, musste der Verfasser des Urbars sich mit
einer solchen Bemerkung begnügen, wie der Mönch von Klosterneuburg, der seine Urbarialaufzeichnungen mit den Worten
‚preter alia que non sunt adhuc inventa‘ beschliesst.[1]

Die auf Weisthümern beruhenden Einzelbeschreibungen
waren die wichtigste Quelle der Urbare, aber nicht die einzige.
Ebenso, wie die aufgezeichneten Weisthümer gegenüber den
späteren eine urkundliche Kraft besassen, legte man auch den
älteren Urbarialaufzeichnungen bei der Abfassung neuer eine
Kraft bei. Wir haben schon oben erwähnt, dass der Abt Edelin
von Weissenburg am Ende des 13. Jahrhunderts für sein Urbar
ein altes Güterbuch benützte. In anderen Urbaren finden wir
oft Verweisungen auf ältere Zinsregister. So heisst es im Urbar
des Klosters St. Trond vom Jahre 1264 einigemal: ‚habetur in
antiquis libris‘,[2] oder im Urbar des Stiftes Essen aus dem
Jahre 1332: ‚dicit quoddam antiquum registrum‘.[3] Desgleichen
im Güterverzeichniss des Prager Erzbisthums von 1390.[4] Das
ältere Urbar war demnach eine Quelle für das jüngere. Aber
auch Urkunden, in denen die Verpflichtungen der Unterthanen
und die Beschreibung der Güter enthalten waren, dienten zum
gleichen Zwecke. Vor Allem dort, wo eine künstliche Ansiedlung
vor sich gegangen war, die Locationsurkunden. So ist im Urbar
des Klosters Strahov in Böhmen die Beschreibung des Dorfes Stra-
donitz der älteren Verfassungsurkunde dieses Dorfes entnommen.[5]
Es ist ja natürlich, dass dort, wo eine urkundliche Feststellung der
Unterthanspflichten schon früher vor sich gegangen war, die Weisung keinen Platz hatte. Die Urkunden werden daher auch öfters
ausdrücklich von den Urbaren selbst als Quelle bezeichnet.[6]

Die Entstehungsquellen der Urbare sind demnach in
erster Linie Weisthümer, ausser diesen noch frühere Urbarialaufzeichnungen und Urkunden. Diese Verschiedenheit der In-
formationsquellen wird direct betont in dem Urbar des Stiftes
Marienberg in Tirol, von dem es heisst: ‚frater Goswinus

---

[1] Zeibig, Urkundenbuch des Stiftes Klosterneuburg II, 109.

[2] Lamprecht, Deutsches Wirthschaftsleben III, 33.

[3] Kindlinger, Geschichte der deutschen Hörigkeit 392.

[4] Emler, Decem registra censuum 93, 103, 107, 111, 120 u. a.

[5] Emler, l. c., 265—269.

[6] Urbar von Bayharting vom Jahre 1344, herausgeg. von Wiedemann 137.

scripsit hunc librum ex antiquis registris libris quaternis, literis et rodulis huius claustri'.[1] Also alte Register, Urkunden und Einzelrodeln haben zur Verfassung gedient. Auch das Eberacher Urbar will die Güter des Klosters, ,prout in singulis locis et scriptis poterant experiri', aufzählen.[2]

Indem die Urbare auf Grund von rechtsgiltigen Bekenntnissen oder urkundlichen Zeugnissen entstanden waren, besassen sie in den gutsherrlichen Verhältnissen eine bedeutende Rechtskraft. Ihre Entstehungsweise machte sie zu rechtsgiltigen Urkunden des Verhältnisses der Unterthanen zu dem Herrn. Sie waren nun nicht mehr blosse administrative Vermerke wie die Aufzeichnungen des früheren Mittelalters, sondern Documente, auf welche man sich bei jedem Zweifel über die Pflichten der Hörigen stützen konnte. Die Unterthanen verpflichteten sich durch das Weisen der grundherrlichen Gerechtsame und durch die Mitarbeiterschaft an den Urbarien zur Einhaltung ihrer Satzungen. Keinerlei folgende Weisung konnte die Bestimmungen des Urbars entwerthen, denn das Urbar hatte gegen ein folgendes Weisthum urkundliche Gewalt.[3]

Wir finden diese Anschauung öfters in den Weisthümern selbst bestätigt. So heisst es z. B. im Weisthum aus Aspach in Baiern: ,sollen des gotshaus leut fueter und huener darbringen als von alters her kömmen ist nach inhalt des urbarpueches',[4] oder im Stiftsrecht des Domcapitels Salzburg: ,ob uns (d. i. dem Stift) etwer der unsern stüft und dienst verlaugnet, den bedürfen wir nichts anders weisen, dann mit unserm urbar und registern, und er ist uns verfahlen in unser straff nach gelegenhait'.[5] Klarer kann man den Vorzug des Urbars vor einem neuerlichen Weisen nicht ausdrücken. Ganz analog ist auch die Sprache des Weisthums von Michaelbeuern,[6] und auch das Urbar des Stiftes Marienberg in Tirol verlangt volle Glaub-

---

[1] Schwitzer, Tirolische Geschichtsquellen III, 13. Die Vorarbeiten zu dem Urbar sind noch erhalten, z. B. das Verzeichniss der Villici, ibid. 129.

[2] Wegele, Monum. Eberacensia 69.

[3] Lamprecht, Deutsches Wirthschaftsleben II, 663.

[4] Grimm, Weisthümer VI, 131; Inama-Sternegg, Quellen 186.

[5] Siegel und Tomaschek, Die Salzburger Taidinge 7.

[6] Ibid. 48: ,vermaint aber der hold, er wer gar nichts schuldig zu dienen und wurt uberweiset mit den register und grundpuechern derselb hat verfallen sein gerechtigkait'.

würdigkeit, da es sich auf seine Entstehung aus Urkunden und
Weisungen zu stützen vermöge.[1]

Wie fest die Anschauung war, dass das Urbar eine voll-
kräftige Urkunde für die gutsherrlichen Zustände sei, bezeugt
folgender Fall. Das Elisabethhospital in Trier hat im 13. Jahrhundert von dem Kloster St. Maximin das Dorf Signey erworben und war dadurch in den Besitz aller seiner Rechte
im erwähnten Dorfe getreten. Als Ausdruck und Bürgschaft
dieser Rechte liess sich das Hospital die Satzungen, welche
sich im St. Maximiner Urbar auf dieses Dorf bezogen, copiren;
im späteren Urbar des Hospitals stimmt die Beschreibung des
Dorfes wortgetreu mit der älteren Maximiner überein.[2]

Aber nicht nur die neueren, nie ausser Gebrauch gekommenen Urbare dienten als Rechtstitel der herrschaftlichen
Gerechtsame, auch die alten, halb vergessenen Aufzeichnungen,
denen in ihrer Entstehungszeit kaum eine solche Rechtskraft
beigemessen worden war, wurden hervorgeholt, um als Documente zur Revindication vergessener Abgaben gebraucht zu
werden. So hat die Abtei Mettlach im Jahre 1435 einen offenbar seit Jahrhunderten nicht mehr behobenen Zins auf Grund
eines Zinsverzeichnisses aus dem 10. oder 11. Jahrhundert von
Neuem eingeklagt und zugesprochen erhalten.[3]

Auch im westfälischen Nonnenkloster Freckenhorst ist
man im 13. Jahrhundert auf die ältesten Heberollen des Klosters
aufmerksam geworden. Aber man war hier nicht ganz sicher,
ob es Rechtens wäre, auf ihrer Grundlage die alte Höhe des
Zinses anzusprechen. Darum wandte sich das Kloster im Jahre
1283 an die Münsterer Generalsynode mit der Anfrage, ,si
ecclesia vel monasterium quodcunque habent libros pensionum
seu reddituum a constitutione ipsius ecclesie sive monasterii
confectos [utrum] secundum contentum librorum eorundem proprior esset aut verior summam ipsarum pensionum seu redditum
optinere vel quocunque iure posset alius immutare'. Die Generalsynode entschied die Frage, ,quod ecclesia sive monasterium

---

[1] Plena fides est adhibenda (d. i. dem Urbar), quia eius testes sunt exemplaria et homines fide digni. Tirol. Geschichtsquellen III, 13.
[2] Nebeneinanderstellung beider Texte bei Lamprecht, Deutsches Wirthschaftsleben II, 669, 710.
[3] Lamprecht in der Westdeutschen Zeitschrift VI, 19.

ad summam pensionum seu redditum secundum libros ipsius pensionales prior esset ac proprior optinendam', und liess diesen Ausspruch durch den Vorsitzenden, Domdechant Brunsten, be-urkunden.[1]

Es unterliegt daher keinerlei Zweifel, dass die Urbare im Verhältnisse des Herrn zu den Hörigen als wirkliche, beweis-kräftige Urkunden angesehen wurden.

Dagegen ist es nicht ganz sicher, ob das Urbar auch gegen einen Dritten ausser dem Herrn und Unterthanen, be-sonders in Eigenthumstreitigkeiten, eine urkundliche Beweis-kraft besessen hat. Wenn wir über diese Frage die Juristen des vorigen Jahrhunderts, wo die Urbare noch so wie am Ende des Mittelalters fungirten, befragen, erhalten wir folgende Aus-kunft: ‚Die Saalbücher haben in den Rechten die Kraft öffent-licher Urkunden und dienen daher auch zu einem völligen Beweise, wie hoch eines jeden liegendes Vermögen angeschlagen worden und was er davon an jährlichen Zinsen oder anderen Gefällen abzutragen schuldig ist. Jedoch nur insoweit es den Ober - Herrn und seine Unterthanen anbetrifft, nicht aber eines Dritten Interesse, als welchem daraus an seinen sonst daran habenden Gerechtsamen kein Nachtheil erwachsen kann. Wiewohl dennoch mehrentheils das darein geschehene Ver-zeichniss die Last des Beweises auf denjenigen, welcher das Gegentheil zu beweisen suchet, zu wälzen pflegt.'[2] Diese An-schauung mag grundsätzlich auch die des Mittelalters gewesen sein. Ein einfaches, vom Grundherrn angefertigtes Urbar war wohl eine Urkunde für seine Unterthanen, die sich an dessen Verfassung betheiligt haben, aber nicht für einen dritten vor dem öffentlichen Gericht. Denn in der Regel entbehrte es der verlang-ten Beweismittel. Es konnte wohl vor dem Gericht producirt, musste aber auch durch Zeugenaussagen bekräftigt werden. Einen solchen Fall aus dem Jahre 1207 kennen wir aus Regens-burg, wo das Capitel sein Eigenthumsrecht zu einigen Tradirten nicht nur durch ‚librum, qui salbuch vulgariter appellatur',

---

[1] Die Urkunde vom 11. October 1283 im Westfälischen Urkundenbuch, III, 642.

[2] Zedler, Grosses vollständiges Universal-Lexikon (1742) XXXIII, 16. Hier ist auch die juristische Literatur des 17. und 18. Jahrhunderts über diese Frage angeführt.

sondern auch noch durch ‚testes idoneos‘ beweisen musste.[1]
Analog ist ein anderer Fall aus dem Jahre 1332, in dem der
Pfarrer von Nalb in Niederösterreich, sein Recht gegen das
Stift St. Pölten vertheidigend, die Zinsregister seines Vorgängers
vorweist, gleichwohl aber erst die Zeugenaussagen zu seinen
Gunsten entscheiden.[2] Im Allgemeinen wird man also den Urbaren kaum volle Beweiskraft in den Eigenthumstreitigkeiten
zumessen können. Aber in vielen Fällen mögen sie dieselbe
dennoch besessen haben, nämlich wenn sie von öffentlichen
Urkundenpersonen, wie Bischöfen und ihren Beamten, oder von
öffentlichen Notaren verfasst waren.

So haben wir schon oben erwähnt, dass die Urbarial-
beschreibung des Dorfes Etvang bei Trier aus dem Jahre 1335
von den Officialen des Erzbisthums durch die Besiegelung
beweiskräftig gemacht wurde.[3] Auch die Intervention öffentlicher Notare bei der Abfassung von Urbaren war nicht selten.
Das Gutsverzeichniss des Jungfrauenstiftes Münster in Tirol
vom Jahre 1394 wurde durch den öffentlichen Notar Jakob
gemacht.[4] Auch die Urbare der böhmischen Klöster Strahov
und Ostrov nennen Notare als Verfasser.[5]

In der Regel gab man sich aber mit einem einfachen
Urbar zufrieden, indem für die Eigenthumsprocesse Urkunden
vorgewiesen werden konnten und auch das einfache Urbar
dem Besitzer wichtige Dienste leistete.

Wie gross die Wichtigkeit war, welche man diesen Aufzeichnungen beigemessen hat, sehen wir am besten aus den
wiederholten Befehlen der höheren kirchlichen Functionäre,
durch welche der niedrige Clerus zur Abfassung von Urbaren
verhalten wurde. Gerhard, Erzbischof von Mainz, befahl im
Jahre 1291 allen Decanen seiner Kirche, dass ein jeder Canonicus im Verlaufe von zwei Monaten alle seine Einkünfte mit
Hilfe der Beamten und Unterthanen ermittle und in einem
Buche niederschreibe. Dieses Buch soll in der Bücherei an
Ketten bewahrt werden und zur Erhaltung der Gutseinkünfte

[1] Th. Ried, Codex chronologico diplom. episcopatus Ratisbonensis I, Nr. 309.
[2] Lampel, Urkundenbuch des Chorherrenstiftes St. Pölten I, 306.
[3] Lamprecht, Deutsches Wirthschaftsleben III, 503.
[4] Tirol. Geschichtsquellen III, 168.
[5] Ember, Decem registra censuum 53, 219.

dienen. Die Nichtbefolgung dieses Gebotes und die Verweige-
rung der Auskunft wird mit Excommunication bedroht.[1] Auch
das Urbar des Hospitals von Passau aus dem Jahre 1255 führt
seinen Ursprung auf einen Befehl des Bischofs zurück.[2] Die
Trierer Synodalstatuten des Jahres 1227 schreiben ebenfalls
allen Geistlichen die Verfassung von Güterverzeichnissen vor.[3]

Doch es genügte nicht, Urbare zu verfassen und sorgfältig aufzubewahren. Sie mussten auch in Stand erhalten
werden, um den sich ändernden Verhältnissen zu entsprechen.
Darum hören wir oft von verneuten Urbaren.[4] Für diese Renova-
tionen gab es verschiedene Verfahren, manchmal ein sehr mecha-
nisches. So erneuerte der Erzbischof von Trier im Jahre 1348
ein Urbar aus dem Anfange des 13. Jahrhunderts, wobei er
aber die meisten Namen der Unterthanen des alten Urbars,
welche doch nicht mehr am Leben sein konnten, in das neue
Werk übernahm.[5] Anders verfuhr man dagegen bei der Erneuerung des Urbars von Passau im Jahre 1324. Hier wurde der
ganze Stoff einer neuerlichen Weisung unterzogen und auf die
alten Register wenig Rücksicht genommen.[6]

Dass man die Urbare stets in Uebereinstimmung mit den
wechselnden Personalverhältnissen erhalten wollte, hatte wohl
auch seinen Grund in ihrem Gebrauche gelegentlich der jährlichen Zinseintreibung.

Es war eine sehr verbreitete Sitte, dass die mit der Einnahme des Zinses betrauten Beamten Zinsrodeln erhielten,
welche aus dem Urbar entnommen wurden. Es wurden hier die
Namen der Unterthanen und die Summen ihrer Abgaben nach
den Bestimmungen des Urbars übersichtlich zusammengestellt,
oft nach den einzelnen Abgabeterminen angeordnet. Solcherart
sind z. B. die Heberollen der Herrschaft Meissau in Niederösterreich aus dem 14. Jahrhundert, von denen gesagt wird:
,will man dann ze ainzigen summen nicht gelawben, so chom

---

[1] Gudenus, Codex diplom. Mogunt. I, 857.
[2] Mon. Boica XXIXᵇ, 382.
[3] Lamprecht, Deutsches Wirthschaftsleben II, 664.
[4] z. B. Geschichtsfreund XVII, 219, oder Tirol. Geschichtsquellen III, 361,
267.
[5] Mittelrhein. Urkundenbuch II, 391.
[6] Notizenblatt der Wiener Akad. III, 663.

man darumb an die urbarpuecher, dar aus si mit getrewen
fleiz sind gezogen'.[1] Auch im Stifte Zwettl waren alle Beamten
verpflichtet, derartige Zinsrodeln zu haben.[2] Solche Aufzeichnungen, welche sich den Rentrechnungen nähern, indem in
ihnen durch ein ‚dedit‘ der Empfang des Zinses bestätigt wird,
dürfen jedoch nicht mit Urbaren verwechselt werden. Sie sind
nur Auszüge aus denselben.

Die landesherrlichen Urbare.

Im späteren Mittelalter zeigt sich ein grosser Unterschied
zwischen Nordwestdeutschland und den südöstlichen Reichs-
theilen. Dort trat eine vollständige Zersplitterung der grossen
Stammesgebiete in kleine reichsunmittelbare Einheiten ein, im
Osten dagegen erhielten sich die grossen centralisirten Territorien. Wie schon erwähnt, waren es die Grundherrschaften,
welche in den älteren Theilen des deutschen Reiches die Bildung vieler kleiner Staatskörper bewirkten. In den östlichen
Theilen kam es nicht zu dieser Entwicklung. Hier war die
Grundherrschaft meist jüngeren Ursprungs, und die Landesherren liessen nicht zu, dass sie alle staatsrechtlichen Kräfte
absorbire. Es gelang ihnen dies vorzüglich dadurch, dass sie
sich selbst auf eine mächtige wirthschaftliche Basis stützten
und nie aufhörten, die ersten Grundherren ihres Territoriums
zu sein. Es war demnach natürlich, dass sie diese Basis stets
unerschüttert zu erhalten suchten und ihrem Grundbesitze eine
umsichtige Pflege angedeihen liessen. Sie suchten vor Allem einer
Schmälerung desselben vorzubeugen, und ein Mittel zu diesem
Zwecke waren schriftliche Aufzeichnungen des landesfürstlichen
Gutsbestandes. Seit dem 13. Jahrhundert entstehen in den
grossen Territorien bedeutende Güterverzeichnisse der Landesherren. Man könnte bei strenger Auffassung des Begriffes
zweifeln, ob diese Aufzeichnungen Urbare zu nennen sind, da
sie sich mehr mit der Feststellung der einzelnen Lehens-
besitzungen, als mit den Verhältnissen der Unterthanen befassen. Doch ihre Form ist ganz die der privaten Urbare, und

---

[1] Notizenblatt der Wiener Akad. III, 97.
[2] Horawitz in der Zeitschrift für deutsche Culturgeschichte 1872, 491.

sie werden auch von den Zeitgenossen mit diesem Namen bezeichnet. Ferner tritt in ihnen der Herrscher mehr in der Eigenschaft des Grundherrn als jener des Landesfürsten auf. Auch ihre Entstehungsweise ist ganz dieselbe wie bei den anderen Urbaren, sie beruht auf einer Detailaufnahme an Ort und Stelle. Sie dürfen also in dieser Darstellung nicht übergangen werden.

Ihre vorzugsweise Heimat ist, wie bemerkt, der deutsche Südosten; gleich im Herzogthum Baiern treffen wir sie.

Herzog Otto von Baiern liess um das Jahr 1240 eine Aufzeichnung über seine Güter anfertigen, welche alle Aemter des ganzen Herzogthums umfassen sollte. Von seinen Nachfolgern wurde um das Jahr 1280 ein neues Urbar verfasst. Es zerfällt in drei Theile, von denen der eine bereits in deutscher Sprache verfasst ist. Im 14. Jahrhundert wurden dann neuerliche Aufzeichnungen über die einzelnen Landestheile unternommen.[1]

In den nachbarlichen Alpenländern widmeten die Babenberger ihren Besitzungen eine gleiche Sorgfalt. In den Dreissigerjahren des 13. Jahrhunderts liess hier Herzog Leopold VI. eine grosse Beschreibung des herzoglichen Gutes vornehmen. Sie wurde von Herzog Friedrich II. revidirt und kam mit der babenbergischen Erbschaft an Ottokar von Böhmen. Dieser führte ein strengeres Regime in der Verwaltung der herzoglichen Lehen ein und revindicirte viele der durch Adelige usurpirten Güter. Das Ergebniss dieser Politik liegt in einer neuerlichen Redaction des herzoglichen Urbarbuches vor.[2] In dieser Form überliefert, fängt es mit den Worten an: ‚Hic notatur liber hubarum et reddituum per totam Austriam' und enthält die herzoglichen Güter in Oesterreich. Aber auch für Steiermark liess Ottokar eine ähnliche Arbeit ausführen. Auf Befehl seines Statthalters, des Bischofs Bruno von Olmütz, verfasste der Thüringer Notar Helvicus im Jahre 1266 ‚rimatis

---

[1] Sämmtlich gedruckt in Mon. Boica XXXVI, vgl. Riezler, Baierns Geschichte II, 178.

[2] Unter dem irrthümlichen Namen ‚Rationarium Austriacum' von Chmel im Notizenblatte der Wiener Akad. V, veröffentlicht. Bearbeitet wurde diese Aufzeichnung von A. Dopsch in den Mittheil. des Instituts für österr. Geschichtsforsch. XIV, 449 f. Zu seinen Ausführungen hat W. Erben, ebenda XVI, 97 f., wichtige Berichtigungen hinzugefügt.

diligenter et examinatis omnibus — Styrie officiis' eine Aufzeichnung über sämmtliche Steuereinnahmen und herzoglichen
Güter der Steiermark.[1]

Nach dem Falle Ottokar's kamen die ehemals babenbergischen Besitzungen in die Hände Rudolf's von Habsburg.
Auch dieser unternahm es als einen seiner ersten Schritte, zur
Organisation der neuerworbenen Länder, die Güterverzeichnisse
seiner Vorgänger einer Revision zu unterwerfen. So entstand
das zweite ‚Rationarium Austriae‘, welches direct seine Ableitung von dem alten Babenberger Urbare erwähnt.[2]

Welchen Werth die ersten Habsburger auf solche Arbeiten legten, zeigt vor Allem das grosse Urbar ihrer süd-
deutschen Besitzungen. Es entstand in den ersten Jahren des
14. Jahrhunderts, zwischen den Jahren 1303 und 1311. König
Albrecht betraute seinen Notar Burkhard von Frikke mit dieser
Arbeit. Burkhard bereiste dann durch einige Jahre sämmtliche
Hausgüter der Habsburger, untersuchte alle an Ort und Stelle
und verfasste Einzelaufnahmen derselben. Diese Güterrodeln,
theils in lateinischer, theils in deutscher Sprache geschrieben,
sind noch theilweise neben dem Haupturbar erhalten.[3] Sie
wurden noch am Ende des 14. Jahrhunderts neben demselben
verwahrt.[4] Das grosse Urbar ist in deutscher Sprache verfasst
und zählt die einzelnen Aemter mit genauer Beschreibung
ihres Bestandes auf.[5]

Dieses Buch hatte interessante Schicksale, welche uns
auch über das Gewicht, das man solchen Aufzeichnungen bei-
legte, unterrichten. Im Jahre 1415 fiel es mit anderen Archivalien den Schweizer Eidgenossen in die Hände. Die Habsburger verhandelten schon in den nächsten Jahren um die
Herausgabe desselben, aber ohne Erfolg. Im Jahre 1432 waren

[1] Herausgeg. von Rauch, Script. rer. Austr. II, 114 f.

[2] Hic notatur proventus urborum secundum, quod solvere consueverunt
tempore ducum Liupoldi et Fridrici, sicut in registris seu libris veteribus
invenitur. Script. rer. Austr. II, 5.

[3] Ein solcher Rodel im Geschichtsfreund V, 3.

[4] Das Archivinventar von Baden aus dem 14. Jahrhundert verzeichnet
‚urbarbuch unde dio roedel, darab es geschriben ist‘. Kopp, Geschichte
der eidgenöss. Bünde II, 739.

[5] Herausgeg. von Pfeiffer, Stuttgart 1850, neuerdings weit besser von
R. Maag in den Quellen zur Schweizer Geschichte XIV.

die Verhandlungen schon so weit, dass die Schweizer sich entschliessen, ‚so wellen wir die selben brief, so unser land lütt, die eidgenosschaft und die so zuo uns gehoerend nit antreffend — widergeben'. Jene Theile also, welche sich auf die Eidgenossen bezogen, sollten nicht ausgeliefert werden, da man fürchtete, dem Gegner dadurch ein Rechtsmittel in die Hand zu geben. Und wirklich erhielten die Habsburger später ihr Urbar nur in verstümmelter Form zurück.[1]

Den gleichen Fall wie beim Habsburger Urbar haben wir in Baden zu verzeichnen. Bernhart, Markgraf von Baden, fasste im Rathe am Heinrichstag des Jahres 1404 den Beschluss, ein Gültenbuch seiner Herrschaft anfertigen zu lassen. Dieses befahl er ‚Wernher schribern und Petern sinen sun zu machen und zu stund anzufahen und von steten zu stetten, von slossen zu slossen, von dorffern zu dorffern zu riten und ime ein soliche buch zu machen'.[2]

Die landesherrlichen Urbare fussten ebenso wie die privaten auf Einzelaufzeichnungen. Auch bei ihnen wurden manchmal bei der Schlussredaction die Verschiedenheiten dieser Rodeln nicht ganz verwischt. So können wir bei dem Urbar der Grafschaft Luxemburg die einzelnen in den Jahren 1306 bis 1317 entstandenen Beschreibungen unterscheiden.[3] Bei anderen dagegen liess man der letzten Redaction eine grosse Sorgfalt angedeihen; so bei dem Urbar des Grafen Meinhart II. von Tirol aus dem Jahre 1288, welches sorgsam angeordnet ist und in einer seltenen geographischen Ordnung die einzelnen Gelte vom oberen Innthal an aufzählt.[4]

Doch allmälig gehen diese landesfürstlichen Urbare über ihre Grenzen hinaus. Mit dem Erstarken der staatlichen Gewalt der Territorialherren geht der grundherrliche, Ursprung dieser Gewalt verloren und der Landesfürst fängt an, sich mehr auf die anderen Einnahmsquellen als die Domänen zu stützen. Dies zeigt sich auch in den Quellen; ein gutes Beispiel dafür ist

---

[1] Pfeiffer in der Einleitung.

[2] R. Fester, Das älteste Urbar der Markgrafschaft Baden, Zeitschrift für Geschichte des Oberrheins, Neue Folge III, 608 f.

[3] Lamprecht, Deutsches Wirthschaftsleben III, 342 f.

[4] Herausgeg. von O. v. Zingerle in Fontes rer. Austr. II, 45.

das Landbuch der Mark Brandenburg, welches Karl IV. im
Jahre 1375 anfertigen liess.[1]

Es kann kaum mehr eine Urbarialaufzeichnung genannt
werden. Es umfasst nicht nur die Privatgüter des Markgrafen,
sondern auch Güter anderer Grossgrundbesitzer. Es ist ein
statistisches Werk und als solches eine bedeutende Leistung.
Das persönliche Princip des zerstreuten, einem einzigen Grundherrn gehörigen Eigenthums ist hier durch den Begriff des
Territoriums verdrängt; es ist geradezu ein Cataster.

Wir sind damit an dem Endpunkte einer Entwicklung
angelangt. Die römischen Catastralarbeiten dienten dem Staate
und waren nach dem territorialen Gesichtspunkte verfasst.
Nach dem Zusammenbruche der alten Staatsgewalt sprengen
private Mächte das Band der Territorialität, sie eignen sich
den grössten Theil der staatlichen Befugnisse an, und durch
sie leben die alten Polyptycha weiter. Doch in veränderter
Gestalt; nicht mehr als Territorialbeschreibungen, sondern als
Aufzeichnungen des zerstreuten Gutes einer Person. Das feu-
dale Personalprincip kennzeichnet das ganze eigentliche Mittelalter. Doch auch dieses überlebt sich; gestützt auf die ursprünglich private Grundherrschaft entsteht zu Ende des Mittelalters
die moderne territoriale Staatsgewalt. Diese erweitert die bisherigen grundherrschaftlichen Aufzeichnungen und führt sie
neuerdings dem Dienste der Staatsverwaltung zu.

---

[1] Herausgeg. von Herzberg 1781, später von Fidicin 1854.